Bibliothek des Widerstandes

Günther Weisenborn

Der lautlose Aufstand

Bericht über die Widerstandsbewegung des deutschen Volkes 1933–1945

RV

Röderberg-Verlag, Frankfurt/Main

Das vorliegende Werk entstand u. a. nach dem Material von Ricarda Huch und Walter Hammer.

An der Textredaktion waren Walter Hammer und Guntram Prüfer beteiligt.

BIBLIOTHEK DES WIDERSTANDES

Nachauflage 1979, ISBN 3-8.7682-022-7
Gesamtherstellung: Fuldaer Verlagsanstalt, Fulda

Inhalt

Vorwort

Jahrelang war dieser Bericht Günther Weisenborns über die Widerstandsbewegung des deutschen Volkes 1933—1945 vergriffen. Es entspricht einer politischen Notwendigkeit und einem oft geäußerten Wunsch, wenn dieses Standardwerk über den deutschen Widerstandskampf gegen das Hitler-Regime erneut der Öffentlichkeit zugänglich gemacht wird.

Die Bedeutung des Berichtes von Günther Weisenborn bestand und besteht darin, daß er der Versuch einer ersten umfassenden Darstellung der deutschen Widerstandsbewegung in ihrer ganzen Breite war. Gestützt auf historisches Material, das Gestapo-Statistiken und Geheimberichten, Akten des „Volksgerichtshofes" in Berlin und Originalberichten zahlreicher Widerstandsgruppen entnommen wurde, ist durch dokumentarisch belegte Fakten die Breite und Größe der deutschen Widerstandsbewegung gegen das faschistische Unrechtssystem nachgewiesen worden. Es ist das historische Verdienst des „Lautlosen Aufstandes", zum ersten Mal unwiderlegbar bewiesen zu haben, daß längst nicht alle Deutschen, wie behauptet worden ist, für Hitler und das nationalsozialistische „Dritte Reich" waren oder es schweigend hingenommen haben. Nach der ersten Veröffentlichung dieses Berichtes war es unmöglich, die These von der Kollektivschuld des deutschen Volkes, die in den Jahren nach 1945 verbreitet wurde, aufrechtzuerhalten. Und es hätte fortan unmöglich sein müssen, eines der großartigsten Kapitel in der Geschichte der deutschen Demokratie zu verbiegen, zu verkleinern oder gar ganz auszuklammern: Eben die antifaschistische Widerstandsbewegung, den weithin gemeinsamen Kampf unterschiedlicher Gruppen von Anfang an.

Die erste Auflage dieses Buches erschien im März 1953 bei Rowohlt, vor nunmehr über 20 Jahren. Ihr mußte schon ein Jahr später durch hinzugekommenes neues Material eine zweite vermehrte und verbesserte Auflage folgen. Dieser Ausgabe von 1954 folgt dieser Neudruck. Es wurde ganz bewußt auf diese umfassendste Ausgabe zurückgegriffen. Bei der im Oktober 1962 herausgegebenen Taschenbuchausgabe handelte es sich um eine gekürzte Fassung. Wenn auch durch diese Kürzungen keine wesentlichen Veränderungen vorgenommen worden sind, so schien es uns doch wichtig zu sein, noch einmal die Originalausgabe von 1954 zu veröffentlichen, die auch heute nicht nur historische Bedeutung hat. In einer Zeit, in der durch eine „Hitler-Welle" von den politisch-ökonomischen Wurzeln des Faschismus abgelenkt wird, seine Verbrechen verharmlost werden und sich um den einstigen Führer alt-neue Mythen ranken, ist jede

Darstellung über den antifaschistischen deutschen Widerstand notwendiger denn je.

1962 schrieb Günther Weisenborn in einer Vorbemerkung zur Taschenbuchausgabe des „Lautlosen Aufstandes“ u. a.:

„In den zehn Jahren hat sich die Welt stark verändert. Aber die deutsche Widerstandsbewegung hat immer noch nicht jenen ehrenden Rang erhalten, der ihr historisch zusteht. In der westdeutschen Öffentlichkeit wurde und wird lediglich die Erinnerung an den 20. Juli (und gelegentlich die Gruppe der Geschwister Scholl) gefeiert. Aber Größe und Bedeutung der gesamten Widerstandsbewegung sind bis heute in der Öffentlichkeit wenig bekannt oder werden sogar verschwiegen.

Hier liegt eine Aufgabe vor den heranwachsenden Generationen, die nach den Quellen, nach Aufklärung, nach Verhaltensweisen, nach dem Kampf um das Menschenrecht jener Zeit fragen und die fragen, wo denn der Mut in Deutschland damals geblieben war. Es gibt nichts Größeres in der Welt als den Kampf der sehenden Vernunft gegen die blinde Gewalt. Es ist der Kampf, den der Mensch immer führen wird, bis Vernunft und Gewalt einander decken.“

Diese Worte Weisenborns stimmen sinngemäß auch heute. Gewiß ist in dem letzten Jahrzehnt auf dem Gebiet der Erforschung des Widerstandes einiges mehr geschehen als in den Jahren zuvor. Und Günther Weisenborn, der leider 1969 zu früh verstorben ist, hätte vermutlich bei einer Neuauflage seines Berichtes eine Reihe von Korrekturen vorgenommen. Er hätte Ergänzungen aufgrund neuerer Forschungen hinzugefügt und sicherlich auch einige Darstellungen weggelassen, die sich im Nachhinein nur vom damaligen Forschungsstand erklären lassen und aus heutiger Sicht überbewertet erscheinen. Am Gesamtcharakter und -inhalt des Buches hätte sich dadurch allerdings nichts geändert. Größe und Umfang der deutschen Widerstandsbewegung, besonders was den Widerstand „von unten“ betrifft, wären dadurch eher noch mehr betont worden. In diesem Zusammenhang soll jedoch auf das aktualisierte Literaturverzeichnis verwiesen werden, das dieser Neuauflage beigegeben ist. Und es müssen wenigstens einige Hinweise auf Institutionen, die sich mit der Erforschung des Widerstandes beschäftigen, gegeben werden, wobei hier nicht der Ort ist, die vom politischen Interesse her zum Teil unterschiedlich gewichteten, teilweise umstrittenen Arbeitsergebnisse dieser Institutionen zu bewerten:

Das Münchener Institut für Zeitgeschichte hat in zahlreichen Einzeluntersuchungen Teilgebiete der Zeit des „Dritten Reiches“ behandelt, darunter auch Aspekte des Widerstandes. Regional hat sich die „Forschungsstelle für die Geschichte des Nationalsozialismus in Hamburg“ durch verschiedene Publikationen hervorgetan. Einige Einzelveröffentlichungen, darunter über den Widerstand in Dortmund und Essen, gingen aus der Arbeit des Forschungsinstituts der Friedrich-Ebert-Stiftung, Bonn, hervor.

Um die Geschichte der deutschen Exilliteratur zwischen 1933 und 1945 machte sich die Deutsche Bibliothek in Frankfurt verdient.

Auf 20 Bände ist die „Bibliothek des Widerstandes“ des Röderberg-Verlages angewachsen, in der auch diese Neuauflage des „Lautlosen Aufstandes“ erscheint und die in Zusammenarbeit mit dem Referat Geschichtsforschung und -vermittlung beim Präsidium der Vereinigungen der Verfolgten des Naziregimes (VVN) — Bund der Antifaschisten herausgegeben wird. Mit der Wanderausstellung „Antifaschistischer Widerstand 1933—1945“ hat der Frankfurter Studienkreis zur Erforschung und Vermittlung der Geschichte des deutschen Widerstandes 1933—1945 e. V. in zahlreichen Städten der Bundesrepublik wertvolle Aufklärungsarbeit besonders unter der Schuljugend geleistet.

Eine solche Aufstellung kann keinerlei Anspruch auf Vollständigkeit erheben, da beispielsweise auch eine Reihe von örtlichen Einzelinitiativen hinzugefügt werden müßten, die auf lokaler Ebene die Breite und Vielfalt des antifaschistischen Widerstandes erforscht und publiziert haben.

Trotz dieser bedeutenden Fortschritte kann indes noch immer nicht von einer wirklich systematischen Erforschung des antifaschistischen Widerstandes gesprochen werden. Und schon gar nicht kann davon die Rede sein, daß die inzwischen vorliegenden Forschungsergebnisse Eingang in die dominierende Geschichtsschreibung und in die Schulgeschichtsbücher gefunden hätten — von wenigen lobenswerten Ausnahmen abgesehen. Daher möge die unveränderte Neuveröffentlichung des „Lautlosen Aufstandes“ von Günther Weisenborn auch anregend für weitere Untersuchungen und Darstellungen über den Widerstandskampf des deutschen Volkes 1933—1945 und für die überfällige Korrektur der Geschichtsschreibung sein.

Unser Neudruck ist unverändert in Inhalt und Gliederung. Lediglich die Literaturauswahl wurde auf einen neuen Stand gebracht. Außerdem wurde gegenüber der Ausgabe von 1954 ein kurzer Beitrag über Günther Weisenborn und ein Namenregister angefügt, das dem Leser die Arbeit mit dem Buch erleichtern kann.

Röderberg-Verlag — Frankfurt/Main, Sommer 1974

Ricarda Huch:

Aufruf

„... Aus unserer Mitte sind böse, brutale und gewissenlose Menschen hervorgegangen, die Deutschland entehrt und Deutschlands Untergang herbeigeführt haben. Sie beherrschten das deutsche Volk mit einem so klug gesicherten Schreckensregiment, daß nur Heldenmütige den Versuch, es zu stürzen, wagen konnten.

So tapfere Menschen gab es eine große Anzahl unter uns.

Es war ihnen nicht beschieden, Deutschland zu retten; nur für Deutschland sterben durften sie; das Glück war nicht mit ihnen, sondern mit Hitler. Sie sind dennoch nicht umsonst gestorben. Wie wir der Luft bedürfen, um zu atmen, des Lichtes, um zu sehen, so bedürfen wir edler Menschen, um zu leben. Sie sind das Element, in dem der Geist wächst, das Herz rein wird. Sie reißen uns aus dem Sumpf des Alltäglichen; sie entzünden uns zum Kampf gegen das Schlechte; sie nähren in uns den Glauben an das Göttliche im Menschen: Wenn wir derer gedenken, die im Kampf gegen den Nationalsozialismus ihr Leben gelassen haben, so erfüllen wir eine Pflicht der Dankbarkeit; zugleich aber tun wir uns selbst wohl; denn indem wir ihrer gedenken, erheben wir uns über unser Unglück.

Die durch die Nationalsozialisten bewirkte künstliche Vereinzelung der Deutschen ist Ursache, daß nicht allen alle unsere Märtyrer bekannt sind und daß von denen, die man kennt, nicht viel mehr als der Name bekannt ist. Ich habe es mir zur Aufgabe gemacht, Lebensbilder dieser für uns Gestorbenen aufzuzeichnen und in einem Gedenkbuch zu sammeln, damit das deutsche Volk daran einen Schatz besitze, der es mitten im Elend noch reich macht. Dazu bedarf ich der Hilfe vieler, an die ich mich bittend hier wende. Zunächst geht mein Ersuchen an die Angehörigen und Freunde der Hingerichteten, daß sie mich mit Mitteilungen über sie versehen, möglichst mit Äußerungen von ihnen selbst, Briefen und Tagebüchern, aber auch Schilderungen, kurz mit allen Nachrichten, die zur Schaffung eines Lebensbildes dienen können. Es gibt aber außer Angehörigen und nahen Freunden vielleicht Menschen, die mit den Verstorbenen in Berührung kamen und etwas von ihnen zu erzählen wissen, einen Eindruck von ihnen empfingen; auch diesen bin ich für jede Nachricht dankbar. Ganz besonders bitte ich um Bilder, sie sollen den biographischen Skizzen beigefügt werden. Ich versichere, daß alles, was an mich gelangt, mit der Liebe und Ehrfurcht aufgenommen und verwahrt wird, die ich für diese unsere Toten empfinde ...

Nicht alle von den gegen Hitler Verschworenen sind im Kampf gefallen, einige sind dem Tode entgangen. Sie sind nicht deshalb geringer, weil sie glücklicher waren, und ich möchte ihrer ebenso wie der Toten gedenken; aber es ziemt sich, so scheint es mir, zuerst Kränze auf die Gräber niederzulegen.

Ich nenne eine Reihe von Namen Hingerichteter: Geschwister Scholl, Professor Huber, Generaloberst Beck, Dietrich Bonhoeffer, Jesuitenpater Delp, Paul von Hase, von Hassell, Harnack und Frau, Ernst von Harnack, Dr. Haubach, Harro Schulze-Boysen, Adam Kuckhoff, Wilhelm Leuschner, Dr. Leber, Graf Moltke, Professor Reichwein, Rüdiger Schleicher, Staatsrat Schwamb, von Witzleben, Graf Stauffenberg, Elisabeth von Thadden, Graf Yorck, Goerdeler."

(veröffentlicht in der deutschen Presse 1946)

Martin Niemöller:

Das Vermächtnis des deutschen Widerstandes

Irgendwie gilt es auch vom Widerstand, daß uns deutschen Menschen und unserm deutschen Volk alle notwendigen Entscheidungen ganz besonders schwer gemacht werden. Und man sollte nicht ganz so leicht, wie es häufig geschieht, von der deutschen Skrupelhaftigkeit sprechen, die nicht eher Ruhe findet, als bis sie aus allem und aus jedem ein Problem gemacht hat.

Unser Widerstand war ein Problem. Das heißt, er war eine echte Frage, deren Beantwortung nicht an der Oberfläche zu finden war, sondern die durchgekämpft und durchgelitten sein wollte, während es für den Widerstand in den während des Krieges besetzt gewesenen Ländern im Grunde eine sehr einfache Weisung gab. Der Mann des französischen Maquis blieb sich selber treu und hoffte deshalb auf den endlichen Sieg seines Volkes an der Seite seiner Verbündeten. Der Mann im deutschen Widerstand, der sich selber treu bleiben wollte, durfte gerade darum den Sieg seines Volkes so nicht wollen. Der deutsche Widerständler ist kein anerkannter Nationalheld, er rangierte zur Zeit seines Selbsteinsatzes unter den Hoch- und Landesverrätern. Und die Szenen, die sich vor dem Volksgerichtshof abgespielt haben — sie unterstreichen ja nur die Tiefe dieses Widerstreites.

Es gab nur eine einzige Möglichkeit, ehrenhaft zu bleiben — nämlich in der Bereitschaft, auch jede Schändung zu ertragen. Ja, es gab nur die Möglichkeit, sich selber und seinem Volk zugleich die Treue zu halten, daß man den Weg solcher Schande wählte und ihn bewußt in immer neue schmerzliche Entscheidung ging — bis zum bitteren Ende.

So gab es bei uns im Grunde keinen anderen echten Widerstand als den aus dem Glauben, d. h. als den Widerstand, der gewissensmäßig einer Weisung gehorcht, die uns weder von außen noch auch von uns selber auferlegt wird und die gerade so nur um den Preis der Untreue und der Verleugnung mißachtet werden kann. Dieser Gehorsam aber ist es gewesen, der zwischen den Menschen der allerverschiedensten Widerstandsgruppen jenes Verstehen und jene wirkliche Gemeinschaft schuf, die wir uns als das beste Erbe jener Jahre erhalten wollen und erwerben sollen. Denn hier wurde die proklamierte Volksgemeinschaft wirklich. Und hier lernten wir jene verpflichtende Solidarität, die durch Schlagworte, Vorurteile, Programme nicht mehr aufgehoben werden kann, weil sie in gar keiner Weise in unser eigenes Belieben gestellt ist. Man hat das mit den Worten Hochverrat und Landesverrat abzutun versucht — aber hier ging es eben in keiner Weise um Verrat, sondern um jene Treue, die nicht das Vergangene konserviert, sondern die sich um des Gestern willen heute dem Morgen verpflichtet weiß.

Es ist ein Jammer und vielleicht ist es ein Verhängnis, daß unsere öffentliche Meinung heute wieder von der Propaganda und ihren Schlagworten beeinflußt und weithin bestimmt wird. Wir sollten uns aber, ehe wir eine neue Dolchstoß-Legende starten und den deutschen Widerstand als Hoch- und Landesverrat abtun — wir sollten uns lieber die Männer und Frauen dieses Widerstandes einmal näher und recht gründlich ansehen — dann fallen Legenden und Phrasen sehr schnell und gründlich in sich selber zusammen. Und an sozialistischen wie bürgerlichen, an proletarischen wie intellektuellen, an militärischen wie zivilen, an christlichen wie an nichtchristlichen Widerständlern wird es uns bei genauerem Zusehen deutlich werden, daß in diesem Widerstand nicht der Verrat, sondern die Treue, eine teuer bezahlte und unter Schmerzen festgehaltene Treue sich durchgesetzt hatte.

Und die Opfer dieses Widerstandes sollten bei uns nicht leichthin vergessen werden, denn am Ende haben sie den schmalen, aber einzig möglichen Weg gewiesen, der vielleicht aus dem Trümmerfeld einer versinkenden Epoche noch einmal ins Freie führt, wo wir Menschen dieser unserer Generation doch noch wieder darangehen können, eine neue Gesellschaft aufzubauen, in der Raum und Entfaltungsmöglichkeit bleibt für menschliche Würde und für menschliche Verantwortung.

Ungezählten leidenden und zweifelnden Menschen ist dieser deutsche Widerstand, der ja in sich selbst ein Glauben und Hoffen wider alle Vernunft und gegen allen Augenschein gewesen ist, zu einer Quelle des Hoffens und der Zuversicht geworden — und wenn er nur das eine hat deutlich werden lassen: daß es auch in unsern Tagen noch und wieder Menschen gibt, die bereit sind, jeden Preis zu zahlen, um ihr Menschentum und das ihrer Brüder nicht schuldhaft zu verraten.

Es ist wohl auch kein Zufall, daß dieser deutsche Widerstand, trotz seines äußeren Mißerfolges — denn im letzten Grunde geht es hier nicht um den Erfolg, sondern um das Zeugnis —, in den andern Völkern der Erde ein Echo gefunden hat. Nicht, als ob man ihn dort verstanden hätte — aber es gibt viele Anzeichen dafür, daß man in aller Welt instinktiv die fundamentale Gefährdung ahnt, in der sich die gesamte Menschheit befindet. Diese Gefährdung aber ist nicht so sehr die Bedrohung unserer physischen Existenz etwa durch die Atombombe oder andere Mittel der Massenvernichtung, sondern vielmehr das Hinschwinden und das Absterben der Kraft des Herzens, das allzusehr versucht und allzu leicht bereit ist, vor dem scheinbar Unausweichlichen zu kapitulieren.

Es ist aber noch nicht zu spät, noch sind nicht alle Fundamente zerstört. Wir sollen's noch einmal von neuem wagen — denn wenn etwas gewaltiger ist als das Schicksal, so ist es der Mut, der es unerschüttert trägt, auch durch Mißerfolg und Schande hindurch, im Glauben an einen unaufgebbaren Auftrag in der Treue, im Gehorsam. D a s bleibt das Vermächtnis des deutschen Widerstandes.

Einleitung des Herausgebers[1]

Die Menschheit läßt sich von der Steigerung des Elends nicht abhalten. Der Zweite Weltkrieg hat alle Unheilssummen der menschlichen Geschichte übertroffen.

Im „Bulletin" (April 1953) der Bundesregierung gibt Prof. Arntz (Bonn) die Zahl der getöteten deutschen Soldaten mit 3,25 Millionen, die Zahl der getöteten deutschen Zivilisten mit 3,3 Millionen, also insgesamt 6,55 Millionen, an. Auf der gesamten Erde kamen im Laufe des Zweiten Weltkrieges, den Hitler begann, rund 27 Millionen Soldaten und 25 Millionen Zivilisten ums Leben, also 52 Millionen Menschen. Die Westmächte verloren etwa 1,5 Millionen Soldaten. Die Verluste der Sowjetunion werden auf 13,6 Millionen Soldaten und mindestens 7 Millionen Zivilisten geschätzt, die Polens werden mit insgesamt 5,9 Millionen und die Jugoslawiens mit insgesamt 2 Millionen angegeben.

Die Gesamtzahl der in Konzentrationslagern Inhaftierten wird sich mit 7 820 000 errechnen lassen, davon überlebten das Kriegsende etwa 700 000. (Nach Kogon und Kautsky.)

Bei Kriegsausbruch befanden sich etwa 300 000 Menschen, vorwiegend Deutsche, in den Konzentrationslagern. Bis dahin hatten bereits etwa 1 Million Menschen die Lager bevölkert. In den Kriegsjahren nahmen die „Zugänge" (auch von Ausländern) enorm zu. Wahre Völkerwanderungen aller Sprachen in die KZ fanden statt. Die Schätzungen gehn in die Millionen.

Dazu kommt die unermeßliche Landschaft der Verwüstungen von Narvik bis Brest, von Monte Cassino bis Arnhem, vom Olymp bis Leningrad, von Singapur bis Yokohama- vom Hürtgenwald bis nach Aghedabia. Generationen sind in die Gräber gesunken und in Kellern verendet. Die Menschen wurden gruppiert und rannten gegeneinander, ob G.I. oder Landser, ob Partisan oder Gettokämpfer, SS-Mann oder Mann der Résistance. Die verbrannte Erde nahm zu. Hunderttausende von Häusern und Brücken sanken zusammen. Seuchen und Hunger warfen Menschenmassen an den Straßenrand. Im Zentrum der Verwüstung saß der Werwolf aus der Reichskanzlei.

Er zettelte zahlreiche Kriege auf einmal an, er konnte gar nicht Kriege genug bekommen. In Holland, Norwegen, Rumänien, Griechenland, Frankreich, Polen, Rußland, Afrika fiel er u. a. ein. Der von Goebbels bis zur öffentlichen Raserei hochgetriebene Soldatismus des Nazireiches tobte sich in Europa furchtbar aus. Militärischen Widerstand fand er an den Fronten des Westens, Südens, Ostens und Nordens.

Aber so viele Kriege er auch anzettelte, immer hatte Hitler einen Krieg mehr, als er wollte. Hatte er die norwegische Armee überfallen und besiegt, so blieb ihm der Krieg gegen die heimliche Armee der Norweger. Hatte er die französische Armee geschlagen, so leistete die Résistance heimlichen Widerstand. So ging es ihm in Holland, Belgien, Dänemark, im Balkan, in Italien sogar. Und erst recht in Rußland. Die heimlichen Widerstandsarmeen, die gesichtslosen Armeen hinter tausend Ecken, die nächtlichen Feldzüge, die Sabotageakte, die Attentate, die Abermillionen Flugblätter, die Überfälle, das alles lähmte immer stärker die Kampfkraft der großdeutschen Armeen.

In jedem eroberten Land gab es eine Widerstandsbewegung.

Im Herzen Europas aber lebte die älteste Widerstandsbewegung gegen Hitler, die deutsche.

Sie wurde vom Dritten Reich absolut verheimlicht, und mit solchem Erfolg, daß die Weltöffentlichkeit heute kaum etwas von ihr weiß.

Das Dritte Reich führte seinen ersten Krieg gegen den lautlosen Aufstand der deutschen Widerstandsbewegung, und es war ein fürchterlicher und verheimlichter Krieg. Es war der Krieg an der Schafottfront.

Nach den Aufzeichnungen des Reichsjustizministeriums, dem sogenannten „Mordregister", sind von 1933 bis 1944 insgesamt 11 881 Todesurteile durch die Justizbehörden vollstreckt worden, die bis zur Kapitulation wahrscheinlich auf etwa 12 500 Hinrichtungen angestiegen sind[2]. Hinzu kommen die unzähligen Opfer der Militärgerichtsbarkeit (Standgerichte), die von Sachkennern für die vier Monate des Jahres 1945 auf 7000—8000 geschätzt werden. Es handelt sich hier im wesentlichen um politische Verurteilungen. Insgesamt darf man die Zahl der nach einem Urteil Hingerichteten auf etwa 32 500 schätzen[3].

Nach der Kapitulation wurden die Taten der Widerstandsbewegung in allen ehemals besetzten Ländern bekannt, und ihr Ruhm wurde gepflegt. Nur die Taten der ältesten Widerstandsbewegung blieben unbekannt, die der deutschen . . .

Zu sehr waren die Menschen und Unterlagen und Verbindungen atomisiert. Die Sieger hatten wenig Interesse an der Veröffentlichung; sie beschlagnahmten fast alle Unterlagen und ließen sie in ihren Archiven verschwinden. Dann begann der Ost-West-Konflikt und jagte die Deutschen gegeneinander. Die politische Entwicklung ging über das Andenken an die deutschen Freiheitskämpfer hinweg.

Gab es wirklich eine deutsche Widerstandsbewegung?

Wie war sie beschaffen?

Im Jahre 1933 begann ein echter Krieg mit schweren Menschenverlusten, mit Offensiven und Einkreisungsmanövern. Dieser zwölf Jahre währende, pausenlose Kampf im Dunkeln wurde mit einer Härte geführt, die beispiellos war, und auf einer Frontbreite, über deren gewaltige Ausdehnung wir nur allmählich etwas erfahren haben.

Man darf heute schätzen, daß bis zum Kriegsausbruch rund eine Million Menschen wegen ihrer oppositionellen Haltung von der Gestapo verhaftet wurden. Von Hunderttausenden hat man nie wieder etwas gehört. Sie sind mit großer Wahrscheinlichkeit umgekommen.

Im Kampf um seine Freiheit, im Kampf gegen Hitler, opferte unser Volk mehr als eine ganze Armee Menschen.

Das ist eine schwerwiegende Zahl, die vor allem dem Ausland zum Bewußtsein kommen sollte. Die falschen Vorstellungen vieler Menschen im In- und Ausland sind erschreckend und haben Unheil genug in der Beurteilung unseres Vaterlandes angerichtet. Da heute so viele Tatsachenberichte erscheinen, in denen funkelnde Ritterkreuze für Schneid verliehen werden, in denen die Apodiktik des Frontkrieges mit genußvoller Kälte geschildert wird und in denen die Trauer stolz umflort einhergeht — so sei hier von jenen berichtet, die nicht im Einklang mit der herrschenden Macht kämpften. Sie durften keine öffentliche Anerkennung, keinen Dank erwarten. Für ihre Kühnheit gab es keine Beförderung, für ihren Opfermut keine Orden, für ihren Tod kein Kreuz. Auf sie warteten Flüche und Folter in den Kellern. Alles wurde ihnen genommen: ihr Besitz, die Anerkennung ihrer Familie, ihr guter Name, ihre Ehre und das Leben. Und doch gingen sie diesen fürchterlichen Weg.

Und sie gingen in ein Risiko, in ein Todesspiel, das weit gefährlicher war als jedes Kriegshandwerk der offenen Front. Es waren nicht wenige; es waren Hunderttausende bester Deutscher. Ihre Opfer, ihre Leistungen wurden in keinem OKW-Bericht erwähnt. Ihre Prozesse, ihre Massenhinrichtungen, ihre Aussagen, ihre Taten wurden verheimlicht, so sehr, daß selbst Vater und Mutter nicht erfuhren, warum ihre Söhne plötzlich verschwanden. Und auch nach dem Kriege wurde wenig über sie bekannt, so daß fast alle Veröffentlichungen im wesentlichen vom Umkreis des 20. Juli berichteten und kaum von anderen Gruppen näheres wußten oder mitteilten. Hinzu kam, daß von interessierter Seite ein frontaler Angriff gegen das Andenken an die Widerstandsbewegung begann, ein Angriff, der mit Verleumdungen und Entstellungen geführt wurde. In zahllosen Zeitungsartikeln wurde der Widerstand als Verrat bezeichnet.

Nach gründlichen Überlegungen fand der Herausgeber es heute an der Zeit, eine objektive und alle Richtungen des deutschen Widerstandes umfassende Darstellung zu bieten. Er weiß, daß die allzu subjektive KZ-Literatur der ersten Nachkriegsjahre auf eine schockhafte Reaktion der Ablehnung stieß. Sie entsprangen noch zu sehr dem schrecklichen Eigenerlebnis, diese Broschüren, diese subjektiven Aufschreie, diese entfesselten, herzzerreißenden und schrillen Klagen und Anklagen aus dem KZ. Nun, diese Darstellung hier gilt nicht dem KZ, dem Zuchthaus, dem Hafterlebnis, dem Leiden, diese Darstellung hier untersucht, was vor dem KZ war, die Opposition, den Widerstand, die Tat.

Widerstandsbewegungen sind Phänomene, die wie der Rütlischwur, die Erscheinung Bolivars, der Abfall der Niederlande, der Gandhismus, wie der irische Freiheitskampf geschichtliche Tatbestände zu korrigieren suchen.

Der Herausgeber glaubt, daß der Bericht über den deutschen Widerstand alle freiheitsliebenden Menschen anrühren wird, die das Unrecht bekämpfen, wo es sich auch zeigt, und deren heiße Sehnsucht dem Frieden gilt, einem echten Frieden ohne Haß. Der Herausgeber ist also der Meinung, daß die folgenden Ausführungen heute gerade zurechtkommen, nicht zu spät und nicht zu früh.

Gegenseitiger Respekt vor dem Mut des Gegners und Anerkennung der Möglichkeit, daß ein anständiger Mensch den entgegengesetzten Standpunkt haben kann, sind zwei Voraussetzungen der Menschlichkeit. Wer seine Gefühle nicht in Wallungen ausarten läßt, handelt menschlich.

Hitler trieb — wie erinnerlich — die Gefühle der Massen hoch und begründete mancherlei Schandtat mit diesen öffentlichen Wallungen. Es fällt einem gewiegten Politiker leicht, öffentliche Wallungen zu erzeugen, den Haß der Straße, den allgemeinen Wutschaum. Es scheint dies das leichteste und gewissenloseste aller politischen Verfahren zu sein. Aber wer sich von dem Verfahren der Barbaren abwendet, prüft und denkt kühl. Und wer kühl denkt, wird sich nie den Tatsachen verschließen.

Tatsachen aber sind es, die hier objektiv vorgetragen werden: Dies sollte auch die Leser bewegen, die — irgendeiner Parteiung angehörend, sei es einer national, christlich oder sozialistisch betonten — den Bericht über den Opfermut einer anderen weltanschaulichen Gruppe studieren. Jeder lasse — diesen Bericht lesend — seine Vorbehalte zu Hause, seine engen Bedenken — ob hier nicht ein Quentchen zuviel auf der Waage liege, dort ein Name zuwenig genannt werde —, seine besorgten Vorurteile und bedenke, daß dies hier der Bericht von Männern ist, die der Stolz jedes anderen Vaterlandes wären. Jeder prüfe nicht die Partei; er prüfe den Mann, die Frau. Er öffne sein Inneres und sei bereit, jeden, auch den Feind, gerecht zu betrachten und unparteiisch. Denn sogar die Parteien selber waren Schemen zu jener Zeit, sie gingen ineinander über, es kam nicht darauf an. Es gab keine Mitgliedsbücher; es gab den gemeinsamen Tod. Der Henker, der den Verurteilten Witzleben tötete, tötete auch den Verurteilten Saefkow, tötete auch den Verurteilten Delp. Er fragte nicht, ob sie draußen General, Arbeiter oder Ordenspater gewesen seien, Nationalist, Jesuit oder Kommunist, er vernichtete sie. Aber es war deutsches und mutiges Blut, das freiwillig vergossen wurde, um die Abschlachtung Millionen anderer zu verhindern, um den Krieg zu beenden.

Es war das Blut, aus dem eine starke deutsche Demokratie hätte geboren werden können. Heute darf der objektive Beurteiler abschließend sagen: Ein großer Teil des deutschen Volkes hat sich wie ein Löwe gegen die Umstrickung der Nazidespotie gewehrt und bis zur Kapitulation heftigen Widerstand gegen sie geleistet.

Es wurde nach dem Ende des Krieges oft gesagt: In Frankreich gab es eine sehr starke Widerstandsbewegung gegen den Nationalsozialismus, ebenso in Jugoslawien, in Norwegen und in anderen Ländern. Wie kommt es, daß wir nichts von einer größeren Widerstandsbewegung in Deutschland gehört haben, wenn man von der Scholl-Gruppe und vom 20. Juli absieht? Dazu ist folgendes zu sagen:

Die Gestapo stand bei der Besetzung Frankreichs einer völlig neuen Lage gegenüber. Es war eine andere Sprache, die die meisten Gestapoleute nicht kannten. Es gab bis zu diesem Termin keine akkuraten Gestapo-Akten, keine Gestapo-Verzeichnisse und keine Gestapo-Methoden in Frankreich. Die Polizei war anders organisiert. Die Gestapo stand einer völlig unbekannten Größe gegenüber und hatte bis zum Kriegsende nur vier Jahre Zeit, um sich mit der französischen Widerstandsbewegung zu befassen. Ähnlich war es in Jugoslawien, Norwegen und anderen Ländern. In Deutschland dagegen hatte die Gestapo während zwölf langer Jahre Gelegenheit zur Arbeit. Und in zwölf Jahren kann man erheblich gründlicher arbeiten und umfassender als in vier Jahren. Ferner, die Gestapo stand angesichts der Widerstandsbewegung in Deutschland keiner unbekannten Größe gegenüber, sondern sie kannte ihre Feinde aus den langen Kampfjahren vor 1933 genau mit Vor- und Zunamen. Schließlich, die Franzosen und Norweger ebenso wie die Jugoslawen brauchten keinen Moment die Aussicht aus den Augen zu lassen, daß ihnen durch eine Landung militärische Unterstützung zuteil werden könnte. Allein diese Möglichkeit fachte den Widerstandswillen der französischen Antifaschisten und den anderer Länder beträchtlich an. In Deutschland gab es eine derartige Aussicht nicht. Wer sich in Deutschland der Widerstandsbewegung verschrieb, konnte nicht mit einer wesentlichen Hilfe von außen rechnen, erst recht nicht mit militärischer Unterstützung, bis zum Kriegsausbruch, und das waren sechs lange Jahre. Als die meisten Nationen der Welt 1936 Herrn Hitlers Olympiade festlich besuchten, da schon gab es in Berlin viele heimliche Untergrundgruppen, die den auf dem Gipfel des Ansehens und des Ruhmes thronenden Diktator auf Leben und Tod bekämpften, ja — mehr noch — zu diesem Zeitpunkt bereits, als fast die ganze Welt noch glaubte, mit Hitler zu einem Einvernehmen kommen zu können, waren bereits zahllose aktive deutsche Untergrundgruppen im Kampf gegen Hitler hochgegangen, und Zehntausende waren gefallen.
Warum weiß man heute noch nichts davon?

Das Hitlerregime hatte bis auf einige Prozesse in den ersten Jahren (später Geschwister Scholl und 20. Juli) jede Kenntnis der Widerstandsgruppen brutal und erfolgreich unterdrückt und die Unterlagen vernichtet. Hitler selber hatte verschiedentlich erklärt, es gäbe keine Widerstandsbewegung.

Die Alliierten beschlagnahmten rigoros jede Unterlage über die Tätigkeit der deutschen Widerstandsbewegung unter Androhung schwerer Strafen und sammelten alle Zeugnisse ein, um sie in ihren Archiven verschwinden zu lassen, so daß die Nachforschungen der Deutschen nicht nur behindert, sondern nahezu unmöglich gemacht wurden. Ferner: Es lag nicht im Interesse der Alliierten, wie den Deutschen gelegentlich mitgeteilt wurde, eine große Widerstandsbewegung anzuerkennen. Eine solche Anerkennung hätte große Probleme aufgeworfen. Es gab keinen Widerstand gegen Hitler: das war die alliierte Haltung der ersten Jahre. Viele Deutsche wußten es besser, aber sie besaßen zunächst kein Material.

Die vorliegende Arbeit berichtet ausschließlich über die deutsche Widerstandsbewegung bis zur Kapitulation Deutschlands im Jahre 1945. Sie schildert alle Kräfte des Widerstandes der Deutschen gegen die damalige Tyrannei.

Sie berücksichtigt nicht die Entwicklung der Nachkriegsjahre, um die Sachlichkeit der Darstellung durch zeitgebundene Urteile nicht zu gefährden.

Wir alle haben am eigenen Leibe die Vergänglichkeit politischer Urteile höchst intensiv erfahren. Wer hier eine aktuell griffige Stellungnahme sucht, ausschlachtbar für jeden politisch temporären Zweck, billig und flink, lege diese Arbeit beiseite. Was der Leser findet, ist ein — in jeder Weise — unabhängiger Bericht, keiner Partei zuliebe und zuleide verfaßt, ein Bericht, als Unterlage für die spätere Forschung, blutschwer und sinister. Er wird auch heute immer noch unvollständig sein und trotz des schärfsten Bemühens um Sachlichkeit sicherlich doch noch in manchem Irrtum der Zeit befangen. Der Herausgeber zögerte mit der Veröffentlichung fünf Jahre lang, um nicht in hurtiger Promptheit Voreiligkeiten zu fixieren, auch um andere Darstellungen abzuwarten; sind doch erst allmählich zahlreiche Quellen ans Licht gekommen.

Auf Grund eines außerordentlich umfangreichen Briefwechsels, der Forschungen von Einzelpersönlichkeiten und der Zeitschrift „Ulenspiegel", der überprüften Sammelberichte von Widerstandsgruppen, von Beiträgen aus O.D.F.-Büros, von amtlichem Material, Abschriften von Gestapoakten, die nach einem Aufruf des Verfassers eintrafen, und auf Grund der bisherigen Veröffentlichungen sammelte sich ein Material an, das sich gegenseitig kontrollierte und ergänzte, das immer wieder überprüft wurde und immer stärker das gewaltige Profil der gesamtdeutschen Widerstandsbewegung zeigte.

Nach einem Artikel, den ich am 9. Dezember 1946 in der „Neuen Zeitung", München, unter dem Titel: „Es gab eine deutsche Widerstandsbewegung", veröffentlichte, erhielt ich Hunderte von Briefen, über deren Zahl und leidenschaftliche Zustimmung ich äußerst überrascht war. Ich hatte das vorliegende Buch schon lange geplant. Die Zeitschrift „Ulenspiegel", deren Mitherausgeber ich damals war, übernahm die Vorarbeiten.

Dann las ich in der Presse den bekannten Aufruf von Ricarda Huch (abgedruckt S. 11) und begrüßte es, daß eine große deutsche Frau an dieses schwierige Unternehmen zu gehen bereit war.

Ich lernte Ricarda Huch auf dem 1. Deutschen Schriftstellerkongreß kennen, der in Berlin stattfand. Ricarda Huch wurde die Ehrenpräsidentin des Kongresses, und niemand wird den großen Augenblick vergessen, als die königliche alte Dame ihren Ehrensessel auf der Bühne der Berliner Kammerspiele einnahm und die versammelten Schriftsteller sich respektvoll erhoben. Es war wenige Wochen vor ihrem Tode.

Als sie mich zum Tee in ihr Hotel einlud, ahnte ich nicht, welche Bedeutung diese Stunde für mich haben würde. Sie berichtete, daß auf ihren Aufruf zahlreiche Briefe und Berichte eingegangen seien. Sie hatte sie bearbeitet und auf einige Aktenbände verteilt und ließ sie von ihrer Mitarbeiterin herbeiholen. Dabei sagte sie mir, daß sie mit 83 Jahren von der Fülle und der Gewalt des Materials so überwältigt sei, daß sie sich außerstande fühle, die Arbeit fortzusetzen. Sie richtete die Frage an mich, ob ich bereit sei, das Material mit dem meinen zu vereinen, um so ein geschlossenes und einheitliches Werk herausbringen zu können. Sie war durch das pulsierende Papier, das Schicksale enthielt, Tod und Hoffnung, durch die Berichte aus der Hölle zutiefst erschüttert.

Ich dankte ihr, nahm das Material mit aller Ehrfurcht an mich und verpflichtete mich, es der Öffentlichkeit zu überliefern.

Seit dieser Stunde kämpfe ich mit dem vorliegenden Buch. Verschiedene Hilfestellungen mußte ich ablehnen, um die absolute Unabhängigkeit des Werkes zu wahren. Heute darf ich versichern, daß es geglückt ist, dieses äußerst schwierige Unternehmen in völliger Unabhängigkeit[4] und privat durchzuführen. Keine Organisation, keine Partei, kein Amt, kein Beauftragter haben einen Einfluß auf das Buch gehabt.

In der Welt versuchten nur wenige Veröffentlichungen eine Gesamtschau der deutschen Widerstandsbewegung, dagegen erschienen viele Berichte über einzelne Gruppen der Widerstandsfront. Es sei an die Berichte der kommunistischen Widerstandsgruppen erinnert, an die Berichte aus dem kirchlichen Widerstand, an die Berichte über den 20. Juli, an die Berichte über die Geschwister Scholl u. a.

So sehr alle diese Einzelberichte zu begrüßen sind, so sehr erscheint es nach dem heutigen Materialbefund an der Zeit, nunmehr eine erste umfassende und objektive Darstellung aller Richtungen des deutschen Widerstandes zu versuchen, ohne daß irgendeine Richtung mit Vorbehalt oder überhaupt nicht geschildert wird. Der vorliegende Bericht will unter allen Umständen der gesamten Widerstandsbewegung gegenüber gerecht sein. Aus diesem Grunde schließt er mit dem Tag der Kapitulation. Wer der Widerstandsbewegung gerecht werden will, muß sich in die Psychologie der Hitlerzeit zurückversetzen und alle Wertungen der Nachkriegszeit zu vergessen suchen. Niemand von uns konnte wissen, wie die Entwicklung nach 1945 laufen würde. Das einzige, was man zur Hitlerzeit wußte und wissen konnte, war, daß sie mit einer europäischen Katastrophe enden mußte. Bis zur Kapitulation standen kommunistische und nichtkommunistische Gegner des Hitlerregimes im Kampf nebeneinander, und niemand konnte wissen, daß dieselben Personen sich bald gegeneinander wenden würden, eine Tatsache, die jedoch nicht zum Thema dieses Buches gehört. —

Es seien noch einige Bemerkungen zur vorliegenden Arbeit gestattet.

Ein Bericht über die Widerstandsbewegung greift nicht in abgestorbene Materie, exakt darstellbar, sondern in pulsierendes Leben, in Irrtümer, in Vorurteile. Rücksichten sind zu nehmen. Spuren werden gelegentlich verwischt. Interessen liefern falsche Unterlagen. Der Stolz verachtet Berichterstattung. Die Trauer um einen Geliebten verhütet Mitteilungen. Die Begeisterung sieht zu rosig, der Haß zu schwarz. Das macht die Arbeit schwer.

Dieses Buch ist ein sachlicher Bericht über sachliche Arbeit. Es liefert keine Entwicklungsgeschichte, keine Wertungen, sondern Fakten. Es ist also die Arbeit des Historikers, dessen Aufgabe der Herausgeber übernommen hat. Es ist zu hoffen, daß Ergänzungen und Richtigstellungen der Veröffentlichungen folgen. Der Herausgeber identifiziert sich nicht mit einzelnen Fakten und Meinungen dieses Berichtes. Er veröffentlicht sie, um eine Darstellung der gesamten Opposition zu geben. Rücksicht auf Lebende gebot oft die Kürzung von Namen. Im übrigen ist der vorliegende Bericht im Grunde bereits eine Gemeinschaftsarbeit vieler Menschen. Es handelt sich um ein Panorama von Originalberichten, Zitationen und Eigendarstellungen. Es ist eine Gesamtdarstellung in Selbstzeugnissen. — Mit diesem Bericht hier sollte das gewaltige Relief des gesamten Freiheitskampfes aus der dunklen Mauer der Vergeßlichkeit herausgehauen werden.

Die Arbeit am Buch litt unter der Überfülle des Materials. Eine große Zahl von persönlichen Berichten konnte nicht aufgenommen werden. Vorzugsweise wurden Gruppenberichte verarbeitet, die von verschiedenen Mitgliedern unterschrieben wurden. Unklares Material, d. h. nicht bestätigtes Material, wurde nur in Ausnahmefällen aufgenommen.

Die Ordnung des Stoffes konnte auf verschiedene Weise vorgenommen werden. Aber bei jeder Methode hätten sich die Kapitel irgendwie überschnitten, ob man nach einzelnen Kreisen vorgegangen wäre oder der zeitlichen Abfolge entsprechend. Die angewandte Methode schien allen Beteiligten die beste. In den einzelnen Abschnitten wurde auf eine genaue Ordnung verzichtet, um der Gefahr einer Rangordnung zu entgehen und eine gewisse Buntheit zu bewahren, wie sie dem historischen Erscheinungsbild der Widerstandsbewegung entsprach.

Eine Anzahl echter Widerstandskämpfer konnte nicht genannt werden, da dieser Bericht aus den oben erwähnten Gründen — vor allem wegen mangelnder Forschungsmöglichkeiten — nicht vollständig sein kann.

Jahrelange Arbeit, mühsame Überprüfung, zahllose Nachfragen, eine umfangreiche Korrespondenz, Hunderte von Diskussionen, vielfache Kritik und außerordentlich viele Anregungen sind in dem vorliegenden Werk ausgewertet worden und liegen hiermit der Öffentlichkeit vor.

Die Arbeit war nötig, um ein Testament zu erfüllen, das mir aufgetragen war.

Ein solches Werk kann nicht die Arbeit eines einzelnen sein. Mitgeholfen durch Beibringung von Material oder durch Materialkontrolle haben zahlreiche ehemalige Widerstandskämpfer.

Das Werk verdankt seine Entstehung der großen Ricarda Huch, der die deutsche Öffentlichkeit für ihre Initiative Dank schuldet, ferner Menschen wie Inge Scholl, Martin Niemöller, Josef Müller und besonders Adolf Grimme, dem noblen Kameraden in bitterer Zeit. Mit ihnen wurden zahlreiche Gespräche über Art und Plan geführt.

Guntram Prüfer, der sich für die Ordnung des außerordentlich umfangreichen Manuskriptes zur Verfügung stellte, und Walter Hammer, einer der besten Kenner der Vorgänge, brachten wesentliches Material bei und halfen bei der Quellenforschung.

Ferner sei den Universitätsstellen, den wissenschaftlichen Institutionen und den amtlichen Stellen gedankt, die sich der Arbeit mit Auskunft, Material und Kritik zur Verfügung stellten.

Schließlich sei Frau Gräfin Brockdorff und den Herren Walter Dirks, Gen.-Staatsanw. Dr. Fr. Bauer, Albin Stuebs, Freiherrn von Gersdorff, Prof. Werner Krauss, Prof. Ernst Niekisch und zahlreichen anderen Mitarbeitern gedankt, die durch ihre Eigenberichte die Grundlage für die Arbeit schufen, so daß sie sich zu einem Chor von Originalstimmen der Widerstandsbewegung auswuchs.

Uns alle hat das Bewußtsein getragen, daß dieses Buch vielen ehemaligen Widerstandskämpfern endlich eine Ermutigung gibt, ihre Sache vertritt und den vielen objektiv Gesinnten in beiden Deutschlands Auskunft gibt über Namen und Art der deutschen Widerstandsbewegung, die damals so erfolgreich verschwiegen wurde und heute so erfolgreich beschimpft und bespien wird, die jedoch als ragende Tat in der deutschen Geschichte dieses Jahrhunderts nicht auszulöschen ist.

Was hat die deutsche Widerstandsbewegung erreicht?

Sie hat erreicht, daß das Ende des Krieges beschleunigt und damit noch weitere Menschenopfer verhindert wurden. Die Atombomben wären wahrscheinlich im anderen Fall über Deutschland abgeworfen worden. Dem Vorwurf der deutschen Kollektivschuld konnte wirksam entgegengetreten werden. —

Es gibt immer noch keinen öffentlichen Schutz vor der posthumen Beleidigung Hingerichteter. Es gibt immer noch keine gesetzliche Anerkennung für das geschichtliche Ereignis der deutschen Widerstandsbewegung. Darum sind im Namen zahlreicher Widerstandskämpfer an die Vertreter unseres Volkes folgende Forderungen zu stellen.

1. Der Bundestag wird aufgefordert, gesetzgeberisch einen Rechtsschutz für die toten und lebenden Mitglieder der deutschen Opposition 1933—1945 zu schaffen, der jegliche Beschimpfung der gesamten deutschen Widerstandsbewegung unter Strafe stellt. Weltanschauliche Konflikte müssen dabei zurücktreten.
2. Es ist die sofortige Einrichtung eines „Instituts zur Erforschung der Widerstandsbewegung 1933—1945" notwendig, das sich mit der historischen Forschung befaßt, eine komplette Darstellung aller Tatsachen und Probleme der deutschen Opposition vorbereitet, eine einschlägige Bibliothek erstellt und eine Bibliographie anlegt[5].
3. Die wirtschaftliche Wiedergutmachung ist in vielen Fällen noch nicht erfolgt. Die Ministerien sollten sieben Jahre nach dem Tode Hitlers in der Lage sein, ihre zahlreichen Ämter und Büros anzuweisen, die Wiedergutmachung sofort durchzuführen.

Erst wenn die deutsche Widerstandsbewegung im öffentlichen Bewußtsein anerkannt ist als ein würdiger, geschichtsbildender Faktor unserer Entwicklung, erst dann wird man von Gerechtigkeit in Deutschland sprechen dürfen. Und Gerechtigkeit — sie ist es doch, die unser aller Tun und Denken bestimmen sollte, nicht Ressentiments, nicht Haß, nicht Vorurteil.

Nur gelassene, kläräugige Gerechtigkeit wird uns Deutschen erlauben, die Vergangenheit so zu sehen, daß wir unserer Zukunft entgegenblicken können — der reineren Zukunft unserer Kinder, für die so viele Deutsche gestorben sind.

Hamburg, im Dezember 1952 — Günther Weisenborn

Allgemeines und Grundsätzliches

Formen des Widerstandes

Es gab Millionen Deutscher, die mit den Maßnahmen des Naziregimes nicht einverstanden waren, die sich innerlich von Fall zu Fall empörten, die über die Wegnahme der eisernen Zäune vor ihren Häusern schimpften, über die Uniform und Monotonie der Zeitungen, kurz über alle jene Erscheinungen des NS-Alltags, die von Tag zu Tag wechselten, immer überraschend kamen und immer aufregend.

Millionen Deutscher waren durchaus nicht einverstanden. Sie ballten die Fäuste in den Taschen und blickten mit schweren Herzen der Zukunft entgegen. Aus diesem Riesenbassin von Millionen Unzufriedener stammte der passive Widerstand. Hierzu sind die heimlichen Radiohörer zu rechnen, die die ausländischen Sender trotz schärfster Verbote abhörten, die sich von Sammlungen drückten, die nicht mitmarschierten, die bei Betriebsappellen und ähnlichen nazistischen Unternehmungen krank waren, die sich in ihrem Arbeitstempo bewußt und aus Trotz nicht hetzen ließen, die Negatives über das Hitlerregime gern hörten und gern weitererzählten. Von diesen wurden zahlreiche durch die Gestapo gefaßt, und sie waren äußerst verwundert über die Schärfe der Strafen, die sie trafen. Derartige Verbrechen faßte der NS-Staat unter dem Sammelbegriff „Vergehen gegen das Heimtückegesetz" zusammen. Diese Unwilligen wurden „Meckerer" oder „Heimtücker" genannt. Sie waren keine überzeugten, planmäßig arbeitenden Freiheitskämpfer, sondern ehrliche Räsoneure. Aus manchem von ihnen hätte ein bewußter Widerstandsmann werden können, wenn die Verhaftung nicht seine Entwicklung unterbrochen hätte; denn für viele bedeutete die Zeit des passiven Widerstands den Anfang des aktiven Widerstands. Es ist der Unterschied zwischen Reden und Handeln.

Aus den Reihen der Unzufriedenen sonderten sich durch die klare und kalte Frage: — „Wenn du ein Mann bist und unzufrieden, mußt du dann nicht handeln?" — die Entschlossenen von den Unentschlossenen. Die Entschlossenen stießen zur Widerstandsbewegung und gingen in ihr auf. Außer dem Selbstmord, der unter Umständen eine gewichtige Widerstandsaktion sein konnte, wenn z. B. ein Illegaler, um keine Namen preiszugeben, seinem Leben im Gestapokeller ein Ende setzte, gab es viele Formen der Opposition. Es gab das Verbreiten von Witzen und nichtamtlichen Nachrichten, denn nur amtliche Nachrichten wurden nicht bestraft.

Es gab das „Langsamer"-Arbeiten, das schlechte Arbeiten, Diskussionen, den heimlichen Streik, Fehlleitungen, Gruppenbildung, Sabotage, Radiosendungen, Organisierung von Fremdarbeitern, Verbreitung von Flugschriften, Partisanenkampf und das Attentat, kurzum tausend Formen der illegalen Aktivität.

Eine Form der Opposition, das direkte Attentat, wurde mindestens in zehn, wahrscheinlich in zwölf Fällen versucht. Wir zählen sie auf:

Das Attentat im Münchner Bürgerbräu 1939 wurde dem Tischler Elser zugeschrieben, der jahrelang im KZ Dachau in Einzelhaft saß und vor dem Zusammenbruch getötet wurde.

Fest scheint zu stehen, daß der General von Hammerstein Hitler bei einer Inspektionsreise an der Westfront gefangennehmen wollte, daß aber Hitler nicht erschien und daß er Hammerstein entließ.

Am 13. März 1943 gelang es Schlabrendorff, eine Zeitbombe in Hitlers Flugzeug als Kognakflasche getarnt zu schmuggeln. Aber das Flugzeug landete unbeschädigt, der Zündmechanismus hatte versagt. Schlabrendorff flog hinterher und nahm die Bombe wieder an sich.

Gleichfalls im Jahre 1943 wurde ein neues Attentat auf Hitler unternommen, als er eine Ausstellung im Berliner Zeughaus eröffnete. Der General v. Gersdorff hatte in jeder Manteltasche eine entsicherte Zeitbombe, die nach fünfzehn Minuten in die Luft gehen sollten. Aber Hitler verließ die Ausstellung vorher.

General v. Tresckow hatte sich mit sechs Offizieren seines Stabes zu einem Gemeinschaftsattentat bei einem Besuch Hitlers in der Heeresgruppe Mitte verabredet. Aber Hitler erschien nicht mehr bei jener Armee. Nach Gisevius soll ein anderer Attentatsversuch im Hauptquartier Ende 1943 gescheitert sein, da sich der Sprengstoff vorzeitig entzündete. Der Offizier, der ihn unternahm, war Oberstleutnant Schrader.

Als Hitler im Winter 1944 neue Uniformentwürfe besichtigen wollte, die von Offizieren vorgeführt werden sollten, trugen drei Offiziere Sprengstoff mit sich, um Hitler zu vernichten. Aber eines Luftangriffs wegen ließ Hitler die Vorführung verlegen.

Stauffenberg selber verschob zweimal sein Attentat, da Göring und Himmler bei der Lagebesprechung fehlten und man die beiden gleichfalls töten wollte.

Im Dezember 1943 hatte Stauffenberg glücklich eine Bombe durch alle Sperren des Hitlerschen Hauptquartiers geschmuggelt, um Hitler zu töten. Aber Hitler sagte die Konferenz ab.

Als die Bombe am 20. Juli explodierte, hatte Hitler die Konferenz aus dem Bunker in eine Holzbaracke verlegen lassen, so daß der Explosionsdruck stark abgeschwächt war[6].

Eine neue Form der Opposition ist der illegale Radiosender. Es gab einen Widerstandskampf im Äther, der Millionen in ihren Entschlüssen beeinflußte. Außer den „Feindsendern“ London, Moskau, New York usw. gab es eine Reihe von Geheimsendern, die eine entscheidende Rolle spielten. Es gab den Sender der „SA-Fronde“, den Sender „SA-Mann Brand“. Es gab den Sender der „Europäischen Revolution“ und den des Komitees „Freies Deutschland“. Es gab den Sender des „Deutschen Arbeiters“ und den äußerst populären Sender „Gustav Siegfried I“. Weitere Geheimsender waren der „Soldatensender West“ der „Soldatensender Calais“ und der „Deutsche Kurzwellensender Atlantik“. Diese Sender waren zum großen Teil „Feindsender“ und wurden zum Teil im Ausland von Deutschen, zum Teil im Inland von Deutschen betrieben. Dazu kamen viele namenlose Propaganda- und Nachrichtensender.

Neben den großen Sendern wurden von der deutschen „Funkabwehr“ im Jahre 1942 zahlreiche kleine Geheimsender, die im Lande arbeiteten, beobachtet (nach W. Flicke)[7].

Außer den illegal lebenden Widerstandskämpfern, den Namenlosen, den Untergetauchten, gab es andere, die in einem Beruf standen und ein Doppelleben führten, und jene, die zwischen Ausland und Inland auf Schleichwegen hin und her wechselten. Es gab viele Illegale, die sich im Anfang für das NS-Regime eingesetzt hatten, später jedoch gerade durch eine bevorzugte Position sehend wurden und in den Widerstand gingen. Ihnen standen andere gegenüber, die unablässig seit der „Machtergreifung“ aktive Feinde des Nazisystems geblieben waren. Manche von ihnen wurden wiederholt verhaftet. Vor ihrem Opfermut schweigt jede Kritik.

Manche jedoch entdeckten erst im Jahre 1945 ihre Opposition, um nicht den Anschluß zu verpassen. Und als der Zusammenbruch Tatsache geworden war, gab es eine Zeitlang nur noch „Widerstandskämpfer“, bis der Wind wieder anders wehte.

Eines jedoch sei festgehalten:

Selbst ein Maximum von raffiniertestem Terror in einem Gewaltsystem, wie es Hitler vollendet anwandte, kann nicht verhindern, daß ein latenter Widerstand im Volk lebt, der das Recht auf die Minderheit vertritt. Dies ist eine der wichtigsten Erfahrungen der Gegenwart.

Gewissen und Justiz

Es steht heute fest, daß über das neutrale Ausland und durch zahlreiche illegale Radiosender während des Krieges Verbindungen zu den USA, nach Rußland, Frankreich, England und anderen kriegführenden Ländern bestanden haben, und zwar hatten sowohl das Naziregime wie auch die Widerstandsbewegung Kontakte mit dem feindlichen Ausland.

Der deutschen Widerstandsbewegung sind später Vorwürfe wegen dieser Auslandskontakte gemacht worden. Und zwar Vorwürfe von der Seite, die ein „soldatisches Deutschtum" gepachtet zu haben glaubt und eben mit diesem „soldatischen Deutschtum" geholfen hat, unser Vaterland in den Abgrund zu jagen.

Heute, nachdem die Geschichte gesprochen hat und die eiserne Summe gezogen worden ist, sollte klar sein, auf welcher Seite der Landesverrat begangen wurde. Wer sein Volk soldatisch in das schrecklichste Unheil seiner Geschichte schickte und es belog, beging Landesverrat. Wer die ehrlichen und betrogenen Männer unseres Volkes in Uniformen steckte und sie über die Grenzen jagte, um andere Völker mit Krieg zu überziehen, der beging Verrat an unserem Volk. Wer sein Volk gegen diesen Wahnsinn zu verteidigen suchte, kämpfte gegen die Landesverräter. Und Hitler war ein Landesverräter. Nur die beschränktesten Köpfe plappern heute noch, nachdem die Ergebnisse vorliegen, seine Phrasen nach. Wessen Haus zertrümmert, wessen Existenz vernichtet, wessen Familie zerstört ist, der weiß beim Anblick der Ruinen, wer die Heimat verraten hat um seiner Machtgier willen, wem die Menschen und ihre Qual absolut gleichgültig waren. Es waren der eidbrüchige Werwolf aus der Reichskanzlei und sein Unrechtsstaat.[8]

Die Widerstandskämpfer wollten die Häuser erhalten, die Familien und ihr Volk vor dem Unheil schützen. Dazu waren nach vieler Ansicht Auslandskontakte notwendig, und nur sie selber konnten das beurteilen. Sie gaben ihre Existenzen, ihr Leben dafür, daß ihr Volk sein Leben behielt. Sie kämpften opfermutig gegen den Krieg, sie wollten ihn verkürzen und damit Menschenleben retten.

Zur Frage des „Landesverrats" als Landestreue sei ein Zitat von Hanns-Erich Haack aus der „Deutschen Rundschau" (1947) gebracht, der die Frage untersucht:

»... Jede Tat kann nach den Begriffen der modernen Rechtslehre auch aus einer Unterlassung, und zwar des ethisch Zwingenden, bestehen. „Treue" gegenüber dem Diktator kann damit zum Verrat am Volke werden, so wie umgekehrt der „Verrat" an den Nazis Treue zum Volke bedeutet und eine patriotische Tat wird ...

All das sind Überlegungen, die in der einen oder anderen Form zu den Tages- und Nachtgesprächen der Männer des deutschen Widerstandes gehörten, mit denen sie unentwegt gerungen haben und für die sie schließlich nach bestem Wissen und Gewissen gegenüber den Menschheitsidealen eine Lösung fanden.«

Es ist hinzuzufügen, daß die NS-Partei niemals eine parlamentarische Mehrheit erhalten hat, aus der allein ein öffentlicher Rechtsanspruch abzuleiten wäre, da Hitler die Weimarer Verfassung beschworen hat. Selbst am 5. März 1933 erhielt die NSDAP nicht mehr als 43,9 % aller Wählerstimmen.

Der katholische Moraltheologe Professor Dr. Rupert Angermair erstattete im Braunschweiger Remer-Prozeß ein Gutachten, in dem es heißt (nach den Gerichtsakten):

»... So können wir nicht anders als ehrlich bekennen: Einem Mann offen zu widerstehen, der das ganze Volk mit sich ins Verderben reißen wollte, das war nicht mehr gegen den Fahneneid verantwortlicher Generale, sondern ein freilich schweres, nach ihrer ehrlichen Überzeugung aber nicht mehr zu umgehendes Opfer an den eigentlichen Sinn des Fahneneides, den sie auf das Gemeinwohl des deutschen Volkes geschworen hatten ...

... Aus diesem Verständnis des Fahneneides klärt sich nun auch der Begriff der Treue und ihres Gegenteils, des Verrates. Hochverräter ist, wer einen Regenten als treuen Diener des Gemeinwohls tötet oder an seiner gemeinwohlwichtigen Tätigkeit böswillig hindert. Ein Tyrann nun, der seinerseits zum „Verräter" am Gemeinwohl wurde, ist überhaupt nicht mehr „hochverratsfähig".

„Landesverrat" begeht, wer sein Volk wissentlich und willentlich dem Feind ausliefert, es an den Feind verkauft. Der Landesverräter bringt das eigene Volk bewußt in Unordnung, er lähmt und untergräbt seine gesunde Kraft. Wollten die Männer des 20. Juli solches? Wollten sie nicht vielmehr das Volk von einem inneren Schädling befreien, um es vor einer befürchteten Knechtschaft unter andere Staaten, soviel überhaupt noch möglich, zu retten?

Ein guter Zweck muß sich auch sittlich guter, mindestens erlaubter Mittel bedienen, wenn die Tat in ihrer Ganzheit sittlich gut sein soll. Menschen, die mehr summarisch als prinzipiell denken, meinen oft, daß jeder Kontakt untergeordneter Stellen mit dem Ausland automatisch ein „in sich schlechtes Mittel" und daher „Verrat" sei. Wenn einzelne ohne höhere Verantwortung eine saubere Staatsführung übergehen und auf eigene Faust mit dem Feind in Unterhaltung treten, wird die Vermutung ohne weiteres auf Verrat lauten.

Kein Verrat, sondern Verantwortung für die schwere Entscheidung, die bevorstand, war es, wenn höchste militärisch mitverantwortliche Stellen vor dem 20. Juli zu erforschen suchten, ob der Feind eine Selbsthilfe des deutschen Volkes hernach anerkennen werde. Insofern zeigt gerade ihr

Gespräch mit dem Ausland, daß es ihnen nicht um Rache gegen Hitler ging, sondern daß sie seine Beseitigung unterlassen hätten, wenn damit nichts mehr zu retten war. Erfuhr man freilich, daß der Feind nicht nur gegen Hitler, sondern gegen Deutschland weiterzukämpfen gedachte, dann konnte gerade auch diese Erkenntnis darauf drängen, im eigenen Lande um so gründlichere Ordnung zu schaffen. Eine Preisgabe militärischer „Geheimnisse", d. h. von Dingen, die der Feind nicht ohnehin wußte, war zur Feststellung feindlicher Absichten nicht nötig ...

... Wer von einer Staats- oder Führermystik überzeugt war und darum glaubte, Hitler sei Deutschland oder die Partei sei das deutsche Volk gewesen, der konnte Hochverrat und Landesverrat überhaupt nicht mehr unterscheiden. Wer dagegen Hitler in jenem Augenblick als eine Gefahr für das deutsche Staatswesen erkannte, dachte nicht an die Idee des „Verrats", wenn er das Ausland gegen Hitler zu Hilfe rief, um Deutschland vor ihm zu retten ...

... Mancher scheint immer wieder zu vergessen, daß auch Hitler feierlich auf das Gemeinwohl des deutschen Volkes vereidigt war. Also stand er nicht über dem Eid. Ebensowenig war der Eid für ihn da, war er also „Eidträger", wie man im Sinne heidnisch-germanischer „Mannestreue" plötzlich wieder zu lehren anhub. Hitler war Vereidigter, der als allererster seinen Eid zu halten hatte, wenn die Bindung der Bürger an das Gemeinwohl einschlußweise auch eine Bindung an ihn als Garanten und Repräsentanten dieses Gemeinwohls bedeuten sollte ...

... Man bedenke: Wenn man den Soldateneid mechanistisch-formalistisch auf eine fehlbare Person mit Unbedingtheit gültig auffassen wollte, dann wäre ein einmal vereidigtes Heer eine willenlose Maschine, mit der ein einzelner Mann, auch wenn er irrsinnig oder diabolisch würde, anfangen könnte, was ihm ganz allein beliebt. Der Soldat, auch der höchste General, wäre in seinem „Dienst" keine vollwertige menschliche Persönlichkeit mehr. Der oberste Heerführer könnte mitten im Frieden fremde Staaten rechtswidrig überfallen oder die Regenten fremder Völker machtmäßig zwingen, daß sie ihre heiligsten Eide auf das Wohl ihres Volkes und auf dessen Verfassung brechen müßten. Macht ginge nicht mehr bloß vor Recht, sondern absolut auch vor jeden Eid!

Oder eine andere Konsequenz: Wenn der Soldateneid dieser Art wesenhaft auf Hitler persönlich ausgerichtet gewesen wäre, dann wäre unser ganzes Heer an seinen Eid von dem Augenblick an nicht mehr gebunden gewesen, da man annehmen konnte, daß Hitler seinen eigenen Führereid zum wahren Besten des deutschen Volkes gebrochen hatte. Wie gefährlich wäre also eine solche Idee, und wieviel stärker hält die christliche Auffassung vom Eid ein Volk zusammen!«

Es entwickelte sich in dem erwähnten Prozeß nach dem Gutachten von

Prof. Dr. Angermair ein lebhafter Dialog, da Remers Verteidiger einige Fragen stellte. Wir zitieren:

»... Verteidiger: „Mal eine andere Frage. Sie sind also der Auffassung, daß man in der Zeit, sagen wir einmal Mitte 1944, Landesverrat, sagen wir einmal im heutigen juristischen Sinne, üben durfte, wenn der Betreffende überzeugt war, daß er damit dem Wohle des Volkes diente?"

Dr. Angermair: „Landesverrat, der dem Wohle des Volkes dient, ist ein Widerspruch in sich. Wenn etwas Landesverrat ist, dann dient es nie dem Wohl des Volkes. Wenn etwas dem Volke dient, dann ist es nicht ‚Verrat' des Volkes. Die Moraltheologie nimmt dabei die subjektive Haltung und das persönliche Motiv höchstens noch einen Grad ernster, als auch schon das Recht es tut.

So ist also nicht jede Verhandlung mit dem Feind ohne weiteres schon Landesverrat ..."

... Verteidiger: „Kommen Sie, moraltheologisch gesehen, zu dem Ergebnis, daß man diese Verbindung mit dem Feind in dieser Richtung hin aufnehmen durfte?"

Dr. Angermair: „In der Moraltheologie gibt es keine starren ‚Fächer', in denen festgefrorene ‚Begriffe' lägen. Es gibt darin z. B. keinen unveränderlichen Satz, der etwa rein des Begriffes wegen besagte: ‚Verbindung mit dem Feind ist unter allen Umständen verwerflich.' Der moraltheologische Grundsatz heißt vielmehr: Was in solcher Beziehung dem eigenen Volk schadet und es entehrt, ist sittlich verboten! Nun kann man aber darüber durchaus diskutieren, ob das, was verantwortungsbewußte Männer damals taten, unter jenen Umständen dem Volk schadete und es entehrte. Dem objektiven Ziel und der subjektiven Absicht nach sollte es durchaus zum Besten des Volkes sein, daß und was mit dem Kriegsgegner verhandelt wurde. Der Jurist hat begreiflicherweise noch größere Hemmungen als der Moraltheologe, wenn Gefahr ist, daß gewisse formale Bestimmungen aufgeweicht werden könnten. Trotzdem müssen wir die bloßen ‚Begriffe' von der Sache unterscheiden, die ihnen zugrunde liegt. Begriffe können mit der Zeit ausgehöhlt werden. Ihr tieferer Sinn muß dann vom Wesen der Sache selbst her zurückerobert werden ..."«

Im Gutachten des evangelischen Moraltheologen Prof. Dr. Wolf heißt es (vgl. Gerichtsakten):

»... Es ist höchst charakteristisch, daß Luther selbst, der ja bekanntlich gegenüber allem Widerstand schwere Bedenken hatte, für diesen Fall für seine Person den Satz sprechen kann: „Wenn ich einen Aufruhr anzetteln könnte, würde ich es tun."

Infolgedessen würde z. B. auch eine, wie man sagt, theoretisch, auf die Sache gesehen aber abstrakt (das ist ein erheblicher Unterschied) vorgenommene Unterscheidung etwa von Hochverrat und Landesverrat in diesem moraltheologisch anvisierten Fall überhaupt nicht unterzubringen sein. Eine solche abstrakte Unterscheidung erscheint dem Moraltheologen als ein überaus billiges Argument, weil nämlich der in abstracto ganz einwandfreie Hochverräter und der in abstracto ganz einwandfreie Landesverräter im konkreten Handeln nicht in dieser Weise geschieden werden können.

Ich gebe zu, daß immerhin unter Anwendung der bestimmten strafrechtlichen Entscheidungen ein Mehr oder Minder nach der einen oder anderen Seite hin im Einzelfall festgestellt werden könnte. Aber eine Unterscheidung, die in so komplexen Fällen etwa Hoch- und Landesverrat wirklich trennen wollte, läßt sich hier, innerhalb des evangelischen Predigens von einer Widerstandspflicht gegenüber gesetzlosem Zustand, schlechterdings nicht unterbringen; sondern hier entscheidet lediglich das Wagnis des einzelnen auf Grund seiner Erkenntnis der Lage, ein Wagnis, das er mit dem vollen Einsatz seines ganzen Seins und — um mit Luther zu sprechen — „seiner Seelen Seligkeit" unternehmen muß ...«

Der General Friebe erstattete ein Gutachten, in welchem es heißt (vgl. ebenfalls die Gerichtsakten):

»... Hitler hatte am 30. Januar 1933 vor dem greisen Reichspräsidenten von Hindenburg geschworen, daß er seine Kraft für das Wohl des deutschen Volkes einsetzen, die Verfassung und die Gesetze des Reiches wahren, die ihm obliegenden Pflichten gewissenhaft erfüllen und seine Geschäfte unparteiisch und gerecht gegen jedermann führen will.

Wie aber sollten wir uns verhalten, wenn das Staatsoberhaupt den dem deutschen Volk geleisteten Eid brach? Und das hat doch Adolf Hitler in fortlaufenden Handlungen getan! Allein die Umwandlung der Demokratie in eine Diktatur war doch Verfassungsbruch im höchsten Maße.

Erstmalig in der langen Geschichte des deutschen Volkes stand ein Staatsoberhaupt an der Spitze der Nation, das, von krankhaften Ideen besessen und an seine Unfehlbarkeit glaubend — auch das ist krankhaft —, das Volk in das Verderben führte und es der Verachtung der gesitteten Welt preisgab.

Wir müssen uns darüber klar sein, daß Hitler in der deutschen Geschichte eine einmalige Erscheinung ist und hoffentlich bleiben wird und daß er kein Vorbild hat ...«

Auszüge aus dem grundlegenden Plädoyer des Generalstaatsanwalts Dr. Bauer mögen folgen, der gegen den Angeklagten im Braunschweiger Prozeß folgendes ausführte („Geist und Tat", Köln, Juli 1952):

»... Nach Auffassung der Staatsanwaltschaft hat diese Verhandlung den klaren Beweis erbracht, daß die Behauptung, die Widerstandskämpfer seien Hoch- und Landesverräter gewesen, unwahr ist. Mögen einzelne mehr oder minder bedeutende Vorwürfe für das Gericht nicht nachgewiesenermaßen unwahr sein, so sind sie jedenfalls nicht erweislich wahr, und der Angeklagte, der die Widerstandskämpfer beschimpft hat, trägt insoweit, nachdem Staatsanwaltschaft und Gericht das zur Aufklärung Erforderliche getan haben, das Risiko einer unklaren Beweislage . . .

Die drei theologischen Sachverständigen haben übereinstimmend erklärt, daß nach dem Standpunkt der evangelischen und der katholischen Moraltheologie den Männern des 20. Juli kein Vorwurf des Landesverrats zu machen sei, da sie den Willen gehabt haben, ihr Land nicht zu verraten, sondern zu retten. Das war die klare Aussage der Prof. Iwand, Wolf und Angermair. Hier ist ein einfacher Schluß am Platze. Er wird uns Juristen in Erinnerung an die allerersten Vorlesungen über das Verhältnis von Moral und Recht, die wir gehört haben, nahegelegt. Damals haben wir gelernt, daß Kant gesagt hat: „Das Recht ist das ethische Minimum." Wenn moralisch etwas als einwandfrei dasteht, wie es unsere Sachverständigen dargelegt haben, dann muß es unter allen Umständen auch juristisch einwandfrei sein; denn die Moral verlangt mehr als das Recht.

Das war die Auffassung unserer Moraltheologen, sie deckt sich aber auch mit unserem Strafrecht. Im Jahre 1944 stand im Strafgesetzbuch über Landesverrat folgendes:

§ 99 StGB: „Verrat im Sinne der Vorschriften dieses Abschnittes begeht, wer mit dem Vorsatz, das Wohl des Reiches zu gefährden, das Staatsgeheimnis an einen anderen gelangen läßt."

Meine Herren Richter, nicht wer ein Staatsgeheimnis an einen anderen gelangen läßt, ist schon Landesverräter; Landesverräter ist nach dem Wortlaut unseres Gesetzes nur, wer mit dem Vorsatz handelt, das Wohl des Reiches zu gefährden.

Im § 91 StGB hieß es weiter: „Wer mit dem Vorsatz, schwere Nachteile für das Reich herbeizuführen, zu einer ausländischen Regierung in Beziehung tritt, wird mit dem Tode bestraft."

Wohlgemerkt, auch hier wird der Vorsatz gefordert, schwere Nachteile für das Reich herbeizuführen.

§ 91 b StGB lautete: „Wer im Inland oder als Deutscher im Ausland es unternimmt, während eines Krieges gegen das Reich der feindlichen Macht Vorschub zu leisten oder der Kriegsmacht des Reiches einen Nachteil zuzufügen, wird mit dem Tode bestraft." Auch nach diesem, dem letzten in Frage stehenden Paragraphen kommt es darauf an, ob jemand es unternimmt, dem Deutschen Reich einen Nachteil zuzufügen.

Meine Herren Richter, Sie haben eine Reihe von Zeugen gehört. Ich glaube, es gibt niemanden in diesem Saal, der den Mut hätte, zu sagen, einer der Widerstandskämpfer hätte nicht mit der heiligen Absicht gehandelt, seinem deutschen Vaterland zu dienen. Stauffenberg starb mit den Worten auf den Lippen: „Es lebe das heilige Deutschland!"

Am 20. Juli war der Krieg endgültig verloren, der Sachverständige Prof. Dr. Schramm hat dies bestätigt. Am 20. Juli war das deutsche Volk total verraten, verraten von seiner Regierung, und ein total verratenes Volk kann nicht mehr Gegenstand eines Landesverrats sein. Genau so wenig wie man einen toten Mann durch einen Dolchstoß töten kann. Das ist noch nicht einmal ein untauglicher Versuch.

Der Krieg war schon lange vorher verloren, und die Widerstandskämpfer haben es gewußt. Vor dem Jahre 1933 standen auf den Plakatsäulen Deutschlands die Worte: „Hitler bedeutet Krieg." Es war ein Wort, das leider wahr geworden ist, und jeder Krieg war ein verlorener Krieg, und jeder Krieg bedeutete die Vernichtung und Zerschmetterung Deutschlands . . .

Der Krieg war verloren, bevor der erste Schuß gefallen war, und ihre Konzeption war, Deutschland das Schlimmste zu ersparen. Jeder Versuch, den Krieg zu verhüten, jeder Versuch, den Krieg abzukürzen, bedeutete eine Ersparnis deutscher Menschenleben, deutscher Arme und Beine, deutscher Wohnungen, bedeutete ein Plus deutscher Weltgeltung . . .

Es ist unmöglich, historisch zu prohezeien; aber ich kann auf ein Beispiel verweisen, das uns zeigt, daß gelungener Widerstand zu einem besseren Frieden führen konnte: ich meine Italien. Sei dem aber, wie ihm wolle. Meine Herren Richter, vergessen Sie bei Ihrem Urteil nicht: das, was die Widerstandskämpfer vollbracht haben, war das größte nationale Aktivum, mit dem wir Deutschen am Ende des Krieges den Alliierten entgegentreten konnten; es war das einzige Aktivum, das wir ins Feld führen konnten, als die Kollektivschuld uns ins Gesicht geschleudert wurde. Es war ein Aktivum, das wir dem Widerstandskampf und nur ihm verdanken.

Lassen Sie mich zur Stütze meiner Ausführungen auf einen Präzedenzfall unserer deutschen Rechtsgeschichte zurückgreifen. In der Weimarer Republik wurde Reichspräsident Ebert der Vorwurf des Landesverrats gemacht, weil er während des Ersten Weltkrieges an einem Munitionsarbeiterstreik teilgenommen hatte. Damals kam es in einer Strafsache gegen einen gewissen Rothardt zu einem erstinstanzlichen Urteil in Magdeburg. Das damalige Schöffengericht meinte, Reichspräsident Ebert habe durch seine Teilnahme am Streik juristisch Landesverrat begangen, aber nicht moralisch, da er, wie das Gericht feststellte, letztlich das Beste für Deutschland gewollt habe. Gegen dieses Magdeburger Urteil wandte sich die Kritik aller deutschen Strafjuristen von Bedeutung, an ihrer Spitze Reichsjustizminister Schiffer, ferner Radbruch, Geheimrat Kahl, Prof. Sinzheimer und Prof. Liepmann. Ich will ihre Ausführungen in Kürze wiedergeben. Entscheidend für die Frage des Landesverrats sei, meinten sie, nicht die einzelne Episode, sondern der Gesamtverlauf des historischen Geschehens, wie ihn sich ein Politiker vorstelle, sonst laufe das

Gericht Gefahr, die Teile in der Hand zu haben, es fehle ihm aber leider „das geistige Band". Liepmann hat in dieser Diskussion mit besonderer Deutlichkeit den Gesichtspunkt in den Vordergrund gestellt, den auch unsere Moraltheologen betont haben. Er hat geschrieben: „Man kann nicht historisch-politisch seinem Vaterlande einen Dienst erweisen und durch dieselbe Handlung dem Feinde Vorschub leisten." Radbruch hat eine Güterabwägung, eine sog. compensatio lucri cum damno in Vorschlag gebracht. Man müsse zu einer Gesamtabwägung des Plus und Minus kommen; man müsse die ungünstigen Teilwirkungen mit der günstigen Gesamtwirkung vergleichen. Er hat wie auch Sinzheimer sich dafür ausgesprochen, daß taktische Einbußen strategischen Gewinn rechtfertigen. Sie haben als Beispiel genannt, ein Heerführer, der ein Armeekorps opfere, um das Gesamtheer zu retten, sei kein Landesverräter. Die anderen haben Beispiele mehr aus dem Privatleben erwähnt:

Ein Arzt z. B., der ein Bein amputiere, um einen Menschen zu retten, begehe keine Körperverletzung. Schiffer verwies auf den Schulfall, daß ein Mensch, der einen Ertrinkenden beim Versuch, ihn zu retten, drossele, ebenfalls keine Körperverletzung begehe. Entscheidend sei — kurz und gut — die Gesamtkonzeption, entscheidend seien das Ziel und das Motiv. Politik, Diplomatie und Strategie und wahrscheinlich alles andere in diesem Leben ist ohne Opfer nicht denkbar, Sinn für Geschichte verbietet, die Opfer, die gebracht werden müssen, isoliert zu sehen.

Diese juristischen Gesichtspunkte haben ihren Niederschlag in einer Entscheidung des Reichsgerichts gefunden, Band 65, S. 433. Ich darf Ihnen, meine Herren Richter, die entscheidenden Sätze aus diesem Urteil vortragen. Es beschäftigt sich ebenfalls mit den Beschimpfungen Eberts als eines Landesverräters:

„Beim Landesverrat gehört zum Vorsatz das Bewußtsein und der Wille, der deutschen Kriegsmacht Nachteile zuzufügen. Bei der Prüfung, ob dieses Bewußtsein und dieser Wille vorhanden waren, dürfen wiederum nicht einzelne Handlungen aus dem Zusammenhang gerissen und für sich betrachtet werden, es muß vielmehr das Gesamtverhalten ins Auge gefaßt sein. Ergibt sich, daß das Gesamtverhalten durch das Ziel beherrscht ist, von der Kriegsmacht des Deutschen Reiches größere Nachteile abzuwenden und für diese zu diesem Zweck die geringer benachteiligenden Handlungen in Kauf zu nehmen, so fehlt in bezug auf das Gesamtverhalten, von dem jene tatbestandsmäßigen Einzelhandlungen nur untrennbare Teile sind, das Bewußtsein und der Wille der Benachteiligung. Zu demselben Ergebnis einer Verneinung der Schuld muß bei solcher Sachlage selbstverständlich eine normative Schuldlehre gelangen, die für die Vorwerfbarkeit einer Handlung neben dem sogenannten psychologischen Moment des Vorsatzes das normative Moment der Pflichtwidrigkeit als weiteres Schuldelement fordert."

Dieses Urteil ist die grundlegende Entscheidung des Reichsgerichts.

Im Verlauf der Verhandlung hat der Fall Oster eine besondere Rolle gespielt.

Ich möchte zunächst meinen, daß die Dinge, die Oster angeblich in den Jahren 1939/40 getan hat, in keiner Beziehung zum Thema unseres Prozesses stehen, nämlich zum Thema des 20. Juli. Weiter möchte ich sagen, daß die Dinge, die damals geschahen, noch nicht geklärt sind. Jedenfalls sind die Motive und die Zielsetzung Osters nicht völlig aufgehellt. Es ist, wie hier angedeutet wurde, möglich, daß die Dinge, die damals geschehen sein sollen, im Rahmen des internationalen Nervenkrieges oder der „do ut des"-Politik jeder Spionage und Abwehr erfolgt sind. Oster kann heute nicht mehr sprechen. Sicher aber ist nach meiner Auffassung, daß ein Mann wie Oster, den die gesamte Literatur als einen christlichen, vaterländischen, von tiefsten patriotischen Gefühlen erfüllten Mann darstellt, was er auch immer getan hat, nur aus lautersten Motiven und aus seiner Liebe zu unserem Vaterlande getan hat. Ich gehe aber noch ein Stück weiter. Ich unterstelle, wie es auch die Verteidigerin unter Hinweis auf die Literatur des Widerstandskampfes tut, daß Oster am Vorabend des Angriffs auf Holland dem holländischen Militärattaché eine Mitteilung vom Angriffszeitpunkt gemacht hat. Ich unterstelle, daß dies auch im Falle des Angriffs auf Dänemark und Norwegen geschehen ist, um Dänemark und Norwegen wie später Holland zu warnen. Diesfalls hat die Strafkammer eine schwierige, bislang von einem deutschen Gericht noch nicht entschiedene Rechtsfrage zu beantworten.

Der Angriff auf Holland wie der Angriff auf Dänemark und Norwegen war unzweifelhaft ein bellum injustum, ein ungerechter Krieg, und auch ein Bruch vertraglicher Verpflichtungen Deutschlands gegenüber Holland, Dänemark und Norwegen. Deutschland hatte freiwillig den sog. Briand-Kellogg-Pakt am 27. August 1928 in Paris unterzeichnet und in ihm ausdrücklich auf Angriffskriege verzichtet. Weiterhin hat Deutschland am 3. Mai 1939 mit Dänemark einen Nichtangriffspakt abgeschlossen, in dem es hieß: „Die Vertragsparteien sind fest entschlossen, den Frieden zwischen Dänemark und Deutschland unter allen Umständen zu erhalten." Dieses Übereinkommen wurde elf Monate später gebrochen. Ähnlich war das Verhältnis von Deutschland zu Norwegen. Am 2. September 1939 hat Deutschland Norwegen gegenüber feierlich die Versicherung abgegeben, daß die deutsche Regierung entschlossen sei, die Unverletzlichkeit und Integrität Norwegens unter keinen Umständen zu beeinträchtigen und das norwegische Staatsgebiet zu respektieren. Das Versprechen wurde ein halbes Jahr später gebrochen. Ähnlich war es auch mit dem Einmarsch in Belgien, in die Niederlande und in Luxemburg. Bereits im Mai 1939 hat Hitler zu seinen Militärs gesagt, daß die holländischen und belgischen Luftstützpunkte möglichst bald militärisch besetzt werden müßten. Es heißt wörtlich in dem Protokoll: „Auf Neutralitätserklärungen kann nichts gegeben werden." Am 22. August 1939 erklärte Hitler seinen militärischen Befehlshabern, daß seiner Ansicht nach England und Frankreich die Neutralität der Benelux-Länder nicht verletzen würden. Gleichzeitig versicherte er diesen drei Ländern, daß ihre Neutralität unter allen Umständen respektiert würde. Am 6. Oktober 1939, nach dem polnischen Feldzug, wiederholte er die Versicherung. Am 7. Oktober 1939, einen Tag nach der offiziellen Erklärung, gab aber General von Brauchitsch der Heeresgruppe B die Anweisung, sich für den sofortigen Angriff auf holländisches und belgisches Gebiet vorzubereiten.

Es ist keine Frage, daß Deutschland durch die Angriffe auf Holland, Dänemark und Norwegen unter Verletzung des Briand-Kellogg-Pakts und anderer Verträge einen ungerechten Krieg geführt hat. Nach dem internationalen Recht, das uns — Staat und einzelnen — bindet, nach der Weimarer Verfassung, die bestimmt hat, daß allgemein anerkanntes Völkerrecht ein integrierender Bestandteil unseres deutschen Rechts ist, ist ein ungerechter Krieg, namentlich ein Angriffskrieg, ein internationales Verbrechen. Es ist die Frage aufzuwerfen und m. E. zu bejahen: War nicht jeder in Deutschland, der die Ungerechtigkeit des Krieges erkannte, berechtigt, Widerstand zu leisten und einen Unrechtskrieg zu verhüten? In diesem Falle gilt nämlich, was Hugo Grotius, der Vater unseres Völkerrechts, geschrieben hat: „Wenn das Motiv des Krieges ungerecht ist, so sind auch alle Handlungen, die daraus folgen, ungerecht, und alle, die mit Wissen und Willen an solchen Handlungen teilnehmen, gehören zur Schar derer, die nicht ohne Buße und Besserung ins Himmelreich eingehen. Büßen und sich bessern aber bedeutet, den Schaden wiedergutzumachen. Der Urheber des Krieges ist für alle Schäden verantwortlich, die Generäle sind für ihre Befehle verantwortlich und die Soldaten für die Handlungen, an denen sie teilgenommen haben, z. B. wenn sie Städte niederbrannten." Rechtlich wichtig ist hier nicht etwa die Kriegsschuld der nichtsahnenden Soldaten, von der Grotius spricht, sondern die Tatsache, daß Oster einer der wenigen Offiziere war, die das erforderliche Wissen besaßen und den ungerecht Angegriffenen zu helfen imstande waren.

Der Hochverrat setzt weiter eine legale Verfassung voraus. Ich bestreite, daß die Herrschaft des Dritten Reichs gesetzlich war. Ich behaupte, daß das Dritte Reich seiner Form nach usurpierte, nie legalisierte Macht war; dem Inhalt nach war es das Reich der Bestie, von dem unsere Sachverständigen gesprochen haben, ein Unrechtsstaat und deswegen sittenwidrig und nichtig.

Ich sagte, das Dritte Reich war eine staatsrechtlich usurpierte, nie legalisierte Macht.

Das Dritte Reich begann mit dem Reichstagsbrand vom 27. Februar 1933, der durch die Machthaber mißbraucht wurde zur Notverordnung vom 28. Februar 1933, in der die Grundrechte aufgehoben wurden. Der Reichstagsbrand wurde weiter mißbraucht zur Verordnung vom 21. März 1933, die sich gegen heimtückische Angriffe gegen die Regierung, ihre Parteien und ihre Verbände richtete. Zum ersten Male in Deutschland war damals eine Verordnung ergangen, die den Gleichheitsgrundsatz verletzte und nur diejenigen Verbände unter Schutz stellte, die hinter der Regierung standen, d. h. die SA und SS. Trotz Reichstagsbrand und trotz Notverordnung wurden nur 44 % Nazis und 8 % Deutschnationale gewählt. Es war keine nationalsozialistische Mehrheit, und die Nationalsozialisten zusammen mit den Deutschnationalen hatten nur eine bescheidene Mehrheit von 52 %. Da mit dieser Mehrheit in Deutschland nicht zu regieren war, benötigte die Republik das sog. Ermächtigungsgesetz. Zu dieser Ermächtigung benötigte sie zwei Drittel aller Stimmen. Sie konnte sie nur erreichen, indem sie in verfassungswidriger Weise die kommunistischen Mandate für ungültig erklärte. Die Weimarer Verfassung ließ es nicht zu, Mandate für ungültig zu erklären. Trotz allem ist es geschehen. Selbst wenn man sich auf den Standpunkt stellen wollte, die Erklärung der Ungültigkeit der kommunistischen Mandate wäre berechtigt gewesen, so war die Regierung nach dem Sinn der demokratischen Weimarer Verfassung verpflichtet, Neuwahlen zu veranstalten, um den 12,3 % Wählern Gelegenheit zu geben, ihrer Opposition in anderer Weise Ausdruck zu verleihen. Das Ermächtigungsgesetz, das Rückgrat des Dritten Reiches, ist sonach nur möglich gewesen durch einen verfassungswidrigen Akt.

Am 1. August 1934 erging das Gesetz über das Staatsoberhaupt des Deutschen Reiches, wodurch das Amt des Reichspräsidenten mit dem Amt des Reichskanzlers vereinigt wurde. Das Gesetz, das noch zu Lebzeiten des Reichspräsidenten von Hindenburg beschlossen wurde, war ungültig. Es verletzte das Ermächtigungsgesetz, weil es in dem Ermächtigungsgesetz ausdrücklich hieß, daß die Rechte des Reichspräsidenten nicht angetastet werden durften.

Ich gehe zum zweiten Punkt über und erkläre, der nationalsozialistische Staat war seinem Inhalt nach ein Unrechtsstaat. (Gesperrt. D. Red.)

Dies ist für den Juristen unseres Rechtsstaates nichts Neues. Seit 1945 haben sämtliche Gerichte, das Schwurgericht in diesem Saal, der Oberste Gerichtshof in Köln und der Bundesgerichtshof ausgesprochen, daß das Dritte Reich ein Gewalt- und Willkürsystem gewesen ist. Es sind die Grundrechte nicht nur aufgehoben, sie sind in schmählicher Weise mit Füßen getreten worden. Tagaus und tagein wurde das Recht geschändet; Millionen Menschen wurden umgebracht. Ich enthalte mich jeglichen Beispiels.

Hitler war nicht nur, das muß leider Gottes gesagt werden, der oberste Kriegsherr kraft Usurpation, sondern auch der oberste Kriegsverbrecher, der größte Verbrecher, den wir nach unserem Strafgesetzbuch besessen haben. Ich verweise auch in dieser Richtung auf die bereits erwähnte Entscheidung des Bundesgerichtshofs in Zivilsachen, Band 3, S. 107, die letzte Entscheidung unseres Obersten Gerichtshofes zu diesem Thema. Hier heißt es ganz allgemein:

„Das Gesetz findet dort seine Grenzen, wo es in Widerspruch zu den allgemein anderkannten Regeln des Völkerrechts oder zu dem Naturrecht tritt, oder der Widerspruch des positiven Gesetzes zur Gerechtigkeit ein so unerträgliches Maß erreicht, daß das Gesetz als unrichtiges Recht der Gerechtigkeit zu weichen hat. Wird der Grundsatz der Gleichheit bei der Setzung des positiven Rechts überhaupt verleugnet, dann entbehrt das Gesetz der Rechtsnatur und ist überhaupt kein Recht."

Diese Worte des Bundesgerichtshofs gelten für die Verfassungsgesetzgebung, ja, die gesamte Gesetzgebung des Dritten Reiches, das den Grundsatz der Gleichheit grundsätzlich abgelehnt hat. Ich stelle deswegen den Satz auf: Ein Unrechtsstaat — im Gegensatz zum heutigen Rechtsstaat —, ein Unrechtsstaat wie das Dritte Reich ist überhaupt nicht hochverratsfähig.

Ein Unrechtsstaat, der täglich Zehntausende Morde begeht, berechtigt jedermann zur Notwehr gemäß § 53 StGB. Jedermann war berechtigt, den bedrohten Juden oder den bedrohten Intelligenzschichten des Auslandes Nothilfe zu gewähren. Insoweit sind alle Widerstandshandlungen durch den § 53 StGB gedeckt . . .

In diesem Saal ist einmal seitens der Verteidigung das Wort gefallen, wir sprächen hier deutsches Recht. Jawohl, hier sprechen wir deutsches Recht. Deswegen halte ich es für meine Verpflichtung, gerade darauf hinzuweisen, was altes, deutsches, germanisches Recht ist.

Ich erinnere an das stolze Wort des Sachsenspiegels: „Der Mann muß auch wohl seinem König, wenn dieser Unrecht tut, widerstehen und sogar helfen, ihm zu wehren in jeder Weise, selbst wenn jener sein Verwandter oder Lehnsherr ist. Und damit verletzt er seine Treupflicht nicht." —

Der Untertaneneid im deutschen Staatsrecht ging auf Treue, aber Gehorsam oder gar unbedingter Gehorsam war den Deutschen ein fremder Begriff. Gehorsam, sagten die Germanen, gilt für Sklaven, der Freie ist nur zur Treue verpflichtet, und Treue setzt Gegenseitigkeit voraus.

In dem bedeutendsten Buche, das wir zu diesem Thema haben, einer Arbeit von Kern über „Gottesgnadentum und Widerstandsrecht", heißt es: „Der Grundgedanke des deutschen Rechts ist, daß Herrscher wie Untertanen dem Recht verbunden sind. Dem Recht gilt eigentlich die Treue beider Teile. Das Recht ist der Schnittpunkt ihrer beider Treupflichten. Wenn also der König das Recht bricht, verliert er ohne weiteres, eben durch sein Handeln, den Anspruch auf die Treue des Untertanen."

In vielen Dokumenten des Mittelalters finden wir immer wieder den lateinischen Satz „rex eris, si recte egeris". Du wirst König sein, solange du Rechtens handelst. Freidank dichtete den Satz: „Maneger Fürste durch sin Missetat Sins Knechtes Knecht ze Herren hat." Bei Missetaten des

Herrschers ist nicht der Rebell, sondern der Herrscher schuldig und wird um seine Herrscherrechte gebracht. Der ungerechte König ist Tyrann, dem gegenüber kein Eid mehr gilt.

Lampert ließ im Jahre 1073 gegen ihren König rebellierende sächsische Fürsten sagen: „Wir haben Treue geschworen, aber nur für den Fall, daß der König zum Aufbau des Hauses Gottes, nicht zum Niederreißen König ist, daß er gerecht, gesetzlich und nach dem Herkommen regiert, daß er jedem seinen Stand, seine Würde und seine Rechte sichert. Wenn er die aber übertritt, sind wir durch unsere Eidespflicht nicht mehr gebunden."

Diese Gedankengänge des deutschen Rechts decken sich mit dem, was unsere Theologen über die theologische Situation gesagt haben. Das Widerstandsrecht hat sich über die Magna Charta zum Ständestaat weiterentwickelt. In der Magna Charta wurde das Widerstandsrecht des Volkes bei den 25 Baronen Englands konzentriert und monopolisiert. Sie waren die Vorläufer des Ständestaates, der konstitutionellen Monarchie und der parlamentarischen Demokratie. Das Widerstandsrecht des Volkes und das Widerstandsrecht des einzelnen ruhten, weil ihre Rechte von den Ständen und dem Parlament wohl behütet waren. Es gibt kein Widerstandsrecht im Rechtsstaat, solange die Menschenrechte gewahrt werden, solange eine Möglichkeit zur Opposition besteht und einem Parlament Gelegenheit zur Gesetzgebung gegeben ist, solange unabhängige Gerichte walten und die Gewalten geteilt sind. Das Widerstandsrecht erwacht aber wieder zu lebendiger Wirklichkeit, wenn eine dieser Voraussetzungen in Wegfall tritt . . .«

Der bekannte Publizist Walter Dirks, Mitherausgeber der „Frankfurter Hefte", machte in einem Funkvortrag folgende grundsätzlich bedeutsame Ausführungen:

». . . Die neueste Diskussion über den Widerstand geht nicht nur um die Wahrheit dessen, was gewesen ist, sie hat einen politischen Charakter. Die Nationalsozialisten von heute wollen wieder mitreden, darum müssen sie recht gehabt haben, Herr Remer am 20. Juli und Herr Roeder an den Tagen, da er am Gerichtstisch saß, und die anderen alle an ihren Tagen jener langen Jahre. Eben darum müssen sie die Männer des Widerstandes ins Unrecht setzen. Sie spekulieren gar nicht schlecht. Wenn sie jene unbequemen Frauen und Männer Hochverräter nennen, und schlimmer — Landesverräter, so sprechen sie damit nicht nur die Nationalisten und die Nationalen an, sondern sie werben damit auch um die Menschen, für die Gesetze, Gehorsam, Loyalität, Pflicht keine leeren Worte sind, um alle Mitläufer sodann und um alle, die irgendwie ihren Frieden mit dem Regime geschlossen hatten oder es auch nur geduldet hatten. Sie alle werden ja mit jenen mitgerechtfertigt, sie alle hören es gern, wenn ihnen bewiesen wird, wie legal und wie normal das Regime gewesen ist und wie normal und wie national sein Krieg. Der Ruf jener Herren kann also auf eine gewisse Resonanz rechnen. Die Verleumder des Widerstandes von heute suchen die Grenzsteine zu verrücken — das ist ihre Spekulation. Die Grenzlinie muß an der richtigen Stelle gezogen werden. Sie darf nicht die Anständigen trennen, die damals gegeneinander standen — die tragisch Gehorsamen von damals und die mutig Ungehorsamen gehören heute zusammen. Sie haben eine gemeinsame Sache zu führen gegen die Unbelehrbaren von heute und die, die damals bis zum Verbrechen gehorsam waren. Auch darum muß der alte Konflikt heute aufgelöst werden. Damals war er tragisch, heute braucht er es nicht mehr zu sein.

So wird man also die formale Legalität des Regimes und zugleich den Hochverrat anerkennen müssen — die Legalität des Regimes als eine gegebene Tatsache, den Hochverrat als den legitimen Versuch, die ins Unrecht geratene Staatsmacht durch eine legitime, durch die richtige Ordnung zu ersetzen.

Jede neue Staatsform legalisiert nachträglich ihre illegalen Vorstöße. So haben auch wir jenen Hochverrat zu legalisieren. Er muß Rechts- und Ehrenschutz erhalten als ein eindeutiges und einklagbares Recht.

Auf Rechts- und Ehrenschutz sollen aber auch die Deutschen Anspruch haben, die damals ihre Pflicht im Gehorsam sahen — sei es, daß sie den verbrecherischen Charakter des Regimes und seines Krieges noch nicht klar erkannten, sei es, daß sie sich im tragischen Konflikt der Pflichten für den Gehorsam entschieden.

Es ist klar, daß diese Anerkennung des anständigen oder tragischen Gehorsams nicht die Entartung des Gehorsams decken darf . . .

Es wäre gut, wenn der Bundestag ein Gesetz beschlösse. Ich versuche es mir vorzustellen: Es hätte einige Feststellungen zur Geschichte zu machen — Feststellungen, welche die Regierung, die Behörden, die Schulen, die Gerichte verpflichten. Es hätte festzustellen und gelten zu lassen, daß in der Frage der Legalität und der Legitimität des Regimes und seines Krieges Meinung gegen Meinung und Tat gegen Tat stand. Es hätte festzusetzen, wie weit das deutsche Volk heute die formale Legalität des Regimes anerkennt und welche Akte, Maßnahmen, Gesetze und Praktiken es aus dieser Legalität ausschließt. Es hätte festzustellen, daß das Regime ein Regime des Unrechts war und sein Krieg ein Verbrechen. Es hätte die Akte des Widerstandes und des Umsturzes, die sich gegen das Regime und seinen Krieg richteten, als ehrenhaft anzuerkennen und ausdrücklich zu legalisieren.

Ein solches Gesetz wäre ein Trennungsstrich an der richtigen Stelle, und es wäre ein Schlußstrich, endlich ein Schlußstrich.«

Wie groß war die deutsche Widerstandsbewegung?

Bis zum Kriegsbeginn wurden in politischen Verfahren durch die ordentlichen Gerichte 225000 Männer und Frauen zu rund 600000 Jahren Freiheitsstrafen verurteilt. Es gab mindestens 86 Massenprozesse gegen Mitglieder der sozialistischen Parteien. Etwa eine Million Deutsche befanden sich bis zum Kriegsbeginn aus politischen Gründen kurze oder lange Zeit in Konzentrationslagern.

Einem Gestapobericht vom 10. April 1939 (unveröffentlicht. Liegt vor. D. Red.) zufolge waren an diesem Tag wegen politischer Vergehen in Haft: 162 734 Schutzhäftlinge, 27 369 politisch Angeklagte, 112 432 politisch Verurteilte.

Eine große Verhaftungsaktion des Reichsjustizministers Dr. Thierack im April, Mai und Juni 1944 umfaßte (nach Wolfg. Müller, „Gegen eine neue Dolchstoßlüge", S. 81, Hannover 1947) 176 670 Personen, von denen rund 20 748 Deutsche waren, die aus politischen Gründen festgenommen worden waren.

Eine erste vorliegende Statistik der Stadt Hamburg (aus „Streiflichter", Hamburger Widerstand, ohne weitere Angabe) gibt uns über die am illegalen Kampf beteiligten politischen Richtungen und über die soziale Herkunft der Illegalen in Hamburg folgende Aufschlüsse:

»Der Anteil der Jugendlichen, die am Tage der Verhaftung das 21. Lebensjahr noch nicht erreicht hatten, betrug 11 %.

Der beruflichen Gruppierung nach bestanden die Illegalen aus Arbeitern, Angestellten und Bauern zu 66,5 %, Militärpersonen 13,5 %, ohne berufliche Angaben 9,5 %, Gewerbetreibende 8 %, Intellektuelle 2,4 %, Geistliche 0,1 %.

Verurteilungen erfolgten aus folgenden Gründen:

Vorbereitung zum Hochverrat	2164 Fälle
Wehrkraftzersetzung	1368 Fälle
Heimtücke	1159 Fälle
Rassische Gründe	1015 Fälle
Verdacht der politischen Betätigung	870 Fälle
Beteiligung am 20. Juli	623 Fälle
Arbeitsvergehen	86 Fälle
Sonstige Gründe	82 Fälle«

Einige Beispiele mögen einen ungefähren Anhalt über die Größenordnung der Verhaftungen geben.

Ein Bericht der Gestapo über „die Tätigkeit der Linksopposition" (liegt urschriftlich vor. D. Red.) beweist eine Gesamtzahl der in Deutschland im Jahre 1941 Festgenommenen wie folgt:

Wegen kommunistischer und sozialdemokratischer Betätigung wurden in den Monaten des Jahres 1941 verhaftet: Im Januar 466, Februar 723, März

775, April 763, Mai 905, Juni 1169 (ausschl. der am 22. Juni vorgenommenen Massenverhaftungen), Juli 1165, August 1051, September 1337, Oktober 1305, November 1088, Dezember 658. Das ergibt eine Zahl von insgesamt 11 405 Linksoppositionellen.

Für 1935 und 1936, zwei an sich relativ „stille" Jahre, liegen nach Gestapoakten folgende Verhaftungszahlen aus Berlin vor:

1935 im Januar 160, Februar 101, März 345, Mai 288, August 173, September 162, Oktober 252, Dezember 78; 1936 im Januar 408, Februar 230.

Das ergibt eine Verhaftungssumme in rund einem Jahr von 2197 Verhaftungen der Linksparteien allein in Berlin, oder: täglich wurden in Berlin rund 5 Linksoppositionelle verhaftet.

Nach weiteren Gestapoquellen (liegen abschriftlich vor. D. Red.) wurden im Jahre 1936 im Reich wegen illegaler sozialistischer Arbeit 11 687 Personen verhaftet, im Jahre 1937 waren es 8058. Dazu kamen 1937 noch 17 168 Verfahren wegen Heimtücke.

Es wurden 1937 neun Betriebszellen in Berlin durch die Gestapo zerstört, von denen sich eine in der Osram G.m.b.H. befand. Im Unterbezirk Schöneberg wurden 130 Mann, in Steglitz 45, in Südost 116 Mann verhaftet.

Im gleichen Jahre wurden viele illegale sozialistische Gruppen im Reich zerschlagen, darunter eine in Langenbielau mit 114 Verhaftungen, ferner in Aachen, Hamburg, Liegnitz, in Görlitz mit 100 Verhaftungen, in Schwelm mit 164 Verhaftungen, in Köln mit 100, Emden mit 100, in Magdeburg, Schwerin, Frankfurt an der Oder, Gießen, Darmstadt, Wittenberg, Jena, Königsberg, Dresden, Leipzig und Dortmund[9].

Eine Übersicht über die Zahl des im Jahre 1941 in Deutschland monatlich erfaßten Schriften-Materials (liegt gleichfalls abschriftlich vor. D. Red.) ergibt nach den Feststellungen der Gestapo folgende Beschlagnahmezahlen, wobei jeder ehemals Illegale weiß, daß nur ein geringer Prozentsatz des vertriebenen Schriften-Materials in die Hände der Gestapo gelangte. Es wurden beschlagnahmt an illegalen Dokumenten: Im Januar 228, Februar 99, März 62, April 112, Mai 519, Juni 337, Juli 3797, August 3494, September 3619, Oktober 10 227, November 2919, Dezember 473.

Nach einem (abschriftlich vorliegenden) Gestapo-Lagebericht, der die Verbreitungszahlen von illegalem Material behandelt, wurden folgende Widerstandsgruppen festgestellt:

Im Februar 1935 zwölf Gruppen mit 6105 Mitgliedern, im April 1935 zwei Gruppen mit 507 Mitgliedern.

Verbreitungsstellen von illegalem Material wurden im gleichen Bericht mit folgenden Zahlen festgestellt:

1935 gab es an Verbreitungsstellen von illegalem Material: Im Januar 588, Februar 438, März 515, April 456, Mai 785, Juni keine, Juli 417, August 682, September 560, Oktober 411, November keine, Dezember 215. 1936 im Januar 313, Februar 328.

Es gab also in der Berichtszeit 5708 Verbreitungsstellen illegalen Materials, d. h. mindestens 5708 illegale Kämpfer verteilten oder klebten Flugblätter.

An Neuerscheinungen von Flugblättern wurden 1935 im Februar 57, März 75, August 177, September 109, Oktober 114, Dezember 80; 1936 im Januar 109, Februar 89 festgestellt.

Diese Zahlen bedeuten neue Texte und neue Flugblätter, die in der genannten Anzahl in Berlin verbreitet wurden. Außerdem wurden im Januar 1936 rund 6000 Flugzettel der SPD durch die Gestapo erfaßt und im Februar 1936 rund 3200.

Im Jahre 1936 wurden im Reich 1 643 200 illegalle Flugblätter von KPD und SPD durch die Gestapo erfaßt, was bedeutet, daß die Anzahl der tatsächlich verbreiteten Blätter eine weit größere gewesen sein muß.

Im Jahre 1937 betrug die Erfassung von illegalen Flugblättern von SPD und KPD nicht weniger als 927 430.

Schließlich sei noch erwähnt, daß Dr. Curt Bley, ein bekannter Publizist, in einer Artikelserie der Zeitung „Die Welt" die Zahl derjenigen, die „einen aktiven organisatorischen Zusammenhalt" hatten und reale Aktionen unternahmen, für das Jahr 1933 auf 100 000 Personen schätzt.

Nach den Akten des Reichsjustizministeriums (und nach dem Archiv Walter Hammers) wurden im Jahre 1943 in Deutschland 5684 Männer und Frauen, im Jahre 1944 insgesamt 5764 hingerichtet, worin nicht die militärischen und SS-Exekutionen einbezogen sind.

Im Zuchthaus Brandenburg, das neben Plötzensee und München eine bevorzugte Hinrichtungsstätte wurde, fanden vom 22. August 1940 bis zum 20. April 1945 insgesamt 2042 Hinrichtungen statt, von denen 1807 politischen Charakters waren.

Die Verurteilungen erfolgten wegen:

Hochverrats	498	halbpol. Delikte	97
Wehrkraftzersetzung . .	558	krimineller Delikte . . .	235
militär. Delikte	654		

Ein knappes Drittel betraf Ausländer.

Unter den 1807 „Politischen" befanden sich 755 Arbeiter und Handwerker, 363 Angehörige technischer Berufe, 234 Angestellte, 111 Gelehrte, Künstler und Journalisten, 35 Berufsoffiziere, 22 Studenten und Schüler und 21 Geistliche, davon 19 katholische.

Einer der Hingerichteten war blind, zwei hatten keine Beine und wurden zur Hinrichtung getragen, sechsmal wurden Vater und Sohn getötet, der Jüngste war sechzehn, mehrere waren siebzehn. 75 Hingerichtete waren weniger als 20 Jahre alt, als sie starben. (Nach Walter Hammer.)

Der Berliner Anatomie wurden nach einer Mitteilung ihres Direktors Prof. H. Stieve insgesamt 269 in Berlin hingerichtete Frauen und Mädchen überwiesen. Verschiedene dieser Frauen hatten in der Gestapohaft Kinder geboren, die man ihnen vor ihrem Tod wegnahm.

Aus allen diesen angeführten Zahlen geht hervor:

1. daß man von einer deutschen Widerstandsbewegung sprechen kann,

2. daß diese Bewegung einen bedeutenden Umfang hatte.

Ehe der sachlich aufgegliederte Bericht folgt, sei eine Bemerkung über die jüdischen Opfer erlaubt:

Der frühere Generalsekretär der deutschen „Liga für Menschenrechte“ Kurt Großmann gibt an, daß von den 525 000 Juden in Deutschland etwa 295 000 ausgewandert und etwa 215 000 umgekommen seien. Am 8. Mai 1945 wurden in Deutschland nur noch 15 000 Überlebende gezählt.

Dazu kommt der Vernichtungsfeldzug gegen das Judentum in allen eroberten Ländern. Allein im KZ Auschwitz wird die Zahl der bei diesen industriellen Massenmorden Getöteten auf 3,5 Millionen, in Treblinka auf 1,5 Millionen, in Maidanek (Lublin) auf 1 380 000, in Theresienstadt auf 33 300 Menschen geschätzt.

Wir wissen heute, daß die Vernichtung von Millionen Juden Tatsache ist. Wir wissen auch von zahlreichen Aktionen jüdischer Widerstandskämpfer. Wir wissen heute vieles von Kampf und Leid des Judentums zur Hitlerzeit. Aus den verschiedensten Gründen hielt es der Herausgeber für angebracht, den Bericht darüber einer berufeneren Instanz zu überlassen. Für den Heldenmut, die tragische Gelassenheit und religiöse Inbrunst jüdischer Widerstandskämpfer haben sich viele Beispiele gefunden.

Nicht unterlassen sei es jedoch, an dieser Stelle in Ehrfurcht der jüdischen Mitbürger zu gedenken und ihren Kampf ehrend zu erwähnen, der wie kein anderer dem Tode nahe war. Es ist die Pflicht dieses Berichtes, daran zu erinnern, daß es Deutsche gewesen sind, die dieses unerhörte Leid verursacht haben. Jeder von uns, der sich um Humanität bemüht und auch in den Wirren unserer Zeit ein Gefühl für Menschlichkeit sich bewahrt hat, wird nie vergessen, das Andenken an die gemordeten Mitbürger jüdischer Abstammung zu ehren.

Der Bericht

Der Widerstand aus dem Glauben

Es hat einige Zeit gedauert, bis die Kirchen die Gefährlichkeit des nazistischen Regimes begriffen. Am 27. Januar 1934 gaben die evangelischen Bischöfe nach einer Unterredung mit Hitler und dem damaligen Reichsbischof Ludwig Müller eine „Treueerklärung" ab. (Vgl.: „Kirchl. Jahrbuch der Evangelischen Kirche in Deutschland, 1933 bis 1944", hrsg. von J. Beckmann, Gütersloh 1948. Auch: „Junge Kirche", Halbmonatsschrift für reformatorisches Christentum, 1934, S. 154.) Dabei machte der bayerische Landesbischof D. Meiser einen öffentlichen Vorbehalt in einem Brief vom 28. Januar 1934 an Reichsbischof Müller. („Junge Kirche", S. 156.)

Die Pfarrer in den Kirchen unseres Vaterlandes sprachen nach dem Gottesdienst einen Segen für den „Führer und Reichskanzler" und neutralisierten dadurch sicherlich viele oppositionelle Regungen.

Das „Konkordat" mit dem Vatikan, das Papen bereits im Juli 1933 unterschrieb, wirkte sich günstig für den Usurpator aus, denn der Papst hob das an die Katholiken gerichtete Verbot des Beitritts zur NSDAP ausdrücklich auf und erneuerte es nicht wieder[10].

Viele Anzeichen sprechen dafür, daß in den ersten Jahren nach der Machtübernahme beide Kirchen in ihrer Haltung nicht ablehnend gewesen sind, bis durch Hitlers Kirchenpolitik ihr Widerstand geweckt wurde.

Aber die Kirchen bestehen aus Menschen. Und die Geistlichen reagierten oft anders als die Institutionen. Es gab bald offene und erbitterte Gegner unter den Geistlichen und dem Kirchenvolk beider christlicher Konfessionen, von dem berichtet werden muß.

Bald zeichneten sich die großen Namen der Unerschrockenheit unter den Dienern Gottes ab, Namen wie Graf von Galen, Bischof von Münster, Prälat Lichtenberg, Martin Niemöller und die Bischöfe Wurm und Dibelius. Niemöller und Wurm waren es, die die „Bekennende Kirche" schufen und sie den „Deutschen Christen" der nazistischen Kirchenpolitik gegenüberstellten.

Wenn auch Bischöfe nur auf besondere Weisung Hitlers verhaftet werden durften (Neuhäusler: „Kreuz und Hakenkreuz" I, S. 37, S. 82ff.), so war das Risiko der Geistlichen im allgemeinen nicht geringer als das der anderen Staatsbürger.

Besonders lebhaft setzten sich beide Kirchen für die verfolgten Juden ein.

Sie kämpften auf breiter Front gegen die Einführung der Arierparagraphen und gegen die Nürnberger Gesetze. Die theologischen Fakultäten an den Universitäten, deren Anteil an diesem Kampf nicht als gering angesehen werden darf, unterstützten durch ihre Gutachten die Kirchen.

Beide Kirchen, die katholische sowohl wie die evangelische, hatten nazifreundliche Pfarrer, Geistliche, die sich eines bürgerlichen Opportunismus befleißigten, und viele, die sich völlig heraushielten. Aber in beiden Kirchen gab es auch viele Geistliche, die den Kampf aufnahmen.

Der Kampf für die Juden

Im Jahre 1936 ernannte Kardinal Faulhaber den als „nichtarisch" verfemten Pfarrer W. zum Diözesanpräses der gesamten Jugendorganisation seines Erzbistums. In München fungierte als Hauptvertreter des katholischen Kirchenblattes gleichfalls ein „Nichtarier". Beim Offizialat Köln war zu jener Zeit der „Nichtarier" Dr. Leo M. angestellt, der damals in seiner Eigenschaft als Vizeoffizial fortlaufend Vorträge in den Jugendgruppen des katholischen kaufmännischen Vereins hielt. Diese drei Kirchenbeamten zogen natürlich den Haß der NS-Diktatur auf sich und auf die Kirche.

Organisationen, die sich der sogenannten nichtarischen Katholiken angenommen hatten, waren erstens der „St.-Raphaels-Verein", der sich der Auswandererfürsorge widmete und mit dem „Paulus-Bund", später „Vereinigung von 1937", in enger Arbeitsgemeinschaft stand, und zweitens der unter bischöflichem Protektorat stehende „Hilfsausschuß für nichtarische Christen", der auswandernden Juden katholischer Konfession bei der Gründung neuer Existenzen behilflich war.

Auch in der evangelischen Kirche waren ähnliche Vereinigungen tätig. So existierte in Süddeutschland der „Verein der Freunde Israels". In Berlin bestand der „Verlag zur Förderung des Christentums unter den Juden". Der „Ev.-luth. Zentralverein für Mission unter Israel" wurde von den Nazis aufgelöst; aber noch längere Zeit widmeten sich in Hamburg die Missionshäuser „Bethel" und „Jerusalem" der Missionstätigkeit unter den Juden.

1937 amtierten in der evangelischen Kirche noch 50 nichtarische bzw., im Gestapo-Slang, „jüdisch versippte" Pfarrer. Auf Anregung der deutschen evangelischen Kirche wurde vom internationalen Protestantismus in Genf ein Hilfskomitee für nichtarische Flüchtlinge eingerichtet.

1935 schrieb Landesbischof Meiser im Lutherischen Jahrbuch fünf Gebote, die folgendermaßen lauteten:

»Als Christen sollen wir die Juden erstens mit Freundlichkeit grüßen, zweitens mit Selbstverleugnung tragen, drittens durch hoffende Geduld stärken, viertens mit wahrer Liebe erquicken, fünftens durch anhaltende Fürbitte retten.«

Der Widerstand gegen die Rassenverfolgungen war ziemlich einhellig. Die Bekenntnissynode der „Altpreußischen Union“ wandte sich am 16./17. Oktober 1943 (Kirchliches Jahrbuch, S. 399ff.) scharf gegen Begriffe wie „ausmerzen“ und „liquidieren“. Des Christen Nächster sei allemal der, der hilflos sei, „und zwar ohne Unterschied der Rassen, der Völker und der Religionen“.

Im gleichen Jahre schrieb Landesbischof Wurm an die Reichsregierung (H. Schmidt: „Apokalyptisches Wetterleuchten“, München 1947): »Wir Christen empfinden die Vernichtungspolitik gegen das Judentum als ein schweres und für das deutsche Volk verhängnisvolles Unrecht. Das Töten ohne Kriegsnotwendigkeit und ohne Urteilsspruch widerspricht auch dann dem Gebote Gottes, wenn es von der Obrigkeit angeordnet wird, und wie jedes bewußte Übertreten von Gottes Geboten rächt sich auch dieses früher oder später. Unser Volk empfindet vielfach die Leiden, die es durch die feindlichen Luftangriffe ertragen muß, als Vergeltung für das, was den Juden angetan worden ist. Das Verbrennen der Häuser und Kirchen, das Splittern und Krachen in den Bombennächten, die Flucht aus den zerstörten Häusern mit wenigen Habseligkeiten, die Ratlosigkeit im Suchen eines Zufluchtortes erinnert die Bevölkerung aufs peinlichste an das, was bei früheren Anlässen die Juden erdulden mußten.«

Aber es blieb keineswegs bei solchen Protesten. Von vielen evangelischen Geistlichen seien nur drei wegen ihrer beispielhaften tapferen Taten genannt:
Dr. Harald Poelchau, der unzähligen gejagten Juden und sog. Mischlingen in Berlin Unterschlupf und Hilfe verschaffte, Pfarrer Zwanzger, der bis zum September 1940 nicht weniger als 65 Menschen in München durch deren Auswanderung das Leben rettete, schließlich Propst D. Heinrich Grüber, der Gründer und Leiter der Hilfsstellen für evangelische Rassenverfolgte. Bis 1940 (später waren Auswanderungen kaum noch möglich) hat das „Büro Grüber“ mit erstaunlichem Erfolg Auswanderungen von Juden nach Übersee bewerkstelligt. Propst Grüber wurde 1940 verhaftet, zunächst ins KZ Sachsenhausen geschickt, wo man ihm sämtliche Zähne ausschlug, dann, 1942, ins KZ Dachau. Nach 1945 war er bestrebt, die in der Hitlerzeit gepflegte Solidarität über alle Länder- und Parteigrenzen hinweg zu erhalten. Rühmend sei in diesem Zusammenhang auch der Berliner Krankenschwester Gertrud Seele gedacht, die überall in Deutschland den gehetzten Juden helfend beisprang und viele vor Deportation und Vergasung bewahrte. Wegen dieser Taten wurde sie zum Tode verurteilt und noch am 12. Januar 1945 im Alter von nur 27 Jahren hingerichtet.

Während im Jahre 1932 nur 241 Juden zur protestantischen Kirche übertraten, stieg diese Zahl für das Jahr 1933 auf 933.

Diese Entwicklung wurde vom Gestapoamt II 113 und II 112 verfolgt. Die Stelle II 113 berichtete unter „Nachrichtendienstlichen Erfolgen“ (Abschrift liegt vor. D. Red.): „Durch Einbau in zwei Zentralstellen der Katholischen Aktion ist es gelungen, eine größere Zahl von nachrichtendienstlichen Erfolgen zu erzielen. Durch fortlaufende Überwachung des Bischöflichen Ordinariats Rottenburg sowie durch eine Aktion in der Bischöflichen Hauptarbeitsstelle der Katholischen Aktion in Düsseldorf durch V-Männer (Fachausdruck im Nachrichtendienst für „Vertrauensmänner". D. Red.) ist es den zuständigen SD-Oberabschnitten möglich geworden, wichtiges Material zu erfassen. Es handelt sich um Berichte der Bischöflichen Hauptarbeitsstelle über ihre Tätigkeit . . ."

Der Bericht enthält weiter: „Fortlaufende Unterrichtung über Maßnahmen und Planung der kirchlichen Stellen und der K. A. — Fortlaufende Unterrichtung über Veränderungen und Maßnahmen im katholischen Vereinswesen. — Briefwechsel der Bischöfe untereinander" usw.

Der Widerstand der katholischen Gläubigen

Kardinal Faulhaber hat bereits frühzeitig in seiner apologetischen Schrift über Judentum, Christentum, Germanentum den Thesen Rosenbergs die katholische Stellungnahme entgegengesetzt.

Kardinal Clemens August Graf von Galen hat nach Kriegsausbruch und wieder nach dem ersten Bombardement auf Münster die durch die Tätigkeit des äußeren Feindes herbeigeführten Schäden tief beklagt, aber ernst und bedeutungsvoll hinzugefügt, daß ein „innerer Feind" — die Gestapo — ein schlimmerer Feind geworden sei. „Kein deutscher Staatsbürger", erklärte er, „ist noch sicher, und Gerechtigkeit ist eine Sache der Vergangenheit geworden." Später stellte er öffentlich fest, daß es kein Gesetz mehr in Deutschland gebe. Der Freiburger Erzbischof (dazu auch Neuhäusler, a. a. O.) Conrad Gröber hat ebenfalls mehr als einmal in aller Öffentlichkeit gegen nationalsozialistische Theorie und Praxis die Stimme erhoben. Am eindrucksvollsten aber hat der Hirtenbrief der deutschen Bischöfe vom 22. März 1942 die grundsätzliche Gegenposition des Katholizismus zusammengefaßt. (Stewart W. Herman: „Eure Seelen wollen wir." Kirche im Untergrund. München. S. 378 ff. Anhang II.) Dort heißt es u. a.:

»Wir betonen, daß wir den Behörden gegenüber nicht nur für religiöse und priesterliche Rechte eintreten, sondern ebenso für die Menschenrechte, die Gott der Menschheit verliehen hat. Jeder ehrliche Mensch ist interessiert an der Achtung und Aufrechterhaltung dieser Rechte. Ohne sie muß die gesamte westliche Kultur zusammenbrechen.

Jedermann hat das natürliche Recht auf persönliche Freiheit innerhalb der von Gott zum Gehorsam errichteten Grenzen, der Rücksicht auf seinen Mitmenschen, des Gemeinwohles und der gerechten, von den weltlichen Behörden gegebenen Gesetze.

Wir deutschen Bischöfe erheben Einsprüche gegen die Mißachtung der persönlichen Freiheit. Wir fordern juristische Beweise für alle Urteile und die Freilassung aller Mitbürger, die ihrer Freiheit ohne Beweis einer strafbaren Handlung beraubt wurden.

Jedermann hat das natürliche Recht auf Leben und auf die lebensnotwendigen Güter. Der lebendige Gott, der Schöpfer alles Lebens, ist der einzige Herr über Leben und Tod.

Wir deutschen Bischöfe werden nicht aufhören, gegen die Tötung unschuldiger Personen Einspruch zu erheben. Wenn das Gebot „Du sollst nicht töten" nicht mehr gilt, ist niemandes Leben mehr sicher.

Jedermann hat das natürliche Recht auf Eigentum und Benutzung seines gesetzlich erworbenen Eigentums und auf Schutz des Privateigentums durch den Staat gegen willkürliche Eingriffe ...

Jedermann hat das natürliche Recht, seine Ehre gegen Lügen und Verleumdungen zu schützen ...

Wir Bischöfe erheben Einspruch gegen solche Mißachtung von Wahrheit und Gerechtigkeit und fordern wirksamen und ehrenhaften Schutz für alle Bürger, einschließlich der gläubigen Katholiken und der Mitglieder der katholischen Orden.«

Der Bischof von Münster, Graf Galen, erhob in seiner Predigt vom 3. August 1941 in der St.-Lamberti-Kirche diese Anklage gegen das Regime:

»Andächtige Christen! In dem am 6. Juli d. J. in allen katholischen Kirchen Deutschlands vorgelesenen gemeinsamen Hirtenbrief der deutschen Bischöfe vom 26. Juni 1941 heißt es u. a.: „Gewiß gibt es nach der katholischen Sittenlehre positive Gebote, die nicht mehr verpflichten, wenn ihre Erfüllung mit allzu großen Schwierigkeiten verbunden wäre. Es gibt aber auch heilige Gewissensverpflichtungen, von denen uns niemand befreien kann und die wir erfüllen müßten, koste uns es selbst das Leben. Nie, unter keinen Umständen darf der Mensch ... außerhalb des Krieges und der gerechten Notwehr einen Unschuldigen töten ..."

Ich hatte schon am 6. Juni Veranlassung, diesen Worten des gemeinsamen Hirtenbriefes folgende Erläuterungen hinzuzufügen: Seit einigen Monaten hören wir Berichte, daß aus Heil- und Pflegeanstalten für Geisteskranke auf Anordnung von Berlin Pfleglinge, die schon länger krank sind und vielleicht unheilbar erscheinen, zwangsweise abgeführt werden. Regelmäßig erhalten dann die Angehörigen nach kurzer Zeit die Mitteilung, der Kranke sei verstorben, die Leiche sei verbrannt, die Asche könne abgeliefert werden. Allgemein herrscht der an Sicherheit grenzende Verdacht, daß die zahlreichen Todesfälle von Geisteskranken nicht von selbst eintreten, sondern absichtlich herbeigeführt werden, daß man dabei jener Lehre folgt, die behauptet, man dürfe sogar „lebensunwertes Leben" vernichten, also unschuldige Menschen töten, wenn man meine, ihr Leben sei für Volk und Staat nichts mehr wert. Eine furchtbare Lehre, die die Ermordung Unschuldiger rechtfertigen will, die die gewaltsame

Tötung der nicht mehr arbeitsfähigen Invaliden, Krüppel, unheilbaren Kranken, Altersschwachen grundsätzlich freigibt.

Wie ich jetzt zuverlässig erfahre, werden jetzt auch in den Pflege- und Heilanstalten der Provinz Westfalen Listen aufgestellt von solchen Pfleglingen, die als sogenannte „unproduktive Volksgenossen" abtransportiert und in kurzer Zeit ums Leben gebracht werden sollen. Aus der Anstalt Marienthal bei Münster ist im Laufe dieser Woche der erste Transport abgegangen!

Deutsche Männer und Frauen! Noch hat Gesetzeskraft der § 211 des RStGB, der bestimmt: „Wer vorsätzlich einen Menschen tötet, wird, wenn er die Tat mit Überlegung ausgeführt hat, wegen Mordes mit dem Tode bestraft." Wohl um diejenigen, die jene armen Menschen, Angehörige unserer Familien, vorsätzlich töten, vor dieser gesetzlichen Strafe zu bewahren, werden die zur Tötung bestimmten Kranken aus der Heimat abtransportiert in eine entfernte Anstalt. Als Todesursache wird dann irgendeine Krankheit angegeben. Da die Leiche sofort verbrannt wird, können die Angehörigen und auch die Kriminalpolizei es hinterher nicht mehr feststellen, ob die Krankheit wirklich vorgelegen hat und welche Todesursache vorlag. Es ist mir aber versichert worden, daß man im Reichsministerium des Innern und auch auf der Dienststelle des Reichsärzteführers Dr. Conti gar kein Hehl daraus mache, daß tatsächlich schon eine große Zahl von Geisteskranken in Deutschland vorsätzlich getötet worden ist und in Zukunft getötet werden soll.

Das RStGB bestimmt in § 139: „Wer von dem Vorhaben eines Verbrechens wider das Leben glaubhaft Kenntnis erhält und es unterläßt, hiervon rechtzeitig Anzeige zu machen, wird bestraft."

Als ich von dem Vorhaben erfuhr, Kranke aus Marienthal abzutransportieren, um sie zu töten, habe ich am 28. Juli der Staatsanwaltschaft beim Landgericht zu Münster und dem Herrn Polizeipräsidenten in Münster Anzeige erstattet durch eingeschriebenen Brief mit folgendem Wortlaut: Nach mir zugegangenen Nachrichten soll im Laufe dieser Woche (man spricht vom 31. Juli) eine große Anzahl Pfleglinge der Provinzialheilanstalten in Marienthal bei Münster als sogenannte „unproduktive Volksgenossen" nach Eichberg übergeführt werden, um dann alsbald, wie es nach Transporten aus anderen Heilanstalten geschehen ist, nach allgemeiner Überzeugung, vorsätzlich getötet zu werden. — Da ein solches Vorgehen nicht nur dem göttlichen und natürlichen Sittengesetz widerstreitet, sondern auch als Mord nach § 211 des RStGB mit dem Tode zu bestrafen ist, erstatte ich gemäß § 139 des RStGB pfllichtgemäß Anzeige und bitte, die bedrohten Volksgenossen unverzüglich durch Vorgehen gegen die den Abtransport und die Ermordung beabsichtigenden Stellen zu schützen und mir von dem Veranlaßten Nachricht zu geben.

... Es hat nichts genutzt! Der erste Transport der schuldlos zum Tode Verurteilten ist von Marienthal abgegangen!! Und aus der Heil- und Pflegeanstalt Warstein sind, wie ich höre, bereits 800 Kranke abtransportiert.

... Anstatt des einzigen wahren Gottes macht man sich nach Gefallen eigene Götzen, um sie anzubeten: die Natur oder den Staat, das Volk oder die Rasse.

... Wer aber fortfahren will, Gottes Strafgericht herauszufordern, wer unseren Glauben lästert, wer Gottes Gebote verachtet, wer gemeinsame Sache macht mit jenen, die unsere Jugend dem Christentum entfremden, die unsere Ordensleute berauben und vertreiben, mit jenen, die unschuldige Menschen, unsere Brüder und Schwestern, dem Tode überliefern, mit jenen wollen wir jeden vertrauten Umgang meiden, dessen Einfluß wollen wir uns und die Unsrigen entziehen, damit wir nicht angesteckt werden von seinem gottwidrigen Denken und Handeln, damit wir nicht mitschuldig werden und mitanheimfallen dem Strafgericht, das der gerechte Gott verhängen muß und verhängen wird über alle, die gleich der Stadt Jerusalem nicht wollen, was Gott will.«

(Bischof Graf von Galen spricht! Hrsg. von H. Portmann, Freiburg 1946, in der Reihe: Das Christliche Deutschland 1933—1945, Katholische Reihe, Heft 3. Die bekanntesten Predigten S. 44ff., S. 53ff., S. 66ff.)

Der Bischof von Berlin, Graf Preysing, hat in einer Anzahl von Predigten, Hirtenbriefen, Informationen, Eingaben bei den Ministerien und Prozessen gegen NS-Zeitungen (wie „Das Schwarze Korps") offen gegen den NS-Staat gekämpft. (Dokumente aus dem Kampf der katholischen Kirche im Bistum Berlin gegen den Nationalsozialismus, herausgegeben vom Bischöflichen Ordinariat, Berlin, Morus-Verlag, Berlin.)

Im Hirtenbrief vom 9. Juli 1937 heißt es:

»Das gläubige Volk soll aus dem Munde des Bischofs vernehmen, daß die Kräfte der Finsternis am Werke sind, das Reich Gottes auf deutschem Boden zu zerstören. Ihr könnt es vielfach schon selbst feststellen, wie sich bei uns der große Kampf abzeichnet, der Kampf zwischen Glauben und Unglauben, zwischen Christentum und Antichristentum ... Um was geht es in dem jetzigen Entscheidungskampf? Es geht um die Frage, ob es eine über aller irdischen Macht stehende Autorität, die Autorität Gottes, gibt, dessen Gebote und Gesetze unabhängig von Land und Rasse Geltung beanspruchen. Ob der einzelne Mensch persönliche Rechte besitzt, die ihm keine Gemeinschaft und kein Staat nehmen darf. Ob der Mensch im letzten Grunde frei ist und frei sein darf, oder ob die freie Gewissensentscheidung des Menschen vom Staate verhindert, vom Staate verboten werden kann ... „Wenn es einen Gott gäbe, wie könnte ich ertragen, nicht selbst Gott zu sein", hat ein Philosoph gesagt, der nur zu sehr Prophet der heutigen Zeit geworden ist. Es ist im Grunde derselbe Irrtum, ob die Materie vergöttlicht wird oder ob das Individuum oder die Nation oder Blut und Rasse als letztes Ziel und letzter Zweck erklärt werden — es tritt ein falscher Gott an die Stelle des Einen, Einzigen, Dreieinigen ... Parteiorgane von weitester Verbreitung, von führenden Stellen geleitet und empfohlen, stehen in der vordersten Front des Kampfes gegen Glauben und Kirche, eines Kampfes, der mit allen Waffen, auch mit vergifteten, geführt wird, mit Verunglimpfung, Spott, Hohn, Unwahrheit, Entstellung.«

Im Hirtenbrief vom 10. Oktober 1937 zum Verbot des Religionsunterrichts durch katholische Priester schreibt Graf Preysing (ebenda, S. 17f., vgl. Neuhäusler, a. a. O. I, S. 106, S. 109):

»Man hat mir als Bischof keine Gründe angegeben, warum die Geistlichen nicht mehr den Religionsunterricht erteilen dürfen, aber es fällt nicht schwer, diese zu finden. Unermüdlich ist man an der Arbeit, Maßnahmen zu ersinnen, um das Wort der Kirche für die Öffentlichkeit zu ersticken ... Der Feldzug gegen die Kirche wird etappenweise, aber zielbewußt geführt, ohne in die Augen fallende Maßnahmen, damit dieses Endziel der Entchristlichung des Lebens nicht zu bald allgemein durchschaut wird. Wird nicht womöglich der Religionsunterricht noch ganz beseitigt werden, den Kindern eine antichristliche Weltanschauung aufgedrängt werden?«

Im Hirtenbrief vom 5. Dezember 1937 zur päpstlichen Enzyklika „Mit brennender Sorge" heißt es (ebenda, S. 21f., vgl. Neuhäusler, a. a. O. II, S. 162ff.):

»Die Enzyklika „Mit brennender Sorge" hatte den Zweck, klar und rückhaltlos die Grundwahrheiten unseres heiligen Glaubens, die in unserem Vaterlande verfälscht, mißbraucht und verhöhnt werden, darzulegen ...

Eine kirchenfeindliche Maßnahme löst die andere ab. Der dem Christentum feindliche Geist beherrscht die Öffentlichkeit in zunehmendem Maße ... Zwölf Druckereien in Deutschland, die die Enzyklika „Mit brennender Sorge" gedruckt haben, sind den Eigentümern entschädigungslos enteignet worden. In den Bistümern Münster, Paderborn, Trier und Limburg sind die Jungmännerverbände aufgelöst worden. Eine Reihe von katholischen Zeitschriften ist auf unbestimmte Zeit verboten worden. Die Verbreitung der Hirtenbriefe in der bisher üblichen Form durch die Kirchenblätter und Broschüren ist seit Jahresfrist verboten. Jede Abwehr der hemmungslosen, die Sittlichkeitsprozesse ausschlachtenden Propaganda wird unterbunden. Broschüren, die hierin der Wahrheit dienen, werden beschlagnahmt ... Man kennzeichnet nur die wahre Lage der offenbarungsgläubigen Christen in unserem Vaterlande, wenn man feststellt: der gläubige Katholik steht in Deutschland unter Ausnahmerecht ...«

Die Aktionen gegen die Enzyklika kennzeichnen die überragende Bedeutung, die sie in Deutschland, nicht nur bei den Katholiken, gewann.

In einer Information vom Sommer 1938 berichtet der Bischof von Berlin (Informationen des deutschen Episkopats ... über die Lage der katholisch-kirchlichen Presse im Sommer 1938):

»Die Verbotspraxis des Reichspropagandaministeriums und der Geheimen Staatspolizei gegen die katholischen Zeitschriften wird außerordentlich scharf gehandhabt. Wird eine Zeitschrift unbefristet verboten, so ist damit in der Regel die endgültige Unterdrückung der Zeitschrift ausgesprochen. Von den Zeitschriften, die der scharfen Verbotspraxis seit ungefähr einem Jahr zum Opfer fielen, seien folgende erwähnt:

„Der Katholik" — Mainz (Auflage ca. 70 000); „Liboriusblatt" — das Bistumsblatt für Paderborn (Auflage über 100 000); „Die Weltmission" — Aachen (Auflage über 300 000); „Kirche im Volk" — Düsseldorf (Auflage ca. 80 000); „Kirche und Leben", Katholische Kirchenblatt-Korrespondenz; „Ketteler-Wacht" — Köln (Auflage über 90 000); „Paulinusblatt" — das Bistumsblatt für Trier (Auflage ca. 120 000).

Andererseits zwingt der Staat die katholisch-kirchliche Presse, Gegenstände zu behandeln, deren Veröffentlichung nach der gleichen Verordnung der katholischen Presse verboten ist. In diesem Falle verfolgen die staatlichen Stellen das Ziel, über die katholisch-kirchliche Presse bei der katholischen Bevölkerung für ihre politischen und weltanschaulichen Ziele zu werben ... Es ist damit zu rechnen, daß der Staat in Zukunft die katholische Presse noch mehr in den Dienst seiner Politik stellen wird ... Um der Gefahr nach Möglichkeit zuvorzukommen, hat der Bischof von Berlin ... am 27. Juli 1938 an alle Ordinariate Richtlinien gesandt, um eine möglichst einheitliche Inhaltsgestaltung der katholischen Zeitschriften zu erreichen ...«

Am 7. und 8. Oktober 1938 wurde in Wien das Erzbischöfliche Palais von „jungen Leuten" gestürmt und verwüstet. Hierüber verbreitet der Bischof von Berlin einen eingehenden Bericht (ebenda S. 57f.).

In einer Denkschrift des Grafen Preysing an die Reichsregierung heißt es (ebenda S. 88f.):

»Die katholische Kirche wird durch die Wucht der Angriffe auf die Fundamente ihrer Glaubenslehre vor einen Kampf gestellt, dessen Ausgang über Sein und Nichtsein in Deutschland entscheidet ... Diese Aufgabe macht es den Bischöfen zur Pflicht, sich in ihren Hirtenbriefen der antichristlichen und antikatholischen Front entgegenzustellen ... Meine Ausführungen beweisen, daß der antichristliche Geist in Deutschland fortwährend bemüht ist, die Lebenskraft des katholisch-kirchlichen Schrifttums zu schwächen, sie zu vernichten und damit die Verkündigung des Wortes Gottes durch das Schrifttum unmöglich zu machen. Die von dem nationalsozialistischen Schrifttum proklamierten Grundsätze für das Geistesleben unseres Volkes lassen für das katholische Schrifttum die Alternative klar werden: entweder Unterwerfung unter den antichristlichen und antikatholischen Geist und damit Untreue gegen ureigene religiöse Ziele, oder Treue zur Kirche und damit Vernichtung ... Das katholische Schrifttum besteht trotz des Nationalsozialismus.«

Und endlich seien die grundlegenden Worte aus dem Hirtenbrief vom 13. Dezember 1942 angeführt (ebenda S. 114ff.):

»Die Leugnung der Existenz eines objektiven Rechtes kommt aus der Nichtanerkennung der unbedingten Herrschaft Gottes ... Aus dieser Verwerfung der Herrscherrechte Gottes ergibt sich Rechtsunsicherheit und Rechtsverwirrung, ja Rechtlosigkeit. Es wird an die Stelle der Gerechtigkeit die Macht gesetzt, an die Stelle des Rechtes der Nutzen ... Wenn tatsächlich Macht Recht schafft und Recht ist, dann kann es kein friedliches Zusammenleben der einzelnen, der kleineren Gemeinschaften, der Völker geben ... Der einzelne kann und darf nicht völlig aufgehen im Staate oder im Volke oder in der Rasse. Er, wer immer es sei, hat seine unsterbliche Seele, sein ewiges Schicksal. Er ist und bleibt für sich und jede seiner Taten verantwortlich ... Aber das eine ist und bleibt sicher, daß keine Gewalt der Erde es unternehmen darf, einen Menschen zu Äußerungen oder Handlungen zu zwingen, die gegen sein Gewissen, die gegen die Wahrheit wären.«

Der Dompropst der Berliner Hedwigskathedrale, Bernhard Lichtenberg, war schon früh ein Gegner der NS-Partei gewesen, als er zusammen mit Pater Stratmann u. a. zu einer Vorführung des Films „Im Westen nichts Neues“ eingeladen hatte. Der „Angriff“ tobte damals: „Das deutschbewußte Berlin läßt sich eine so freche Provokation nicht gefallen, es erhebt millionenstimmig den Ruf: Raus, zum Tor hinaus mit Monsignore Lichtenberg.“ Lichtenberg, der zum Vorstand des „Friedensbundes deutscher Katholiken“ gehörte, diskutierte streitbar und überlegen in Versammlungen der Nazipartei und des Ludendorff-Bundes. In dem Propaganda-Prozeß gegen Kaplan Dr. Rossaint und verschiedene andere Geistliche am 7. April 1939, der eine hervorragende Rolle in der katholischen Opposition spielte, ist ihm die Mitgliedschaft im Friedensbund besonders übel angerechnet worden. Haussuchungen und Vernehmungen häuften sich. Die Gestapo vermutete in ihm eines der Häupter der „Katholischen Aktion“.

Als er von ehemaligen KZ-Häftlingen Einzelheiten über die Greuel in den Lagern erfuhr, fertigte er nach dem Gehörten einen Bericht an und fuhr zu Göring, wo er einem Ministerialrat den Bericht mit dem Ersuchen um sofortiges Einschreiten überreichte. Er war der geistliche Leiter der Hilfsstelle für getaufte Juden und befand sich als solcher unaufhörlich im Kampf. Am Abend des Judenpogroms vom 8. November 1938 betete er öffentlich für die Soldaten, die KZ-Häftlinge und die Juden. Und am 28. August 1941 richtete er folgenden Brief, der ein Dokument des Widerstandes bleiben wird, an die Reichsärztekammer mit Abschriften an die Reichskanzlei und die Gestapo:

»An den Herrn Reichsärzteführer Dr. Conti
im Reichsministerium des Innern
Berlin NW 7
Unter den Linden 72

Der Bischof von Münster hat am 3. August 1941 in der St.-Lamberti-Kirche in Münster eine Predigt gehalten, in der er behauptete, es sei ihm versichert worden, daß man im Reichsministerium des Innern und auf der Dienststelle des Reichsärzteführers Dr. Conti gar kein Hehl daraus mache, daß eine große Zahl von Geisteskranken in Deutschland vorsätzlich getötet worden ist und in Zukunft getötet werden soll.

Wenn diese Behauptung unwahr wäre, hätten Sie, Herr Reichsärzteführer, den bischöflichen Prediger schon längst als Verleumder öffentlich gebrandmarkt oder gerichtliche Klage gegen ihn angestrengt, oder die Geheime Staatspolizei hätte sich seiner bemächtigt. Das ist nicht geschehen, Sie geben also die Richtigkeit der Behauptung zu. Wenn auch die heiligen Zehn Gebote Gottes öffentlich ignoriert werden, so hat doch das RStGB noch Gesetzeskraft. § 211 des RStGB bestimmt: „Wer vorsätzlich einen Menschen tötet, wird, wenn er die Tötung mit Überlegung ausgeführt hat, wegen Mordes mit dem Tode bestraft." § 139 bestimmt: „Wer von dem Vorhaben eines Verbrechens wider das Leben ... glaubhafte Kenntnis erhält und es unterläßt, der Behörde oder dem Bedrohten hiervon zur rechten Zeit Anzeige zu machen, wird ... bestraft."

Wenn die mit der Strafverfolgung und Strafvollstreckung betraute staatliche Behörde hier keinen Anlaß einzugreifen erkennt, muß jeder deutsche Staatsbürger, den Gewissen und Amt dazu drängen, sich zum Worte melden.

Ich tue es hiermit ...

Auch auf meiner priesterlichen Seele liegt die Last der Mitwisserschaft an den Verbrechen gegen das Sittengesetz und das Staatsgesetz. Aber wenn ich auch nur einer bin, so fordere ich doch von Ihnen, Herr Reichsärzteführer, als Mensch, Christ, Priester und Deutscher Rechenschaft für die Verbrechen, die auf Ihr Geheiß oder mit Ihrer Billigung geschehen und die des Herrn über Leben und Tod Rache über das deutsche Volk herausfordern.

Ich gebe von diesem Briefe der Reichskanzlei, den Reichsministerien und der Geheimen Staatspolizei Kenntnis.«

Wir zitieren folgendes aus einer 1947 in Berlin veröffentlichten Lichtenberg-Biographie von Alfons Erb (Morus-Verlag, Berlin 1947):

»Am Tage, nachdem dieser Brief geschrieben war, betete Lichtenberg beim Abendgebet in der Kathedrale wieder in gewohnter Weise: Lasset uns nun beten für die Juden und für die armen Gefangenen in den Konzentrationslagern, vor allem für meine Amtsbrüder.

Zwei rheinische Studentinnen, die gerade in der Kirche anwesend waren, erstatteten Anzeige. Bisher hatte die Gestapo wegen der hohen kirchlichen Stellung und des zu erwartenden großen Aufsehens ein Einschreiten gegen den Dompropst immer wieder hinausgeschoben. Nun war es so weit. Am 23. Oktober wurde der alte Prälat verhaftet. Bei der gleichzeitigen Haussuchung fanden die Schergen den Entwurf einer für den nächsten Sonntag vorgesehenen Kanzelverkündigung gegen die Judenhetze, die gerade in jenen Tagen auf Antrieb des Propagandaministeriums bis aufs höchste gesteigert worden war. Als der Dompropst abgeführt wurde, zwang ihn die Gestapo, seine lange Soutane auszuziehen. Es war das erstemal seit vielen Jahren, daß er ohne sie sein Haus verließ . . .

„Du Pfaffenschwein", titulierte der begleitende SS-Mann den ehrwürdigen Priester, als er im Verlauf des Ermittlungsverfahrens ins Auto stieg, um zur Vernehmung zum Alexanderplatz gebracht zu werden. Furchtlos und aufrecht stand Lichtenberg der Gestapo bei den Vernehmungen gegenüber. Es genügt, zwei Antworten anzuführen, die er dem Kommissar gab. Auf die Frage, wie er zu den Predigten des Bischofs Galen stehe, erwiderte er: „Mir ist jedes Wort aus der Seele gesprochen." Die Worte waren ihm so sehr aus der Seele gesprochen, daß er im Sommer 1941 die berühmten Predigten aus Westfalen zu Hunderten vervielfältigt und verbreitet hatte . . . Auf die Frage: „Wie stehen Sie zum Führer?" gab er die Antwort: „Ich habe nur einen Führer: Jesus Christus. Für mich ist Adolf Hitler nur Staatschef. Er ist mir nicht Führer, da ich nicht Mitglied der NSDAP bin . . ."

Die dreistündige, unter Ausschluß der Öffentlichkeit stattfindende Hauptverhandlung vor dem Sondergericht I beim Landgericht Berlin fand am 22. Mai 1942 statt. Die Anklage lautete auf Kanzelmißbrauch und Vergehen gegen das Heimtückegesetz. Sie enthielt zwei Hauptpunkte:

Der erste Punkt: Der Angeklagte habe in Ausübung seines Berufes als Geistlicher am 29. August 1941 in einer Kirche auf der Kanzel in einer Abendpredigt Angelegenheiten des Staates in einer den öffentlichen Frieden gefährdenden Weise vor mehreren Personen öffentlich zum Gegenstand einer Verkündigung gemacht, indem er für die christlichen Nichtarier, für die Juden, sowie für die Häftlinge in den Gefängnissen und Konzentrationslagern, insbesondere für seine Amtsbrüder, gebetet habe.

Zu diesem Punkt der Anklage heißt es in der Urteilsbegründung: „Indem der Angeklagte in seinem Gebet ausdrücklich für die Juden und die Gefangenen in den Konzentrationslagern eintrat, befaßte er sich öffentlich mit den gegen die genannten Personengruppen eingeleiteten staatlichen Maßnahmen; denn der Grund dafür, daß er sie in seine Fürbitte aufnahm, lag nach seiner eigenen Einlassung allein darin, daß er sie um ihrer Rassenzugehörigkeit oder ihrer Weltanschauung willen für von den staatlichen Behörden verfolgt ansah. Er hat also in Ausübung seines Berufes in einer Kirche vor mehreren Personen Angelegenheiten des Staates zum

Gegenstand einer Verkündigung gemacht. Dies geschah in einer den öffentlichen Frieden gefährdenden Weise ..."

Der zweite Punkt: Der Angeklagte habe in einer gehässigen, hetzerischen und aufreizenden Art und Weise leitende Persönlichkeiten der Partei und des Staates angegriffen sowie ihr Ansehen und die Rechtssicherheit in der Öffentlichkeit gefährdet.

Mitte Oktober 1941 hatte Dompropst Lichtenberg auf seinem Schreibtisch ein Flugblatt vorgefunden, das auf Anordnung des Propagandaministeriums hergestellt und von den Ortsgruppen der NSDAP in ganz Deutschland in den Häusern verteilt worden war. Auf Befragen erfuhr er, daß das Flugblatt von der Partei zugestellt worden sei. Es handelte sich um eine ganz üble, um eine mörderische Hetze gegen die Juden, wobei u. a. behauptet wurde, der amerikanische Jude Theodor Nathan Kaufmann habe als Sprecher des Weltjudentums offen die Forderung auf Ausrottung von „80 Millionen kulturell hochstehender, fleißiger und anständiger deutscher Frauen, Männer und Kinder" erhoben. Lichtenberg entwarf nach der Lektüre des Flugblattes eine Vermeldung, die am kommenden Sonntag in allen heiligen Messen auf der Kanzel der Kathedrale verlesen werden sollte. Er las den Text des Entwurfes, sich eventuelle redaktionelle Änderungen vorbehaltend, seinen Kaplänen und den beiden in seiner Hausgemeinschaft lebenden geistlichen Gästen beim Mittagstisch vor.

Dieser Text lautete:

Vermeldung

In Berliner Häusern wird ein anonymes Hetzblatt gegen die Juden verbreitet. Darin wird behauptet, daß jeder Deutsche, der aus angeblich falscher Sentimentalität die Juden irgendwie unterstützt, und sei es auch nur durch ein freundliches Entgegenkommen, Verrat an seinem Volke übt. Laßt Euch durch diese unchristliche Gesinnung nicht beirren, sondern handelt nach dem strengen Gebot Jesu Christi: „Du sollst deinen Nächsten lieben wie dich selbst."

Die Urteilsbegründung zum zweiten Punkt lautet: „Er hat sich damit über den Herrn Reichspropagandaminister, also eine leitende Persönlichkeit des Staates und der NSDAP, sowie über eine seiner Anordnungen in einer Weise ausgelassen, welche geeignet war, das Vertrauen des Volkes zur politischen Führung zu untergraben; denn er bezeichnete das auf Anordnung des Herrn Reichspropagandaministers verbreitete Flugblatt als ein ‚anonymes Hetzblatt', warf dem Verfasser ‚unchristliche Gesinnung' vor und forderte durch die Mahnung: ‚Laßt Euch nicht beirren, sondern handelt nach dem strengen Gebot Jesu Christi ...' zum Ungehorsam gegen die in dem Flugblatt niedergelegten Richtlinien über das Verhalten gegenüber den Juden auf. Die Schwere der erhobenen Vorwürfe, namentlich die Bezeichnung des Flugblattes als ‚anonymes Hetzblatt', und die damit verbundene Aufforderung zum Ungehorsam kennzeichnet sein Vorgehen ohne weiteres als böswillig. Wenn der Inhalt der Vermeldung auch noch nicht an die Öffentlichkeit gelangt war, so mußte der Angeklagte, welcher sie sowohl seiner Pfarrschwester zugänglich gemacht wie auch seinen Tischgenossen vorgelesen hatte, doch damit rechnen, daß er von diesen weiterverbreitet und damit in die Öffentlichkeit gebracht wurde."«

Soweit der Bericht von Alfons Erb.

Das Sondergericht I verurteilte Lichtenberg zu zwei Jahren Gefängnis. Der alte Prälat litt in Tegel sehr unter Hunger und Kälte. In Tegel arbeitete er 153 Predigten aus und verfaßte eine Reihe von Heiligen-Biographien. Die Berichte seiner Mitgefangenen bezeugen die brüderliche und wahrhaft christliche Haltung dieses schwerkranken Mannes. Im Anfang seiner Haft hatte er sich erboten, als Judenseelsorger ins Getto nach Lodz zu gehen. Als der Berliner Bischof ihm nach zweijähriger Haft eine Botschaft des Papstes übermittelte, war er glücklich. Am 23. Oktober 1943 wurde er aus der Gefängnishaft entlassen. Die Gestapo empfing ihn wie üblich am Ausgangstor. Vierzehn Tage später wurde der Sterbende auf dem Wege ins KZ Dachau aus dem Gefangenentransport in Hof ausgeladen und verschied im Krankenhaus Hof.

In einem Dokument, das von der Gestapo (II 1131 — 141 024) stammt, findet sich ein Bericht (liegt abschriftlich vor. D. Red.), der folgendermaßen lautet:

»Ot/Pi.

Betr.: Hetzerische Äußerungen des Bischofs von Rottenburg zur Frage des Religionsunterrichtes.

Vorg.: Ohne.

Am 19. September 1937 fand auf dem Hohenrechberg, Krs. Schwäbisch Gmünd, eine Männerwallfahrt statt, auf der der Bischof Sproll von Rottenburg sprach.

Die Rede des Bischofs war eine offene Hetze gegen den Staat und führende Männer der Bewegung. Wie die von Haß und Beleidigungen erfüllte Ansprache wirkte, geht aus den gehässigen Bemerkungen und dauernden Pfuirufen der etwa 12 000 Anwesenden hervor.

Sproll sagte u. a. folgendes (sinngemäß, fast wörtliche Wiedergabe):

„Auf dem Reichsparteitag in Nürnberg gab man so einem Mann (!) hunderttausend Mark für seinen Mythos, der gar nichts anderes bezweckt als die Zersetzung und Zerschlagung der katholischen Lehre und in welchem jeder persönliche Gott abgestritten und geleugnet wird (stürmische Pfuirufe) . . .

Katholische Männer! Wir wissen, daß ihr durch die Abmeldung eurer Kinder aus dem staatlichen Religionsunterricht vom Winterhilfswerk ausgeschlossen seid und wahrscheinlich auch eure Arbeitsplätze verlassen müßt. Laßt euch dadurch nicht abschrecken! Viele haben mir schon Briefe geschrieben, wie ihnen dann geholfen werden kann. Ich mußte jedem zur Antwort geben, daß ich sie nicht unterstützen kann. Hungern, Frieren und Not müßt ihr um eures Glaubens willen ertragen. (!) Ihr müßt fest zusammenstehen, wie die ersten Christen es taten. Allerdings gab es unter ihnen auch Feiglinge, die sich Quittungen geben ließen, daß sie den Götzen geopfert hätten. Ihr dürft nicht mehr Feiglinge sein! Steht geschlossen zusammen! Voriges Jahr kamen Männer zu euch, die euch überredeten, ja sogar bedrohten, damit ihr eure Kinder in die deutsche Schule geben solltet. Die christlichen Belange wurden euch zugesichert. Ihr seid aber betrogen worden! Man hat den katholischen Religionsunterricht aus der Schule verdrängt. Katholische Eltern! Meldet eure Kinder ab vom staatlichen Religionsunterricht in der Schule! In den nächsten Tagen und Wochen werden dieselben Menschen zu euch kommen, glaubt ihnen nichts mehr! Es sind Pharisäer! — Auch die euch so lieben Hirtenbriefe dürfen wir nicht mehr drucken lassen, und die Verlage werden zusammengeschlagen. Wir haben überhaupt kein freies Wort mehr (Pfuirufe). — Was die Sittlichkeitsprozesse gegen katholische Geistliche betrifft, so handelt es sich nicht um Tausende, wie behauptet wird, ja nicht einmal um Hunderte von Verfahren, die gegen katholische Geistliche eingeleitet worden sind (Pfuirufe). Die Zustände in Deutschland sind der Anfang des Kommunismus."

Diese Rede ist mithin ein neuer Beweis für die verstärkten Angriffe der Bischöfe auf den Staat und ist, wie das Verhalten der Teilnehmer an der Wallfahrt gezeigt hat, dazu geeignet, zum offenen Aufstand anzureizen.

3. II 2 zur Gegenzeichnung:

4. Gestapo zur Gegenzeichnung:

5. An II 1131 Ot. zur Wiedervorlage

II 1	II 11	II 113	II 1131
Signum	Signum	Signum	Signum

9. Oktober 1937.«

Der Bischof Sproll von Rottenburg ging am 10. April 1938 nicht zur Wahl. Bereits am 11. April begannen daraufhin Demonstrationen vor dem bischöflichen Palais in Rottenburg („Dokumente . . .", a. a. O., S. 55f.). Am 16. Juli begannen wieder Demonstrationen vor seinem Hause, die sich am 18. und 23. Juli wiederholten. Im Laufe dieser Demonstrationen drangen zweimal größere Trupps in das bischöfliche Palais ein.

Die Demonstranten machten nicht vor dem Heiligtum der Hauskapelle halt, sondern erbrachen die Tür und belästigten den Bischof, der in der Kapelle kniend betete.

Da die Demonstranten nicht erreichten, daß der Bischof Rottenburg verließ — dieser vielmehr erklärte: „Ich bleibe in Rottenburg, auch wenn es mich das Leben kostet" —, wurde vom Reichskirchenminister „ein Aufenthaltsverbot für Württemberg" gegen Bischof Sproll verhängt.

Der Bischof erklärte, nur der Gewalt zu weichen, und wurde von der Staatspolizei im Auto aus seinem Bistum weggeführt.

Der Marburger Romanist Prof. W. Krauss teilt in einem Erlebnisbericht mit:

»Ein besonders aufsehenerregender Fall war der Prozeß des Generalvikars von Innsbruck, Dr. Lampert, mit dem ich über zwei Monate lang bis zu seinem Abtransport nach Halle die Zelle teilte. Lampert war schon früher im Dachauer KZ gewesen . . . Die Polizei konfinierte ihn nach seiner Entlassung in die Nähe von Zinnowitz. Hier machte er die Bekanntschaft eines österreichischen Landsmanns, der sich ihm als Katholik und Gegner des Nationalsozialismus vorstellte und behauptete, bei den V-1-Werken eine maßgebende Stellung einzunehmen. Der Verkehr mit ihm zog sich über Monate hin. Eines Tages unterbreitete er Lampert den Vorschlag, die Pläne der V 1 über die Kurie nach England gelangen zu lassen, damit die englischen Wissenschaftler Gegenmaßnahmen treffen könnten und der Menschheit unermeßlicher Jammer erspart werde. Lampert lächelte über die naive Vorstellung, daß der Heilige Stuhl sich mit solchen Angelegenheiten befassen würde, und ließ das Gespräch darüber fallen, ohne aber seinen Verkehr mit dem jungen Landsmann abzubrechen. Dieser entpuppte sich als ein Spitzel der Gestapo. Bei der Verhandlung vor dem Reichskriegsgericht wurde er als vereidigter Zeuge zugelassen und seinen Aussagen voller Glaube geschenkt, daß Lampert auf seinen Vorschlag stillschweigend eingegangen sei. Lampert wurde, da seine staatsfeindliche Einstellung schon durch sein Vorleben erwiesen sei, wegen Landesverrats, Feindbegünstigung, Spionage usw. zum Tode verurteilt. Obwohl alle möglichen Persönlichkeiten für seine Rettung sich einsetzten, wurde Lampert im November 1944 nach Halle zur Hinrichtung übergeführt. Es wird behauptet, die deutsche Regierung hätte schließlich doch gezögert, den Vollstreckungsbefehl zu erteilen. Während meines Aufenthaltes im Revier hatte ich Gelegenheit, die Zentralkartei der Torgauer Gefangenen einzusehen und festzustellen, daß der Name zweier anderer mit Lampert verurteilter und nach Halle übergeführter Geistlicher (Kaplan Simoleit und Pater Lorenz) mit einem Kreuz versehen waren, während dieses Kreuz auf der Kennkarte Lamperts fehlte.« — Dr. Carl Lampert wurde am 13. November 1944 in Halle hingerichtet.

Der katholische Pfarrer Parwer aus Maisach bei München, der 7½ Jahre Gefangener der Gestapo war, weil er sich in zwei Fällen geweigert hatte, das Beichtgeheimnis zu brechen, teilt mit (in einem persönlichen Erlebnisbericht. Liegt vor. D. Red.), daß die Zahl der Geistlichen im KZ Dachau sehr hoch war. Er beziffert sie mit mindestens 3000 aus allen Nationen Europas, von denen mehr als 1500 gestorben seien. Ein polnischer und ein französischer Bischof befanden sich gleichfalls dort, von denen der polnische Bischof Kozal aus Leslau 1943 starb. Von den übrigen verstorbenen Geistlichen waren etwa 150 Deutsche, genaue Zahlen lassen sich auch heute noch nicht feststellen, und weit mehr als 1000 Polen. Die Gründe für die Verhaftung der deutschen Geistlichen waren etwa folgende: Ein Geistlicher ließ sich, wie es den kirchlichen Vorschriften entspricht, von einem religiös gemischten Brautpaar das schriftliche Versprechen geben, daß die Kinder katholisch erzogen würden. Der Bräutigam zeigte den Geistlichen an, der in Dachau starb. Etwa 20 Geistliche hatten den Hirtenbrief des Bischofs von Münster verlesen, in dem die Ermordung der Kranken in den Irrenanstalten gegeißelt wurde. Die Hälfte von ihnen starb 1942. Andere Geistliche hatten Polen die Beichte abgehört oder Polenkinder getauft. Einer hatte in der Predigt gesagt, daß „die Sünde schuld am Kriege sei", andere hatten gleichfalls in Predigten sich gegen die Nazis und ihren Krieg geäußert. Da der Gottesdienst in Dachau seit 1937 verboten war, hielten die Geistlichen an selbsthergestellten kleinen Altären heimliche Gottesdienste. Als man 1940 bei einem den Entwurf eines Marienaltars in der Tasche fand, bekam er 25 Doppelschläge auf dem Bock, eine Stunde Aufhängen an den Armen und ein Jahr Strafkompanie. Von Mai bis September 1942 starben von 300 deutschen Geistlichen 105. Danach besserte sich ihre Lage etwas, da sie von da ab Pakete empfangen und regelmäßig Gottesdienste abhalten durften. Die Mitteilungen dieses Berichtes stehen nicht allein. Es steht fest, daß zahlreiche Geistliche europäischer Länder beider christlicher Konfessionen verhaftet und getötet wurden. Die Zahlenangaben schwanken.

Am 13. November 1944 wurden in Halle drei Priester hingerichtet: Der 50jährige Prälat Dr. Carl Lampert, der 47jährige Pater Fr. Lorenz und der Kaplan H. Simoleit. Sie gehörten zum „Fall Stettin", da sie alle in Stettin amtierten. Lampert war verschiedene Male in Innsbruck in „Schutzhaft" genommen worden. 1940 kam er nach Dachau, das er nach einem Jahr verließ. Er wurde nach Stettin geschickt. Pater Lorenz war 1939 als Kriegspfarrer mit einer pommerschen Division ausgerückt und hatte verfolgte Polen geschützt. 1942 kehrte er nach Stettin zurück.

In die Jungmännerkreise, die Kaplan Simoleit mit Soldaten und interessierten Katholiken in seiner Wohnung abhielt, schlich sich im Oktober 1942 ein Gestapospitzel unter dem Namen Hagen ein. Am 4. Februar 1943 durchsuchten 16 Mann das Propsteigebäude. Es folgten zahlreiche Verhaftungen. Die Anklage lautete auf Polenseelsorge, Feindbegünstigung, Rundfunkverbrechen, Zersetzung der Wehrkraft und versuchte Spionage.

Der pommersche Pfarrer Albert Hirsch wurde wegen „Verbreitung feindlicher Nachrichten" am 30. Juli 1943 zu vier Jahren Zuchthaus verurteilt und starb im Zuchthaus Gollnow nach einem Jahr an Entkräftung.

Der Reichsarchivrat Dr. Karl Heinrich Schäfer konvertierte in Köln, wurde 1902 Katholik und lebte in Rom und Berlin. 1934 wurde er pensioniert. Eine Hausangestellte verriet seine Gespräche in der „Lützelburg", und 1942 wurde er verhaftet und wegen planmäßiger Zersetzungsarbeit und Abhörens feindlicher Sender zu zwei Jahren Zuchthaus verurteilt. Am 30. Januar 1945 erhielten seine Angehörigen die Todesnachricht. Er starb im KZ Sachsenhausen.

Der Pfarrer Albert Willimsky wurde 1938 verhaftet, weil er in Gesprächen, beim Unterricht und in der Predigt zersetzend gewirkt habe. Nach seiner Entlassung wurde er bald erneut wegen Vergehens gegen das Heimtückegesetz verhaftet. In seine Akten schrieb man: „Trotz Bestrafung unverbesserlich." Am 23. Februar 1940 erreichte seine Angehörigen ein Telegramm: „Albert Willimsky am 22. Februar im Lager Sachsenhausen an Lungenentzündung gestorben."

Der Pfarrer Josef Lenzel verweigerte den „Deutschen Gruß", verkehrte mit jüdischen Familien und richtete geschlossene Gottesdienste für „Ostarbeiter" ein. Er wurde wegen angeblicher Hetze verhaftet und am 3. Juli 1942 in Dachau getötet.

Weil er polnische Mädchen vor körperlichen Mißhandlungen durch ihre Aufseher zu schützen versuchte, wurde der Pfarrer August Froehlich von Rathenow verhaftet und in Dachau am 22. Juni 1942 getötet. (Nach Kühn: „Blutzeugen des Bistums Berlin", Berlin 1950.)

Dr. Max J. Metzger gründete 1917 die katholische „Christ-Königs-Gesellschaft vom weißen Kreuz" und war lange Jahre einer der bekanntesten und aktivsten Kämpfer für den Frieden. Später begründete er die „Una-Sancta"-Bewegung, die alle Vertreter der christlichen Bekenntnisse zusammenschließen sollte. Metzger vertraute unter seinen Mitarbeitern seit Jahren auch einer schwedischen Konvertitin, die ihn jedoch im Auftrag der Gestapo beobachtete. Sie erklärte sich bereit, einen Brief nach Schweden mitzunehmen. Er schrieb 1943 einen Brief an den Primas der Kirche von Schweden, den lutherischen Erzbischof Eidem von Upsala, nach Stockholm, in dem er ihn um Friedensvermittlung bei den Alliierten bat. Er wurde gewarnt, aber er entgegnete:

„Wenn der Friede des Volkes durch Diener der Kirche, vielleicht durch ihre geringsten und nicht beamteten, angebahnt werden kann, ist das nicht den Einsatz des Lebens wert?" Als er zu einer Zusammenkunft von etwa 20 Politikern im Hause des ehemaligen Botschafters Solf erschien, wurde er verhaftet. Am 14. Oktober 1943 wurde er von Freisler zum Tode verurteilt. Er schrieb in Brandenburg Briefe, Gebete und Gedichte, die Zeugnisse eines großen, humanistischen Denkens sind. Am 17. April 1944 wurde er hingerichtet. Ein diensttuender Beamter sagte nachher zu einem

Bekannten: „So habe ich in meiner ganzen Tätigkeit noch keinen sterben sehen."

Pater provincialis Roesch S. J. und Pater Delp S. J. wirkten, außer in ihren kirchlichen Kreisen, an hervorragender Stelle im Kreisauer Kreis mit, der eines der geistigen Zentren des Widerstandskampfes war. (Vgl. Pechel: „Deutscher Widerstand", S. 117; Dulles: „Verschwörung...", S. 149f.; Rothfels: „Die deutsche Opposition...", S. 138.)

Als der Greifswalder Pfarrer Dr. Alfons Maria Wachsmann, ein Schüler des Studentenseelsorgers Dr. Carl Sonnenschein, am 12. Dezember 1943 vor dem Volksgerichtshof stand, erklärte der berüchtigte Freisler in seiner Urteilsbegründung, daß man zuerst geglaubt habe, es nur mit einem kleinen Rundfunkverbrecher zu tun zu haben. Bald aber habe man eine Persönlichkeit kennengelernt, die einen überragenden und stark vergiftenden Einfluß auf ihre Umgebung gehabt habe. Gefesselt mußte Wachsmann dreimal die Zerstörung des Gefängnisses durch Bomben über sich ergehen lassen, ehe er später am 22. Februar 1944 in Brandenburg hingerichtet wurde.

Hier sei auch der damalige Münchner Anwalt und spätere bayrische Justizminister Dr. Josef Müller genannt, der mit dem Vatikan in Kontakt stand. Josef Müller, ein bedeutender Mann des Widerstandes, gehörte der „Abwehr" des Admirals Canaris an. Diese „christliche Verschwörung", die die Gestapo „Schwarze Kapelle" nannte, wurde von ihr aufgespürt. Müller entwarf „Richtlinien" für den Frieden und seine Vorbedingungen. Er wurde am 5. April 1943 verhaftet und überlebte das KZ. (Siehe auch S. 100, 154.)

Die Widerstandsbewegung in Bayern stützte sich zum großen Teil auf die katholische Kirche, zum anderen auf konservative Kreise und schließlich auf die Kreise des Sozialismus. Hier seien genannt der Publizist Dr. Fritz Gerlich (s. u.), der 1934 ermordet wurde, der Kapuziner Paul Ingbert Naab, der Konservative Freiherr Dr. Erwein von Aretin (s. u.). Zu den führenden Persönlichkeiten gehörte auch der christliche Sozialist Josef Zott.

Der Münchner Stadtpfarrer Dr. Emil Muhler und der Jesuitenpater Rupert Mayer dürfen gleichfalls nicht vergessen werden. Im August 1938 führte die Gestapo eine große Verhaftungsaktion durch, wobei ca. 500 Personen festgenommen wurden. Die meisten Verhafteten blieben trotz aller Quälereien standhaft. Josef Schreiber wurde hingerichtet, Freiherr von Harnie starb einige Tage nach dem Einmarsch der Amerikaner im Zuchthaus Straubing an den Folgen des Hungers.

Der 66jährige Benediktinerpater Gerster wurde im Januar 1945 zu drei Jahren Gefängnis wegen Wehrkraftzersetzung verurteilt, weil er Gesprächspartnern gegenüber geäußert hatte, der Kommunismus komme doch, es gebe auch hohe Leute, die für sein Kommen arbeiteten.

In München arbeitete die aus der katholischen Studentenverbindung „Trifels" hervorgegangene und illegal weiterexistierende „Gruppe Trifels", von deren Mitgliedern verhaftet wurden: Otto Fromknecht und Corbinian Hofmeister, der Abt von Metten, der, im Zusammenhang mit Josef Müller festgenommen, zunächst in die Prinz-Albrecht-Straße geschleppt und dann in Dachau bis zur Befreiung durch die Amerikaner festgehalten wurde. (Nach unveröffentlichten Akten. Fotokopien liegen vor. D. Red.) Die Leitung der Gruppe hatte Dr. Konrad R. aus München. Diese Gruppe stellte Hitler als den Gegensatz zu Gott dar und kämpfte gegen die geistige Vergiftung des deutschen Volkes, besonders gegen Goebbels, Streicher und den Ludendorff-Kreis (laut Brief an Herausgeber).

Die Gruppe arbeitete hauptsächlich in München, Stuttgart und Ulm. Es wurden Attentatspläne entworfen und Sprengstoffvorbereitungen getroffen.

Dr. Fritz Gerlich, ehemals Chefredakteur der „Münchner Neuesten Nachrichten", gründete die Wochenzeitung „Der gerade Weg", in der er Hitler bekämpfte, und fiel als Mitopfer des 30. Juni 1934 ebenso wie Min.-Direktor Erich Klausener, wie der Führer der katholischen „Deutschen Jugendkraft", Probst, und der Münchner Musikkritiker Dr. Schmidt. Sie waren die ersten katholischen Blutzeugen des beginnenden Kampfes.

Ein Vetter Klauseners, ebenfalls ein gläubiger Katholik, Leo Statz, wurde 1943 von Roland Freisler zum Tode verurteilt und am 1. November 1943 in Brandenburg hingerichtet. Sein Schwager, Dr. Hermann Pünder, nach dem 20. Juli 1944 von der Gestapo verhaftet, kam lebend davon. 1926—32 Chef der Reichskanzlei, dann Regierungspräsident in Münster, ging P. durch die Konzentrationslager Ravensbrück, Buchenwald und Dachau. In den Dolomiten von den Amerikanern verhaftet, wurde er 1945—48 Oberbürgermeister von Köln, dann Oberdirektor beim Zweizonen-Wirtschaftsrat in Frankfurt/Main.

Dr. von Aretin brachte längere Zeit in einem KZ zu, ebenso auch Dr. Josef Eberle, der Herausgeber der „Schöneren Zukunft" in Wien.

Johannes Maria Verweyen, der Bonner Professor für Philosophie, konvertierte zum Katholizismus und unternahm Vortragsreisen. Er wurde 1941 verhaftet und starb 1945 im KZ Bergen-Belsen. Er hinterließ ein Bändchen Hymnen und Briefe, die von seinem tiefen Glauben zeugen.

Friedrich Ritter von Lama, Journalist und Schriftsteller, trat in seinen Büchern für den Heiligen Stuhl und für die Konnersreuther Stigmatisierte ein. Seine vielen Veröffentlichungen, die sich vorwiegend mit den übernatürlichen Kernproblemen des katholischen Glaubens befaßten, waren der Gestapo ein Dorn im Auge.

1938 wurde er zum erstenmal verhaftet, 1940 zum zweitenmal. 1941 wurde er zum drittenmal verhaftet und starb nach drei Wochen im Gefängnis Stadelheim.

Bruno Grabinski, Josef Joos und Kurt Hofmann, katholische Publizisten, verbrachten ebenso wie viele andere (vgl. Kapitel: „Die Haltung der Intellektuellen") längere Zeit in Haft.

Ebenso ist von Nikolaus Groß, dem Redakteur der „Ketteler-Wacht", dem Verbandspräses Prälat Dr. Otto Müller und Bernhard Letterhaus zu berichten, die der Verhaftungsaktion des 20. Juli zum Opfer fielen (siehe auch S. 71). Die letzten Worte von Nikolaus Groß, dem christlichen Gewerkschaftsführer, hingerichtet am 23. Januar 1945: „Was kann ein Vater seinen Kindern Größeres hinterlassen als das Bewußtsein, daß er sein Leben für die Freiheit und Würde seines Volkes gegeben hat?" (Pechel, a. a. O., S. 206f.)

Drei katholische Zeitschriften waren es hauptsächlich, die illegal in Deutschland verbreitet wurden. Zunächst „Der Deutsche Weg", der aus Holland kam, „Der Deutsche in Polen" und „Der Christliche Ständestaat", der aus Österreich in zahllosen Exemplaren den Weg über die Grenze fand. „Der Deutsche Weg" wurde nicht unerheblich von dem Jesuitenpater Friedrich Muckermann inspiriert. „Der Deutsche in Polen" entlarvte die Attacke Hitlers gegen den Bolschewismus auf dem Reichsparteitag in Nürnberg als „großangelegtes Betrugsmanöver", in der Nummer vom 27. September 1936[11]. „Der Christliche Ständestaat" stand unter dem Einfluß des ausgebürgerten Dietrich von Hildebrand. Einer der Hauptmitarbeiter war der Pazifist Dominikanerpater Stratmann.

Obwohl die katholischen Jugendvereine durch Artikel 31 des Reichskonkordats eindeutig geschützt waren (vgl. Neuhäusler, a. a. O. I., S. 165ff.), begann der Nationalsozialismus, dessen Führung eben diesen völkerrechtlich und innerstaatlich bindenden Vertrag geschlossen hatte, alsbald einen systematischen Feldzug gegen die organisierte katholische Jugend. Es entsprach der „Dynamik" und rohen Art der nationalsozialistischen Partei und Jugendführung, daß sie dabei mit zunehmender Stärke alle Register der Überredung, Drohung, geistigen und physischen Vergewaltigung zog. Gerade weil es um das nachwachsende, bildungsfähige, zukunftstragende Geschlecht ging, warf sie hier ihre letzte Konsequenz und Härte in den Kampf.

Mit Sticheleien und Einzelmaßnahmen begann es schon 1933. Provokationen, Verleumdungen und Schlägereien schlossen sich an. Frühjahr 1935 rollte eine große Propaganda-Offensive gegen die konfessionellen Verbände über das ganze Reich, die bei aller Hetze und allem Kraftaufwand doch nur einen geringen Erfolg hatte. Mitte 1935 erging das Verbot jedes öffentlichen Auftretens und aller sportlichen Betätigung. In der Schule und durch Druck auf die Väter arbeitete man auf den Austritt aus den katholischen Vereinen hin. Am 1. Dezember 1936 wurde die gesamte deutsche Jugend in die HJ gezwungen. Die Unterdrückung einzelner Organisationen häufte sich. Am 24. August 1938 löste die Polizei die Deutsche Jugendkraft (DJK), die den Sport innerhalb der katholischen Jugendvereine gepflegt hatte, auf und zog ihr Vermögen ein. Der Totalitätsanspruch gab nicht Ruhe, bis das ganze breit aufgebaute katholische Organisationswerk restlos zerschlagen war.

Am 3. Januar 1938 wurde die Reichszentrale der katholischen Aktion in Düsseldorf geschlossen.

Die folgenden Unterlagen sind so typisch, daß sie in die Maßnahme zur Unterdrückung der katholischen Organisationen einen genauen Einblick geben:

Preußische Polizeiverordnung vom 23. Juli 1935.

Auf Grund des § 1 der Verordnung des Reichspräsidenten zum Schutze von Volk und Staat vom 28. Februar 1933 in Verbindung mit § 14 des Polizeiverwaltungsgesetzes vom 1. Juni 1931 wird für Preußen folgende Verordnung erlassen:

§ 1. Allen konfessionellen Jugendverbänden, auch den für den Einzelfall gebildeten, ist jede Betätigung, die nicht rein kirchlich-religiöser Art ist, insbesondere eine solche politischer, sportlicher und volkssportlicher Art untersagt.

§ 2. Für die konfessionellen Jugendverbände und ihre männlichen und weiblichen Angehörigen, einschließlich der sogenannten Pfarrjugend, gelten folgende Bestimmungen.

Es ist verboten:

1. Das Tragen von Uniformen (Bundestracht, Kluft usw.), uniformähnlicher Kleidung und Uniformstücken, die auf die Zugehörigkeit zu einem konfessionellen Jugendverbande schließen lassen; . . .
2. das Tragen von Abzeichen; . . .
3. das geschlossene Aufmarschieren, Wandern und Zelten; . . .
4. das öffentliche Mitführen oder Zeigen von Bannern, Fahnen und Wimpeln; . . .
5. jegliche Ausübung und Anleitung zu Sport und Wehrsport aller Art.

Richtlinien zur Bekämpfung der katholischen Jugendverbände.

Herausgegeben von der Reichsjugendführung am 28. Oktober 1936 und vertraulich an die Unterstellen mitgeteilt.

Um die katholischen Jugendverbände wirksam zu bekämpfen, ist es notwendig, daß wir uns über die Art des Kampfes und die einzuschlagende Taktik klar werden. Es gibt nur zwei Möglichkeiten, eine feindliche Bewegung zu vernichten, einmal: die gegnerische Gemeinschaft aufzulösen und zu verbieten . . . Die andere Methode — und sie ist die allein versprechende — fußt auf einer planvollen und systematischen Bekämpfung . . .

1. Alle Gegner, hauptsächlich die konfessionellen Verbände, sind listenmäßig zu erfassen, und zwar gebietsweise. Diese Maßnahme hat folgende Gründe: a) Bei einer späteren endgültigen Auflösung der Verbände wissen wir so, wann und wo überhaupt aufzulösen ist. b) Wir haben bei späteren Übertritten die Gewähr, daß alle später einzusetzenden Führer und ihre Vergangenheit geprüft werden können. c) Es muß durchgesetzt werden, daß in Zukunft nur noch der eine führende Stellung des Staates, der Bewegung, des Heeres oder sonst einer staatspolitischen Institution bekommt, der Mitglied der HJ war. Darüber hinaus sind nicht nur sämtliche Anwärter für derartige Posten, sondern auch alle Bewerber für den Beamten- und Angestelltendienst in Orts- und Kommunalbehörden abzulehnen, wenn die jeweils um Auskunft gefragte HJ an Hand ihrer Listen eine ehemalige Gegnerschaft feststellt.
2. Der katholischen Jugend, als dem Hauptgegner, ist in Zukunft öffentlich keine

Beachtung mehr zu schenken. Sie muß links liegen gelassen werden und höchstens noch lächerlich gemacht werden.

Auflösung katholischer Jugendvereinigungen in Bayern durch das bayerische Staatsministerium des Innern vom 31. Januar 1938.

Auf Grund § 1 der Verordnung des Reichspräsidenten zum Schutz von Volk und Staat vom 28. Februar 1933 werden mit sofortiger Wirksamkeit folgende katholische Vereine aufgelöst und verboten:

1. Die Marianischen Jungfrauenkongregationen der bayerischen Diözesen einschließlich der Pfalz mit ihren Unter- und Nebengliederungen sowie die ihnen angeschlossenen Jungfrauenvereine.
2. Die katholischen Jungmännervereine der bayerischen Diözesen einschließlich der Diözese Speyer mit ihren Unter- und Nebengliederungen, insbesondere der St.-Georgs-Pfadfinder und Sturmscharen.
3. Der Bund Neudeutschland-Jüngerenbund (Vereinigung von Schülern höherer Lehranstalten) für das Land Bayern, einschließlich der Pfalz.

Den angeführten Vereinen wird jede Tätigkeit, insbesondere die Errichtung von Nachfolge- und Deckorganisationen verboten. Verboten wird ferner der korporative Eintritt der Mitglieder in eine andere katholische Organisation. Zuwiderhandlungen werden nach § 4 der Verordnung vom 28. Februar 1933 bestraft. (Vgl. Neuhäusler, a. a. O. I., S. 185f.)

Verbot jeder religiösen Jugendbetreuung in Tirol durch Verordnung der Staatspolizei Innsbruck vom Dezember 1940.

Jede Tätigkeit von Pfarrjugend und Jugendkongregationen ist verboten. Unter die Pfarrjugendtätigkeit fällt jede religiöse Betreuung von Jugendlichen unter 18 Jahren beiderlei Geschlechts mit Ausnahme: 1. des zugelassenen Religionsunterrichts in den Schulen, 2. des Firmunterrichts für die Firmlinge, 3. der Teilnahme an den normalen Gottesdiensten der Erwachsenen. Es fallen unter das Verbot insbesondere: alle Glaubens-, Gebets-, Sing- und Andachtsstunden, Einkehrübungen, Exerzitien usw. . . . Das Pfarrjugend- und Jugendkongregationsverbot darf vom Klerus in keiner Weise öffentlich verkündet werden, insbesondere nicht von der Kanzel. Es ist vielmehr den in Frage kommenden Jugendlichen mündlich in sachlicher Form zu eröffnen . . . (Vgl. Neuhäusler, a. a. O. I, S. 187.)

Die folgenden Zitate, die nicht der Ironie entbehren und deshalb mitgeteilt seien, stammen aus dem Material der Gauleitung Baden-Elsaß, das in reichlicher Fülle den Alliierten bei der Eroberung von Straßburg in die Hände gefallen ist. (Abschriften liegen vor. D. Red.) Besonders aufschlußreich sind die Berichte des Kreisschulungsleiters von Buchen in Baden:

Aus dem Bericht vom 20. Dezember 1943.

. . . Die weltanschauliche Lage im Kreise ist im wahrsten Sinne des Wortes „schwarz“. Nicht nur, daß die Bevölkerung nur eine Bindung anerkennt, die an die Kirche, auch weitaus die Mehrzahl der Parteigenossen steht weltanschaulich noch mit beiden Füßen auf dem Boden der Kirche. Für viele handelt es sich nicht nur um eine Gewissens-, sondern auch um eine Existenzfrage. Walldürn lebt von der Wallfahrt, und es sägt sich keiner den Ast ab, auf dem er sitzt.

Die Anordnung der Weihnachtsfeier hat offenbart, wie schwach die weltanschauliche Überzeugung und Sicherheit auch in den Kreisen der politischen Leiter, ja selbst von Hoheitsträgern ist. Wenn Ortsgruppenleiter sich weigern, die Weihnachtsfeier der Partei durchzuführen und durch strenge Weisung des Kreisleiters dazu gezwungen werden müssen, dann beweist das, daß die Betreffenden nicht begriffen haben, um was es geht. Von der Wiederaufnahme alten deutschen Brauchtums will man nichts wissen, denn das hat der Pfarrer als heidnisch charakterisiert. Es fehlt am stolzen Bewußtsein der eigenen Art.

Bericht vom 19. April 1944.

... Die weltanschauliche Lage im Kreis ist unverändert. Nach wie vor beherrscht die Kirche das Feld. Trotz eingehender und nachdrücklicher Weisung über die Beteiligung von Parteigenossen und Hoheitsträgern an kirchlichen Veranstaltungen hat es ein Ortsgruppenleiter wieder fertiggebracht, mit der Fahne hinter den Geistlichen herumzumarschieren und einen Mann der Fahnenabordnung zum Tragen des Kruzifixes abzustellen. Druckmittel wirken nicht, die Drohung mit der Absetzung verfängt nicht, da die betreffenden Hoheitsträger so gut wie wir wissen, daß für sie kein Ersatz da ist, solange die jungen Leute an der Front stehen. Die HJ setzt ausgerechnet auf den „Weißen Sonntag“, 10 Uhr, eine Jugendfilmstunde an, Ergebnis: 1. Der Filmvorführer ist nicht zur Stelle, weil er in der Kirche Trompete bläst. 2. Es haben sich überhaupt nur verschwindend wenig Jugendliche eingefunden, die wieder nach Hause geschickt und auf 1 Uhr bestellt wurden. Um 1 Uhr erscheint wieder ein kleines Häuflein. Damit ist für die Gegner nur bewiesen, daß die Kirche nicht aus dem Sattel zu heben ist.

Im Jahre 1941 erschien in der Kirche zu Ansbach ein jugendlicher Katholik und hielt von der Kanzel herab eine Predigt „gegen Führer und Reich“. Er wurde nach Mitteilung des „Hamburger Tageblattes“ vom 26. September 1941 zu zwei Jahren Zuchthaus verurteilt.

Über die katholische Karitasarbeit durch die Frauen veröffentlicht Dr. Gertrud Ehrle (in „Licht über dem Abgrund“, Freiburg 1951, S. 131) Einzelheiten:

»Eine Gruppe von Menschen erfuhr die Fürsorge von Ordensschwestern aus den letzten christlichen Quellen heraus: Gefangene, Strafentlassene, Ausländer, Nichtarier und andere Verfolgte und Geächtete ... Die Hilfe gelang durch gründliche Arbeit, intelligente Anwendung genauer Rechtskenntnisse, Bereitschaft zu Opfer und Wagnis und durch unermüdliche Ausdauer.

Einige Berichte ...

9. ... habe besonders manchen politisch verfolgten Mädchen und Frauen aus dem Gefängnis, die zur Entbindung in die Frauenklinik gebracht wurden, Hilfe und Trost geben können.

... Auch Französinnen, Luxemburgerinnen, Polinnen und Russinnen betreute ich in der Klinik, und ich nahm einige von ihnen nach der Entbindung mit ihrem Baby in meine Wohnung. Ich schrieb ihnen französische Gebetbüchlein ab und ließ mir von einem bulgarischen Studenten Sprüche in russischen Buchstaben schreiben, um diesen Ärmsten, verlassenen Zwangsarbeiterinnen einen Weihnachtsgruß geben zu können ...

10. ... auf dieser Karte haben wir Fragen wie: Jude? jüdischer Mischling? sonst artfremd? geflissentlich ignoriert ...

11. ... Kurz vor der Abreise aus Deutschland bat mich der jüdische Rabbiner, ihm behilflich zu sein, einige Kinder, die für eine Adoption bestimmt waren, unterzubringen und bei der Betreuung alter Leute behilflich zu sein. Ich war dann dreimal bei ihm, zuletzt am Tage seiner Abreise. Wir hatten drei Kinder in unser Säuglingsheim genommen und dort ein Jahr behütet. Wir mußten dann die Kinder weiterleiten, weil wir durch diese Kinder und einige Schwachsinnige Gefahr liefen, daß das Heim geschlossen wurde. Wir konnten die Kinder gut und sicher unterbringen; sie sind später noch nach Holland gebracht worden.

12. ... In vielen Fällen nahmen wir uns der Ausländerinnen an, sorgten für menschenwürdige Behandlung in den Arbeitsstellen, verschafften ihnen ordentliche Stellen, Wäsche und Kleidung, sorgten für richtige Unterbringung ihrer Kinder. Bei einer Ostarbeiterin, die in ihrer Angst vor dem Konzentrationslager zweimal einen Selbstmordversuch machte, erreichten wir durch Verhandlungen mit dem Betriebsarzt Einweisung in eine Heil- und Pflegeanstalt, deren leitender Arzt uns bekannt war und auf unsere Berichte hin nach einiger Zeit dem Schützling ein solches Zeugnis ausstellte, daß Betrieb und Arbeitsamt ihn auf unsere Vorstellung hin freigaben und wir ihn ins Elternhaus (im Generalgouvernement) zurückbringen konnten.«

Stark am Kampf beteiligten sich die christlichen Gewerkschaften und die katholischen Arbeitervereine.

Darüber berichtet Prälat Dr. Hermann Joseph Schmitt („Katholische Arbeiterschaft im Widerstand", Das Parlament, Bonn, Juli 1952):

»... Sofort setzte der offene Kampf des Nationalsozialismus gegen die Katholische Arbeiter-Bewegung ein: direktes Verbot in einigen Regierungsbezirken und Landesstellen, Verbot der Zeitung der KAB, der „Westdeutschen Arbeiterzeitung", die in „Ketteler-Wacht" umbenannt werden mußte, des „St.-Nikolaus-Blattes" für die Flußschiffer und die Papierentziehung für das Bildungsmaterial der KAB, schließlich im Jahre 1938 das völlige Verbot der „Ketteler-Wacht".

Die Verbandszentrale der KAB war und ist das „Ketteler-Haus" zu Köln. Hier arbeiteten in der Führung des Verbandes Dr. Otto Müller, Jos. Joos, Nikolaus Groß als Redakteur der „Ketteler-Wacht" und als Verbandssekretär Bernhard Letterhaus. Im westdeutschen Gebiet waren 53 hauptamtliche Arbeitersekretäre tätig, unter ihnen, auf vorgeschobenem Posten im Ruhrgebiet, Gottfried Könzgen, den mit der Verbandszentrale freundschaftliche Beziehungen verbanden.

Im „Ketteler-Haus" zentralisierte sich eine Gruppe, die aus den Persönlichkeiten der KAB und solchen aus den aufgelösten christlichen Gewerkschaften bestand. Mit Jakob Kaiser in Berlin standen Heinrich Körner, Joh. Albers und Karl Arnold in steter Verbindung. Diese hielten die Beziehungen zu Dr. Müller, Bernhard Letterhaus, Jos. Joos, Nikolaus Groß, Gronowski, Gockeln, Even und den noch tätigen oder in anderen Arbeitsstellen untergekommenen Arbeitersekretären draußen im Lande aufrecht. Fast regelmäßig fanden in Köln Zusammenkünfte statt; von hier gingen Fäden zum Ausland. In Holland, Belgien, Frankreich und der Schweiz, in England und Amerika war bekannt, daß die KAB ihre Haltung zum Nationalsozialismus nicht geändert hatte und nicht ändern würde.

In Berlin hatte der Reichsverband der Katholischen Arbeitervereine seit dem Jahre 1928 ein Generalsekretariat errichtet, das bis zu seiner Auflösung durch die Nationalsozialisten 1936 auch im Sinne der Kölner Zentralstelle arbeitete und nach der Auflösung weiterhin tätig blieb.

Jakob Kaiser, der als früherer Landessekretär der christlichen Gewerkschaften mit der DAF finanzielle Angelegenheiten der entlassenen Gewerkschaftssekretäre zu regeln hatte, war dadurch die Möglichkeit gegeben, zu den Kreisen in Fühlung zu kommen, die grundsätzliche Gegner des Totalitarismus waren und sich bei fortschreitender Entrechtung, Verarmung und Vernichtung des Volkes zu aktivem Widerstand entschlossen. Die Gruppe der Militärs spielte dabei eine entscheidende Rolle, denn mehr und mehr waren die Männer des aktiven Widerstandes zu der Einsicht gekommen, daß ohne militärische Hilfe das Ziel, eine neue, mit dem Ausland verhandlungsfähige Regierung zu erhalten, nicht zu erreichen war . . .

Als die Stunde schlug, war ihr ein Erfolg nicht beschieden. Der Leidensweg des deutschen Volkes mußte bis zum Ende gegangen werden. Viele der „Eingeweihten" wurden von den Nationalsozialisten dem Tod überliefert. Am 12. Oktober 1944 starb Dr. Otto Müller nach einem Martyrium mit vielen grausamen Qualen im Staatsgefängnis zu Berlin-Tegel. Am 14. November 1944 wurde Bernhard Letterhaus in Plötzensee und am 23. Januar 1945 Nikolaus Groß hingerichtet. Gottfried Könzgen wurde in den Fluten der Ostsee in den Tod geschickt.«

Im April 1937 wurde in dem großen Schauprozeß gegen Kaplan Rossaint der Reichsführer der katholischen „Sturmscharen", Dr. Franz Streber, zu 5 Jahren Zuchthaus verurteilt. Rossaint war als Leiter der katholischen Bünde Hauptangeklagter in diesem großen Prozeß und erhielt 11 Jahre Zuchthaus. Insgesamt wurden 70 katholische Geistliche und Angehörige katholischer Jugendorganisationen der Diözese Köln in diesem Zusammenhang von der Gestapo verhaftet.

Am 10. November 1943 wurden vier Lübecker Geistliche zur Hinrichtung geführt. Das Sterben dieser Männer machte auf die Umstehenden einen tiefen Eindruck.

Es waren die drei katholischen Kapläne Johannes Prassek, Hermann Lange, Eduard Müller sowie der evangelisch-lutherische Pastor Stellbrink[12].

Zuerst wurde Pastor Stellbrink von der Lutherkirche, angeblich wegen einiger Predigten, besonders wegen einer Predigt am Palmsonntag 1942 — dem Morgen nach dem großen Fliegerangriff auf Lübeck — verhaftet.

Die ihm nachgewiesene Verbindung zu katholischen Geistlichen führte zur Verhaftung von Kaplan Prassek an der Herz-Jesu-Kirche. Es folgte die Festnahme einer Soldatengruppe, die Prassek leitete.

Am 15. Juni 1942 wurde Hermann Lange, Vikar an der gleichen Kirche, festgenommen, der Gruppen männlicher Jugend leitete. Es folgte die Verhaftung eines Stabsfeldwebels am Bezirkskommando, der dort die „staatsfeindlichen" Predigten des Bischofs von Münster, Clemens August Graf von Galen, und andere Flugschriften vervielfältigte. Am 22. Juni 1942 wurde dann der Adjunkt Eduard Müller verhaftet und hierauf vom 31. Juli ab nacheinander ein größerer Teil der religiösen Männergruppe, die Müller geführt hatte, sowie Jugendliche und Soldaten aus Langes Gruppen.

Allen Verhafteten wurde erklärt, daß ein Kirchenaustritt oder ein Zeugnis gegen die Geistlichen zur Freiheit führe. Dieser Versuch, zwischen Geistlichen und Laien eine Spaltung herbeizuführen, mißlang.

Nach Jahresfrist, am 23., 24. und 25. Juni 1943, fanden die Verhandlungen zu Lübeck vor dem Volksgerichtshof statt. Maßlose Anschuldigungen wurden erhoben, aber es fand sich kein Belastungszeuge. Trotzdem lautete das Urteil auf Todesstrafe für Prassek, Lange, Müller und Stellbrink. Andere Angeklagte erhielten längere Zuchthaus- bzw. Gefängnisstrafen.

Nachdem alle Gnadengesuche abgelehnt worden waren, wurden die vier Geistlichen nach Monaten harter Haft am 10. November 1943 in Hamburg durch das Fallbeil hingerichtet.

Johannes Prassek, 32jährig, der als Führer der Kapläne galt, brachte seine Hingabe an Gott in folgendem zum Ausdruck:

»Das ist einer der großen tragenden und beglückenden Gedanken meines jetzigen Daseins, daß ich mit all meinem Alleinsein, mit meiner Einsamkeit, mit der Unbequemlichkeit im Körperlichen und Seelischen, mit Hunger und Kälte und Schmerz schließlich doch nicht zur Untätigkeit und Sinnlosigkeit im Dienste am Reich Gottes verurteilt bin, sondern daß gerade dadurch so viele Kräfte frei werden, die Gott dann anderen Menschen wieder zur Verfügung stellt. Wenn Gott mich als sein Werkzeug draußen in der Freiheit gebrauchen will, dann wird er mich holen, und ich bin bereit. Wenn er aber lieber will, daß ich hier in der Stille und der Abgeschiedenheit leben und wirken soll, dann ist auch das gut.«

Als er das Todesurteil vernommen hatte, trug er in sein Neues Testament die Worte ein:
»Der Name des Herrn sei gelobt! Heute wurde ich zum Tode verurteilt.«
Freudige Hoffnung spricht aus den letzten Worten des 31jährigen Kaplans Hermann Lange:
»Auf Wiedersehen oben beim Vater des Lichtes! Euer glücklicher Hermann.«
Karl Friedrich Stellbrink schreibt in seinem letzten Brief vom 31. Oktober: »Gott hat mir bisher geholfen, weil Eure Gebete mich trugen. Oh, was würde das für eine Gemeinschaft werden, wenn wir wieder zusammenkämen! Aber sei gewiß: sie kommt; wenn nicht in dieser unendlich kurzen Erdenzeit, so bestimmt dort in der Ewigkeit. Und das ist doch wahrlich die Hauptsache! Darum: Freuet Euch und sorget um nichts! Phil. 4,4-7.«
Nach der Vollstreckung des Urteils sagte der Anstaltsgeistliche: „Er starb wie ein Held."

Der Widerstand der evangelischen Gläubigen

Der Protestantismus litt an seiner Zerrissenheit. Auch wirkte noch nach, daß die evangelischen Kirchen bis 1918 noch mit dem Staat verflochten waren.
Man muß sich vor Augen halten, daß in den Kirchen beider Konfessionen am Schluß des Gottesdienstes für „den Führer und Reichskanzler" gebetet wurde. Als die Nationalsozialisten einen Reichsbischof einsetzten, brach ein erbitterter Kampf aus. Die „Bekennende Kirche" setzte sich mit äußerster Entschlossenheit zur Wehr.

1935 wurden 700 protestantische Geistliche verhaftet, weil sie von den Kanzeln ein Manifest gegen „Rassenmystik" verlesen hatten (vgl. Kirchliches Jahrbuch, 1933/44, a. a. O., S. 130ff., besonders S. 133). In der Pfingst-Denkschrift, die 1936 von den Leitern der BK an Hitler persönlich gerichtet wurde, heißt es: „Wenn Blut, Rasse, Volkstum und Ehre den Rang von Ewigkeitswerten erhalten, so wird der evangelische Christ durch das Erste Gebet gezwungen, diese Bewertung abzulehnen. Wenn der arische Mensch verherrlicht wird, so bezeugt Gottes Wort die Sündhaftigkeit aller Menschen. Wenn dem Christen im Rahmen der nationalsozialistischen Weltanschauung ein Antisemitismus aufgedrängt wird, der zum Judenhaß verpflichtet, so steht für ihn dagegen das christliche Gebct der Nächstenliebe." Das sind markante Sätze, die bleiben.

In Berlin gab es 1937 nur 40 Geistliche, die „Deutsche Christen" waren, dagegen gehörten 160 Geistliche der „Bekennenden Kirche" an. Aber, und diese Zahl ist interessant, es gab 200 Geistliche, die sich zu keiner der beiden Gruppen zählten. Der führende Kopf der „Bekennenden Kirche", Martin Niemöller, wurde einer der bedeutendsten Männer des deutschen Freiheitskampfes.

Während der zwölf Jahre nahm das allgemeine Interesse an den Kirchen zu, denn ihr Kampf war öffentlich und hatte einen gewissen Erfolg. So scheiterte der eingesetzte „Reichsbischof". Trotz der Bespitzelung der Gottesdienste waren die Kirchen besucht wie nie vorher, und besonders die Dahlemer Kirche, in der Niemöller predigte, war eine stets überfüllte Oase echter Humanität und christlichen Opfermutes.

Am 27. Juni 1937 hielt Pastor Niemöller seine letzte Predigt in der zum Mittelpunkt des stillen Widerstandes der bekenntniskirchlichen Kreise gewordenen Dahlemer Kirche in Berlin. Am 1. Juli wurde er verhaftet.

Die große moralische Wirkung, die — in Deutschland und jenseits der Grenzpfähle — von der Gestalt Niemöllers ausging, hat nie darin bestanden, daß er etwa besonders klar und logisch dem Nationalsozialismus eine andersgeartete geistige Gegenposition gegenübergestellt hätte. Karl Barth hat das — grundsätzlicher — getan. Und doch hat Barths Botschaft von der „Theologischen Existenz heute" stets nur bindende Kraft für den kleinen geschulten Kreis von Studenten und Pfarrern der „Bekennenden Kirche" gehabt, der in der Luft protestantischer Seminare zu Hause war. In Niemöller aber hat der deutsche Protestantismus eine Renaissance von innen her erlebt. Die statisch gewordene gut-nachbarliche Beziehung zwischen Macht und Gebet, die die Landeskirchen jahrhundertelang widerspruchslos ertragen hatten, klaffte auseinander. Mitten in konventionell gewordener Kirchlichkeit entstand ein neues, junglutherisches Rebellenpathos.

Niemöller führte in einer Predigt aus („Herr ist Jesus Christus", Gütersloh 1946):

»Ein über die Maßen kritischer Augenblick im Leben der Kirche: Die Apostel haben das ihnen auferlegte Redeverbot gebrochen. Ja, sie haben sich förmlich dazu bekannt: Man muß Gott mehr gehorchen denn den Menschen. Sie sind sogar in der Gerichtsverhandlung zum Angriff übergegangen und haben ihre Richter des Mordes an dem Heiland Gottes beschuldigt, um ihnen das Wort der Buße und Vergebung der Sünden zu bringen. Und nun heißt es: Da sie das hörten, ging's ihnen durchs Herz und gedachten, sie zu töten.

In diesem Augenblick tritt Gamaliel auf, und wir müssen wohl anerkennen, daß es seinem Dazwischentreten zu verdanken ist, wenn die Apostel freigelassen wurden, und die Gemeinde weiterleben und wirken konnte. Deshalb ist so etwas wie Dankbarkeit, was wir ihm gegenüber empfinden, der zweifellos ein kluger, anständiger und frommer Mann gewesen ist, und wir wünschen uns in diesen kritischen Tagen der Kirche, die wir durchleben, auch wohl einen einzigen, angesehenen, führenden Mann, der als ein kluger Mann zur Besonnenheit, als ein frommer Mann zur Ehrfurcht vor Gott, als ein anständiger Mann zur Wahrhaftigkeit rufen würde. Vielleicht, daß man auch heute auf solch eine Stimme hören würde. Vielleicht, daß man dann nicht so leichtfertig moralische Hinrichtungen vollzöge, wie in jener Zeitungsnotiz vom Freitag mit der Überschrift „Aufforderung zum Ungehorsam!", zu der der preußische Bruderrat noch Stellung nehmen wird und zu der ich heute nur das eine sagen will, weil ich es sagen muß. Wenn es am Schluß dieser Notiz heißt: „Ein weiterer Geistlicher entzog sich der Verhaftung durch die Flucht", so kann damit nur Pfarrer Asmussen gemeint sein, der auf Anraten des preußischen Bruderrates Berlin verlassen hat. Er hat weder eine Vorladung erhalten, noch liegt ein Haftbefehl gegen ihn vor. Und ich habe dem Reichsjustizminister mitgeteilt, daß Pfarrer Asmussen selbstverständlich zur Verfügung steht, sobald eine Vorladung erfolgt oder ein Haftbefehl ergeht.

Wir denken genau so wenig daran, uns eigenmächtig dem Zugriff der Obrigkeit zu entziehen, wie einst die Apostel. Wir sind freilich auch ebensowenig wie sie bereit, auf menschliche Anordnung hin das zu verschweigen, was Gott uns zu sagen gebietet. Denn es bleibt dabei und wird dabei bleiben: Man muß Gott mehr gehorchen als den Menschen, darum geht es heute wie damals. Und in dieser Lage ist der Rat des Gamaliel ein guter Rat, weil es unklug ist, Märtyrer zu machen für eine Sache, die man überwinden möchte, es ist auch ein sittlich einwandfreier Rat, weil es unmoralisch ist, mit der Gewalt des Schwertes Überzeugungen zu bekämpfen, es ist auch ein frommer Rat, weil es unfromm ist, das Urteil Gottes vorwegnehmen zu wollen, das wir doch nicht kennen.

So wäre uns am Ende mit einem neuen Gamaliel, mit der Proklamation einer wirklichen Glaubens- und Gewissensfreiheit geholfen?

Liebe Gemeinde! Daß wir uns doch ja nicht selber täuschen! Der hohe Rat hat den Antrag Gamaliels bezüglich Glaubensfreiheit angenommen und die Inhaftierten entlassen — und es geht doch nicht ohne Prügelstrafe und erneutes Redeverbot ab. „Sie riefen die Apostel, stäupten sie und geboten ihnen, sie sollten nicht reden in dem Namen Jesu, und ließen sie gehen." Und schon in den nächsten Kapiteln der Apostelgeschichte (6.ff. D. Red.) hebt das Wetterleuchten der ersten Christenverfolgungen an, die durch den Namen Stephanus gekennzeichnet sind, und ein Schüler Maaliels, Saulus, ist dabei die treibende Kraft.

Offenbar ist jede Toleranz, für die hier eine Lanze gebrochen wird, dem christlichen Glauben und der christlichen Verkündigung gegenüber gar nicht durchführbar. Offenbar kann man hier gar nicht in abwartender Neutralität zusehen, was aus der Sache wird, und dann je nach dem Ergebnis seine endgültige Haltung bestimmen.

Aber Jesus sagt: „Selig seid ihr, so euch die Menschen um meinetwillen schmähen und verfolgen", und der Glaube hört es und hält sich an solche Zusage und wird fröhlich und getrost.

Wirklich, meine Brüder und Schwestern: Fröhlich und getrost?

Wir merken heute: Mit frommen Redensarten, mit einem bißchen protestantischer Begeisterung, mit unserem gewohnten Normalmaß von gesundem Optimismus ist uns und anderen nicht geholfen. Die Bedrängnis wächst, und wer das Trommelfeuer des Versuchers in den letzten Tagen hat über sich ergehen lassen müssen — ich denke daran, wie am Mittwoch die Geheime Polizei in die verschlossene Friedrichwerdersche Kirche eindrang und im Altarraum acht Mitglieder des dort versammelten Reichsbruderrats festnahm und abführte, ich denke daran, daß gestern in Saarbrücken sechs Frauen und ein Vertrauensmann der evangelischen Gemeinde verhaftet wurden, weil sie ein Wahlflugblatt der Bekennenden Kirche auf Anweisung des Bruderrates verbreiteten — ich sage, wer das wirklich mitdurchleidet, der ist nicht mehr weit von dem Wort dieses Propheten, der spräche am liebsten auch: „Es ist genug, so nimm nun, Herr, meine Seele." Und wer, wie ich, am Freitagabend in einem Abendmahlsgottesdienst nichts neben sich hat als drei junge Gestapoleute, die von Dienst wegen die Gemeinde Jesu bei ihrem Singen und Predigen auszukundschaften haben, junge Männer, die gewiß auch einmal ihrem Herrgott Treue gelobt hatten, um nun seiner Gemeinde Fallen zu stellen, den läßt die Schmach der Kirche so leicht nicht los: Herr, erbarme dich.

Und wir denken daran, daß heute drüben in der Annenkirche die Kanzel leer bleibt, weil unser Pastor und Bruder Müller mit 47 anderen christlichen Brüdern und Schwestern unserer evangelischen Kirche in Haft gehalten wird, und wir denken zugleich daran, daß es nun bis in die christliche Gemeinde hinein hieß, sie wären ja wohl auch nicht ganz unschuldig; und wir denken daran, daß nun die ersten Schnellverfahren in der heute beginnenden Woche stattfinden sollen: Meine lieben Freunde, fröhlich und getrost? Oder verzagt und eingeschüchtert?

Da hilft ja nun nichts anderes mehr, als daß wir uns an den Gekreuzigten halten und in einem einfältigen und darum gewissen Glauben sprechen lernen: „In meines Herzens Grunde dein Name und dein Kreuz funkeln all Zeit und Stunde, des will ich fröhlich sein!"
Herr, gib uns allewege solches Brot, Amen.«

Ein Flugblatt bezeugt die oppositionelle Haltung der evangelischen Kirche (eine Abschrift liegt vor. D. Red.). Es wurde 1937 in Berlin hergestellt und in 2000—3000 Exemplaren verbreitet:

Was geht in der Evangelischen Kirche vor?

»Daß etwas vorgeht, weiß jeder. Daß Pfarrer Niemöller verhaftet ist, hat in allen Zeitungen gestanden. Kurz vorher war mitgeteilt worden, daß zwei andere Pfarrer und zwei Laien verhaftet seien und daß ein Pfarrer sich der Verhaftung durch die Flucht entzogen habe.

Die Bekenntniskirche weiß sehr viel mehr. Sie weiß, daß Verhaftungen unausgesetzt erfolgt sind und noch erfolgen. Zeitweise saßen in den letzten Wochen insgesamt weit über 100 Pfarrer und Gemeindeglieder wegen kirchlicher Dinge im Gefängnis. Die Gemeinde weiß von vielen Eingriffen und Verboten, von Haussuchungen und Versiegelung kirchlicher Geschäftsstellen usw.

Aber warum das alles geschieht und was es bedeutet, das wissen wenige. Um es kurz zu sagen: es wiederholt sich, was die Evangelische Kirche im Jahre 1934 unter Ludwig Müller und Jäger durchgemacht hat, nur daß jetzt die Maßnahmen noch schärfer und die Kämpfe umfassender sind. Heute wie damals wird der Versuch gemacht, die Evangelische Kirche einer Diktatur im Geist der Deutschen Christen und mit den Mitteln der Gewalt zu unterwerfen!

Schon als im Herbst 1935 das Kirchenministerium gebildet und mit außerordentlichen Vollmachten ausgestattet wurde, hat die Bekennende Kirche ihre Stimme erhoben (vgl. Kirchliches Jahrbuch, 1933/44, a. a. O., S. 101f. D. Red.): „Das kann zu nichts anderem führen als zur Staatskirche!" Aber es ging trotzdem mit Riesenschritten in dieser Richtung. Der Staat setzte Kirchenausschüsse ein, ohne die Kirche zu befragen, und übergab ihnen die Leitung (Kirchliches Jahrbuch, S. 102f. D. Red.). Der Staat richtete Finanzabteilungen ein und einen staatlichen Apparat mitten in den kirchlichen Behörden. In immer mehr Einzelheiten griff das Ministerium ein und bediente sich dabei der Staatspolizei. Dutzende von Ausweisungsbefehlen beginnen mit den Worten: „Auf Veranlassung des Reichsministeriums werden Sie hierdurch . . ." Die letzten Monate führten diese Entwicklung auf den Höhepunkt (vgl. Kirchliches Jahrbuch, S. 165f. D. Red.). In seiner 13. Verordnung bestimmte der Reichsminister Kerrl, daß die Kirchenbehörden nur noch „laufende Geschäfte" zu erledigen hätten; alle kirchenpolitischen Entscheidungen hätten zu unterbleiben. Das bedeutete die Lahmlegung jeder ernsten kirchlichen Leitung (vgl. Kirchliches Jahrbuch, S. 185ff. D. Red.). In seiner 15. Verordnung dehnte er den Bereich der Finanzabteilungen noch weiter aus und sagte klipp und klar, daß die staatlichen Finanzabteilungen die unumschränkte Leitung und Gewalt in der Kirche hätten. Das ist die gänzliche Entrechtung in der Gemeinde, ja mehr, es ist diktatorisches Staatsregiment in der Kirche. Es ist dieselbe Art von diktatorischem Regiment, die einst der „Rechtswalter" Jäger für sich bzw. für den Reichsbischof in Anspruch nahm. Es ist eine Diktatur im Geist der Deutschen Christen, die damals durch Müller und Jäger zur Macht kamen und die auch jetzt wieder überall gefördert werden. Es ist, genau wie einst Jäger, eine Diktatur unter politischen Gesichtspunkten. Und es ist — das ist das Neue — klar und nackt: Die Staatskirche!

Im Jahre 1934 hatte die Evangelische Kirche sich gegen diese Diktatur zur Wehr gesetzt, das heißt: die Deutschen Christen haben sie mit Freuden mitgemacht, die Behörden haben sich gefügt, die Neutralen haben geschwiegen. Gekämpft hat die Bekennende Kirche. Damals hat die Bekennende Kirche vor Gericht und bei hundert anderen Gelegenheiten klar und bestimmt gesagt, warum sie eine solche Diktatur, hinter der die politische Macht steht, nicht tragen kann. Nämlich aus drei Gründen:

1. Es steht geschrieben: „Die weltlichen Fürsten herrschen und brauchen Gewalt, aber bei euch soll es nicht so sein!" Eine evangelische Kirche, die von der Bibel her leben will, kann nicht diktatorisch geleitet werden, sondern nur von der Bruderschaft, von der Gemeinde her.
2. Die politische Diktatur über die Kirche macht politische Gesichtspunkte zum entscheidenden Maßstab der Kirche. Damit wird das Wesen der Kirche verfälscht. Denn die Kirche soll das Evangelium predigen und sich nicht politischen Zwecken dienstbar machen!
3. Die politische Diktatur bedeutet noch mehr als die Herrschaft der Deutschen Christen. Sie bedeutet, daß auf den Kanzeln der Mythus des 20. Jahrhunderts das Evangelium von Jesus Christus verdrängt. Und damit ist an die Stelle der Kirche der heidnische Tempel gesetzt.
   Das sind die Gründe.

Aus denselben Gründen widersteht auch jetzt die Bekennende Kirche der Diktatur. Die Dinge sind ja inzwischen noch viel klarer geworden. Der Reichsminister Kerrl hat in seiner Rede vom 13. Februar keinen Zweifel darüber gelassen, daß er von der Kirche eine Änderung ihrer Predigt verlangt, damit sie den nationalsozialistischen Grundsätzen nicht widerspräche. (Dazu gibt es einen Brief von Dibelius: Kirchliches Jahrbuch, S. 158ff. D. Red.) Die Deutschen Christen sind in ihren Zielen immer offener und radikaler geworden. Sie haben sich zum großen Teil dem Ideal einer Nationalkirche verschrieben, in der an Stelle des wirklichen gekreuzigten und auferstandenen Christus eine bloße Christusidee getreten ist. Und auch diese löst sich auf.

Indem die Bekennende Kirche gegen eine staatskirchliche Diktatur Widerstand leistet, die um völkisch-religiöser Ziele willen die Verfälschung des Evangeliums fördert, kämpft sie um die Ehre des Herrn Christus und um sein Evangelium!

Es darf keine Staatskirche geben! Oder glaubt man, daß die Kirche noch einen Wert für das Volk hat, wenn sie dem Kommando einer politischen Stelle folgt? Wo bliebe ihre Glaubwürdigkeit? — Niemand würde mehr auf sie hören! — Das ist es, weshalb die evangelischen Pfarrer und Gemeindeglieder im Gefängnis sitzen! Im einzelnen sind die Gründe der Verhaftungen natürlich sehr verschieden. Aber irgendwie stehen sie wohl alle im Zusammenhang mit diesem Kampf.

Ein Teil der Pfarrer ist verhaftet worden, weil er der Verfügung des Reichsministers des Innern entgegengehandelt hat, nach der die Namen der Ausgetretenen nicht mehr von den Kanzeln verlesen werden sollen. Sie haben vor Gericht geltend gemacht, daß es sich hier um ein uraltes, innerkirchliches Recht handelt, das der Staat bisher respektiert habe. Andere sind verhaftet worden, weil sie den Gemeinden Kenntnis gegeben haben von Angriffen auf das Christentum, die in Versammlungen, Zeitungen und Schulungslagern geschehen. Sie sind dabei dessen gewiß gewesen, daß es zur Verkündigung des Evangeliums gehört, den Gemeinden die Augen für das zu öffnen, was an Angriffen auf die Ehre Christi um sie her ist. Die Verhaftung von Pfarrer Niemöller und die Art, in der das Deutsche Nachrichtenbüro diesen tapferen deutschen und innerlich gegründeten Christen herabgewürdigt hat, hat der ganzen evangelischen Christenheit gezeigt, daß es jetzt letzter Ernst ist. Überall sammeln sich die Gemeinden zur Fürbitte für die Verhafteten. Die evangelische Christenheit kämpft wahrhaftig nicht gegen die Obrigkeit. Sie wünscht sehnlich, in einem Verhältnis des Vertrauens zum Staat und seiner Führung zu leben. Solange es eine evangelische Kirche in Deutschland gibt, ist es nicht erhört gewesen, daß Hunderte und aber Hunderte von Pastoren und Gemeindegliedern — die Gesamtzahl wird jetzt um 1000 herum liegen — um der Freiheit und Selbständigkeit der Kirche willen im Gefängnis gesessen haben. — Glaubt wirklich jemand, daß die Kirche Zwiespalt ins Volk tragen wollte? Wir wissen, wie nötig uns die äußere Geschlossenheit ist. Die evangelische Kirche hat jederzeit dem Staate geben wollen, was des Staates ist. Aber wenn es um das Evangelium geht, dann steht die evangelische Christenheit unter dem Befehl ihres HERRN. An diesen Befehl ist sie gebunden, so gewiß man Gott mehr gehorchen muß als den Menschen. So hat es Luther gemeint, wenn er zu seiner Zeit schrieb: „Unterm Papsttum hat der Teufel die Kirche in die Politik gezogen, jetzt will er die Politiker in die Kirche mischen. Sie mögen selbst Pastoren werden, predigen, taufen, Kranke trösten und das ganze Kirchenamt versehen — oder sie sollen aufhören, die Berufe zu verquicken, sollen ihren Hof besorgen und die Kirchen denen überlassen, die dazu berufen sind und Gott Rechenschaft dafür geben müssen. Es ist unerträglich, daß wir mit der Verantwortung beschwert sind und andere handeln. Geschieden wollen wir das Kirchenamt von dem Hofamt haben, oder uns von beiden scheiden!"«

Am 6. April 1934 fanden in Bielefeld Bekenntnis-Bittgottesdienste statt, bei denen die Festnahme von 418 Geistlichen verkündet wurde.

Am 17. März 1935 wurden von 400 Geistlichen des Altpreußischen Bruderrats 185 verhaftet.

Pfarrer Friedrich Vorster berichtet in einem Brief über das außerordentliche Verhalten des rheinischen Pfarrers Paul Schneider im KZ Buchenwald:

»Aus den Berichten der Mithäftlinge geht hervor, daß Paul Schneider im Lager nicht mundtot zu machen war trotz unerhörten Martyriums. Er bezeugte den christlichen Glauben nicht nur den Mitgefangenen, sondern nannte auch den Peinigern gegenüber das Unrecht offen bei Namen.

Er wurde 1937 wegen seiner oppositionellen Haltung auf Anzeige zweier

Gemeindemitglieder in seiner Pfarre Wonnrath verhaftet. Vielen Häftlingen ist Paul Schneider dadurch bekannt, daß er aus seiner Bunkerzelle, in der er die letzten eineinhalb Jahre verbrachte, wieder und wieder Bibelworte hinausrief, besonders während der stundenlangen Appelle, die vor dem Haftgebäude abgehalten wurden, und auch als man ihn an den rückwärts gedrehten Armen frei am Fensterkreuz aufhing, ihn schweren Schlägen aussetzte und anderem mehr, ist sein Rufen biblischer Trost- und Mahnworte wohl schwächer geworden, aber nicht verstummt.

Sein Tod im Juli 1939 war eine Folge dieser Mißhandlungen und ist nach einem Bericht eines im Revier beschäftigten Häftlings erfolgt während einer Strophantininjektion, die man gegen seine zunehmende Herzschwäche ihm einige Wochen über verabfolgt hat.« (Poller: „Arztschreiber in Buchenwald“, S. 160)

An dieser Stelle sei der außerordentliche Brief Paul Schneiders auszugsweise abgedruckt, der den Mut eines Christenmenschen bezeugt („Paul Schneider zum Gedächtnis“, S. 16, ohne Angabe von Ort und Zeit):

»Pfarrer Schneider
Dickenschied (Hunsrück) Eschbach, den 30. September 1937

An
die Hohe Reichskanzlei des Deutschen Reiches in Berlin, Wilhelmstraße;
zugleich in Abschrift an das Reichsinnenministerium und
an den Regierungspräsidenten in Koblenz.

In aller Ehrerbietung beehre ich mich, den hohen staatlichen Stellen folgendes anzuzeigen:

Am 30. Mai d. J. wurde ich, gerade aus dem Krankenhaus nach Behandlung eines Unterschenkelbruches entlassen, von Beamten der Geheimen Staatspolizei aus meinem Pfarrhaus zu einer Vernehmung nach Koblenz mitgenommen und dort sofort gemäß einer mir gemachten Eröffnung ohne Vernehmung in längere Schutzhaft genommen ...

... Am 24. Juli wurde mir meine Ausweisung aus dem Rheinland eröffnet. Als Begründung verzeichnet der Ausweisungsbefehl wieder mein Verhalten, das die öffentliche Sicherheit und Ordnung dieses Mal der ganzen Rheinprovinz gefährde.

Bei der Ausweisungsverhandlung vor der Geheimen Staatspolizei, Leitstelle Koblenz, erklärte ich: In acht Wochen Schutzhaft habe man nicht einmal den Versuch gemacht, mir eine unrechte oder aufrührerische Handlung nachzuweisen. Die mir jetzt gemachte Eröffnung meiner Ausweisung sei für mich nunmehr ein Beweis, daß schon die Schutzhaft eine Verfolgungsmaßnahme gegen die Bekennende Kirche und damit gegen die Kirche Jesu Christi in Deutschland darstelle. Ich müsse den Schutzhaftbefehl mit Berufung auf den Hindenburgerlaß als unrecht und unwahr bezeichnen; ich zerreiße zum Zeichen dessen den Schutzhaftbefehl. Dieses tat ich dann auch. Ein Vermächtniswort Hindenburgs sei gewesen: „Sorgen Sie dafür, daß Christus in Deutschland gepredigt wird." Nichts anderes tue die Bekennende Kirche. Selbstverständlich könne ich auch die Ausweisung nicht anerkennen oder annehmen. Ich wisse mich vor Gott an meine Gemeinden gewiesen und könne mich von ihnen nicht durch Menschen, auch durch die Obrigkeit nicht, einfach losreißen lassen, ohne daß mir ein Unrecht nachgewiesen sei. — In der Konsequenz dieser Erklärung lehnte ich es auch ab, einen Ort außerhalb des Rheinlands zu nennen, wo ich meine Wohnung nehmen wolle. Die Unterschrift des von dem die Verhandlung leitenden Herrn Kommissar aufgenommenen Protokolls verweigerte ich mit doppelter Begründung ...

... Sodann wurde ich mit dem Auto über die Grenze gebracht. Gemäß der von mir gemachten Erklärung nahm ich mir das Recht, sofort in meine Gemeinden zurückzukehren. Am folgenden Tage predigte ich in meinen beiden Gemeinden wieder das Evangelium von Jesus Christus, daß er sei der Herr, und daß wir vom Bekenntnis zu ihm nicht weichen dürfen. ...

... Durch die lange Schutzhaft im Gefängnis unter Gefängnisordnung mit verschärften Bedingungen ist meine Ehre als deutscher Staatsbürger, als Mensch, als Christ, als evangelischer Pfarrer, als früherer Offizier und Kriegsteilnehmer, der 3½ Jahre an der Front war, genügend geschändet. Eine weitere Verfolgung meiner Person und weitere Bedrängung der Gemeinden, die an ihrem rechtmäßigen Pfarrer festzuhalten gewillt sind, würde von allen gut und rechtlich gesinnten Leuten der Gemeinden, würde vor allem von allen ernsthaften Christen der Gemeinden nicht verstanden werden und zu großer Vertrauenseinbuße in die Gerechtigkeit der derzeitigen Staatsführung Ursache geben. Das Geschrei der ganz wenigen Gegner des bekenntniskirchlichen Lebens in der Gemeinde, die sich als offenbare Zerstörer kirchlichen Lebens überhaupt, z. T. seit langem, erwiesen haben und das Presbyterium zur Abwehr mit der gebotenen und im Bekenntnis verankerten kirchlichen Zucht nötigten, ist dagegen nicht aufzuwiegen.

Endlich will ich auch noch auf ein Letztes hinweisen, indem ich hoffe, daß die Stimme der Christlichen Gemeinde noch das Ohr der Obrigkeit findet: Meine beiden Gemeinden haben mich durch ihre ordentlich bestellten Presbyterien ausdrücklich schriftlich aufgefordert, zurückzukehren und mein Amt weiter zu versehen. Damit lehne ich die Ausweisung nicht mehr nur aus meinem eigenen in Gott gebundenen Gewissen heraus ab, sondern meine Presbyterien und Gemeinden nehmen die schwere Last und Verantwortung des Ungehorsams gegen ein obrigkeitliches Gebot aus Gehorsam gegen den Herrn der Kirche, der doch zugleich auch der Herr der Obrigkeit ist, auch auf sich.

Ich befehle hiermit meine Sache dem Gerichte Gottes, dem Obrigkeit und Kirche für das ihnen beiden von Ihm verliehene Amt Rechenschaft schulden, der jener das weltliche Schwert zur Strafe der Bösen und zum Schutze der Frommen, dieser aber das geistliche Schwert seines heiligen und ewigen Wortes gegeben hat, bis daß Gottes Reich in ewiger und vollkommener Gerechtigkeit kommt, da unser Herr und Heiland Jesus Christus selber Priester und König zugleich sein wird. Bis dahin halten wir es damit: „Gebet dem Kaiser, was des Kaisers, und Gott, was Gottes ist."

gez. Paul Schneider, Pfarrer.«

Als er am 3. Oktober zurückkehrte, so berichtet die oben erwähnte Gedächtnisschrift, und im Filialdorf Wonnrath einen Abendgottesdienst halten wollte, wurde er auf dem Wege dorthin erneut verhaftet.

Am 27. November 1937 wurde Paul Schneider in das Konzentrationslager Buchenwald bei Weimar gebracht, nachdem seiner Frau noch Gelegenheit gegeben worden war, sich von ihrem Manne zu verabschieden. Das war das letzte Mal, daß sie ihn sah. Am 10. Juni 1938 wurden alle Verfahren, die gegen Pfarrer Schneider bei dem Sondergericht in Köln anhängig gemacht waren, eingestellt, da keine höhere Strafe oder Gesamtstrafe als Freiheitsstrafe von sechs Monaten zu erwarten war.

Am 3. Juli 1939 erhielt Frau Pfarrer Schneider den letzten Brief ihres Mannes und am 18. Juli 1939 das Telegramm aus Buchenwald mit der Anzeige seines Todes[13].

Kirchenpräses Ernst Wilm berichtet („Dachau", hrsg. vom Evangelischen Vortragsdienst in der Mark, Dortmund-Hombruch 1948):

»... Laßt uns an dieser Stelle neben den vielen katholischen Priestern, die in Dachau gestorben sind — es waren allein in 1½ Jahren 1200 polnische Priester und etwa 60 reichsdeutsche —, der Glieder unserer Bekennenden Kirche gedenken, die im KZ umkamen: des Pastors Schneider aus Dickenschied, der im Juli 1939 von der SS im KZ Buchenwald bei Weimar umgebracht wurde, weil er's nicht lassen konnte, immer wieder aus seiner Kerkerzelle heraus laut über den Appellplatz seinen Mithäftlingen Gottes Wort zuzurufen; des Pastors Sylten aus Berlin, der auf Invalidentransport kam und dann, wie alle diese Invaliden, in kurzer Zeit tot war; des Pastors Richter aus Sachsen, der unter uns in Dachau an Hunger zugrunde ging; des jungen Pastors Helmut Hesse, der mit seinem Vater zusammen nach Dachau gebracht wurde und wohl an den Folgen der schweren Gefängnishaft in den ersten Wochen starb; des Pastors Ludwig Steil aus Wanne-Eickel, der um der unmenschlichen Verhältnisse auf dem Transport und im Aufnahmelager willen krank wurde und sterben mußte.«

In der evangelischen Kirche ist 1936 die bekannte Denkschrift „An den Führer" unter lebhafter Mitarbeit des Juristen Friedrich Weißler verfaßt worden, die die Entwicklung vorantrieb. Unterzeichnet wurde sie von Müller, Albertz, Böhm, Forck, Fricke, Asmussen, Lücking, Middendorf, Niemöller und von Thadden. Außerdem haben Kloppenburg und Jannasch daran mitgewirkt. Weißler wurde im Frühjahr 1937 in Sachsenhausen getötet.

Der Pfarrer Ernst Behrend lehnte den „Deutschen Gruß“ ab und wurde wegen seiner gesamten ablehnenden Haltung 1940 verhaftet und am 4. August 1942 in Dachau getötet.

Auch die Pfarrer Paul Richter, Fritz Müller aus Dahlem, die einen führenden Platz in der „Bekennenden Kirche“ einnahmen, sowie Werner Sylten vom Büro Grüber in Berlin, Erich Sack aus Lyck, Erich Kasenzer, Helmut Hesse aus Barmen, Ludwig Steil aus Wanne-Eickel, Hans Buttersack aus Wiesbaden, Georg Maus aus Idar-Oberstein und Ewald Dittmann mußten ihre oppositionelle Haltung mit ihrem Leben bezahlen. (Nach Forck: „Und folgt ihrem Glauben nach“, Stuttgart 1949.)

Im Sommer 1944 wurde der Superintendent und Konsistorialrat Ernst Bronisch-Holtze, Prediger am Dom zu Königsberg, verhaftet, dessen Sohn im Frühjahr 1944 gefallen und dessen Frau sich fünf Tage nach ihrer Entlassung aus dem Fenster zu Tode stürzte. Bronisch-Holtze selbst erhängte sich in der Untersuchungshaft. Die Gestapo bedauerte das, da sie einen großen öffentlichen Prozeß plante, in den eine Anzahl von Geistlichen verwickelt worden wäre.

Wollte man alle Einzelfälle aufzählen, in denen Vertreter des Protestantismus Widerstand leisteten, verhaftet, verurteilt, verschleppt wurden, so brauchte man dazu den Raum eines Lexikons. Einige wesentliche Tatsachen müssen hier genügen. Und doch mag man nicht darauf verzichten, wenigstens noch einige hervorragende Namen zu nennen: die Namen Asmussen, Dr. Schönfeld, Dr. Eugen Gerstenmaier, Schwartzkopf, Dr. Ohm und den Rechtsberater der Bekennenden Kirche, Dr. Perels. Sie mögen hier für die vielen Ungenannten stehen. (Siehe auch Rothfels, Dulles, Pechel u. a. m.)

Rühmenswert ist der Abwehrkampf des norwegischen Protestantismus, namentlich des heldenmütigen Bischofs Berggrav, der durch die Hilfe Theodor Steltzers, des Legationsrates Adam von Trott zu Solz und des Grafen Helmuth von Moltke vor dem Schlimmsten bewahrt blieb. Hingegen fiel der dänische Pfarrer Kaj Munk, bedeutend auch als Dichter und Dramatiker, in den ersten Tagen des Jahres 1944 einem Mörder zum Opfer, der von der Gestapo gegen ihn gedungen worden war. Eine Sammlung seiner Predigten ist in deutscher Sprache erschienen: Kaj Munk, Bekenntnis zur Wahrheit (Evangelischer Verlag A.G., Zollikon-Zürich 1945).

Pfr. Ernst Wilm, später Präses der Evangelischen Landeskirche Westfalen, sprach nach dem Krieg im Rundfunk über den Widerstand der Bekennenden Kirche. Daraus sei dieser Abschnitt wiedergegeben:

»Vor mir liegt eine Fürbittenliste der Bekennenden Kirche vom 7. Dezember 1937; nur eine von den vielen Listen, die damals an alle Bekennenden Gemeinden ging und auf denen die Namen all der Männer, vom Vikar bis zum Generalsuperintendenten und Professor der Theologie, standen, die von ihrem Amt suspendiert oder mit Redeverbot belegt, ausgewiesen oder gefangen waren. Wir haben diese Namen unseren Gemeinden im Gottesdienst vorgelesen und sie zur Fürbitte für die verfolgten Glieder der Evangelischen Kirche aufgerufen. Die Fürbittenliste, die ich hier vor mir habe, enthält 35 Namen von Pfarrern, die von ihrem Amt suspendiert sind, 38 Namen von Studenten der Theologie, die vom Studium an der Universität ausgeschlossen wurden, 32 Namen von Pfarrern, die mit Redeverbot belegt wurden, 41 Namen von Ausgewiesenen, zwei Namen von Pfarrern im KZ und 128 Namen solcher, die sich zu der Zeit in Schutzhaft oder Untersuchungshaft befanden. Das war die Zahl eines Tages. Unter diesen Namen vom 7. Dezember 1937 befindet sich auch der von Martin Niemöller, der im Juli 1937 verhaftet, nach einem langen Verfahren vor dem Sondergericht freigesprochen wurde, wo ihn dann die Gestapo beim Verlassen des Gerichtssaales wieder festnahm und ins KZ brachte, bis er erst im Frühjahr 1945 von den Amerikanern befreit wurde.

Und warum hatte man uns nach Dachau gebracht? Nur ein Beispiel: In meinem Schutzhaftbefehl vom März oder April 1942 — von Heydrich unterschrieben — heißt es: „Er hat durch Predigten über die Euthanasie" — mit diesem schönklingenden Namen meinte man den Mord an den 40 000 bis 50 000 Geisteskranken und Geistesschwachen — „Er hat durch Predigten über die Euthanasie Unruhe in die Bevölkerung getragen und gefährdet darum die Sicherheit und Wehrkraft des nationalsozialistischen Volkes und Staates . . ." Aber das ist nur ein Einzelfall. Der Widerstand der evangelischen Kirche beschränkt sich in keiner Weise nur auf die, die gefangengenommen wurden. Er ging viel weiter; er wurde getragen von einer großen Schar von Pastoren und anderen, die einen Auftrag in der Kirche hatten. Er hatte seine stärkste Kraft in den Gemeinden selbst, in unzähligen Kreisen, die um ihres Glaubens willen an den lebendigen Gott der heidnischen und gottlosen Gewalt des brutalen Hitler-Staates ein eindeutiges Nein entgegenstellten. Es waren keine politisierenden Pastoren oder Menschen, die besondere Neigung verspürten, sich gegen eine feste Obrigkeit aufzulehnen. Nein, es waren Christen, die in ihrem heiligsten Glauben angegriffen und bedroht waren.

Soll ich aufzählen, was dazu geführt hat, daß wir Pastoren sehen mußten, wie unsere Gemeinden zerstört, innerlich zerstört wurden, und unsere Kirchen in die Hände von Menschen kamen, die das Evangelium von Jesus Christus verfälschten und den Namen Gottes mißbrauchten, um die christliche Kirche zum blinden Werkzeug eines immer gottloser werdenden Staates zu machen, daß fromme Eltern sehen mußten, wie ihre Kinder grausam und gewaltsam verführt wurden, weggeführt vom Wege des

Lebens, weggeführt aus dem christlichen Geist ihres Elternhauses, daß unsere Gemeinden sehen mußten, wie ihre Männer und Söhne hingeopfert wurden in einem frevelhaften Krieg, der noch dazu mit immer neuen Verbrechen beladen wurde, Verbrechen an den Juden und Kranken und politischen Gegnern und Angehörigen anderer Völker?

Widerstand aus dem Glauben . . . Wir schämen uns dieses Widerstandes nicht. Wir schämen uns nur, daß er nicht ernster und offener zutage getreten ist. Wir bekennen auch heute noch, was die evangelische Kirche 1945 in ihrem Wort von Stuttgart vor Gott und den Christenbrüdern und anderen Kirchen bekannt hat, daß wir nicht mutiger bekannt, nicht treuer gebetet und nicht fröhlicher geglaubt und nicht brennender geliebt haben.«

Immerhin bestanden am 1. Juli 1940 128 Amtsbehinderungen, 106 Ausweisungen, 41 Redeverbote, 34 Aufenthaltsverbote, 26 Maßnahmen wegen des Gebetsgottesdienstes der vorläufigen Leitung, sechs Ausreiseverbote, vier Amtierungsverbote und eine Verbannung. Außerdem waren vier Brüder im Konzentrationslager und zwei in Polizeihaft. Nachdem später Pastor Ernst Königs aus Weisel und Pastor Eberle aus Hundsbach aus der „Schutzhaft" entlassen waren, nannte die Fürbittenliste von Ende 1941 wieder elf Mitglieder der Bekennenden Kirche, die sich im Konzentrationslager befanden: Niemöller, Leikam, Bockeloh, Gabriel, Grüber, Wagner, Buttler, Thurmann, Wildfang, Sylten und Diakonisse Käthe Vierhaus. Außerdem befanden sich Superintendent Staemmler und die Pfarrer Zippel, Zimmermann, Reinhold, Dr. Götze und Vogel aus Jehne im Gefängnis. Wegen der Prüfungen der Bekennenden Kirche aber waren verhaftet: Lic. Albertz, Asmussen, Dr. Böhm, D. Dehn, Lokies, Heinrich Vogel, Lic. Dr. Harder, Hitzigrath, Lic. Niesel, Praetorius, Vikarin Grauert, Barbara Thiele, Fräulein Michels und Fräulein Arnheim. Für Lic. Albertz folgte eine siebenmonatige Untersuchungshaft und danach die Verurteilung zu 18 Monaten Gefängnis. Man sprach ihm die Rechte des geistlichen Standes ab. Der Prozeß gegen Dr. Böhm zog sich bis zum Ende des Krieges hin, während das Verfahren gegen Pastor Forck wegen der Gebetsliturgie in Hamburg eingestellt wurde. Unter den besonders Angegriffenen befand sich der Präses der brandenburgischen Bekenntnissynode, Pastor Scharf, für den die brandenburgischen Brüder und die brandenburgische Bekenntnissynode ebenso tapfer eintraten wie für die anderen Verfolgten. (Wilhelm Niemöller: „Kampf und Zeugnis", Ludwig Bechauf Verlag, Bielefeld, S. 506.)

Unter den mehr als 1300 Wissenschaftlern, Professoren und Dozenten, die nach der „Machtergreifung" sofort entlassen wurden, befanden sich auch fortschrittliche Theologen: u. a. Prof. Dr. Karl Barth, Bonn, Prof. D. Günther Dehn, Halle, Prof. Dr. Emil Fuchs, Kiel, und Prof. Otto Pieper, Münster. Verboten und verfolgt wurden die Religiösen Sozialisten, deren führende Köpfe die Professoren Ed. Heimann und D. D. Paul Tillich, die ehemaligen Minister Wilhelm Sollmann und Adolf Grimme waren.

Der Widerstand freier Glaubensgemeinschaften

Nicht vergessen werden darf die Rolle der freien Glaubensgemeinschaften, deren Mitgliederzahl sich in Deutschland 1933 auf etwa 60000 belief. Von diesen haben sich einige Gruppen, so die Adventisten, die Gralsbewegung, die Mennoniten, aber besonders die „Bibelforscher", vom ersten Tag des Naziregimes an bis zum letzten mit großer Tapferkeit zur Wehr gesetzt.

Außergewöhnlich scharf verfolgt wurden die „Ernsten Bibelforscher", die „Zeugen Jehovas", weil sie Eidesleistung und Kriegsdienst unbedingt ablehnten. In den Konzentrationslagern zeichneten sie sich durch gute Haltung, durch Charakter und Kameradschaftlichkeit aus, weshalb sie dort viel Sympathie gewannen. Viele, die in ihrer Kriegsdienstverweigerung beharrten, wurden erschossen, viele auch in den Zuchthäusern hingerichtet; allein in Brandenburg mögen es 50 bis 60 gewesen sein. Ganze Familien sind ausgerottet worden. Die Bibelforscher beziffern ihre in den Jahren 1933—1945 Inhaftierten auf 10000, wovon kraft eines Urteils 1000 hingerichtet und nochmals 1000 in den Konzentrationslagern ermordet oder sonstwie umgekommen sein mögen (nach W. Hammer).

Die „Zeugen Jehovas" sagten den Untergang Hitlers ständig voraus, da Gewaltmaßnahmen niemals zum Erfolg führen könnten; der Mensch solle nicht national, sondern international denken, und das Königreich Gottes sei die einzige Hoffnung der Welt. Sie rechneten jeden Tag mit ihrer Verhaftung, weil dies in der Heiligen Schrift vorausbestimmt sei.

So gab es (nach einem Erlebnisbericht eines führenden Bibelforschers, der im Brief vorliegt. D. Red.) in Berlin-Reinickendorf, in Henningsdorf, Velten und Cremmen illegale Gruppen, die sich 1934 nach den ersten Verhaftungen neu organisierten. Es wurden bald die Gruppen verkleinert und vermehrt, und es wurde den Mitgliedern auferlegt, mindestens einmal wöchentlich zusammenzukommen und ein regelrechtes Studium abzuhalten. Geld wurde gesammelt, und Illegale wurden unterstützt. Diese Gruppen sammelten über die Greueltaten Material, das 1937 nach Paris geschafft wurde. Dort wurde es in 34 Sprachen in der ganzen Welt unter dem Titel „Das Martertum des modernen Christentums in Deutschland" verbreitet. Flugschriften wurden geschrieben und verteilt, die zum Teil in der Form eines offenen Briefes die Nazis verfluchten. Die Gestapoleute wurden mit Namen genannt und vor ihnen gewarnt. Diese offenen Briefe kamen in ganz Deutschland zur Verteilung, und hauptsächlich höhere Beamte und Angestellte wurden damit bedacht. Die Verteilung geschah stets schlagartig über ganz Deutschland zu gleicher Zeit und Stunde. Allein im Bezirk Reinickendorf verteilte Paul W. regelmäßig 5000 Exemplare.

Prof. W. Krauss teilt in einem längeren, bereits zitierten Erlebnisbericht mit:

»Es gab in Torgau zahlreiche „Ernste Bibelforscher“, die fast ausnahmslos entschlossen in den Tod gingen. Das Reichskriegsgericht versuchte ihnen manchmal eine Brücke zur Umkehr zu schlagen. Meist handelte es sich ja um Nichtbefolgung des Einberufungsbefehls, und ein Widerruf vor Gericht oder sogar vor der Hinrichtung in Halle genügte für die Begnadigung und die Überstellung dieser Angeklagten in ein Bewährungsbataillon. Nur sehr wenige von ihnen sind schwach geworden. Die Diskussion mit diesen „Zeugen Jehovas“ war oft sehr schwierig, zumal wenn Katholiken zugegen waren, da sie im Katholizismus dieselbe Teufelsmacht sahen („Reich des Südens“) wie im Hitlerismus („Reich des Nordens“) und außerdem alle biblischen Prophezeiungen auf unsere Gegenwart als eine Zeit der religiösen Erfüllung angewandt haben wollten. Ihre Bibelkenntnis war hervorragend, und bei Debatten mit Pfarrern zeigten sie sich diesen in der Beherrschung der Schrift meist überlegen. Einer von diesen Bibelforschern, Reiche, ein Berliner Kaufmann, war zum Tod verurteilt worden. Aber das Reichskriegsgericht suchte offenbar einen Ausweg und schickte ihn vor der Hinrichtung zur psychiatrischen Begutachtung nach Berlin-Buch. Der dort amtierende Heerespsychiater Oberstabsarzt S. lehnte es aber ab, dem politischen Gefangenen zu helfen, und erklärte Reiche — gewiß im Widerspruch zu den Intentionen des Reichskriegsgerichts — für voll verantwortlich.«

Segensreich wirkten etliche Anstaltsgeistliche, die politischen Gefangeen und namentlich den Todgeweihten beistanden. In Berlin-Tegel mußte 1933 der dort als evangelischer Anstaltspfarrer wirkende religiöse Sozialist Dr. Erich Kürschner weichen; durch viele Jahre saß er später im Zuchthaus Brandenburg, als politischer Gefangener dort eingekerkert. An seine Stelle trat der gesinnungsmäßig den Quäkern nahestehende Dr. Harald Poelchau, der sich später dem Kreisauer Kreis anschloß. Zusammen mit dem katholischen Anstaltspfarrer Peter Buchholz, später Prälat, inzwischen in den Ruhestand getreten, wagte er es sogar, den Opfern des 20. Juli trotz Verbots den letzten geistlichen Beistand zu leisten und Briefe, beispielshalber vom Grafen Helmuth von Moltke, hinauszuschmuggeln, durch deren Veröffentlichung die Widerstandsliteratur um sehr wertvolle Dokumente bereichert worden ist. Poelchaus Gefängniserinnerungen erschienen in Buchform im Verlag „Volk und Welt“ unter dem Titel „Die letzten Stunden“. Dr. Karl Alt, der sich als evangelischer Anstaltsgeistlicher von München-Stadelheim nicht minder verdient gemacht hat, veröffentlichte seine Erlebnisse als Seelsorger — u. a. auch mit den Geschwistern Scholl — in seinem leider schon längst vergriffenen Buch „Todeskandidaten“ (Neubau-Verlag Adolf Gross, München).

Der Gefängnispfarrer Harald Poelchau schreibt in seinem Buch „Die letzten Stunden“:

»Eine große Gruppe unter den militärgerichtlich Verurteilten bildeten die Ernsten Bibelforscher, die meist nicht wegen „Kriegsdienstverweigerung“, sondern schon wegen „Eidesverweigerung" verurteilt wurden. Sie gingen für ihre Überzeugung ohne Schwanken in den Tod.

Das Reichskriegsgericht hatte sich in den ersten Jahren des Krieges, 1939 bis 1940, nur schwer entschließen können, die Todesurteile an Bibelforschern vollstrecken zu lassen. Die Strafanstaltsgeistlichen wurden immer wieder ersucht, die Bibelforscher mit theologischen Argumenten zum Kriegsdienst zu überreden. Als Kriegsgegner konnte ich diesem Ersuchen nicht entsprechen. Andererseits lehnten die Bibelforscher die Geistlichen von vornherein als verdächtig ab, weil sie nicht Jehova dienten, sondern dem „Baal dieser Welt". Mir ist kein Fall bekanntgeworden, daß die Bemühungen des Geistlichen oder auch der Verwandten zu einem „positiven." Ergebnis geführt hätten . . .

Ich mußte mir dabei grundsätzlich über die Frage der Kriegsdienstverweigerung klarwerden. Ein früherer Marineoffizier, Hermann Stöhr, weigerte sich, Kriegsdienst zu tun. Er hatte sein Leben der Versöhnung der Völker gewidmet und einen eigenen ökumenischen (überkonfessionellen) Verlag gegründet unter dem Motto: „Ut omnes unum sint." Es war der erste bekannte Fall der Kriegsdienstverweigerung aus kirchlichen Kreisen. Das Reichskriegsgericht machte alle Anstrengungen, um Hermann Stöhr von seinem Entschluß abzubringen. Er blieb seiner Sache treu und wurde — nach langen, sich wiederholenden Verhandlungen — am 21. Juni 1940 hingerichtet. Sein Grab auf dem Johannesfriedhof an der Seestraße im Norden ist zu einer Weihestätte für die Freunde des Friedens geworden.

Bald wurde eine große Zahl von Bibelforschern eingeliefert. Sie hatten nicht nur den Kriegsdienst, sondern auch den Eid um ihres Gewissens willen verweigert.

Für mich war die Kriegsdienstverweigerung auch ein theologisches Problem. Ich nahm in einem Gutachten dazu Stellung. Ich vertrat die Meinung, Kriegsdienstverweigerung, wenn sie aus Gewissensgründen, nicht aus Feigheit geschah, müsse straffrei bleiben. Das Angebot der Kriegsdienstgegner, Sanitäts- oder Arbeitsdienst zu leisten, dürfe als vollwertiger Ersatz für den Kriegsdienst gelten. Auch die Gefangenen kannten meine Einstellung. Die nationalsozialistische Justiz nahm selbstverständlich keine Rücksicht darauf.«

Zu den verbotenen und verfolgten Sekten gehörten auch die Religionsgemeinschaft „Christian Science" und die Adventisten. Aber damit nicht genug, wurden auch noch die „Theosophische Gesellschaft" und 1935 die von dem 1925 verstorbenen Philosophen Rudolf Steiner ins Leben gerufene „Anthroposophische Gesellschaft" verboten. Verschont blieb aber auch die als „Mazdaznan-Bewegung" bekannte Atem- und Gesundheitslehre nicht, deren deutscher Geschäftsführer, Rechtsanwalt Dr. Otto Rauth, Leipzig, jahrelang im KZ Sachsenhausen dahinvegetieren mußte.

Corder Catchpool, Sekretär der „Society of Friends" (Quäker), wurde am 4. April 1933 aus dem Hitlerreich ausgewiesen, weil seine wahrheitsgemäße Berichterstattung über die Situation in Deutschland ungenau gewesen sei. Gleichwohl ließen die Quäker nicht nach in ihren Werken christlicher Nächstenliebe; vielen Juden und politisch Verfolgten haben sie das Leben retten helfen, während viele von ihnen selbst (besonders wegen Kriegsdienstverweigerung) ihr Leben geopfert haben.

Mit besonderem Haß verfolgte Hitler auch die Freimaurer, die religiöse Duldsamkeit und Pflege humaner Gesinnung auf ihre Fahnen geschrieben hatten. Die Freimaurerlogen wurden verboten, ihre Häuser und ihr übriges Eigentum beschlagnahmt. Namentlich in den skandinavischen Ländern, aber auch in Deutschland, waren viele protestantische Geistliche Mitglieder solcher Logen. Aus Fälschungen und Verzerrungen ließ Hitler zur Abschreckung eine Ausstellung zusammenbauen, eine wahrhafte Schrekkenskammer, die jedoch nur vorübergehend Unheil anrichten und die Lebenskraft der Freimaurerbewegung nicht wesentlich beeinträchtigen konnte.

Drei Hamburger Lehrlinge bildeten eine Widerstandsgruppe der Knaben (berichtet Stephan Hermlin in seinem Buch „Die erste Reihe", Berlin 1950, S. 111ff.; vgl. auch Ahrens: „Helmuth Hübener", Hamburg 1948):

»... ein angehender Schlosser, ein Maler; Hübener soll Verwaltungsbeamter werden. Alle drei Mitglieder der Hitler-Jugend, aus der allerdings Schnibbe wegen Befehlsverweigerung ausgeschlossen war. Alle drei gehören auch einer Sekte an, die sich „Kirche Jesu Christi der Heiligen der letzten Tage" nennt.«

Ein erst Sechzehnjähriger beginnt im damals noch erfolgreichen Krieg, ganz auf sich gestellt, die Verbreitung der Wahrheit zu organisieren.

„Hitlers Schuld", „Hitler trägt die alleinige Schuld", heißen die ersten Flugzettel, die Helmuth Hübener herstellt. Es sind handgroße Blätter aus rotem und weißem Papier, die mit der Maschine geschrieben sind und den mörderischen Luftkrieg gegen Warschau und Rotterdam anprangern. Etwa sechzig solcher Flugzettel hat Hübener mit seinen Freunden verbreitet. Aber schon sehr bald, nach dem Beginn des Angriffs auf die Sowjetunion, beginnt Hübener mit der Abfassung umfangreicher Flugschriften, in denen er die politischen und militärischen Ereignisse der Hamburger Bevölkerung zu erklären versucht.

Hübener und seine Freunde haben gegen zwanzig große Flugschriften bis zum Januar 1942 vervielfältigt und verbreitet. Eine Reihe von Jugendlichen stand mit Hübener, Schnibbe und Wobbe in Verbindung.

Die Begründung des Todesurteils gegen den Siebzehnjährigen führt folgendes aus (ebenda, S. 8):

»... Der Angeklagte Hübener ist jetzt 17 Jahre alt. Sein Vater ist derzeit im SHD-Dienst eingesetzt, die Mutter zu Hause. Er hat die Volksschule besucht und kam im Jahre 1938 in den Oberbau. Das Abschlußzeugnis, das er hier im Jahre 1941 erhielt, war überaus gut. Seit April 1941 ist er Lehrling für den gehobenen Verwaltungsdienst.

Hübener trat im Jahre 1938 dem Deutschen Jungvolk bei, wurde dann zur HJ überstellt und gehörte ihr bis zu seiner Festnahme an. Er gehört seit seiner Kindheit der Glaubensgemeinschaft „Kirche Jesu Christi der Heiligen der letzten Tage“ an . . .

. . . Zur Herstellung dieser Flugzettel benutzte Hübener eine Reiseschreibmaschine seiner Glaubensgemeinde. Auf ihr sollte er im Auftrag des Präsidenten Arthur Zander der Gemeinschaft Feldpostbriefe an die eingezogenen Mitglieder schreiben. Insgesamt stellte er etwa 60 Flugzettel her . . .

. . . Hübener, der von dem Zeugen Mons als ausgezeichneter und verläßlicher Mitarbeiter bezeichnet wurde, hat in der Hauptverhandlung eine weit über dem Durchschnitt von Jungen seines Alters stehende Intelligenz gezeigt . . .

. . . Das gleiche Bild gibt der Inhalt der Flugschriften, die von Hübener in Anlehnung an die Nachrichten verfaßt worden sind. Auch hier würde niemand, selbst wenn er wüßte, daß ihr Inhalt nach Aufzeichnungen verfaßt worden ist, vermuten, daß sie von einem erst 16- bis 17jährigen Jungen verfaßt worden sind. Auch die Überprüfung seines allgemeinen Wissens, seiner politischen Kenntnisse und seiner Urteilsfähigkeit sowie sein Auftreten vor Gericht und sein Gehaben ergaben durchweg das Bild eines geistig längst der Jugendlichkeit entwachsenen frühreifen jungen Mannes. Dafür, daß demgegenüber seine sittliche Reife zurückgeblieben wäre, haben sich keinerlei Anhaltspunkte ergeben. Es lassen sich auch in dem Hergange der Tat keine Merkmale finden, die für die Tat eines noch nicht ausgereiften Jugendlichen sprechen.

Damit war der Angeklagte wie ein Erwachsener zu bestrafen.

Für die über ihn verhängte Strafe war im Sinne des § 73 StGB. entscheidend, daß bei ihm ein besonders schwerer Fall der Verbreitung ausländischer Rundfunksendungen gegeben ist. Er ist in der auffallenden Gehässigkeit des Inhalts der Flugblätter und insbesondere darin begründet, daß Hübener sie in einem Arbeiterviertel einer Stadt verbreitet hat, in der zufolge der schweren Luftangriffe, deren diese ausgesetzt ist, die Gefahr einer zersetzenden Wirkung besonders groß ist, zumal nach den Bekundungen des Kriminalbeamten M. auch heute noch nicht davon gesprochen werden kann, daß der Marxismus in Hamburg völlig ausgerottet ist. Der Gefährlichkeit seiner Propaganda und der Gründe hierfür war sich der Angeklagte bewußt. Damit mußte über ihn die zwingend angedrohte Todesstrafe verhängt werden . . .«

Am 27. Oktober 1942 wurde der Junge mit dem Fallbeil getötet. Franz Ahrens schreibt (im Vorwort der Broschüre: „Helmuth Hübener“, Hamburg 1948):

»... Die Jugend, gewohnt mit Maschinengewehren und Panzerfäusten zu kämpfen, wird vielleicht befremdet, vielleicht gar verächtlich auf diese Kampfmittel schauen und fragen: War das denn der ganze Kampf des Widerstandes? Nun, ihr sei entgegengehalten die Antwort eines Gestapobeamten, dem ein SS-Mann von einer Haussuchung Pistole und Schreibmaschine brachte: „Pistole? Die ist nicht so wichtig wie die Schreibmaschine. Suchen Sie den Abziehapparat, der ist für die Brüder heute wichtiger als ein Maschinengewehr." Wir wollen die Bedeutung dieser Kampfmittel nicht geringer schätzen als die Gestapo. Ihr ist nicht abzusprechen, daß sie die Kräfte ihres Gegners zu würdigen wußte. Denn gegen wen hat sie schließlich einen derartigen Machtapparat in Bewegung gesetzt?«

Christliche Gemeinsamkeit im Widerstand

Den Abschluß dieses Kapitels mögen die Äußerungen zweier Geistlicher bilden, die dank ihrer Widerstandstätigkeit Motive und Aktionen der Opposition genau kannten („Das taten sie für Deutschland", NWDR, Hamburg 1951).

Der Berliner Dominikanerpater Odiloh führte aus:

»Unsere Ehre verlangte den Widerstand gegen das himmelschreiende Unrecht, das im nationalsozialistischen Staat amtlich und offiziell befohlen, organisiert und auch wirklich begangen wurde. Christus sagt von sich: Meine Ehre ist es, den Willen dessen zu tun, der mich gesandt hat. Für den Gläubigen ist der Wille Christi höchstes Gesetz. Dieses Gesetz zu erfüllen, ist seine Ehre. Dieses Gesetz gilt für ihn immer und überall und unter allen Umständen. Von ihm kann niemand befreien. Dessen war sich der Gläubige bewußt, und darum mußte er zum Widerstandskämpfer werden, als frecher und aufgeblähter Größenwahn sich erdreistete, die Rechte Gottes und das Gewissen der Gläubigen anzutasten. So kam es zwangsläufig zum Widerstand aus dem Glauben. Kleinliche Kritiksucht und das Unvermögen, Dinge, die über die irdischen Belange hinausreichen, zu verstehen, haben zu einer Herabsetzung der Männer und Frauen des 20. Juli geführt. Ob und wieweit sie Fehler gemacht haben, das mag von Bedeutung sein für denjenigen, der einmal vor ähnliche Entscheidung gestellt werden könnte, um aus den Fehlern zu lernen und so vielleicht einen äußeren Erfolg zu erlangen, den größeren inneren Erfolg wird ihnen niemand absprechen können, dem ehrfürchtiger Glaube an Gott, das Gewissen des Menschen und die letzte Gewissensverpflichtung noch etwas bedeutet. Sie waren die Triebfeder für ihr Unternehmen. Beweis dafür ist die heroische Haltung, in der sie ihren Opfergang zum Galgen gegangen sind. Wenn ein Mann, der seine Frau und acht unversorgte Kinder zurückläßt, im Angesicht des Todes erklärt: „Ich kann nicht bereuen. Würde ich nochmals vor dieselbe Entscheidung gestellt und wüßte, welche Folgen ich auf mich nehmen müßte, so würde ich genauso handeln, weil ich es als Christ tun müßte.“ Wenn ein Mann, sage ich, angesichts des Todes dieses sagt, dann gebietet die Ehrfurcht, sich schweigend zu verneigen vor dieser Größe.

Widerstand aus dem Glauben!

Soll diese Besinnung wieder schwinden? Soll das, was Unmenschlichkeit und Verbrechen war und von allen ehrlichen Menschen als solche mit tiefer Beschämung erkannt wird, nun wieder unter dem Mißbrauch der Demokratie nicht nur vertuscht, sondern sogar noch verherrlicht werden? Wer heute schon wieder oder noch immer sich rühmt, Bewunderer und Genosse derer zu sein, die kalt und zielstrebig die scheußlichsten Verbrechen begangen haben, der muß mit dem Widerstand aus dem Glauben rechnen. Pflicht der Träger der Verantwortung ist es, dafür zu sorgen — und zwar mit aller Entschiedenheit —, daß nicht aufs neue durch gewissenlose, machtlüsterne Egoisten angetastet und in Gefahr gebracht wird, was an Gutem und Edlem in der Zeit des Schreckens bewahrt und durch den Abgrund hindurch gerettet worden ist — auch durch den Widerstand aus dem Glauben.«

Der Berliner Pfarrer Eberhard Bethge berichtete (in der oben erwähnten Sendereihe):

»... Einen Gottesdienst zu organisieren, ist fehlgeschlagen. Jetzt habe ich mich einschließen lassen mit Friedrich-Justus Perels und Theodor Steltzer. Draußen vor der dicken Bohlentür geht ein Wachmann auf und ab, ein biederer Siebenbürger; er will uns warnen, wenn ein Kontrolleur auf dem Flur erscheint. Auf dem rissigen Klapptisch liegt ein grober Fetzen Handtuch, es ist unser Altartuch. In einem Becher ein wenig Wein, er stammt aus der Zelle Ernst von Harnacks, des Sozialisten. Ich habe ihn sichern können, als man Harnack zur Vollstreckung abholte. Auf dem Blechnapf daneben das Brot, richtige Oblaten, wir haben sie aus der Zelle des Jesuitenprovinzials Pater Roesch. Dahinter ein Zweig Forsythien. Ich bete, ich spreche die Worte: „In der Nacht, da er verraten ward, nahm er das Brot ...“ Das armselige Klappbrett wird uns zum wahrhaften Tisch des Herrn. Es muß schnell gehen. Aber die barmherzige Herrschaft Gottes ist noch bedrängender. Sie sind beide zum Tode verurteilt. Perels wird bald dem Rollkommando des Obergruppenführers Müller zum Opfer gefallen sein. „Justitiar der Bekennenden Kirche“ haben sie ihn genannt. Sie meinten es höhnisch, uns aber bedeutet es eine ganze Geschichte. Er, Perels, hätte uns eine unbestechliche Geschichte des Kampfes der Bekennenden Kirche geben können, sowohl die Geschichte des frommen Widerstandes allein aus der Anbetung Gottes, wie die jeder Anbetung totalitärer Götzen, wie schließlich auch die des Widerstandes aus wachsender Angst um die Mitverantwortung an den Stummen und an dem deutschen Schicksal. Er kam aus dem einen Widerstand und ging in den anderen. Alle hat er beraten und ihren Frauen beigestanden. Friedrich Weißler und Paul Schneider, Hilde Jacobi und Werner Sylten, Ludwig Steil und Dietrich Bonhoeffer. Sie alle gingen ihm voran, zunächst solche, die widerstanden aus der Anbetung Gottes. Sie sind nicht abzuzählen, die da zitternden Herzens Tribut an den Götzen verweigerten, weil sie durch das erste Gebot Gottes gebunden waren.

Und nun noch ein Wort zu den anderen, zu denen, die handelten aus der Mitverantwortung für die Stummen und aus der Mitverantwortung für das deutsche Schicksal. Es begann in ungezählten Gemeinden mit dem Widerstand gegen den Arierparagraphen, freilich weithin nur aus ihrer Sorge für den innerkirchlichen Raum. Doch dann erhob die Bekennende Kirche 1936 ihre Stimme in einem feierlichen Wort an die Adresse der Regierung, wo es heißt, das evangelische Gewissen, das sich für Volk und Regierung mitverantwortlich weiß, wird aufs härteste belastet durch die Tatsache, daß es in Deutschland, das sich selbst als Rechtsstaat bezeichnet, immer noch Konzentrationslager gibt und daß die Maßnahmen der Geheimpolizei jeder richterlichen Nachprüfung entzogen sind. Unterschrieben von Fritz Müller, Albertz, Böhm, Forck, Fricke, Asmussen, Lücking, Middendorf, Martin Niemöller und von Thadden; auf lange Strecken aber vorbereitet und auch formuliert von Friedrich Weißler, dem Juristen. Er, Friedrich Weißler, wurde kurz nach der Veröffentlichung dafür im Konzentrationslager Sachsenhausen zu Tode geprügelt, er, der erste Blutzeuge der Evangelisten.

Dieses war das Signal und das Siegel, daß es eine legale kritische Mitarbeit am Ganzen des Landes endgültig nicht mehr gab, sondern daß in unserem Namen Rechtsbeugung, Pogrome, Haß vor aller Welt glorifiziert und mit den Hekatomben von Opfern bezahlt werden konnten. Und von jetzt an wuchs die Bereitschaft, sich dem Widerstand im Untergrund zu nähern. Es gab solche, die Gewaltmittel ablehnten und für die Zeit nach dem Zusammenbruch planten, und sie haben ihr Tun und ihre Kontakte mit den Widerständlern mit dem Leben bezahlt, allen voran der Graf Moltke. Und es gab andere, die keine Möglichkeit mehr sahen, im Namen eines privaten reinen Gewissens sich den revolutionären Aktionen zu entziehen. Im Angesicht Gottes haben sie mitgemacht und die Sache ihm anbefohlen. Den Christen rufen nicht erst die Erfahrungen am eigenen Leibe, sondern die Erfahrungen am Leibe der Brüder, um derentwillen Christus gelitten hat, zur Tat und zum Mitleiden. Das sind Worte Dietrich Bonhoeffers. Er wußte, daß der Christ nicht nur die Opfer unter dem Rad zu verbinden, sondern dem Rad selbst in die Speichen zu fallen hat, wenn es denn gerade an ihn kommt.

„Christen in Deutschland stehen vor einer furchtbaren Alternative, entweder die Niederlage Deutschlands zu wünschen, damit die christliche Kultur erhalten bleibt, oder den Sieg Deutschlands, der die Vernichtung unserer Kultur bedeuten würde. Ich weiß, welchen Weg ich zu gehen habe, aber ich kann meine Wahl nicht treffen, wenn ich persönlich dabei im sicheren

Ausland bleibe." Diese Worte sprach der evangelische Bekenntnis-Pfarrer Dietrich Bonhoeffer, als er bei Kriegsausbruch 1939 aus den Vereinigten Staaten nach Deutschland zurückkehrte. Der sie uns berichtet, ist D. George Bell, der Lordbischof von Chichester.

Der britische Bischof hat viele der leitenden Männer aus den Reihen der Bekennenden Kirche gekannt — kaum einer hat ihn so beeindruckt wie Bonhoeffer. Mit tiefem Respekt schreibt er über ihn: „Auch Männer wie Bonhoeffer liebten ihr Volk und ihr Land, aber sie bejahten die höhere Gehorsamsverpflichtung. Sie wollten lieber Deutschland besiegt stehen, als den Untergang des Christentums zu erleben... Es waren Männer, die ohne Kompromiß alles ablehnten, was Hitler und die Nazis vertraten, und die das Regime von einem entschiedenen christlichen oder demokratischen oder freiheitlichen Standpunkt aus verwarfen. Sie können mit Recht als die Säulen der europäischen Tradition in Deutschland angesehen werden."«

Pastor Bonhoeffers Leben, von dem Pfarrer Bethge berichtet, ist mit wenigen Worten erzählt: In einem kinderreichen Professorenhaus aufgewachsen — sein Vater hatte jahrzehntelang den Berliner Lehrstuhl für Psychiatrie inne —, studierte er von 1923 bis 1927 Theologie an der Berliner Universität und promovierte zum Lizentiaten. Die Semesterferien verbrachte er, wenn der Wechsel es irgend erlaubte, im Ausland. Das Vikariat führte ihn sodann auf zwei Jahre an die deutsche Kirche in Barcelona. Auf die Habilitation in Berlin im Jahre 1929 folgte ein Studienjahr in den Vereinigten Staaten. Nach zwei Dozentenjahren in Berlin ging er erneut ins Ausland: als Hitler im Januar 1933 „die Macht übernahm", folgte Bonhoeffer dem Ruf einer deutschen evangelischen Gemeinde in London, bis die Bekennende Kirche ihn 1935 in der Heimat brauchte. Bis in das erste Kriegsjahr hinein stand er an der Spitze ihres „illegalen" Predigerseminars in Finkenwalde, während ihn die Nazis mit ständigen Schikanen — Entzug seiner Berliner Dozentur, wiederholten Redeverboten — verfolgten.

In jenen Jahren trat er einer Reihe führender Männer des politischen Widerstandes nahe, deren Freund und Berater er wurde. Der Bischof von Chichester berichtet von einem Umsturzplan im Sommer 1940, an dessen Ausarbeitung der Pfarrer beteiligt war. Es sei in jenen Besprechungen der Vorschlag gemacht worden, die in Aussicht genommene Aktion zu verschieben, um nicht Hitler — damals auf der Höhe seiner „Erfolge" — durch seinen Tod zum Märtyrer zu machen. Bonhoeffers Stellungnahme habe damals den Ausschlag gegeben: „Wenn wir den Anspruch erheben, Christen zu sein, so dürfen wir keine Ausflüchte machen. Hitler ist der Antichrist. Daher müssen wir das begonnene Werk fortsetzen und ihn vernichten, ganz gleich, ob er Erfolg hat oder nicht."

George Bell, Bischof von Chichester, berichtet über die Verhandlungen im Ausland („Das Parlament", Sonderausgabe v. 20. Juli 1952, S. 17):

»Ich machte auf Aufforderung des britischen Informationsministeriums eine Besuchsreise nach Schweden im Mai 1942, um die Verbindungen zwischen schwedischen und englischen Geistlichen zu erneuern. Ich hatte keinerlei Grund anzunehmen, daß ich irgendwelche Deutsche treffen würde. Meine Überraschung war groß, als mir am 26. Mai nach Ende einer Konferenz in Stockholm ein schwedischer Freund erzählte, daß Dr. Hans Schönfeld aus Berlin gekommen sei und mich zu sehen wünsche. Dr. Schönfeld war mir seit vielen Jahren gut bekannt ...

Ich sah Dr. Schönfeld zusammen mit einem oder zwei schwedischen Freunden. Er war in einem Zustand beträchtlicher innerer Spannung. Nachdem er mir über Einzelheiten bezüglich der Arbeit des World Council of Churches für die Kriegsgefangenen berichtet hatte, kam er auf das eigentliche Thema zu sprechen. Er sei gekommen, um mich über eine starke Opposition in Deutschland gegen Hitler zu unterrichten, die sich schon seit einiger Zeit entwickelt und tatsächlich schon vor dem Krieg bestanden habe. Der Krieg gebe ihr nun die Chance, sie warte darauf diese zu ergreifen. Er erzählte mir, daß die Opposition aus drei Hauptelementen bestand: erstens aus Mitgliedern oder früheren Mitgliedern der Staatsverwaltung; zweitens aus einer großen Anzahl von früheren Gewerkschaftlern, einschließlich ihrer Führer, und anderen aktiven Verbindungsmännern unter weiten Kreisen der Arbeiterschaft. Wie er es in einem Memorandum niederlegte, das er mir später auf meine Bitte hin gab, kontrollierte die Opposition durch ein Netz, welches systematisch während der letzten sechs Monate entwickelt wurde, Schlüsselpositionen in den Hauptindustriezentren, ebenso in den großen Städten wie Berlin, Hamburg, Köln, ja überall im ganzen Land. Drittens: Hohe Offiziere in der Armee und der Staatspolizei. Die Offiziere der Wehrmacht umfaßten „Männer in Schlüsselstellungen" im OKW, in Marine und Luftwaffe, wie auch in dem Amt für das Ersatzheer. Er sagte, die Führer der protestantischen und der katholischen Kirchen seien auch in engem Kontakt mit der ganzen Widerstandsbewegung. Er erzählte mir von dem entschlossenen Kampf, den die Bekennende und die katholische Kirche zur Verteidigung der Menschenrechte begonnen hatten; und von den energischen Protesten gegen die Angriffe der Naziregierung auf Freiheit und Recht seitens des Bischofs Wurm von Württemberg für die Bekennende Kirche und seitens des Bischofs Graf von Preysing, des römisch-katholischen Bischofs von Berlin.

Diese drei Hauptgruppen hätten genügend Macht, um die Naziregierung zu stürzen, wenn sich die Gelegenheit hierzu bot. Umfassende Vorbereitungen seien dafür gemacht worden. Eine Chance schien im Dezember 1941 gegeben, als viele Offiziere sich weigerten, in Rußland weiterzukämpfen. Aber es gab keine Führung zu jener Zeit. Die allgemeine Entwicklung habe jedoch den Menschen die Augen geöffnet. Hitlers letzte Rede im Reichstag am 26. April 1942, in der er den Anspruch erhob, über allen Gesetzen zu stehen, hätte dem deutschen Volk klarer denn je die vollständige Anarchie des Regimes gezeigt.

Der Zweck des Widerstandes, sagte er, sei, das ganze Hitler-Regime, einschließlich Himmler, Göring, Goebbels und der zentralen Führung der Gestapo, SS und SA zu vernichten und an seiner Stelle eine Regierung aus prominenten Vertretern der oben erwähnten Hauptgruppen zu errichten. Man habe folgendes Programm (zitiert aus Dr. Schönfelds Memorandum):

1. Die deutsche Nation wieder auf den Boden des Rechts und der sozialen Gerechtigkeit mit einem hohen Grad von verantwortlicher Selbstverwaltung überall in den verschiedenen Hauptprovinzen auszurichten.
2. Wiederherstellung der wirtschaftlichen Ordnung nach echt sozialistischen Richtlinien, an Stelle einer „Autarkie"-Wirtschaft, und die enge Zusammenarbeit zwischen den freien Nationen, deren wirtschaftliche Unabhängigkeit die bestmögliche Garantie gegen reaktionären europäischen Militarismus darstellen würde.
3. Eine europäische Föderation von freien Staaten und Nationen, einschl. Großbritannien, die engstens mit anderen Staatenbünden zusammenarbeiten würden.

„Diese Föderation von freien europäischen Nationen, zu der eine freie polnische und eine freie tschechische Nation gehören würden, sollte eine gemeinsame Exekutive haben, unter deren Herrschaft eine europäische Armee, geschaffen für die dauernde Wahrung der europäischen Sicherheit, aufzustellen sein würde.

Die Grundprinzipien des nationalen und sozialen Lebens innerhalb dieser Föderation von freien europäischen Nationen sollte auf die fundamentalen Prinzipien des christlichen Glaubens und Lebens hin ausgerichtet bzw. neu ausgerichtet werden."

Eine Regierung, die von diesen Prinzipien geleitet sei, fügte er hinzu, würde die Nürnberger Gesetze aufheben und das den Juden gestohlene Gut diesen zurückgeben. Sie würde mit Japan brechen. Sie würde auch bereit sein, „ihren vollen Anteil bei den gemeinsamen Anstrengungen zum Wiederaufbau der Gebiete, die durch den Krieg zerstört oder beschädigt wurden, zu übernehmen", denn viele Deutsche seien überzeugt, daß sie viel opfern müßten, um den Schaden, der in den besetzten Gebieten angerichtet worden war, wiedergutzumachen . . .

Am Pfingstsonntag (31. Mai 1942) ging ich nach Sigtuna, einer kleinen Stadt mit einer berühmten Heim-Volkshochschule, viele Meilen von Stockholm entfernt. Dort geschah etwas Außerordentliches. Ein zweiter deutscher Pfarrer traf direkt aus Berlin ein, um mich zu sehen. Es war Pfarrer Dietrich Bonhoeffer.

Ich kannte ihn sehr genau seit 1933. Er war ein kompromißloser Anti-Nazi, einer der Initiatoren der Opposition, der das volle Vertrauen der Führer der Bekenntniskirche genoß. Während Bonhoeffer und ich allein waren, fragte ich ihn ganz privat, ob er mir die Namen der Hauptverschwörer nennen könnte. Er tat dies sofort. Die entscheidenden Leute in der Verschwörung waren, so sagte er: Generaloberst Beck, Chef des Generalstabs bis zur österreichischen Krise 1938; er genoß das Vertrauen der Wehrmacht, war Christ, Konservativer und hatte Kontakt mit Gewerkschaftsführern; Generaloberst von Hammerstein, Oberbefehlshaber der Wehrmacht, als Hitler an die Macht kam, ein überzeugter Christ; Karl Goerdeler, früherer Oberbürgermeister von Leipzig und ehemaliger Reichskommissar für Preiskontrolle, hoch geachtet bei den Beamten und den Führern an der zivilen Front; Wilhelm Leuschner, Präsident der Einheits-Gewerkschaften, bevor sie aufgelöst wurden, und Jakob Kaiser, ein katholischer Gewerkschaftsführer.

Beck und Goerdeler waren die Chefs. Sollte eine Bewegung unter ihrer Führung aufkommen, so könne man sich, nach Bonhoeffers Urteil, auf diese verlassen. Es bestand eine Organisation, die die Opposition in jedem Ministerium vertrat und der Offiziere in allen großen Städten angehörten; und es gab in allen Kommandos der Heimatfront Generäle oder Offiziere, die den Generälen sehr nahestanden. Er erwähnte von Kluge und von Witzleben.

Ich konnte sehen, daß er, während er mir diese Tatsachen unterbreitete, sehr traurig darüber war, daß die Dinge in Deutschland eine solche Wendung genommen hatten und daß eine solche Aktion notwendig geworden war ...«

Am 5. April 1943 wurde Bonhoeffer verhaftet, zwei Jahre später, am 9. April 1945, in Flossenbürg erhängt.

Nicht nur die beiden Kirchen und die freien Gemeinschaften fanden im Glauben Ursache und Antriebskraft zum Widerstand gegen das Hitler-Regime; auch bürgerliche Gruppen und namentlich die Opposition des alten Heeres fühlten sich zu ihren Aktionen aus tief eingewurzelter christlicher Haltung getrieben und verpflichtet. In diesen Verschwörerzirkeln blühte eine christliche Renaissance auf, wie sie wohl stärker nirgendwo in unserem Zeitalter erlebt worden sein mag.

Einige Aussagen und Beispiele mögen zur genauen Einsicht in diese Erscheinung hinleiten.

So sei ein Bekenntnis von Inge Scholl hier angeführt (aus einem Funk-Vortrag):

»Meine Geschwister waren Christen von einer tiefen Überzeugung. Sie hatten das Christentum nach Jahren des Umhertastens entdeckt und erlebten es in einer neuen, unbeschreiblichen Weise. All dies bedeutet aber nicht ein Sichverschließen und Gesichertsein, im Gegenteil, sie fühlten sich Andersdenkenden sehr verbunden und suchten leidenschaftlich nach den gemeinsamen Ansatzpunkten. Sie waren ganz davon durchdrungen, daß in dieser Zeit der zahllosen Meinungen und Überzeugungen nur eine tiefe, echte Toleranz das Zusammenleben der Menschen gewährleistet und daß heute nicht eine fest vorgezeichnete Linie helfen kann, sondern einzig und allein eine Entscheidung von Tag zu Tag, von Augenblick zu Augenblick. Daß dies viel schwerer ist, wußten sie, aber sie haben es durchgetragen bis zur letzten Konsequenz. Sie sahen die großen totalitären politischen Strömungen in unserer Zeit, die das Leben des Menschen nicht achten und es wie eine Walze erdrücken; sie standen auf der Seite des Menschen und versuchten, für ihn einzutreten, wo immer ihn diese Walze bedrohte.«

Goerdeler, der vorgesehene Kanzler der Reichsregierung nach einem Sturz Hitlers, erklärt in seiner für diesen Tag X entworfenen Proklamation (Schlabrendorff, a. a. O., S. 153):

»Unbeschadet der Religionsfreiheit einzelner bekennt sich die Reichsregierung zum Christentum als einer der Grundkräfte, die die deutsche Nation geschichtlich geformt haben.

Die Reichsregierung weiß, daß mit den Mitteln der Politik kein Weg zu den abgerissenen religiösen Überlieferungen und Ordnungen des deutschen Volkes gefunden werden kann. Sie hebt ab sofort alle staatlichen Verfolgungen der christlichen Kirchen, die Verhaftungen, Verbannungen und Redeverbote gegen Geistliche auf. Alle Religionsgemeinschaften sollen frei von staatlicher Vormundschaft ihren göttlichen Auftrag erfüllen. Das Reich wird sie und ihre Diener schützen.«

Nikolaus von Halem, der am 16. Juni 1944 vom Volksgerichtshof nach unmenschlichen Folterungen zum Tode verurteilt wurde, schrieb in seinem Abschiedsbrief an seine Mutter diese Worte (siehe Anhang):

»... Wir alle sind ja, ob wir es wissen oder nicht, von der geistigen Essenz zwanzig christlicher Jahrhunderte ganz durchtränkt. Eben jetzt scheint mir eine Periode zu beginnen, in der auch die scheinbar unchristlichen Gedanken der europäischen Denker diesen gemeinsamen Hintergrund sichtbar werden lassen. Mit Recht fürchten wir alle den Tod. Mit Recht legt deshalb auch die katholische Kirche so großen Wert auf die Vorbereitung des Sterbenden, sich mit Ernst dem bevorstehenden Ende zuzuwenden und sich in dieser Stimmung zu versammeln. Wer vorbereitet ist, braucht den Tod nicht zu fürchten. Ich schäme mich fast, dabei an das Mysterium der Gnade zu rühren, zu dem das hohe und heilige Mysterium des Todes gewissermaßen den Vorhof bildet. Ein Schritt — und wir sind hindurch. „Fürchte Dich nicht, denn ich habe Dich erlöst. Ich habe Dich bei Deinem

Namen gerufen, Du bist mein.“ Es steht im Jesaias, wo, weiß ich nicht aus dem Kopf.«

Diese Beispiele zeigen, daß diejenigen Mitglieder des alten Heeres und der Diplomatie, die zu den Spitzen des militärischen Widerstandes gegen Hitler gehörten, von tiefer Religiosität waren und den Kampf gegen das NS-Regime auch als einen Kreuzzug empfanden. Die Generäle Beck, v. Hammerstein und Olbricht werden als überzeugte und eifrige Christen dargestellt (private Aussagen von Josef Müller). General Oster, „der Geschäftsführer des Widerstandskampfes“, Chef der Zentralabteilung der Abwehr, pflegte seine Freunde, die er auf Reisen schickte, mit den Worten „Reisen Sie mit Gott“ zu entlassen (mündliche Äußerung von Josef Müller). General Halder sah das Verhängnis im Bruch mit der Überlieferung, womit er in erster Linie das Christentum meinte, und zitierte dabei das Wort Bismarcks: „Nehmen Sie mir den Zusammenhang mit Gott, und ich bin ein Mensch, der morgen einpackt.“ (Peter Bor: „Gespräche mit Halder“, S. 25.) Die Konsequenz konnte für ihn nur sein, seine Haltung gegen Hitler zu revidieren.

Der Kreisauer Kreis, dessen Haupt Graf Helmuth Moltke war, setzte sich aus Männern verschiedener geistiger und sozialer Herkunft zusammen: dem Pater provincialis Roesch S. J. und dem Pater Delp S. J., Theodor Steltzer, den Juristen Hans Peters und Paulus van Husen, den Protestanten Eugen Gerstenmaier und Harald Poelchau, den jungen Grafen Yorck von Wartenburg, Trott zu Solz und Fritz von der Schulenburg, den Sozialdemokraten Carlo Mierendorff, Julius Leber, Adolf Reichwein und Theo Haubach und anderen.

„Der gemeinsame Nenner der sozial so verschiedenartigen Moltkegruppe“, so urteilt Allen Welsh Dulles richtig, „war jener Glaube an die christliche Ethik, der von allen Mitgliedern geteilt wurde . . .“

Das Christentum des Kreisauer Kreises war die einfache Erkenntnis, daß das Verhalten des Menschen der westlichen Zivilisation von der Bergpredigt bestimmt sein muß. Diese Betonung des Geistes, nicht des Buchstabens der christlichen Überlieferung drückt sich in den Schriften der Gruppe mit einer Kraft und Einfachheit aus, die man in wenigen Glaubensbekenntnissen der letzten Zeit finden dürfte. Man darf vielleicht sagen, daß eine christliche Wiedergeburt die treibende Kraft der politischen Opposition war, die in Hitler nichts weniger als den Antichrist sah.

In Kreisau glaubte man, daß christliche Ethik, mit einem Florieren der Wirtschaftssysteme in Einklang gebracht, gleichzeitig die Macht der antidemokratischen Kräfte im deutschen Lande beseitigen könne. Aus diesem Grunde schien es ihnen notwendig, daß die Bodenschätze der Nation dem ganzen Volke dienen sollten und daß der Einfluß und die Verantwortung der organisierten Arbeiterschaft gestärkt werden müßten. Kurz, das wirtschaftliche und politische Programm, das in großen Zügen in Kreisau ausgearbeitet wurde, war ein christlicher Sozialismus.

Bei der Gerichtsverhandlung schrie Freisler Moltke an (Pechel, a. a. O., S. 128f.): „Wer war denn da? Ein Jesuitenpater! Ausgerechnet ein Jesuitenpater. Ein protestantischer Geistlicher... Und kein einziger Nationalsozialist! Kein einziger! ... nun ist aber das Feigenblatt ab! Und den Jesuitenprovinzial, den kennen Sie wohl auch! Ein Jesuitenprovinzial, einer der höchsten Beamten von Deutschlands gefährlichsten Feinden, der besucht den Grafen Moltke in Kreisau! ..."

Und Moltke zieht in seinem Abschiedsbrief an seine Frau die Konsequenz aus der Anklage: „Und dann bleibt übrig ein einziger Gedanke: wodurch kann im Chaos das Christentum ein Rettungsanker sein? Dieser einzige Gedanke fordert morgen wahrscheinlich fünf Köpfe."

Um General Oster, der die Zentralabteilung der Amtsgruppe Abwehr des OKW leitete, sammelten sich Vertreter einzelner Widerstandskreise. Besonders drei Vertreter kirchlicher Widerstandskreise standen ihm nahe: Hans v. Dohnanyi, dessen Schwager Pastor Dietrich Bonhoeffer und Dr. Josef Müller, später bayrischer Justizminister, der damals von München aus die Verbindung zum Vatikan aufrechterhielt.

Bonhoeffer hatte Ende 1942 eine Zusammenkunft mit dem englischen Bischof von Chichester, Dr. Bell, in Stockholm (Rothfels, a. a. O., S. 168ff.). Dabei legte er Dr. Bell, wie dieser (auf S. 97) ausführlich berichtet, ein Programm vor, das Grundlage für Friedensverhandlungen nach dem Sturz der Hitler-Regierung sein sollte. Das Programm, das die Stellung der Bekennenden Kirche im europäischen Wiederaufbau umriß, war im Herbst 1942 von den Freiburger Professoren Ritter, von Dietze, Eucken und Lange entworfen worden. Außerdem nahmen an den Besprechungen teil der damalige Generalsuperintendent Dibelius, Dr. Goerdeler, Lic. Thieleke, Dr. W. Bauer, Prof. Erik Wolf und Prof. Franz Böhm. Die beiden letzteren fügten dem Memorandum noch eine Ergänzung an. Das Manuskript wurde zu einem Bestandteil der „geistigen Munition" des Widerstandes.

Als Dohnanyi im April 1943 in seinem Amtszimmer verhaftet wurde, fand man bei ihm drei Zettel. Der eine dieser Zettel enthielt diese Notiz (unveröffentlichtes Material. Fotokopien liegen vor. D. Red.):

»Seit längerer Zeit befaßt sich ein kleiner Kreis führender Geistlicher der deutschen evangelischen Kirche mit der Frage, welchen Beitrag die evangelische Kirche nach diesem Krieg für die Herstellung eines gerechten und dauerhaften Friedens und für den Aufbau einer auf christlichen Fundamenten ruhenden Gesellschaftsordnung leisten könne. Es ist beabsichtigt, eine Reihe programmatischer Punkte aufzustellen, dazu einen ausführlichen sachlichen Kommentar abzufassen und auf Grund der programmatischen Sätze einige allgemein verständliche erläuternde Flugschriften herzustellen, die bei gegebener Gelegenheit der Bevölkerung zugänglich gemacht werden können. Diese Arbeiten sind bereits vorgeschritten. Es ist bekannt, daß der Papst in seinen letzten beiden Weihnachtsbotschaften seine Friedensziele grundsätzlich niedergelegt hat und daß die englischen und amerikanischen (übrigens auch die holländischen, norwegischen und französischen) protestantischen Kirchen dieselben Fragen bereits sehr intensiv bearbeiten. Da es von großer Bedeutung wäre, wenn zum gegebenen Zeitpunkt sämtliche christlichen Kirchen einmütig zu den Fragen der Friedensgestaltung Stellung nehmen würden, und da sich — soweit das heute schon zu beurteilen ist — eine Übereinstimmung in sämtlichen wesentlichen Punkten erreichen lassen dürfte, erscheint es als überaus wichtig und wünschenswert, daß ein deutscher evangelischer Geistlicher die Möglichkeit erhält, sowohl mit Vertretern der katholischen Kirche in Rom diesbezügliche Besprechungen zu führen, wie auch in Genf oder Stockholm sich mit den betreffenden Arbeiten der protestantischen Weltkirchen bekannt zu machen.«

Dieser evangelische Geistliche sollte Bonhoeffer sein. Dohnanyi war gerade im Begriff, mit diesem Zettel zu Beck, dem Oberhaupt des militärischen Widerstandes, zu gehen, um einige Punkte noch zu präzisieren (ebenda). Und wenige Tage später hätte Bonhoeffer nach Rom abreisen sollen, um dort mit dem Rektor des Collegium Germanicum am Vatikan zu verhandeln. Laut Bericht des verhaftenden Beamten habe auf einem zweiten Zettel folgendes gestanden (ebenda):

„1. Ein kleiner Kreis des OKW sowie weite Kreise der Bekennenden Kirche und der katholischen Aktion sind nunmehr zum Handeln entschlossen. 2. Freie Hand zur innerpolitischen Regierungsbildung."

Er berichtet über die Gruppe außerdem:

„1. So haben Oster und Dohnanyi im Winter 1939/40 durch einen gewissen Müller (gemeint ist Dr. Josef M.) und Hartmann mit England und Frankreich über Persönlichkeiten am Vatikan, und zwar einen Herrn Leiber (Pater Laiber, Privatsekretär des Papstes) und einen Herrn Zeiger (vgl. Jan Colvin, Chief of Intelligence, London 1950) im Einverständnis mit einem kleinen Kreis höherer Generäle im OKW dahin Verhandlungen geführt, daß die englisch-französischen Armeen am Westwall Waffenstillstand bewilligen sollten, um der Wehrmacht die Möglichkeit zu geben, im Innern die Hitlerdiktatur zu beseitigen. Diese Verhandlungen seien auch protokollarisch niedergelegt worden und hätten die Billigung der Generalobersten Beck und Halder gefunden.

2. Im Winter 1941/42 habe ein verabschiedeter Panzergeneral (vermutlich Hoeppner. D. Red.) beabsichtigt, mit einer zur Auffrischung im Raume von

Elbing liegenden Panzerdivision in das Hauptquartier von Hitler vorzustoßen, diesen gefangenzunehmen und, falls Widerstand geleistet würde, dieses zusammenzuschießen."

Gleich nach der Verhaftung Dohnanyis wurden Dietrich Bonhoeffer und tags darauf, Josef Müller festgenommen. Oster wurde seines Amtes ent hoben.

Die Friedensverhandlungen im Winter 1939/40, die Josef Müller übe Pater Zeiger und Pater Laiber, den Privatsekretär des Papstes, zu dene er durch den Abt von Metten Zutritt gewonnen hatte, führte, haben de sogenannten X-Bericht zur Grundlage (ebenda und persönlicher Beric von Dr. Josef Müller).

Über den Kreisauer Kreis berichtet abschließend Dr. Eugen Gerste maier („Das Parlament", Sonderausgabe v. 20. Juli 1952, S. 4):

»... Konservative und Sozialisten, Gutsbesitzer und Gewerkschaftler, Pr testanten und Katholiken hatten sich im Kreisauer Kreis vereint. Die Au gabe, zu der sie sich verbunden haben, galt wie die mancher ander Gemeinschaft im geheimen Deutschland dem Tage X. Bis wenige Monat ja vielleicht bis kurz vor dem 20. Juli 1944 war dabei nicht ganz klar, dieser Tag X der Tag des Staatsstreichs oder des Zusammenbruchs se werde. Im Unterschied zu anderer Deutung meine ich, daß „die Kreisaue eigentlich immer den Staatsstreich im Auge hatten, denn die hinterla senen, von Theodor Steltzer publizierten Dokumente setzen zu ihre vollen Verständnis den geglückten Staatsstreich voraus.

Immerhin zeigt schon diese Erwägung, daß die Kreisauer selber sich nahezu ausschließlich mit den politischen, kulturellen, wirtschaftlichen und rechtlichen Problemen befaßten, denen sich eine neue deutsche Regie rung nach dem Abgang Hitlers gegenübersehen mußte. Das Militärische war nicht ihr Fach. Sie waren weder Heerführer noch besaßen sie sons organisierte Macht. Ihr Feld war der Gedanke. Ihre Aufgabe der Entwurf einer neuen rechtsstaatlichen Ordnung. Ihr Wille, die Ideologie des totalen Staates zu überwältigen. Ihr Ziel, Deutschland im Geist des Christentums und der sozialen Gerechtigkeit wiederaufzubauen und in ein vereintes Europa einzufügen ...«

Die bürgerliche Opposition

Es ergab sich im Verlauf der vielen Gespräche um das vorliegende Werk, daß das Erscheinungsbild der Widerstandsbewegung zwei völlig verschiedene Initiativarten kennt. Auf der einen Seite steht die Verbreitung der Argumente, die allmähliche Eroberung der Köpfe mit dem Ziel, die Massen in Bewegung zu setzen. Wir nennen sie die „untere Linie". Ihre Mittel sind Flugblatt, Aufklärung, ihr Ziel ist die Revolution.

Auf der anderen Seite steht die Handhabung des Machtapparates. Der „Apparat" wird durch Gruppen Entschlossener erobert. Die Mittel sind „der Druck auf den Knopf", die Initialzündung, der Befehl. Statt einer Revolution erfolgt ein Staatsstreich von oben her. Wir nennen dieses Verfahren hier die „obere Linie".

Wenn wir uns zunächst der „unteren Linie" zuwenden, so finden wir auch in der Opposition des Bürgertums, jener tragenden Schicht des Staates, zahlreiche Gruppenbildungen. In ihnen versuchten mutige Menschen die bürgerlichen Freiheiten zu verteidigen.

Aber die Haltung des Bürgertums litt unter seiner Zerrissenheit, Unsicherheit und Vereinzelung. Die ehemals festen Gruppierungen lösten sich seit dem Machtantritt des Nationalsozialismus auf. Neue Gruppierungen entstanden und warben. Große Teile des Bürgertums begannen zu schwimmen, strömten ins nationalsozialistische Lager, getrieben von Existenzangst, verführt durch Verlockungen, betrogen durch die Slogans der Wohlanständigkeit. Bald war es dem Regime gelungen, die Masse des Bürgertums durch Einschüchterungen, geschickte Propaganda und eine erfolgreiche Politik ohne Skrupel zu neutralisieren. Das Ausland förderte das Ansehen Hitlers, indem es ihn als Partner außenpolitischer Verträge anerkannte, erlauchte Gäste an seinen „Hof" sandte und die Olympiade 1936 durch festliche Beteiligung zu einem Kreditrausch für Hitler verwandelte. Die Erfolge kamen, und das Bürgertum liebt den Erfolg. Hitler, der das Kleinbürgertum gegen die proletarische Gefahr alarmierte, andererseits zugleich auch dessen Ressentiments gegen das Großbürgertum ausschlachtete, hatte vollen Erfolg.

Dennoch gab es eine breite Opposition, die passiven Widerstand leistete, die aus Witzeerzählern bestand, die wenig riskierte, die schimpfte — oft sogar laut —, die gelegentlich protestierte, doch nicht handelte. Die bürgerliche Opposition bestand aus unzähligen Einzelnen, von denen gelegentlich einer „erwischt" wurde. Bezeichnend war dann das unermeßliche Staunen der Festgenommenen über die finsteren Zustände in der Haft, über den Dreck der Zellen und über die furchtbaren Urteile. Sie waren wie Traumwandler, fassungslos und betäubt.

Aber es gab auch eine erstaunlich große Anzahl weitschauender und tapferer Männer, die einzeln Widerstand leisteten oder auch sich zusammentaten, um gemeinsam zu handeln. Besonders in der Jugend gab es eine lebhafte Opposition.

Die Jugend

Das politische und kulturelle Leben Deutschlands in der vergangenen Hälfte dieses Jahrhunderts ist nicht unwesentlich von der Jugendbewegung geprägt worden. Die deutsche Jugendbewegung hat Konzeption, Mentalität und Struktur fast aller politischen Parteien, soweit sie sich in irgendeiner Weise als „Bewegung" empfunden haben, beeinflußt. Auch auf vielen Gebieten des kulturellen Lebens ist ihre Wirkung spürbar gewesen. Viele Männer des öffentlichen Lebens waren aus der Jugendbewegung hervorgegangen, und viele von ihnen standen im Widerstandskampf gegen Hitler.

Die „Ausrichtung" aller Spielarten der traditionellen Jugendbewegung auf die HJ hatte zur Folge, daß die Jugendbewegung in die Opposition gedrängt wurde. Jedes Festhalten an alten Formen wurde ebenso konsequent vom Regime verfolgt.

Eine Gruppe des „Jungnationalen Bundes" wurde im Juni 1937 zu langjährigen Freiheitsstrafen verurteilt. Das Volksgericht führte in Essen vom 14. bis 24. Juni 1937 einen Schauprozeß gegen zehn Führer des Jungnationalen Bundes und der „Pfadfinderschaft Westmark" durch. Von ihnen starb Dr. Wegerhoff, Krefeld, während des Prozesses. Neben ihm galt Hans Böcking, Krefeld, als Hauptangeklagter; er bekam zwölf Jahre Zuchthaus, auch die übrigen wurden zu Zuchthausstrafen verurteilt. So erhielt Karl Lankers, ein führender Pfadfinder, drei Jahre Zuchthaus.

Hermann Maaß, Geschäftsführer des „Reichsverbandes deutscher Jugendbünde", Mitglied des Kreises um Goerdeler-Leuschner, wurde nach dem 20. Juli 1944 hingerichtet. Max Habermann, aus dem Kreis der „Fahrenden Gesellen", wurde nach dem 20. Juli in den Tod getrieben. Beim Reichssicherheitshauptamt in der Prinz-Albrecht-Straße, Berlin, gab es einen besonderen Apparat, der die Aufgabe hatte, die Jugendbewegung zu beobachten; denn man fürchtete die gemeinschaftsbildenden Kräfte, die in der Jugendbewegung von jeher lebendig waren. Wo immer sich neue Gruppen zu bilden drohten, griff die Gestapo brutal zu. Viele ehemalige Angehörige der Jugendbewegung verschwanden spurlos.

Aus dem alten Wandervogel mußten unter dem Fallbeil sterben: der Pädagoge Professor Adolf Reichwein und der Reichstagsabgeordnete Dr. Theodor Neubauer; im Konzentrationslager starb Robert Oelbermann, der mit seinem Bruder Karl den „Nerother Bund" ins Leben gerufen und sich durch seine großen Auslandsfahrten bis nach Indien einen Namen gemacht hatte. Im Kalkumer Wald bei Duisburg wurde der Maler und Kunstkritiker Hans Grohmann am 26. Mai 1933 von der SS ermordet, während sein Nachbar und Bundesbruder Reinhold Mewes im Zuchthaus Brandenburg 1944 unter das Fallbeil geschickt wurde. Ebenso starb auch ein Führer der katholischen Jugendbewegung: Theo Hespers, der in Holland die „Kameradschaft" herausgegeben hatte. Er gehörte zu den 186 Gefangenen, die im September 1943 während einer einzigen Nacht in Plötzensee getötet wurden. Zwei Führer des „Quickborn" wurden in Brandenburg hingerichtet: der Studentenpfarrer Dr. Alois Wachsmann und Professor Alois Grimm. Im Exil starb Dr. med. Max Hodann, der in ganz Deutschland durch seine Aufklärungsvorträge bekannt geworden war. (Diese und die folgenden Mitteilungen stammen im wesentlichen aus dem Archiv Walter Hammers. D. Red.)

Zu den Todesopfern der alten Jugendbewegung gehören noch folgende namhafte Führer: Dr. Eberhard Arnold, Dr. Fritz Klatt, der Dichter Walter Hasenclever, Dr. Georg Foerder, Dr. Georg Groscurth, Richard Schapke und Werner Jantschge, während mit dem Leben davonkamen: Rudolf Küstermeier, der zehn Jahre Zuchthaus mit anschließender KZ-Haft hinter sich brachte, und Prof. Dr. Otto Pieper, der Theologe, der nach Amerika emigrierte. Aus der sozialistischen Jugendbewegung kamen u. a. Franz Jakob und Willi Sachse ums Leben, ferner Dr. Theodor Haubach, Dr. Carlo Mierendorff und Max Westphal.[14]

1938 fand ein Hochverratsprozeß gegen 50 Mitglieder der Organisation „Die Meute" in Leipzig statt. Die Strafhöhe ist unbekannt. In Moers und Oberhausen fand 1938 ein Hochverratsprozeß gegen 52 Angeklagte der „Kittelbach-Piraten" statt.[15]

„Die weiße Rose" in Hamburg setzte sich vorwiegend aus Studenten und Intellektuellen zusammen. Sie war ein Ableger der Münchner Studentengruppe und vergrößerte sich nach der Hinrichtung der Geschwister Scholl. Die Flugblätter der „Weißen Rose" wurden, wo immer sie auftauchten, abgeschrieben, vervielfältigt und ebenso begeistert wie vorsichtig von Hand zu Hand gegeben. In Hamburg verhaftete die Gestapo deswegen 30 Personen. Überdies hatte man dort eine Sammlung zugunsten der Witwe des hingerichteten Professors Huber veranstaltet, deren Ertrag von dem begabten Chemiestudenten Hans Karl Leipelt von Hamburg mit nach München genommen wurde, wohin er zur Fortsetzung seiner Studien zog. Er wurde verhaftet und saß über ein Jahr als Untersuchungsgefangener in Stadelheim, wo er noch am 29. Januar 1945 hingerichtet wurde. Seine Verlobte, gleichfalls Chemiestudentin, bekam acht Jahre Zuchthaus, andere Mitbeteiligte, darunter der Buchhändler Felix Jud, ebenfalls hohe Freiheitsstrafen. Gegen die in Hamburg Verhafteten, außer Studenten auch Ärzte, Lehrer und Journalisten, sollte am 19. April 1945 vor dem sogenannten Volksgerichtshof verhandelt werden, doch wurden beinahe alle befreit, bis auf sieben, die getötet wurden, darunter Elisabeth Lange, die angeblich Selbstmord begangen hatte, und stud. phil. Reinhold Meyer und cand. med. Greta Rothe, die elend umkamen, weil sie, schwer erkrankt, ohne die nötige Pflege gelassen worden waren. Neunzehn der Verhafteten überlebten den Krieg.

Es trifft leider zu, daß anfänglich gerade ein großer Teil des akademischen Nachwuchses auf die Phraseologie der NSDAP hereingefallen ist, doch muß zur Ehre der deutschen Studentenschaft gesagt werden, daß die Ernüchterung auch bei ihr nicht lange auf sich warten ließ. Im „Stürmer" las man bereits im August 1934 eine bewegte Klage: „Ein stetes Gemecker und Geflüster herrscht auf den Gängen der Universitäten. Eine Erscheinung macht sich stark bemerkbar: Das Lesen von ausländischen Zeitungen. Mindestens 60 Prozent, wahrscheinlich noch mehr, opponieren." Besonders in Hamburg machte sich ein starker Stimmungsumschwung an der Universität bemerkbar, worüber sich der damalige Reichsstatthalter Kaufmann am 23. Mai 1935 in einer Rede beklagte: nicht 10 Prozent der studentischen Jugend arbeite aktiv mit.

In einem Bericht von Schmitz op der Beck (in der Zeitschrift Benjamin Nr. 15) heißt es:

»Im Frühjahr 1940 wurden im Westen und Süden Deutschlands zahlreiche junge Leute im Alter zwischen 16 und 24 Jahren von der Geheimen Staatspolizei verhaftet. Die jungen Leute waren, wie es in einigen der später ausgestellten Anklageschriften hieß, „hinreichend verdächtig, illegale Gruppen gebildet, den Hochverrat vorbereitet oder die Hitlersche Staatsjugend zersetzt zu haben".

Noch vorhandene Gestapo- und Gerichtsakten lassen folgendes erkennen:

1. Die Verhafteten hatten, wenn auch graduell unterschiedlich, den Anordnungen der Geheimen Staatspolizei von 1937 über Auflösung und Verbot der Bündischen Jugend zuwidergehandelt, ferner nach Ansicht der Ankläger gegen den § 4 der Verordnung zum Schutze von Volk und Staat vom 28. Februar 1933 verstoßen.

2. Die Tätigkeit dieser Oppositionskreise hatte sich verstärkt, nachdem 1936 die Hitlerjugend zur Staatsjugend erklärt worden war. Viele Jugendliche, die nach 1936 sich dem Widerstandskreis anschlossen, hatten zuvor korporativ mit ihren alten Jugendgruppen oder einzeln am Leben der Hitlerjugend teilgenommen. Sie wandten sich ab, als sie erkennen mußten, wie begründet die Voraussage Eberhard Koebels, des heute noch in London in der Emigration weilenden deutschen Jugendführers, gewesen war, der in seinem „Gespannten Bogen" erklärt hatte, daß eine Massenorganisation dem Staat nur als Kanonenfutterlieferant dienen werde.

3. Bei der genannten Gestapo-Aktion 1940 wurde eine große Menge politisch brisanter Druckwerke zutage gefördert.

Aus den vorhandenen Akten läßt sich erkennen, daß die illegale Aktion der Jugendgruppen bis 1940 kontinuierlich fortgesetzt worden ist, auch nachdem manche älteren Führer in Gestapozellen verschwanden oder die materielle Not manchen zu Kompromissen mit der Umwelt zwang. Im illegalen Zusammenschluß haben in diesen Gruppen junge Menschen gegen den Zwang des totalen Staates protestiert in den Formen, die ihnen gemäß waren.

Auf einem Exemplar des Laienspiels „Das Bubenreich", das aus einer Mannheimer Widerstandsgruppe 1938 hervorgegangen ist und 1941 in einer Abschrift von der Gestapo-Leitstelle Köln beschlagnahmt wurde, steht handschriftlich vermerkt: „Symbolisch gedacht, da wir nur bürgerliche Tränentiere, aber keine sibirischen Revolutionäre haben." Das Spiel berichtet, wie 40 indianische Internatszöglinge in den USA aus einer Reservatschule ausbrechen — aus Protest gegen die geistige und materielle Korruption derer, die sich Lehrer nannten.

Diejenigen aus der illegalen deutschen Jugendbewegung, die übrigblieben, werden nie vergessen, wie durch das Schweigen älterer und erfahrener Menschen so viele junge Lebensläufe zur Pervertierung und zum Bruch getrieben wurden, sei es in Haftanstalten, sei es in Straf- und Bewährungsbataillonen, und in die Qual einer seelischen Grenzlandschaft, in der man sich prüfen mußte, ob man Landesverräter sei, wenn man seinen persönlichen Freiheitskampf kämpfte. Der geistige Kopf der Mannheimer Gruppe, Julius Roeder, sei als Beispiel herangezogen. Er fiel als Bordfunker über London, starb für den Staat, den er bitterlich haßte und der ihm so viel genommen hatte.«

Es ist nicht bekannt, in welchem Umfange die gegen die HJ kämpfenden Jugendgruppen wie die „Packs" oder die „Edelweiß" organisiert waren; doch scheint die Zahl der daran beteiligten Jugendlichen über alles Erwarten hoch gewesen zu sein. Es wird z. B. berichtet, daß in Krefeld „zum mindesten 30 Prozent der Hitlerjugend geheime ‚Edelweiß'-Mitglieder waren ... Das Konzentrationslager Neuwied (April 1944) war ausschließlich für Jungen unter 20 bestimmt" (vgl. Rothfels, a. a. O., S. 20). Schon 1939 gibt ein Gestapo-Agent an, daß „zumindest 2000 Jungen und Mädchen" im „Pack" organisiert seien („Silent War", New York 1943, und Bericht von Ellen Marski, „New Republic", April 1945).

Eine der wenigen Widerstandsgruppen, die öffentlich prozessiert wurden, war die „Weiße Rose", die Gruppe der Münchner Studenten, deren Zerschlagung ein ungeheures Aufsehen erregte, weil hier zum erstenmal nach langer Zeit die deutsche Widerstandsbewegung in einem nicht verheimlichten Prozeß an das Licht des Tages trat (vgl. die Zeitschrift „Die Gegenwart", Freiburg, Nr. 20/21, 30. 10. 1946, I. Jgg., S. 9ff.). Hier standen junge Menschen, rein und nobel, dem berüchtigten Freisler gegenüber und bewiesen, daß die Widerstandsbewegung den besten Teil des deutschen Volkes umfaßte, jenen Teil, der eher für seine unumstößliche Meinung stirbt, als daß er sich durch Mitläuferei korrumpieren läßt.

Es sei hier ein Bericht von Inge Scholl („Die weiße Rose", Verlag der Frankfurter Hefte, Frankfurt 1952) auszugsweise wiedergegeben, der überlebenden Schwester, die in Ulm eine vorbildliche Volkshochschule geschaffen hat und leitet:

»Noch kaum sechs Wochen war Sophie in München, da ereignete sich etwas Unglaubliches an der Universität. Flugblätter wurden von Hand zu Hand gereicht, Flugblätter, von einem Vervielfältigungsapparat abgezogen. Eine merkwürdige Erregung entstand unter der Studentenschaft. Triumph und Begeisterung, Ablehnung und Wut wogten und schwelten durcheinander. Sophie jubelte heimlich, als sie davon hörte. Also doch, es lag in der Luft. Endlich hatte einer etwas gewagt. Begierig griff sie nach einem der Blätter und begann zu lesen. „Die Flugblätter der Weißen Rose", stand darüber geschrieben. „Nichts ist eines Kulturvolkes unwürdiger, als sich ohne Widerstand von einer verantwortungslosen und dunklen Trieben ergebenen Herrscherclique regieren zu lassen ..." Sophies Augen flogen weiter. „Wenn jeder wartet, bis der andere anfängt, werden die Boten der rächenden Nemesis unaufhaltsam näher und näher rücken, dann wird auch das letzte Opfer sinnlos in den Rachen des unersättlichen Dämons geworfen sein. Daher muß jeder einzelne seiner Verantwortung als Mitglied der christlichen und abendländischen Kultur bewußt in dieser letzten Stunde sich wehren, so viel er kann, arbeiten wider die Geißel der Menschheit, wider den Faschismus und jedes ihm ähnliche System des absoluten Staates. Leistet passiven Widerstand — Widerstand —, wo immer ihr auch seid, verhindert das Weiterlaufen dieser atheistischen Kriegsmaschine, ehe es zu spät ist, ehe die letzten Städte ein Trümmerhaufen sind, gleich Köln, und ehe die letzte Jugend des Volkes irgendwo für die Hybris eines Untermenschen verblutet ist. Vergeßt nicht, daß ein jedes Volk diejenige Regierung verdient, die es erträgt ..."

Sophie kamen diese Worte seltsam vertraut vor, als seien es ihre eigensten Gedanken. Ein Verdacht erhob sich in ihr und griff mit eisiger Hand nach ihrem Herzen. Wie, wenn Hans' Bemerkung von dem Vervielfältigungsapparat mehr als ein achtlos hingesprochenes Wort gewesen war? Aber nein, nie und nie!

Als Sophie aus der Universität in die helle Sonne hinaustrat, wich die Beklemmung von ihr. Wie hatte sie nur auf diesen wahnsinnigen Verdacht kommen können! In München brodelte es nun einmal an allen Enden vor heimlicher Empörung, das lag in der Luft.

Wenige Minuten später stand sie in Hans' Zimmer. Es roch nach Jasmin und Zigaretten. An den Wänden hingen, mit Stecknadeln angeheftet, einige Drucke neuerer französischer Malerei. Sophie hatte ihren Bruder heute noch nicht gesehen, wahrscheinlich war er in der Klinik. Sie wollte auf ihn hier warten. Das Flugblatt hatte sie vergessen. Sie blätterte ein wenig in den Büchern, die auf dem Tisch lagen. Da, hier war eine Stelle mit einem Lesezeichen versehen und mit einem feinen Bleistiftstrich am Rand. Ein altmodischer Klassikerband war es, von Schiller, und die aufgeschlagene Stelle handelte über des Lykurgus und des Solon Gesetzgebung. Sie las: „Alles darf dem Besten des Staates zum Opfer gebracht werden, nur dasjenige nicht, dem der Staat selbst nur als Mittel dient. Der Staat selbst ist niemals Zweck, er ist nur wichtig als eine Bedingung, unter welcher der Zweck der Menschheit erfüllt werden kann, und dieser Zweck der Menschheit ist kein anderer als Ausbildung aller Kräfte des Menschen, Fortschreitung. Hindert eine Staatsverfassung, daß alle Kräfte, die im Menschen liegen, sich entwickeln, hindert sie die Fortschreitung des Geistes, so ist sie verwerflich und schädlich, sie mag übrigens noch so durchdacht und in ihrer Art noch so vollkommen sein . . ."

Wo hatte sie dies Worte gelesen, war dies nicht erst heute gewesen? — Das Flugblatt! Dort standen die Sätze. Einen langen, qualvollen Augenblick war es Sophie, als sei sie nimmer sie selbst. Eine erstickende Angst ergriff von ihr Besitz, und ein einziger großer Vorwurf gegen Hans quälte sie. Warum gerade er? Dachte er nicht an den Vater, an die ohnehin schon gefährdeten Lieben daheim? Warum überließ er das nicht einfach politischen Menschen, Leuten mit Erfahrung und Routine? Warum erhielt er sein Leben nicht für eine große Aufgabe, er, mit seinen ungewöhnlichen Begabungen? Das Schrecklichste aber war dies: nun war er vogelfrei. Er hatte sich aus der letzten Zone der Sicherheit herausbegeben. Nun stand er in dem Bereich des Wagnisses, am Rande des Daseins, in jenem ungeheuren Bezirk, in dem schrittweise neues Land für die Menschen erobert werden mußte, erkämpft, errungen, erlitten.

Sophie versuchte ihrer Angst Herr zu werden. Sie versuchte, nicht mehr an das Flugblatt zu denken, sie dachte nicht mehr an Widerstand. Sie dachte an ihren Bruder, den sie lieb hatte. Er trieb in einem Meer der Bedrohung. Durfte sie ihn jetzt allein lassen? Konnte sie hier dasitzen und zusehen, wie Hans ins Verderben lief? Mußte sie nicht gerade jetzt ihm beistehen?

Mein Gott, ließe sich nicht alles noch einmal abstoppen? Konnte sie ihn nicht ans sichere Land zurückziehen und ihn den Eltern, sich selbst, der Welt und dem Leben erhalten? Aber ein solcher Hans wäre nicht mehr ihr alter Bruder. Hans hatte die Grenze, in der sich die Menschen wohnlich und sicher eingerichtet haben, übersprungen. Für ihn gab es kein Zurück mehr.

Da endlich kam Hans.

„Weißt du, woher die Flugblätter kommen?" fragte Sophie.

„Man soll heute manches nicht wissen, um niemanden in Gefahr zu bringen."

„Aber Hans! Allein schafft man so etwas nicht. Daß heute nur noch einer von einer solchen Sache wissen darf, ist das beste Zeichen dafür, daß die Kraft eines einzelnen allein nicht ausreicht, es zu bewältigen."

In der darauffolgenden Zeit erschienen in kurzen Abständen drei weitere Blätter der „Weißen Rose". Sie tauchten auch außerhalb der Universität auf, in ganz München flatterten sie da und dort in die Briefkästen. Und auch in anderen süddeutschen Städten wurden sie verbreitet.

Dann sah man nichts mehr von ihnen.

Die Erlebnisse an der Front und in den Lazaretten hatten Hans und seine Freunde reifer und männlicher gemacht. Sie hatten ihnen noch eindringlicher und klarer die Notwendigkeit gezeigt, diesem Staat mit seinem furchtbaren Vernichtungswahn entgegenzutreten. Die Freunde hatten gesehen, wie dort draußen das Leben in unerhörtem Ausmaß aufs Spiel gesetzt und verschwendet wurde. Wenn schon das Leben riskiert werden sollte, warum nicht gegen die Ungerechtigkeit, die zum Himmel schrie.

Nun waren sie wieder zurückgekehrt; nun sollte auch mit dem Entschluß, den sie bei jenem Abschiedsabend gefaßt hatten, ernst gemacht werden. In der Nähe der Wohnung meiner Geschwister gab es ein kleines Hinterhaus mit einem großen Atelier. Ein Künstler, der dem Freundeskreis sehr nahestand, hatte es ihnen zur Verfügung gestellt, als er selbst an die Front mußte. Niemand sonst wohnte in dem Häuschen. Hier trafen sie sich nun oft. Und manchmal kamen sie bei Nacht zusammen und arbeiteten Stunden um Stunden im Keller des Ateliers am Vervielfältigungsapparat. Das war eine große Geduldsprobe, Tausende und Tausende von Blättern abzuziehen. Aber auch eine große Befriedigung erfüllte sie dabei, endlich aus der Untätigkeit und Passivität herauszutreten und zu arbeiten. Manche fröhliche Nacht mögen sie so bei der Arbeit verbracht haben. Aber diese Freude wurde von übermenschlicher Sorge überschattet. Sie empfanden schmerzlich, wie grenzenlos einsam sie waren und daß vielleicht die besten Freunde sich entsetzt zurückziehen würden, wüßten sie davon. Denn allein das Mitwissen war ja eine ungeheure Gefährdung. Sie waren sich in solchen Stunden voll bewußt, daß sie auf einem schmalen Grat gingen. Wer wußte denn, ob man ihnen nicht inzwischen schon auf der Spur war, ob die Nachbarn, die sie arglos grüßten, nicht schon ein Unternehmen eingeleitet hatten, sie alle zu fangen. Ob hinter ihnen irgendeiner auf der Straße ging, der ihre Wege beobachtete? Ob nicht schon die Abdrücke ihrer Finger aufgenommen waren? Der feste Boden der Stadt war zu einem brüchigen Gewebe geworden; würde er sie morgen noch tragen?

Eine weitere wichtige Arbeit neben der Herstellung der Flugblätter war ihre Verbreitung. Sie sollten ja in möglichst viele Städte gelangen, sollten eine Wirkung haben, so weit es nur ging. Nie zuvor hatten sie etwas Ähnliches getan. Alles mußte ausgedacht und probiert werden. Welche Möglichkeiten gab es, die Flugblätter in die Hände der Leute zu spielen?

An welchen Plätzen und Orten mußte man sie niederlegen, damit möglichst viele Augen sie entdeckten, ohne jedoch die Spur zu den Urhebern zu finden? Sie packten sie in Koffer und fuhren mit ihrer gefährlichen Ware selbst in die großen Städte Süddeutschlands, um sie dort zu verbreiten, nach Frankfurt, Stuttgart, Wien, Freiburg, Saarbrücken, Mannheim, Karlsruhe.

Sie mußten ihr Gepäck irgendwo an einem unauffälligen Ort im Zug abstellen und sich selbst ans andere Ende des Wagens, sie mußten es durchbringen durch die zahlreichen Streifen von Wehrmacht, Kriminalpolizei oder gar Gestapo, die die Züge und manchmal auch die Koffer kontrollierten. Und in den Städten, in denen sie oft bei Nacht ankamen und in Fliegeralarme hineingerieten, mußten sie versuchen, ihren Auftrag geschickt und lohnend zu erledigen. Welch ein Sieg, wenn man eine solche Reise glücklich bestanden und im Zug erleichtert und befreit schlafen konnte, den leeren Koffer harmlos über sich im Gepäcknetz. Und welche Sorge bei jedem Blick, der sich an einen heftete. Welcher Schrecken, sooft ein Mensch auf einen zukam — und welche Erleichterung, wenn er vorbeiging. Herz und Kopf, Sinn und Verstand arbeiteten unablässig, ob jede Möglichkeit, die Spur zu verdecken, beachtet war.

Damals schrieb Sophie in ihr kleines Tagebuch: „Viele Menschen glauben von unserer Zeit, daß sie die letzte sei. Alle die schrecklichen Zeiten könnten es glauben machen. Aber ist dieser Glaube nicht von nebensächlicher Bedeutung? Denn muß nicht jeder Mensch, einerlei in welcher Zeit er lebt, dauernd damit rechnen, im nächsten Augenblick von Gott zur Rechenschaft gezogen zu werden? Weiß ich denn, ob ich morgen früh noch lebe? Eine Bombe könnte uns heute nacht alle vernichten. Und dann wäre meine Schuld nicht kleiner, als wenn ich mit der Erde und den Sternen zusammen untergehen würde. — Ich kann es nicht verstehen, wie heute ‚fromme' Leute fürchten um die Existenz Gottes, weil die Menschen seine Spuren mit Schwert und schändlichen Taten verfolgen. Als habe Gott nicht die Macht (ich spüre, wie alles in seiner Hand liegt), die Macht. Fürchten bloß muß man um die Existenz der Menschen, weil sie sich von ihm abwenden, der ihr Leben ist."

In diesen Wochen hatte die Schlacht in Stalingrad ihren Höhepunkt erreicht. Tausende junger Menschen waren in einen erbarmungslosen Kessel des Todes getrieben und mußten erfrieren, verhungern, verbluten. Sophie sah die müden, gehetzten Gesichter der Menschen in den überfüllten Zügen vor sich, über schlafende blasse Kinder gebeugt, die aus dem Rheinland und den großen Städten des Nordens flohen ... Baden und schlafen hatte Thomas von Aquin als Mittel gegen die Traurigkeit empfohlen. Schlafen, ja, das wollte sie jetzt. Ganz, ganz tief. Wann hatte sie das letztemal richtig ausgeschlafen?

Sie erwachte an einem vergnügten, unterdrückten Lachen und an Schritten im Flur. Endlich war Hans zurück. „Wir haben eine großartige Überraschung für dich. Wenn du morgen durch die Ludwigstraße gehst, wirst du ungefähr siebzigmal die Worte ‚Nieder mit Hitler' passieren müssen." — „Und mit Friedensfarbe, die kriegen sie so schnell nicht wieder raus", sagte Alex, der schmunzelnd hinter Hans ins Zimmer trat. Hinter ihm erschien Willi. Er stellte schweigend eine Flasche Wein auf den Tisch. Nun konnte das Fest doch noch stattfinden. Und während die durchfrorenen Studenten sich wärmten, erzählten sie von dem kühnen Streich der Nacht. Am anderen Morgen ging Sophie ein wenig früher zur Universität als sonst. Sie machte einen Umweg und ging durch die ganze Ludwigstraße. Da stand es endlich groß und deutlich: „Nieder mit Hitler — Nieder mit Hitler . . ." Als sie zur Universität kam, sah sie über dem Eingang in derselben Farbe: „Freiheit." Zwei Frauen waren mit Bürste und Sand beschäftigt, das Wort wieder auszutilgen. „Lassen Sie es stehen", sagte Sophie, „das soll man doch lesen, dazu wurde es hingeschrieben." Die Frauen sahen sie kopfschüttelnd an. „Nix verstehen." Es waren zwei Russinnen, die man zur Zwangsarbeit nach Deutschland geholt hatte.

Während man wütend und mühsam die Ludwigstraße wieder von dem verirrten Freiheitsruf reinigte, war der Funken nach Berlin übergesprungen. Ein Medizinstudent, der mit Hans befreundet war, hatte es übernommen, dort ebenfalls eine Widerstandszentrale zu gründen und die in München entworfenen Flugblätter zu vervielfältigen und weiterzuverbreiten.

Auch in Freiburg hatten sich Studenten gefunden, die sich vom Mut der Münchener anspornen ließen und sich zur Wirksamkeit wie in München entschlossen.

Später hatte eine Studentin ein Flugblatt nach Hamburg gebracht, und auch dort fand sich ein kleiner Kreis von Studenten, die es aufgriffen und weiterverbreiteten.

So, dachten Hans und seine Freunde, sollte eine Zelle nach der anderen in den großen Städten entstehen, von denen aus der Geist des Widerstandes sich nach allen Seiten verbreiten sollte.

In den folgenden Tagen ging Hans mit doppeltem Eifer an die Arbeit. Nacht für Nacht verbrachte er mit seinen Freunden und Sophie im Keller des Ateliers am Vervielfältigungsapparat. Die Trauer und Erschütterung um Stalingrad durfte nicht im grauen, gleichgültigen Trott des Alltags wieder untergehen, ehe sie nicht ein Zeichen dafür gegeben hatten, daß die Deutschen nicht ausnahmslos gewillt waren, einen solchen mörderischen Krieg blindlings hinzunehmen. An einem sonnigen Donnerstag, es war der 18. Februar 1943, war die Arbeit so weit gediehen, daß Hans und Sophie, ehe sie zur Universität gingen, noch einen Koffer mit Flugblättern füllen konnten. Sie waren beide vergnügt und guten Muts, als sie sich mit dem Koffer auf den Weg zur Universität machten, obwohl Sophie in der Nacht einen Traum gehabt hatte, den sie nicht aus sich verjagen konnte: Die Gestapo war erschienen und hatte sie beide verhaftet.

Kaum hatten die Geschwister die Wohnung verlassen, klingelte ein Freund an ihrer Tür, der ihnen eine dringende Warnung überbringen sollte. Da er aber nirgends erfahren konnte, wohin die beiden gegangen waren, wartete er. Von dieser Botschaft hing alles ab.

Mittlerweile hatten die beiden die Universität erreicht. Und da in wenigen Minuten die Hörsäle sich öffnen sollten, legten sie rasch entschlossen die Flugblätter in den Gängen aus und leerten den Rest ihres Koffers vom obersten Stock in die Eingangshalle der Universität hinab. Erleichtert wollten sie die Universität verlassen. Aber zwei Augen waren ihnen zuvorgekommen. Diese Augen waren vom Herzen ihres Besitzers gelöst und zu automatischen Linsen der Diktatur geworden. Sie gehörten dem Hausmeister, der die Geschwister durch einen unglücklichen Zufall entdeckt hatte und sofort alle Türen der Universität schließen ließ. Damit war das Schicksal der beiden besiegelt.

Die rasch alarmierte Gestapo brachte meine Geschwister in ihr Gefängnis, das berüchtigte Wittelsbacher Palais. Und nun begannen die Verhöre.

Meine Eltern hatten am Freitag, einen Tag nach der Verhaftung meiner Geschwister, Nachricht davon erhalten. Sie eilten zum Justizpalast und drangen in den Verhandlungssaal ein, in dem geladene Nazigäste saßen. In roter Robe saßen da die Richter, in ihrer Mitte Freisler, schäumend und tobend vor Wut.

Still und aufrecht und sehr einsam saßen ihnen die drei jungen Angeklagten gegenüber.

Frei und überlegen gaben sie ihre Antworten. Sophie sagte einmal (sie sagte sehr, sehr wenig sonst): „Was wir sagten und schrieben, denken ja so viele. Nur wagen sie nicht, es auszusprechen." Die Haltung und das Benehmen der drei Angeklagten war von solchem Adel, daß sie selbst die feindselige Zuschauermenge in ihren Bann schlugen.

Als meine Eltern eindrangen, war der Prozeß schon nahe dem Ende. Sie konnten gerade noch die Todesurteile anhören. Meine Mutter verlor einen Augenblick die Kräfte, sie mußte hinausgeführt werden, und eine Unruhe entstand im Saal, weil mein Vater rief: „Es gibt noch eine andere Gerechtigkeit." Aber dann hatte sich meine Mutter rasch wieder in der Gewalt, denn nachher war ihr ganzes Sinnen und Denken nur noch darauf gerichtet, ein Gnadengesuch aufzusetzen und ihre Kinder zu sehen. Sie war wunderbar gefaßt, geistesgegenwärtig und tapfer, ein Trost für alle anderen, die sie hätten trösten müssen. Mein jüngster Bruder drängte sich nach der Verhandlung rasch vor zu den dreien und drückte ihnen die Hand. Als ihm dabei die Tränen in die Augen traten, legte Hans ruhig die Hand auf seine Schulter und sagte: „Bleib stark — keine Zugeständnisse." Ja, keine Zugeständnisse, weder im Leben noch im Sterben. Sie hatten nicht versucht, sich zu retten, indem sie den Richtern einwandfreie nationalsozialistische Gesinnung, Verdienste und so weiter vorzuspiegeln versuchten. Nichts dergleichen kam über ihre Lippen. Wer nur eine einzige solche politische Verhandlung während des Dritten Reiches erlebt hat, der weiß, was das bedeutet. Im Angesicht des Todes oder des Kerkers — wer wollte darüber ein abschätziges Wort verlieren —, im Angesicht dieser teuflischen Richter versuchten viele, ihre wahre Gesinnung zu verbergen um ihres Lebens und der Zukunft willen.

Jedem von den dreien war, wie üblich, zum Schluß noch das Wort erteilt worden, um für sich zu sprechen. Sophie schwieg. Christl bat um sein Leben um seiner Kinder willen. Und Hans versuchte dies zu unterstützen und auch ein Wort für seinen Freund einzulegen. Da wurde es ihm von Freisler grob abgeschnitten: „Wenn Sie für sich selbst nichts vorzubringen haben, schweigen Sie gefälligst."

Inzwischen war es meinen Eltern wie durch ein Wunder gelungen, ihre Kinder noch einmal zu besuchen. Eine solche Erlaubnis war sonst unmöglich zu erhalten. Zwischen 16 und 17 Uhr eilten sie zum Gefängnis. Sie wußten noch nicht, daß es endgültig die letzte Stunde ihrer Kinder war.

Zuerst wurde ihnen Hans zugeführt. Er trug Sträflingskleider. Aber sein Gang war so leicht und aufrecht, und nichts Äußeres konnte seinem Wesen Abbruch tun. Sein Gesicht war schmal und abgezehrt, wie nach einem schweren Kampf; nun leuchtete es und überstrahlte alles. Er neigte sich liebevoll über die trennende Schranke und gab jedem die Hand. „Ich habe keinen Haß, ich habe alles, alles unter mir." Mein Vater schloß ihn in die Arme und sagte: „Ihr werdet in die Geschichte eingehen, es gibt noch eine Gerechtigkeit." Darauf trug Hans Grüße an alle Freunde auf. Als er zum Schluß noch einen Namen nannte, sprang eine Träne über sein Gesicht, und er beugte sich über die Barriere, damit niemand sie sehe. Dann ging er, ohne die leiseste Angst und von einem tiefen, herrlichen Enthusiasmus erfüllt.

Darauf wurde Sophie von einer Wachtmeisterin herbeigeführt. Sie trug ihre eigenen Kleider und ging langsam und gelassen und sehr aufrecht. (Nirgends lernt man so aufrecht gehen wie im Gefängnis.) Sie lächelte immer, als schaue sie in die Sonne. Bereitwillig und heiter nahm sie die Süßigkeiten, die Hans abgelehnt hatte: „Ach ja, gerne, ich habe ja noch gar nicht Mittag gegessen." Es war eine unbeschreibliche Lebensbejahung bis zum Schluß, bis zum letzten Augenblick. Auch sie war um einen Schein schmaler geworden, aber in ihrem Gesicht stand ein wunderbarer Triumph. Ihre Haut war blühend und frisch — das fiel der Mutter auf wie noch nie —, und ihre Lippen waren tiefrot und leuchtend. „Nun wirst du also gar nie mehr zur Tür hereinkommen", sagte die Mutter. „Ach, die paar Jährchen, Mutter", gab sie zur Antwort. Und dann betonte sie auch wie Hans fest, überzeugt und triumphierend: „Wir haben alles, alles auf uns genommen" und „Das wird Wellen schlagen".

Das war in diesen Tagen ihr großer Kummer gewesen, ob die Mutter den Tod gleich zweier Kinder ertragen würde. Aber nun, da sie so tapfer und gut bei ihr stand, war Sophie wie erlöst. Noch einmal sagte die Mutter, um irgendeinen Halt anzudeuten: „Gelt, Sophie: Jesus." Ernst, fest und fast befehlend gab Sophie zurück: „Ja, aber du auch." Dann ging auch sie — frei, furchtlos, gelassen. Mit einem unaufhörlichen Lächeln im Gesicht.« (Urteil Nr. 2, erstmalig veröffentlicht, siehe Anhang S. 319ff. D. Red.)

Unter den vielen Gruppen sei eine in Berlin erwähnt, deren Mitglied Werner Steinbrink war. Als er verhaftet wurde, nahm seine tapfere Freundin Lisa A. alle Schuld auf sich und erhielt 2½ Jahre Zuchthaus, während er frei kam und weiter illegal arbeitete, bis er erneut verhaftet und am 18. August 1942 hingerichtet wurde.

Seine Mutter berichtete: In einer halben Stunde wurden an diesem Tage zehn junge Menschen umgelegt, die trotz ihrer Jugend eine weite Sicht hatten.

Die untere Linie

In diesem Abschnitt wird eine Anzahl bürgerlicher Widerstandsgruppen dargestellt, die bald die Formen enger Organisationen, bald aber auch nur die Gestalt lockerer Kreise hatten. Manche überraschen durch ihre weitverzweigte Ausdehnung, manche beschränken sich nur auf wenige Personen.

Der „Bund", eine Gruppe, die sich 12 Jahre lang in illegaler Opposition hielt, bemühte sich um eine systematische Aufklärungs- und Demaskierungsarbeit durch planmäßige Hilfsaktionen für die Opfer des Faschismus, besonders für die Juden und die ausländischen Arbeiter. Der „Bund", so wird (in einem maschinengeschriebenen Bericht) mitgeteilt, war eine geschlossene und verhältnismäßig kleine Organisation, die strenge Forderungen an ihre Mitglieder stellte. Haussuchungen, Verhaftungen durch die Gestapo und andere Zwangsmaßnahmen hatten nicht den Erfolg, die Tätigkeit des „Bundes" lahmzulegen. Wesentlich für den „Bund" war, daß seine ganze Gemeinschaftsarbeit darauf abgestimmt war, den Menschen zu seiner vollgeistigen Verantwortung zu führen und Maßnahmen zu treffen, daß er dieser Verantwortung nicht ausweichen konnte. Maßgebende Persönlichkeiten des „Bundes" mußten nach der Machtergreifung emigrieren, viele waren in Haft, andere irrten jahrelang illegal umher. Das Bundeshaus in Essen wurde beschlagnahmt, ebenso Schriften, Schreibmaschinen bei ständigen Haussuchungen.

Der „Bund" führte einen planmäßigen Briefwechsel und einen Päckchendienst für deportierte Juden durch. Tausende von Sendungen unterstützten die notleidenden Verfolgten. Ausweispapiere wurden beschafft, Flüchtlinge untergebracht und ausländische Arbeiter vor Zwangsmaßnahmen geschützt. Getarnte Treffen, Arbeitsgemeinschaften, selbst die großen Feste des „Bundes", wie das Lichtfest, die Bundesferien, wurden auch während der illegalen Zeit unter den Augen der Gestapo durchgeführt. Jedes Jahr fand einmal ein Bundestreffen auf dem Burgkopf in einem unwegsamen Sauerlandwald statt, das Gruppen aus allen Teilen Deutschlands für eine Stunde vereinigte.

Eine Widerstandsgruppe in den oberbayrischen Bergen nannte sich „A. N. V." (Antinationalsozialistischer Verband).

Ein Bericht, von drei führenden Mitgliedern des A. N. V. unterschrieben (liegt vor. D. Red.), lautet:

„Nach 1933 fanden sich kleine Gruppen aus Angehörigen früherer demokratischer Parteien und Gewerkschaften zusammen.

Bald nach Ausbruch des Krieges wurde aus diesen Gruppen der A. N. V. Wir gaben dem Verband keinen getarnten Namen, sondern jeder, der dem Verband beitrat, mußte sich von vornherein klar sein, was diese Mitgliedschaft für ihn und eventuell für seine Familie für Folgen haben mußte.

Die Aufgabe des Verbandes bestand darin, von jedem einzelnen Mitglied zu verlangen, nach Maßgabe seiner Fähigkeiten, seiner Kräfte und Möglichkeiten dem Nationalsozialismus entgegenzuarbeiten . . . Darüber hinaus wurden — ohne auf besondere Einzelheiten verschiedener Spezialgruppen einzugehen — eigene Kampfgruppen gebildet. Für die Kampfgruppen waren Waffen, Munition und Lebensmittel zum Teil vorhanden oder vorgesehen.

Im Jahre 1944 wurde mit der französischen Widerstandsgruppe die Verbindung aufgenommen und bis zur Verhaftung weitergeführt.

Um im entscheidenden Augenblick die Bevölkerung aus ihrer Lethargie herauszuführen und ein geeignetes Nachrichtenmittel zu besitzen, wurde in den Oberammergauer Bergen eine Sendestation errichtet, von der leider die Gestapo vorzeitig Kenntnis erhielt.

Im Laufe der Jahre entwickelte sich der Verband bis zu rund 300 Mitgliedern. Der Endzweck des Verbandes war, bei einem möglichen Volksaufstand sich sofort zur Verfügung zu stellen und bei dem bestimmt zu erwartenden Einmarsch der alliierten Truppen den letzten Widerstand der nationalsozialistischen Kräfte gegebenenfalls mit Waffengewalt zu brechen. Die französische Widerstandsbewegung mit rund 300 Mitgliedern war bereit, mit uns dieses Vorhaben durchzuführen.

Leider wurden vom 27. März 1945 ab acht führende Mitglieder — darunter zwei Frauen — durch die Gestapo unter Anklage des Hochverrats verhaftet. Einem flüchtigen führenden Mitglied war es möglich, die Mitgliedslisten und die sonstigen Unterlagen zu vernichten.

Zwei Tage vorher setzte die Verhaftungswelle bei den Franzosen ein, wovon, soweit noch festgestellt werden konnte, rund siebzig Personen nach Dachau eingeliefert wurden."

Johannes L. aus München berichtet (in einem Brief), daß der „KBDS", d. h. „Kreuzbund deutscher Schaffender", Flugblätter in Bayern verteilte, in denen „fähige und kampffreudige Männer zu Kampf- und Sabotagemaßnahmen" aufgerufen wurden. Der KBDS forderte: „Nur über die restlose Vernichtung der Volksverräterpartei gibt es wieder ein Vaterland, gibt es Frieden und Zukunft. Zerschlagen wir die Partei, der Weg zum Frieden steht uns dann offen!"

In Breslau existierte eine Gruppe von Menschen, die sich der Opfer der Nürnberger Gesetze und der Kriegsgefangenen planmäßig annahm. Drei Frauen dieser Gruppe wurden von der Gestapo nach Ravensbrück gebracht, wie Dr. Lotte M. (in einem Brief) berichtet.

Dr. Alfred H. leitete die „SFB", d. h. „Süddeutsche Freiheitsbewegung", die hauptsächlich in Bayern, aber auch im Rheinland tätig war.

Auch im Maindorf Dettingen gab es eine kleine Gruppe, die nach Ausbruch des Krieges mit ausländischen Arbeitern Fühlung nahm (briefl. Mitteilung. D. Red.). 1942 begann die Gestapo mit Vernehmungen, aber der Leiter der Gruppe, Michael Kl., wurde erst 1944 verhaftet.

Der „Kampfausschuß Mannheim" bestand aus sieben Personen, die bis 1938 illegale Flugblätter verbreiteten, um einen Generalstreik vorzubereiten, die Bildung anderer Widerstandsgruppen anzuregen und die Gedanken Lessings, Goethes, Kants, Heines, Freiligraths und Herweghs zu verbreiten (Erlebnisbericht liegt vor. D. Red.). Ein großer Personenkreis scharte sich um die sieben, bis sich ein Denunziant fand. Die Mitglieder der Kampfgruppe, deren Leitung H. E. Sch. hatte, überlebten das Dritte Reich.

Eine weitere Widerstandsgruppe befand sich in Bremen-Lesum, die sich zunächst 1933 mit der Weiterführung der aufgelösten „Friedensgesellschaft" begnügte (briefl. Bericht liegt vor. D. Red.). Diese Gruppe, die etwa 60 Antifaschisten aus dem Bremer und Hamburger Gebiet vereinigte, begann nach den Judenpogromen mit dem Versand von Flugblättern gegen Krieg und Rassenhaß, die zum Teil aus England kamen. Nach außen hin wurde der Charakter einer erlaubten lebensreformerischen Bestrebung gewahrt. Nach Kriegsausbruch soll die Arbeit hauptsächlich im Verteilen von Flugblättern, Rundfunkabhören und Verbreitung von pazifistischer und antifaschistischer Literatur bestanden haben. Dieser illegalen antifaschistischen Gruppe gehörten an erster Stelle an Emil K., Johannes B. und Friedrich H., alle drei aus Bremen.

In München arbeitete die „Deutsche Freiheitsbewegung“, eine Widerstandsgruppe, die Flugblätter in den Jahren 1943/44 in großer Zahl an Private, an Studentengruppen, Prominente der Partei usw. versandte. Diese Flugblätter wurden auch in Nürnberg, Berlin und Wien verteilt. Ferner seien Sabotageakte durchgeführt worden (so wird brieflich berichtet. D. Red.), so z. B. die fingierte Widerrufung eines von der Parteileitung angesetzten Aufmarsches der Münchner Betriebe. Dies sei in folgender Weise geschehen: Die Widerstandskämpfer verständigten von öffentlichen Fernsprechstellen aus die Obmänner der fünfzehn größten Betriebe Münchens, daß der Aufmarsch abgesagt worden sei. Bauern Oberbayerns setzten die Flugblätter der Freiheitsbewegung in Umlauf.

Es sei ein Sammelbericht angeschlossen, der über eine bayrische Widerstandsorganisation Auskunft gibt (er ist unterschrieben von Peter Göttgens, Willi Weismann, Carl Georg Wieshau, Barthol Schröder, Dr. Lichtenberg, Hermann Schröder). Die Gruppe gab sich ihren Namen „Die 07“ nach der Bezeichnung des entsprechenden Wehrkreiskommandos:

„Die 07 ist aus zwei unabhängig voneinander 1937 in München von Peter Göttgens und Franz Schneider gegründeten Widerstandsgruppen hervorgegangen.

Zweck und Ziel der Widerstandsarbeit war es, das NS-Regime mit allen Mitteln zu unterhöhlen und einen Aufstand gegen die Nazi-Diktatur vorzubereiten. 1938 hat Peter Göttgens einen Anschlag auf das Führerkorps der Partei geplant und vorbereitet. 1942 waren für die Eröffnung der Kunstausstellung alle Vorbereitungen zu einem Attentat auf Hitler getroffen. Es unterblieb, weil damals Goebbels statt Hitler die Kunstausstellung eröffnete. Der eigentliche Aufstand in München und ganz Bayern erfolgte schließlich im Frühjahr 1945. Seine Durchführung und Auswirkung wurde in zahlreichen Zeitungsartikeln bereits geschildert.

Die Organisationsform der 07 wurde als ein System von Dreier- und Fünfergruppen versucht, das sich zuerst über ganz Bayern erstrecken sollte. Außerdem haben die Aktivisten der 07 jede Möglichkeit genutzt, Verbindungsmänner auch in anderen Teilen Deutschlands zu finden, so in Aachen, Berlin, während des Krieges auch in Wien, Krakau, Warschau und Prag. Es waren meist Verbindungsmänner zu anderen Widerstandsgruppen oder mit Spezialaufgaben betraute Aktivisten. Die 07 verfügte über einen Kern von etwa 20 bis 30 in die meisten Einzelheiten eingeweihten Mitgliedern, die mit rund 300 Gruppenleitern direkt oder über Dritte Fühlung hielten. Diese Gruppenleiter versuchten von sich aus, neue Widerstandsgruppen zu bilden. Es konnte in vielen Fällen kein Zusammenhang zwischen diesen Gruppen bzw. zwischen den Außenstellen und

München aufrechterhalten werden. Deshalb war die 07 auch mehr eine Widerstandsbewegung als etwa eine straff von der Zentrale geführte Organisation. Insgesamt dürften aber im Laufe der Jahre mehrere tausend (6000 bis 8000) Männer und Frauen für einen aktiven Widerstand gegen den Faschismus durch Männer der 07 geworben worden sein. (Zwei Beispiele: Die Untergruppe Deisenhofen hatte zwei Gurppenleiter, die mit München Fühlung hielten. In ihr zusammengeschlossen waren weitere 52 Mann, die aber von der Verbindung nach München nichts wußten. Die Gruppe Landshut zählte vierzig fest organisierte Mitglieder. Für eine Aktion standen aber weit mehr als hundert Mann zur Verfügung.)

Über die Verhaftungen lassen sich genauere Angaben nicht machen. Von den 300 Aktivisten war aber fast keiner nicht längere oder kürzere Zeit verhaftet. Die Zahl der Toten aus den Reihen der 07 wird, von 1937 gerechnet, einschließlich der Verluste während des Putsches im Frühjahr 1945 mit 300 keineswegs zu hoch gegriffen sein. Überhaupt sind alle diese Zahlenangaben eher zu niedrig als zu hoch geschätzt.

Die Aktivität der Widerstandsgruppen der 07 beschränkte sich keineswegs auf die Vorbereitung eines Putsches. Es geschah bereits ab 1937 — seitdem Peter Göttgens aus dem KZ entlassen worden war — alles nur Mögliche, um den Faschismus in Deutschland zu bekämpfen. Flugblätter wurden hergestellt und verteilt, Mauer- und Straßenbeschriftungen durchgeführt, Propaganda von Mund zu Mund betrieben, rassisch und politisch Verfolgte getarnt, verborgen gehalten, unterstützt und ihnen zur Flucht über die Grenzen verholfen. Während des Krieges wurde vorwiegend Zersetzung der Wehrmacht betrieben, Sabotageakte durchgeführt, mit ausländischen Kriegsgefangenen und Zwangsarbeitern Fühlung genommen, ausländische Antifaschisten mit Radioapparaten versorgt, mit Lebensmitteln unterstützt, ihre Post befördert und mehr als hundert von ihnen zur Flucht verholfen. Einzelne Zellen haben als regelrechte ‚Entlastungszentralen' von zur Wehrmacht eingezogenen Antifaschisten fungiert. Aus Zwangsarbeitslagern wurden rassisch und politisch Verfolgte befreit."

In Berlin existierte eine bürgerliche Gruppe, die sich „Onkel Emil" nannte, und der der kurz nach dem Krieg verunglückte Dirigent Leo Borchard, der Schriftsteller Fred Denger, die Schauspielerin Karin Friedrich, die Schriftstellerin Ruth Friedrich (Verfasserin des Erlebnisbuches „Der Schattenmann")[16] und die beiden Ärzte Jos. Schunk und Walter Seitz angehörten. Aus einem „Tätigkeitsbericht", den die Obengenannten gemeinsam unterzeichneten, sei folgendes mitgeteilt:

»Beherbergung und Betreuung von Untergetauchten und politischen Flüchtlingen, sowohl Gewährung von vorübergehenden Quartieren als auch Beschaffung von Dauerwohnungen.

Beschaffung von Lebensmitteln und Lebensmittelkarten für Untergetauchte.

Versorgung Untergetauchter und politischer Flüchtlinge mit Ausweispapieren durch Falschdruck von Naziausweisen und Fälschung von Nazistempeln.

Entziehung zahlreicher Nazigegner vom Wehr- und Volkssturmdienst durch Ausstellung entsprechender ärztlicher Atteste und künstliche Herbeiführung von Krankheitszuständen.

Werksabotage.

Entfernung von Nazihoheitssymbolen, Maueranschlägen und Nazipropagandamitteln.

Weiterleitung politischer Informationen und Lageberichte ins Ausland.

Einsatz für zahlreiche politische Strafgefangene. Betreuung der Familienmitglieder Gefangener und zum Tode Verurteilter.

Unterstützung ausländischer Arbeiter.

Einsatz sämtlicher Mitglieder in der „Nein"-Aktion der Widerstandsgruppen Ernst, wobei unsere Gruppe in der Nacht vom 18. zum 19. April 1945 in den Stadtteilen Steglitz, Südende, Schöneberg, Wilmersdorf, Friedenau und Zehlendorf mit Ölfarbe und Kreide das „Nein" als Ausdruck der Ablehnung des Hitler-Regimes und der weiteren sinnlosen Kriegsfortsetzung an sämtlichen ins Auge springenden Punkten aufmalte und niederschrieb. Während der letzten Kampftage Aufspürung und Bekämpfung von Werwölfen.«

Ein Widerstandskreis sammelte sich in Niedersachsen. Von den zahlreichen katholischen Gruppen in Rheinland-Westfalen seien die um Minister Hermes und Dr. Theodor Scharmitzel in Köln, Dr. Walter Hensel und Karl Arnold, dem späteren Ministerpräsidenten von Nordrhein-Westfalen, besonders erwähnt. Derartige Kreise existierten in Bonn, Düren und besonders stark in Köln[17].

In Württemberg sammelte Minister Bolz eine Gruppe um sich, in Kolmar Ernst Lemmer. Dr. Andreas Hermes schrieb 1945 in der Zeitung „Neue Zeit", Berlin:

„Der räuberische Überfall auf Polen war für mich stärkster Antrieb, meine ganze Kraft dem Versuche zu widmen, Adolf Hitler zu stürzen. Im Rheinland bildeten wir einen Kreis, der sich der illegalen Propaganda und der Erarbeitung einer neuen Staatsordnung widmete und der sich vorbereiten wollte, am Neuaufbau Deutschlands mitzuarbeiten, sobald es gelungen sein würde, Adolf Hitler und sein Terrorsystem zu beseitigen. Ich arbeitete damals eng mit dem jetzigen Oberbürgermeister von München-Gladbach, Elfes, mit Nikolaus Groß aus Köln, Hein Körner aus Bonn und einigen anderen Männern zusammen.

Unser Kreis arbeitete ein vollständiges Programm für ein neues Deutschland aus. Damals nahm ich die ständige Verbindung mit Jakob Kaiser auf."

Eine Gruppe von „Neukonservativen" bildete sich um den Münchner Rechtsanwalt Edgar I. Jung, der die Marburger Rede Papens verfaßte. Sie hatten mit dem traditionellen Konservatismus Hugenbergscher Richtung gebrochen und waren christlich orientiert. Jung, der Verfasser des Buches „Die Herrschaft der Minderwertigen", entwickelte sich zum entschlossenen Feind Hitlers und wurde beim „Röhmputsch" mit vielen anderen Opfern ermordet, von denen Hitler öffentlich 76 zugab. Rudolf Pechel, der Jung nahestand, berichtet über dessen Arbeit („Deutscher Widerstand", S. 76f.):

„Jung und andere Mitglieder des Jungakademischen Klubs in München, dessen geistiger Führer Jung war, arbeiteten nach der Machtübernahme unter einem gewissen Schutz Papens weiter, um mit allen Mitteln den Sturz Hitlers herbeizuführen. Jung glaubte, Papen benutzen zu können. Illusionen über ihn hatte er nicht. Es knüpften sich Fäden zu den Generälen v. Schleicher und v. Bredow, zu den Führern der christlichen und der freien Gewerkschaften, zu Industriellen, wie Reusch, zur deutschen Studentenschaft und der deutschen Intelligenz. Jung hielt auch die Verbindung zu Dr. Brüning und Treviranus, denen unser ganzer Kreis nahestand. Beide waren am 30. Juni gleichfalls durch Hitlers Mordgesellen bedroht. Beide mußten flüchten. Treviranus wurde verwundet, als er beim Erscheinen der SS-Häscher in seinem Hause im letzten Augenblick sein Auto noch erreichen konnte. Es ist das unvergängliche Verdienst von Professor Hermann Muckermann, daß er sowohl Brüning wie Treviranus, beide einzeln, mit seinem Auto an die holländische Grenze gebracht hat."

Im Gegensatz zur Arbeiterschaft, die ihren Widerstand durch eine in die Millionen gehende Untergrund-Literatur unterstützte und verbreitete (siehe die dort mitgeteilten Zahlen), versuchten bürgerliche Widerstandsgruppen eher, ihrer Opposition in amtlich zugelassenen Zeitschriften „zwischen den Zeilen" Ausdruck zu geben. Die Wirkung dieser Blätter darf nicht verkannt werden, wenn sie auch über Rückenstärkung und Aufforderung zur Wachsamkeit kaum hinausgehen konnte. Rudolf Pechel, Herausgeber der „Deutschen Rundschau", wurde nach einem deutlichen, an Goebbels' Adresse gerichteten Aufsatz, der in der Schweiz nachgedruckt und von der BBC verlesen wurde, am 8. April 1942 verhaftet (ebenda, S. 154f.).

Die vorwiegend an katholische Kreise gerichteten Zeitschriften „Hochland", geleitet von Karl Muth, die „Stimme der Zeit", das Organ des Jesuitenordens, und die „Weißen Blätter", herausgegeben von Karl Ludwig von Guttenberg, fanden auch bei zahlreichen Protestanten ein starkes Echo.

Über die Widerstandsgruppe KDF Hamburg teilt ein Sammelbericht der Gruppe (liegt vor. D. Red.) mit:

»Die Widerstandsbewegung KDF Hamburg wurde zwecks Bekämpfung und Beseitigung des Nationalsozialismus im Frühjahr 1939 von Kamerad Carl S. ins Leben gerufen. Unsere Bewegung war überparteilich, da sich in unseren Reihen Kämpfer verschiedener politischer Richtung einfanden.

1. Aufbau der Widerstandsbewegung.

In den einzelnen Stadtteilen waren Gruppenleiter eingesetzt, die für die Errichtung und den Ausbau von Widerstandszellen Sorge tragen sollten. Die Widerstandszellen waren derart eingeteilt, daß dem Zellenleiter nur der Erstgewonnene bekannt war. Mitgliederlisten wurden wohl geführt, jedoch nach der Verhaftung von Kamerad Schröder vernichtet.

Die Gruppenleiter bekamen grüne Ausweise mit der Aufschrift „KDF", das heißt „Kampf dem Faschismus". Die engeren Mitarbeiter von Kamerad S. wurden für den aktiven Einsatz mit Armbinden (weiß-rot-weiß, 15 cm Breite) ausgerüstet.

2. Zielsetzung der Widerstandsbewegung.

Vor Ausbruch des verschärften Luftkrieges und z. Z. der stabilen Fronten: In Wort, Tat und Schrift den Nationalsozialismus bekämpfen. Verbindungen mit den umliegenden Orten aufnehmen. Verfolgte Nazigegner verbergen. Verfolgten Juden helfen. Alliierte Nachrichten abhören und verbreiten.

Nach Ausbruch des verschärften Luftkrieges und z. Z. der vorrückenden alliierten Truppen:

Von Alliierten abgeworfene Flugzettel verbreiten. Im Falle einer erzwungenen Verteidigung Hamburgs unnötiges Blutvergießen und Zerstörungen vermeiden. Die Schlagkraft des Volkssturmes lähmen. Vorbereitungen treffen, um die KZ-Häftlinge in Neuengamme zu befreien.

3. Aktivität der Widerstandsbewegung.

Um ein schnelleres Vorrücken der Alliierten zu fördern, wurden Vorkehrungen getroffen, Kampfhandlungen der Nazis zu inhibieren und ihre gesamte Tätigkeit zu sabotieren. Es wurden deshalb Trupps gebildet, die Brückensprengungen verhindern und angelegte Sprengeinrichtungen beseitigen sollten, usw.

Waffen, Munition und Sprengstoffladungen lagerten für die Bewegung in Eidelstedt.

Der Volkssturm war in Hamburg von uns stark durchsetzt. Für unseren Einsatz waren in verschiedenen Stadtteilen Sammelpunkte und Befehlsstellen eingesetzt.

Durch Verrat begannen im September 1944 Verhaftungen, und Anfang April 1945 wurden Kamerad S. und seine engsten Mitarbeiter in das KZ Fuhlsbüttel unter der Anklage des Hochverrats in Einzelhaft gebracht und später in das KZ Kiel-Hassee übergeführt.

Obwohl bereits die Exekution angeordnet war, konnten sie doch durch das Vorrücken der alliierten Truppen befreit werden, mit Ausnahme des Gruppenführers Kamerad Schröder sowie einiger anderer Mitglieder unserer Bewegung, die im KZ Neuengamme hingerichtet worden sind. Ein Kamerad verstarb wenige Tage nach seiner Befreiung aus dem KZ infolge Unterernährung und Mißhandlung.

Zum Schluß sei vermerkt, daß die Widerstandsbewegung in Hamburg aus 16 Gruppenleitern, etwa 164 Zellenleitern und etwa 3800 Mitgliedern bestand.«[18]

Max Habermann, ehemals führend im Deutschnationalen Handlungsgehilfenverband, hat, wie August Winnig berichtet, ein Netz von Vertrauensleuten aufgezogen, so daß „jede Stadt und jeder Kreis so betzt sei, daß bei einem Sturz des Regimes überall neue Männer bereitständen". Habermann hat dabei in engem Kontakt mit dem Führer der Christlichen Gewerkschaft, Jakob Kaiser, gearbeitet.

August Winnig berichtet auch über einen jungen Juristen, Dr. Hielscher, der mit einer Gruppe von Männern innerhalb der SS den Kampf gegen das Hitler-Regime aufnahm. (Vgl. August Winnig: „Aus zwanzig Jahren", Hamburg 1948, 1. Aufl., S. 146f, 153.) „Seine Gefolgschaft von einigen hundert jungen Leuten hatte sich an wichtige Stellen vorzugsweise der SS zu bringen gewußt, versah ihn mit Nachrichten und deckte ihn und seine konspirative Tätigkeit ab. In meinem Hause fand er Anschluß an die militärischen Widerstandskreise. Hielscher soll im Sommer 1943, vermittelt durch v. d. Schulenburg und v. Hassell, in Stockholm verhandelt und Friedensvorschläge der Alliierten mitgebracht haben. Seltsamerweise ist der Name Hielschers bisher in keiner anderen Quelle aufgetaucht."

Aus zahlreichen brieflichen Berichten sei noch mitgeteilt, daß in Karlsruhe eine Gruppe R. bestanden hat, ferner eine Gruppe in der Forschungsabteilung des Reichsluftfahrtministeriums und der Akademie für Luftfahrtforschung. Die „Gemeinschaft für Frieden und Aufbau" versandte 1944 Kettenbriefe. In Türkenfeld bei Fürstenfeldbruck gab es Einheimische wie den mutigen Sebastian M., der nachweislich 18 französische Kriegsgefangene in den Jahren 1940 bis 1943 über die Landesgrenze gebracht hat. In Regensburg bestand eine Gruppe von Frauen. Etwa 20 dieser Frauen wurden verhaftet und zum Teil mit Zuchthaus wegen Vorbereitung zum Hochverrat bestraft. In München bestand eine Ortsgruppe der „Frauenliga für Frieden und Freiheit", die sich lange halten konnte.

In Berlin existierte der „Stein-Kreis", dessen führende Köpfe Elisabeth von Gustedt, Constantin von Bentheim und Georg Foerder waren. (Schriftlicher Bericht liegt vor. D. Red.) Es bestanden Kontakte mit der Gralsbewegung und mit Otto Strasser. Es wurden Flugblätter auf einem Multigraphen hergestellt. Später erhielt der Stein-Kreis Flugblattmaterial aus Prag. Acht Angehörige des Stein-Kreises wurden vom Volksgerichtshof zu hohen Zuchthausstrafen verurteilt. Hedwig von Arnim endete im KZ. Dr. G. Foerder starb an den Folgen der Haft.

Die Opposition im „Stahlhelm" gehört eigentlich nicht in diesen Bericht, sei jedoch der Vollständigkeit und der Fairneß halber erwähnt. Es kam zur Auflösung ganzer Landesverbände, bis 1935 die Auflösung des gesamten Bundes befohlen wurde. Nach einem (maschinengeschrieben vorliegenden) Bericht des amtlichen Liquidators des „Stahlhelm" befanden sich im Herbst 1935 etwa 500 bis 600 Stahlhelmer in Haft. In Sachsen, Württemberg und einzelnen Städten bildeten sich nach der Auflösung Stammtische, Wandervereine, Kegelklubs, Kaninchenzüchtervereine. Während Seldte, der 1. Bundesführer des „Stahlhelm", von 1933 bis 1945 Reichsarbeitsminister war, schickte der von ihm ausmanövrierte 2. Bundesführer, Duesterberg, Forderungen zum Duell an Goebbels und Darré. In einem Bericht des ehemaligen Bundeskämmerers des „Stahlhelm", Th. Gruss, heißt es:

„Die Stahlhelmgemeinschaft ist nicht zum Einsatz gekommen. Wäre es so weit gekommen, dann hätte sie sicher ihren Mann gestanden. So war sie ständig in Bereitschaft und wirkte über ihren Kreis hinaus im heimlichen Kampf gegen die Volksverderber. Alle Angehörigen der Stahlhelmgemeinschaft haben daher das Recht, wie dieser vorläufige und nicht abgeschlossene Bericht beweist, sich mit zu der Widerstandsbewegung zu zählen, die dem Nationalsozialismus den Untergang geschworen hat."

Präzise Angaben von aktiver Widerstandsarbeit sind in dem Bericht jedoch nicht enthalten.

Ebensowenig gehören in diesen Zusammenhang die „Rächer Röhms" (R. R.), die eine Reihe von Attentaten auf führende Nazis unternommen haben sollen.

Man darf nicht erwarten, daß es möglich sein wird, alle Gruppen aufzuspüren, die sich zum Widerstand gegen Hitler zusammenschlossen. Es gab viele Einzelgänger, besonders unter den Intellektuellen, von denen einige an anderer Stelle hervorgehoben werden sollen. Es gab viele stille Kreise, deren Mitglieder „immer daran dachten", aber zum Handeln nicht in der Lage waren. Es gab wohl schließlich manche Gruppe, die so vollständig vernichtet wurde, daß wir nichts mehr von ihr wissen. Doch soll dieses Buch auch kein Lexikon sein. Nicht der Vollständigkeit halber sind die zahlreichen Gruppen hier angeführt, sondern um einen Einblick in die Tiefe und Breite des Widerstandes zu gewähren, der, wie man sieht, fast alle Schichten des deutschen Volkes durchdrungen hat.

Die obere Linie

Wenn von einer „unteren“ und einer „oberen“ Linie gesprochen wird, so bedeutet dies (wie oben bemerkt worden ist) keine Wertung; auch sind damit keine sozialen Unterschiede gemeint. Es gab jedoch Gruppen, in privaten Zirkeln oder in der Provinz etwa, die zwar einen Widerstand unternahmen, doch nie die Möglichkeit gehabt hätten, einen Umsturz herbeizuführen, und es gab andererseits Kreise, die den Hebeln des Machtapparates so nahe standen, daß ihr Ziel, mittelbar oder sogar unmittelbar, der Staatsstreich war. Gewiß gab es auch Gruppen oder Personen, die zwischen beiden Linien standen oder, was um so fruchtbarer hätte sein können, sie miteinander verbanden. Dazu gehörte zum Beispiel Rudolf Pechel, der schon mehrfach genannt worden ist und der durch seine Zeitschrift über weitreichende Verbindungen zu oppositionellen Gruppen verfügte. Er hat in seinem Buch „Deutscher Widerstand“ ausführlich über seine eigenen Unternehmungen berichtet, so daß es genügen darf, wenn hier nur ein gekürzter Auszug seiner Darstellung wiedergegeben wird (Pechel, a. a. O., S. 291ff.).

»Es war mir möglich, Verbindungen zwischen Widerstandskreisen herzustellen, die vorher nicht bestanden. So zwischen Goerdeler und Hermann Maaß und dadurch zu Wilhelm Leuschner, zwischen Goerdeler und Stuermer und zwischen vielen anderen oppositionellen Kreisen. Zu den militärischen Kreisen hatte ich hauptsächlich Verbindung durch Oberst Siegfried Wagner und General Olbricht. Ebenso zu der militärischen Abwehr ... Es gelang mir im August 1938 durch Heinrich Baron in Paris, einen hohen französischen Diplomaten und politisch einflußreiche Männer in England zu unterrichten, daß Hitler am 1. Oktober 1938 den Einbruch in die Tschechoslowakei beabsichtige ... Ich bin dann 1939 im März, April und Mai in London gewesen und habe mit einwandfreien Belegen auf Hitlers Kriegsabsichten hingewiesen ... In London war ich sehr viel mit dem früheren Reichskanzler Dr. Heinrich Brüning zusammen, und Hermann Rauschning kam von Paris nach London, um mich zu sprechen ... Nach einer unter etwas dramatischen Umständen in den frühen Morgenstunden vollzogenen Verhaftung wurde ich in die berüchtigte Prinz-Albrecht-Straße, das Hauptquartier des Reichssicherheitshauptamtes, gebracht ...

... Es drehte sich in erster Linie um die ... Zusammenkunft im Hause Hammerstein im Dezember 1941, bei der ich den Auftrag erhielt, zu Witzleben zu fahren, um den Termin der geplanten Aktion im Frühjahr 1942 zu vereinbaren (Witzleben, damals Oberbefehlshaber in Frankreich, sollte von dort aus mit einem Panzerkorps Deutschland überrennen und den Sturz der Hitler-Regierung proklamieren; die Aktion verschob sich zunächst, weil Witzleben erkrankte und operiert werden mußte, dann durch die Verhaftung Pechels und endete mit der Abberufung Witzlebens von seinem Posten. D. Red.) ...

... Der Termin gegen „Werner v. Alvensleben und einen anderen" — der andere war ich — fand am 1. Februar 1945 vor dem Volksgerichtshof unter Vorsitz von Freisler statt. Alvensleben wurde zu zwei Jahren Gefängnis verurteilt und ich ... „wegen Mangels an Beweisen" freigesprochen ... Am 24. Februar 1945 wurde ich ... wieder in das Lager Sachsenhausen gebracht, wo ich die schwerste Zeit meiner Haft durchzumachen hatte. Denn auf dem Überweisungsschein stand der Vermerk: „darf unter keinen Umständen lebend das Lager verlassen" ... Am 14. April 1945 wurde ich aus dem Lager entlassen ...«

Pechel hatte außerdem Beziehungen zu Robert Bosch, dem Großindustriellen aus Württemberg, der eine Anzahl gleichgesinnter Männer um sich sammelte. Bosch förderte Goerdeler sehr und gab ihm die Mittel, reisen zu können, insbesondere als es sich darum handelte, mit den Generälen v. Kluge und v. Tresckow in Smolensk ins Gespräch zu kommen, wobei es zu festen Abreden kam. Von Tresckow, der als eine der größten Persönlichkeiten des Widerstandes betrachtet werden muß, wird noch später die Rede sein. Tresckow konnte auch, wie kaum ein zweiter, das Unheil, das Hitler an Front und Volk im Osten anrichtete, beurteilen. Bosch finanzierte im übrigen Pechels „Deutsche Rundschau", als sie, durch Goebbels zu einer kleinen Auflage gezwungen, sich selbst nicht mehr tragen konnte.

Über Carl Friedrich Goerdeler ist in den zahlreichen ausführlichen Darstellungen des 20. Juli berichtet worden. Diese immer optimistische, energische Persönlichkeit wird übereinstimmend als ein Motor des Widerstandes bezeichnet. (Vgl. Rothfels, a. a. O., S. 104ff., Gisevius, „Bis zum bitteren Ende" II., S. 304, Henk, a. a. O., S. 47ff.)

Goerdeler, ehemals Oberbürgermeister von Leipzig und Reichskommissar für Preisüberwachung, hatte 1937 sein Amt niedergelegt, um gegen die Entfernung des Mendelssohn-Denkmals vor dem Leipziger Gewandhaus zu protestieren. Seitdem verschrieb er sich aktiv dem Widerstand. Er unternahm ausgedehnte Reisen ins Ausland und innerhalb des Reiches, nicht nur um zu warnen, aufzuklären und zum Widerstand aufzufordern, sondern auch, um sich die Männer zusammenzusuchen, die er als Beamte für das wiederherzustellende Reich brauchte, damit der Staat sofort nach dem Sturz der Hitlerregierung funktionieren könne. Sein Ziel war außerdem die Bildung von Staats-Unionen, die in einem Weltbund der Nationen zusammengeschlossen werden sollten, damit ein dauerhafter und gerechter Friede aufgebaut und garantiert werden könne. Sein innenpolitisches Programm nannte er eine „Demokratie der Zehn Gebote".

Zu seinem Kreis gehörten außer den Mitgliedern seiner „Exilregierung"

(s. S. 166) sein Bruder Fritz Goerdeler, Erwin Planck (Sohn des Physikers Max Planck), Dr. Franz Kempner, Dr. Fritz Elsas, Friedrich Justus Perels (der Rechtsberater der Bekennenden Kirche), Richard Kuenzer, Ernst von Harnack und, neben einigen Gutsbesitzern wie Wenzel-Teutschental, v. Zitzewitz-Muttrin und Inco v. Puttkamer-Nippoglense, vor allem der aufrechte Ewald v. Kleist-Schmenzin, dem Schlabrendorff in seinem Buch „Offiziere gegen Hitler" ein Denkmal gesetzt hat. In Schlabrendorffs Bericht heißt es, Kleist „erklärte offen (vor dem Volksgerichtshof), er habe immer und mit allen Mitteln gegen Hitler und den Nationalsozialismus gekämpft, habe nie ein Hehl daraus gemacht und halte diesen Kampf für ein von Gott verordnetes Gebot. Nur Gott werde sein Richter sein". In seinem Schlußwort sagte Kleist: „Die Hinnahme des Todesurteils wird mir leichter fallen, als es Ihnen fallen wird, das Todesurteil zu verhängen." Goerdeler schloß seinen Abschiedsbrief mit den Worten: „Die Welt aber bitte ich, unser Märtyrerschicksal als Buße anzunehmen für das deutsche Volk."

Auch Johannes Popitz, obwohl preußischer Finanzminister unter Hitler, hatte einen Kreis um sich, zu dem Professor Jens Peter Jessen, Professor Albrecht Haushofer, Rechtsanwalt Dr. Carl Langbehn und Marie-Louise Sarre, „der blonde Engel von Ravensbrück", gehörten. Popitz, Jessen wie auch der ihnen nahestehende Botschafter von Hassell waren außerdem Mitglieder der „Mittwochsgesellschaft", eines Kreises von 16 Gelehrten, dem auch Generaloberst Beck, die Professoren Spranger, Stroux und Sauerbruch angehörten und der zugleich eine Stätte von Aussprachen über den Widerstand war. Popitz und Langbehn haben, wie aus den von Allen W. Dulles mitgeteilten Akten hervorgeht, versucht, Himmler in eine Verschwörung gegen Hitler hineinzuziehen, worauf Himmler — vielleicht um sich für spätere Zeit ein Alibi zu verschaffen — eingegangen zu sein scheint, ohne es hindern zu können, daß Popitz und Langbehn verhaftet wurden (hier mögen auch noch Machtkämpfe innerhalb der SS eine Rolle gespielt haben). (Dulles, a. a. O., S. 185ff.)

Daß gleichfalls Beziehungen zu den Kirchen bestanden — namentlich durch Dietrich Bonhoeffer und Josef Müller —, ist schon im Abschnitt „Widerstand aus dem Glauben" bekundet worden. Zum Kreise Osters gehörten neben diesen beiden Hans von Dohnanyi, Dr. Justus Delbrück, Karl Ludwig Freiherr von Guttenberg (Herausgeber der „Weißen Blätter"), Ulrich Graf von Schwerin-Schwanenfeld, Carl Langbehn (aus der Popitz-Gruppe), Theodor Strünck (der Goerdeler lange Zeit versteckte), H. B. Gisevius (dessen Buch „Bis zum bitteren Ende" darüber berichtet), Dr. Hans Schönfeld (der gleichfalls mit dem Bischof von Chichester zusammenkam), die Brüder Hans und Otto John und Nebe vom Reichssicherheitshauptamt (RSHA) (was bei Gisevius belegt ist), um nur einige zu nennen.

Über den „Kreisauer Kreis" wie über den „20. Juli" liegt eine umfangreiche Literatur vor. Auch ist schon an anderer Stelle (s. „Widerstand aus dem Glauben") über ihn berichtet worden. Im nächsten Abschnitt wird Helmuth Graf Moltke, der Kopf der Kreisauer, noch im Zusammenhang mit dem Solfkreis erwähnt werden. Vermutlich ist auch Moltke mit Dietrich Bonhoeffer im Mai 1942 nach Stockholm gereist, um dort den Bischof von Chichester, Dr. Bell, zu sprechen. Jedenfalls gibt es eine Notiz, die besagt, daß nicht Bonhoeffer, sondern Moltke den Reisebericht verfaßt habe. (Unveröffentlicht. Fotokopie liegt vor. D. Red.)

Julius Leber und Theo Haubach waren Mitglieder der „Exilregierung". Carlo Mierendorff widmete sich bis zu seinem Tode vor allem der Vereinigung der sozialdemokratischen Arbeitergruppen. Yorck von Wartenburg, Trott zu Solz und Fritz von der Schulenburg arbeiteten nach der Verhaftung Moltkes im Januar 1944 besonders mit Graf Stauffenberg zusammen. Vor dem Kriege reiste Trott zu Solz viel ins Ausland, auch nach den USA, um dort Aufklärung über die Existenz einer deutschen Opposition zu geben.

Diese Mitteilungen bekunden, daß viele Mitglieder des Kreisauer Kreises auch mit anderen Gruppen arbeiteten, daß der Kreisauer Kreis jedoch ihr gemeinsames geistiges Zentrum war. Der Kreis hatte sich zusammengefunden, nicht um eine Aktion zu organisieren — dazu waren andere Gruppen da —, sondern um die geistigen und politischen Grundlagen des neuen Deutschlands vorzubereiten. (Die Arbeit erfolgte aus eigenem Antrieb, nicht im Auftrage und nicht in Übereinstimmung mit den anderen Widerstandszentren.)

Freisler sah deshalb im Kreisauer Kreis seinen gefährlichsten Gegner: den Geist. Das Programm des Kreises (siehe Th. Steltzer: „Von deutscher Politik", Frankfurt 1949, S. 154ff.) umfaßte eine föderalistische Neugliederung des Reiches, demokratische Selbstverwaltung, Recht und öffentliche Ordnung, Aufteilung Preußens, Europäischer Bund und Welt-Völkerbund, Arbeiterorganisationen, Verhältnis zwischen Kirche und Staat, Universitäts- und Schulreform, Aburteilung von Kriegsverbrechern. Im Staat sollten die Elemente der bürgerlichen Demokratie mit einer christlich-sozialistischen Gesellschaftsordnung verbunden werden. Die sozialistische Einstellung äußerte sich z. B. in der geplanten „Nationalisierung der Schlüsselindustrien" und einer „Bodenreform".

Ihr Sozialismus brachte die Kreisauer in einen gewissen Gegensatz zu den Gruppen um Goerdeler. Von Hassell, der zwischen beiden Kreisen vermittelte, berichtete in seinem Tagebuch über eine größere Auseinandersetzung um diese Fragen. Es scheint, daß Goerdeler mit der Zeit der Kreisauer Konzeption ein wenig näherkam, doch blieben Gegensätze bestehen. (Vgl. v. Hassell: „Vom anderen Deutschland", S. 290 und 370; ferner: Rothfels, a. a. O., S. 148. Quellen zum Kreisauer Kreis, u. a. H. J. von Moltke: „Letzte Briefe . . .", Berlin 1951; A. Delp: „Christ und Gegenwart" III., Frankfurt 1947; A. Reichwein: „Aufsatz von A. v. Machui" in ‚Die Sammlung' I., Nr. 1; A. de l'Aigle: „Meine Briefe von Theo Haubach", Hamburg 1947; Zuckmayer: „Carlo Mierendorff", Berlin 1947.)

Unter dem Namen Solf-Kreis versteht man heute eine lockere Bindung einflußreicher Persönlichkeiten des damaligen Berlin.

Die 1890 als ältestes Kind eines norddeutschen Gutsbesitzers geborene Elisabeth von Thadden widmete sich früh sozialer Arbeit. Als Besitzerin des Schlosses Wieblingen bei Heidelberg baute sie dieses zu einem Zentrum weiblicher Erziehungsarbeit aus. Sie hatte vielerlei Schülerinnen und erzog sie unter den Aspekten der Heimat, des Christentums und der Gemeinschaftspflege. Ihr Freundeskreis erweiterte sich. Vorlesungen bedeutender Männer und Frauen fanden in Wieblingen statt. Als sie der „Una-Sancta-Bewegung" nähertrat, diskutierten dort evangelische und katholische Geistliche mit den Mädchen. Wegen der Bombengefahr verlegte sie ihre Anstalt an den Starnberger See. Dort gab die Leiterin der örtlichen Frauenschaft ihre Tochter in die Schule Elisabeth von Thaddens, um sich über den Unterricht berichten zu lassen. Die Gestapo funktionierte prompt, und die Schule wurde ihr genommen. Sie ging nach Berlin und arbeitete im Roten Kreuz als Helferin.

Im Spätsommer 1943 lernte sie einen jungen Schweizer Arzt, Dr. Reckzeh, kennen, der ihr Empfehlungsbriefe einer Schweizer Freundin überbrachte, die vermutlich gefälscht waren. Reckzeh äußerte, daß er Anschluß an antifaschistische Kreise suche, und Elisabeth von Thadden lud ihn zum Geburtstag ihrer Schwester, am 10. September 1943, ein. Hier waren zum Tee anwesend die Gesandten Kiep und van Scherpenberg, Ministerialdirektor Zarden, Fräulein von Kurowsky und Frau Hanna Solf. Das Gespräch beschäftigte sich mit der Hilfe ausländischer Kreise gegen Hitler. Reckzeh empfahl sich als Übermittler von Briefen, da er als Schweizer völlig unkontrolliert sei. Frau Solf und Frl. von Thadden gaben ihm jede einen Brief mit. Da beide wenige Tage später vor Reckzeh als einem Gestapospitzel gewarnt wurden, flüchtete Elisabeth von Thadden nach Elmau, wo ihre Freundin, die Schriftstellerin Nora Winkler von Kapp, ihr anbot, sie sicher über die Grenze zu bringen. Sie lehnte ab. Sie empfand, daß sie eine Schuld daran trüge, daß sie ihre Gäste mit einem Gestapospitzel zusammengeführt und in große Gefahr gebracht hätte. Als ihr Urlaub beendet war, ging sie wieder an ihre Rote-Kreuz-Arbeit in Frankreich, wo sie im Januar 1944 verhaftet wurde.

In Ravensbrück führte man sämtliche Teegäste zu ihrem Entsetzen an ihr vorbei. Ministerialdirektor Zarden hatte bereits in der Zelle seinem Leben ein Ende gemacht. Freisler verurteilte Frl. von Thadden und den Gesandten Kiep zum Tode.

Am 9. September 1944 wurde sie hingerichtet. Das letzte Wort, das sie sprach, als man sie zum letzten Gang aus der Zelle führte, war: „Mach End', o Herr, mach Ende mit aller unserer Not ..."

Nachdem 76 Verhaftungen stattgefunden hatten, wurden aus dem Solf-Kreis getötet: Graf Bernstorff, Dr. Kuenzer und der frühere Oberbürgermeister von Berlin, Elsas, außerdem Gesandter Otto Kiep und Elisabeth v. Thadden.

In der Urteilsbegründung gegen „die Helferin beim Deutschen Roten Kreuz Elisabeth von Thadden, geboren am 29. Juli 1890 in Mohrungen (Ostpr.),

den Gesandten Dr. Otto Kiep, geboren am 7. Juli 1886 in Saltcosts (Schottland),

den Legationsrat Dr. Hilger van Scherpenberg, geboren am 4. Oktober 1899 in München,

die berufslose Fanny von Kurowsky, geboren am 15. Juli 1887 in Maldeuten (Ostpr.),

die Sekretärin Irmgard Zarden, geboren am 5. Oktober 1921 in Berlin", wurde ein pflichtvergessener hoher Beamter erwähnt, der einen Teilnehmer des „Politischen Tees" im Hause Solf gewarnt hatte und deswegen verhaftet worden war. Es handelte sich dabei um Moltke. Es heißt in der Urteilsbegründung weiter:

»... Nachdem bald nach dem Teenachmittag Reckzeh wieder dienstlich in die Schweiz gefahren war, hat ein pflichtvergessener hoher Beamter, den Kiep im Vorverfahren auch genannt hat, Kiep gewarnt, wegen des Teenachmittags schwebe gegen ihn eine Untersuchung, er möge sich in acht nehmen. Dieser pflichtvergessene Beamte hatte nämlich erfahren, daß Überwachungsmaßnahmen getroffen waren. Zugleich hatte er den „Verdacht", daß Meldung erstattet sei, auf Reckzeh gelenkt. Kiep benachrichtigte, d. h. warnte nun andere Beteiligte, und diese warnten sich untereinander. So kam es, daß die Beteiligten sich jetzt in acht nahmen, daß sie sich auf Vernehmungen vorbereiten konnten und daß sie jetzt Reckzeh, als er aus der Schweiz zurückkam und ihnen Bericht erstatten wollte, kühl und ablehnend empfingen. Kiep trieb seine unsaubere Gesinnung nun sogar dazu, jetzt scheinheilig Anzeige gegen Reckzeh zu erstatten!!! Alle Gewarnten bestätigten einander in der Hauptverhandlung, daß jeder sehr beunruhigt war: Kiep, von Thadden, auch Frau Solf, gegen die das Verfahren abgetrennt worden ist ...« (liegt abschriftlich vor. D. Red.).

Der SS-Standartenführer Huppenkothen, Abteilungschef beim Reichssicherheitshauptamt, gibt über die Festnahme des Solf-Kreises den nachfolgenden bemerkenswerten Aufschluß (unveröffentlichtes Material in Fotokopie vorhanden. D. Red.):

»Etwa im Frühsommer 1943 erschien bei mir der kurz vorher ins Amt versetzte und dem Referat IV E 3 zugeteilte SS-Sturmbannführer Kriminalrat

Lange (der berüchtigte Leo Lange, der die meisten Teilnehmer am 20. Juli in brutaler Weise verhörte. D. Red.) und berichtete, er habe die Bekanntschaft eines jungen Arztes (Reckzeh) gemacht, der über einen umfangreichen Bekanntenkreis in der Schweiz verfüge und demnächst in die Schweiz fahren werde. Er beabsichtige, den Arzt als Vertrauensmann oder Auskunftsperson zu verwenden . . .

Der Arzt (Reckzeh) kam von seiner ersten Reise zurück mit zwei Empfehlungsschreiben einer Schweizer Dame, mit der er gut bekannt war: eines an einen Schweizer Diplomaten, an dessen Tätigkeit erhebliches Interesse bestand, und einen an ein Frl. v. Thadden gerichteten Brief, deren Name noch völlig unbekannt war. Während der Diplomat auf das Schreiben bedauerlicherweise überhaupt nicht reagierte, erhielt der Arzt durch Frl. v. Thadden eine Einladung zu einem Tee, in dessen Verlauf eine Reihe von Fragen besprochen wurden, die darauf hindeuteten, daß die Beteiligten sich mit Umsturzplänen befaßten und Verbindung mit dem Ausland zu erhalten suchten. Es handelte sich zwar um gefährliche, aber offenbar noch unreife Gedankengänge, die allerdings dadurch in ein besonderes Licht gerückt wurden, als unter den Teegästen sich u. a. der Gesandte Kiep (damals Major, in der Amtsgruppe Ausland tätig), der Legationsrat van Scherpenberg (Schwiegersohn Schachts) und die Witwe des bekannten verstorbenen deutschen Außenpolitikers Dr. Solf befanden. Insbesondere die letzte äußerte sich sehr abfällig über die bestehenden Zustände und betonte die Notwendigkeit einer baldigen Änderung. Als der Arzt (Reckzeh) durchblicken ließ, daß er bald wieder in die Schweiz fahren werde, wurde er von Frl. v. Thadden und Frau Solf aufgefordert, für sie Briefe an Bekannte mitzunehmen, was er zusagte. Außerdem wurde ihm nahegelegt, in der Schweiz den ehemaligen Reichskanzler Dr. Wirth aufzusuchen, der die Pläne der Tafelrunde kenne.[19]

Auf Grund des Berichtes dieses Arztes erfolgte zunächst eine planmäßige Überwachung des durch den Tee erfaßten Personenkreises, um die Beziehungen untereinander und zu anderen Gruppen — die nach Lage der Sache unbedingt vermutet werden mußten — zu klären. Dabei erfolgte auch die Durchführung der Telephonüberwachung, die in jedem Falle bei dem dem Reichsmarschall unterstehenden „Forschungsamt" schriftlich mit Begründung beantragt werden mußte. Im übrigen erhielt der Arzt den Auftrag, weiterhin mit dem Personenkreis Verbindung, vor allem zu Dr. Wirth und etwa mit ihm in Verbindung stehenden weiteren Personen, zu halten.

Es ergab sich jedoch schon nach kurzer Zeit, daß der Personenkreis mit wenigen Ausnahmen ein Zusammentreffen mit dem Arzt zu vermeiden suchte und ihm aus dem Wege ging. Trotz dieser Tatsache, die logischerweise nur die Folge eines Verrates sein konnte, wurde die zweite Schweizerreise des Arztes durchgeführt, dem es bei dieser Gelegenheit auch gelang, mit Dr. Wirth und einer Reihe mit ihm in Verbindung stehender deutscher Emigranten zusammenzukommen.

Seine Erzählung über den Teenachmittag und die dabei geführten Gespräche erweckte zwar Wirths Interesse. Im besonderen kam es diesem jedoch offenbar darauf an, Verbindung zu einflußreichen deutschen Persönlichkeiten zu erhalten. Er fragte deshalb den Arzt, ob er bereit sei, dem früheren Chef des Generalstabes, Generaloberst Halder, Grüße zu übermitteln und ihn zu fragen, ob und unter welchen Bedingungen dieser bereit sei, mit Wirth an der Vorbereitung einer neuen deutschen Verfassung und einer neuen deutschen Regierung mitzuarbeiten. Der Arzt erklärte sich dazu bereit. Er wurde aufgefordert, Briefe bzw. Grüße an Frl. v. Thadden, Frau Solf und Kiep zu übermitteln.

Nach seiner Rückkehr fand er nun den Weg zu den Beteiligten fast völlig versperrt. Es gelang ihm lediglich, mit Frl. v. Thadden zu sprechen, die ihm auch eine Zusammenkunft mit Halder vermittelte. In dieser benahm sich Halder sehr zurückhaltend, hörte sich alles, was ihm der Arzt von Wirth zu übermitteln hatte, an und erklärte lediglich abschließend sinngemäß, er werde selbstverständlich zur Verfügung stehen, wenn es darauf ankomme, Deutschland aus seinem Chaos zu retten. Vorläufig sei es aber noch nicht soweit. Er möge das Dr. Wirth mit den besten Grüßen übermitteln.

Nach dem ganzen Verhalten der beteiligten Personen konnte nunmehr kein Zweifel darüber bestehen, daß vor dem Arzt offenbar als vor einem Spitzel gewarnt worden war. Die Weiterführung des Spiels erschien deshalb nicht mehr erfolgversprechend, zumal bei der Durchführung von weiteren Reisen in die Schweiz die dringende Gefahr einer Festnahme des Arztes durch die Schweizer Polizei bestanden hätte. Der Reichsführer SS, dem inzwischen über die Angelegenheit Bericht erstattet worden war, ordnete deshalb an, die am stärksten belasteten Personen — mit Ausnahme von Halder — festzunehmen, um durch deren Vernehmung die Zusammenhänge personeller und organisatorischer Art weiter zu klären. Durch die Festnahme von Kiep ergab sich, daß dieser über den ebenfalls in dieser Amtsgruppe Ausland als Kriegsverwaltungsrat tätigen Rechtsanwalt Helmuth Graf Moltke (Haupt des Kreisauer Kreises. D. Red.) von den gegen ihn angeordneten Überwachungsmaßnahmen und ihrer Ursache (Geburtstagsteegespräch) Kenntnis erhalten habe und gewarnt worden sei, in Zukunft sich vorsichtiger zu verhalten. Moltke hatte diese Tatsache von dem bei der Abwehrabteilung III beschäftigten Hauptmann Gehre, der von einem Beamten des Forschungsamtes, Oberregierungsrat Plass, ins Bild gesetzt worden war.[20] Bei dieser Gelegenheit ergab sich, daß Plass, der früher Marineoffizier gewesen war und seit dieser Zeit Canaris kannte, über Gehre alle interessierenden Aufträge der Geheimen Staatspolizei zur Durchführung von Telephonüberwachungen dem Amt Ausland/Abwehr zur Kenntnis gegeben hatte, so daß dieses also auf diese Weise praktisch von allen wichtigen Ermittlungsverfahren des Reichssicherheitshauptamtes und ihrer Ursache erfuhr.

Zur Durchführung der aus diesem Komplex erwachsenden umfangreichen und schwierigen Ermittlungen wurde eine Sonderkommission unter Leitung des Kriminalrates Lange gebildet, die später dem Referat IV A 1b (Litzenberg-Rechtsopposition) unterstellt wurde und ihren Sitz in der Schule der Sicherheitspolizei in Fürstenberg hatte. Es erfolgte eine Reihe von Festnahmen, die auch teilweise mit einer Verurteilung vor dem Volksgerichtshof endeten. Es gelang jedoch nicht, restlos die Zusammenhänge hinsichtlich der personellen und organisatorischen Zusammensetzungen der Oppositionsgruppen zu klären. Zwar stellte sich bereits während der Ermittlungen heraus, daß in der Führung der Opposition auf dem militärischen Sektor der ehemalige Chef des Generalstabes, Generaloberst Beck, und auf dem zivilen Bereich der ehemalige Leipziger Oberbürgermeister und spätere Reichskommissar Dr. Goerdeler eine besondere Rolle spielten. Bevor jedoch die Feststellungen sich soweit verdichteten, daß polizeiliche Maßnahmen gegen diese beiden Personen verantwortet werden konnten, kam es zu den Ereignissen des 20. Juli 1944, bei deren Aufklärung es gelang, wohl eindeutig die Zusammenhänge zu klären.«

Zum Solf-Kreis gehörten auch Nikolaus von Halem und Herbert Mumm von Schwarzenstein, die ein Attentat auf Hitler vorbereiteten, das auszuführen Beppo Römer (s. S. 204ff.) bereit war. Um für diesen Plan Römer zur Verfügung zu haben, erhielt er eine Anstellung im Ballestrem-Konzern (zu dem von der Familie Solf Beziehungen bestanden). Ein Freund Römers verriet den Attentatsplan, so daß Halem, Mumm und Römer verhaftet, gefoltert und vor dem Volksgerichtshof zum Tode verurteilt wurden. (Hierzu teilweise unveröffentlichtes Material vorhanden, sonst auch Schlabrendorff, a. a. O., S. 36f., 178 f., auch Pechel, a. a. O., S. 83f.)

Die in diesem Abschnitt behandelten Widerstandsgruppen weisen bereits zahlreiche Überschneidungen mit der militärischen Opposition auf. Doch sei nachdrücklich darauf hingewiesen, daß durch Leuschner und Hermann Maaß, die beide eng zusammenarbeiteten, durch Carlo Mierendorff (Kreisauer Kreis), vor allem aber durch Julius Leber, der, wie auch Theo Haubach, sowohl der Goerdelerschen „Exilregierung" wie dem Kreisauer Kreis angehörte, enge Verbindungen aktiver bürgerlicher Widerstandskreise mit den Widerstandsorganisationen der Arbeiterschaft existierten.

Dieser Bericht sollte nicht schließen, ohne der großen Rolle zu gedenken, die die Frauen gespielt haben. Sie fuhren bei Kälte und Verdunkelung über Land, um zu helfen, um Flugblätter oder Botschaften zu überbringen, oder sie saßen nachts mit Handschuhen an der Schreibmaschine. Wie oft belasteten sich Frauen bei den Vernehmungen, um ihre Männer zu entlasten. Sie gingen oft denselben Weg wie die Männer, an dessen Ende häufig ein Schafott stand.

In Kinderwagen und in Einkaufstaschen wurde Material transportiert. Einmal verbarg eine junge Berlinerin in ihrem Kinderwagen illegales Material und setzte das Kind obenauf. Frauen besonders waren es, die Verbindungen anknüpften und Kontakte herstellten. Eine Frau starb unter dem Fallbeil mit dem Bild ihres Kindes in der Hand und schrieb in ihrem letzten Brief: „Ich ertrage alles mit Ruhe und Gefaßtheit."

Sie kämpften für ihre Soldaten, für die belasteten, verhafteten, nichtarischen, kriegsgefangenen Männer. Wie viele dieser Frauen bekamen niemals mehr ein Lebenszeichen von ihnen, höchstens eine amtliche Nachricht, und wurden geächtet, bespien von der Dummheit, während in den Nächten die Bombenteppiche niederrauschten. Es sei an eine junge Deutsche erinnert, die als angeblich französische Fremdarbeiterin nach Deutschland zurückkehrte, um in den Betrieben aufklärend bei den Arbeitern zu wirken. Es handelte sich um eine Ärztin, Dr. med. E. L., die u. a. folgendes (in einem längeren Erlebnisbericht, der maschinengeschrieben vorliegt. D. Red.) mitteilt:

»Sehr bald war ich als Hilfsarbeiterin in einer Papierwarenfabrik eingestellt, und verhältnismäßig rasch gewann die „Französin" das Vertrauen der 150 Frauen des Betriebes. Zunächst nur zögernd und unter vier Augen erzählten sie von ihren Sorgen um Männer und Söhne, von der lächerlich geringen Bezahlung, von ihrer Arbeitsüberlastung und von der Angst vor den schweren Luftangriffen. Doch dann wurden sie freier, kamen mit der Zeitung und wollten von mir wissen, wie ich die Kriegslage beurteile. In allem Freimut sagte ich ihnen meine Ansichten über den Nationalsozialismus, über das Verbrechen, das an ihnen selbst, den Kriegsgefangenen, den Zwangsarbeitern, den Juden verübt wurde. Im stillen wunderte ich mich, daß ich nicht der Gestapo angezeigt wurde. Sie stimmten mir fast in allem zu. Die Jugend allerdings hielt sich stets fern und ließ sich, bis auf ein einziges Mädel, niemals auf eine Diskussion ein, und doch waren sie in der langen Zeit der gemeinschaftlichen Arbeit nicht dazu zu bringen, sich zu wehren, sich aufzulehnen, sich zu gruppieren.

Zwei aufschlußreiche Tatsachen sind mir im Gedächtnis geblieben und beleuchten den demoralisierenden Einfluß der Einschüchterung, der Propaganda und der Niederknüppelung jeder Meinungsäußerung. Man arbeitete an manchen Waren in einer Gruppe zu vier. Da ich als Neuling nicht die gleiche Fertigkeit hatte — Hilfsarbeiterin und Kinderärztin sind ja nicht gerade verwandte Berufe —, türmte sich vor mir als Letzter die Ware auf, ich konnte das Tempo nicht einhalten. „Ja, dann müssen Sie gleich zum Werkmeister gehen und ihm sagen, daß Sie die Arbeit nicht leisten können", wurde mir gesagt. Ich sah die Sprecherin einen Augenblick fassungslos an, dann erwiderte ich: „Sie haben mir vor noch nicht fünf Minuten vorgejammert, wie schlecht Sie bezahlt werden, wie sehr Sie das Ende des Krieges herbeisehnen, Sie werden nicht nach dem Stück bezahlt, Sie muten mir zu, mich beim Werkmeister zu melden, um womöglich einen recht unangenehmen Zusammenstoß mit ihm zu haben. Nennen Sie das Kameradschaft? Warum arbeiten Sie nicht ein wenig langsamer, warum denken Sie nicht einmal darüber nach, daß Sie mit Ihrer übereifrigen Arbeit den Krieg nur immer mehr in die Länge ziehen?" Ich habe herzlich gelacht, als nach einigen Sekunden Schweigen die Antwort kam: „Darüber habe ich noch nie nachgedacht, aber Sie haben recht, und wir alle hier müssen uns über unsere Dummheit schämen." Einige Zeit später hörte ich durch einen Zufall, daß sich der Chef des Unternehmens beim Werkmeister über das starke Absinken der Produktion beklagte. Die Aufklärung hatte also ihre Wirkung nicht verfehlt.«

Prof. Dr. Werner Krauss, der durch zahlreiche Haftanstalten transportiert wurde, schreibt in seinem ausführlichen Erlebnisbericht:

»Besonders grausam war die Hinrichtung einer Schwester von Erich Maria Remarque. Nachdem dieser im amerikanischen Rundfunk gesprochen hatte, bemächtigte man sich seiner Schwester im Rheinland und verurteilte sie wegen einer angeblich zersetzenden Äußerung zum Tode. Als die Hinrichtungsvorbereitungen getroffen waren und die Todeskandidatin schon bereit war, stellte sich heraus, daß ein Mitglied der Kommission den Termin versäumt hatte. Die Verurteilte wurde daraufhin drei Tage lang in der eigentlich nur für Männer bestimmten Plötzenseer Anstalt festgehalten und schließlich wieder in ihr „Heimatgefängnis" in der Barnimerstraße zurückbefördert, wo sie gezwungen wurde, weitere 14 Tage in der Todesangst zu verleben, bis sie dann tatsächlich ordnungsgemäß hingerichtet worden ist.« (Siehe Anhang S. 315ff. D. Red.)

Wo waren die Frauen der Widerstandsbewegung? Darüber gibt ein Bericht über ihre Einlieferung ins KZ (in Briefform. D. Red.) von Eva von L. Auskunft:

»Ich stand an der Tür des Zugangblocks, erstarrt und entsetzt. Was ich da sah? Ungefähr dreihundert Gestalten, auf engstem Raum zusammengepfercht, Sitzgelegenheiten waren vielleicht für hundert da. Erschöpft, wie tot, völlig abgestumpft saßen sie da, an langen Holztischen, verkommen und verhungert, die Haare mit einem Bindfaden zugebunden, viele kahlgeschoren, das Gesicht hart und faltig von Wind und Wetter, mit erloschenen Augen, um den Hals gehängt ihre Habe: ein Beutelchen mit dem Holzlöffel und einem Stück Brot. Die Worte fehlen mir, diesen Haufen Jammergestalten zu beschreiben.

Vergessen war da mein eigenes Schicksal, in dieser Stunde vergessen mein eigenes Leid — ich konnte nur denken: Das gibt es! So etwas gibt es in Deutschland!

Und dann weinte ich ... ich weinte so hemmungslos über das Schicksal all dieser Frauen, über das, was diese Hölle aus ihnen gemacht hatte: verhungerte, elende Jammergestalten, lebende Leichname.

. . . und waren alles Frauen, deutsche Frauen. Mütter!

Sie schienen alle so stumpf, daß sie gar nicht begriffen, warum „die Neue" an der Tür stand und so bitterlich weinte. Doch, doch — sie begriffen es: sie, die todmüde, erschöpft bis zur Kraftlosigkeit waren, boten mir die einzige Kostbarkeit an, die sie im Augenblick zu vergeben hatten — die Ecke eines Schemels. Sie rückten zusammen und boten mir Platz. Ich war aufgenommen in ihre Gemeinschaft.«

Häufig bewiesen die Frauen eine Zivilcourage, die die der Männer weit übertraf (wie Erlebnisberichte, die in Briefform vorliegen, mitteilen. D. Red.). Die Münchnerin Thea H. arbeitete sehr aktiv in einer Gruppe, Frau Maria F., die ein Tabakgeschäft in München betrieb, besaß ein entlegenes Blockhaus, in dem illegale Treffen stattfanden und wo Lebensmittel, Waffen und Ausweise deponiert wurden. Ihr ist es zu danken, daß ein Munitionszug der Wehrmacht in den letzten Tagen nicht mehr gesprengt wurde.

Barbara M. hat als Angehörige der „07" beim Aufstand in München sämtliche Polizeireviere angerufen und sie überredet, nicht mit Waffengewalt einzugreifen.

Die Zahl der Toten wuchs im Hitlerkrieg zu astronomischer Größe an, was vielfach abstumpfend gewirkt hat. Man darf nicht vergessen, daß jeder Tote der Sohn einer Mutter war, und daß die Mütter ungeheuerliche Qualen haben erdulden müssen. Aber viele starben auch selber von Henkershand. Nicht weniger als 269 Frauen sind in Plötzensee hingerichtet worden, zu ungefähr drei Vierteln aus politischen oder religiösen Gründen. Wer weiß von der Familie Chrisostomus Vogt? Die ganze Familie ist zum Tode verurteilt worden. Frau und Tochter von Dr. Paul Hatschek, einem führenden Widerstandskämpfer, mußten in Plötzensee ihr Leben lassen, während Hatschek selbst in Brandenburg hingerichtet wurde. Liselotte Herrmann, deren Märtyrertod der jüngst verstorbene Dichter Friedrich Wolf in einem Melodrama verherrlicht hat, mußte ihr Kind zurücklassen, als sie in Plötzensee hingerichtet wurde. Ähnliches geschah mit Hilde Coppi (s. S. 258f). Auch Liane Berkowitz gebar im Gefängnis ein Kind, ehe sie hingerichtet wurde. Man sagte ihr noch, das Kind sei mittlerweile in einem SS-Hospital „verstorben". Von ihrer Freundin Eva Maria Buch wußte Prälat Buchholz zu berichten, sie sei gestorben wie eine Heilige. Auch Gertrud Seele starb in Plötzensee, ebenfalls Elisabeth von Thadden, die beiden Schwestern Maria und Antonie Schweickert aus München, die von Nachbarn denunziert worden waren.

Die Schriftstellerin Nora Winkler von Kapp schrieb („Neue Zeitung", 16. Dezember 1946):

»Ist es so unbekannt geblieben, daß die große Erzieherin von Thadden, die Hunderte von deutschen Mädchen in aufrechtem Geist gegen die Tyrannei erzog, diese Haltung auf dem Schafott besiegeln mußte? Hat die bayerische Dichterin Luise Rinser umsonst ihren Pazifismus im Kerker gebüßt? Von Sophie Scholl und den Frauen der Männer des 20. Juli ganz zu schweigen. Kennt niemand mehr das Los der Witwe des bekannten Botschafters Solf, die mit ihrer Tochter Ballestrem ungezählten politisch und rassisch Verfolgten zur Flucht ins Ausland verhalf und der sogar unsere damaligen Feinde den Namen „The German Scarlet Pimpernel" (Held des Films „Die scharlachrote Blume", der während der Französischen Revolution Verurteilten zur Flucht verhalf) zulegten? Neun Gestapogefängnisse und die KZ Sachsenhausen und Ravensbrück waren die Quittung für diese mutigen Frauen. Ist der nie erlahmende Kampf von Dr. Marie Lüders, Toni Breitscheid und so vieler anderer schon vergessen? Nach Aussagen der Überlebenden haben Tausend von unbekannten Frauen unter den unmenschlichen Mißhandlungen ihre Mitwisser standhaft verschwiegen.«

Der militärische Widerstand

Wer während des Krieges imstande war, die Meinungen der deutschen Bevölkerung nüchtern und mit gutem Gedächtnis zu beobachten, mußte bemerken, daß zwei Gedanken immer wieder auftauchten und mit der Zeit, offen ausgesprochen, mehr und mehr vorherrschten.

Der eine war typisch für die Zivilisten und hieß: „Warum greifen denn nicht endlich die Generäle ein? Die sehen doch den ganzen Irrsinn besser als wir. Die haben doch die Macht in den Händen. Die können ‚ihn' doch erschießen." Und mit diesem Gedanken stellte sich allmählich auch eine wachsende Erbitterung gegen die Generäle ein, weil sie sich nicht zur befreienden Tat aufrafften. Der andere Gedanke war typisch für die Soldaten, die Landser namentlich, und er lautete: „Wenn wir mal nach Hause kommen, dann werden wir aber in der Wilhelmstraße gründlich aufräumen." Auch dieser Gedanke verwandelte sich langsam in eine Erbitterung, als man einsah, daß es ein solches Nach-Hause-Kommen nicht geben werde.

Beide Gedanken zeigen zwar nur eine Stimmung an, die Stimmung eines Volkes, das sich betrogen weiß. Aber eine solche Stimmung erwartet Taten, treibt zu Taten und ist das Barometer für Taten. Nun gab es einen Widerstand in der Wehrmacht, der sich sogar ständig vergrößerte, aber dieser Widerstand wurde niemals stark genug (trotz allem, was geplant und getan worden war), um den Gang des Krieges entscheidend zu beeinflussen.

Wie in der Opposition des Bürgertums, so sei auch im militärischen Widerstand eine „untere" und eine „obere" Linie unterschieden. Die „untere Linie" umfaßt vorwiegend die Truppe, die „obere" die Generäle und ihre Stäbe, jene Kreise also, die sich in greifbarer Nähe des „Apparates" befanden, die sich durch einen Putsch etwa in seinen Besitz setzen konnten. Allerdings gibt es Ausnahmen. Es kam vor, daß einzelne Generäle, völlig isoliert von irgendwelchen Widerstandsgruppen, Widerstand leisteten und verurteilt wurden: sie gehören dann dem Bereich der „unteren Linie" an. Und es gab Soldaten im Mannschaftsstand, die in den Gruppen der „oberen Linie" mitwirkten, wie Michael Brink zum Beispiel, der Verbindungsmann zwischen dem Kommandeur einer in Potsdam stationierten Panzereinheit und dem General Olbricht im OKW war. (Mündl. Bericht von Dr. Lambert Schneider. D. Red.) Kennzeichnend für den Bereich der „oberen Linie" sei jedenfalls, daß die ihm angehörenden Gruppen den Hebeln der Machtapparatur nahestanden, ja, sie zeitweilig in der Hand hielten. Ihr Ziel war der Umsturz von oben, der Putsch. Doch hatten sie das Volk, vor allem aber die Truppe hinter sich? Das war die Frage, die sie dauernd bewegte. Andererseits repräsentierten die Gruppen der „unteren Linie" das Volk. Doch um als Volk zu handeln, fehlte die bindende Gemeinsamkeit, das Bewußtsein einer Solidarität, die umfassende Organisation.

Gruppen und einzelne waren isoliert. Ein meisterhaftes System von Kontrollen, Parolen und Terrormethoden hielt sie in Schach.

Die untere Linie

Wolfgang Müller („Gegen eine neue Dolchstoßlüge", Hannover 1947) beweist die Opposition an den Fronten durch die Tatsache, daß bis zum Juli 1944 insgesamt 9523 standrechtliche Erschießungen an Soldaten vorgenommen worden waren, eine Zahl, die amtlich zugegeben war. Die genaue Zahl, die höher liegen dürfte, wird schwerlich festzustellen sein.

Ein Anwalt des Reichskriegsgerichts berichtete im Januar 1943, daß täglich Waschkörbe voller Gnadengesuche bei Göring und Raeder eingingen. (Mündlicher Bericht eines Anwalts vom Reichskriegsgericht. Aussagen von Juristen der gleichen Behörde. D. Red.) Hinter jedem Gnadengesuch steht aber ein Todesurteil. Mit der gleichen Unbekümmertheit, mit der die Stalingrad-Armee und die beiden Kurland-Armeen geopfert wurden, fällten zahlreiche Feld-, Kriegs- und Standgerichte ihre Todesurteile, und in ganz Mitteleuropa knallten die Salven der Erschießungspelotons. Jener Anwalt des Reichskriegsgerichts fügte hinzu: „Das System watet im Blut." Selten wohl fanden in einer Armee so viele Verfahren wegen Befehlsverweigerung, Meuterei, Hoch- und Landesverrat, Wehrkraftzersetzung und Feindbegünstigung statt. Es gab eine ganze Armee von Straf- und Bewährungseinheiten. Es ist unmöglich, über die militärischen Strafverfahren in aller Vollständigkeit zu berichten. Die Anklagen sind nicht zu zählen. Die folgenden Beispiele mögen eine Übersicht über die Tiefe und Breite des militärischen Widerstandes der „unteren Linie" geben.

Die Zentrale der Wehrmachtsjustiz befand sich in Torgau. Über die Zustände in Torgau berichtet der ehemalige Gefangene Professor Werner Krauss:

»Eine Zeitlang beschäftigte man mich als Schreiber in der Kompanie, wodurch ich Gelegenheit bekam, einen Einblick in die Gerichtsakten zu tun und die horrenden Fehlurteile unserer Gerichte im einzelnen kennenzulernen. Man hatte den Eindruck, daß bei „Zersetzung der Wehrkraft" die immer wiederkehrenden Äußerungen (wie z. B. Zweifel am Endsieg, am Erfolg der Geheimwaffen, Bedauern über das Mißlingen des 20. Juli, Beschimpfungen Dr. Goebbels' und Dr. Leys) genau taxiert waren. Solche Redensarten kosteten zwischen 3 und 8 Jahren Zuchthaus, während Diebstahl im Rückfall oft nur mit wenigen Monaten Gefängnis geahndet wurde und solche Delinquenten dann meist nach wenigen Wochen in eine Bewährungstruppe oder zu ihrer eigenen Einheit geschickt wurden.

Die schwereren Fälle kamen alle zur F. G. A. (Feldstrafgefangenenabteilung). Die Behandlung war dort sehr unterschiedlich; in einigen Fällen wurden die Leute methodisch ausgehungert, und wenn einer bei der Arbeit zusammenbrach, wurde er durch ein kurzes Verfahren wegen „Dienstverweigerung" zum Tode verurteilt und auf der Stelle erschossen oder erhängt.

In den Geheimberichten über die Haltung der F. G. A. (die ich in der Schreibstube gelesen habe) wird allgemein geklagt, daß die Gefangenen für nichts anderes Sinn und Verständnis hätten als für das Essen, daß ihre militärische Haltung gänzlich unzulänglich sei und daß leider das Personal sich oft vom Defaitismus der Gefangenen anstecken lasse. Tatsächlich sind ganze F. G. A.s (z. B. die F. G. A. 19) mitsamt dem Personal geschlossen zum Feind übergelaufen, und ich kenne keinen von den zahlreichen in Torgau zur F. G. A. abgestellten Soldaten, der nicht mit dem Vorsatz, bei der ersten Gelegenheit überzulaufen, ins Feld gegangen wäre. — Noch schlimmer war die Behandlung der Angehörigen von Strafgefangenenlagern. Diese wurden durch Unterernährung und Mißhandlungen systematisch ausgemerzt. Beim Rücktransport aus Finnland „verlor" ein solches Lager über 75 % seines Bestandes. Wir hatten im Krankenrevier einen Mann aus einem solchen Lager mit einem von blutunterlaufenen Striemen durchschnittenen Gesicht. Er war noch viel zu verängstigt, um dem Truppenarzt auf seine Fragen die Herkunft dieser Mißhandlungen, die er auf einen „Unfall" zurückführte, zu gestehen.

Etwa einmal in der Woche wurden die zum Tode verurteilten Zivilisten in einem geschlossenen Wagen nach Halle zur Hinrichtung transportiert — Soldaten wurden in Torgau erschossen. Eine beliebte Strafe war es, daß man einen zum Tode verurteilten, begnadigten Soldaten mit den anderen Todeskandidaten auf den Sandhaufen führte und ihm erst, als alle andern vor seinen Augen erschossen waren, seine Begnadigung eröffnete.

Eine neue Errungenschaft im militärischen Strafvollzug war die Prügelstrafe, die als Zusatzstrafe auf besondere Anordnung des Chefs des Heimatheeres in bestimmten Fällen („Feigheit vor dem Feind") verabreicht werden sollte. Es machte zuerst Mühe, ein Subjekt zu finden, das sich zur Exekution bereit fand. Diese sollte öffentlich stattfinden, aber der Kommandant von Fort Zinna hielt sich nicht an diesen Teil der Vorschrift. Diese Exekutionen wurden dann in seiner Gegenwart im kleineren Kreis vorgenommen, und zwar unter Assistenz eines Arztes, der darüber zu wachen hatte, daß die Felddienstfähigkeit des Delinquenten durch die Prozedur nicht beeinträchtigt wurde . . .«

In einem Brief eines ehemaligen Luftwaffenfeldwebels K. (liegt abschriftlich vor. D. Red.) heißt es weiter über das Wehrmachtsgefängnis Torgau:

»Am 21. August 1944 wurde ich in das Wehrmachtsuntersuchungsgefängnis „Torgau-Brückenkopf" eingeliefert wegen Zersetzung der Wehrkraft und Fahnenflucht.

Die Nachricht, daß mein Bruder gefallen ist und ich Bombenschaden „C" hatte, erreichte mich in Italien auf dem Rückmarsch von Cassino. Urlaub wurde mir abgelehnt. Da ich aber schon fünfmal verwundet war, ich aber meine Familie vorher noch einmal sehen wollte, ehe der völlige Zusammenbruch kam, fuhr ich auf eigene Faust nach Berlin, um nicht mehr zur Fronttruppe zurückzukehren. Als Zersetzung der Wehrkraft wurde mir zur Last gelegt, weil ich sagte:

1. daß es ein Wahnsinn ist, diesen Krieg weiterzuführen,
2. daß mir meine Angehörigen lieber sind, als sie grundlos zu opfern für die blödsinnige Ansicht von Hitler.

In Torgau eingeliefert, kam ich in die 1. Kompanie zu einem Spieß, der als Schrecken des Brückenkopfes bekannt war. Die Ansprache, die uns durch den Hauptmann zuteil wurde, ließ uns alle erkennen, um was es hier ging, denn die Worte: „Glaubt nicht, daß wir solche Verbrecher als Soldaten brauchen. Wenn es so weit ist, werdet ihr alle fünf Minuten vor zwölf abgeknipst!", sagten uns alles.

In Zelle 9, wo kaum 10 Mann Platz hatten, wurden 50 Mann eingepfercht. Die Grundsätze Ordnung, Sauberkeit und Disziplin waren alles, worauf unser Spieß Wert legte, weil er so den Leuten am besten die Kost kürzen konnte. Waschwasser — zwei Eimer den ganzen Tag für 50 Mann, Wäsche wechseln — höchstens alle 8—10 Wochen einmal. Und Disziplin? Wir wurden gescheucht von völlig unkundigem Personal, was nur den Zweck hatte, unser Hungergefühl zu verstärken. Es gab nämlich zwei Verpflegungssätze, die Arbeitskost und die sogenannte Nichtarbeitskost. Die Nichtarbeitskost bestand aus zwei Scheiben Brot abends, mittags 1¾ Liter Suppe. Die Arbeitskost war nach schwerer Arbeit den ganzen Tag zwei Scheiben Brot frühmorgens mehr und abends 10 Gramm Fett.

Am 4. April 1945 wurde gegen mich vom Feldgericht Leipzig in Fort Zinna die Todesstrafe beantragt, und ich erhielt 13 Jahre Zuchthaus. Für mich sprach meine gute Beurteilung von der Truppe, meine fünf Verwundungen und meine Auszeichnungen.«

Über die OT-Einheiten heißt es in einem anderen Erlebnisbericht:

»Die betreffenden Einheiten setzten sich zusammen aus „Mischlingen" und „Wehrunwürdigen". Letztere wieder zum größten Teil aus politisch Vorbestraften und einem geringen Teil Krimineller. Die Behandlung von seiten der Vorgesetzten war dementsprechend. Unsere sogenannten Vorgesetzten waren „altbewährte Frontführer" und Trupp- sowie Obertruppführer, auch einige darunter, die von der SS zwecks „besserer militärischer Erziehung" von der OT übernommen worden sind.«

In Frankfurt (Oder) lag das „Landesschützenbataillon 438". Hier wurden Widerstandsaktionen von einzelnen Gruppen durchgeführt. So hat (nach vorliegenden brieflichen Berichten. D. Red.) ein deutscher Soldat bewußt falsche Angaben gemacht, um einen russischen Kriegsgefangenen vor dem Todesurteil zu retten. Es wurden ferner die Kriegsgefangenen unterstützt, systematisch Pässe gefälscht und Eintragungen in den Gesundheitsbüchern geändert. Später wurden in einer Ziegelei in Strehpanz 600 Kriegsgefangene, Franzosen, Serben und Russen, deren Vernichtung eine benachbarte SS-Abteilung plante, durch verschiedenartige Manöver der SS entrissen. Bei diesem Kampf mit der SS fielen mehrere Landesschützen.

Ein ehemaliger Major, der „wegen staatsfeindlicher Äußerungen und politischer Unzuverlässigkeit" am 9. August 1944 verhaftet, vom Volksgerichtshof zum Tode verurteilt und später zu 8 Jahren Zuchthaus begnadigt wurde, berichtet von dem Oberstleutnant Tellgmann, der von Stalingrad im letzten Moment entkommen war und ein Regiment in Posen befehligte. Dort wurde er denunziert, er habe Zweifel an einem glücklichen Kriegsausgang geäußert. Er wurde nach Berlin gebracht und nach schwerer Mißhandlung am 26. Februar 1945 hingerichtet.

1943 bildete sich eine militärische Widerstandsgruppe bei der Panzer-Lehr-Division in Bergen/Belsen. Einige Unteroffiziere stellten die deutsche Verbindungsgruppe zu einer großen Kriegsgefangenenorganisation im Stalag XI B, die aus Franzosen, Russen und Engländern bestand und von den Franzosen Bonhomme und Lemisette geführt wurde. Wir folgen einem Bericht (der abschriftlich vorliegt. D. Red.):

»Es wurden vor allen Dingen Nachrichtenmittel und Waffen gebraucht. Während dieser Zeit waren wir vom OKH beauftragt, die bekannte Panzer-Lehr-Division aufzustellen. Bei der Geräteanforderung gelang es, die zu benötigende Anzahl zu erhöhen und an X. ein komplettes Funkgerät zu liefern. Schwieriger war es mit der Beschaffung von Verpflegung, da dafür ein Stabszahlmeister zuständig war bzw. gegenzeichnen mußte. Daher gelang es nur einige Male, zusätzliche Verpflegung in das Lager zu schaffen. Hin und wieder meldete sich bei mir in Bergen ein Mann und übergab mir einige Pakete mit dem Bemerken, ich möchte sie an X. weiterleiten, es seien Stoffmuster darin; nach Möglichkeit solle ich sie persönlich abgeben. X. habe darum gebeten. Da mir irgend etwas komisch an der Sache vorkam, brachte ich die Pakete persönlich durch ein Kurierfahrzeug nach Fallingbostel. X. öffnete sie in meinem Beisein, und es kamen Flugblätter und Zeitschriften in verschiedenen Sprachen zum Vorschein. Durch die ebenfalls bekannte Edelweiß-Bewegung, mit der er in Verbindung stand, hatte er sich dieselben besorgen und an meine Adresse zustellen lassen. Die Schriften wurden in Hannover hergestellt, und zwar von Soldaten der Wehrkreisdruckerei.

Das Stalag XI B enthielt ungefähr 40000 Kriegsgefangene, meistens Franzosen, Russen und Engländer. Die Bewachungsmannschaften mußten von uns gestellt werden; ich suchte mir daher besonders zuverlässige und mir zu Dank verpflichtete Leute heraus und schärfte ihnen ein, daß die Gefangenen anständig zu behandeln seien. Natürlich gab es auch verschiedentlich kritische Augenblicke bei unserem Beginnen — unser Leben setzten wir ja bei den damals bestehenden Bestimmungen täglich aufs Spiel —, aber sie wurden überwunden. Vielen Gefangenen wurde durch unsere Arbeit zur Flucht verholfen.«

Im Lager II Papenburg, Aschendorfer Moor, befanden sich am 10. April 1945 nicht weniger als 2600 Gefangene, Soldaten aller Wehrmachtsteile. Unter ihnen gab es vom Rekruten bis zum Major jeden Dienstgrad. Sie waren in den meisten Fällen wegen Zersetzung der Wehrkraft, Fahnenflucht, Hochverrats, Befehlsverweigerung verurteilt. Von diesen wurden (nach den Berichten eines Überlebenden) etwa 500 wieder an die Front gebracht, ein kleiner Teil konnte flüchten. Bei einer Durchzählung blieben in den letzten Kriegstagen nur noch 760 Mann. (Bericht eines ehemaligen Gefangenen, der vorliegt. D. Red.)

Es gab auch politische Wehrmachts-Gefangenenlager, so z. B. das Lager Süder-Omme in Nordjütland, unter dem Namen „Strafvollstreckungszug der 233. Res. Pz. Div.“. Es umfaßte etwa 200 Soldaten, die wegen illegaler Haltung, Zersetzung der Wehrkraft, Meuterei, Fahnenflucht usw. inhaftiert worden waren. Die Behandlung war äußerst rauh. Nach Monaten qualvollster Existenz wurden die Überlebenden zur Feindbewährung in Straf- oder Bewährungseinheiten abgestellt, wo sie Minen suchen, Leichen bestatten und Bomben entschärfen mußten. Hier endeten sehr viele durch explodierende Minen, detonierende Blindgänger oder durch Erschießungen.

Eine illegale Widerstandsgruppe wurde im Januar 1945 zu schwersten Strafen verurteilt. Die Leitung der militärischen Gruppe bestand aus zwei Obergefreiten und einem Unteroffizier. Den drei Angeklagten wurde vorgeworfen, die Organisation „Münchner Reiter“ gegründet und geleitet zu haben. Von einem der Angeklagten wurde erschwerend festgestellt, daß er ein Jahr lang dem illegalen nationalsozialistischen Soldatenring angehört habe. In der Gruppe betätigten sich etwa 20 Männer und Frauen. Die Gruppenbildung fand etwa 1943 statt.

Eine weitere militärische Gruppe stand am 26. Oktober 1944 vor Gericht.

Es waren der 30jährige Feldwebel Cäsar Horn und vier Soldaten. (Akten liegen abschriftlich vor. D. Red.)

Das Urteil gegen Horn lautete:

»... Im Namen des deutschen Volkes!

In der Strafsache gegen
den bisherigen Feldwebel Cäsar Horn aus Berlin, geboren am 18. Mai 1914 in Berlin,

wegen Vorbereitung zum Hochverrat,
zur Zeit in dieser Sache in Haft,
hat der Volksgerichtshof, 1. Senat, auf die am 8. Januar 1945 eingegangene Anklage des Herrn Oberreichsanwalt in der Hauptverhandlung vom 23. Januar 1945, an welcher teilgenommen haben

als Richter:
Landgerichtsdirektor Stier, Vorsitzender,
Landesgerichtsdirektor Dr. Schlemann,
Generalmajor der Landespolizei a. D. Meißner,
NSKK-Obergruppenführer Jahn,

als Vertreter des Oberreichsanwaltes:
Erster Staatsanwalt Wittmann,

für Recht erkannt:
Der Angeklagte Cäsar Horn, ein ehemaliger Feldwebel, stand Mitte 1944 mit einer kommunistischen Organisation in Verbindung, nahm mit verschiedenen leitenden Funktionären Treffs wahr, auf denen ... über organisatorische Fragen gesprochen wurde, und führte ihnen einen Gesinnungsgenossen zu.

Hierdurch hat er sich der Vorbereitung des Hochverrats und der Feindbegünstigung schuldig gemacht.

Für immer ehrlos wird er zum Tode verurteilt ...«

Aus der Begründung ist folgendes ersichtlich:

»... Der 30jährige Angeklagte Cäsar Horn, der aus sehr ärmlichen Verhältnissen stammt, war nach dem Besuch der Volksschule zunächst Bote. Im Laufe der Zeit arbeitete er sich durch Besuch einer kaufmännischen Privatschule und sodann der Volkshochschule zum kaufmännischen Angestellten empor. Schon in frühester Jugend kam er mit politisch links eingestellten Personen in Berührung. Er wurde Mitglied der sogenannten „Kinderfreunde". Über den Reichspfadfinderbund kam er später zum Arbeitersportverein „Fichte". Von Herbst 1933 bis zum März 1934 betätigte er sich unter dem Decknamen „Cäsar" in der illegalen Organisation der „Roten Kampfgemeinschaft". Geraume Zeit, bevor er wegen dieses hochverräterischen Unternehmens dann am 23. Januar 1936 durch den 4. Strafsenat des Kammergerichts — 7a O Js 198/35 — eine Strafe von 1 Jahr 6 Monaten Gefängnis erhielt, wurde er jedoch auf Grund der Bekanntschaft mit einem jungen, nationalsozialistisch eingestellten Mädchen politisch andern Sinnes. Er löste seine Verbindung zur „Roten Kampfgemeinschaft" und meldete sich im Februar 1935 freiwillig zum Arbeitsdienst, aus dem er im September 1935 mit einem hervorragenden Zeugnis des Arbeitsdienstlagerführers ausschied. Nach Verbüßung der angeführten Strafe ließ er sich vor diesem Kriege in einer Sonderformation des Heeres einstellen. Den erschwerten Dienst in dieser Einheit erfüllte er restlos, so daß er nach fünf Monaten zum Infanterieregiment 67 in Spandau versetzt wurde. Mit dieser Truppe nahm er nach Ausbruch des Krieges am Polenfeldzug, am Westfeldzug und am Kampf gegen die Sowjetunion teil, wurde zweimal verwundet und mit dem EK II. Klasse, dem Infanteriesturmabzeichen und dem Schwarzen Verwundetenabzeichen ausgezeichnet. Anfang 1943 erfolgte seine bevorzugte Ernennung zum Feldwebel. Wegen Lungenerkrankung war er bis zu seiner am 20. Juli 1944 erfolgten Festnahme in Lazarettbehandlung. Gleichwohl tat er, soweit es der Gesundheitszustand zuließ, Dienst als Ausbilder beim Ersatzbataillon in Spandau . . .

Horn ist mit der Kriegerwitwe Köller am Tage seiner Verhaftung die Ehe eingegangen. Aus dieser ist ein Kind im jetzigen Alter von sechs Monaten hervorgegangen . . .
Bei dem Angeklagten Horn handelt es sich um einen Menschen, der nach seiner politischen Vergangenheit noch nach der Machtergreifung im kommunistischen Lager gestanden und sich dort aktiv betätigt hat. Wohl hat er sich in der Folgezeit innerlich gewandelt und hat in diesem Kriege an der Front ehrenvoll für das Reich gekämpft . . .

Um des Schutzes von Volk und Staat willen und zur Sühne der schweren Verratstat mußte Horn zum Tode verurteilt werden. Entsprechend hat der Senat erkannt. Da sich der Angeklagte der Ehrenrechte eines deutschen Volksgenossen für immer als unwürdig erwiesen hat, waren ihm diese auf Lebenszeit abzuerkennen (§ 32 StGB).

Nach dem Gesetz hat der Angeklagte als Verurteilter die Kosten zu tragen.

gez. Stier   Dr. Schlemann«

Über die „Freiheitsaktion FAB", eine größere Organisation in Bayern, teilt ein Originalbericht (von Dr. Gerngross unterschrieben) mit:

»Die „Freiheitsaktion FAB" wurde von Dr. Ruprecht Gerngross geleitet. Gerngross, damals Oberleutnant, war anfangs 1942 Chef der Dolmetscherkompanie im Wehrkreis 7. Mit seiner Dolmetscherkompanie hatte er sich allmählich einen Kristallisationskern geschaffen, um den sich Einheiten, Gruppen und Einzelpersonen sammeln konnten. Nach der Hinrichtung Sperrs im Zuge des 20. Juli fehlte einer der wichtigsten Männer der FAB. Dagegen waren die Lehren des 20. Juli eindringlich. Man beschloß, keine halben Sachen zu machen, geplante Attentate mußten durch direkte Angriffe durchgeführt werden.

Vor allem wurde die Auffassung Gerngross' und Leilings bestätigt, daß nicht ein Staatsstreich von Offizieren, sondern nur eine auf breiterem Boden stehende Bewegung den tragfähigen Untergrund für eine Erneuerung abgeben könnte. Gerngross und Leiling begannen planmäßig die Organisierung des aktiven Widerstandes. Die zivilen Gruppen wurden auf das Stichwort „Leonrod III" eingespielt. Einzelne Mitglieder wurden in Nazi-Organisationen geschickt, um Informationen zu sammeln. Eine regelmäßige Verbindung mit der Schweiz wurde hergestellt, ebenso wurden Verbindungen zu den Kriegsgefangenenlagern in einigen Städten, z. B. Steinburg und Moosburg, aufgenommen, desgleichen zu dem polnischen Offiziersgefangenenlager in Murnau. Ferner wurden die einzusetzenden Truppen für die besonderen Aufgaben ausgebildet. Die Befreiung der Häftlinge in Dachau sollte mit der beabsichtigten Aktion Gerngross synchronisiert werden. Hauptmann von der Tann hatte die Befreiung der Häftlinge vorbereitet. Am 28. April 1945 wurde die Aktion durchgeführt. Zweck des Unternehmens war, dem Ausland zu zeigen, daß es noch ein anderes Deutschland gab als das nazistische. Außerdem sollte dem eigenen Volke der Glaube an seine Kraft zurückgegeben werden. Den Aufstand früher durchzuführen, hätte die Gefahr eines neuen Warschau heraufbeschworen. Die alliierten Truppen wurden von der bevorstehenden Aktion auf verschiedenen Funkwegen verständigt. Man bat, die Bombardierung Münchens einzustellen, da hierdurch die Vorbereitungen unmöglich gemacht wurden, und in der Tat hörten die Luftangriffe auf. Das Unternehmen selbst war folgendermaßen:

Ein Sturmzug des Bataillons 61 wurde auf den Befehlsbunker in Pullach angesetzt, um dort den damaligen Oberbefehlshaber in Süddeutschland, General von Westphal, gefangenzunehmen. Ferner wurden die Befehlsstellen des Gauleiters angegriffen. Ebenso sollte Reichsstatthalter Epp abgeholt und zu den Alliierten gebracht werden. Die Nachrichtenzentralen, die Sender und Zeitungen und alle wichtigen Dienststellen sollten besetzt und die Fabriken in Verteidigungsbereitschaft gesetzt werden. Die Aktionen verliefen im wesentlichen erfolgreich. Es gab teilweise harte Kämpfe mit SS-Einheiten. Gerngross und Leiling fuhren mit Bewaffneten und einem entkommenen amerikanischen Leutnant auf den Schorner Hof des Reichsstatthalters Epp und überredeten ihn mitzukommen. Die Verhandlungen mit Epp verliefen später ergebnislos, er kehrte auf den Schorner Hof zurück und wurde von den Nazis gefangengenommen.

Nach der Besitzergreifung der Sender verkündete Hauptmann Gerngross über den Sender München die zehn Punkte der FAB und gab das Stichwort „Fasanenjagd“ (Jagd auf die braunen Fasanen). Dann forderte er das Volk zum Kampf auf. Leiling sprach auf englisch die Alliierten an und gab das Stichwort für die zivilen Gruppen in den bayrischen Dörfern: „Leonrod III“. In vielen Ortschaften machte sich die FAB selbständig, und zwar in Zusammenarbeit aller Kreise, vielfach der Pfarrer, der Bauern und Arbeiter. Sie enthob die Nazibonzen ihrer Ämter, verhinderte Plünderungen und sorgte für Ordnung. In großen Teilen Münchens wurden weiße Fahnen gehißt. Eine Division der Wehrmacht legte auf den Aufruf der FAB hin die Waffen nieder, und die alliierten Truppen konnten ohne Blutvergießen und ohne Zerstörungen München nahezu kampflos nehmen. Die FAB kann für sich in Anspruch nehmen, viel Blut auf beiden Seiten gespart und Zerstörung und Ruinen verhindert zu haben.«

In Garmisch-Partenkirchen existierte (nach Berichten, die abschriftlich vorliegen. D. Red.) eine militärische Widerstandsgruppe. Ihr Leiter war ein Oberleutnant und Bataillonsadjutant, der nach dem 20. Juli seine Heimat vor der Katastrophe retten wollte. Bereits im Frühjahr 1943 war von verschiedenen Offizieren und Soldaten der Versuch gemacht worden, eine Widerstandsgruppe ins Leben zu rufen. Kontakt zur Münchner Widerstandsgruppe Prof. Hubers bestand durch einen Münchner Studenten. Auch mit einer Widerstandsgruppe an der Technischen Hochschule München hatte man Fühlung. Später gelang eine Verbindung mit Aktivisten im Generalkommando des 7. Armeekorps in München, mit denen folgender Plan vereinbart wurde: Südbayern sollte sich mit Hilfe der dem Generalkommando unterstellten Truppenverbände unter Führung des Generals Kriebel von der NS-Herrschaft befreien und durch eine kampflose Kapitulation dem Krieg in Bayern ein Ende bereiten. Da die NS-Führung den Krieg im Gebiet der bayrisch-österreichischen Alpen bis zuletzt fortsetzen wollte, nahm das Werdenfelser Land eine Schlüsselstellung in diesem geplanten Kampfzentrum ein. Die Widerstandsgruppe verhinderte die vorgesehene Bewaffnung des Garmischer Volkssturms, indem sie beispielsweise 2000 bereitliegende Panzerfäuste unbrauchbar machte. Die Organisierung einer Werwolfbewegung wurde durch passiven Widerstand verhindert. Als sich die Gruppe Süd der Reichsregierung in Garmisch niederließ und rund 700 Mann SD in Oberammergau lagerten, begann der Kampf um das Garmischer Jägerbataillon, das inzwischen in aller Stille zu einer erheblichen und ziemlich zuverlässigen Truppenmacht angewachsen war. Gauleiter Giessler wollte das Bataillon, als SS-Verband eingekleidet, nördlich der Donau einsetzen, man stellte jedoch nur zwei Kompanien ab, leitete sie fehl und holte sie schließlich wieder nach Garmisch zurück. So blieb das Bataillon in Garmisch und konnte eine Verteidigung des Ortes durch die SS verhindern. Schließlich setzte die Widerstandsgruppe die kampflose Kapitulation des Garmischer Gebietes durch. Diese Widerstandsgruppe hat eine große Zahl Menschenleben gerettet.

Dr. Arnold Hille schreibt (in einem Artikel der „Neuen Zeitung" 1952):

»Ich habe viel Grausamkeit und Elend kennengelernt, aber ich hatte bisher noch keinen Einblick in die Einzelheiten, die sich bei den Kriegs- und Sondergerichten der deutschen Wehrmacht abspielten. Bisher habe ich noch nicht gehört, daß von irgendeiner Seite versucht worden ist, an Hand von Dokumenten zu beweisen, wie viele Soldaten sich weigerten, diesen oder jenen Befehl, der gegen ihre Moral und Weltanschauung ging, auszuführen, und dieserhalb lieber den Tod auf sich nahmen.«

Der Aufsatz von Dr. Hille berichtete von einem Fall, in dem zwei einfache Soldaten den Gehorsam vor dem sittlichen Gesetz über den Kadavergehorsam stellten und diese Entscheidung mit dem Tode bezahlten. Dr. Hille fährt fort:

»Die Akten der Versorgungsämter gewähren nicht nur einen Einblick in eine Zeit der Rechtlosigkeit und Gewalt, sondern sie offenbaren uns auch die Größe, von der niemand berichtet, nicht, weil die Opfer tot sind, sondern weil das Leid der Hinterbliebenen wortlos ist, und weil echtes Leid wohl überhaupt kein Aufhebens macht.

Der Brief des Bauernsohnes X. vom 3. Februar 1944, den ein Standortpfarrer den Eltern übermittelte, lautet:

„Liebe Eltern! Ich muß Euch traurige Nachricht mitteilen, daß ich zum Tode verurteilt wurde, ich und Gustav G. Wir haben es nicht unterschrieben zur SS, da haben sie uns zum Tode verurteilt. Ihr habt mir doch geschrieben, ich soll nicht zur SS gehen, mein Kamerad Gustav G. hat es auch nicht unterschrieben. Wir beiden wollen lieber sterben, als unser Gewissen mit so Greueltaten beflecken. Ich weiß, was die SS ausführen muß. Ach, liebe Eltern, so schwer es für mich und für Euch ist, verzeiht mir alles, wenn ich Euch beleidigt habe, bitte verzeiht mir und betet für mich. Wenn ich im Kriege fallen würde und hätte ein böses Gewissen, das wäre auch traurig für Euch. Es werden noch viele Eltern ihre Kinder verlieren. Es fallen SS-Männer auch viel. Ich danke Euch für alles, was Ihr mir seit meiner Kindheit Gutes getan habt, verzeiht mir, betet für mich . . .“
Diese Helden — und es sind deren nicht wenige, legen Zeugnis davon ab, daß es auch ein Soldatentum gab, von dem solche Leute wie Remer weltweit entfernt sind. Es waren jene Männer, die sich der Verpflichtung, Soldat zu werden, nicht entzogen, aber in dem Augenblick, wo es darauf ankam, sich lieber für ihren eigenen Tod entschieden, als einer Sache zu dienen, von der sie annahmen, daß sie mit den Moralgesetzen, unter denen sie groß geworden waren, nicht in Einklang zu bringen sei. Man sollte ihnen Denkmäler errichteten.«

Die „Deutsche Volkszeitung“, Berlin, brachte am 6. September 1945 folgenden Artikel:

»Spandau ist den Angehörigen der deutschen Wehrmacht ein grauenhafter Begriff geworden. In der dortigen Murellenschlucht war ein Schießstand . . .

Dort wurden die Todesurteile gegen die Wehrmachtsangehörigen vollstreckt. Fliegende Standgerichte des Befehlshabers im III. Wehrkreis sorgten dafür, daß der Sand in der Murellenschlucht nicht trocken wurde. So oft wiederholten sich dort die blutigen Dramen, so groß waren die Anforderungen von Exekutivkommands, daß der Wehrmachtsstandortälteste Spandau sich wegen Überlastung beschwerdeführend an die Wehrmachtkommandantur Berlin, Abteilung IIa, wandte. Er erhielt folgende vielsagende Antwort:

„Wehrmachtkommandantur Berlin Berlin NW 7, den 21. Februar 1945
Abt. II a

Betr.: Erschießungen (Todesurteile Standgericht).

An Wehrmachtsstandortältesten Spandau.

Dem Herrn Wehrmachtskommandanten ist die dortige Bitte, die Hauptmann X. fernmündlich vorgebracht hat, eingehend vorgetragen worden. Herr General weist darauf hin, daß der Standort Spandau über 12000 Soldaten verfügt und sehr wohl in der Lage ist, täglich, auch trotz Übungen des Verteidigungsabschnitts, Exekutivkommandos zu stellen. Gleichwohl ist Herr General bereit, nach einiger Zeit auch das Wachbataillon Großdeutschland heranzuziehen. Im Augenblick geht dies noch nicht. Spandau muß daher bis auf weiteres die Kommandos stellen. Es wird versucht werden, nach Möglichkeit nicht jeden Tag eine Exekution stattfinden zu lassen, sondern die Erschießungen zusammenzufassen.

I. A. gez. Unterschrift Major."

Täglich Erschießungen; auch noch nach dem Brief der Wehrmachtkommandantur. In der Murellenschlucht standen Soldaten am Richtpfahl, Unteroffiziere, Generäle. Am 6. Februar 1945 starb dort der General der Flieger Waber neben dem Kraftfahrer Ingenhaag zusammen mit sechs anderen Offizieren, zwei Unteroffizieren und fünf Soldaten. Vier Tage vorher war der Generalleutnant Ziehlberg am selben Richtpfahl unter deutschen Kugeln zusammengesunken.

Das grausigste uns vorliegende Dokument ist aber wohl der Befehl, den ein Major von der Wehrmachtkommandantur Berlin fernmündlich an den Wehrmachtstandortältesten in Spandau erteilte und in dem die Hinrichtung von sechs Soldaten schon befohlen wurde, ehe überhaupt das Urteil gefällt war:

„Wehrmachtsstandortältester
Standortbezirk Spandau
Az.: 14p

Berlin-Spandau, den 17. Februar 1945
Eilt sehr!

Bezug: Durch W. Kdtr. Bln., Major X.,
heute fernmdl. erteilter Befehl.

Betr.: Vollstreckung von Todesurteilen am Sonntag,
dem 18. 2. 45, 10 Uhr
Dem
G.E. u. A.B. 67 über G.E. u. A.R. 523.

Das Fliegende Standgericht des Kommandierenden Generals und Befehlshabers im Wehrkreis III verurteilt heute wahrscheinlich sechs Soldaten zum Tode durch Erschießen.

Unter Hinweis auf W. Stoä. Spandau, Nr. 391/44 geh., vom 8. 11. 44 wird das Bataillon beauftragt, die Todesurteile am 18. 2. 45, 10 Uhr, auf dem Hinrichtungsstand in der Murellenschlucht zu vollstrecken.

Hierzu stellt das Bataillon 1 Offizier als Führer des Exekutivkommandos, ein Exekutionskommando in Stärke von 1 Uffz. und 8 Mann und 2 Mann, die die Verurteilten an den Richtpfählen festbinden.

Oberarzt Dr. Y., G.E. u. A.B. 309, wohnt der Vollstreckung bei.

Die Särge sind durch das Bataillon zu beschaffen und die Bestattungsscheine von dem bei den Erschießungen anwesenden Urkundsbeamten zu empfangen.

Die Leichen sind sofort nach der Vollstreckung auf den besonderen Friedhof auf dem Hahneberg zu überführen und dort mit den Bestattungsscheinen dem Vertreter des W. Stoä. einzeln unter Namensnennung zu übergeben.

Vollzugsmeldung an W. Stoä. I. A. gez. Unterschrift."«

Der 26jährige Rolf Zimmermann wurde, wie seine Schwester Lilo in einem Brief berichtet, 1938 von der SS nach Dachau eingezogen. Nach vierzehntägigem Dienst stürzte er sich am ersten Urlaubstag aus dem Fenster des Bahnhofshotels Wolff in München, weil er „seine Menschlichkeit nicht verraten wollte". —

Die obere Linie

Die „obere Linie" der militärischen Opposition bezeichnet jenen Bereich, wo man die Macht und die Möglichkeit hatte, den Aufstand gegen Hitler auszulösen. Der Versuch ist mehrfach unternommen, das Signal, das den Umsturz abrollen lassen sollte, mehrfach — mindestens sechsmal — gegeben worden.

1. Vor dem ersten Chamberlain-Besuch; 2. unmittelbar vor München (zu beiden: Peter Bor, „Gespräche mit Halder", S. 121f.; Rothfels, a. a. O., S. 73ff.; Gisevius, a. a. O. II, S. 64ff.; Schlabrendorff, a. a. O., S. 47ff., u. a.); 3. im November 1939 (A. W. Dulles, a. a. O., S. 76; Gisevius, a. a. O. II, S. 154ff.); 4. beim Tresckow-Attentat vom 13. März 1943 (Schlabrendorff, a. a. O., S. 112ff.); 5. beim Zeughaus-Attentat (Schlabrendorff, a. a. O., S. 123; Pechel, a. a. O., S. 161ff. und Bericht von General von Gersdorff, siehe S. 160ff.); 6. beim 20. Juli.

Daß der Erfolg ausblieb, macht das Schicksal des deutschen Volkes nur noch tragischer, dunkler und undurchdringlicher.

Der durch die „obere Linie" abgezirkelte Bereich ist durch eine umfangreiche Literatur in der Öffentlichkeit ausführlich bekannt geworden. Er wird daher an dieser Stelle kurz und referierend behandelt und nur dort näher dargestellt, wo bisher nicht bekanntes Material eine andere Akzentuierung erlaubt. Zum Teil ist solches Material schon in anderen Kapiteln (siehe S. 100 und S. 130) erörtert worden.

Es muß aber bemerkt werden, daß die historische Forschung besonders über eine Reihe der hierher gehörenden Vorgänge noch keine Klarheit erzielen konnte.

In diesem Bereich lassen sich chronologisch drei Phasen unterscheiden. Erstens: Der Widerstand mit dem Ziel eines sofortigen Umsturzes. Zweitens: Die Zeit der vorbereitenden Planung für den Tag der „Initiallösung" („Große Organisation"). Drittens: Die Ära Stauffenberg.

Der Widerstand des Generalstabes des Heeres ist von Schlabrendorff, Halder und Gisevius beschrieben worden. (Vgl. auch Weizsäcker: „Erinnerungen", München 1950, S. 174; Kordt: „Wahn und Wirklichkeit", Stuttgart 1947, S. 110.) Er wurde akut mit einem Befehl Hitlers, der mit dem Satz beginnt: „Es ist mein unabänderlicher Entschluß, die Tschechoslowakei in absehbarer Zeit durch eine militärische Aktion zu zerschlagen", und durch die Weigerung des Generalobersten Beck, damals Chef des Generalstabes, die Vorbereitungen zu treffen (Bericht a. a. O., S. 118). Festgehalten zu werden verdient folgende schriftliche und amtliche Feststellung Becks, die er niederlegte, als er von seinem Posten zurücktrat (Schlabrendorff, a. a. O., S. 48): „Um unsere Stellung den Historikern gegenüber in der Zukunft klarzustellen und den Ruf des Oberkommandos sauber zu halten, wünsche ich als Chef des Generalstabes zu Protokoll zu geben, daß ich mich geweigert habe, irgendwelche nationalsozialistischen Kriegsabenteuer zu billigen. Ein endgültiger deutscher Sieg ist eine Unmöglichkeit." [21]

Der Widerstand des Generalstabes gipfelte in einigen dramatischen Anläufen, das Hitlerregime zu stürzen.

Die ersten beiden scheiterten anscheinend an der Intervention des britischen Premiers, Chamberlain, in Berchtesgaden resp. an der vermittelnden Konferenz zu München. Halder, Nachfolger Becks als Chef des Generalstabes, hatte bereits in Zusammenarbeit mit der Opposition des Auswärtigen Amtes die Direktiven zum Umsturz gegeben. Die letzte — wie berichtet wird, sogar am besten vorbereitete — Aktion, Anfang November 1939, brach mit den Nerven des führenden Generals zusammen. Dieser General — nach der Darstellung von Gisevius offenbar Brauchitsch, die anderen Quellen nennen seinen Namen nicht — soll die Aufgabe gehabt haben, Hitler vom Plan, in Holland und Belgien einzufallen, abzubringen; Hitlers Festhalten an seiner Absicht hätte dann den Umsturz auslösen sollen: Verhaftung Hitlers und seines Stabes im Hauptquartier Zossen und Marsch auf Berlin. Der betreffende General hat anscheinend in einer Unterredung mit Hitler den Eindruck gewonnen, als habe dieser von den Umsturzplänen durch Verrat Kenntnis erhalten, und dieser Eindruck habe zu einer Krise der Generäle geführt, die daraufhin ihre Pläne aufgaben.

Als „Große Organisation" sei hier das Netz von Gruppen und Organisationen bezeichnet, das durch die Gruppe Oster als „Geschäftsführende Zentrale" zusammengehalten und aktionsfähig wurde.

Ein Kreis um Canaris und Oster mit dem Schwergewicht in der Amtsgruppe Abwehr/Ausland verfolgte nunmehr unabhängig das Ziel eines Umsturzes.

Allerdings galten die Bemühungen in erster Linie nicht der Durchführung eines Umsturzes bzw. eines Attentats auf Hitler. Man war nach dem unerwartet erfolgreichen Frankreichfeldzug der Meinung, erst einen psychologisch günstigen Augenblick für ein derartiges Vorhaben abwarten zu müssen. Man glaubte, daß erst ein militärischer Rückschlag in breiteren Schichten des Volkes Verständnis für die Notwendigkeit eines Staatsstreiches wecken würde. Zudem hatte die Rückschau auf die Pläne vom November 1939 die Erkenntnis hervorgerufen, daß zwar die Maßnahmen für das Attentat durchdacht waren, daß man aber keine Vorbereitungen zu der politischen Neuorganisation Deutschlands nach einer Beseitigung Hitlers getroffen hatte.

Die „Große Organisation" legte daher in dieser Situation das Hauptgewicht ihrer Bemühungen auf die vorbereitende Planung für den Tag nach der „Initiallösung" des Attentates. Erst mit der Katastrophe von Stalingrad rückte das Attentat wieder in den Vordergrund aller Überlegungen. (Hierzu siehe die angezeigte Literatur, außerdem liegt unveröffentlichtes Material fotokopiert vor. D. Red.)

Diese „Große Organisation" scheint in ihrer vollen Entfaltung nur vom Winter 1941/42 bis zum 5. April 1943 bestanden zu haben. Das Datum ihres Endes ist jedenfalls genau bekannt. An diesem Tage wurde die Gruppe Oster zerschlagen und die Abwehr schließlich im Februar 1944 dem RSHA kurzerhand eingegliedert. Die „Geschäftsführende Zentrale" Osters, die unter dem Schutz des Admirals Canaris, Chef der Amtsgruppe Abwehr/Ausland, arbeitete — und wohl auch mit seiner Beihilfe —, unterhielt unmittelbare Verbindung zu General Olbricht, Chef des Allgemeinen Heeresamtes im OKW, zu Generaloberst Beck, der als zukünftiges Staatsoberhaupt ausersehen war, zu Goerdelers „Exilregierung", zum Ökumenischen Rat der Kirchen durch Dietrich Bonhoeffer, zum Vatikan durch Josef Müller, zum Kreisauer Kreis durch Helmuth von Moltke. Außerdem hatten Oster und Canaris ihre Kanäle zum Reichssicherheitshauptamt und zu Görings „Forschungsamt", wodurch sie jeweils rechtzeitig Kenntnis von den Absichten ihres „Feindes", der Gestapo, erhielten (siehe Bericht Huppenkothen, S. 131). General Olbricht wiederum hatte Verbindung mit General Henning von Tresckow, Chef des Stabes bei Generalfeldmarschall von Kluge (Heeresgruppe Mitte, Osten), der im Heere des Ostens ein Widerstandsnetz aufbaute (worüber noch berichtet wird). Die Generäle von Witzleben und von Hammerstein planten beide eine Sonderaktion gegen Hitler (Hammerstein zu Beginn des Krieges, Witzleben im Anfang des Jahres 1942), ohne allerdings zum Zuge zu kommen. Die Sozialdemokraten Leuschner, Haubach und Leber, Mitglieder der „Exilregierung", hatten Kontakt mit Widerstandsorganisationen der Arbeiterschaft.

Dieser weitreichende Komplex, der Teile der Arbeiterschaft, der Kirchen, Frontgeneräle des Ostens, Kräfte des Heimatheeres (durch Olbricht) und die „Exilregierung" zusammenfaßte und durch die „Geschäftsführende Zentrale" Osters aktionsfähig wurde, hat hier den Namen die „Große Organisation" erhalten. Die Bedeutung der „Großen Organisation" lag in der Koordinierung aller zu einem Umsturz notwendigen Teilaktionen. Zu einem Umsturz, der durch eine Aktion, sei es im Osten (von Tresckow), sei es im Westen (von Witzleben) ausgelöst werden sollte, gehörten eine Mitwirkung des Heimatheeres (Olbricht), eine Bereitschaft oder Mitwirkung der Arbeiterschaft (Leuschner und Leber), ein gleichzeitiges Stillehalten der Alliierten und die Vorbereitung zu Friedensverhandlungen mit ihnen (was über die Ökumene durch Bonhoeffer und über den Vatikan durch Josef Müller versucht wurde).

Die „Große Organisation" zerbrach, als am 5. April 1943 Hans von Dohnanyi, Dietrich Bonhoeffer und Josef Müller, die wichtigsten Mitglieder der Gruppe Oster, verhaftet wurden und Oster seines Dienstes suspendiert wurde (ihn zu verhaften, wagte man damals noch nicht). (Unveröffentlichtes Material liegt vor. D. Red.) Als dann vor dem 20. Juli 1944 Leber verhaftet wurde, zerriß damit eine wesentliche Bindung zur Arbeiterschaft. Andere führende Männer waren von der Verhaftung bedroht. Daß die Aktion dennoch geschah und damit der Widerstandswille wenigstens einmal sichtbar wurde, ist das Verdienst Stauffenbergs.

Die Ära Stauffenberg begann ungefähr ein halbes Jahr nach dem Ausfall der Gruppe Oster. Tresckow, der damals in Potsdam den Plan „Walküre" ausarbeitete (siehe S. 164), richtete an Olbricht die Frage, wer nun die Leitung der Aktion übernehmen solle. Olbricht wies auf Stauffenberg, der gerade zum Stab des Ersatzheeres kommandiert worden war. Von hier führt ein gerader Weg zum 20. Juli.

Dr. Josef Müller, später bayrischer Justizminister und bekannt als „Ochsensepp", tat Dienst in der Münchner Abwehr, unmittelbar für General Oster, Chef der Zentralabteilung der Abwehr in Berlin, in engem Kontakt mit Hans von Dohnanyi, der rechten Hand Osters. (Der folgende Bericht stützt sich vorwiegend auf unveröffentlichtes Material, das fotokopiert vorliegt. D. Red.)

Josef Müllers illegaler Auftrag lautete: Verbindung mit dem Vatikan halten (siehe S. 101), über den Vatikan die Möglichkeiten und Bedingungen für einen Frieden auskundschaften und festlegen. Die Bedeutung dieser laufenden Friedensverhandlung liegt auf der Hand:

Erstens: Die „Exilregierung" muß wissen, ob ein Sturz Hitlers auch außenpolitisch zum Ziel führt und ob die Alliierten während eines Staatsstreiches bereit sind, „stillezuhalten"; eine solche Zusicherung brauchen vor allem die den Staatsstreich ausführenden Generäle. (Als dann in Casablanca die „bedingungslose Kapitulation" proklamiert wurde, bedeutete diese Erklärung für die „Exilregierung“ einen harten Rückschlag, für Goebbels aber Wasser auf die Mühle. Erst später rangen sich die Militärs unter den Verschwörern zu dem Entschluß durch, daß das Hitlerregime auf jeden Fall fallen müsse, komme, was wolle. Niemand kann heute ermessen, wie schwer dieser Entschluß abgerungen wurde.) Zweitens aber wurden die Alliierten durch diese Friedensbemühungen davon unterrichtet, daß es unter dem Hitlerregime auch ein „anderes Deutschland“ gab, daß die NSDAP also nicht Deutschland war.

Eine der hervorragenden Leistungen Josef Müllers ist sein sogenannter X-Bericht. Wäre damals der Staatsstreich gelungen, so hätte Deutschland dank seines Mutes und seiner Umsicht wahrscheinlich die Grenzen von 1938 behalten.

Im Oktober 1942 wird ein Mitarbeiter der Abwehr verhaftet, der bei den Vernehmungen durch die Gestapo nicht schweigt. Was er aussagt, ist ungeheuerlich. Es ist so ungeheuerlich, daß es selbst der SS-Obergruppenführer Müller, Chef der Gestapo-Abteilung IV, nicht ganz glauben kann. Die Verhöre bringen folgendes ans Licht:

1. Die Verhandlungen Josef Müllers mit dem Vatikan.
2. Die Staatsstreichpläne von hohen Generälen in Verbindung mit der Abwehr.
3. Den Plan, das Führerhauptquartier durch ein bei Elbing stationiertes Panzerkorps überrennen zu lassen.
4. Den Attentatsplan Beppo Römers.
   (Beppo Römer war ein alter Freikorpsführer. Er war 1933 einige Monate im KZ. Nach dem Röhmputsch wieder verhaftet, wurde er im Columbia-Haus und in Dachau mißhandelt. Nach der Entlassung konspirierte er auf eigene Faust und trat in Verbindung zu Geheimrat Kuenzer vom Auswärtigen Amt, der zum Solf-Kreis gehörte. Mit den zu diesem Kreis gehörenden Dr. H. Mumm von Schwarzenstein und Nikolaus v. Halem bereitete er ein Attentat auf Hitler vor. Am 4. Februar 1942 wurde Beppo Römer verhaftet, kurz darauf Mumm von Schwarzenstein und Nikolaus v. Halem. Sie wurden gefoltert und hingerichtet.)

(Zur Beurteilung der Canaris-Literatur: Horst Tschentscher, „Journalisten schildern die Widerstandsbewegung“, in „Die Neue Furche“, 6. Jahrg. 1952, S. 351ff. D. Red.)

Dies scheint die Gelegenheit für die Gestapo zu sein, endlich die mißtrauisch beobachtete Abwehr auszuräumen und diesen Nachrichtenapparat der Wehrmacht unter die eigene Macht zu bekommen. Dohnanyi und Josef Müller werden verschärft beobachtet. Die Akten der bisherigen Untersuchung werden dem Oberstkriegsgerichtsrat Roeder zugeleitet. Es ist November 1942.

Aber die Abwehr wird gewarnt. Sie ist ja ein Nachrichtenapparat, und Oster hat die ihm nicht erlaubte „innere“ Abwehr gegen die Gestapo gut organisiert (in einem Abkommen zwischen Canaris und Heydrich wurden die Grenzen geregelt: die Gestapo erhielt den inneren Nachrichtendienst, die Abwehr den äußeren).

Hans v. Dohnanyi ist gläubiger Christ. Er ist ein feinnerviger, kluger, politischer Kopf, dessen Begabung sich schon früh durchsetzt. 1933 wird er persönlicher Referent des Justizministers Gürtner, wo seine Opposition beginnt. Noch sehr jung, wird er Reichsgerichtsrat; bei Ausbruch des Krieges kommt er in die Abwehr zu Oster. Er ist aber nicht nur Osters rechte Hand, sondern der politische Kopf der Abwehr. Er tritt zwar nicht in die „Exilregierung" ein, bleibt eher im Hintergrund, aber er arbeitet Pläne für den Staatsstreich aus und ist vor allem die außenpolitische Zentrale der Verschwörung innerhalb der Abwehr. Er unterstützt Josef Müller bei den Verhandlungen mit dem Vatikan, und er ist der Dirigent der Friedensfühler, die über die evangelische Geistlichkeit zur Ökumene unterhalten werden. So ist er also auch die politische Exekutive für die Widerstandsarbeiten beider Kirchen. Er schickt seinen Schwager, den Pastor Dietrich Bonhoeffer, nach Stockholm zu Verhandlungen mit dem Bischof von Chichester (Ende Mai 1942); er schickt ihn nach Genf zur Tagung der Ökumene; er schickt ihn nach Freiburg, wo eine Professorengruppe (siehe S. 101) ein Memorandum über die Stellung der Bekenntniskirche zum europäischen Wiederaufbau ausarbeiten soll, eine Schrift, die zur geistigen Untermauerung des Staatsstreiches beiträgt und die die Unterlage wird bei den Verhandlungen zwischen Goerdeler und den Kirchenführern (siehe auch S. 96).

Sein zweiter Schwager, Klaus Bonhoeffer, hat Fühlung mit den Sozialisten unter den Verschwörern; sein dritter Schwager, Dr. Schleicher, sitzt als hoher Beamter im Luftfahrtministerium. Das Haus Dohnanyis ist ein geistiges Zentrum des Widerstandes. Dort verkehrt auch der Oberregierungsrat Dr. Arvid Harnack.

Das alles ist der Gestapo bekannt. Am 5. April 1943 erscheint Hitlers berüchtigter juristischer Handlanger Roeder in Begleitung des Gestapo-Kommissars Sonderegger mit einem Haftbefehl gegen Dohnanyi bei Canaris. Canaris, der weiß, daß Oster und Dohnanyi gewarnt sind, führt beide zu Oster. Oster begreift sofort: „Wenn Sie Dohnanyi verhaften, dann verhaften Sie auch mich. Ich trage für alles, was Dohnanyi tut, die Verantwortung." (Näheres siehe auch S. 102.)

Unter dramatischen Umständen wird dann Dohnanyi von Roeder verhaftet, der außerdem für Oster Hausarrest verlangt. Dohnanyi wird sofort abgeführt, wenige Stunden später seine Frau und Bonhoeffer — und zugleich auch in München Josef Müller und dessen Frau. Bei Josef Müller findet man noch anderes Material: Pläne von den Bunkern des obersten Hauptquartiers zu Solln und Pullach, Stimmungsberichte von der Front, die ein Oberleutnant Breidbach „zur Übung" diktiert hat.

Roeder kann seine Arbeit beginnen. Er tut es mit der gleichen Brutalität, die er im Prozeß gegen Schulze-Boysen und Harnack und deren Gruppen erprobt hat, aber Dohnanyi und Müller halten weiterhin durch Kassiber Verbindung mit Oster und Canaris.

Aber wenn auch Roeder im Kampf gegen Canaris den kürzeren zieht — in einer auf Betreiben von Canaris stattfindenden Unterredung zwischen Keitel und Himmler wird der Prozeß als unpolitisch erklärt und nur als „Verfehlung" weitergeführt, wobei Müller freigesprochen, Dohnanyi aber ohne Prozeß weiterhin festgehalten wird —: im Frühjahr wird die Abwehr dem RSHA unterstellt, Canaris muß gehen, und nur die Abteilung III bleibt unter Oberst Hansen in der Hand des Heeres, allerdings als Teil des RSHA. Der Coup ist gelungen. Der schwere Schlag gegen die Front der Exilregierung hat getroffen — die Verbindungszentrale zwischen Militär und Zivil, zwischen Opposition und Ausland, die „Geschäftsführende Zentrale", ist zerstört.

Schon Ende Dezember 1941 trifft sich die „Exilregierung" im kleinen Kreis im Hause Hammerstein: Beck, Goerdeler, Pechel, W. v. Alvensleben und Hammerstein. Es wird folgender Beschluß gefaßt: Witzleben solle mit Truppen von Frankreich aus nach Deutschland einmarschieren und beim Betreten des deutschen Bodens mit einer Proklamation die vollziehende Gewalt übernehmen. Die Generäle des Ostens und der Heimat sollen sich anschließen. Die Proklamation wird von Goerdeler und Jessen verfaßt, von Pechel redigiert. Pechel reist nach Paris, unterrichtet den Adjutanten Witzlebens, der einen Vortrag im Stabe Witzlebens arrangiert. Alles funktioniert. Alle Fragen werden sorgfältig abgewogen. Die Panzertruppen Witzlebens genügen, Deutschland zu überrennen. Pechel sagt von der Westlösung: Sie habe „Hand und Fuß" gehabt. Dagegen stehen andere Urteile. Nach Gisevius (a. a. O. II, S. 218, 2. Auflage) verbat sich Witzleben derart unsubstantielle Vorschläge. Beck habe über diesen Plan nur gelächelt. Nur Hassell (S. 248) habe Falkenhausen von einer „Utopie" gesprochen.

Graf Waldersee will sich Zutritt zu Hitler verschaffen, damit Hitler durch ein Attentat beseitigt werde. England und Amerika werden wieder unterrichtet, um „stillezuhalten". Es ist Februar 1942. Pechel reist zurück, aber im März 1942 besucht ihn der Graf Schwerin in Berlin: Witzleben sei nach Frankfurt abgereist, er müsse noch vor dem Staatsstreich operiert werden. Man muß die Operation abwarten, da wird Pechel am 8. April 1942 verhaftet. Nun muß man weiterhin abwarten, ob durch die Verhaftung Pechels Zusammenhänge aufgedeckt werden. Während dieses Abwartens wird Witzleben seines Kommandos in Frankreich enthoben. Hatte Hitler wieder „geahnt"?

Nun werden die Männer an der Front unruhig. Es muß etwas geschehen. Wenn es die Heimat nicht schafft, dann muß die Front handeln (Schlabrendorff, S. 109ff., Dulles, S. 85ff.). Der Mann, der jetzt die Initiative ergreift, ist General Henning von Tresckow, Chef des Stabes der Heeresgruppe Mitte bei Generalfeldmarschall von Kluge. Er verabredet mit Beck, dem Chef des Widerstandes in der Heimat, und mit General Olbricht, dem Stabschef des Ersatzheeres in Berlin, eine allgemeine Gehorsamsverweigerung der Heeresgruppenführer. Das Heimatheer soll gleichzeitig unter Beck und Olbricht Berlin und die Schlüsselstellungen besetzen. Die Aktion soll von der damals schon eingeschlossenen 6. Armee bei Stalingrad eingeleitet werden. Die Generäle v. Seydlitz und v. Daniels sind bereit und versuchen schon seit Wochen, Generaloberst Paulus zur Gehorsamsverweigerung zu bewegen. Denn Paulus weiß ja, daß die Stalingradarmee täglich 120 t Munition braucht, aber nur 40 t bekommt; 60 t Benzin braucht, aber nur 10—20 t bekommt; 100 t Lebensmittel braucht, aber nur 20 t bekommt. Der sofortige Rückzug der Armee ist unbedingt nötig.

Aber Paulus kommt zu keinem Entschluß, und die 6. Armee gerät in Gefangenschaft. Die Aktion ist beendet. (Vgl. H. Selle: „Die Tragödie von Stalingrad", Historische Reihe der Forschungsgemeinschaft Nr. 4, Hannover 1948, 3. Auflage.)

Hierzu gehört ein Manifest, das nach der Schlacht von Stalingrad verbreitet worden sein soll. Es wird berichtet, daß eine Gruppe deutscher Generäle, die es unterzeichnet und sich von ihrem Eid losgesagt haben sollen, aus der Wehrmacht ausgestoßen und in Abwesenheit zum Tode verurteilt worden seien. Dieses Manifest sei mit allem Vorbehalt hier wiedergegeben:

„Noch nie hat ein Krieg so unsagbares Unglück über unser Vaterland gebracht. Die Stunde des Zusammenbruchs unter dem Ansturm der vereinten Gegner rückt immer näher. In diese Lage hat Adolf Hitler Deutschland geführt. Er hat unser Volk mit nationalen und sozialen Versprechungen betrogen. Nur durch eine gewaltige Aufrüstung beseitigte er die Arbeitslosigkeit. Wir aber sahen darin einen allgemeinen wirtschaftlichen Aufschwung. Wir ließen uns, wie schon damals, die gegen unser Volk begangenen Grausamkeiten gefallen, die Beseitigung von Recht und Gesetz, die Überheblichkeit gegenüber anderen Völkern, den Kampf gegen die Religion, die Korruption unter den Parteiführern. Im Taumel der ersten Erfolge erkannten wir nicht die schwere Gefahr der maßlosen Pläne Adolf Hitlers, uns in diesen unheilvollen Krieg hineinzuziehen. Wir sind getäuscht und mißbraucht worden. Wir waren seine blinden Werkzeuge und wurden schließlich seine Opfer." [22]

Nun will Tresckow ohne die andern handeln. Hitler soll das Hauptquartier Kluges besuchen. Dabei soll Kluge einen Streit mit Hitler provozieren. Das Kavallerieregiment unter Oberst v. Boeselager steht bereit, Hitler mit seinem ganzen Stab festzunehmen, und Kluge soll vorübergehend die Macht ergreifen. Aber Hitler verschiebt seinen Besuch, und Kluge wird schwach . . .

Tresckow beschließt, selbst ein Attentat auf Hitler auszuführen. Er verabredet mit Olbricht, daß sofort im Anschluß an das Attentat das Heimatheer Berlin, München, Köln und Wien gleichzeitig besetzen solle. Olbricht solle ihm Meldung geben, wenn dies vorbereitet sei. Er läßt sich bei der Abwehr eine passende Bombensorte beschaffen: Größe eines Buches oder einer Aktentasche, so daß ein kleines Haus vernichtet wird; Zeitzünder ohne Ticken. Mit solchen Bomben (es sind englische) macht Tresckow zahlreiche Proben; er stellt fest, daß der Zeitzünder mindestens zehn Minuten braucht und von der Witterung abhängig ist. Ende Februar 1943 meldet Olbricht, daß alles bereit sei.

Am 13. März 1943 sagt Hitler seinen Besuch bei Kluge in Smolensk an. Tresckow holt ihn vom Flugplatz ab, um ihm seine Aktentasche mit gezündeter Bombe in die Seitentasche des Wagens zu legen. Aber der mißtrauische und ahnungsvolle Hitler besteigt keine fremden Wagen; er hat seinen eigenen Wagen dem Flugzeug vorausgeschickt, und es gelingt Tresckow nicht, an den Wagen Hitlers heranzukommen. Nun bittet Tresckow einen Offizier aus dem Gefolge Hitlers, ob er nicht ein Paket mit Kognakflaschen seinem Freunde, dem General Stieff im Führerhauptquartier, auf dem Rückflug mitnehmen wolle. Der ahnungslose Offizier willigt ein, und Tresckow läßt durch Schlabrendorff beim Abflug das Paket Hitler ins Flugzeug legen. Das Paket enthält die gezündete Bombe. Schlabrendorff gibt das Stichwort über Gehre an Dohnanyi und Oster. Hitlers Flugzeug ist zwar gepanzert und geschottet, aber die Wirkung der Bombe ist so stark, daß sie trotzdem das Flugzeug zerfetzen wird. Tresckow informiert auch Kluge und wartet nunmehr auf Nachricht. Aber nach zwei Stunden hört er, daß Hitler in seinem Hauptquartier eingetroffen ist. Das Flugzeug ist also nicht abgestürzt. Schlabrendorff fliegt sofort zum Führerhauptquartier mit zwei richtigen Kognakflaschen, und es gelingt ihm, das Bombenpaket gegen die Kognakflaschen auszutauschen, bevor irgendein Verdacht aufkommt. Er öffnet in seinem Versteck das Paket, nimmt den Zünder heraus und stellt fest, daß zwar die Zündung nicht versagt, aber das Zündhütchen nicht durchschlagen hat. Einer der aktivsten Generäle der Widerstandsgruppe, General Thomas, zieht sich daraufhin von der Aktion zurück.

Aber Tresckow gibt nicht auf. Wenn es die Bombe nicht tut, dann muß man zur Pistole greifen. Einer allein kann das nicht machen, weil Hitler immer von schwerbewaffneter und beobachtender SS umgeben ist. So verabredet er mit einer Gruppe von Offizieren seines Stabes, v. Kleist, v. Voss, Eggert, v. Breitenbach, v. Boddien, Schlabrendorff und v. Boeselager, beim nächsten Besuch Hitlers einen gemeinsamen Feuerüberfall auf ihn zu machen. Aber Hitler kommt nicht mehr . . .

Nun plant Tresckow, Hitler bei einer Lagebesprechung aufzusuchen, mit der Bombe in der Aktentasche, um das Attentat auf dieselbe Weise auszuführen, wie es später Stauffenberg getan hat. Aber Tresckow wird nicht zu einer Lagebesprechung zugelassen.

Tresckow ist gut bekannt mit dem Chefadjutanten Hitlers, dem General Schmundt. Schmundt ist zwar Nationalsozialist, aber er weiß nicht, daß Tresckow das Gegenteil ist. Da nun Schmundt auch das Personalamt übernommen hat, gelingt es Tresckow, überall an die maßgebenden Stellen Leute seines Vertrauens setzen zu lassen. So wird Oberst Schultze-Büttger zum Stabe der Heeresgruppe Süd kommandiert, mit der Verabredung, dort ein ebensolches Attentat auf Hitler zu arrangieren. Hitler macht zwar dort seinen Besuch, aber das Attentat gelingt nicht; niemand weiß, warum. Aber es bietet sich dennoch eine neue Gelegenheit. Hitler soll im Zeughaus eine Ausstellung eröffnen. Tresckow erfährt dies sogar durch Schmundt. General v. Gersdorff hat gerade die Abteilung im OKH übernommen, die die Ausstellung organisiert, und erbietet sich selbst, das Attentat auszuführen. Schlabrendorff fliegt nach Berlin und bringt Gersdorff zwei Bomben mit 10-Minuten-Zünder. Hitler soll eine Ansprache halten und dann mit einem kleinen Kreis durch die Ausstellung gehen. Gersdorff rechnet aus, daß er nur während dieses Rundganges das Attentat ausführen kann, also muß er zum kleinen Kreis gehören. Schmundt lehnt dies ab, aber der ahnungslose Model redet Schmundt gut zu, und Schmundt genehmigt, fügt sogar noch hinzu, daß die Besichtigungszeit unmittelbar vor der Besichtigung um eine Stunde abgeändert werde.

Am Heldengedenktag, im März des Jahres 1943, erwartet General Freiherr von Gersdorff am Portal des Zeughauses Hitler, Göring, Himmler und Keitel, um sie durch die Ausstellung zu führen. Die Besichtigung ist auf eine halbe Stunde festgesetzt. Gersdorff trägt zwei Sprengbomben in den Manteltaschen und ist entschlossen, sich mit der Gruppe in die Luft zu sprengen. Bei der Ankunft Hitlers löst der General die Zündungen aus und hält sich dicht hinter ihm. Die Zünddauer der Bomben beträgt zehn Minuten. Als diese noch nicht ganz verflossen sind, verabschiedet sich Hitler plötzlich. Auch dieser Versuch ist gescheitert[23].

General von Gersdorff ist einer der wenigen Überlebenden aus dem „inneren Kreis". Es mag wohl von besonderem Belang sein, von einem, der sein Leben für ein Attentat auf Hitler zur Verfügung stellte und der doch ein in alter Tradition zu Treue und Gehorsam erzogener Offizier ist, zu erfahren, welche Motive ihn zu einer solchen Tat geleitet haben. In einem Funkvortrag sagte General von Gersdorff:

»Zum Zeitpunkt des Ausbruchs des Rußlandfeldzuges 1941 war ich im Generalstab der Heeresgruppe Mitte an der Ostfront. Eines Tages, wenige Wochen vor Feldzugsbeginn, flatterte auf meinen Schreibtisch ein ungeheuerliches Schriftstück. Es war der von Hitler unterzeichnete Befehl, alle in Kriegsgefangenschaft geratenen Kommissare und Politruks der Roten Armee dem SD zur Liquidierung zu übergeben oder sie selbst an Ort und

Stelle zu töten. Gleichzeitig lief ein Befehl ein, wonach im Rußlandfeldzug die Gerichtsbarkeit gegen deutsche Soldaten eingeschränkt werden sollte, das heißt, von deutschen Soldaten begangene Verbrechen brauchten nicht unbedingt kriegsgerichtlich verfolgt zu werden.

Meine Offiziere und ich waren über diese ungeheuerlichen Tatsachen erschüttert. Der sofort ins Bild gesetzte stellvertretende Chef des Generalstabes, der damalige Oberst Henning von Tresckow, erfaßte sofort das Folgenschwere der Situation. Er sagte zu mir etwa: „Wenn es uns nicht gelingt, den Feldmarschall und die anderen Oberbefehlshaber zu veranlassen, sich umgehend zu Hitler zu begeben und die Zurücknahme dieser Befehle zu fordern, wird durch die etwaige Durchführung eine Schuld auf das deutsche Volk geladen, die die Welt in Hunderten von Jahren nicht vergessen wird. Man wird nach dem Krieg die Schuld nicht nur Hitler und seinen Spießgesellen geben, sondern ebenso Ihnen und mir, Ihren und meinen Kindern, der Frau dort auf der Straße und dem Kind, das dort drüben mit dem Ball spielt." Wir begaben uns sofort zu Feldmarschall von Bock, dem damaligen Oberbefehlshaber der Heeresgruppe Mitte. Auch er war erschüttert, konnte sich aber nicht entschließen, dem bestimmten Vorschlag Tresckows zu folgen und sofort, gleichzeitig mit den Oberbefehlshabern der Heeresgruppen Nord und Süd, zu Hitler zu fliegen. Er entschloß sich nur zu einem formellen Protest, der aber natürlich bei Hitler keinerlei Beachtung fand. Tatsächlich wurde der Befehl von der Truppe zum größten Teil umgangen. Wir haben in dieser Form getan, was damals in unseren Kräften stand. Ich erzähle Ihnen diese Begebenheit, um Ihnen ein Beispiel für den ungeheuerlichen Zwiespalt zu schildern, in den der Offizier geriet, als ihm sein damaliger Oberster Befehlshaber zum erstenmal die Durchführung eindeutiger gemeiner Verbrechen zumutete. Nur so können Sie die Beweggründe erfassen, die zum Widerstand gegen den ertappten Verbrecher zwangen.

Was wir gewollt haben, ist nicht nur im Ausland, sondern leider auch in Deutschland viel verkannt worden. Und doch gehört dieser Kampf — wie es in einem ausländischen Kommentar heißt — „zu dem Edelsten und Höchsten, das in der politischen Geschichte aller Völker je hervorgebracht wurde".

Wie oft bin ich während kurzer Urlaubstage im letzten Krieg gefragt worden: „Wann wird die Wehrmacht handeln? Wann werden endlich die Generäle eingreifen?" Die diese Fragen stellten, waren Menschen, die erkannt hatten, daß die Entwicklung unaufhaltsam der Katastrophe entgegentrieb. Es waren aber auch Menschen, denen klargeworden war, daß die nationalsozialistische Führung das gesamte deutsche Volk mit schwerer Schuld belastete, daß die deutsche Ehre gefährdet war und daß in dem unwahrscheinlichen Fall eines Sieges der nationalsozialistischen Führung unvorstellbares Grauen über Europa und die ganze Kulturwelt hereinbrechen würde.

Mit Recht sahen sie in dem Eingreifen des militärischen Führerkorps den letzten Ausweg. Die Wehrmacht verfügte als einzige Institution des Widerstandes über Machtmittel, die eine Wendung auf gewaltsamem Wege herbeiführen konnten, nachdem eine legale und friedliche Lösung aussichtslos geworden war. Andererseits mußte jedem Einsichtigen klar sein, daß gerade dieses militärische Führerkorps die stärksten Hemmungen gegen einen gewaltsamen Staatsstreich haben mußte. Jahrhundertelange Tradition und die Erziehung in einer festgefügten Armee, die unter der monarchistischen Staatsform stets eine unbedingt vertrauenswürdige und anständige Führung erlebt hatte, hatten revolutionäre Ideen und damit Begriffe wie Meuterei und Tyrannenmord aus dem Wörterbuch des deutschen Soldaten gestrichen. Und doch ist es ein geschichtlicher Fehler, zu glauben, daß der deutsche Offizier nichts anderes als nur eine gedanken- und gefühlslose Befehlsmaschine gewesen sei. Abgesehen von dem traditionellen Ethos deutschen Soldatentums ließ die in der deutschen Wehrmacht in einzigartiger Weise entwickelte Auftragstaktik jedem einzelnen genügend Spielraum, um die Durchführung gegebener Befehle sinnvoll zu gestalten. Erst Hitler versuchte durch bewußte Abkehr von dieser Auftragstaktik, den deutschen Soldaten zum gewissenlosen Befehlsempfänger zu degradieren. Jeder einzelne von uns mußte sich mit den ungeheuerlichen Problemen, die aus dem Kampf zwischen Gehorsam und Gewissen erwuchsen, auseinandersetzen. Diese innere Auseinandersetzung ist gerade dem deutschen Soldaten wirklich nicht leicht geworden. Weniger die Furcht vor dem persönlichen Einsatz und den möglichen Folgen für Leben, Angehörige und Besitz als vielmehr die Probleme des geleisteten Eides und die Sorge um die politische Zukunft waren es, die uns nur nach schweren inneren Kämpfen zum Widerstand verpflichteten. Ein Eid wird auf Gegenseitigkeit geleistet. Hitler aber hatte seinen Eid gegenüber der deutschen Nation schon tausendfach gebrochen. Und galt unser Eid nicht einzig und allein Deutschland und dem deutschen Volk? Gerade darum mußten wir handeln, weil wir klar erkannten, daß Volk und Heimat blind der größten Katastrophe ihrer Geschichte entgegentrieben.

Aus den Zweifeln an der Rechtsmäßigkeit unserer Entschlüsse erwuchs so die Verpflichtung zur befreienden Tat. Es ist eine erschütternde Tatsache, daß noch heute viele Deutsche das Verbrecherische und Dilettantische Hitlerscher Staatsführung nicht erkannt haben oder erkennen wollen. Hitler allein hat den Zweiten Weltkrieg gewollt und heraufbeschworen, er allein hat ihn politisch und militärisch verloren. In seinem Cäsarenwahn machte er höchstpersönlich alle die entscheidenden Führungsfehler, die Deutschland in ein Meer von Blut und Tränen verwandelten. Hitler hat den Krieg verloren, einzig und allein nur er hat dem deutschen Volk den „Dolchstoß" versetzt. Wir, die wir diese unumstößlichen Tatsachen erkannt hatten, hatten daher auch alle Bedenken gegen den Tyrannenmord fallen lassen. Wir waren uns darüber im klaren, daß man diesen paralytischen Verbrecher totschlagen mußte wie einen tollen Hund, um die

Menschheit von einer Geißel zu befreien. So wurde der Attentatsgedanke vor allem in den Widerstandskreisen der Wehrmacht gefaßt und immer wieder vorwärtsgetrieben. Der Tod Hitlers schien auch die einzige Möglichkeit, um das deutsche Volk von seinem mystischen Glauben an seinen Verderber zu befreien. Vor allen anderen war es Henning von Tresckow, der davon überzeugt war, daß der Tod Hitlers die Vorausbedingung für die Rettung Deutschlands aus Untergang, Schmach und Not war . . .

Ich bin oft gefragt worden, ob denn ein am 20. Juli 1944 gelungener Staatsstreich vieles geändert hätte, ob er sich nicht im Gegenteil eher nachteilig ausgewirkt hätte. Nun, fraglos wäre es auch so zu einer Gesamtbesetzung Deutschlands gekommen, aber der Krieg wäre viele Monate eher beendet worden, Hunderttausende von Männern, Frauen und Kindern wären am Leben geblieben, eine große Zahl heute zerstörter deutscher Städte wäre unversehrt geblieben . . .

Wir Soldaten, die wir Hitler und seinem Regime den erbarmungslosen Kampf angesagt hatten, haben unsere militärische Pflicht bis zur letzten Konsequenz erfüllt. Wir glauben sogar, sie besser erfüllt zu haben, indem wir wenigstens versuchten, die Katastrophe abzuwenden und die Ehre zu retten. An dieser Überzeugung ändern auch die heutigen Haßgesänge eines Remer nichts. Ihm wird die Geschichte das Odium auferlegen, Mitschuldiger an den letzten Auswirkungen der deutschen Tragödie geworden zu sein. Mir aber ist gewiß, daß die Worte, die Henning von Tresckow kurz vor seinem Tod gesprochen hat, ihre Berechtigung erfahren werden.

„Jetzt wird die ganze Welt über uns herfallen und uns beschimpfen. Aber ich bin nach wie vor der felsenfesten Überzeugung, daß wir recht gehandelt haben. Ich halte Hitler nicht nur für den Erzfeind Deutschlands, sondern auch für den Erzfeind der Welt. Wenn ich in wenigen Stunden vor den Richterstuhl Gottes treten werde, um Rechenschaft abzulegen über mein Tun und Unterlassen, so glaube ich mit gutem Gewissen das vertreten zu können, was ich im Kampf gegen Hitler getan habe. Wenn einst Gott Abraham verheißen hat, er werde Sodom nicht verderben, wenn auch nur zehn Gerechte darin seien, so hoffe ich, daß Gott auch Deutschland um unseretwillen nicht vernichten wird.“«

Nach den mißglückten Attentaten erkannte Tresckow, daß man den Staatsstreich anders organisieren müsse (Schlabrendorff, S. 125ff.). Er läßt sich mit Schlabrendorff für eine längere Zeit zur Kur beurlauben. Im Sommer 1943 verläßt er die Ostfront, geht aber nicht in Urlaub, sondern nach Potsdam. Hier arbeitet er den Plan „Walküre“ aus, der bald darauf von Stauffenberg und Oertzen ergänzt wird. Der Plan „Walküre“ ist ein Befehl an alle Generalkommandos der Truppe; er bedeutet: „innere Unruhe“ (die durch das Stichwort „Walküre“ angezeigt wird), alle Dienststellen der SS und der Gestapo sind zu besetzen, die SS und höheren Parteistäbe zu entwaffnen und zu verhaften, die Staatsführung geht wie bei einem Belagerungszustand vorübergehend an den Chef des Heimatheeres über. Diesen Geheimbefehl darf niemand kennen. Er wird versiegelt und als geheime Kommandosache den Wehrkreisbefehlshabern übergeben und ist erst auf Befehl zu öffnen. Damit aber niemand den Geheimbefehl „Walküre" kenne, schreiben ihn Tresckows Frau, Erika v. Tresckow, und Margarete v. Oven, die frühere Sekretärin von Hammerstein und Fritsch, selber unzählige Male ab.

In dieser Zeit stirbt General von Hammerstein, sein Tod bedeutet eine verlorene Schlacht für die Widerstandsgruppe.

Am 20. Februar 1944 erfolgt der letzte Attentatsversuch vor dem 20. Juli (Pechel, S. 164f., Schlabrendorff, S. 167). Der Plan stammt von General Stieff. Hitler soll bei der Vorführung einer neuen Uniform mit neuem Sturmgepäck durch eine im Sturmgepäck befindliche Bombe umgebracht werden, indem der vorführende Offizier Hitler umarmen und mit ihm gemeinsam in den Tod gehen soll. Drei junge Offiziere sind dazu bereit, der junge Kleist, Hofmann und Axel von dem Busche. (Vgl. Rothfels: „Die deutsche Opposition gegen Hitler", Krefeld 1949; bestätigt durch persönliche Auskunft.) Am 20. Februar 1944, um 11 Uhr, soll die Vorführung stattfinden. Der Zeitzünder ist auf 11.05 Uhr eingestellt. Aber plötzlich um 9 Uhr befiehlt Hitler die Vorführung. Es bleibt nichts übrig, als zu gehorchen. Das Sturmgepäck wird nach der Vorführung auf den Hof der Reichskanzlei gelegt, es ist nicht möglich, die Bombe herauszunehmen. Pünktlich 11.05 Uhr explodiert sie. Nach dem 20. Juli erinnert man sich dieses Ereignisses und verhaftet den Oberleutnant Hofmann und seinen Vater, den Oberst Hofmann.

Gewiß, es findet sich noch manche mutige Gruppe junger Offiziere. Da sind einige bereit, mit einem Panzerstoßtrupp die drei Sperrkreise des Führerhauptquartiers zu durchbrechen. Aber wie bringt man den Panzertrupp in die Umgebung des Führerhauptquartiers? Jeder Schritt eines Soldaten wird vom größten Dilettanten aller Zeiten geleitet, und keine Truppenverschiebung entgeht den überaus argwöhnischen Augen der SS. Aber das von Tresckow entworfene Unternehmen „Walküre" wird für den 20. Juli entscheidend sein.

Der 20. Juli

Zwei Jahre vor dem Stauffenberg-Attentat hörte ein Journalist „auf einer Teegesellschaft in Stockholm eine biedere schwedische Hausfrau sich gesprächsweise dahin äußern, daß Goerdeler das Haupt einer gegen Hitler gerichteten Verschwörung sei . . . Wer wußte, eine wie lebensgefährliche Sache jegliches subversive (umstürzlerische. D. Red.) Spiel im Dritten Reich war, konnte sich nur schwer zu der Vorstellung entschließen, daß ernst zu nehmende Verschwörer so indiskret zu Werke gingen, daß die Spatzen es von den Stockholmer Dächern pfiffen."

Diese Unterhaltung beleuchtet blitzartig die sonderbare Atmosphäre um die Kreise des 20. Juli. Hier waren wirkliche Männer von Bedeutung, die mit aller Entschlossenheit handelten, tragisch zusammengespannt mit noblen Ästheten, mit emsigen Schwätzern und vielen mühsam gegen ihre Tradition vergeblich kämpfenden Generalen. Ein Frontsoldat handelte, ein tapferer Offizier aus altem Adelsgeschlecht, der acht Finger für Hitler auf dem Schlachtfeld gelassen hatte und seine zwei letzten Finger gegen Hitler erhob, ein tragisches Symbol des 20. Juli. Stauffenberg, ein außerordentlicher Offizier von hoher Kultur, scheiterte, und mit ihm fielen solch hervorragende Männer wie Moltke, Leber, Reichwein, Leuschner, Tresckow, Oster, Beck, Goerdeler und zahlreiche andere Persönlichkeiten. Hitlers blutiger Amoklauf begann, der nach den bisherigen Quellen (SS-Bericht, Rothfels u. a.) viele Hunderte, ja Tausende von Toten kostete. Nach neueren Forschungen müssen die Zahlen zu hoch sein. Zuverlässig bekannt ist nur, daß gegen 80 Untersuchungsgefangene ins Gefängnis Tegel gekommen sind. In Plötzensee wurden 89 hingerichtet, sieben weitere in Brandenburg. Die Erschießungen in der Bendlerstraße, in Flossenbürg und die Meuchelmorde vom 22. und 23. April in der Prinz-Albrecht-Straße und der Lehrter Straße sowie die zahlreichen Freitode kommen dazu.[24]

Man wird bei vorsichtiger Schätzung die unmittelbaren Opfer des 20. Juli auf 160 bis 180 beziffern können. Die Untersuchungen führte die „Sonderkommission 20. Juli“ mit rund 400 Beamten unter Kriminalrat Leo Lange in der Berliner Schlüterstraße.

Die ehrliche Feindschaft der Mehrzahl der Beteiligten am 20. Juli gegen die Bestialisierung und gegen die Knechtung, ihr Opfermut und der Blutzoll, den diese Offiziersgruppen[25] entrichteten, sollten vom deutschen Volk mit Achtung und Ehrfurcht aufgenommen werden. Über die Vorgänge selbst, die zum 20. Juli führten, über seine Vorgeschichte und das fürchterliche Nachspiel, ist von berufener und unberufener Seite bereits so außerordentlich viel veröffentlicht worden, daß sich hier eine Wiederholung erübrigt.

In fast allen bisher erschienenen Büchern über die deutsche Widerstandsbewegung nimmt diese Verschwörung fast den gesamten Raum ein, sei es bei Dulles, Gisevius oder Schlabrendorff. Der „20. Juli“ und die „Münchener Studenten“ sind die beiden einzigen Aktionen der Widerstandsbewegung, die der Öffentlichkeit bekannt geworden sind und die Welt erregt haben, während fast alle anderen Aktionen mit Erfolg verheimlicht werden konnten.

Im Gegensatz zu anderen Widerstandsgruppen, die von unten die Opposition der Massen zu aktivieren versuchten, war der 20. Juli der Versuch, von oben her, auf dem Wege des Staatsstreiches, die Lage entscheidend zu ändern, eine Methode, über deren Berechtigung in Widerstandskreisen viel diskutiert worden ist.

In einem Gedenkartikel von Achim Oster, den er in der „Welt" veröffentlichte, heißt es:

»Wir Überlebenden dürfen aber auch an diesem Jahrestag bitterer Erinnerung nicht schweigen. Denn: Falsche Propheten sind am Werke. Wir meinen mit den falschen Propheten nicht diejenigen, die den Attentätern und ihren Freunden den Vorwurf machen, sie seien in großer Mehrzahl aus den Kreisen der alten Rechten gekommen, viele seien vom Adel gewesen und ihr Wollen habe nicht den Erfordernissen unserer Zeit entsprochen. Wir meinen jene pharisäerhaften Nationalisten, die in unbelehrbarem Dünkel heute sagen: „Wir waren auch gegen Hitler und haben seine Methoden abgelehnt — aber im Krieg erhebt man seine Hand nicht gegen das Staatsoberhaupt, gegen den ‚Obersten Kriegsherrn'. Da kämpft man bis zum letzen. Das erfordert die Ehre."

Unsere Ehre hatte darin zu liegen, nichts zu tun, was unserer Verpflichtung als Deutsche und als Menschen zuwiderlief. Nach diesem Gesetz waren die Rebellen angetreten gegen das Unedle, gegen die Gemeinheit, gegen das Unrecht.

Die Stimmen, die oben zitiert wurden, sind nicht nur auf sogenannte „nationale" Lager beschränkt. Auch von Männern der Mitte und der Linken konnte und kann man solche Worte hören: „Es hätte nichts genutzt, den Hitler umzubringen. Erst mußte der Krieg beendet werden, dann konnten wir uns mit dem Nationalsozialismus auseinandersetzen."

Darüber aber steht dies: Es gab Männer, die Hitler und seinen Methoden von allem Anfang an kompromißlos den Kampf angesagt hatten. Diese hielten trotz aller augenscheinlichen Anfangserfolge der neuen Machthaber das heilige Feuer ihrer reinen Gesinnung für Recht und Freiheit wach, aus dem dann die Flamme der Revolution überhaupt genährt werden konnte.

Wir glauben, daß es kaum je so angezeigt war wie heute, daran zu erinnern, daß hinter dem offenen Aufruhr gegen das Regime der Bedrücker und Volksbetrüger das fanatische Bekenntnis zum Rechtsstaat und zur Rechtsgesinnung stand bei denen, die glaubten, eher zum Mörder und Rebellen werden zu müssen, als dieses „Nicht-im-Rechte-Leben" ertragen zu können.«

Die neue Regierung („Exilregierung") sollte wie folgt gebildet werden:

Reichskanzler: Dr. Karl Goerdeler (konservativ).
Vizekanzler: Wilhelm Leuschner (Sozialdemokrat).
Staatssekretär in der Reichskanzlei: Peter Graf Yorck v. Wartenburg.
Innenministerium: Dr. Julius Leber (Sozialdemokrat).
Staatssekretär des Innern: Fritz Graf von der Schulenburg.
Wirtschaftsministerium: Dr. Paul Lejeune-Jung (volks-konservativ).
Justizministerum: Dr. Joseph Wirmer (Zentrum).

Kultusministerium: Dr. Kurt von Schuschnigg (hierfür waren auch Dr. Johannes Popitz, Prof. A. Reichwein und Dr. Eugen Bolz genannt worden).
Finanzministerium: Dr. Ewald Loeser (ehem. Bürgermeister in Leipzig).
Außenministerium: Ulrich von Hassell oder Werner Graf von der Schulenburg.
Kriegsministerium: General der Artillerie Friedrich Olbricht.
Staatssekretär im Kriegsministerium: Claus Schenk Graf von Stauffenberg.
Arbeitsministerium: Bernhard Letterhaus (Zentrum).
Verkehrsministerium: Oberbürgermeister a. D. Dr. Raabe (Zentrum) oder Mattäus Herrmann (Sozialdemokrat).

Dieses Kapitel sei mit der großen programmatischen Erklärung abgeschlossen, mit der sich die Hingerichteten an die Öffentlichkeit wenden wollten. Der Aufruf sollte von Beck unterzeichnet werden, der jedoch nicht mehr dazu kam.

Aufruf an das deutsche Volk:

Deutsche!

Ungeheuerliches hat sich in den letzten Jahren vor unseren Augen abgespielt. Hitler hat ganze Armeen gewissenlos wider den Rat der Sachverständigen seiner Ruhmsucht, seinem Machtdünkel, seiner gotteslästerlichen Wahnidee geopfert, berufenes und begnadetes Werkzeug der „Vorsehung“ zu sein.

Nicht vom deutschen Volk gerufen, sondern durch Intrigen schlimmster Art an die Spitze der Regierung gekommen, hat er durch dämonische Künste und Lügen, durch ungeheuerliche Verschwendung, die allen Vorteile zu bringen schien, in Wahrheit aber das deutsche Volk in gewaltige Schuld gestürzt hat, Verwirrung angerichtet. Um sich in der Macht zu halten, hat er damit eine zügellose Schreckensherrschaft verbunden, das Recht zerstört, den Anstand in Acht erklärt, die göttlichen Gebote reinen Menschentums verhöhnt und das Glück von Millionen von Menschen vernichtet.

Mit tödlicher Sicherheit mußte seine wahnwitzige Verachtung aller Menschen unser Volk ins Unglück stürzen, mußte sein angemaßtes Feldherrntum unsere tapferen Söhne, Väter, Männer und Brüder ins Verderben führen, sein blutiger Terror gegen Wehrlose den deutschen Namen der Schande überantworten. Rechtlosigkeit, Vergewaltigung der Gewissen, Verbrechen und Korruption hat er in unserem Vaterlande, das von jeher stolz auf seine Rechtlichkeit und Redlichkeit war, auf den Thron gesetzt, Wahrheit und Wahrhaftigkeit, zu denen selbst das kleinste Volk seine Kinder zu erziehen für seine größte Aufgabe hält, werden bestraft und verfolgt. So droht dem öffentlichen Wirken und dem Leben des Einzelnen tödliche Vergiftung.

Das aber darf nicht sein, so geht es nicht weiter! Dafür dürfen Leben und Streben unserer Männer, Frauen und Kinder nicht fernerhin mißbraucht werden. Unserer Väter wären wir nicht würdig, von unseren Kindern müßten wir verachtet werden, wenn wir nicht den Mut hätten, alles, aber auch alles zu tun, um diese furchtbare Gefahr von uns abzuwenden und wieder Achtung vor uns selbst zu erringen.

Zu diesem Zweck haben wir, nachdem wir unser Gewissen vor Gott geprüft haben, die Staatsgewalt übernommen. Unsere tapfere Wehrmacht ist Bürge für Sicherheit und Ordnung. Die Polizei wird ihre Pflicht erfüllen. Jeder Beamte soll nur dem Gesetz und seinem Gewissen gehorchen und seiner Sachkunde folgend sein Amt ausüben. Helfe jeder durch Disziplin und Vertrauen mit. Erfüllt Euer Tagewerk mit neuer Hoffnung. Helft einander! Eure gepeinigten Seelen sollen wieder ruhig und getrost werden.

Fern jedes Hasses werden wir der inneren, in Würde der äußeren Versöhnung zustreben. Unsere erste Aufgabe wird es sein, den Krieg von seinen Entartungen zu reinigen und die verheerenden Vernichtungen von Menschenleben, Kultur- und Wirtschaftswerten hinter den Fronten zu beenden. Wir wissen alle, daß wir nicht Herren über Krieg und Frieden sind. Im festen Vertrauen auf unsere unvergleichliche Wehrmacht und im zuversichtlichen Glauben an die von Gott der Menschheit gestellten Aufgaben wollen wir alles zur Verteidigung des Vaterlandes und zur Wiederherstellung einer gerechten feierlichen Ordnung opfern, wieder in Achtung vor den göttlichen Geboten, in Sauberkeit und Wahrheit, für Ehre und Freiheit leben!

Deutsche! Hitlers Gewaltherrschaft ist gebrochen.

Er hat Ehre und Würde, Freiheit und Leben anderer für nichts erachtet. Zahllose Deutsche, aber auch Angehörige anderer Völker, schmachten seit Jahren in Konzentrationslagern, den größten Qualen ausgesetzt und häufig schrecklichen Foltern unterworfen. Viele von ihnen sind zugrunde gegangen. Durch grausame Massenmorde ist unser guter Name besudelt. Mit blutbefleckten Händen ist Hitler seinen Irrweg gewandelt, Tränen, Leid und Elend hinter sich lassend.

In diesem Kriege haben Machtrausch, Selbstüberheblichkeit und Eroberungswahn ihren letzten Ausdruck gefunden. Tapferkeit und Hingabe unserer Soldaten sind schmählich mißbraucht. Ungeheure Opfer des ganzen Volkes sinnlos vergeudet.

Wir werden die Beweise für den ungeheuerlichen Verrat an dem deutschen Volke und an seiner Seele, für die totale Beugung des Rechts, für die Verhöhnung der edlen Forderung, daß Gemeinnutz vor Eigennutz zu gehen habe, für schamlose Korruption offen darlegen. Wer an diesen furchtbaren Wahrheiten noch zweifeln sollte, weil er als anständiger Mensch es für unmöglich hält, daß hinter hochtönenden Worten sich eine solche Ruchlosigkeit verbergen könnte, wird durch Tatsachen belehrt werden.

Hitler hat seinen vor zehn Jahren dem Volke geleisteten Eid durch Verletzungen göttlichen und menschlichen Rechts unzählige Male gebrochen. Daher ist kein Soldat, kein Beamter, überhaupt kein Bürger ihm mehr durch Eid verpflichtet.

In höchster Not habe ich zusammen mit Männern aus allen Ständen des Volkes, aus allen Teilen des Vaterlandes gehandelt. Ich habe die einstweilige Führung des Deutschen Reichs übernommen und die Bildung einer Regierung unter Führung des Reichskanzlers angeordnet. Sie hat die Arbeit aufgenommen. Den Oberbefehl über die Wehrmacht führt Generalfeldmarschall von Witzleben, dem sich die Oberbefehlshaber an allen Fronten unterstellt haben. Diese Männer haben sich mit mir zusammengefunden, um den Zusammenbruch zu verhüten.

In ernster Stunde treten wir vor Euch. Die Verantwortung vor Gott, vor unserem Volke und vor seiner Geschichte, die kostbaren Blutopfer zweier Weltkriege, die ständig wachsende Not der Heimat, das Elend auch der anderen Völker, die Sorge um die Zukunft der Jugend verpflichten uns.

Die Grundsätze und Ziele der Regierung werden bekanntgegeben werden. Sie sind bindend, bis die Möglichkeit gegeben ist, das deutsche Volk darüber entscheiden zu lassen. Unser Ziel ist die wahre, auf Achtung, Hilfsbereitschaft und soziale Gerechtigkeit gegründete Gemeinschaft des Volkes. Wir wollen Gottesfurcht an Stelle von Selbstvergottung, Recht und Freiheit an Stelle von Gewalt und Terror, Wahrheit und Sauberkeit an Stelle von Lüge und Eigennutz.

Wir wollen unsere Ehre und damit unser Ansehen in der Gemeinschaft der Völker wiederherstellen. Wir wollen mit besten Kräften dazu beitragen, die Wunden zu heilen, die dieser Krieg allen Völkern geschlagen hat, um das Vertrauen zwischen ihnen wieder neu zu beleben.

Die Schuldigen, die den guten Ruf unseres Volkes geschändet und soviel Unglück über uns und andere Völker gebracht haben, werden bestraft werden.

Wir wollen der Hoffnungslosigkeit, daß dieser Krieg noch endlos weitergehen müsse, ein Ende machen. Wir erstreben einen gerechten Frieden, der an die Stelle der Selbstzerfleischung und Vernichtung der Völker friedliche Zusammenarbeit setzt. Ein solcher Friede kann sich nur auf Achtung vor der Freiheit und der Gleichberechtigung aller Völker gründen.

Ich rufe alle anständigen Deutschen, Männer und Frauen aller Stämme und Stände, ich rufe auch die deutsche Jugend. Ich baue auf die freudige Mitarbeit der christlichen Kirchen.

Habt Mut und Vertrauen! Die Aufgabe ist ungeheuer schwer. Ich kann und will Euch keine leeren Versprechungen machen. Wir werden in harter Arbeit ringen müssen, um langsam wieder vorwärts und aufwärts zu kommen. Aber wir werden diesen Weg als freie Menschen gehen und wieder die Ruhe des Gewissens finden.

Erfülle jeder seine Pflicht! Helfe jeder mit, das Vaterland zu retten!

Der Widerstand der Arbeiter

Bevor wir von den Arbeitern berichten, möge ein Schriftsteller zu Worte kommen, den das Schicksal für einige Zeit zu den Arbeitern verschlug: Ernst Wiechert führte in seiner „Rede an die deutsche Jugend“ im Münchner Schauspielhaus 1945 folgendes aus:

»Lauschen wir heute zurück in das grauenhafte Schweigen jener Jahre, um die Stimmen zu vernehmen, die am Wege standen, um anzuklagen, so erkennen wir, daß viele von ihnen verstummt sind für alle Zeiten, erwürgte Stimmen, zu deren Nachhall wir die schuldigen Hände aufheben. Die Helden und Märtyrer jener Jahre, sie sind nicht diejenigen, die mit dem Kriegslorbeer aus den eroberten Ländern zurückkehren. Sie sind diejenigen, die hinter Gittern und Stacheldraht zur Ehre des deutschen Namens starben und verdarben. Zu seiner alleinigen Ehre, denn eine andere gab es nicht mehr landauf und landab. Sie sind diejenigen, die in dieser Stadt von dieser Stelle aus den Kampf begannen, die mit ihrem Leben bezahlten und vor denen wir uns in Ehrfurcht neigen ...

Hinter ihnen gab es wenige vom Adel und nicht sehr viele aus den Reihen des reinen Geistes. Unter ihnen gab es viele aus den Bezirken der Kirche, aber sie alle traten zurück hinter den langen Zügen, die aus den Hütten des armen Mannes bei Tag und Nacht ihren Todesweg antraten. Vieler Jahrzehnte Lasten, Hunger und Qual hat der deutsche Arbeiter getragen, Kriegs- und Friedenslasten, aber niemals hat er eine schwerere Last getragen als in diesen zwölf Jahren. Niemals auch eine ehrenvollere, und keine Hand einer dunklen oder hellen Zukunft soll diesen unvergänglichen Glanz von seiner Stirn waschen.«

Während das Bürgertum erst allmählich begriff, daß gegen die Hitlerdiktatur nur der aktive Widerstand angebracht sei, wußten die Linksgruppen von vornherein, welche Haltung sie einzunehmen hatten. Sie hatten bereits vor 1933 im Kampf gegen die aufkommende Hitlerbewegung gestanden. Für sie bedeutete die „Machtergreifung“ daher lediglich den Wechsel von einer legalen zu einer illegalen Opposition. Mehrere Jahre lang lag das Gewicht des Widerstandes fast ausschließlich auf den Schultern der Linksopposition, während das neutralisierte Bürgertum in ratlosem Unbehagen der Kriegspolitik des neuen Regimes zusah.

Ein erheblicher Teil der Arbeiterschaft, die in Deutschland eine gewaltige Macht darstellte, hatte sofort begriffen, daß der Nazismus den Krieg bringen mußte. Er wehrte sich vom ersten Augenblick an. Trotzdem muß festgestellt werden, daß ein anderer Teil der Arbeiterschaft nach der Zerschlagung der Parteien, Gewerkschaften und Organisationen politisch ins Schwimmen geriet. Aber auf der Seite der oppositionellen Arbeiterschaft schossen Tausende von illegalen Gruppen wie Pilze aus dem Boden, gefördert von kurzsichtigen und hitzigen Parolen, die den äußersten Einsatz des einzelnen verlangten, da das Hitlerregime nur von kurzer Dauer sei. Diese Parolen kosteten viel Blut. Denn die Gruppen besaßen noch keine Kampferfahrung, so daß sie bald dem Zugriff der Gestapo erlagen. Die Elite der Arbeiterschaft, die mutige und opferbereite Auslese des Widerstands, erlitt unersetzliche Verluste.

Die schweren Schläge der Gestapo, 1935 und 1936, brachten der Widerstandsbewegung die „leeren" Jahre, fast die Vernichtung, aber auch eine Wandlung. Nach gründlicher Selbstkritik und nach Umstellungen politischer und organisatorischer Art hatte man die Krise überwunden. Etwa um 1937 begann man völlig neu, nicht mehr tollkühn, sondern behutsam und verschlagen. Eine neue Generation von Widerstandskämpfern zog in die Gruppen ein, jung, illusionslos und erfahren. Es entstanden „harte" Gruppen, die hielten, die sich so umsichtig abdeckten, daß sie durch lange Jahre hindurch nicht angerührt wurden, was eine enorme Leistung bedeutet, wenn man bedenkt, wie allmächtig der Gestapoapparat war.

Es war eine Tatsache, daß die Frage der Parteizugehörigkeit nur selten eine Rolle spielte. SPD-, SAP- und KPD-Arbeiter, die sich früher so scharf bekämpft hatten, arbeiteten in der Illegalität kameradschaftlich zusammen. Es wird infolgedessen auch im vorliegenden Bericht der Unterschied zwischen den Parteiungen so wenig betont, wie es bei der praktischen Widerstandsarbeit bis 1945 meist der Fall war. Daß die Entwicklung der beiden Arbeiterparteien nach 1945 sich bis zur erbitterten, gnadenlosen Feindschaft steigerte, ist ein tragisches Faktum, das die deutsche Geschichte dieses Jahrhunderts bestimmt. Damals arbeiteten sie Hand in Hand und traten vor die gleichen Gerichte und den gleichen Henker.

In diesem Abschnitt wird kein Unterschied zwischen einer „unteren" und einer „oberen" Linie gemacht. Es kam nur die untere Linie in Betracht, da selbst die führenden Funktionäre der Arbeiterparteien nie Befehlsgewalt hatten oder sich in den Besitz des Machtapparates setzen konnten.

Die Arbeiterschaft stellt den größten Teil des Volksganzen dar, ihr Widerstand kommt von unten.

Wie ein Aufruf zum Widerstand wirkte die Reichstagsrede des Fraktionsführers und Vorsitzenden der SPD, Otto Wels, gegen das Ermächtigungsgesetz Hitlers am 23. März 1933, in der Wels diese mutigen Worte sprach:

»Noch niemals, seit es einen deutschen Reichstag gibt, ist die Kontrolle der öffentlichen Angelegenheiten durch die gewählten Vertreter des Volkes in solchem Maße ausgeschaltet worden, wie es jetzt geschieht und wie es durch das neue Ermächtigungsgesetz noch mehr geschehen soll. Eine solche Allmacht der Regierung wird sich um so schwerer auswirken, als auch die Presse jeder Bewegungsfreiheit entbehrt. Die Herren von der nationalsozialistischen Partei nennen die von ihnen entfesselte Bewegung eine nationale Revolution, nicht eine nationalsozialistische. Das Verhältnis ihrer Revolution zum Sozialismus beschränkt sich bisher auf den Versuch, die sozialdemokratische Bewegung zu vernichten, die seit mehr als zwei Menschenaltern Trägerin sozialistischen Gedankengutes gewesen ist und auch bleiben wird. Wir grüßen die Verfolgten und Bedrängten, wir grüßen unsere Freunde im Reich. Ihre Standhaftigkeit und Treue verdienen Bewunderung. Ihr Bekennermut, ihre ungebrochene Zuversicht verbürgen eine hellere Zukunft.«

Der Widerstand der Arbeiterparteien und -organisationen beschränkte sich im Anfang vorwiegend auf einzelne, voneinander fast unabhängige Gruppen, deren Zusammenhang nicht organisatorisch, sondern durch die Gemeinschaft der Gesinnung gegeben war. Erst später entstanden in einigen Bereichen, z. B. in Hessen und in Norddeutschland, bald lockere, bald engere Verbindungen, vor allem durch Carlo Mierendorff bei den Sozialdemokraten und Anton Saefkow bei den Kommunisten. Diesem „Individualismus" der Gruppen entsprechend sind auch die Beiträge in diesem Bericht scheinbar zusammenhanglos aneinandergefügt. Dennoch weisen sie alle eine Gemeinsamkeit auf, eben die Solidarität der antifaschistischen Gesinnung.

Dies wird nicht nur aus den Notizen über den Widerstand offenbar, sondern mehr noch an den immer wieder auftauchenden Bemühungen, ein gemeinsames Programm vorzulegen. Dazu folgendes Beispiel:

Ende 1936 veröffentlichte in Berlin eine illegale Gruppe von Sozialdemokraten, später als „Zehn-Punkt-Gruppe" bekannt geworden, folgendes historisches Manifest (liegt abschriftlich vor. D. Red.), das die Zusammenarbeit aller sozialistischen Gruppen mit liberal-bürgerlichen und fortschrittlich-konfessionellen Gruppen forderte. Das Manifest lautet im Auszug:

»Entschlossen, Deutschland aus der Schmach und Schande der Diktatur zu befreien, der gesellschaftlichen Zerstörung durch die Kriegswirtschaft des Vierjahresplanes Einhalt zu gebieten und die Gefahr eines neuen Weltkrieges mit allen Mitteln zu bekämpfen, haben sich die demokratischen, sozialistischen und kommunistischen Parteien und Gruppen Deutschlands zu einer

„Deutschen Volksfront"

vereinigt und verkünden dem deutschen Volke folgende programmatischen Forderungen:

1. Sturz und Vernichtung der Hitlerdiktatur.
2. Recht und Gerechtigkeit für alle: Abschaffung der Blutjustiz, Befreiung der politischen Gefangenen, Sühne für die begangenen Verbrechen, Wiedergutmachung des verübten Unrechts.

3. Freiheit des Glaubens und der Weltanschauung, staatlicher Schutz jeder Religionsübung, Presse-, Versammlungs- und Vereinigungsfreiheit.
4. Volle Selbstregierung und Selbstverwaltung des deutschen Volkes in einem erneuerten Reich der politischen, wirtschaftlichen und sozialen Demokratie.
5. Einstellung des Wettrüstens und der Kriegswirtschaft. Sicherheit durch Abrüstung. Verkürzung der Dienstzeit.
6. Restlose Aussöhnung und aufrichtige Zusammenarbeit mit Frankreich. Friede und Freundschaft mit allen Völkern. Aufbau einer europäischen Staatengemeinschaft durch ehrliche Mitarbeit in einem reorganisierten Völkerbund.
7. Beseitigung der Ernährungsnot, der Armut und der Arbeitslosigkeit durch Wiedereintritt Deutschlands in die Weltwirtschaft.
8. Rettung der Versicherungen und Spareinlagen vor der Inflation. 40-Stunden-Woche. Freier Arbeitsvertrag.
9. Einziehung des Großgrundbesitzes, großzügige Bauernsiedlung. Aufhebung der Zwangswirtschaft am Boden (Erbhofgesetz) und an den landwirtschaftlichen Erzeugnissen (sogenannte Marktordnung), freies landwirtschaftliches Genossenschaftswesen.
10. Verstaatlichung der Banken, der Schwerindustrie und der Energiewirtschaft. Einführung einer Wirtschaftspolitik, die allein der Sicherung und Steigerung des deutschen Lebens dient.

Deutsche! Die Deutsche Volksfront wird nicht eher ruhen und sich auflösen, bis nicht der letzte Punkt dieser Forderungen verwirklicht sein wird.

Deutsche! Sammelt euch in der Deutschen Volksfront!

Nieder mit den Unterdrückern und Verderbern Deutschlands!

Es lebe ein freies, friedliches und glückliches Vaterland!

Deutsche Volksfront
(Unterschriften)«

Von Tausenden von Prozessen gegen Angehörige der illegalen Arbeiterparteien und -organisationen mögen einige der Massenprozesse angeführt werden als Beispiele des opfermutigen Kampfes der Arbeiterparteien gegen Hitler. (Weißbuch der deutschen Opposition, siehe S. 174.)

Prozesse gegen Sozialdemokraten:

49 Verurteilte — Organisation „Roter Stoßtrupp".
79 Verurteilte — Organisation der Berliner SPD.
30 Verurteilte — Organisation der Münchner SPD.
150 Verurteilte — Organisation der Hamburger SPD.
88 Verurteilte — Organisation der Bremer SPD.

98 Verurteilte — Organisation der Zwickauer SPD.
51 Verurteilte — Organisation der Leipziger SPD.
233 Verurteilte — im „Brotfabrikprozeß" Duisburg-Lüdenscheid.

Außerdem seien die beiden bekannten Massenprozesse von Zeitz und Magdeburg erwähnt. Zu dem Zeitzer Prozeß gehörten 400 Angehörige der SPD, des Reichsbanners, der SAP und der KPD. Zu dem Magdeburger Prozeß gehörten 140 Angehörige der obengenannten Organisationen. Von den Massenprozessen gegen kommunistische Gruppen sind genannt:

Prozeß gegen 270 Angeklagte der KPD aus Elmshorn.
Prozeß gegen 61 Angeklagte der KPD aus Hamm.
Prozeß gegen 55 Angeklagte der KPD aus Remscheid.
Prozeß gegen 13 Angeklagte der KPD aus Flensburg (Schleswig).
Prozeß gegen 20 Kommunisten aus Moabit und Charlottenburg.
Prozeß gegen 30 Kommunisten aus Solingen.
Prozeß gegen 123 Angehörige der KPD aus Dortmund.
Prozeß gegen 67 Angehörige der KPD aus Köln.
Prozeß gegen 65 Angehörige der KPD aus Bielefeld.
Prozeß gegen 27 Angehörige der KPD aus Wiesbaden.
Prozeß gegen 110 Angehörige der KPD aus Breslau und Oppeln.
Prozeß gegen 75 Angehörige der KPD aus Duisburg.

Fügen wir noch den großen Wuppertaler Prozeß gegen Sozialisten, Kommunisten und Freigewerkschaftler hinzu, der in der Geschichte des illegalen Kampfes Westdeutschlands eine große Rolle gespielt hat.

Endlich mögen aus der langen Reihe der Prozesse noch zwei Massenprozesse hervorgehoben werden: der Prozeß Spengemann (Sozialdemokratische Organisation in Hannover) mit 1000 Verhaftungen und 240 Prozeßteilnehmern im Oktober 1938 und der Prozeß gegen 48 Freigewerkschaftler von der Maxhütte in Amberg, die 1940 verhaftet und verurteilt wurden. Diese Zahlen beweisen anschaulich die Tatsache, daß es zahlreiche Massenprozesse gegen freiheitliche Arbeiter gegeben hat, woraus man auf die Kraft ihres Widerstandes schließen kann.

Dem „Weißbuch der deutschen Opposition gegen die Hitlerdiktatur" (herausgegeben vom Vorstand der SPD in London 1945/46), das eine „Erste Zusammenstellung ermordeter, hingerichteter oder zu Freiheitsstrafen verurteilter deutscher Gegner des Nationalsozialismus" (soweit sie bis damals bekannt waren) enthält, sind nachfolgende Notizen entnommen:

»Das nazistische Statistische Jahrbuch des „Deutschen Reiches" 1935 gibt die Zahl der im Jahre 1933 in Deutschland verurteilten Personen mit 489090 an. Davon werden nur 369192 mit der Angabe „Bemerkenswert durch Schwere, Zahl oder Eigenart" spezifiziert. Nur acht der veröffentlichten Strafgruppen sind als Gruppen politisch Verurteilter erkennbar.

Wegen Hochverrats	1 689 Personen
Auf Grund des Gesetzes zum Schutz der Republik	36 Personen
Auf Grund der Verordnung zur Bekämpfung politischer Ausschreitungen	1 128 Personen
Auf Grund der Verordnung gegen politischen Terror	66 Personen
Auf Grund der Verordnung zum Schutz von Volk und Staat	3 133 Personen
Auf Grund der Verordnung gegen Verrat am deutschen Volk und hochverräterischer Umtriebe	954 Personen
Auf Grund der Verordnung zur Abwehr heimtückischer Angriffe gegen die Regierung der nationalen Erhebung	3 794 Personen
Auf Grund des Gesetzes über Schußwaffen und Munition	9 765 Personen
Insgesamt	20 565 Personen

Diese 20 000 politischen Fälle sind nur 4 Prozent der Gesamtzahl von 489 000 Verurteilten. Sie ist sicher nicht richtig, wenn man bedenkt, daß im Jahre 1933 Hunderttausende verhaftet und allein 36 Sondergerichte für politische Prozesse geschaffen wurden.«

Weiterhin entnehmen wir dem Weißbuch:

In der französischen Zeitung „L'Ordre" vom 12. August 1939 veröffentlichte Max Braun eine ihm zugänglich gewordene Gestapo-Statistik über die Zahl der politischen Gefangenen am 10. April 1939. Sie lautete für das alte Reichsgebiet:

Schutzhäftlinge	162 734
Politische Angeklagte	27 396
Verurteilte Politische	112 432

Diese Statistik zeigt, daß bei Kriegsausbruch rund 300 000 Deutsche aus politischen Gründen in Haft gehalten wurden.

Man darf ohne Zweifel annehmen, daß bis zum Jahre 1939 die meisten dieser politischen Gefangenen der Arbeiterbewegung angehörten.

In der Zeitschrift „Die Lage", ein für den Führerkreis der NSDAP bestimmtes vertrauliches Mitteilungsblatt, machte Reichsjustizminister Thierack im Sommer folgende Angaben über die Zahl der Verhaftungen in den Monaten Januar bis Juni 1944.

Für die Monate Januar bis März 1944 werden unter anderem folgende Einzelangaben gemacht (unter Marxismus verstand die Gestapo die Sozialdemokratie. D. Red.):

	Januar	Februar	März
Kommunismus, Marxismus	1340	1877	1283
Reaktion, Opposition	2079	2154	2322

	Januar	Februar	März
Widerstandsbewegung (Ausland)	2128	2470	2371
Kath. Kirchenbewegung	27	54	76
Evangel. Kirchenbewegung	7	12	9
Sekten	118	178	68
Juden	1711	436	402
Wirtschaftsangelegenheiten	549	568	582

Arbeitsniederlegungen:	Januar	Februar	März
a) Deutsche	2060	2085	2294
b) Ausländer	27048	27966	30221
Verbotener Umgang mit ausl. Arbeitern und Kriegsgefangenen	1796	2236	2207
Sonstige Verhaftungen	3717	5008	4467

Die Gesamtzahl der Verhafteten beträgt also für diese 3 Monate:
Januar 1944 . . 42580 Februar 1944 . . 45044 März 1944 . . 46302
Danach wurden im ersten Vierteljahr 1944 insgesamt 133926 Personen verhaftet.

In der Aufstellung über die Verhaftungen in den Monaten April bis Juni 1944 wird der Anteil der Ausländer an den Verhaftungen besonders angegeben. Die wichtigsten Zahlen dieser Aufstellung sind:

	April		Mai		Juni	
	Insg.	Ausl.	Insg.	Ausl.	Insg.	Ausl.
Kommunismus, Marxismus	1387	906	2188	1558	1478	865
Reaktion, Opposition	529	235	567	246	723	324
Kath. Kirchenbewegung	71	42	41	17	37	17
Evangel. Kirchenbewegung . . .	5	—	6	1	7	—
Sekten	147	49	63	9	78	27
Juden	453	137	331	92	533	148
Widerst.-Beweg. (Ausl.)	1781	1781	3166	3166	3593	3593
Heimtück. Angel.	1665	628	1913	709	2498	913
Wirtschafts-Angel.	618	489	1218	956	826	566
Arbeitsniederlegungen:						
a) Deutsche	2047	—	2159	—	2280	—
b) Ausländer	—	34157	—	32407	—	41225
Kriminelle Delikte	8454	7767	10593	9808	11011	10114
Verbotener Umgang mit ausl. Arb. und Kriegsgef.	1169	924	1820	1373	2248	1768
Sonstige Delikte	456	254	358	207	454	269

Die Gesamtzahl der Verhafteten wird für diese drei Monate wie folgt angegeben:

April 1944 . . 52939 Mai 1944 . . 56830 Juni 1944 . . 66991

Danach wurden im zweiten Vierteljahr 1944 insgesamt 176 760 Personen verhaftet, also im ersten Halbjahr 1944 insgesamt 310 686 Personen. Wenn man für das zweite Halbjahr 1944 die gleiche Zahl einsetzt, so kommt man auf eine Gesamtzahl von etwa einer halben Million politisch Verhafteter im Jahr 1944 und bekommt eine Vorstellung von der Erbitterung des Kampfes, den das Hitlerregime und das mehr und mehr erwachende deutsche Volk miteinander führten.

Feststellungen der Gestapo

Ein außerordentlich aufschlußreicher „Lagebericht 1937“[26] des Geheimen Staatspolizeiamtes mit dem Stempel „Geheim!“, der über „die kommunistischen, marxistischen und anarcho-syndikalistischen Umtriebe“ Auskunft gibt (liegt abschriftlich vor. D. Red.), teilt folgende statistische Angaben mit, wobei zu berücksichtigen ist, daß die Gestapo unter Marxisten die Sozialdemokraten verstand:

»A. Statistische Angaben:

Im Jahre 1937 wurden wegen illegaler kommunistischer Betätigung 8069 Personen gegenüber 11 687 Personen im Jahre 1936 festgenommen. Davon ist über ca. 50 % im Jahre 1937 im Vergleich zu ca. 60 % im Jahre 1936 Haftbefehl verhängt worden. Hierbei handelt es sich nicht in allen Fällen um Personen, die bis zu ihrer Festnahme illegal waren, sondern ein großer Teil von ihnen ist erst neuerdings einer staatsfeindlichen Tätigkeit in früheren Jahren überführt worden.

Aufgetauchte kommunistische und marxistische Hetzschriften:

Es sind im Jahre 1937: 927 430 (1936: 1 643 200) Hetzschriften zur Verbreitung gelangt, wovon ca. 70 % kommunistische Erzeugnisse gewesen sind.

Die Gesamtzahl setzt sich zusammen aus:

84 000 (1936: 222 000) getarnten Broschüren,
788 000 (1936: 1 234 000)anderen Schriften,
die im Buchdruck, sowie aus
55 430 (1936: 187 200) Schriften,
die im Abzugsverfahren hergestellt waren.

Verstöße gegen das Heimtückegesetz:

Es wurden im Jahre 1937 17 168 Verfahren wegen Vergehens gegen das Heimtückegesetz eingeleitet.«

Die Umstellung der regionalen Organisationsform auf illegale Betriebsorganisationen wird beobachtet:

»Konnte zunächst ein Übergang der illegalen Mitglieder von den örtlichen Organisationen zu betrieblichen, nämlich zu Betriebs- und Gewerkschaftszellen festgestellt werden, so haben sich die Dinge bis zum Ende des

Jahres 1937 doch dahin entwickelt, daß von einer Organisation in der alten Form überhaupt nicht mehr gesprochen werden kann . . .

In Berlin konnten neben einer örtlich völlig unabhängigen und direkt mit Prag in Verbindung stehenden Betriebszelle bei der Fa. Osram GmbH. 3 Unterbezirke, und zwar UB-Schöneberg mit 130 Personen, UB-Steglitz mit 45 Personen und UB-Südost mit 116 Personen, erfaßt werden. Zu den Unterbezirken Schöneberg und Südost gehörten 3 bzw. 2 Betriebszellen, während der UB-Steglitz seine 3 Betriebszellen bereits an einen Prager Verbindungsmann abgegeben hatte. Von diesem Mann erhielten die Zellen zentrales Material, an ihn gaben sie auch ihre Betriebsberichte, während sie die Beiträge noch an den örtlichen Unterbezirk Zehlendorf zahlten . . .

Bedeutend geschwächt wurde die KPD besonders noch in Dortmund, wo vom UB-Schwelm 64 Personen, in Köln, wo ca. 100 Personen, zum Teil aus 3 Betriebszellen, und im Bereich der Stapo Wilhelmshaven, wo ebenfalls ca. 100 Personen aus Emden und Umgebung festgenommen werden konnten.«

Über das illegale Weiterbestehen der „Roten Hilfe" wird mitgeteilt:

»Beispielsweise ist im Bezirk Ostsachsen-Lausitz diese Hilfstätigkeit bis zum Frühsommer 1937 von einer reichsdeutschen Hilfe-Organisation ausgeführt worden, die die dazu benötigten Gelder vom „Einheitlichen Hilfskomitee" in Warnsdorf (CSR), welchem je ein Mitglied von SPD, KPD und der linken Sozialdemokraten angehörte, erhielt. Bei der Aufrollung dieser Organisation wurde festgestellt, daß auch hier eine größtmögliche Dezentralisation stattgefunden hatte. . .

Dagegen wurde zu Weihnachten 1937 beobachtet, daß an Angehörige politischer Gefangener Lebensmittelpakete aus dem angrenzenden Auslande gesandt wurden. Da dieser Plan schon vorher durch den Nachrichtendienst bekannt war, konnte der größte Teil dieser Pakete z. B. in Hamburg, Halle, Oppeln, Düsseldorf und im Saargebiet erfaßt und dem Winterhilfswerk zugeführt werden.

Im Innern Deutschlands sind Beobachtungen verschiedentlich dahingehend gemacht worden, daß illegal organisierte und auch zum Teil organisatorisch nicht erfaßte Kommunisten in kleinem Kreis Sammlungen zugunsten eines ihnen persönlich bekannten Verurteilten durchführten und den Erlös ohne Rechnungslegung gegenüber einer höheren Stelle der Partei oder „Hilfe" ihm oder seinen Angehörigen zukommen ließen. Nachgewiesen wurden solche Fälle in Berlin, Magdeburg, Schwerin, Frankfurt a. d. O., Gießen und Darmstadt.«

Über weitere illegale Organisationen stellt der Lagebericht fest:

»Internationaler Sozialistischer Kampfbund (ISK).

Der ISK, der sein Bestehen auf die Ideen des Göttinger Philosophen

Leonard Nelson zurückführt, entfaltete im Jahre 1937 in Deutschland eine beträchtliche Aktivität.

Im Jahre 1926 als politische Schulungs- und Erziehungsorganisation des „Internationalen Jugendbundes" entstanden, zählte er besonders viel Intellektuelle und vor allem Philologen zu seinen Kreisen.

Als Idealisten, die sogar den Funktionären den Alkoholgenuß verbieten, erstreben sie unter dem Leitwort „Gerechtigkeit" unter Ablehnung der Demokratie sowohl als Diktatur einen „Führerschaftlichen Volksstaat" unter Zugrundelegung syndikalistisch zu bezeichnender Wirtschaftsideen.

Nach der Auflösung 1933 baute der ISK seine Organisation in Deutschland wieder auf, indem er die „Bundesleitung" unter dem Juden Studien-Assessor i. R. Philippson 5 Bezirke: Ost-, Nord-, West-, Mittel- und Süddeutschland, unterstellte.

In der Ende November 1937 begonnenen Aktion gegen den ISK konnten die Bundesleitung und der Bezirk Ostdeutschland mit ca. 40 Mitgliedern und Funktionären aufgerollt werden. Die Festnahme der übrigen ca. 100 Mitglieder der anderen Bezirke steht bevor.

Durch diesen Kreis ist eine erhebliche Zahl von illegalen Druckschriften — für 15 sind die Festgenommenen bereits der Urheberschaft überführt — auf ganz besondere Art verbreitet worden. Die Schriften wurden entweder durch Benutzung der Post an bestimmte Berufsgruppen oder als Antwortschreiben auf Chiffreanzeigen großer Tageszeitungen versandt oder in auffälligen Behältnissen, wie Geldbörsen, Brieftaschen und Notizblockdeckeln in Hausfluren usw. verbreitet; u. a. gelangte im Herbst 1937 in den östlichen Gewässern von Berlin eine Flaschenpost der ISK zur Verbreitung, die fotokopierte Flugblätter enthielt und von der ca. 200 Stück erfaßt werden konnten.

Typisch für die Flugschriften des ISK ist ein Symbol am Schluß derselben, welches ein am Galgen hängendes Hakenkreuz darstellt.«

Über die vergeblichen Versuche, den Vorsitzenden der KPD, Ernst Thälmann, aus der Haft zu befreien, teilt der Bericht Einzelheiten mit:

»Im Zuge einer im Jahre 1934 geplanten Befreiung Thälmanns aus dem Untersuchungsgefängnis Moabit, bei der die bedeutendsten kommunistischen Funktionäre, wie Franz S., Wilhelm T. und Alfred B., tätig werden sollten, nahm S. Verbindung mit dem Justizwachtmeister L. auf.

L., dessen Ehefrau 1931/32 Mitglied der KPD war, war seit dieser Zeit als Sympathisierender bekannt, so daß er z. B. bereits 1932 schon einmal vor einer disziplinaren Untersuchung gewarnt worden war (Kürzungen durch die Red.).

Zwischen S. und L. fanden in der Zeit von 1934 bis 1936 fünf Zusammenkünfte statt, bei denen u. a. einmal an Hand eines von S. vorgelegten Lageplanes des Untersuchungsgefängnisses Moabit die verschiedenen Möglichkeiten zur Befreiung Thälmanns durchgesprochen wurden.

Infolge dieses Ermittlungsergebnisses sind Ende 1937 neue einschneidende Sicherungsmaßnahmen für Thälmann ergriffen worden . . .

In Hamburg konnten zu den Verfahren F. u. a. und M. u. a. ca. 45 Personen festgenommen werden.«

Interessant ist ferner die Schlußbetrachtung über die kommunistische Tätigkeit:

»Schlußbetrachtung:

Wenn auch die kommunistische Tätigkeit in Deutschland im abgelaufenen Jahre gegen früher verhältnismäßig gering erschien, so darf doch nicht verkannt werden, daß auch in dem dünnen Netz der über Deutschland gezogenen Betriebsverbindungen eine ungeheure Gefahr zu erblicken ist.

Nicht nur, daß diese Verbindungen die Nachrichtenquelle der gesamten Hetzpresse der Emigration und aller sonstigen deutschfeindlichen Blätter darstellen, so sind sie auch für die Polizei wesentlich schwerer zu ermitteln und zu erfassen als illegale Organisationen, die durch ihren Umfang zwangsläufig viel mehr Anhaltspunkte für ihre Existenz und damit für ihre Aufrollung geben.

Darüber hinaus muß für die Zukunft mit einem Wiederaufleben der kommunistischen Arbeit im Reich gerechnet werden, und zwar mit dem Zeitpunkt, an dem der spanische Bürgerkrieg beendet sein wird. Zahlreiche durch den Krieg gereifter und entschlossener gewordene deutsche Kommunisten werden dann in die an Deutschland grenzenden Staaten zurückkehren und ihre Tätigkeit gegen das Reich wieder aufnehmen.«

Einen anderen Weg gingen die S o z i a l d e m o k r a t e n, über deren Haltung der Bericht mitteilt:

»Die Haltung der Sozialdemokraten im Inland war 1937 die gleiche wie in den vorhergegangenen Jahren. Man stand auf dem Standpunkt: abwarten, der Anstoß zum Umschwung kommt von außen. Aber man muß sich für diesen kommenden Fall vorbereiten, um dann in gegebener Form die frühere Tätigkeit wiederaufnehmen zu können. Entsprechend dieser inneren Einstellung und dem Wunsche der Parteileitung, keine festen Organisationen aufzustellen, ist auch das Verhalten und der Zusammenhang der Illegalen im Lande. Man sitzt abends nach Betriebsschluß zusammen und trinkt ein Glas Bier, man trifft sich mit seinen früheren Gesinnungsgenossen in den Wohngebieten, man hält den Zusammenschluß durch Familienbesuche aufrecht, man vermeidet irgendwelche Organisationsformen und sucht in der geschilderten Weise nur, die Freunde bei ihrer Gesinnung zu halten. Bei diesen Zusammenkünften wird natürlich über die politische Lage gesprochen, es werden die erhaltenen Nachrichten ausgetauscht, man betreibt die sogenannte Flüsterpropaganda im großen, die z. Z. die wirksamste illegale Arbeit gegen den Staat, seine Einrichtungen und Maßnahmen und gegen die Partei darstellt. Hierbei spielen Gesprächsstoffe wie Preissteigerung, unzulänglicher Lohn, wirtschaftliches Ausbluten des Volkes, Freiheit, Rohstoffknappheit, Korruption, Bonzenwirtschaft, Schenkungen auf Kosten des Volkes usw. die Hauptrolle. Dadurch, daß viele ehemalige Partei- und Gewerkschaftsfunktionäre heute als Vertreter und Reisende tätig sind, werden solche Parolen usw. verhältnismäßig rasch auch in die entferntesten Teile des Reiches getragen. Trotz des Umfanges dieser subversiven (umstürzlerischen. D. Red.) Tätigkeit ist es bisher selten gelungen, einen dieser Leute auf frischer Tat zu fassen, ihn zu überführen und dem Gericht zur Aburteilung zu überstellen.

Die Nachrichten sowohl wirtschaftlicher wie kultureller und militärischer Art kommen teilweise aus den Betrieben, teilweise aber auch von der ehemaligen Prominenz der Partei und der Gewerkschaften, die heute noch zu einer Reihe von Amtsstellen und Wirtschaftsführern Verbindungen direkter und indirekter Art unterhalten. Da eine Großorganisation nicht möglich ist, wurde die überaus starke Dezentralisation auch 1937 beibehalten. Ansätze zu kleineren Gruppenbildungen sind vielfach festzustellen, aber es handelt sich immer um Zusammenkünfte geselliger Art im kleinen Kreise (Gesang- und Keglervereine usw.; allerdings waren bei einer Musikvorführung eines solchen Gesangvereins ca. 5000 Personen anwesend) ohne Verteilung illegalen Materials und dergleichen, so daß ein polizeiliches Einschreiten in den weitaus meisten Fällen absolut negativ verlaufen muß, da gerichtsverwertbare Beweise für eine illegale Tätigkeit eben nicht vorhanden sind. Es handelt sich eben um eine sogenannte Gesinnungsgemeinschaft, in der einer den anderen ohne viele Worte versteht.

Diejenigen Personen, die mit dem Ausland in Verbindung stehen, um nach dort Nachrichten zu geben und welche zu empfangen, benutzen die vom Parteivorstand in Prag ausgearbeiteten unsichtbaren Tinten, die als derzeitiges Charakteristikum in Kölnisch-Wasser- oder Mundwasserflaschen getarnt und mit ensprechenden Geruchszusätzen versehen sind. Als weitere Art der Nachrichtenübermittlung hat in ganz vereinzelten und besonders gelagerten Fällen das Fotografieren der Nachrichten in außerordentlich stark verkleinertem Maßstabe vermittels einer Leica auf knitterfreien Filmen Eingang gefunden.

Aus dieser illegalen Literatur ist zu entnehmen, daß im vergangenen Jahre auch die Berichterstattung an den Parteivorstand an Umfang und Bedeutung nicht nachgelassen hat. An Hand besonders krasser Fälle war festzustellen, daß nach wie vor zu einflußreichen Kreisen im Inland gute Nachrichtenverbindungen bestehen. So war z. B. die Parteileitung in Prag in den Besitz eines Buches (mit grundsätzlichen Ausführungen von früheren Mitgliedern der NSDAP) gekommen, das nur in einer geringen Auflage hergestellt und lediglich zum Gebrauch bei höheren Kommandostellen der Wehrmacht bestimmt war. Auszüge aus dieser buchmäßigen Zusammenstellung erschienen als Aufsätze in einer Reihe von Ausgaben des „Neuen Vorwärts". Immer wieder konnte die Beobachtung gemacht werden, daß einzelne ehemalige prominente Mitglieder der SPD in der Emigration sehr gut über die wirtschaftliche und militärische Lage sowie über die Stimmung in Deutschland unterrichtet waren. Die Erfassung dieser Nachrichtenzuträger ist außerordentlich schwer, da es sich immer um Einzelpersonen handelt, die mit Einzelpersonen im Ausland in Verbindung stehen.«

Über die Einfuhr von Nachrichten stellt der Bericht weiter fest:

»Infolge der geringen Möglichkeiten persönlicher Art der Übermittlung von Druckschriften ging man dazu über, im größeren Maße andere Methoden anzuwenden, um diese illegalen Schriften irgendwelchen unbekannten Personen zugänglich zu machen. Dem Beispiel der Kommunisten folgend, lötete man die Flugblätter in Blechbüchsen oder tat sie in wasserdichte Umhüllungen, verschloß sie wasserdicht in Flaschen und ließ sie die Bäche und Flüsse nach Deutschland so hinuntertreiben. Man verschaffte sich Anschriften von Personen in Deutschland, ließ sich Briefumschläge von Firmen, die in dem vorgesehenen Verbreitungsgebiet sich befanden, herstellen und sandte die Schriften postalisch den Empfängern zu. Es sei noch erwähnt, daß man auch — analog den kommunistischen Methoden — Luftballons aufsteigen ließ, um sie als Übermittlung illegalen Schriftenmaterials nach Deutschland zu benutzen.

Ganz vereinzelt konnte auch ein Hereinschmuggeln von Literatur mit Hilfe von Lotsen beobachtet werden, d. h. Personen ohne Material, denen in weitem Abstand solche mit Material folgen, überschreiten die Grenze und geben, falls keine Gefahr droht, ein unauffälliges Zeichen, so daß die Personen mit dem Material ohne Gefahr die Grenze überschreiten können.

Im Bereich der Staatspolizeistelle Düsseldorf kommt es immer wieder vor, daß das illegale Schriftmaterial durch Rheinschiffer in die Rheinhäfen befördert wird. In mehreren Fällen waren es sogar holländische Staatsangehörige, die sich damit befaßten. Der treibende Verband war die „Internationale Transportarbeiter-Foederation" in Amsterdam.

An der Westgrenze werden vereinzelt die Zeitungen „Pariser Tageszeitung" des Georg Bernhard, „Freies Deutschland" des Freidenkers Max Sievers und „Deutsche Freiheit", das neue Volksfrontblatt von Max Braun, geschmuggelt, während der „Neue Vorwärts" von der tschechischen Seite in das Reich lanciert wird. Außer diesen Emigrantenblättern wurden Zeitungsartikel und auch ganze Zeitungen der deutschfeindlichen Presse des Auslandes vereinzelt in das Reich gesandt. Bekannt ist, daß die Grenzgänger an allen Grenzen des Reiches sich über die politischen Dinge aus den in Caféhäusern usw. jenseits der Grenzen anliegenden Zeitungen zu informieren versuchen.

Da ein immerhin doch erheblicher Umfang von kleinen Streiks im Laufe des Jahres 1937 stattgefunden hat (Sperrung durch d. Red.), ist als sicher anzunehmen, daß ein Teil derselben durch diese Leute hervorgerufen worden ist, um mit Hilfe übermäßiger Forderungen Gegensätze zwischen Arbeitnehmern und Arbeitgebern in den Betrieben hervorzurufen oder zu verschärfen. Genau wie bei der KPD geht die Absicht dahin, durch derartige künstliche Erregungen in den Betrieben die Arbeiterschaft wieder politisch zu aktivieren, eine Gesinnungsgemeinschaft herzustellen und die Belegschaft dahin zu bringen, sich zu Unbesonnenheiten hinreißen zu lassen . . .

In Auswirkung einer staatspolizeilichen Aktion gegen die Anhänger der „Sozialistischen Front" in Hannover wurde das Urteil gefällt. Verurteilt wurden 216 Personen, freigesprochen acht. An Strafen wurden ausgesprochen:

Zuchthaus 211 Jahre, 1 Monat und 6 Wochen,

Gefängnis 152 Jahre, 4 Monate und 4 Wochen.

Der geflüchtete Leiter der „Sozialistischen Front" hat sich zwar dahin geäußert, daß nicht alle Anhänger in Hannover erfaßt worden sind, jedoch kann es sich dabei nur um einen kleinen Kreis von vielleicht 12 bis 15 Personen handeln.

Die Staatspolizeistelle Hildesheim beteiligte sich an der Aufrollung der „Sozialistischen Front" und nahm im Anfang 1937 gleichfalls ca. 50 Personen fest.

In Berlin wurden in Verbindung mit der Staatspolizeistelle Berlin und der Staatspolizeistelle Potsdam 81 Personen festgenommen, wovon 17 wieder entlassen wurden. Es handelt sich um den Versuch des Aufbaues einer Organisation. Die Anfänge des Aufbaues reichen aber schon vor das Jahr 1937 zurück. Die meisten der in dieser Sache Inhaftierten waren ehemalige Angehörige des Reichsbanners oder Mitglieder der Eisernen Front. Es wurden z. T. regelmäßige Zusammenkünfte abgehalten, Monatsbeiträge kassiert und auch die „Sozialistische Aktion" verteilt. In Berlin wurden außerdem in zwei weiteren Fällen allerdings geringeren Umfangs 15 Personen festgenommen und dem Richter vorgeführt.

Die Staatspolizeistelle Kiel nahm im Laufe des Jahres 1937 einen Kreis von ehemaligen SAJ-Angehörigen fest, die eine lose Gemeinschaft bildeten, ihre Treffs in Cafés abhielten und dabei politisierten. Auch wurde dort beobachtet, daß die ehemaligen Frauengruppen der SPD sich in Handarbeitsklubs und Kaffeekränzchen zusammengefunden hatten. Es bestanden 1937 noch drei dieser Vereine. Man hatte bei den Zusammenkünften natürlich gegen den Staat in negativem Sinne politisiert und auch den Nachrichtendienst des Moskauer Senders abgehört.

Gegen Ende des Jahres 1937 nahm die Staatspolizeistelle Nürnberg eine Gruppe von 21 Personen fest. Diese waren in einem Arbeitergesangverein organisiert, der formell gleichgeschaltet, in seiner politischen Einstellung und Betätigung jedoch nach wie vor marxistisch war.

Der Staatspolizeistelle Münster gelang es, wegen marxistischer Mundpropaganda in Gelsenkirchen vor dem Arbeitsamt 19 Personen festzustellen und festzunehmen.

Die Staatspolizeistelle Dresden nahm im Verlaufe des vorigen Jahres wegen Verkehrs mit Emigranten und Nachrichtenherausgabe 11 Personen fest. In dieser Angelegenheit war es von besonderer Bedeutung, daß sich unter den Festgenommenen drei Wehrmachtsangehörige, darunter zwei Unteroffiziere, befanden, die während ihrer Beurlaubung in Zivil in der CSR gewesen sind.

Die Staatspolizeistelle Stuttgart machte die interessante Feststellung, daß Reichsbahnbedienstete — frühere Sozialdemokraten — eine kleine Gruppe gebildet hatten, die unter sich (unter Ausnutzung ihrer Freifahrtscheine) Verbindung hielten und illegales Material austauschten.«

Interessant ist auch noch folgende Einzelheit aus dem „Lagebericht 1937" der Gestapo:

»Die Staatspolizeistelle Harburg-Wilhelmsburg stellte fest, daß in einem Arbeitslager des dortigen Bezirks 50 Arbeiter den roten Gummiring eines Bierflaschenverschlusses auf einem Westen- oder Hemdenknopf trugen. Die Staatspolizeistelle vermutet, daß dieser ein Solidaritätszeichen sei, um Gesinnungsgenossen damit kund zu tun, daß sie sich dem Träger gegenüber frei aussprechen können. Befragt erklärten sie übereinstimmend, daß sie durch diesen Gummiring das Aufgehen des Knopfes verhindern wollten.«

Neben der SAJ (Sozialistische Arbeiterjugend), bei der Gruppenbildung beobachtet wird, und den Siko-Gruppen in Schlesien sind es Reichsbannergruppen, die im „Lagebericht" festgestellt werden.

»Lediglich die Staatspolizeistelle Hamburg hat im Laufe des Jahres 1937 ca. 80 Festnahmen getätigt. Sie betrafen in der Mehrzahl ehemalige Reichsbannerleute, und es gelang dabei, größere Waffenbestände sicherzustellen. Die Waffen stammten aber noch aus den Jahren vor der Machtergreifung. Eine Organisation bestand aber auch in diesem Falle nicht.«

Über die SAP (*Sozialistische Arbeiter-Partei*) sagt der Bericht:

»Eine Organisation und eine Leitung wurde im vergangenen Jahr nicht festgestellt.

Der Staatspolizei München gelang es im April 1937, eine illegale Gruppe in Stärke von 23 Personen auszuheben. Es wurde dabei festgestellt, daß von dort Fäden zu einem Exponenten der Partei in der Schweiz und auch zu illegalen kommunistischen Funktionären in München bestanden.

Die Staatspolizeistelle Frankfurt a. M. nahm einen Kurier und Verbindungsmann zur Leitung nach Paris und zur Zweigstelle in Prag fest.

Aus Schlesien meldete die Staatspolizeistelle Breslau eine Belebung der „Sozialistischen Arbeiterpartei" im dortigen Gebiet, jedoch ist es nicht über die Fühlungnahme zwischen Einzelpersonen hinausgekommen.

Da die SAP über sehr gute Verbindungen speziell zur englischen Arbeiterpartei und zu Splitterparteien in den nordischen Staaten verfügt, dürften ihr auch die Geldmittel und damit die Grundlage ihres Fortbestandes so leicht nicht ausgehen. Mit ihrem Fortbestand ist auch in den kommenden Jahren zu rechnen. Festzustellen ist, daß auch der sogenannte „Eckstein-Fonds", welcher zur Unterstützung von politischen Gefangenen der SAP und deren Angehörigen bestimmt ist, immer noch weiterbesteht.

Bemerkt sei noch, daß auch der „Sozialistische Jugendverband Deutschlands" (SJVD) dem Namen nach noch besteht, eine praktische Tätigkeit aber nirgends mehr festgestellt wurde.«

Bei den Gewerkschaften wird gleichfalls eine Tätigkeit beobachtet, die mit dem „Internationalen Gewerkschaftsbund" zusammenhängt.

»Die Exponenten dieser Berufsinternationalen haben die Aufgabe, mit den entsprechenden früheren Gewerkschaftlern dieses Berufsverbandes in Deutschland die Fühlung aufzunehmen, sie mit Rat und Tat zu unterstützen und von ihnen Nachrichtenherausgabe zu verlangen. Die Haltung des IGB in diesen Sachen Deutschland gegenüber geht so weit, daß von dort aus bereits einzelne Berufsverbände als deutsche Gewerkschaften, wie z. B. der „Bergarbeiterverband", der „Einheitsverband der Eisenbahner Deutschlands" offiziell anerkannt wurden.

Verschiedentlich sind von der Staatspolizei Einbrüche in diese Aufbauarbeit vorgenommen worden, und so gelang es der Staatspolizeistelle Düsseldorf, 21 Personen festzunehmen, welche für den „Einheitsverband der Eisenbahner", der von dem früheren Reichsorganisationsleiter des Verbandes Jahn aus Berlin geleitet wird, tätig waren ...

Der Druckschriftenschmuggel auf dem Seewege wurde vielfach durch den „Gesamtverband der Seeleute, Hafenarbeiter und Binnenschiffer", der gleichfalls der ITF angeschlossen ist, ausgeführt.«

Auch über eine anarcho-syndikalistische Bewegung berichtet ein Kapitel:

»Die illegale Arbeit wurde hauptsächlich in den Gebieten fortgeführt, in denen die anarcho-syndikalistische Bewegung den größten Zustrom hatte, nämlich in Berlin, Mittel- und Westdeutschland ...

Daß die Anarcho-Syndikalisten auch heute noch versuchen, ihre alten politischen Bindungen aufrechtzuerhalten, beweisen die während des Jahres 1937 getätigten Festnahmen, deren Zahl sich im ganzen Reichsgebiet auf über 200 beläuft.

Die meisten Festnahmen erfolgten im Bereich der Staatspolizeistelle Düsseldorf mit 53 Personen. Es folgten dann Leipzig mit 39, Berlin mit 38, Erfurt mit 35 Festnahmen. Bei den Festgenommenen handelt es sich samt und sonders um überzeugte Anhänger der anarcho-syndikalistischen Bewegung, die in ihre Ideen derart verrannt sind, daß sie kaum noch zu brauchbaren Mitgliedern der deutschen Volksgemeinschaft erzogen werden können.«

Zu dem erwähnten Bericht ist zusammenfassend festzustellen, daß die Gestapo einen zweifellos interessanten, wenn auch recht lückenhaften Überblick über die illegalen Linksgruppen Deutschlands besaß. Der Bericht verrät jedoch gleichzeitig, daß die Gestapo in verschiedenen Richtungen durchaus im dunkeln tappte.

Aus einem „Monatsbericht" des Sicherheitsdienstes des Reichsführers SS, Oberabschnitt Süd, aus München vom 11. Januar 1937 an das Sicherheitshauptamt Abt. II (liegt abschriftlich vor. D. Red.) geht hervor, daß die Aktion „Gegen die Rote Front" in Straubing noch nicht zum Abschluß gebracht wurde »... und an allen möglichen Orten konnte wiederum die übliche Schmierpropaganda beobachtet werden (Straßen, Eisenbahnwagen, Verpackungen, Aborte). Auf verschiedenen Baustellen wurden Ziegel aus dem Anna- Werk Oeslau vorgefunden, in denen „Rotfront lebt noch, Anna-Werk Oeslau" eingebrannt war. Ein neues kommunistisches Flugblatt „Waffen für Madrid" wurde festgestellt, ferner wurden sechs neue Flugschriften erfaßt:

1. „Neues Blut durch Biomalz mit Eisen"
2. „Gebrauchsanweisung für die Dollina"
3. „Fototafeln für alle Fragen"
4. „Miniaturbibliothek ‚Philosophie'"
5. „Sauerstoff-Fußbad"
6. „Excentric Shampoo"

Diese Titelseiten tarnten den illegalen Inhalt der Flugschriften.

Ferner wurden eine Reihe von Bränden in der bayrischen Ostmark mißtrauisch beobachtet. So kamen allein im Gebiet Vilshofen innerhalb weniger Tage sechs Brände vor ...«

Nach dem Bericht soll sozialdemokratisches Schulungsmaterial aus der Tschechoslowakei eingeschmuggelt worden sein. Auffallend erscheint den Gestapo-Agenten, daß ehemalige SPD-Leute eifrige Kirchgänger werden. Sie nehmen an, daß diese Leute eifrige Verteiler der Hirtenbriefe sind. In diesem Monatsbericht werden zum Schluß u. a. folgende illegale Flugblätter aufgezählt:

Im Monat Dezember 1936 im Reich erfaßte Flugblätter:

„Arbeitersklave und Kanonenfutter“ … (Bremen)
„Aufruf in letzter Stunde“ … (Bremen)
„Deutschland erwache“ … (Aachen)
„Deutsche Volkszeitung“ … (Berlin)
„Die Fackel“ … (Berlin)
„Die Internationale“ … (Aachen)
„Die Rote Fahne“ … (Berlin, Bremen, Liegnitz, Regensburg)
„I.G.-Kongreß in London“ … (Bremen)
„Keine Neutralität“ … (Kiel)
„Nachruf“ … (Düsseldorf, Königsberg, München, Münster)
„Nieder mit dem Krieg“ … (Aachen)
„Rundschau“, Nr. 39, 44, 45, 47, 48, 49 … (Berlin, Potsdam)
„Volksgenossen! Wir alle kennen irgendwo in Europa Menschen“ … (Berlin, Hamburg)
„Wir antworten Göring“ … (Berlin)
„Zum November 1936“ … (Aachen, Dortmund, Düsseldorf, Kiel)
„Die Schiffahrt“, Nr. 5, 7, 8, 9, 10 … (Aachen, Bremen, Kiel)

Schriften der Internationalen Transportarbeiter-Föderation:

„Faschismus“, Nr. 21, 23 … (Aachen, Bremen, Kiel)
„Pressebericht der ITF“, Nr. 16, 22, 23, 24 … (Aachen, Bremen, Düsseldorf, Kiel)

Tarnungen:

„Azurin Waschblau-Papier“ … (Berlin)
„Besucht das schöne Nürnberg“ … (Berlin, Saarbrücken)
„Deutsche Volkskunde“ … (Berlin)
„Die schönsten Brett- und Legespiele“ … (Berlin)
„Jiu-Jitsu“ … (Berlin)
„Persil bleibt Persil“ … (Berlin)
„Rechenkunststücke und mathematische Scherze“ … (Berlin)
„Romanperlen“ … (Berlin)
„Willst du gesund bleiben“ … (Berlin)

In einem „Lage-Kurzbericht“ der Geheimen Staatspolizei, Leitstelle Berlin, für die Zeit vom 1. Januar 1939 bis 31. März 1939, der von Panzinger unterzeichnet ist (siehe Anhang. D. Red.), wird berichtet, daß eine Gruppe in Berlin-Lankwitz aufgeflogen ist, wobei 13 Verhaftungen vorgenommen wurden. Ebenfalls wurden im Unterbezirk Berlin-Gesundbrunnen der illegalen KPD 28 Illegale verhaftet. Im Unterbezirk Berlin-Prenzlauer Berg wurden 8 Personen wegen Vorbereitung zum Hochverrat festgenommen und anschließend nochmals 6 Personen.

Der Bericht vom 31. März 1939 fährt fort: »Eine Tatsache gibt jedoch zu großen Bedenken Anlaß. Besonders bei den gut verdienenden Facharbeitern größerer und kleinerer Werke konnte festgestellt werden, daß fast alle über teure Rundfunkgeräte von großer Reichweite verfügen, mit denen sie die deutschsprachigen Sendungen des Moskauer Senders, des Freiheitssenders und Berichte deutschfeindlicher Funkstationen abhören. Auch die Aufforderung des Moskauer Senders, langsamer zu arbeiten bzw. sich gegen die angeblichen Lohnkürzungen durch gemeinsames Vorgehen zu wehren, werden teilweise befolgt.«

An sogenannten „Hetzschriften" wurden im Berichtsvierteljahr nach der gleichen Quelle bei 43 Verbreitungsstellen 293 Exemplare erfaßt. Hierunter befanden sich 33 Neuerscheinungen; insgesamt wurden hierbei erfaßt:

24 Broschüren
19 Druckschriften
149 Flugblätter und
101 Streu- und Klebezettel.

Außerdem wurden 24 „Beschmierungen" bekannt. An Postsendungen mit Briefen und Karten hetzerischen Inhalts wurden elf Sendungen mit 302 Exemplaren durch die Reichspost angehalten. Die Hetzschriften setzen sich wie folgt zusammen:

10 Exemplare Hetzschrift (Shampoon-Beutel) „Ein Waffenstillstandstag"
Tagesrapport: 3 vom 6. Januar

38 Exemplare Flugblätter „An die Deutschen in der Heimat"
Verbreitet: England
Tagesrapport: 9 vom 20. Januar

30 Exemplare im Abzugsverfahren hergestellte Flugblätter mit Druckbuchstaben
„Der Bau der Reichskanzlei kostet 82 Millionen"
Verbreitet: Berlin
Tagesrapport: 13 vom 30. Januar

34 Exemplare Hetzschriften des bekannten „angeblichen" Petermann:
„Wen die VZ bekämpft"
Verbreitet: ?
Tagesrapport: 9 vom 20. Januar

47 Zettel mit Stempelaufdruck „Deutschland erwache, Hitler verrecke"
Gefunden auf der Gehbahn eines Berliner Vororts
Tagesrapport: 9 vom 20. März

35 Streuzettel bzw. Klebezettel
Verbreitet: Berlin
Tagesrapport: 4 vom 8. März

Zu der Arbeit der sozialdemokrgatischen Untergrundkämpfer wurden in dem Bericht schwer kontrollierbare Gruppenbildungen festgestellt. Besonders wird bemängelt, daß die an den Schnittpunkten der Wirtschaft stehenden Personen, wie Kontrolleure, Werkmeister, Betriebsleiter, meist frühere Gewerkschaftler oder Sozialdemokraten waren, die größtenteils nur äußerlich mit der Zeit gingen und auch heute noch nicht von ihren marxistischen Ideen ließen. Sie hätten sehr gute Beziehungen zu den im Ausland befindlichen Herausgebern von Hetzschriften, denen sie Material zuleiten. So wurde durch die Festnahme des bei Siemens beschäftigten Konstrukteurs Heinrich F. und dessen Ehefrau festgestellt, daß beide Material für die Sopade nach Prag lieferten.

„Durch Observationen eines großen Personenkreises werden weitere derartige Spuren verfolgt."

An „Hetzschriften" wurden im Berichtsvierteljahr zum Teil in Berlin aufgegebene Hetzschriften erfaßt:

7 SPD-Hetzschriften
1 Hetzschrift der SAP und
10 Exemplare der deutschen Freiheitsbriefe.

Unter „Allgemeines" wird mitgeteilt, daß insgesamt 96 Personen in Berlin während der Berichtszeit wegen oppositioneller Betätigung festgenommen wurden.

Aus einer „Monatsstatistik" über die illegale Tätigkeit von Kommunisten und Sozialdemokraten, die die Staatspolizeileitstelle Berlin für den Monat Januar 1940 aufstellte (und die abschriftlich vorliegt. D. Red.), geht hervor, daß wegen kommunistischer und sozialdemokratischer Umtriebe in der Berichtszeit in Berlin 47 Personen festgenommen wurden. Über 13 Flugschriften wurden erfaßt und 436 Flugblätter. Durch Postsammelsendungen wurden 123 Briefe erfaßt, von denen man 34 an die Adressaten gelangen ließ. Im Februar 1940 wurden wegen kommunistischer und sozialdemokratischer Umtriebe 44 Personen verhaftet. Die Gestapo fand drei Flugschriften und 27 Flugblätter. Durch die Post wurden 68 illegale Sendungen erfaßt. Im März 1940 wurden wegen sozialistischer Propaganda 11 Personen in Berlin verhaftet, 8 illegale Flugschriften und 149 Flugblätter wurden erfaßt, ebenso wie 85 Postsendungen. Im April 1940 wurden 19 illegale sozialistische Kämpfer in Berlin verhaftet, 8 Flugschriften und 170 Flugblätter gelangten in die Hände der Gestapo. Auf dem Postwege wurden 93 illegale Sendungen festgestellt.

Der Kampf von „unten"

VKA oder „Vereinigte Kletterabteilung" hieß eine Organisation der ostsächsischen Arbeiterschaft, die Parteilose und Angehörige aller Linksparteien umfaßte (2. Veröffentlichung der Serie: „Widerstand im 3. Reich", Berlin 1947).

Es gelang der Gestapo nie, sie ganz aufzurollen.

In einer unzugänglichen Felshöhle des Grenzgebirges wurden illegale Flugblätter abgezogen. Die Höhle wurde in weitem Umkreis durch Posten gesichert, die als Pilzsammler oder Felskletterer ihre Runde gingen. Die VKA brachte vor allem illegale Literatur aus Prag nach Deutschland, so Tausende von Exemplaren des „Braunbuchs über den Reichstagsbrand", das als Reclam-Ausgabe von Schillers „Wallenstein" getarnt war, und vielerlei anderes Material, das auf heimlichen Kletterpfaden von den Illegalen ins Reich gebracht wurde.

Zum ersten bewaffneten Zusammenstoß mit Grenz-SS kam es am Fremdenweg beim Großen Winterberg. Später wurden bei einer Schießerei mit 40 Grenzpolizisten und SS in den unzugänglichen Bergen drei der Illegalen erschossen.

Die Gruppe „Felsenstern" galt als die aktivste innerhalb der VKA. Ihr gehörten acht Arbeitersportler an, die sich schon seit langem kannten. Sie erklommen die hohen Schornsteine der Waffenfabrik „Arsenal" in Dresden, um oben rote Fahnen anzubringen, und brachten eine Kampfparole im Sims der Dresdner Staatsoper an. Diese Gruppe brachte auch viele politisch Verfolgte über die Grenze. Erst Verhaftungen, bei denen keiner zum Verräter wurde, und Einberufungen setzten der Tätigkeit dieser Gruppe ein Ende.

Weitere Gruppen waren die „Wanderfalken", die „Lindenbrüder" und die „Gruppe Schlosser", die sich alle illegal betätigten.

Die Widerstandsgruppe VKA brachte 24 Todesopfer. Insgesamt 89 ihrer Mitglieder wurden in ein KZ oder in eine Strafanstalt gebracht.

Die Gebirgskette, die in Hufeisenform Deutschland von der Tschechoslowakei trennt, war — begünstigt noch durch einen deutschsprachigen Gürtel von 30 Kilometer Breite jenseits der Grenze — ein vorzügliches Gelände, den Widerstand schon frühzeitig zu organisieren. Sachsen, mit seiner traditionell starken Arbeiterbewegung, mag hierbei eine besondere Aktivität entfaltet haben.

Über die Verhältnisse im Chemnitzer Bezirk gibt ein persönlicher Bericht von W. Lesser Auskunft (an die Red.).

Seinem Bericht zufolge ist die Initiative zum Widerstand von den Angehörigen des „Reichsbanners", vor allem des „Jungbanners", ausgegangen. Das „Reichsbanner" in Chemnitz, das noch über große Waffenlager verfügte, schickte zunächst solche Funktionäre, die wegen dieser Waffenlager die Organisation hätten gefährden können, über die Grenze. In der Tschechoslowakei richteten sich diese Funktionäre dann mit Hilfe der Sudetendeutschen Arbeiterorganisation, die sehr stark und bis 1939 intakt geblieben war, in der Nähe der Grenze an einigen markanten Stellen ein, im „Naturfreundehaus" in Neuhammer, in der Skihütte am Keilberg (ein

Haus der Jüdischen Gemeinde), in der „Roten Mühle" in Komotau, im „Naturfreundehaus" in Görsdorf.

Das Hauptquartier der Chemnitzer sozialdemokratischen Arbeiterbewegung wurde Karlsbad. Von Karlsbad aus entwickelte sich ein reger Verkehr über die Grenzstellen nach Chemnitz und umgekehrt. In Chemnitz selbst hatte jeder Stadtteil seine illegale Gruppe, sei es des „Reichsbanners", sei es der SPD. Insbesondere unterhielt das „Reichsbanner" Verbindungen mit den Gruppen in Leipzig, Berlin und anderen Zentren, auch nach dem Ausland. Lesser z. B. war Verbindungsmann zu Max Hoffmann (2. Bundesvorsitzender des „Reichsbanners"), der in der Emigration arbeitete und durch alle europäischen Länder reiste. Der Verbindungsweg zu ihm ging über die „Rote Mühle" in Komotau. Im Gegensatz zur KPD waren die Gruppen des „Reichsbanners" und der SPD nicht durch einen Kopf bzw. eine Anlaufstelle zusammengefaßt; auch wurden keine neuen Mitglieder aufgenommen. Dennoch hatten beide Organisationen im Jahre 1934 allein in Chemnitz mehr als 1000 Mitglieder.

Der kameradschaftliche Geist, der diese Gruppen zusammenhielt, wird beispielhaft durch Kurt Nadebuhr, einen der aktivsten Kuriere, charakterisiert. Als Nadebuhr in Untersuchungshaft geriet, nahm er sich sofort das Leben, um zu verhindern, daß ihm unter der Folter Aussagen gegen Kameraden entschlüpfen könnten. Robert Müller, ehemals Kulturdezernent, hatte auf der Grenzstelle Kühnheide seine Bibliothek untergebracht, um seine sozialistischen Bücher zu verleihen. Er wurde 1933 zu 10 Monaten, 1934 zu 14 Monaten Gefängnis verurteilt und 1944 erneut inhaftiert. Dem Kampf der Gestapo gegen die Chemnitzer Organisation erlagen 1934/35 mehrere Gruppen. Bis zum Jahre 1936 wurde die Organisation bis zum letzten Mann aufgerieben.

Neben den Grenzstellen der Chemnitzer Gruppe erwähnt Lesser noch die Stellen Olbernhau, Annaberg und Neudorf im Erzgebirge, wo Widerstandsgruppen von sich aus, ohne Anleitung, klug arbeitend die Verbindung mit Berlin hielten.

Die Organisation „Roter Stoßtrupp" war eine der frühesten illegalen Organisationen und gab eine der ersten illegalen Zeitschriften heraus. (Bericht von Rudolf Küstermeier an die Red.) Die Zeitschrift trug den gleichen Namen wie die Organisation. Ihr Herausgeber, Rudolf Küstermeier, war zugleich einer der drei Männer, die die politische Leitung hatten. Zu den führenden Köpfen gehörten u. a. der bekannte Publizist und Rechtsanwalt Dr. Curt Bley und Carl Zinn (ein jüngerer Bruder des späteren hessischen Ministerpräsidenten). Der „Rote Stoßtrupp", der anfangs aus Mitgliedern der sozialistischen Studentenschaft und der linken Gruppe der Arbeiterjugend zusammengesetzt war, nahm — etwa von der zweiten oder dritten Nummer der Zeitschrift an — auch andere Gruppen in sich auf: eine demokratische Jugendorganisation, die Reste der jüdischen Organisationen

„Kameraden" und „Deutsch-Jüdischer Jugendverband" und eine katholische Jugendorganisation. Der Inhalt der Zeitschrift war daher nicht spezifisch sozialistisch, indessen reich an authentischen Informationen. Die Organisation verfügte über ausgezeichnete Verbindungen.

Die Zeitschrift, die zuerst alle zehn Tage mit einer Auflage von 1000 Stück erschien, wurde nach kurzer Zeit wöchentlich und — allein in der Berliner Zentrale — in einer Auflage von 2500 Exemplaren gedruckt. Die Organisation verfügte jedoch über Stützpunkte in Dresden, Leipzig, Hamburg, Kiel, Halle und anderen Städten, wo die Zeitschrift wiederum vervielfältigt wurde. Auch in Berlin gab es eine zweite Stelle, wo sie nachgedruckt wurde. Als die Untersuchungsbehörde sich später bemühte, festzustellen, wie viele Exemplare der Zeitschrift verteilt worden seien, kam sie auf 20000 Stück. Die tatsächliche Zahl dürfte höher gewesen sein.

Die Polizei, der es nicht gelang, durch Spitzel in den „Roten Stoßtrupp" einzudringen, erhielt zum erstenmal Kenntnis von dieser Organisation durch einen Zufall. Ein jugendlicher Verteiler im Alter von 18 oder 19 Jahren geriet in eine einem Kommunisten gestellte Falle. Der jugendliche Verteiler hatte in einem Haus 25 Exemplare der Zeitschrift abzuliefern, in dem gleichzeitig von der Polizei der betreffende Kommunist erwartet wurde. Zufällig paßte die Beschreibung der Kleidung, die sie von dem Kommunisten hatte, auf den Angehörigen des „Roten Stoßtrupps". An der Nummer der auf diese Weise in die Hände der Polizei gefallenen Zeitschrift erkannte die politische Polizei, damals noch nicht Gestapo, daß sie eine Organisation vor sich hatte. Doch kam sie damit nicht weiter. Obwohl der jugendliche Verteiler übel mißhandelt wurde, schwieg er, so daß nicht einmal die Leitung des „Roten Stoßtrupps" erfuhr, was vorgefallen war.

Etwa 5—6 Wochen später brachte die Polizei ein zweiter Zufall auf die Spur des „Roten Stoßtrupps". Etwa 250 Blätter der Zeitschrift mußten wöchentlich mit der Post verschickt werden. Das war den jugendlichen Angehörigen der Organisation, die alle Kosten ihres Kampfes selbst zu tragen hatten — und es waren ja viele Studenten und Arbeitslose darunter —, allmählich zu teuer. Daher frankierte man die zu versendenden Zeitschriften mit dem Poststempel einer Berliner Behörde, in die ein Mitglied des „Roten Stoßtrupps", Kurt M., nachts eindrang, den Stempel zu „entleihen", um ihn, nach Gebrauch, in den frühen Morgenstunden wieder an Ort und Stelle zu legen. Eines Tages erreichte eine solche Zeitschriftensendung nicht ihren Adressaten, und der Brief ging als „unbestellbar" zurück an den Absender — die Berliner Behörde. Der Amtsvorsteher, ein 1933 eingestellter „alter Kämpfer", übergab die Zeitschrift der Polizei. Kriminalbeamte arbeiteten als Angestellte in der betreffenden Behörde und beobachteten das gesamte Personal. Da der Stempel jedoch nur in einem einzigen Exemplar vorhanden war und verschlossen in der Schreibtischschublade des Amtsvorstehers lag, fiel der Verdacht schließlich auf diesen, der sogar verhaftet wurde. Schließlich erlag der „Rote Stoßtrupp" doch der erdrückenden Organisation der Polizei. Am 29. November 1933 wurde Rudolf Küstermeier verhaftet. Im August 1934 wurde er zu 10 Jahren Zuchthaus verurteilt, kam dann noch in verschiedene KZ-Lager, zuletzt nach Bergen-Belsen, wo er von den Engländern befreit wurde.

In Magdeburg hielt sich eine antifaschistische Organisation bis zum Jahre 1936, wie Eva Lippold berichtet. Sie gab regelmäßig die illegale Zeitung „Tribüne" heraus, außerdem verbreitete sie Flugblätter, Broschüren und Handzettel. 1936 wurde diese Organisation, die drei Jahre lang gearbeitet hatte, durch eine Gestapo-Offensive lahmgelegt. Im Jahre 1943 versuchten die Hersteller der Zeitung „Tribüne", nachdem mehrere von ihnen aus der Haft entlassen worden waren, erneut eine antifaschistische Organisation zu schaffen. Sie sollte alle Kreise und Bevölkerungsschichten erfassen. Zu diesem Ziele wurde ein illegaler Radiosender vorbereitet. Einen Apparat hielt man in einem ausgetrockneten Brunnen verborgen. Diese Gruppe zählte bald viele Mitglieder, von denen nach einem Gestaposchlag eine größere Anzahl in Brandenburg hingerichtet wurden.

Besonders zu erwähnen ist die Arbeit der Gruppe „Goldene Sechs", die sich aus sechs Musikern zusammensetzte und illegal Zeitungen und Flugblätter an Sympathisierende vertrieb, und zwar in einem wöchentlichen Umsatz von 200 bis 300 Stück. Die Tage, an denen die sechs Musiker arbeiteten, waren gleichzeitig ihre Treffs. Es wurden Wachen um das Haus gestellt, aus dem Haus schallte die Musik, während ein Teil der Gruppe an der Schreibmaschine und den Abziehapparaten tätig war. Die „Goldene Sechs" entwickelte sich zu einer beliebten Tanzkapelle im Berliner Arbeiterviertel, die in Lokalen und im Freien spielte. Die Gruppe bestand aus fünf jungen Musikern und einem Mädchen, die alle mehrjährige Zuchthausstrafen erhielten. (Bericht liegt vor. D. Red.) —

Die rein jüdische „Gruppe Baum" in Berlin, die schon durch ihr jüdisches Sonderschicksal isoliert war und ein tragisches Ende fand, umfaßte nur junge Menschen. Sie scheint Verbindungen mit einer Gruppe in Weißensee unterhalten zu haben. Im Jahre 1942, als mit gewaltigem NS-Lärm die Ausstellung „Das Sowjetparadies" im Berliner Lustgarten gezeigt wurde, kam die „Gruppe Baum" — bei einer Besichtigung — auf die Idee, die Ausstellung anzuzünden, um mit den Flammen den Protest der Arbeiterschaft kundzutun.

Einem Bericht zufolge (liegt abschriftlich vor. D. Red.) kam es zu lebhaften Debatten in der Gruppe, in die einige Mitglieder das Argument warfen, das Objekt sei nicht groß genug, um den Einsatz so vieler Menschenleben zu wagen. Auch dürfe eine solche Aktion nur von einem, höchstens zwei Mitgliedern ausgeführt werden. Ferner sei eine jüdische Gruppe dafür nicht geeignet, da bei einer etwaigen Entdeckung die Gestapo stets einen

Vorwand hätte, diesen Protest als Aktion jüdischer „Untermenschen" darzustellen.

Nach nächtelangen hitzigen Debatten wurden die Warner aus der Gruppe ausgeschlossen, und die Gruppe ging zur Tat über. Die Ausstellung brannte tatsächlich, aber die Presse schwieg den Brand tot. Zwei Tage nach dem Brand wurden alle Beteiligten plötzlich verhaftet und später hingerichtet. Unter den Anregern des Brandes befand sich nach den Aussagen Überlebender ein Gestapo-Spitzel. Die Reste der Gruppe Baum wurden schubweise gefangen und gruppenweise hingerichtet.

Da bei dem Attentat fünf Juden beteiligt waren, griff die Gestapo wahllos für jeden der fünf Beteiligten hundert jüdische Bürger in Berlin auf, brachte diese nach Lichterfelde, erschoß noch am gleichen Abend jeden zweiten von diesen Unschuldigen und brachte die andere Hälfte in die KZ-Lager, wo sie im Herbst 1942 verstarben. Am nächsten Tag brachte man die Familien der in der Vergeltungsaktion gefangenen und getöteten Juden mit allen Angehörigen nach Auschwitz, wo sie gleichfalls getötet wurden.

Nach Aussagen der Überlebenden soll der Verräter von der Gestapo gleichfalls hingerichtet worden sein. Die Gruppe Baum bestand aus folgenden Personen:

Herbert Baum	28 Jahre	angeblich Selbstmord in U-Haft
Marianne Baum	30 Jahre	hingerichtet 18. August 1942
Sala Kochmann	30 Jahre	hingerichtet 18. August 1942
Gerd Meyer	22 Jahre	hingerichtet 18. August 1942
Heinz Joachim	21 Jahre	hingerichtet 18. August 1942
Susanne Wesse	29 Jahre	hingerichtet 18. August 1942
Irene Walter	22 Jahre	hingerichtet 18. August 1942
Hanni Meyer	22 Jahre	hingerichtet 5. März 1943
Marianne Joachim	21 Jahre	hingerichtet 5. März 1943
Heinz Rotholz	21 Jahre	hingerichtet 5. März 1943
Heinz Birnbaum	23 Jahre	hingerichtet 5. März 1943
Hella Hirsch	22 Jahre	hingerichtet 5. März 1943
Felix Heymann	26 Jahre	hingerichtet September 1943
Martin Kochmann	30 Jahre	hingerichtet September 1943
Alice Hirsch	19 Jahre	8 Jahre Z., später KZ Auschwitz
Edith Fränkel	21 Jahre	5 Jahre Z., später KZ Theresienstadt
Richard Holzer	31 Jahre	1942 im Juni entflohen nach Ungarn
Lotte Paech	32 Jahre	1943 Todesurteil, Juni 1944 entflohen

Zahlreiche junge Menschen mußten ihr Leben lassen, außerdem noch viele Unbeteiligte.

Im Dezember 1944 fand vor dem Volksgerichtshof ein Prozeß gegen eine sozialdemokratische Organisation X. statt. Die Anklageschrift bringt vor, daß sie 1943 in Berlin als alte Marxisten (unter Marxisten verstand die

Gestapo Sozialdemokraten) und Staatsfeinde eine illegale Gruppe gebildet hätten. Sie hätten häufig Zusammenkünfte unter sich und mit anderen veranstaltet, Sabotagepläne erörtert und illegale Schriften ausgetauscht. Die sämtlichen Angeschuldigten hätten dadurch den Hochverrat vorbereitet, die Feinde Deutschlands begünstigt und den Widerstandswillen des Volkes im gegenwärtigen Kriege zu untergraben versucht.

Wegen Wehrkraftzersetzung wurde der Kohlenarbeiter Max Schlichting in Hamburg hingerichtet, der in einem Straßengespräch erklärt hatte: „Der Krieg könne nicht gewonnen werden, man müsse alles tun, um ihn zu beenden." Schlichting wurde von zwei Männern namens W. und H. auf einer Hamburger Straße verhaftet. H. war Kriminalbeamter.

Einen „Literarischen Kampfausschuß gegen die Nazi-Ideologie" leiteten in den Jahren 1933—1945 H. S. und E. L. Diese Gruppe versuchte, die Stimmung für einen Generalstreik hervorzurufen, Widerstandsgruppen in der Armee zu bilden und schließlich die Gedanken unserer Dichter und Philosophen, wie Lessing, Goethe, Herder, Schiller, Heine, in Erinnerung zu bringen. Die Gruppe wandte folgende Methoden an: Sie hielt illegale Versammlungen an wechselnden Orten und in wechselnden Zeiten ab. Sie verfaßte illegale Flugblätter, die mit möglichst wenig Worten in Prosa oder Versen die Wege aufzeigen sollten, sich des Tyrannen zu entledigen. Drittens verbreitete sie illegal solche Schriften. Die Gruppe bestand aus sieben Personen und überstand eine Denunziation im Jahre 1935, erlahmte jedoch einige Jahre später. Ihr Hauptarbeitsgebiet war die Gegend um Mannheim (lt. maschinengeschriebenem Bericht mit 3 Unterschriften).

Von der Berliner Gruppe Hodapp wurden im Jahre 1934 neunzehn Mitglieder wegen Hochverrats verurteilt. Die Angeschuldigten waren sämtlich ehemalige Mitglieder der Sozialdemokratischen Partei oder ihrer Jugendorganisation, der Sozialistischen Arbeiterjugend (SAJ). Sie haben illegal Flugschriften aus dem Ausland eingeführt und zum Teil im Inland hergestellt und die „Nachrichten des proletarischen Pressedienstes" und die „Arbeiterzeitung" verbreitet. Es folgt ein Auszug aus der Anklageschrift, in der Textstellen aus den illegalen Zeitungen der Gruppe zitiert werden (Abschrift der Anklageschrift liegt vor D. Red.):

»Neben dem Kopf der Nummer 16 vom 1. Oktober 1933 finden sich folgende Verse:

„Es kommt ein Tag . . .
Es kommt ein Tag der Rache,
fürwahr er kommt einmal
für die gerechte Sache,
für unsere Not und Qual.

Dann gibt die Wahrheit Kunde,
wer für und mit uns war,
und alle Lumpenhunde,
die werden offenbar

Dann haben wir gelitten
umsonst für Freiheit nicht
und nicht umsonst gestritten
den Kampf für Recht und Licht.

Es kommt der Tage der Rache,
fürwahr er kommt einmal,
für die gerechte Sache,
für unsere Not und Qual."

(Verfasser: Hoffmann von Fallersleben)

Ein Artikel „Neu beginnen!" schließt folgendermaßen:

„... In dieser Situation rufen die revolutionären Sozialisten Deutschlands ihre Kameraden in allen Ländern zur Besinnung und Umkehr. Schwer und schmerzlich sind die Schläge, die uns getroffen. Die Geschichte schreibt mit Blut und Tränen die Lehren des sozialistischen Freiheitskampfes ... Vor uns steht heute die Aufgabe, unter der terroristischen Herrschaft der deutschen faschistischen Reaktion die Fahne des marxistischen Sozialismus hochzuhalten, unablässig an dem Sturz der Barbarenherrschaft zu arbeiten, um den werktätigen Massen in Deutschland den Weg zum Sozialismus freizumachen. Wir wissen, daß jeder Schritt vorwärts auf diesem Wege auch einen Anstoß für das internationale sozialistische Proletariat bedeutet, die Zeit der Verwirrung zu überwinden und mit neuen Kräften dem sozialistischen Freiheitsziel zuzustreben. In diesem Bewußtsein werden wir kämpfen."

Die „Arbeiterzeitung" verfolgt die Tendenz, die früheren Anhänger der marxistischen Parteien zusammenzufassen und eine Einheitsfront der Arbeiterklasse gegen den Faschismus mit der Führung in Deutschland zu bilden. Sie greift in ihren Ausführungen sowohl die früheren Führer der SPD an, die durch ihr Paktieren mit dem Bürgertum und dem Kapitalismus und durch die Versuche, auf parlamentarischem Wege das Schicksal der Arbeiterklasse zu gestalten, den Zusammenbruch herbeigeführt haben, als auch die Führer der KPD, die durch ihre falsche Taktik, insbesondere ihre völlige Abhängigkeit von dem sowjetrussischen Außenkommissariat, nicht in der Lage gewesen sei, die deutschen Arbeiter vom Reformismus zu lösen ...

Die hochverräterische Tendenz der „Arbeiterzeitung" ergibt sich insbesondere aus dem von dem in O.J. 170/34 verfolgten Angeschuldigten Weber verfaßten Artikel in Nr. 1 der Zeitung vom 17. November 1933, der die Überschrift „Neu beginnen!" trägt. Hier heißt es:

„Uns interessiert die Vergangenheit der Arbeiterbewegung, vor allem die jüngste, nur insoweit, als wir Lehren aus ihr ziehen können für Gegenwart und Zukunft des Kampfes um den Sozialismus. Die eindringlichste Lehre ist, daß der Kapitalismus und seine letzte politische Form, der Nationalsozialismus, nicht mit dem Stimmzettel der bürgerlichen Demokratie, sondern nur durch die proletarische Revolution endgültig beseitigt werden kann und daß die Verwirklichung des Sozialismus mit jedem tauglichen Mittel, auch mit dem Mittel der proletarischen Diktatur, erstrebt werden muß . . .

Der Weg zum Sozialismus wird schwer und opferreich und wahrscheinlich noch lang sein. Die reformistische Vorstellung vom kampflosen Hineinwachsen in den Sozialismus hat sich als ebenso falsch und schädlich erwiesen wie die kommunistische Illusion eines akuten und permanenten Kampfes der Arbeiterschaft . . ."«

Ein großer sozialistischer Kreis fand sich in der Organisation „Neubeginnen" zusammen. Als damaliger Auslandsvertreter der Gruppe wurde Paul Hagen in New York genannt. „Neubeginnen" stellte sich folgende Aufgaben: 1. Heranbildung von politisch qualifizierten Funktionären der Arbeiterbewegung. 2. Übung in der konspirativen Praxis. 3. Herstellung von Verbindungen zu möglichst vielen Gruppen der deutschen Widerstandsbewegung. 4. Aufbau eines wirksamen Nachrichtenapparates.

„Neubeginnen" veröffentlichte monatliche Berichte über die Ergebnisse seiner Informationsarbeit. Die Bezeichnung „Neubeginnen" wurde durch eine unter gleichem Titel veröffentlichte Broschüre im Ausland bekannt. Das Auffliegen eines Teiles der Gruppe wurde später durch eine Verhaftungsserie verursacht, woraufhin zahlreiche Mitglieder emigrierten.

Über die Arbeit des Leiters der Zentrale der Grenzsekretariate der SPD und des Organisationsleiters der Bewegung „Neubeginnen" wurde folgender mündlicher Bericht (an die Red.) gegeben:

»Das erste Sekretariat wurde im März 1934 in Neuen im Böhmerwald, auf der tschechischen Seite, eine Stunde von der Grenze, aufgemacht. Das bedeutet nicht, daß die Arbeit erst dann begann. Im Januar 1934 wurde sogar schon der erste Bericht durchgegeben. Aber sie begann erst im März systematisch zu werden. Alle 8—14 Tage kamen die Kuriere der verschiedenen Gruppen aus dem Reich, lieferten die Berichte über die organisatorische Arbeit, über die Situation in den Konzentrationslagern und empfingen die von der Zentrale zusammengestellten Berichte, die auf Mikrofotos aufgenommen waren, ein Verfahren, das zuerst in Augsburg entwickelt worden war. Zwei Jahre später etwa, im Frühjahr 1936, gab M. Neuen auf, verlegte das Sekretariat nach Budweis und arbeitete dort unter einem anderen Namen. Von Budweis hatte er Verbindung über Österreich mit der Schweiz, Kuriere bereisten regelmäßig Salzburg, Kufstein und andererseits auch Preßburg. Auch in Österreich war die Sozialdemokratie inzwischen in die Illegalität gegangen, und M. hatte Kontakte mit dem gesamten österreichischen Apparat, besonders mit Werner Richter und Otto Bauer . . .

Nach M. ist „Neubeginnen" in der Anwendung der Theorie und der Technik die beste Organisation gewesen. Ihre Hauptstützpunkte waren in Berlin und im Rheinland. Der Inhalt ihrer Politik war, eine Kader-Organisation zu schaffen und diese Organisation auf die revolutionäre Welle einzustellen, die entstehen mußte, wenn das NS-Regime zusammenbricht . . .

Für „Neubeginnen" kam es darauf an, den Kurierverkehr zu unterhalten, Austausch von Informationen zu pflegen und eine gegenseitige politische Orientierung aufrechtzuerhalten. Dies war für „Neubeginnen" die Arbeit einer politisch-revolutionären Konzeption.

Als der Spanienkrieg ausbrach, blieb in Prag eine „rot"-spanische Gesandtschaft. Der Transport von Freiwilligen, die aus Deutschland, besonders Sachsen, kamen und für das republikanische Spanien kämpfen wollten, wurde von der Auslandsorganisation von „Neubeginnen" in Zusammenarbeit mit der spanischen Gesandtschaft ermöglicht. Dies geschah zumeist auf dem Wege über Österreich, die Schweiz und Frankreich. Das technische Büro von „Neubeginnen" hatte sich inzwischen außerordentlich vervollkommnet. Es wurde, wie gesagt, hauptsächlich mit Mikrofotos gearbeitet. Die Schweiz lieferte Filme, die so hauchdünn waren, daß sie auf der Zunge zergingen. Auf einem Bild von 24—36 mm, Leica, konnte man 12 Schreibmaschinenseiten aufnehmen. Auf diese Weise wurden ganze Broschüren auf winzigen Filmen zusammengedreht, mit Gummi verschlossen und im Munde transportiert. Wer verhaftet wurde, hatte schnell den Gummi zu durchbeißen, dann löste die Speichelsäure die Filme auf. Als Kuriere kamen vorwiegend Ausländer zur Verwendung, Ärzte, Professoren (z. B. eine Professorin an der Sorbonne), Rechtsanwälte, Studenten usw. Die Filme wurden auch in Schlüsseln versteckt, die eigens hierzu zurechtgefeilt waren, in Knöpfen usw., am Treffort wurden die Schlüssel usw., ohne daß die Partner miteinander in Berührung kamen, ausgetauscht, etwa indem die Schlüssel an eine bestimmte Stelle gelegt wurden, von der nach einer Weile das inzwischen ausgetauschte Schlüsselbund abgeholt wurde. Das hatte den Vorteil, daß die Partner einander nicht zu kennen brauchten, wodurch Einbrüche von Spitzeln in die Reihe der Kuriere vermieden wurden. Dies alles entsprach der Konzeption von „Neubeginnen", die auf „Abwarten" eingestellt war. Daher war die Organisation weitgehend dezentralisiert. Von den 14 Gruppen der „Neubeginnen", die in Bayern arbeiteten, hatte jede einzelne Verbindung zum Ausland. Wenn eine Gruppe dann hochging, blieben die anderen davon unberührt. In München existierten z. B. allein drei Gruppen „Neubeginnen", ohne voneinander zu wissen. Erst nach gewisser Zeit kam es dann vor, daß die eine die andere aufspürte. M. war damals Leiter des Inneren Büros der Auslandsorganisation von „Neubeginnen". Die Organisation war der Gestapo gewachsen und hat tadellos funktioniert. M. mußte später auch das Sekretariat in Budweis aufgeben — er wurde aus der Tschechoslowakei ausgewiesen — und ging unter einem anderen Namen nach Prag. Als der SPD-Vorstand 1938 nach Paris übersiedelte, blieb M. mit seinem „Inneren Büro" in Prag ... Kurz vor der Besetzung Prags ging dann M. als vorletzter nach Paris. Der letzte, der dort blieb, lebte getarnt. Man hatte ihm ein Geschäft aufgebaut, einen Parfümerieladen. Unter den Geschäftsreisenden, die ihn aus Deutschland besuchten, gab es Kuriere, und auch er selbst konnte als Geschäftsmann und illegaler Kurier zugleich mehrfach über die Grenze wechseln. Als auch er Prag verlassen mußte, war es Wenzel Jacksch, der ihm half.

In Paris baute M. „Neubeginnen" wieder auf. Die Verbindungen wurden wiederhergestellt, Berichte und Informationen liefen wie vorher. Man hatte jetzt ständigen Kurierdienst auch mit dem übrigen Ausland.

Der Krieg im Westen unterbrach alle Kontakte.

Als M. nach der Kapituation nach Deutschland zurückkehrte, forschte er zuerst nach der Gruppe „Neubeginnen". Dort erfuhr er, daß die Gruppe zunächst glänzend weitergearbeitet hatte, dann aber, da sie nicht mehr von der Leitung aus korrigiert wurde, im Kampfe zwischen den „Realisten" und den „Aktivisten" mehr und mehr unter den Einfluß der Aktivisten geriet. Dadurch gelang es eines Tages der Gestapo, in den Apparat einzudringen, zuerst durch Spitzel in Salzburg, dann auch in den anderen Städten, bis die ganze Organisation aufgerollt worden war. Nach 10 Jahren Kampf war „Neubeginnen" 1944 dem Kampf erlegen. Fast alle Führer der einzelnen Gruppen wurden hingerichtet.« —

Eine bedeutende illegale Gruppe fand sich etwa im Jahre 1942 in Berlin zusammen. Führend an ihr beteiligt waren der Berliner Arzt Dr. Groscurth, der Berliner Professor Dr. Robert Havemann, Herbert Richter und Paul Rentsch. Diese Gruppe stellte sich das Ziel, einen organisierten Kontakt zu den ausländischen Zwangsarbeitern in Deutschland herzustellen. Sie war eine Art Kopfgruppe der Organisation ausländischer Arbeiter und stellte die Verbindungen der ausländischen kasernierten Arbeiter zu den deutschen Widerstandskämpfern her.

Die „Europäische Union" verzichtete auf eine breite Propaganda in der deutschen Bevölkerung. Die Gesamtzahl der durch kleine Komitees und Untergrundgruppen organisatorisch erfaßten ausländischen Arbeiter wird auf viele Tausende geschätzt, an denen die Franzosen einen besonders großen Anteil hatten. Für diese diente die „Europäische Union" als Vermittlungsstelle von Informationen, Unterstützungen und zur Entgegennahme von Briefen, die zum Teil ins Ausland befördert wurden. Ferner unterstützte die „Europäische Union" vom Naziregime verfolgte Personen, so besonders Juden, indem falsche Ausweise beschafft oder zum Teil selbst hergestellt wurden. Auch Nahrungsmittel wurden besorgt und Lebensmittelkarten organisiert. Die Tätigkeit der „Europäischen Union" dauerte nur bis zum August 1943. Zu dieser Zeit war sie ausgespitzelt und wurde von der Gestapo im September 1943 zerschlagen. Verhaftet wurden weiter ein russischer Zwangsarbeiter Dr. Schadkiewicz, ferner Dr. Paul Hatschek, und außerdem wurden zahlreiche andere Mitglieder der „Europäischen Union" festgenommen und verurteilt.

In der Begründung des Volksgerichtsurteils jenes Freisler gegen die Führer der „Europäischen Union" (liegt abschriftlich vor. D. Red.) heißt es:

»Wie schamlos die Gesinnung der Angeklagten ist, ergibt sich auch daraus, daß sie geradezu systematisch illegal lebende Juden unterstützten, ja sogar mästeten. Aber nicht nur das, sie verschafften ihnen sogar falsche Ausweise, die sie vor der Polizei tarnen sollten, als wären sie nicht Juden, sondern Deutsche ... Ihre Flugblätter saugen Honig aus dem Verrat an Mussolini, während es gerade damals darauf ankam, daß jeder Deutsche ganz fest zu Führer, Volk und Reich stand. Phrasengeschwollen betont ein anderes Flugblatt, daß die „Europäische Union" zusammen mit der SPD, der SAP und der KPD kämpft, daß sie aber auch die Vertreter bürgerlicher politischer Richtung nicht verschmäht. Noch deutlicher als das Manifest holen die Flugblätter all die lügnerischen Grundsätze der Menschenrechte der Weimarer Verfassung wieder hervor und verzichten auch nicht, hervorzuheben, daß man auf die gewaltigen ausländischen Massen Arbeiter in Deutschland rechne ... Alle Angeklagten haben durch ihr Verhalten gezeigt, daß sie nicht gebildet sind. Zur Bildung gehört nämlich nicht nur Wissen und fachliches Können. Voraussetzung und Grundlage wahrer Bildung jedes Menschen ist seine Treue in der Volksgemeinschaft zu Führer und Reich. Sie sind Verräter an Volk, Führer und Reich geworden. Für immer ehrlos, werden sie mit dem Tode bestraft.«

Kennzeichnend ist die Tatsache, daß fast alle Mitglieder der „Europäischen Union" der Gestapo in die Hände fielen. Am 8. Mai 1944 wurden Georg Groscurth, Herbert Richter und Paul Rentsch in Brandenburg hingerichtet, während der zum Tode verurteilte Professor Havemann in seiner Zelle mit wissenschaftlichen Arbeiten beschäftigt wurde, deren Abschluß er hinauszuzögern verstand, und so den Krieg überlebte.

Aus den Flugblättern der „Europäischen Union" seien folgende Zitate abgedruckt:

»Was will die „Europäische Union"? Sie will die Zusammenfassung aller antifaschistischen Kräfte Europas unter Ausschaltung aller weltanschaulichen, dogmatischen und konfessionellen Vorurteile, die Wiederherstellung der politischen und menschlichen Grundrechte des Individuums, das

Recht auf Arbeit und Brot, Freiheit der Rede und des Glaubens, Versammlungs- und Organisationsfreiheit, Gleichheit vor dem Gesetz und gleiches Recht für jedermann. Das sind die Grundrechte des Individuums, ohne deren Erfüllung eine Fortentwicklung der menschlichen Kultur undenkbar ist ...«

»Die Faschisten, die mehr als ein Jahrzehnt in Deutschland wüteten, haben jetzt auch in sämtlichen Ländern Europas alle freiheitlichen Organisationen zerschlagen. Die Faschisten glaubten, hierbei nicht nur ihre Gegner von heute, sondern auch die Führer von morgen vernichtet zu haben. Darauf gründet sich die Nazithese vom Chaos nach ihrem Untergang. Diese furchtbare Drohung und die skrupellose Bereitschaft, nicht eher abzutreten, bis Europa in Schutt und Asche versunken ist, wirkt wie eine krankhafte Lähmung auf die Massen Europas ... Zwar hat Hitler die alten politischen Organisationen zerschlagen und jeden neuen Versuch bereits im Keime erstickt. Doch eins ist ihm nicht gelungen: Er konnte die alten und ewigen freiheitlichen Ideen, die in Europa in den großen Revolutionen geboren wurden, nicht vernichten!«

»Unser Ziel ist: Sozialistische Wirtschaft, Freiheit des Individuums und soziale Gerechtigkeit. Sie allein ermöglichen das Fortbestehen und die Weiterentwicklung der europäischen Kultur!«

»Das Wort Sozialismus ist durch schamlosen Mißbrauch entwertet. Kaum eine politische Bewegung der Vergangenheit, nicht einmal die Nazis, konnten auf die mächtige Wirkung dieses verheißungsvollen Wortes verzichten. Die „Europäische Union" wird den Massen die Frage beantworten, was Sozialismus bedeutet und was nicht. Sozialismus bedeutet nicht: Ausrottung der Bourgeoisie, Aufhebung des privaten Eigentums und Errichtung einer blutigen Diktatur dogmatischer Marxisten — und wie das Zerrbild des Sozialismus in der faschistischen Propaganda sonst erscheinen mag! Sozialismus bedeutet aber: Ausschaltung privater Interessen aus Politik und Wirtschaft durch Überführung der gesamten Produktionsmittel in gesellschaftlichen Besitz. Befreiung des Individuums von wirtschaftlicher Bevormundung durch die Interessen des Kapitals. Sozialismus bedeutet die volle Entfaltung der Produktionsmöglichkeiten der modernen Technik für den Wiederaufbau einer neuen Kultur in der Welt.«

»Kämpft mit der „Europäischen Union" für ein freies, sozialistisches Europa« — so schlossen die Flugblätter. Die „Europäische Union" sollte nicht nur die Union europäischer Antifaschisten werden, „die politische und wirtschaftliche Einigung Europas in der ‚Europäischen Union'", d. h. in einem europäischen Staatenbund, war das große Ziel des Strebens dieser Vereinigung.

Eine Gruppe der SPD, die mit der KPD zusammenarbeitete, wurde in Berlin von Paul H. geleitet. Ihr gehörte Rainer K., Willibald R. und Erich F. an. Die Gruppe wurde 1934 von der Gestapo zerschlagen.

Eine weitere sehr aktive Gruppe des Berliner Nordens war die Gruppe Erich Lodemann, der auch der bekannte Arbeitersportler Werner Seelenbinder angehörte. Seelenbinder und Erich Lodemann wurden im Oktober 1944 hingerichtet.

In Magdeburg arbeitete illegal Martin Schwantes, dessen Mut und Widerstandskraft lange Haftjahre nicht gebrochen hatten. Noch am 5. Februar 1945 mußte er in Brandenburg sein Leben unterm Fallbeil lassen, mit ihm auch seine Kampfgefährten Hermann Danz, Fritz Rödel und Johann Schellheimer.

Eine Gruppe der SAPD muß schon im November 1933 von der Gestapo ausgehoben worden sein (wie Erlebnisberichte mitteilen). Ihr gehörten an der 22jährige Günther Keil, der im Reichsbanner und bei den Jung-Sozialisten gewesen war, Dr. Karl B. und Dr. Klaus Z. Günther Keil wurde wegen Vorbereitung zum Hochverrat zu 1¾ Jahren Gefängnis verurteilt und starb an den Krankheiten, die er sich infolge unmenschlicher Behandlung zugezogen hatte, im Jahre 1937.

Es liegen ferner Erlebnisberichte über eine sozialdemokratische Widerstandsgruppe vor, die sich im Sudetenland gebildet hatte, und zwar unter den gewerkschaftlich Organisierten aus allen Teilen des Landes. In Eger, Komotau, Bodenbach und Saaz kamen eine Reihe von Menschen zusammen, die sich einig waren im Entschluß, das verhaßte Hitlerregime zu bekämpfen. Sie nannten sich „Abteilung 99". Zunächst kam es zu einem Austausch verbotener Nachrichten, wobei die Gruppe mit einer Gruppe aus dem christlich-sozialen Lager Verbindung aufnahm. Schließlich glückte es auch, Verbindung mit tschechischen Widerstandskreisen aufzunehmen. Die Vertrauensmänner der Deutschen übermittelten die Nachrichten und die daraus diskutierten Schlußfolgerungen an die Vertrauensmänner und Arbeiterschaften in ihren jeweiligen Heimatstädten. Eine vorbereitete Aktion, um im gegebenen Moment mit den tschechischen Widerstandskämpfern zusammen den offenen Aufstand gegen die SS-Diktatur durchzuführen, mußte angesichts des Ablaufs der Ereignisse unterbleiben.

Auch in Insterburg existierte eine Widerstandsgruppe, die aus deutschen und französischen Zwangsarbeitern bestand (wie Erlebnisberichte mitteilen). Diese Gruppe wurde durch einen Spitzel der Gestapo verraten und 1942 durch zahlreiche Verhaftungen zerschlagen. Zu den Verhafteten gehörte auch Baurat S. aus Insterburg. Ferner bestand in Insterburg ein Lokalverband der polnischen Untergrundbewegung seit dem Sommer 1943. Eine dritte Widerstandsgruppe in Insterburg war kommunistisch. Man hörte ausländische Sender ab, verbreitete Nachrichten und sammelte Waffen. Im August 1944 sollte ein Treffen der ausländischen Widerstandsgruppen und der deutschen Gruppen in einem Lokal am Sonntagnachmittag stattfinden, bei dem gebadet, getanzt und Karten gespielt werden sollte. Als sich die Teilnehmer jedoch näherten, war die Wiese von Gestapo umstellt. Die Gestapo verhaftete aber nur einen Teilnehmer des Treffens. Er schwieg jedoch bei seinen Vernehmungen, auch bei Gegenüberstellungen mit polnischen Untergrundkämpfern, die ihm ihre Hochachtung aussprachen. Von ihm gibt es seit seiner Verhaftung keine Nachricht mehr.

Eine Widerstandsgruppe muß auch in Münster bestanden haben, doch sind die Quellen spärlich. Es wurden Literatur und Nachrichten ausgetauscht, Flugschriften verfaßt und hauptsächlich propagandistisch gearbeitet. Verhaftet wurden Albert S., H. und S., die beiden letzten starben im KZ an „Lungenentzündung".

Der bekannte Reichstagsabgeordnete Dr. Theodor Neubauer wurde wegen seiner Widerstandstätigkeit zum Tode verurteilt und hingerichtet. In der Urteilsbegründung (liegt abschriftlich vor. D. Red.) heißt es:

»Theodor Neubauer, Kriegsfreiwilliger und deutscher Reserveoffizier des ersten Weltkrieges, später jedoch Mitglied der USPD und der KPD, von 1924 bis 1933 Abgeordneter der letzteren für den Deutschen Reichstag, nahm aus defaitistischer und staatsfeindlicher Grundeinstellung heraus Anfang 1943 in seinem Wohnort Tabarz Verbindung zu dem Kommunisten Poser auf, war mit diesem darüber einig, daß die deutsche Arbeiterschaft zur Vorbereitung eines Ausgleichs mit der Sowjetunion wieder auf die kommunistische Ideologie ausgerichtet werden müsse, und stellte zur Werbung für den Kommunismus das von ihm verfaßte Flugblatt „Hitler hat den Krieg verloren" zur Verfügung. Tatsächlich wurde auch diese Schrift vervielfältigt und unter den illegalen Gruppen in Thüringen verbreitet. Anfang Sommer 1943 nahm der Angeklagte ferner Verbindung zu den in Leipzig bereits illegal tätigen früheren Abgeordneten Schumann und Engert auf. Über seinen Bekannten, den Ingenieur Emil Wölk aus Berlin, knüpfte der Angeklagte im Herbst 1943 auch mit der in Berlin unter Leitung des vom Volksgerichtshof bereits abgeurteilten Anton Saefkow entstandenen kommunistischen Gruppe Beziehungen an. Er traf sich mit Saefkow, lernte nach und nach dessen Mitarbeiter, die gleichfalls schon abgeurteilten Franz Jacob und Bernhard Bästlein, kennen, erörterte mit ihnen die Fortführung der illegalen Arbeit und erklärte sich bereit, einem zu bildenden Kopf als Berater anzugehören. Man kam zu dem Entschluß, im Hinblick auf die als bevorstehend angesehene Westinvasion der Feindmächte an die im Reiche befindlichen französischen Zivilarbeiter und Kriegsgefangenen heranzutreten. Die illegale Betätigung des Angeklagten war, wie näherer Begründung nicht bedarf, geeignet, die umstürzlerischen und im Kriege auch feindbegünstigenden Bestrebungen der illegalen KPD zu fördern. Dessen war sich Neubauer auch bewußt. Bei ihm handelt es sich um einen aus innerster Überzeugung sich zum Kommunismus bekennenden Akademiker, der als jahrelanges Mitglied der kommunistischen Reichstagsfraktion über eine umfassende politische Schulung und Erfahrung verfügt. Er ist deshalb wegen erschwerter Vorbereitung zum Hochverrat und landesverräterischer Feindbegünstigung mit dem Tode zu bestrafen.«

Eine große Bedeutung erlangte die „Robby-Gruppe“, die so nach ihrem Leiter, dem Berliner Arbeiter Robert Uhrig, genannt wurde.

Uhrig wurde nach der ersten Phase seines Widerstandskampfes in einer Gruppe bei Osram 1934 verhaftet und kam ins Zuchthaus Luckau. Nach seiner Entlassung gründete er eine eigene Gruppe, wieder bei Osram, diesmal jedoch nach neuen Prinzipien. Bald stellte er Verbindungen zu Gruppen in anderen Betrieben her, so zu Typograph und Löwe. Schließlich, in langer und mühseliger Aufbauarbeit, entstand eine große Arbeiterorganisation, deren Gruppen in Essen, Hannover, Hildesheim, München, Dortmund und Hamburg wirkten. Internationale Verbindungen führten nach Prag, Kopenhagen und Holland. Schließlich wurden der starke Kreis um Römer und die Arbeitergruppe Budeus mit der Robby-Gruppe vereinigt, um so eine schlagkräftige Massenorganisation der Illegalen zu schaffen. Auf diese Art gerieten Arbeiter der KPD und der SPD eng zusammen mit Intellektuellen, Beamten aus dem Reichsaußenministerium und Offizieren des OKH. Anfang 1942 gelang es der Gestapo durch ihren Spitzelapparat, in die Reihen der Gruppen einzubrechen. Massenverhaftungen erfolgten. Eine große Zahl der Gruppen blieb jedoch unberührt und vereinigte sich nach einiger Zeit teilweise mit der immer kräftiger in Erscheinung tretenden Saefkow-Gruppe.

Von den Verhafteten wurden 16 bereits in der Untersuchungshaft ermordet, 36 wurden hingerichtet, darunter Robert Uhrig, Beppo Römer und Walter Budeus.

Die Anklageschrift (liegt abschriftlich vor. D. Red.) richtete sich gegen „den Hartlehrenbauer Robert Uhrig, geb. 1903, den Maschinenschlosser Walter Budeus, geb. 1902, den Isolierer Kurt Lehmann, geb. 1906, den Techniker Willi Sachse, geb. 1896, den technischen Angestellten Fritz Riedel, geb. 1908, den Tischler Karl Frank, geb. 1906, den Ingenieur Leopold Tomschik, geb. 1903, den Metallarbeiter Franz Mett, geb. 1904, den Maschinenschlosser Rudolf Grieb, den kaufmännischen Angestellten Erich Kurz, geb. 1895, den Tischler Paul Gesche, den Schichtführer Otto Klippenstein, geb. 1893, alle aus Berlin“.

Der Prozeß begann im Februar 1944. Kein Angeklagter hatte kriminelle oder politische Vorstrafen. Die Anklage lautete wie folgt:

»Die Angeschuldigten haben sich in der Zeit von 1938 bis 1942 in Berlin und anderen Orten des Inlandes als Funktionäre einer aus Kommunisten und sonstigen Staatsfeinden bestehenden illegalen Organisation betätigt.

Sie haben an zahlreichen Zusammenkünften und Besprechungen über den Aufbau und die Arbeit der Organisation teilgenommen, bei der Bildung von Betriebs- und anderen illegalen Gruppen mitgewirkt, Beiträge gezahlt oder kassiert, kommunistische Mundpropaganda getrieben und Gesinnungsgenossen geworben. Ferner haben sie Hetzschriften, darunter einen monatlich herausgegebenen Informationsdienst, hergestellt oder zum Lesen und zur Verbreitung angenommen und weitergegeben ...

Die vorliegende Strafsache richtet sich gegen Mitglieder und Funktionäre einer staatsfeindlichen Organisation, die im wesentlichen aus KPD-Anhängern bestanden hat, jedoch auch Mitglieder anderer staatsfeindlicher Gruppen umfaßte. Darunter befanden sich der Hauptmann a. D. und frühere Freikorpsführer Dr. Josef (Beppo) Römer, der aus dem Aufbruchkreis stammt, und einige seiner politischen Freunde, die nationalbolschewistischen Gedankengängen nahestanden. Zu ihnen gehören auch der abgeurteilte Reinhold Mewes und der verfolgte Willy Gebel.

Gegen weitere Mitglieder der Gruppen der Angeschuldigten Uhrig und Budeus und des Römer hat der Generalstaatsanwalt bei dem Kammergericht in Berlin Anklage erhoben.

Der Inhalt der von Funktionären der Organisation des Uhrig, Römer und Budeus abgefaßten und im wesentlichen auch hergestellten und verbreiteten Schriften ergibt sich aus dem Anlagenband. In ihnen, besonders in dem bis zum Januar 1942 mehrmals erschienenen Informationsdienst, wird nicht nur kommunistische Propaganda getrieben, sondern unter anderem offen zur Sabotage in der Heimat und an der Front und zur Aufklärung der Soldaten aufgefordert. Der Informationsdienst Anfang Dezember 1941 enthält sogar eingehende Richtlinien für die von der Arbeiterschaft durchzuführenden Sabotagehandlungen.«

Die von Uhrig geleitete Organisation wuchs nach Feststellung der Anklageschrift im Laufe der Zeit auf fast 200 Mitglieder in Berlin an, während nur 30 Mitglieder seiner Gruppe in Berlin vor Gericht standen. In der Anklageschrift wird über Beziehungen Uhrigs zu Beppo Römer folgendes mitgeteilt:

»Im Herbst 1941 lernte der Angeschuldigte Uhrig durch Vermittlung des früheren KPD-Funktionärs Paul Wolff den Hauptmann a. D. Dr. Josef (Beppo) Römer und den Mitangeschuldigten Riedel kennen, die bereits einige Zeit illegale Beziehungen unterhielten. Die politischen Pläne des Römer gingen nach den glaubhaften Angaben des Riedel dahin, in Anlehnung an die Sowjetunion eine Organisation aufzubauen, die in der Lage sein sollte, bei dem erhofften Zusammenbruch des Nationalsozialismus die Macht in Deutschland zu übernehmen. Dabei sollten besonders Kräfte aus der Arbeiterschaft, dem Bauern- und dem Kleinbürgertum erfaßt werden. Außerdem bemühte Römer sich bereits seit Anfang 1941, Verbindungen zu Intellektuellen herzustellen und Freunde aus seinem früheren Freikorps Oberland für seine Bestrebungen zu gewinnen. Nach der Sachlage und auf Grund zeitweiliger Zusammenarbeit mit der kommunistischen Organisation des Uhrig ist im übrigen anzunehmen, daß Römer nicht nur eine Auffangorganisation für den Fall eines Zusammenbruchs Deutschlands errichten wollte, sondern bewußt auf einen Sturz des Nationalsozialismus hinarbeitete, den er durch eine sich an den Kommunismus und die Sowjetunion anlehnende Herrschaftsform zu ersetzen glaubte. Dieses Ziel glaubte er auch durch die nachstehend behandelte Zusammenarbeit mit der Organisation des Uhrig erreichen zu können ...

Bald darauf erhielten Uhrig und Römer die Verbindung zu dem Mitangeklagten Budeus, der sich den Anschein gab, daß er über eine größere illegale Gruppe verfüge, während er in Wahrheit nur wenige Gesinnungsgenossen, darunter den Mitangeschuldigten Grieb, hinter sich hatte. Die erste Besprechung zwischen Uhrig, Römer und Budeus erbrachte den Beschluß, daß man gemeinsam weiterarbeiten wollte. Weitere Zusammenkünfte dienten besonders organisatorischen Maßnahmen und hatten das Ergebnis, daß die Funktionen durch je einen Beauftragten der drei Gruppen besetzt wurden ...

Im übrigen wurden in der Zeit bis zum Januar 1942 in verschiedenen Wohnungen, darunter bei Riedel und in der Pasteurstraße, zahlreiche Zusammenkünfte veranstaltet, an denen die Mitglieder der Pol.-Leitung, häufig auch andere Funktionäre teilnahmen. Daneben fanden Arbeitsbesprechungen der Organisationsleitung und des Agitprop.-Apparates statt, über deren Ergebnisse sich Uhrig berichten ließ, falls er nicht selbst zugegen war.

Römer trat besonders als Wortführer in wirtschaftlichen und militärischen Fragen hervor und behauptete unter anderem, über Zersetzungserscheinungen im deutschen Offizierkorps unterrichtet zu sein. Dagegen behandelte Uhrig im wesentlichen organisatorische Dinge und Fragen der praktischen Arbeit und setzte sich für die Gewinnung auswärtiger Verbindungen ein.«

Nach dem Zusammenschluß der drei Gruppen Uhrig, Römer und Budeus plante man neben zahlreichen Veröffentlichungen, Lageberichten und Informationsdiensten den Bau einer Sendeanlage. Ferner wurde der Abziehapparat des Segelklubs „Wiking“ für die illegale Propaganda zur Verfügung gestellt. Die Anklage lautete auf Hochverrat, Landesverrat und Feindbegünstigung. In der Waffen- und Munitionsfabrik Borsigwalde, die eine Belegschaft von 10000 Mann hatte, besaß die genannte Organisation 70 Funktionäre. Ein Agent der Gestapo leitete der Prinz-Albrecht-Straße die nötigen Informationen zu, so daß die Organisation 1942 aufflog. Die Organisation plante ein großes Manifest, das Mitte 1942 in Berlin überall bekanntgemacht werden sollte. In diesem Manifest, das im wesentlichen von Römer und Sachse stammte, wurde unter Hinweis auf die

großen Verluste und auf die nahenden Angriffe im Osten die Berliner Bevölkerung aufgefordert, die Arbeit niederzulegen und überall Widerstand zu leisten.
Die Verfolgung der Organisation geschah in zahlreichen Einzelprozessen. Es fanden insgesamt über fünfzig Hinrichtungen statt.

Der Römer-Kreis schloß sich um den ehemaligen Führer des Freikorps Oberland zusammen, der Beppo Römer genannt wurde und im Ersten Weltkrieg Offizier war. 1930 gründete er in Berlin die Zeitschrift „Der Aufbruch". Er bekämpfte aufs schärfste den Nationalsozialismus, dem er einst nahegestanden hatte. Römer wurde verschiedene Male während der Nazizeit verhaftet. Er wie auch seine Kameraden wollten den Tod Hitlers. Er stand in Beziehungen zu Offizieren und Diplomaten, von denen er wichtiges Nachrichtenmaterial aus dem Auswärtigen Amt bekam. Auch der Graf Yorck von Wartenburg und Geheimrat Kuenzer vom Auswärtigen Amt sollen zu den Verbindungen Römers gehört haben. Römer schloß sich 1941 mit der Uhrig-Gruppe zusammen. Die Gruppe Römer flog im Februar 1942 auf. Römer wurde im September 1944 hingerichtet. Mumm von Schwarzenstein und Nikolaus von Halem, der Römer eine Scheinstellung in einem Berliner Industriebüro verschafft hatte, mußten ihr Leben lassen (siehe S. 134 u. 155).

Die Bästlein-Gruppe mit Robert Abshagen und Franz Jacob hatte in Berlin und Hamburg ihre Hauptorte. Sie erstreckte sich in Norddeutschland vor allem auf die Werftarbeiter und hatte Verbindung mit der Schulze-Boysen-Harnack- und der Saefkow-Gruppe. Die Bästlein-Gruppe bereitete den Aufstand vor, um den Hitlerkrieg zu beenden. Im Jahre 1944 wurde diese große und aktive Widerstandsorganisation zerschlagen. Ein Hamburger Bericht zählt die Namen von 65 Getöteten auf und teilt mit, daß am 26. Juni 1944 im Hamburger Untersuchungsgefängnis weitere vierzehn hingerichtet worden sind, so daß die Bästlein-Gruppe insgesamt 79 Getötete und 111 Überlebende hat. Es handelt sich bei den Namen der Getöteten jedoch zum Teil um solche, die auch im Saefkow-Prozeß aufgeführt werden, ebenso wie in der Schulze-Boysen-Harnack-Gruppe.

Eine der größten Organisationen der deutschen Widerstandsbewegung war zweifellos die Saefkow-Gruppe. Anton Saefkow wurde 1933 verhaftet und 1934 zu einer Zuchthausstrafe von zwei Jahren verurteilt. Eine im Zuchthaus von etwa 50 Häftlingen abgehaltene Gedenkfeier für den am gleichen Tage hingerichteten Kampfgenossen Edgar André gab den Anlaß zu einem neuen Verfahren, das ihm wieder zweieinhalb Jahre Zuchthaus und anschließend Lager einbrachte. Saefkow wurde 1939 entlassen und begann 1943 eine neue Organisation in Berlin aufzubauen, mit dem deutlichen Ziel, eine große einheitliche Organisation der kämpfenden Arbeiterschaft mit zentraler Lenkung zu gründen. Es glückte ihm, in einer Reihe von wichtigen Betrieben Stützpunkte zu schaffen. Er hatte Verbindung zu sozialdemokratischen Arbeitern und zu bürgerlichen Kreisen. Die Zahl der Gruppen, die zu Saefkow zählten, ist unbekannt. Jedoch ist es in dem einen Jahr seiner Tätigkeit Saefkow gelungen, eine schlagstarke und überaus weitreichende Organisation zu schaffen. Im Juli 1944 gelang es einem Gestapospitzel, in die Reihen der Organisation einzudringen, und bald wurde der größte Teil dieser Organisation ausgehoben und verhaftet. Saefkow wurde mit fast hundert Kämpfern seiner Gruppe in Brandenburg hingerichtet.

Ein Bericht („Das heimliche Deutschland", Berlin 1947) teilt über die Gruppe Saefkow mit:

»Worin liegen die besonderen Verdienste dieser Gruppe? Saefkow und seine engeren Mitarbeiter, Bästlein, Jacob, Tschaepe und Thomas, schufen unter den durch den Krieg besonders verschärften Bedingungen der Illegalität eine Widerstandsbewegung, die nicht nur kommunistische und sozialdemokratische Arbeiter, sondern auch viele parteilose Antifaschisten und entschlossene Gegner des Faschismus aus bürgerlichen Kreisen erfaßte. In über 30 Großbetrieben Berlins, darunter vielen Rüstungsbetrieben, hatte sich die Saefkow-Gruppe durch den Aufbau von Betriebsgruppen einen entscheidenden politischen Einfluß gesichert, und durch die Aufnahme fester Verbindungen zu den Widerstandsgruppen zahlreicher deutscher Großstädte, wie Magdeburg, Leipzig, Dresden, Hamburg, dehnte sie die Organisation auf weitere Teile Deutschlands aus.

Die Bemühungen der Saefkow-Gruppe, der zersplitterten deutschen Widerstandsbewegung eine zentrale Leitung zu geben, entsprangen der reifen politischen Erkenntnis, daß sich die Macht des Hitlerfaschismus nicht nur auf seine Schreckens- und Gewaltherrschaft, sondern auch auf die Uneinigkeit und Zersplitterung seiner Gegner stützte. Zur Schaffung einer breiten Widerstandsbewegung der Hitlergegner aus allen Schichten unseres Volkes nahm Anton Saefkow mit den Gruppen der verschiedenen politischen Richtungen die Verbindung auf, mit dem fernen Ziel der Bildung einer demokratischen Volksregierung.«

Die Witwe Anton Saefkows berichtete (in einem Vortrag im RIAS-Berlin, der abschriftlich vorliegt. D. Red.):

»An den Haaren herbeigezogenes Anklagematerial aus der Zeit des legalen Bestandes der Partei 1932 brachte ihm im Jahre 1934 eine Zuchthausstrafe von 2 Jahren ein. Die anschließende Schutzhaft in Dachau, bei schwerster Isolierung, Hunger bis zum äußersten, Prügel und monatelanger Dunkelhaft sollten Anton Saefkow physisch vernichten. Nur seiner ungeheuren Willenskraft war es zu verdanken, daß dies bis zu dem neu gegen ihn eröffneten Verfahren nicht gelang. Eine im Zuchthaus organisierte und unter Anton Saefkows Führung im Kreis von etwa 50 Zuchthaus-Insassen abgehaltene Gedächtnisfeier für den am gleichen Tage hingerichteten Kampfgenossen und Freund Anton Saefkows, Edgar André, (beides war der Gestapo erst nach 2 Jahren verraten worden) gaben den Anlaß zu diesem neuen Verfahren. Wieder 2½ Jahre Zuchthaus und Verbüßung des Restes der Strafe im Moor-Lager.

Bei seiner Rückkehr in die Freiheit kurz vor Kriegsausbruch 1939 war Anton Saefkow fester denn je in der Überzeugung, daß seine ganze Kraft draußen der Organisierung des Kampfes gegen Hitler und seine Trabanten gehörte. Diesem Schwur ist er in den 5 Jahren seiner Freiheit von 1939—1944 restlos treu geblieben.

Es gelang ihm neben der stets aufopfernden Fürsorge für illegal lebende Genossen und für die Familien Verhafteter und Flüchtiger in den Jahren 1943/44 mit einem Kreis prächtiger, ganzer Kerle in Berlin eine neue Organisation aufzubauen, feste Stützpunkte in fast allen wichtigen Betrieben mit ständig arbeitenden Gruppen zu schaffen. Es gehörte zu seinen vornehmsten Aufgaben, feste Verbindungen zu den anderen antifaschistischen Kreisen der sozialdemokratischen Arbeiter und des Bürgertums zu schaffen, um gemeinsam mit diesen in fester brüderlicher Einheitsfront den Sturz Hitlers herbeizuführen. Als es der Gestapo Anfang Juli 1944 durch die Tätigkeit eines Spitzels möglich war, den größten Teil dieser Organisation auszuheben und festzusetzen, da stand Anton Saefkow, wie alle überlebenden Genossen übereinstimmend berichteten, ebenso mutig, wie er gekämpft hatte, vor den Blutrichtern und Henkern. Seiner mit ihm verhafteten Frau erklärte die Gestapo: „Ihr Mann hat trotz der 6jährigen Haft nie aufgehört, ein Kommunist zu sein. Er empfindet nicht einmal Reue über das, was er getan hat.“«

In der Urteilsbegründung im Volksgerichtsprozeß (liegt abschriftlich vor. D. Red.) gegen die drei führenden Köpfe der Saefkow-Gruppe heißt es:

»Saefkow, Jacob und Bästlein sind alte kommunistische Funktionäre, die von einem abgründigen Haß gegen unseren Führer und den Staat erfüllt sind und daraus selbst in der Hauptverhandlung kein Hehl gemacht haben. Sie sind unbelehrbar und unverbesserlich. Die wegen Vorbereitung zum Hochverrat von ihnen verbüßten Strafen haben ebensowenig Eindruck bei ihnen hinterlassen wie ihr nachfolgendes Verweilen im Konzentrationslager. Sie haben vornehmlich im 5. Kriegsjahr die KPD in einem derartigen Umfange wieder aufgezogen und die Wehrmacht zu zersetzen versucht, daß hier für das Reich die allerschwersten Gefahren heraufbeschworen wurden.«

Edgar André, der Hamburger Arbeiterführer, dessen Prozeß 1936 noch öffentlich geführt wurde und in ganz Europa Empörung hervorrief, sagte in seinem Schlußwort:

»Man wirft mir Rädelsführerschaft vor und will mich für Taten verantwortlich machen, die ich nicht begangen habe ... Meine Herren, wenn der Oberstaatsanwalt auch Ehrverlust beantragt hat, so erkläre ich hier: Ihre Ehre ist nicht meine Ehre, und meine Ehre ist nicht Ihre Ehre. Denn uns trennen Weltanschauungen, uns trennen Klassen, uns trennt eine tiefe Kluft. Sollten Sie hier das Unmögliche möglich machen und einen unschuldigen Kämpfer zum Richtblock bringen, so bin ich bereit, diesen schweren Gang zu gehen. Ich will keine Gnade! Als Kämpfer habe ich gelebt, und als Kämpfer werde ich sterben mit den letzten Worten: „Es lebe der Kommunismus!“«

Zur Hinrichtung von Edgar André gibt es eine Anweisung der Gestapo unter Tgb. Nr. 20841/35 an das Friedhofsamt (liegt abschriftlich vor, siehe S. 357ff. D. Red.; vgl. auch „Dokumente des Widerstandes“, Hamburg 1947).

Die Heitgres-Kristeller-Gruppe in Hamburg bestand vorwiegend aus Arbeitersportlern. („Streiflichter“ Hamburg.) Zwölf von ihnen kamen im KZ oder im Bewährungsbataillon um. In einem Bericht des Hamburger Kriminalinspektors K. an die Geheime Staatspolizei heißt es:

»Wir sind zur Zeit dabei, die ehemaligen marxistischen Sportler in unseren heutigen Sportorganisationen ausfindig zu machen, und glauben in dem Sportklub „Paloma“ den richtigen Angriffspunkt gefunden zu haben. Dort haben die meisten der von uns Gesuchten als Mitglieder Aufnahme gefunden. Dazu kommt, daß im Sportklub „Paloma“ der Schwager einer berüchtigten und unlängst zu Leipzig zu 15 Jahren Zuchthaus verurteilten Kommunistin Mitglied und Sportwart ist.«

In den „Dokumenten des Widerstandes“, dem obiger Bericht entnommen ist, wird weiter dazu auf S. 29 mitgeteilt:

»Im Sportklub „Paloma“ gelang es dem bekannten Arbeitersportler Franz Heitgres, eine große Zahl ehemaliger aktiver Sozialdemokraten und Kommunisten zusammenzufassen und auf Grund alter Organisationsverbindungen dieses Vereins und neuer illegaler Anknüpfungspunkte sportliche Treffen sogar in Kopenhagen durchzuführen.«

Der gleichen Quelle entstammt der folgende Bericht über Jonni Scheer:

»Jonni Scheer war einer der engsten Kampfgefährten und Schüler Ernst Thälmanns ... Der langjährige Organisationssekretär der KPD der Wasserkante wurde Mitglied des Zentralkomitees seiner Partei und war nach der Verhaftung Ernst Thälmanns der Leiter der illegalen KPD. Nach seiner Verhaftung forderte die Gestapo in einem furchtbaren Verhör Jonni Scheer auf, Angaben über den Organisationsaufbau der KPD zu machen. Er hatte nur eine einzige Erklärung abzugeben: „Ich erkläre, daß ich über die Tätigkeit der Organisation der KPD, über meine politische Arbeit, über die meiner Mitarbeiter keine Aussage zu machen habe. Mein Leben dient der Arbeiterklasse, dem Frieden, der Demokratie und dem Sozialismus. Ich bin und bleibe ein Feind des Faschismus." Mit seinen Freunden Steinfurth, Schönhaar und Schwarz wurde er auf einen Flitzer verladen und nach Potsdam hinausgefahren. An einer Stelle mußten sie aussteigen und wurden in den Wald gejagt. Anderntags las man in den Zeitungen, daß vier Kommunisten „auf der Flucht erschossen" worden waren.«

Zu den wenigen Prozessen gegen Widerstandskämpfer, die noch öffentlich verhandelt wurden, gehört der gegen den „Führer der kommunistischen Wehrformationen der Wasserkante", Fiete Schulze. („Dokumente des Widerstandes", S. 40.) Er wurde schon Ostern 1933 verhaftet, aber erst im März 1935 vor Gericht gestellt. Seine Verteidigung führte er so, daß der Staatsanwalt ausrief:

„Er ist ein Mann, den man bekämpfen muß und den man, wenn man ihn bezwungen hat, vernichten muß. Der Angeklagte weiß, daß das Beil des Henkers in seinem Nacken blitzen wird!" In seinem Plädoyer führte der Staatsanwalt aus: „Die Zunge des Angeklagten war gefährlicher als die Kugeln seiner Helfer. Für diesen Angeklagten ist kein Platz im neuen Deutschland, nicht in seiner Freiheit und nicht in seinen Zuchthäusern. Ich fordere das Todesurteil gegen Fiete Schulze. Er ist des Todes schuldig und sein Kopf gehört dem Henker."

Der Gewerkschaftsführer Heinrich Hansen vom DGB berichtete (in einem Funkvortrag NWDR 1951):

»Mit dem Sturm auf die Gewerkschaftshäuser am 2. Mai 1933 leiteten die Nazis ihr Zerstörungswerk zur Liquidierung des stärksten Bollwerks demokratischer Institutionen ein; das waren die Gewerkschaften als letzter Wall der Freiheit! Leider hatten nicht alle Gewerkschaftler aus der vier Monate zuvor erfolgten Machtergreifung und ihrer scheinbaren Legitimierung durch die im März erfolgten Reichstagswahlen den Glauben, daß auch die bedeutungsvollste Organisation der Arbeiterschaft, die Gewerkschaftsbewegung, zertrampelt würde. Bereits in den letzten Apriltagen vernahm man offiziell, daß der 1. Mai, der Kampffeiertag der Arbeiterschaft, von der Hitlerdiktaturclique dazu ausersehen war, die staatsfeindlichen Gewerkschaftskreise festzustellen. Jeder, der noch in Arbeit stand, mußte in bester Harmonie mit seinem Arbeitgeber marschieren. Wer der Maifeier fernblieb, war schon als Staatsfeind gebrandmarkt. Der 1. Mai 1933 war so gewissermaßen die Ouvertüre. Am 2. Mai erfolgte der Raubüberfall auf das Eigentum der Arbeiterschaft. Eine ganze Generation hatte in solidarischer Opferwilligkeit die Gewerkschaften zur Wahrnehmung sozialer und wirtschaftlicher Interessen entwickelt und verfassungsmäßig zur Anerkennung gebracht. Die Empörung der Arbeiterschaft über die Zerschlagung ihrer Organisation war begreiflicherweise riesengroß. —

Die Notwendigkeit, Widerstandsgruppen zu errichten, war für uns das wichtigste; nur sie konnte die Voraussetzung schaffen für einen organisierten Kampf gegen die Hitlerbarbarei. Wir fragten auch nicht, woher das illegale Aufklärungsmaterial kam. Es war eben da, wurde an bekannte, vertrauenswürdige Kollegen herangebracht und von diesen weitergegeben. Hieran konnten auch die NS-Betriebsgewalthaber nichts ändern. Darüber hinaus wurden Unterstützungsaktionen eingeleitet, um solchen Familien zu helfen, deren Männer eingekerkert waren. Lange Zeit hindurch führte die Gestapo einen Kampf gegen die Illegalität, die einer Hydra gleich nicht zu beseitigen war.

Die Zahlen der inhaftiert Gewesenen sind hierfür der beste Beweis. Der Kampf wurde jedoch immer schwieriger für alle illegal Tätigen. Jeder von uns wußte, daß er zumindest immer mit einem Bein im Zuchthaus stand. Die erhöhten Gefahren erzwangen Wachsamkeit und bewirkten mehr Wendigkeit. Im Herbst 1934 kam ich mit dem internationalen Sekretär unserer Berufsinternationale erstmalig zusammen. Ein überstaatliches Netz von gewerkschaftlichen Verbindungen sollte in den größeren Druckstädten erstellt werden. Die Durchführung dieser Aufgabe wurde mir erleichtert, indem ich eine ausländische Firma zur Tarnung ihrer Geschäftsinteressen in Deutschland engagierte. So erlangte ich eine ungehinderte Reisemöglichkeit zur Errichtung illegaler Verbindungsstellen. Nach einer Verhaftung durch die Gestapo war es dieser nicht möglich, aus diesem Vorgang belastendes und strafverschärfendes Beweismaterial zu schöpfen. Es gibt derlei Beispiele viele, die erkennen lassen, in welcher Weise von der gewerkschaftlichen Seite im Rahmen der früheren Berufsorganisationen die Widerstandsbewegung organisiert wurde. Wohl zu keiner Zeit ist ein so harter Kampf für die Freiheit geführt worden wie zur Zeit des Dritten Reiches. Mögen seine ungezählten Opfer ein unvergeßliches Mahnmal aller Zeiten bleiben, um jedes Diktaturstreben zu verhindern.«

Als die 13 Opfer der Köpenicker Blutnacht, überwiegend Sozialdemokraten und Reichsbannerleute, am 15. Juli 1933 eingeäschert wurden, vereinten sich viele alte Kampfgenossen und Gesinnungsfreunde in dem Gelöbnis, der alten Sache die Treue zu halten. Es war ganz besonders ein großer Kreis um Alfred Markwitz, Walter Löffler und Alfred Lowack, der von Berlin aus in Verbindung blieb mit dem nach Prag emigrierten Vorstand der SPD, aber auch sehr umfangreiche Querverbindungen pflegte zu bürgerlichen Opponenten aus dem Lager des Reichsbanners, worin sich bekanntlich Sozialdemokraten, Zentrumsleute und Demokraten zur Hitlerabwehr zusammengeschlossen hatten. Hier seien erwähnt der frühere Staatssekretär Dr. Wilhelm Abegg, Dr. Carl Spiecker, Dr. Richard Mischler und Dr. Wilhelm Nowak, später Bundestagsabgeordneter der FDP und Wirtschaftsminister von Rheinland-Pfalz. Bald jedoch stellte sich heraus, daß gegenüber dem Naziterror mit den überlieferten Methoden des Widerstandes nichts anzufangen war. Es kam zu Massenverhaftungen. Am 25. und 26. September 1936 verhandelte das sog. Volksgericht gegen die Löffler-Markwitz-Gruppe. Einige Jahre später wäre allen Angeklagten ein Todesurteil sicher gewesen. Noch aber kamen alle mit hohen Zuchthaus- und Gefängnisstrafen davon. Es erhielten von den zahlreichen Angeklagten an Zuchthausstrafen: Löffler 7 Jahre, Markwitz 6 Jahre, Oltersdorf 6 Jahre, Schieritz 4½ Jahre, Riedel 4 Jahre und Dr. Hirschberg 3 Jahre.

Im Dezember 1937 kam es vorm Kammergericht in Berlin zu hohen Zuchthausstrafen gegen eine Gruppe verdienter Gewerkschaftsfunktionäre, von denen einige heute wieder am Werk sind, während Otto Scharfschwerdt, der dieser Gruppe den Namen gab, ein besonders schmerzliches Ende fand. Als er seine 6 Jahre Zuchthaus in Brandenburg hinter sich gebracht hatte, nahm ihn die Gestapo gleich am Tor der Strafanstalt in Empfang und brachte ihn nach Sachsenhausen, wo er dann bald auf besonders rohe Weise ums Leben gebracht wurde. Man konnte es ihm nicht vergessen, daß er als Geschäftsführer des Lokomotivführer-Verbandes ganz hervorragend an der Abwehr aller Übergriffe der NS-Partei mitgewirkt hatte.

Durch hohes Niveau ihrer Arbeit zeichnete sich eine „Gruppe Neubeginnen“ aus, die sich 1936 in Berlin gebildet hatte. Sie nannte sich auch „Miles-Gruppe“ (nach dem Pseudonym des Gründers der „Neubeginnen“-Organisation). Große Beachtung fanden die zahlreichen illegalen Veröffentlichungen dieser zahlenmäßig nicht starken Gruppe, die streng auf Auslese hielt und so auch wirklich eine Elite darstellte. Im Jahre 1938 verbreitete man insgeheim eine Programmschrift „Freiheit“, die von Prof. Dr. Hermann L. Brill geschrieben worden war. Dr. Erich Kürschner, der von 1928 bis zum Juni 1933 als evangelischer Anstaltspfarrer im Gefängnis Berlin-Tegel gewirkt hatte, schrieb eine Abhandlung über die Kulturpolitik des Dritten Reiches. Von Dr. Oskar Umrath kam eine Kampfschrift heraus: „Wir schreiben das Jahr 1938.“ Einer der eifrigsten Mitarbeiter war der frühere Gruppenleiter bei den „Kinderfreunden“ in Neukölln, Kurt Schmidt, der später noch Stadtverordneter in Berlin wurde, aber jung an Jahren starb. Er sowohl als auch Dr. Erich Kürschner und die späteren Bundestagsabgeordneten Prof. Dr. Herm. L. Brill und Fritz Erler erhielten hohe Zuchthausstrafen, die sie nach Brandenburg brachten.

Zeitweise liefen auch Fäden zur „Deutschen Volksfront“ und zum USP-Politiker Otto Braß aus Remscheid, der ebenfalls ins Zuchthaus Brandenburg kam und sich da ein schweres Leiden holte, von dem er nicht mehr genas.

Den „Dokumenten des Widerstandes“ entnehmen wir einen Bericht über illegale Gewerkschaftsarbeit:

»Gleich nach Hitlers „Machtübernahme“ ging eine Reihe von Vertretern beziehungsweise Funktionären der Freien Deutschen Gewerkschaftsbewegung ins Ausland, u. a. auch nach Norwegen und Dänemark. In Norwegen organisierte sich die Freie Deutsche Gewerkschaft und trat in Verbindung mit den gewerkschaftlich organisierten Arbeitern des Landes, um sie zur Hilfe bei der Organisierung der Freien Deutschen Gewerkschaft zu veranlassen. Das Ergebnis dieser Aufforderung war die Errichtung des Komitees für den Wiederaufbau der Freien Gewerkschaften in Deutschland ... Gleich nach Errichtung des Komitees wurde beschlossen, eine Delegation, getarnt als Touristen, nach Deutschland zu entsenden ... Das Komitee wählte als Leiter der Delegation den Leiter der „Häröya"-Gewerkschaft Olav Dahl ... Valdemar Larsen und den Oberrechtsanwalt Ragner Solheim, Oslo ... Ein deutscher Emigrant, Karl Barkstedt, welcher von der Gestapo gesucht wurde, reiste mit, um die Delegationsmitglieder mit einem anderen deutschen Emigranten, der unter dem Decknamen „Frantz" lebte, zusammenzuführen ... Die Delegation traf in Sonderburg einen Verbindungsmann mit Namen Peter Christensen. Dieser war Kassierer in einem Sportklub der Stadt und reiste regelmäßig nach Flensburg. Peter Christensen nannte einen zuverlässigen Mittelsmann in Berlin, und die Delegation ... ging dann über die Grenze. In Flensburg bekam die Delegation den ersten Rapport über die illegale Arbeit in Deutschland. Außer den illegalen Flugblättern, welche von den Freien Deutschen Gewerkschaften selbst gedruckt wurden, bekamen sie auch illegale Schriften aus dem Ausland. Diese wurden unter den eigenartigsten Umständen nach Deutschland geschmuggelt und mit einer großen Geschicklichkeit verteilt. Von Dänemark und Norwegen kamen regelmäßig Sendungen, welche in großen Kühlwagen untergebracht wurden, die Fleisch und Fische transportierten. Ein Teil der Schriften wurde verteilt durch eine Möbel-Auktions-Firma. Man legte die Flugblätter in heimliche Fächer und kleine Kommoden, welche dann weitergesandt wurden ... In Berlin wandte man eine ebenso einfache wie erfindungsreiche Methode an, welche es möglich machte, daß der Verteiler rechtzeitig verschwinden konnte. Es wurde z. B. ein Brett auf die Dachkante eines Hauses mitten in der Stadt gelegt. Das Brett wirkte wie eine Wippe. An dem einen Ende, gerichtet zur Straße, setzte man einen Korb, gefüllt mit Flugblättern, und an dem anderen Ende einen Behälter mit Wasser, welches langsam auslief und somit die Balance verschob, so daß der Korb kippte und die Flugblätter in alle Winde wehten ... Nach Rückkehr der Delegation gab Ragner Solheim einen Bericht ... Im Jahre 1938 wurde das Komitee aufgelöst und durch ein anderes, welches sich „Komitee zum Kampf gegen Krieg und Faschismus" nannte, ersetzt ... 1936 gelang es den Nazis, einigen Verbindungsleuten auf die Spur zu kommen. Peter Christensen wurde nach Flensburg gelockt ... Er wurde einem „verschärften Verhör" unterzogen ... Die Nazis verurteilten ihn zu 7 Jahren Gefängnis. Diese Verhaftung brachte den Stein ins Rollen. Verbindungsleute in Flensburg, Kiel, Hamburg und Berlin wurden verhaftet.«

Über den Kampf der christlichen Gewerkschaften ist bereits (auf S. 71f.) berichtet worden.

Der „Internationale Gewerkschaftsbund“ hat durch den Mund seines damaligen Generalsekretärs Walter Schevenels der Treue und dem Wagemut der deutschen Arbeiter seine Anerkennung nicht versagt. Auf einer Kundgebung der „Union deutscher sozialistischer Organisationen in Großbritannien“ hat Schevenels am 29. Januar 1943 in London ausgeführt:

»Deutsche Arbeiter haben in den letzten Monaten des Jahres 1932 zu Hunderten und Tausenden Tag und Nacht gekämpft gegen die Hitlerhorden. Zu leicht wird heute vergessen, daß in diesen Kämpfen Hunderte von deutschen Arbeitern ihr Leben verloren, daß Zehntausende ihr Leben aufs Spiel setzten. Es ist wahr, daß die deutsche Arbeiterbewegung Fehler gemacht und Schwächen gezeigt hat, aber es ist unwahr zu behaupten, daß unsere deutschen Genossen nicht gekämpft haben. Anfang Februar 1933 erteilte eine internationale Konferenz Edo Fimmen und mir alle Vollmachten, jede, auch die schärfste Aktion der deutschen Arbeiter zu unterstützen. Aber dann kam der Reichstagsbrand. Es war Hitlers erster wirklicher Sieg, denn er erzeugte eine große Verwirrung unter seinen Gegnern. Ich möchte noch ein Wort sagen für unsere Antinazikämpfer innerhalb Deutschlands. Bevor ich Deutschland verließ, hatte ich eine Konferenz mit unseren deutschen Kollegen. Eine Woche später waren die meisten Teilnehmer dieser Konferenz verhaftet. Ich werde diese Konferenz nie vergessen. In dem überfüllten Raum gab mir der Vorsitzende die Hand und sagte: „Du gehst nun zurück in die freie Welt. Sage unseren Freunden, welche Fehler wir auch in der Vergangenheit gemacht haben mögen, wir sind ehrlich und aufrichtig in unserem Bemühen gewesen. Sage ihnen, daß wir unserer Gesinnung treu bleiben werden, und daß sie uns nicht vergessen sollen.“ Heute kann ich sagen, daß die Mehrzahl der deutschen Arbeiter ihr Wort gehalten hat.« —

Zwei jüngere sozialistische Führer versuchten, zwischen den einzelnen Splittergruppen eine gewisse Einheit herzustellen. Es waren der Reichstagsabgeordnete Carlo Mierendorff, der bereits vier Jahre KZ hinter sich hatte und sich nach seiner Freilassung 1937 mit dem hochbegabten Theodor Haubach zusammentat, einem der Mitbegründer des Reichsbanners und Redakteur des früheren „Hamburger Echo“, der ebenfalls auf eine KZ-Haft zurückblicken konnte. Mierendorff und Haubach wurden wesentliche Leiter der sozialdemokratischen Untergrundarbeit, mit denen auch der Österreicher Karl Gruber zusammenarbeitete. Sie gewannen später Anschluß an den Kreisauer Kreis, wo Mierendorff, Haubach und Adolf Reichwein als Sozialdemokraten Einfluß gewannen.

Adolf Reichwein, aus der Freideutschen Jugend hervorgegangen, war eine Zeitlang als Regierungsrat persönlicher Referent des Preußischen Kultusministers Dr. Becker. Danach wandte er sich der Erwachsenenbildung zu und war bis 1933 Professor einer Pädagogischen Akademie, ab 1933 widmete er sich dem Ausbau einer Landschule. In Brandenburg hat er als Untersuchungsgefangener gesessen. Nach schweren Qualen durch die Gestapo wurde er in Plötzensee hingerichtet.

Theo Haubach war 1934 und 1935 im Konzentrationslager Esterwegen. Ohne Anklage kam er hinein, ohne jegliche Verhandlung wurde er entlassen. Als er Jahre später wieder verhaftet wurde, schrieb er kurz vor seiner Ermordung:

»Wo immer Deutschland in Not stand, stand auch ich. Einen kleinmütigen und verzagten Angeklagten werden die Herren in mir nicht kennenlernen. Vielleicht werden sie sich sogar wundern. Voriges Jahr um diese Zeit stand ich auf so manchem brennenden Dach in Berlin. Heute soll ich mich darüber rechtfertigen, ob ich ein nationaler Mann bin.«

Bischof Dr. Hanns Lilje wohnte gefesselt als Zeuge der Verhandlung vor dem Volksgerichtshof gegen Haubach bei. Er berichtete darüber:

»Haubach hat die jähzornige Unberechenbarkeit Freislers schwer zu spüren bekommen. Im Vertrauen auf die Rechtsordnung hat er das dem Angeklagten zustehende Schlußwort zu ernsthaften Ausführungen über die Hintergründe seiner Tat und Haltung benutzt und damit so sehr den Zorn Freislers hervorgerufen, daß dieser sofort die Verhandlung neu aufnahm und sie statt mit der schon beantragten Freiheitsstrafe mit dem Todesurteil endete.« (Dazu Hans Lilje, „Im finsteren Tal", Nürnberg 1947.)

Hier muß auch Wilhelm Leuschner genannt werden, der schließlich in der politischen Koalition des 20. Juli der Repräsentant der sozialistischen Gruppen war. (Über Leuschners Gegensätze zu nicht-gewerkschaftlichen Sozialdemokraten siehe Henk. D. Red.) Leuschner, früher Innenminister von Hessen und Leiter des Freien Deutschen Gewerkschaftsbundes, war einer der aktivsten Führer der deutschen Untergrundbewegung. Er hatte Kontakt mit General Hammerstein und Admiral Canaris. Leuschner hatte auch Verbindung zu den christlichen Gewerkschaften. Ebenso hatte er Verbindung mit Dr. Julius Leber, den Freisler den „Lenin der deutschen Arbeiterbewegung" nannte. Dr. Leber, Frontoffizier im ersten Weltkrieg, dann Chefredakteur der Lübecker Zeitung „Volksbote" und Reichstagsabgeordneter (vgl.: Julius Leber, „Ein Mann geht seinen Weg", Berlin 1952), tarnte nach mehreren Jahren KZ-Aufenthalt seine illegale Arbeit mit einem kleinen Kohlengeschäft. Leber war eine der größten Hoffnungen der deutschen Sozialdemokraten.

Rudolf Pechel, der mit den am 20. Juli beteiligten Sozialdemokraten zusammengearbeitet hat, gibt (in seinem Buch „Deutscher Widerstand", S. 280ff.) folgende ergänzende Darstellung:

»Der wichtigste Mann aus den Gewerkschaften war Wilhelm Leuschner, der frühere hessische Innenminister und seit 1932 Nachfolger Theodor Leiparts in der Führung der Freien Gewerkschaften. Er wurde auf Veranlassung von Robert Ley, nachdem Leuschner den aufkommenden Nationalsozialismus schon aufs schärfste bekämpft hatte, bei der Rückkehr vom Internationalen Arbeitsamt in Genf an der Grenze verhaftet und mußte durch die verschiedensten Konzentrationslager gehen. Trotz gemeinster Behandlung begann er unmittelbar nach seiner Freilassung die illegale Arbeit.

Leuschner hatte bereits im Mai 1933 die Verbindung mit Jakob Kaiser von den Christlichen Gewerkschaften hergestellt, so daß wenigstens jetzt nach der Zerschlagung eine enge illegale Zusammenarbeit ermöglicht wurde, deren Bestehen vor Beginn der Hitlerherrschaft eine entscheidende Wendung hätte herbeiführen können . . .

. . . Dr. Julius Leber, eine der stärksten Intelligenzen und Temperamente in der Sozialdemokratie, ein Unbedingter, war 1933 verhaftet und viereinhalb Jahre einer brutalen Behandlung — ein ganzes Jahr Dunkelhaft — im Konzentrationslager Sachsenhausen unterworfen gewesen. Am 5. Mai 1937 wurde er, in seinem Willen ungebrochen, entlassen. Er bekam sofort wieder Verbindung mit seinem Freunde Gustav Dahrendorf, gleich ihm ein aufrechter Mann und mutiger Kämpfer, und mit Ernst von Harnack. Dieser vermittelte Leber Verbindung zum Kreis um Goerdeler, zu General von Falkenhausen und zu dem juristischen Beirat der Lufthansa, Hans John, der wichtige Beziehungen zum Ausland hatte. In Hause Schwambs traf Leber sich mit Leuschner und Mierendorff.

Leuschner und Leber waren sehr verschiedener Art. Leuschner ruhte mehr in sich und war der energische Organisator, während Leber ein Mann voller Ideen und revolutionären Temperaments war, der auf eine breite Volksbewegung hinarbeitete. Aber beide Männer waren durch gegenseitiges Vertrauen und in aufrichtiger Freundschaft verbunden. Sie sahen in der geplanten Regierung nichts Endgültiges, wollten aber diese Übergangslösung mitbestimmen. Für Leber kennzeichnend sind seine letzten Worte an seine Freunde vor seiner Hinrichtung: „Für eine so gute und gerechte Sache ist der Einsatz des eigenen Lebens der angemessene Preis. Wir haben getan, was in unserer Macht gestanden hat. Es ist nicht unser Verschulden, daß alles so und nicht anders ausgegangen ist . . ."«

Annedore Leber führte (1951 in einem Funkvortrag des NWDR) aus:

»Soll man, in der Tat, sobald das Recht verletzt ist, nur dann eintreten, aufstehen und sich empört auflehnen, wenn der Erfolg sicher ist? Kann man es mit den Augen betrachten wie ein Geschäft, das man nur eingeht, wenn man die Garantie hat, daß kein Verlust eintritt? Hat die Arbeiterschaft jemals die Sicherheit auf Erfolg gehabt, wenn sie z. B. gegen soziale Ungerechtigkeit in Streik trat? Hat sie Emile Zola gehabt, als er in Widerspruch zu der französischen Öffentlichkeit das Urteil im Prozeß Dreyfus angriff? Oder Johanna von Orleans, die für ihre Überzeugung verbrannt wurde? Oder Sokrates, der den Giftbecher nehmen mußte? Oder Christus, der an das Kreuz geschlagen wurde?

Wer die Macht hat, das Recht zu verletzen, hat auch die Mittel, die Rebellion zu ersticken und jene, die sich auflehnen wollen, einzuengen und sie in ihren ganzen Kräften und Möglichkeiten zu beeinträchtigen.

Mir fiel dabei ein Abend ein, an dem Stauffenberg ein langes Gespräch mit meinem Manne in unserem Hause geführt hatte. Es war zu der Zeit der Bombenangriffe. Ich war damals immer besorgt, daß solche Persönlichkeiten bei Alarm unser Haus verließen. Denn sollte das Unglück es wollen, dann hätte ein tragischer Zufall die Pläne langer, geheimer Vorbereitungen, die schließlich zum 20. Juli führten, offenbar machen können. Mein Mann und ich waren wieder allein.

Unter dem Eindruck des eben geführten Gespräches fragte ich meinen Mann: „Glaubt ihr, daß ihr in euren Absichten erfolgreich sein könnt?" Er antwortete mir: „Ich weiß es nicht. Ich habe nur einen Kopf und kann ihn für keine bessere Sache einsetzen als für diese." — Nachträglich glaube ich, daß niemand der damals Beteiligten mit einem sicheren Ausgang rechnete, sondern alle fühlten sich nur von dem Gedanken erfaßt, das Elend des dahintreibenden und schon längst als verloren erkannten Krieges abzukürzen. Sie hofften das System der Recht- und Gesetzlosigkeit selbst zu überwinden und damit zugleich eine Regierung für einen deutschen Rechtsstaat schaffen zu können, die auch vom Ausland für weitere Verhandlungen anerkannt würde . . .«

Frau von Harnack berichtet über die letzten Tage Ernst von Harnacks folgendes:

». . . Harnack kam in das Untersuchungsgefängnis Lehrter Straße 3. Dort warteten bereits sein Vetter, Regierungsrat Dr. Justus Delbrück, und Professor Rüdiger Schleicher. Letzterer war nur deshalb im Gefängnis, weil er seinen Schwager nicht angezeigt hatte. „Er hätte wissen müssen, daß dieser etwas vom 20. Juli gewußt hat", hieß es. Sonst lag nichts gegen ihn vor. Aus diesem Grunde hatte er wohl die Vergünstigung, seine Geige in der Zelle haben zu dürfen. Aber dem Tode ist auch er nicht entronnen.

Mein Mann hat im Gefängnis in längeren Ausführungen sein politisches Testament geschrieben, doch wird dies wohl mit allen anderen Akten von der Gestapo vernichtet worden sein.

Am 1. Februar 1945 fand die Verhandlung statt; da es als Sache des 20. Juli galt, war die Sitzung geheim. Die wenigen Offizialverteidiger, die von diesem Parteigericht, das sich Volksgericht nannte, zugelassen wurden, waren alle hundertprozentige Nazis. Justizrat . . . hatte versprochen, meinen Mann zu verteidigen. Auch die Schwestern meines Mannes waren öfters bei . . . gewesen, und wir brachten ihm Material zur Verteidigung meines Mannes. Bei der Verhandlung vor dem Volksgerichtshof hat aber ... nichts zur Verteidigung vorgebracht und nur mit völlig nichtssagenden Worten eine Scheinverteidigung vorgespiegelt. Mein Mann wurde wegen Hochverrats zum Tode verurteilt. Bei der Verhandlung war er immer aufrecht und mutig ...

Fünf Wochen lang wartete mein Mann täglich auf den Tod. Es bestand die grausame Bestimmung, daß alle zum Tode Verurteilten Tag und Nacht gefesselt sein mußten. Da mein Mann noch eine wissenschaftliche Arbeit zu Ende zu führen hatte — ganz hat er es nicht erreicht —, wurden ihm am Tage die Fesseln gelöst. Aber nachts wurden seine Hände immer aneinander gekettet, und er wagte niemals mehr, sich abends zu entkleiden, da er nachts bei Fliegeralarm durch die Fesseln keine Möglichkeit hatte, sich anzuziehen.

Gegen Schluß des Krieges wurden die anderen Gefangenen bei Alarm in das Erdgeschoß geführt, aber die zum Tode Verurteilten mußten in ihren Zellen in dem obersten Stockwerk bleiben. Einmal fielen Brandbomben auf das Gebäude. Wenn in der Zelle meines Mannes ein Brand entstanden wäre, hätte er sich wegen der Fesseln nicht helfen können und wäre in der verschlossenen Zelle lebend verbrannt.

Die körperlichen Kräfte haben wohl bei allen Gefangenen nachgelassen, aber die geistigen und seelischen Kräfte sind bei meinem Mann und bei allen seinen Freunden, die ich kannte, im Gefängnis gewachsen.

Der Zellennachbar meines Mannes war Professor Rüdiger Schleicher. Durch sein Geigenspiel bereitete er meinem Mann manche Freude, da er seine Flöte schmerzlich vermißte. Einmal hat Schleicher ihm die ganze Matthäus-Passion durch die Wand vorgespielt, und am Abend, ehe mein Mann hingerichtet wurde, hat ihm Schleicher noch einmal seine Lieblingslieder aus seiner Zelle vorgespielt. Am Montag, dem 5. März, wurde Ernst von Harnack hingerichtet. Sein Konfirmationsspruch lautete: Sei getreu bis in den Tod ... So hat er gelebt, und so ist er gestorben.«

Über Dr. Kurt Schumacher, den verstorbenen Vorsitzenden der Sozialdemokratischen Partei Deutschlands, wird folgendes von Fried Wesemann brieflich berichtet:

»Dr. Schumacher wurde am 6. Juli 1933 verhaftet. Der Haftbefehl stammte bereits vom März. Er hatte sich in dieser Zeit in Stuttgart, wo er bis dahin gewesen war, nicht mehr aufgehalten. Er war überwiegend in Berlin und traf sich mit den Stuttgarter politischen Freunden in anderen Städten, wie Heidelberg, Mannheim und Frankfurt. Als einem der bekanntesten, sicher aber von den Nazis am meisten gehaßten Sozialdemokraten Württembergs war ihm dringend nahegelegt worden, ins Ausland zu gehen. Er lehnte diesen Rat der Freunde und der Familie mit der Begründung ab, daß man für seine Überzeugung einstehen müsse. Dabei wies er darauf hin, daß Emigranten es nach der Beseitigung des Nazi-Regimes schwer haben würden, vor das Volk zu treten. Bis zu seiner Verhaftung hat Schumacher noch ständig politischen Kontakt gehabt und illegale Broschüren geschrieben. Er hielt sogar eine „öffentliche Rede" vor Stuttgarter politischen Freunden im Schwarzwald. Man war mit Omnibussen hinausgefahren und hatte ein regelrechtes Feldlager, das durch Wachen abgeschirmt war, errichtet. Er ist dann bis zum 16. März 1943 ununterbrochen gefangen gehalten worden: Alexanderplatz, Plötzensee, Stuttgarter Polizeigefängnis, Lager Heuberg, Kuhberg und ab Juli 1935 Dachau. Er wurde dann freigelassen mit der Maßgabe, bei seiner in Hannover verheirateten Schwester Wohnung zu nehmen. Beschäftigt war er in der Registratur einer Firma in Hannover. Nach dem 20. Juli wurde er im August 1944 abermals verhaftet und kam nach Neuengamme. Von dort wurde er entlassen, weil man annahm, daß er nicht mehr lange leben würde. Seine völlig gebrochene Gesundheit war auch der Grund der ersten Entlassung gewesen. In Hannover stand er auf der Liste derjenigen, die beim Anrükken der Amerikaner liquidiert werden sollten. Er wußte davon und konnte sich verstecken. Nach seiner zweiten Entlassung, also von September 1944 an, spann er bereits Fäden zu alten politischen Freunden sowohl in Süddeutschland wie in Hannover selbst.«

Das Jahr 1942 war in Berlin ein Jahr besonders hoher Opfer unter den Illegalen. Am 4. Februar 1942 holte die Gestapo zu einem schweren Schlag aus. In mehr als 170 Berliner Familien wurden in der Frühe des 4. Februar Männer und Frauen verhaftet. Unter ihnen befand sich der über Deutschlands Grenzen hinaus bekannte Arbeitersportler Werner Seelenbinder, der nach zweijähriger Haft hingerichtet wurde. Weiter setzte 1942 die Offensive der Gestapo gegen die Robby-Gruppe mit Massenverhaftungen ein. Die Gruppe Baum wurde vernichtet, und die Schulze-Boysen-Harnack-Gruppe fiel nach langjährigem Kampf.

Im Juli 1943 wurde in Moskau von Kriegsgefangenen und Emigranten das „Nationalkomitee Freies Deutschland", NKFD, gegründet. In England, Frankreich, Schweden, in der Schweiz, in Jugoslawien, in den USA, in Mexiko und in Lateinamerika bildeten sich ebenfalls Nationalkomitees. Zahlreiche Kriegsgefangene wurden mit Fallschirmen hinter der Front abgesetzt oder gingen freiwillig durch die Front, um im Hinterland die Naziführung zu bekämpfen. Viele dieser Freiwilligen wurden hingerichtet, andere fielen im Kampf. Die Leitung des Nationalkomitees, dem zahlreiche Wehrmachtsangehörige angehörten, hatte der Dichter Erich Weinert.

Bemerkenswert ist ein Bericht („Das heimliche Deutschland", Berlin 1947), der mitteilt, daß am 1. August 1934 von der Gruppe „Erich" und der Gruppe „Willi" in der Berliner Universität eine Flugblattbombe gesprengt wurde. Der Inhalt der Flugblätter lautete: Brandstifter sind wie vor 20 Jah-

ren am Werk! Durchkreuzt ihre verbrecherischen Pläne. Vereinigt Euch zum Sturze Hitlers. Kämpft mit uns für ein freies, soziales Deutschland.
Bei der Eröffnung der Berliner Funkausstellung und anläßlich des Jahrestages der Oktoberrevolution sollen ähnliche Aktionen wiederholt worden sein.

An der Berliner Universität gab es eine illegale Studentengruppe, „Rote Standarte", die von Dr. Philipp Schaeffer, einem Sinologen, geleitet wurde. Schaeffer erhielt 5 Jahre Zuchthaus wegen Vorbereitung zum Hochverrat und erlitt diese Jahre im Zuchthaus Luckau. Als er entlassen war, schloß er sich der Schulze-Boysen-Harnack-Gruppe an und wurde 1943 hingerichtet, weil er als Vorbestrafter von seiner Anzeigepflicht keinen Gebrauch gemacht habe.

Die Sas-Gruppe, gleichfalls in Berlin, arbeitete vorwiegend mit Flugschriften. Ihr geistiger Führer war Alfred Schmidt-Sas, Volksschullehrer und Musiker, der schon ein Jahr Haft in Sachsenhausen hinter sich hatte. Am 9. Oktober 1942 stand die Gruppe, sechs junge Menschen zwischen 19 und 21 Jahren, vor dem Volksgericht, das fast alle zum Tode verurteilte und hinrichten ließ. Schmidt-Sas hatte auch literarische Fähigkeiten und hinterließ Gedichte. Vor seiner Hinrichtung in Plötzensee schrieb er diese Verse:

Ob einer mit hölzernen oder mit goldenen Figuren ficht,
Das entscheidet beim Schachspiel und auch im Leben nicht.
    Wie einer spielt,
    wofür einer spielt,
    darauf kommt es an,
    das zeigt den Mann.

Ob dich nach der Sektion eiligst ein Diener wegträgt,
Oder ein Staatsbegräbnis dich zum Prachtgrab bewegt,
    Wie einer stirbt,
    wofür einer stirbt,
    darauf kommt es an,
    das zeigt den Mann.

21 Jahre alt war Hanno Günther, als er in Berlin im Rahmen der Sas-Gruppe hingerichtet wurde. Er hatte seit 1938 einen Kreis ehemaliger Mitschüler und Mitschülerinnen zum Zweck politischer Arbeit versammelt. Nach Kriegsausbruch gingen die jungen Menschen zu aktiver Widerstandsarbeit über. Sie verbreiteten Flugblätter und Klebezettel, die Günther selbst entwarf und vervielfältigte. Durch Verrat wurde der ganze Kreis 1941 verhaftet. Alle Jungen wurden zum Tode verurteilt und am 3. Dezember 1942 hingerichtet. Sie hatten von zusammengelegten Spargroschen ein Zimmer gemietet und verfaßten und vervielfältigten dort ihre Aufrufe, die sie im Morgengrauen in der Riesenstadt anklebten und in die Brief-

kästen warfen. Ihren Zusammenkünften gaben sie einen geselligen Charakter. Sie tanzten zum Grammophon, um die Wirtin zu täuschen, und schrieben die Matritzen auf fremden Schreibmaschinen. Die Namen der weiter zum Tode Verurteilten sind: Emmerich Schaper, Wolfgang Pander und Bernhard Sikorski. Ein junges Mädchen, Dagmar Petersen, wurde zu 7 Jahren Zuchthaus verurteilt, das zweite, Hertha M., wurde freigelassen. Das letzte Wort Hanno Günthers war: „Ich sterbe für Deutschland."

Über die Leiden einer Mutter schrieb die Mutter Hanno Günthers (am Totensonntag 1945 in der „Berliner Zeitung") einen Bericht:

»Weihnachtsabend 1941. Trübseliges Wetter. Es dunkelt.

Ich wandere um den Moabiter Gefängnisblock. Das ist meine Weihnachtsfeier in diesem Jahr. Da oben irgendwo sitzt mein Hanno. Ich darf ihn nicht besuchen. Er hat in der Untersuchungshaft durch Kassiber — das sind winzig kleine Schmuggelzettel — von Zelle zu Zelle den mitgefangenen Gefährten Anweisungen zu geben versucht für ihre Verteidigung. Aber es hat sich ein Verräter gefunden, und man hat ihm als Strafe acht Tage Dunkelarrest zudiktiert und ein Vierteljahr Besuchssperre, gerade über Weihnachten. Und so laufe ich nun hier in Kälte und Regen um den Gefängnisblock, und alle meine Gedanken suchen den geliebten Jungen dort oben hinter den Mauern.

Wieder ist es Dezember, ein Jahr später. Ich stehe in meiner Küche und verliere mich in dumpfes, nutzloses Brüten. Unablässig kreisen meine Gedanken um die eine große Sorge: das Todesurteil. Roh und kulturlos klingt die Stimme des Staatsanwalts mir in den Ohren: „Für dieses fluchwürdige Verbrechen gibt es nur eine Sühne: die Ausmerzung aus der Volksgemeinschaft, den Tod."

Deinen Tod, mein Hanno? Du kannst doch gar nicht sterben. Du bist doch so unendlich lebendig! Freilich, der Sekretär des Volksgerichtshofes hat mir schon ganz freundlich und dankenswert aufmerksam den Rat gegeben, doch ja rechtzeitig die Herausgabe der Leiche zu beantragen; es könnte sonst Schwierigkeiten geben und sicher überhaupt nichts mehr zu erreichen sein. Ganz still und klaglos kippte ich um, als er mir das so höflich und zuvorkommend und unbeteiligt darlegte.

So gehen meine Gedanken. Da klappt der Briefschlitzdeckel. Ein Brief von Hanno. Mein Herzschlag stockt. Ein Brief von Hanno außer der Zeit kann nur eine Bedeutung haben.

„Wenn du diesen Brief erhältst —", mehr lese ich nicht.

Mein Kind ist tot.

Tagelang weiß ich nichts von mir . . .

Und wieder steht das Bild meines Jungen vor mir, wie er mit seinen Freunden aus dem Gerichtssaal geführt wurde, mit aufgestreckten Kopf, die

Hände schon auf dem Rücken gefesselt, und ich höre sein stolzes Abschiedswort: „Wir sterben für Deutschland!"

Ihr starbt für Deutschland, ihr tapferen Jungen. Ihr sollt nicht umsonst gestorben sein.«

Dagmar Petersen berichtet über ihre Zusammenarbeit mit Hanno Günther, den sie seit ihrer Kindheit kannte (an die Red.):

»Die Anklage lautete auf: Gründung und Aufrechterhaltung eines organisatorischen Zusammenhalts seit 1937 oder 1938.

Im September 1940 lernte Hanno bei mir Wolfgang Pander kennen. Pander war jüdischer Abstammung und hatte bis 1939 in Dresden in politischer Schutzhaft gesessen. In der Folgezeit machten wir uns viele Besuche, bei denen jedesmal Nachrichten ausgetauscht wurden oder Besprechungen stattfanden. Ab Februar 1941 trafen wir uns regelmäßig einmal wöchentlich in der Wohnung eines unserer Kameraden. Teilgenommen haben: Hanno Günther, als Träger der Gruppe, Emmerich Schaper, Wolfgang Pander, Bernhard Sikorski, Dagmar Petersen und Hertha M. (nicht regelmäßig). Aufgezogen wurden diese Abende als Gesellschaftstees. Im April 1941 wurde Hanno zum Militär eingezogen und kam nach Sorau. Wir machten dann allein weiter. Zu einem Abend erschien ein Genosse, der uns einige Fakten über Widerstandsarbeit sagte. Dieser Mann, dessen Namen ich vergessen habe, hatte gerade dreieinhalb Jahre Strafe abgesessen. Ende Juli 1941 erfuhr ich, daß Bochow verhaftet worden sei, und schlug daraufhin sofort vor, die Abende aufzugeben. Auf welche Weise die Gestapo von unseren Zusammenkünften erfuhr, ist mir nicht bekannt. Jedenfalls wurden wir bald darauf verhaftet. Nach 12 Monaten, im August 1942, erhielt ich meine Anklageschrift. Darauf erfuhr ich, daß Hanno, zusammen mit Frau P. und Schmidt-Sas (siehe S. 221), nazifeindliche Flugblätter entworfen, gedruckt und durch Emmerich und Bernhard verteilt hatte. Hanno und Wolfgang Pander hatten den sogenannten „Weihnachtsbrief" an Goebbels geschrieben. Außerdem gaben sie Parolen heraus, die, auf schmale Zettel gedruckt, auf Ankündigungen von Nazi-Versammlungen oder Stürmer-Kästen geklebt wurden. Einige dieser Parolen hießen: „Für Freiheit und Sieg, Krieg dem Wahnsinnskrieg" oder: „Hitlers Sieg — ewiger Krieg, Volkes Sieg beendet den Krieg", ein Satz hieß: „Arbeiter! Langsamer arbeiten, nichts in die Sammelbüchsen der NSV. Unterstützt die Angehörigen der verhafteten Genossen."

Am 9. Oktober 1942 morgens um 9 Uhr fing unsere Verhandlung an. Als Präsident des II. Senats des Volksgerichts saß an diesem Tag nicht der berüchtigte Engert vor, sondern Hack, der Staatsanwalt hieß Spar. Von der Mittagpause ab lagen hinter dem Richterpodium schon die Handschellen. Um 18.30 Uhr wurde das Urteil bekanntgegeben. Für Hanno, Emmerich, Bernhard, Wolfgang und Schmidt-Sas Todesstrafe, für mich, wie der Staatsanwalt in seinem Plädoyer sagte, wegen Beihilfe und Vorbereitung zum Hochverrat 7 Jahre Zuchthaus. An diesem Tage waren bei einem Gericht (bei 3 oder 4 Senaten) 13 Todesurteile ausgesprochen worden.«

Fritz Husemann war ein westfälischer Bergarbeiterführer von besonderem Ruf, der aus der Sozialdemokratie kam und einen bedeutenden Teil der Arbeiterbewegung von Beginn an aktiv im Ruhrgebiet miterlebte. Er gehörte zum Vorstand des Internationalen Bergarbeiterverbandes und war Reichstagsmitglied. Seiner überragenden Persönlichkeit galt die Anerkennung der Arbeitermassen. Als nach 1933 der Terror der SA die Bergarbeiter bedrängte, fuhr Fritz Husemann nach Berlin, um zu intervenieren. Er wurde einige Wochen am Alexanderplatz inhaftiert. Als er nach Bochum zurückkehrte, wurde er das dritte Mal verhaftet und wiederum nach einigen Wochen entlassen. 1935 wurde er erneut verhaftet und kam ins KZ Esterwegen, wo er getötet wurde.

Albrecht Sturm berichtet (in einem längeren Brief an die Red.) über die Gründung der Gruppe Elsholtz in der Mark im Jahre 1940, deren Mitglieder sich meist aus Sozialdemokraten zusammenfanden. Politisch und konfessionell Verfolgte wurden unterstützt, Juden oft jahrelang verborgen gehalten, mit den Fremdarbeitern wurde Verbindung aufgenommen. Plakate mit dem „Doppelflaggenabzeichen der Aktion“ wurden angebracht und in den Dörfern diskutiert und weitere Gruppen gebildet.

Über das Ende einiger Widerstandskämpfer, unter denen sich der Dichter Albrecht Haushofer befand, gibt ein Bericht von Fritz Blochwitz (liegt abschriftlich vor. D. Red.) Auskunft, der die ungewöhnliche Errettung eines Illegalen namens Herbert Kosney behandelt.

In dem Bericht heißt es:

»Am 21. April 1945 war der Tag der großen Entlassungen im Zellengefängnis Lehrter Straße, u. a. wurde auch der Bruder von Herbert Kosney, Kurt Kosney, entlassen.

Die sogenannten schweren Fälle, wie Herbert Kosney, Prof. Dr. Haushofer, Munzinger, Jennewein und viele andere, wurden noch in Haft gehalten. Der Kanonendonner der Befreiungsarmee kam immer näher, den Nazis wurde der Boden zu heiß, einige verantwortliche Leiter des Zellengefängnisses waren schon getürmt, und nun sollte das Gefängnis ganz geräumt werden. Man ging also dazu über, die letzten ca. 20 Insassen zusammenzustellen. Sie wurden einzeln aufgerufen, und man machte Anstalten zu der Entlassung.

Herbert Kosney war sich in diesem Augenblick darüber klar, was nun folgen würde, zumal von einem SS-Sturmführer erklärt wurde, daß jeder seine erhaltenen Sachen auf einen bereitstehenden Kübelwagen, der draußen stehe, abzulegen habe. Sämtliche Papiere, die Wertsachen wurden von seitlich herantretenden schwerbewaffneten SS-Banditen abgenommen, und nun setzte sich der Trupp in Marsch. Am Ausgang des Gefängnisses in der Lehrter Straße wurde zur Invalidenstraße abmarschiert. Kurz vor der Invalidenstraße erklärte ein SS-Feldwebel, der neben Herbert Kosney ging, daß der Weg zum Potsdamer Bahnhof beim Durchgehen durch das Ulapgelände (Berliner Vergnügungspark. D. Red.) abgekürzt werden könnte.

Es wurde tatsächlich das Ulapgelände betreten, unserm Herbert Kosney von dem seitlich neben ihm gehenden SS-Feldwebel erklärt: „Junge, mach jetzt kein Lamento, es geht sehr schnell, wir haben wenig Zeit."

Die Vermutung, die Herbert Kosney hatte, war rauhe Wirklichkeit geworden. Man teilte den Trupp, 8 Mann wurden links zum Säulengang des Ulaps geführt, die anderen zur Selterwasserbude.

Die SS-Knechte griffen sich nun jeder einen Mann, der SS-Sturmführer griff sich auch einen, den ersten, einen gewissen Munzinger, der links von unserem Kameraden Herbert Kosney stand. Munzinger bekam einen Fuß in das verlängerte Rückgrat von dem Sturmführer. Diese Szene hatte Kosney, der neben ihm stand, durch seitliches Drehen des Kopfes nach links beobachtet. Jetzt verspürte auch Kosney das Schießeisen im Genick, der SS-Sturmführer fragte laut: „Ist alles fertig?" Und auf Kommando: Los! wurden die Männer umgelegt. Herbert Kosney spürte einen kurzen Schlag im Genick, wurde zurückgerissen, das Blut strömte aus Mund und Nase, der Aus- und Einschußstelle.

Dadurch, daß Herbert Kosney die Linksdrehung seines Kopfes vorgenommen hatte, war der Schuß bei ihm nicht durch das Gehirn gegangen, und er behielt volles Bewußtsein. Er verhielt sich ruhig, lag ausgestreckt auf dem Rücken und hörte das Stöhnen und Schreien sowie Umsichschlagen der mit ihm gemordeten Kameraden. Er hörte ferner, wie der Sturmführer zu jedem trat; wo noch ein Gnadenschuß notwendig war, wurde dieser vorgenommen; von Kosney trat dieser Sturmführer mit dem Bemerken: „Der Junge hat genug", zu dem nächsten, Jennewein, der auch noch einen Gnadenschuß bekam.

Dem großen Glück und der Selbstbeherrschung unseres Kampfgenossen Kosney ist es zu verdanken, daß dieser als lebender Zeuge uns erhalten blieb.

Nachdem der Sturmführer zu seinen Männern gesagt hatte: „Junge, wir müssen uns beeilen, es wird bald hell", zog die Mordkolonne ab.

Kosney hatte noch immer sein Bewußtsein, sein Gehirn sagte ihm: „Du lebst"; er konnte seine Beine bewegen, für ihn selbst kaum glaubhaft, kroch er auf allen vieren von dem Ulapgelände herunter.

Eine fachärztliches Urteil besagt, daß nur durch die Linkshaltung des Kopfes Kosney um Haaresbreite dem sicheren Tod entronnen ist.«

Über den Zusammenhalt Berliner Sozialdemokraten wird berichtet:

»Wie sehr diese Verbindung in der Organisation eine große Zahl der Genossen erfaßte, zeigte sich bei Beerdigungen, bei denen oft eine andere Einladung als die von Mund zu Mund nicht erging, und trotzdem eine große Teilnehmerzahl wie bei Klara Bohm-Schuch, hier waren es einige Tausend, sich trafen. Diese Art der Zusammenkünfte wurde während der ganzen Hitlerzeit aufrechterhalten. Die Gestapo wußte, daß die Beerdigungen illegalen Besprechungen dienten. Sie nahm Verhaftungen vor und suchte zu ermitteln, durch wen die Einladungen ergingen. Nennenswerte Erfolge hat die Gestapo hierbei nicht gehabt.

Es sei daran erinnert, daß ein Kreis aktiver Genossen sich um die Wochenzeitschrift „Blick in die Zeit" scharte, jene Zeitschrift, die ohne eigene redaktionelle Arbeit Ausschnitte aus Zeitungen und Zeitschriften des In- und Auslandes, die in unserem Sinne nazigegnerisch gedeutet werden konnten, veröffentlichte. Auch diese Organisation, die die Bezieher der Zeitschrift „Blick in die Zeit" darstellten, wurde von der Gestapo erkannt, überwacht und schließlich aufgelöst, indem man die Zeitschrift verbot. Wie sich bei späteren Vernehmungen durch die Gestapo in der Prinz-Albrecht-Straße zeigte, war die Gestapo genau darüber informiert, daß die Bezieher von „Blick in die Zeit" Sozialdemokraten waren, und daß die Zusteller dieser Zeitschrift nicht nur die Zeitschrift zustellten, sondern auch andere Nachrichten überbrachten.

Gern erinnern wir uns auch der illegalen Großveranstaltungen, die im großen Saal der „Neuen Welt" stattfanden und wo der Gesangverein Fichte-Georgina die künstlerische Umrahmung bot. Der Kartenvertrieb hierzu wurde durch unsere Parteigenossen vorgenommen. Die Gestapo beobachtete die Veranstaltungen zwar und wußte, wie sich auch bei einer späteren Vernehmung in der Prinz-Albrecht-Straße ergab, über die Teilnahme bekannter Genossen ziemlich Bescheid. Immerhin gelang es einige Dutzend Male, mehrere tausend Genossen im großen Saal der „Neuen Welt" zusammenzuführen, bis die Gestapo weitere Konzerte dieser Art verbot.«

In Berlin-Köpenick gab es mehrere Gruppen. Verschiedene ihrer Mitglieder lebten in Fangschleuse untergetaucht. Im August 1943 wurde das Ehepaar Hotze verhaftet, Frau Hotze starb in Ravensbrück. Eine dieser Gruppen schickte getarnte Antikriegsschriften an die Front. Einem Gestapospitzel gelang der Einbruch, und eine Reihe von Verhaftungen erfolgten im Dezember 1943. Es kam jedoch nicht mehr zum Prozeß. Einer der besten dieser Gruppe war Herbert Klein, der im Januar 1944 zur Waffen-SS eingezogen wurde und dessen Tod seiner Familie im Januar 1945 gemeldet wurde.

Die „Aktion Riemenschneider" begann im Winter 1944 (Bericht als Privatdruck liegt vor). Sie versandte Flugblätter an die „militanten oder mit

Amtsgewalt ausgestatteten Kräfte, also: Wehrmacht, Schutzpolizei und Beamtenschaft". Diese sollten, da sie als Verbündete nicht zu gewinnen waren, wenigstens in Indifferenz gehalten werden, um so dem kämpfenden Faschismus verlorenzugehen. Um die politischen Gefangenen vor einem schrecklichen Ende bei Kriegsschluß zu bewahren, wurde das Mittel der Gegendrohung angewandt. Flugblätter gingen in fast alle Städte des Elbe-Oder-Gebiets an die Schutzpolizeien und Amtsstellen, ebenso in Groß-Berlin an Reichspost, Reichsbahn und viele Pfarrer. Die Gruppe bestand aus rund 8 Mitgliedern, unter denen sich drei Frauen befanden. Die Leitung hatte Alfons G., Berlin. Die Gruppe ging sehr systematisch vor. Da sie erst spät begann, litt ihre Arbeit unter dem entstehenden Chaos. Ein Gestapoeingriff wird nicht berichtet.

Heinz Kapelle war bereits 1934 beim Vertrieb antifaschistischer Zeitungen überrascht worden. Man warf ihn für zwei Jahre ins Gefängnis (nach Hermlin, „Die erste Reihe", Berlin 1950, S. 55f.). Er nahm sofort nach seiner Entlassung aus der Haft die illegale Arbeit wieder auf. Der Kampf gegen Hitler konnte nicht nur die Sache einer bestimmten Weltanschauung oder Partei sein: Heinz Kapelle schmiedete in kurzer Zeit eine illegale Organisation von etwa sechzig Jungen und Mädchen, unter denen es junge Sozialdemokraten, Katholiken, Jungkommunisten gab. Sie versuchten den Krieg zu verhindern, solange noch Frieden war; sie versuchten ihn abzukürzen, den Krieg, als Hitler ihn über die Grenzen getragen hatte. Das Flugblatt, das Heinz Kapelle im Herbst 1939 geschrieben und verteilt hatte rief:

„Berliner Jugend! Wehre dich und empöre dich! Setzt den Kriegstreibern überall den schärfsten Widerstand entgegen! Berliner Mädels, auf euch kommt es an. Weigert euch, Munition herzustellen! Je schneller ihr handelt, desto kürzer ist der Krieg. Denkt an unsere zwei Millionen toten Väter und Brüder des Weltkrieges! Es darf niemals wieder soweit kommen! Nur der Sturz Hitlers und seiner Kriegstreiberbande bringt den Frieden!"

Nach seiner Verhaftung setzten „verschärfte Vernehmungen" ein.

Der folgende „Schnellbrief" der Gestapo, IV/II A 4, läßt Schreckliches erraten.

„Schnellbrief IV/II A 4

Die erneuten verschärften Vernehmungen des Kapelle und Ziegler waren ohne jedes Ergebnis.

Nach Ansicht der bearbeitenden Dienststelle der Staatspolizeileitstelle Berlin würden auch weitere verschärfte Vernehmungen des Kapelle erfolglos bleiben, weil er tatsächlich nichts mehr weiß.

Ziegler hält anscheinend mit der Aussage zurück, um seine Ehefrau, mit der er in guter Ehe gelebt hat, zu schonen. Diese selbst wird zweifelsohne nichts sagen, da sie Fanatikerin ihrer politischen Überzeugung ist. Zudem ist auch die Anwendung der härteren Vernehmungsmethode ihr gegenüber nicht durchzuführen.

Die Durchführung weiterer härterer Vernehmungsmaßnahmen erscheint nicht angebracht.

Da die Ermittlungen als abgeschlossen anzusehen sind, beabsichtigt die Staatspolizeileitstelle Berlin, die festgenommenen Personen dem Vernehmungsrichter zwecks Erlaß von Haftbefehlen zuzuführen. Eine Sonderbehandlung des Kapelle und Ziegler ist nicht zweckdienlich, da sich der Gesamtkomplex in dieser Weise nicht trennen läßt.

Reichsführer SS und Chef der Deutschen Polizei

mit der Bitte um Entscheidung vorgelegt.

Ich schlage die Abgabe des Gesamtvorganges an die Justiz vor. Mit der Stellung der erforderlichen Rücküberführungs-Anträge, um gegebenenfalls nach Strafverbüßung über die beschuldigten Personen Schutzhaft zu verhängen, ist die Staatspolizeileitstelle Berlin zu beauftragen.

Nach Ansicht der Staatspolizeileitstelle Berlin sind Kapelle und Ziegler unter keinen Umständen zu einem umfassenden Geständnis zu bewegen, so daß auf eine Feststellung des „Fritz" und des anderen Unbekannten mit ihrer Hilfe nicht zu rechnen ist.

Reichsführer SS und Chef der Deutschen Polizei

mit der Bitte um Entscheidung vorgelegt.

Ich schlage Exekution des Kapelle und Ziegler und längere Inschutzhaftnahme des Gr. und D. vor.

gez.: Her./Ju.«

Der Bericht über das Schicksal von Heinz Kapelle fährt fort:

»Kein Mittel hat Heinz zum Verräter werden lassen. Ein junger Häftling, der ihn in Plötzensee einmal sprechen konnte, hat später bewundernd von ihm berichtet. „Was ich getan habe, weiß ich", sagte ihm Heinz, „was mich erwartet, weiß ich. Wofür ich es getan habe, weiß ich auch. Wer einmal auf dem Weg ist, den wir gehen, für den gibt es kein Zurück mehr." „Als ich wieder in meiner Einzelzelle war", schrieb der junge Zeuge später, „mußte ich noch lange an ihn denken, ich weiß nicht, warum. Vier Schritte lang, drei Schritte breit, ein eisernes Klappbett, ein kleiner Tisch, ein Hocker und ein kleiner Spind: es war dieselbe Zelle, und doch war sie anders. So ungewiß die Zukunft auch war, so sehr die militärischen Ereignisse des Jahres 1940 auf mir lasteten, einen Atemzug hatte ich doch getan. An der Person, an der frischen Klarheit dieses jungen, dem Tode geweihten Hochverräters hatte ich mich aufgerichtet."«

Im Treibstoffwerk Lützkendorf, in dem bis zu 8000 Arbeiter beschäftigt waren, gelang es 1940 der „Mitteldeutschen Arbeitergruppe", Fuß zu fassen. Die seit Jahren vorhandenen Vertrauensmänner wurden durch Dreiersystem in eine geschlossene Organisation gebracht. Es gelang der Gestapo nie, trotz immer wiederkehrender Verhaftungswellen, das Organisationsnetz zu zerschlagen. Im Februar 1943 wurde in vielen Exemplaren das Kampfprogramm der Mitteldeutschen Arbeitergruppe im Werk verbreitet (wie verschiedene Berichte, die abschriftlich vorliegen, mitteilen). Während furchtbarer Bombenangriffe auf das Riesenwerk, das als einziges in Deutschland Flugmotorenöl herstellte, fand am 12. Dezember 1944 in einer Angriffspause unbemerkt in der Montagewerkstatt eine illegale Konferenz von 60 leitenden Köpfen der Mitteldeutschen Arbeitergruppe statt. Die illegale Gruppe des Werkes übernahm den Sicherheitsdienst und schleuste die auswärtigen Konferenzteilnehmer zum Tagungsort. Die Konferenz wurde vom Vorarbeiter Otto organisiert. Mit gefälschten Passierscheinen, fingierten Firmenpapieren, mit eingesammelten Werksausweisen wurden die Teilnehmer durch SS und Betriebspolizei geschleust. In einem verschiedentlich abgedruckten Bericht heißt es (an den Hauptausschuß ODF, Berlin):

»Der Leiter der Antifaschistischen Mitteldeutschen Arbeitergruppe, Robert B., ein Mühlenarbeiter in Halle, später Chefredakteur der Magdeburger „Volksstimme", wurde als technischer Ingenieur einer Baufirma durch die Werkswache geschleust. Im blauen Monteuranzug, eine große Rolle Zeichnungen unter dem Arm, besichtigte er zuerst mit einem Werkmeister und einigen Monteuren das ganze Werk. Andere Genossen fuhren mit Lastautos ein und wurden von Pförtner und Betriebspolizisten an Ort und Stelle geleitet. Diese Männer übernahmen auch die bewaffnete Sicherung des Tagungslokals. Sie wurden verstärkt durch zwei polnische Arbeiterkolonnen, die in der Nähe unter Aufsicht von zwei Angehörigen der Gruppe arbeiteten.

In der Mittagspause wurde die Tagung eröffnet. Robert B., im Werk den Dreiergruppen nur unter dem Decknamen Bob bekannt, ergriff das Wort.

In ihren blauen Monteuranzügen, im Maurerkittel, in schwarzen Jacken und mit Gummikragen, beschmiert und verrußt, die Kaffeeflasche vor sich, das in Zeitungspapier gewickelte Frühstücksbrot in der Hand, saßen die Genossen auf groben Holzbänken vor den als Tische aufgeblockten Planken. Mit aufs äußerste gespannten Sinnen, jederzeit bereit, eine harmlose Baubudenbelegschaft in der Mittagspause zu spielen, lauschten sie den klaren Worten. In völliger Ruhe und Gelassenheit wurde die Tagesordnung abgewickelt.

Die Vertrauensleute der italienischen Arbeiter, Remo Bonfante und Ugo Garmachani, beide aus der Provinz Varese, der Holländer Balster aus Arnheim, Polen und Franzosen schlugen vor, die bestehenden illegalen Arbeiterkomitees ihrer Nationen einzubeziehen. Dem wurde stattgegeben und genaue Richtlinien der Zusammenarbeit festgelegt. Für jede Nation wurde ein deutscher Vertrauensmann als Verbindungsglied eingesetzt. Nach anderthalbstündiger Dauer fand die Konferenz ihr Ende.

Die erste große Versammlung der Mitteldeutschen Arbeitergruppe hatte unter den Augen der Gestapo und SS in einem der größten Werke Mitteldeutschlands stattgefunden.«

Nach einem von der Berliner VVN veröffentlichten Bericht hat eine Leipziger Druckerei allein 96000 illegale Flugblätter und nahezu 70000 Zeitungen hergestellt. Die Gestapo Berlin rechnete, daß von den beiden Arbeiterparteien monatlich etwa 40000 illegale Schriften in Berlin hergestellt wurden. Wir zitieren aus dem Bericht:

»In Hannover verhaftete man 1934 ein Komitee für proletarische Einheit, das sich aus Mitgliedern der SPD, SAP und KPD zusammensetzte. Sie gaben eine im Abzugsverfahren hergestellte Zeitung „Der Klassenkampf" heraus. Zwei Jahre später wurde in Hannover wieder eine Organisation aufgerollt. Diesmal nannte sie sich die „Sozialistische Front". Sie setzte sich ebenfalls aus den früheren Mitgliedern der Arbeiterparteien, des Reichsbanners und der Freidenker zusammen. 283 Personen verhaftete damals die Gestapo. Die Sozialistische Front hatte ebenfalls ein eigenes Organ, das etwa alle Monate in ca. 1500 Exemplaren erschien.«

Besonders aktiv war das weitverbreitete Gruppennetz des „Internationalen Transportarbeiter-Verbandes". Ferner muß die „Sopade", Sozialistische Partei Deutschlands, hier genannt werden, die ein Netz von Grenzsekretariaten aufbaute. Diese Verbindungsstellen zwischen den Untergrundkämpfern in Deutschland und dem Ausland existierten in der Tschechoslowakei, Schweiz, Frankreich, Belgien, Holland und Dänemark. Sie versorgten ihre Genossen mit Geld, Vervielfältigungs- oder Druckmaschinen, Informationen, Flugblattmaterial und halfen den Familien von Gefangenen. Sie schmuggelten gefährdete Personen aus Deutschland, politische Kämpfer, Juden und ihre Angehörigen. Bis zur Zeit des Münchner Abkommens hielt die „Sopade" einen äußerst wirksamen Nachrichtendienst aufrecht. Die „Grünen Berichte", deren Nachrichten auf diesen heimlichen Wegen aus Deutschland kamen, stellten ein beachtliches Faktum für die Weltpresse dar und gewannen so eine ungeheure Verbreitung. Nach dem Münchner Abkommen verlegte die „Sopade" ihre Zentrale nach Paris, und nach der Nazibesetzung von Frankreich wurde ihre Arbeit in großem Ausmaße behindert.

Der Internationale Transportarbeiter-Verband übernahm einige Aufgaben der „Sopade", so besonders die Veröffentlichungen der „Grünen Berichte". Auch die Organisation „Neubeginnen" übernahm die Aufgaben der „Sopade", ferner der „Internationale Sozialistische Kampfbund" (ISK).

Emil Henk gibt in seinem Buch „Die Tragödie des 20. Juli“ (Heidelberg 1946, S. 49ff.) einen Überblick über den Aufbau der — vorwiegend sozialdemokratischen — Organisation des Widerstandes im Bereiche Hessens. Es sei daraus, mit einigen Auslassungen, zitiert:

»Das mit am besten organisierte Gebiet war der Bereich zwischen Kassel und Heidelberg. Wie sah es in diesem Bereich kurz vor dem 20. Juli aus?

Die Zentrale saß in Frankfurt. Sie wurde von dem früheren hessischen Staatsrat Schwamb geleitet. Er gehörte zum Kreisauer Kreis und arbeitete besonders eng mit Leber zusammen. Schwamb war ein ernster, entschlossener und stiller Mann. Er war Sozialist und ausgesprochen religiös. Seine Tätigkeit war so unauffällig, daß Leuschner ihn zu den schwierigsten Aufgaben heranzog. Er führte Verhandlungen mit den Wehrkreiskommandeuren im Auftrag der Berliner Zentrale; er hat die wichtigsten Männer in seinem Bereich herangezogen, vor allem . . . Steffan und . . . Prof. Bergsträsser. Schwamb setzte zum Leiter der nordhessischen Illegalität den heutigen Bezirkssekretär der Frankfurter Gewerkschaften, Richter, ein. Für den Bereich Frankfurt-Heidelberg wurde Steffan bestimmt. Steffan war 8 Jahre im KZ als früherer SPD-Abgeordneter, und er ging nach seiner Entlassung sofort in die Illegalität — allerdings durch Mißhandlungen fast erblindet.

Steffan übergab in den wichtigsten Großstädten die Leitung erfahrenen Politikern. In Frankfurt lag sie in den Händen von Kriminalrat Fries, der sich seinen Stab von Mitarbeitern schuf. Der greise Noske gehörte dazu . . . In Wiesbaden leitete die Widerstandsbewegung der frühere Polizeidirektor Marschmeier, ebenfalls ein Sozialist. In Mainz unterstand die Illegalität Alfred Freytag, einem Sozialisten, der mit einer katholischen Gruppe unter Führung des jetzigen Oberstaatsanwalts Dr. Doller zusammenarbeitete . . . Von Mainz aus wurden gleichzeitig Vorbereitungen zum Eisenbahnerstreik getroffen. Die führenden Eisenbahner-Gewerkschaftler Kalujek und A. Böswetter, dazu einige Reichsbahninspektoren hatten alle Vorbereitungen getroffen und den Streik organisatorisch vorbereitet . . .

Über Kalujek sollte der Generalstreik ausgerufen werden . . . In Darmstadt organisierte der derzeitige Innenminister Heinrich Zinnkann die Widerstandsgruppe. In Offenbach lag die Leitung in den Händen von Männern, die früher ebenfalls bereits illegal — in der Gruppe Stoffers — gearbeitet hatten. Es waren die Gewerkschaftler Wittmann und Weber.

So sah es in den größeren Städten dieses Gebietes aus . . . In den mittleren und kleineren Städten saßen überall kleinere Gruppen von Vertrauensleuten . . .«

Walter Hammer, der durch seine Forschungstätigkeit über zahllose Einzelheiten aus dem Widerstandskampf gegen Hitler orientiert ist und der insbesondere über die Geschichte des Zuchthauses Brandenburg viel Material gesammelt hat, gibt nachstehend einen ergänzenden und überblikkenden Bericht:

»Außerordentlich viele Opfer kamen auf Rechnung freier, nicht parteigebundener Sozialisten, Einzelgänger, die man heute zur heimatlosen Linken zählt. Hinzu kommen noch radikaldemokratische Bürgerliche, vorzugsweise Intellektuelle. Nennen wir: Mitglieder der Liga für Menschenrechte und der Deutschen Friedensgesellschaft, Freidenker, Quäker, Naturfreunde, Arbeiterabstinenten, dazu Oppositionelle, Sezessionisten der beiden großen Arbeiterparteien: KPO und SAP. Ferner: Reichsbanner und Rote Hilfe, Arbeiter-Sport- und Arbeiter-Turnverbände, Sozialistische und Republikanische Studentenverbände, Hillers Revolutionäre Pazifisten, die Leserkreise der „Weltbühne", Volksbühnenmitglieder, Gewerkschaftler usw.

Beispielloser Terror zerschlug im Verlauf von zwei oder drei Jahren die alten Massenparteien. Die KPD schonte ihre Leute nicht und brachte immer wieder große Opfer; die erste und zweite Garnitur ging verloren, auch die dritte und vierte. Nur allmählich formierte sich eine locker gefügte neue Abwehrfront um die Repräsentanten zahlreicher kleiner Gruppen. Wenn es gelungen wäre, sie alle zusammenzufassen und alle Oppositionellen aus ihrer Vereinzelung zu erlösen, auch die Phantasie schlichter Menschen dürfte hinreichen, sich auszumalen, was jeder Tag der Verkürzung von Krieg und Tyrannei uns erspart hätte an Gut und Blut.

Nicht rühmend genug kann der vielen „unbekannten Soldaten" in der inneren Hitler-Abwehr gedacht werden, die zu erwähnen dicke Bände füllen würde.

In seinem „Totenwald" hat Ernst Wiechert immer wieder jene schlichten Menschen in Dankbarkeit genannt, die ihm in seiner Not ratend und helfend beisprangen. Es waren für ihn nichts als Menschen, einfache Arbeiter und Handwerker: „Vater Kilb", Josef Biesel und Hans Becker.

Die erste Frau, die im Hitler-Reich unterm Fallbeil sterben mußte, war am 20. Juli 1938 die aus der Naturfreundeorganisation hervorgegangene junge Akademikerin Liselotte Hermann in Stuttgart, die nicht einmal der Umstand rettete, daß sie eben erst einem Kind das Leben geschenkt hatte.

Der führende Kopf der überparteilichen Gruppe „Roter Kämpfer", Dr. Alexander Schwab, ein bedeutender Politiker und Wirtschaftler, hochangesehen in der Fachwelt, wurde von Zuchthaus zu Zuchthaus geschickt, von Luckau nach Sonnenburg und von da nach Zwickau, wo er schließlich starb.

Max Sievers, der Vorsitzende des Freidenkerverbandes, wurde in Brandenburg hingerichtet, nachdem er von Belgien aus mit seinem Wochenblatt „Freies Deutschland" starken Einfluß auf sozialistische Kreise im In- und Ausland hatte ausüben können.

Ganze Familien wurden ausgerottet, sowohl Kommunisten als auch Sozialdemokraten, Freie Sozialisten und Gewerkschaftler. Zehn Angehörige der Familie Schlotterbeck wurden Ende 1944 hingerichtet.

Vier Mitglieder der Familie Hinz-Stein, verschwägert und verschwistert, starben im August 1944 den Henkerstod in Plötzensee und Brandenburg. Arbeiterehepaare wurden vielfach hingerichtet: die Kommunisten Garske und Frau wie auch die Sozialdemokraten Klaus und Else Westermann in Fuhlsbüttel, Adolf und Käthe Seitz aus Heidelberg in Mannheim.

Die zahlenmäßig nicht starke ISK-Organisation, die in der Hitler-Abwehr Hervorragendes geleistet hatte, mußte verhältnismäßig große Opfer bringen, von denen namentlich die Physiker Dr. Fritz Dönch, Berlin, und Dr. Julius Philippson, Hamburg, nicht unerwähnt bleiben dürfen.

Gegen die zahlenmäßig eigentlich nur in Sachsen ins Gewicht gefallene SAP wurden eine Anzahl Massenprozesse mit drakonisch harten Strafen durchgeführt. Einer der führenden Köpfe, Ernst Eckstein, wurde in der Haft zu Tode gefoltert, auch der Lehrer Günther Keil, Berlin, ist in der Haft gestorben. Kurt Stangel, Dresden, wurde hingerichtet, und Franz Bobzien, Hamburg, kam beim Bombensuchen um, wozu er vom KZ Sachsenhausen aus geschickt worden war.

Im September 1939 wurde Dr. Lothar Erdmann, der Sekretär im Vorstand des ADGB, im KZ Sachsenhausen erschlagen, als er sich Mißhandlungen eines SS-Mannes mit Hinweis darauf verbat, daß er im ersten Weltkrieg Offizier gewesen sei und daß zwei seiner Söhne im Hitler-Krieg als Offiziere im Felde stünden. Im gleichen Lager wurde auch der Vorsitzende des Lokomotivführer-Verbandes, Otto Scharfschwerdt, totgeschlagen, der sich schon bei der Abwehr des Kapp-Putsches sehr verdient gemacht hatte und aus dem Zuchthaus Brandenburg nach Sachsenhausen übergeführt worden war. Den Syndikus des Lokomotivführer-Verbandes, Rechtsanwalt Frank, Dortmund, hatte man im Mai 1933 in Berlin in den Freitod getrieben.

Von den Freien Gewerkschaften wurde in Braunschweig am 22. März 1935 von der SA ermordet: Matthias Theissen, Sekretär des Baugewerkschaftsbundes; ebenfalls ermordet wurden: Johann Schlosser vom Deutschen Metallarbeiterverband (am 2. Mai 1933 in Düsseldorf), Michael Rodenstock, Ortsleiter des Deutschen Verkehrsbundes (am 2. Mai 1933 in Duisburg), Julius Rossmann, Bezirkssekretär des Bergarbeiterverbandes (Selbstmord im Mai 1933 in Hamm), Ewald Vogt, Berlin, Betriebsrat des Walzwerkes Henningsdorf (am 2. September 1933 von der SA ermordet), Gewerkschaftssekretär Otto Schweitzer, Berlin (am 3. Dezember 1933 „Selbstmord" in der Gefängniszelle), Fritz Husemann, Bochum, der Gewerkschaftsführer und Reichstagsabgeordnete (siehe S. 224), der im KZ umgebracht wurde, und der Landtagsabgeordnete und Sekretär des Bergarbeiterverbandes, Karl Otter, Bochum, der Anfang 1934 ebenfalls in einem KZ ermordet wurde. Zu Tode gefoltert wurde im September 1934 wegen illegaler Gewerkschaftsarbeit deren Leiter Erich Krause, Düsseldorf. Im Januar 1936 ermordete die Gestapo den Bezirkssekretär des Deutschen Metallarbeiterverbandes, Artur Schille, Dresden, im Oktober 1936 auch Otto Brennecke, den Bezirkssekretär des ADGB. Erschossen wurde Anfang 1936 in einem KZ der Sekretär der Bäckergewerkschaft, Georg Peiper, Köln. Vom KZ Sachsenhausen aus wurde der verdiente Gewerkschaftler Lorenz Breunig nach vielen Jahren der Haft, verelendet und halb verhungert, in eine Gaskammer geschickt. Aber damit ist die Totenliste keineswegs erschöpft. Es wäre eine Ehrenpflicht der jetzigen Gewerkschaften, eine lückenlose Liste zusammenzustellen.[27]

Als politische Widersacher der Hitlertyrannei wurden auch die Freien Gewerkschaftler Ernst Schneppenhorst und Oswald Wiersich ums Leben gebracht. Ferner Gustav Milse und Rudolf Sauer. Wegen illegaler Arbeit im Betriebe ließen ferner ihr Leben: Heinrich Maas aus Frankfurt am Main, Johann Hauptmann, Magdeburg, und Adolf Brockmann, Bielefeld. Das sind nur wenige Namen; sie stehen für Hunderte von Gewerkschaftlern, die so oder so ihr Leben im Kampf gegen Hitler gelassen haben.

Etwa um das Jahr 1935 entwickelten die Arbeiterparteien wie auch die Gewerkschaften in ihrer illegalen Arbeit eine neue Taktik. Es bildeten sich Zellen, Fünfergruppen, die sich wie ein Netz über ganz Deutschland erstreckten, die aber nur unterirdisch arbeiten konnten, deshalb auch für Fernstehende unsichtbar blieben. Es wird von Experten jedoch geschätzt, daß derart mindestens 125 000 Arbeiter organisiert waren, das wären immerhin 3 Prozent der Mitglieder gewesen, über welche die Freien Gewerkschaften vor 1933 verfügt hatten. In den Widerstandsgruppen auf der Linken waren die Gewerkschaftler vorzugsweise vertreten.«

Eine der großen Persönlichkeiten der Widerstandsbewegung, die mit dem Leben davonkamen, ist Professor Ernst Niekisch, der Herausgeber der Zeitschrift „Widerstand“, der noch 1932 sein Buch „Hitler — ein deutsches Verhängnis“ veröffentlichte. Natürlich wurde er 1933 von der SA in einem Keller gefangengehalten, aus dem ihn einige Konservative befreiten. Auf einen Kreis von Offizieren hatte er einen starken Einfluß. 1934 zog er sich bereits eine heftige Attacke des „Angriffs“ zu. 1937 wurde er verhaftet und 1945, halb gelähmt und fast erblindet, befreit.

Aus einem Bericht seines damaligen Untersuchungsrichters Dr. W. H. geht hervor, daß Dr. Drexel, Nürnberg, Regierungsrat Tröger aus Breslau und Regierungsrat Merckenschlager außer Niekisch von der Gestapo verhaftet wurden, daß aber die Gestapo auch Otto Strasser, Ernst Jünger, Beppo Römer und Scheringer als beteiligt ansah. Es wurden 70 Personen verhaftet. Niekisch hatte seine früher erschienene Schrift „Widerstand“ verbreiten lassen und andere Schriften in heimliche Kanäle geleitet, so wurde ihm vorgeworfen.

Aus dem Bericht des Untersuchungsrichters, den er nach 1945 verfaßte (liegt abschriftlich mit einem Brief an Niekisch vor. D. Red.), sei folgendes zitiert:

»Ich beschäftige mich vornehmlich mit Tröger. Er, Jurist, eine wortgewandte und sportlich elastische Erscheinung, erzählt frei und ohne jede Scheu, wie er in Opposition zu Hitler gekommen ist. Er sieht in der Bevormundung des Bürgers durch den Staat, in der Unterdrückung des Rechtes der freien Meinungsäußerung, in den bewußten Falschmeldungen über die „spontane" Einigkeit der Deutschen gegenüber dem Auslande, die Gefahren des Hitlerstaates. Hitler werde einstmals daran zerbrechen, man müsse deshalb dem Volke die Augen beizeiten öffnen und auch dem Auslande gegenüber nichts verdecken. Er habe daher das Hitler so stark belastende Manuskript von Niekisch, das mit schonungsloser Härte die Schwächen der Diktatur und ihrer Männer aufzeigt, ins Ausland bringen wollen. An Versammlungen der einzelnen Gruppen habe er jedoch nur sehr selten teilgenommen.«

Die heimlichen Zusammenkünfte fanden in Nürnberg, Leipzig, München und Berlin statt. Es wurden keine Todesurteile verhängt, Niekisch erhielt jedoch eine lebenslängliche Zuchthausstrafe, auch seine beiden Mitangeklagten Dr. Drexel und Dr. Tröger wurden mit Zuchthaus bestraft. Aus dem Bericht des Untersuchungsrichters sei weiter zitiert:

»... Sie waren der Kern der ersten deutschen Widerstandsbewegung, was um so beachtlicher ist, als alle späteren Widerstandsbewegungen sich aus Menschen zusammensetzten, die schon schwere Enttäuschungen durch den Nationalsozialismus erfahren hatten. Das unterscheidet die Männer des Jahres 1937 wesentlich von den späteren Widerstandskämpfern, daß sie die Wahrheit schon erkannt hatten, als in Deutschland nur wenige den Mut gefunden hatten, ihre Meinung zu sagen und in die Tat umzusetzen. Die große Widerstandsbewegung um Goerdeler, um Witzleben und andere Männer war aus der persönlich erfahrenen Unzufriedenheit, aus der Aussichtslosigkeit des kriegerischen und politischen Geschehens entstanden, ohne daß damit das Verdienst dieser Männer geschmälert werden kann. Was aber Niekisch, Dr. Drexel, Tröger, Merckenschlager und ihre Anhänger schon damals gewagt haben, kann man nur ermessen, wenn man sich in das Jahr 1937 zurückversetzt, als Hitler weltpolitische Bedeutung errungen hatte. Was aber jene Männer von damals besonders auszeichnet, ist die Tatsache, daß sie mutvoll zu ihrer Ansicht gestanden haben und keinen Verräter unter sich gehabt haben.«

Dr. Drexel stammte aus Nürnberg und war Herausgeber eines vervielfältigten geheimen Informationsdienstes. Er erhielt 1939 vier Jahre Zuchthaus und kam danach anschließend in „Schutzhaft". Nach dem 20. Juli wurde er erneut verhaftet und blieb bis zu seiner Befreiung im KZ. Er schrieb während der Haft Gedichte. („De Profundis", München 1948.)

Zusammenfassend ist festzustellen, daß der Widerstand des Sozialismus die Gruppenarbeit auf der „unteren Linie" mit breiter Wirkung im Volke betrieb. Der Machtapparat war seinen Widerstandskämpfern nicht erreichbar. Jedenfalls war niemand in der Lage, auf den Knopf zu drücken, wie es die Männer des 20. Juli konnten. Der Putsch, der Staatsstreich, auch das Attentat schieden als Methoden aus.

Der Widerstand des Sozialismus bestand in der Aufklärung der Massen. Er wandte sich an die Vernunft. Sowohl Sozialdemokraten, Gewerkschaftler, SAP und die Arbeiterjugend als auch Kommunisten benutzten vorwiegend das Flugblatt, den gedruckten Aufruf. Es ist nicht bekannt, daß die Männer der „oberen Linie" die Methode des Flugblatts verwandt haben. Ihr Kampf ging um die allmähliche und planmäßige Eroberung des Machtapparates, ob Abwehr oder Generalstab, um dann durch Befehl — von oben her — die Lage zu verändern. Der Sozialismus versuchte — von unten her — durch Bewußtseinsbildung die Lage zu verändern.

Die außerordentlich anwachsende Zahl der Widerstandsgruppen während des Krieges und die Zunahme ihres Effektes beweisen, daß der Weg der sozialistischen Widerstandsarbeit auf die Dauer erfolgreich war. Die Organisationen erreichten im Krieg ihren Höhepunkt.

Zum Abschluß dieses Kapitels sei noch eine Reihe von Gruppenberichten zusammengetragen, die einen breiten Überblick über die Vielfältigkeit der Widerstandsarbeit in der Arbeiterschaft geben. Wieviel Heldenmut mag hinter den skizzenhaften Berichten stehen. Diese Berichte gehören zusammen, weil sie oft stark persönlich gefärbten Briefen oder gefühlsbetonten Mitteilungen entstammen. Eine Gewähr für absolute Richtigkeit mag nicht immer gegeben sein, da die Nachforschungen heute allzusehr erschwert sind.

Die Berichte sind deshalb verschieden zu werten. Es handelt sich größtenteils um handgeschriebene oder getippte Erlebnisberichte, die teils an die ODF-Ausschüsse, teils an Ricarda Huch, teils an den Herausgeber gesandt wurden. Sie werden hier lediglich der Vollständigkeit halber wiedergegeben. Die spätere Forschung findet hier ein umfangreiches Material vor.

In einem Bericht von Ewald Behrendt heißt es:

»Ende 1936 ging unsere Gruppe in Karlsruhe, Heilbronn und Freiburg (Breisgau) hoch, und es fand ein Prozeß gegen unsere Freunde statt, wobei 22 Kameraden Zuchthausstrafen über 10 Jahre und etwa 40 unter 10 Jahren bekamen. Dabei waren auch drei Schweizer Arbeiter, die mit uns gemeinsam arbeiteten. Wir knüpften wieder Verbindungen mit den restlichen Kameraden im Reich an, und es gelang uns, in verschiedenen Städten wieder aktiv illegal arbeitende Gruppen zu schaffen.«

Diese Gruppe hat etwa 400 Deutsche im Jahr 1936 über die schweizerische Grenze gebracht.

Behrendt hatte schon nach 1933 in Spandau eine mehrwöchige Haft und Mißhandlungen durch die SA erlebt und war aus der Haft entflohen. Danach arbeitete er wieder illegal in Spandau, ging dann aber ins Ausland. Bei Kriegsausbruch wurde er jedoch in Frankreich interniert und 1942 nach Deutschland gebracht. Nach neunmonatiger Haft wurde er in Berlin wegen Lähmungserscheinungen entlassen. In Spandau beteiligte er sich wieder an der illegalen Arbeit, bis Berlin erobert wurde. —

Auch in Teplitz-Schönau existierte (nach Erlebnisberichten) eine Gruppe, die aus Sozialdemokraten bestand, sich jedoch später infolge von Einberufungen auflöste. —

Eine Widerstandsgruppe befand sich in der Prenzlauer Allee, Berlin. Diese Gruppe hielt ständig Kontakt mit Fremdarbeitern und Juden. Ihr gehörten auch zwei französische, zwei italienische und ein belgischer Kriegsgefangener an. Ein Bericht des Sozialdemokraten Georg S., der als Jude gleichfalls zur Gruppe zählte, teilt ferner mit, daß seine sämtlichen Angehörigen von der Gestapo abgeholt und ermordet wurden. Drei Mitglieder der Gruppe starben in der Haft. —

Eine Widerstandsorganisation muß 1945 in Stettin zerschlagen worden sein. In einem (abschriftlich vorhandenen) Brief der Staatspolizeileitstele Stettin findet sich folgende Mitteilung:

»Bei den von hier in dieser Sache zu führenden Ermittlungen und Vernehmungen haben folgende festgenommenen und vorgeführten Personen der Aufklärung des Falles durch wissentlich falsche Angaben, hartnäckiges Leugnen und Verschweigen bekannter Tatsachen erhebliche Schwierigkeiten bereitet.

Es handelt sich um: 1. Werner K., 2. Willi L., 3. Eugen W., 4. Frau Erika B., 5. Frau Ilse P. und 6. Frau Amalie K.

Nachdem alle Belehrungen und Ermahnungen erfolglos blieben, wurde eine verschärfte Vernehmung angeordnet. K., W. und L. erhielten mehrfach Stockhiebe, während die Frauen B., P. und K. Ohrfeigen erhielten.«

In Reinickendorf-Ost bestand eine Gruppe von 15 Männern in der Provinzstraße. Ebenso muß in der Kolonnenstraße in Berlin N eine Gruppe von 10 bis 15 Mann existiert haben. Diese Gruppen hielten sich bis 1934.

Eine Spandauer Gruppe von 60 Mann bestand bis Juli 1935, die antifaschistische Losungen mit Ölfarbe an Wände schrieb und in einer Laube in Boxfelde Flugblätter herstellte, die in den Häusern verteilt oder an die Hausmauern geklebt wurden. —

In Stuttgart befand sich nach Berichten im Jahre 1936 eine illegale Organisation von rund 300 Mitgliedern, die die illegale Zeitung „Tribunal“ verbreitete, und zwar hauptsächlich in Berlin, München, Nürnberg und Karlsruhe. —

In Hamburg stützte sich im Jahre 1934 eine kommunistische Organisation auf rund 1000 Mitglieder; sie brachte die illegale „Hamburger Volkszeitung" zweimal in einer Auflage von je 1200 Exemplaren heraus. —

Auch die „Rote Hilfe" zählte rund 2000 Mitglieder, die monatlich die illegale Zeitung „Die Solidarität" in einer Auflage von 600 bis 1000 Stück verbreitete. Sie kümmerte sich um die Verfolgten und um die Familien der Inhaftierten, besorgte illegale Quartiere und ermöglichte Verfolgten die Flucht ins Ausland oder in andere Bezirke. So brachte die „Rote Hilfe" in einem Jahr etwa 55—60 politisch Verfolgte ins Ausland. Im Sommer 1934 setzte eine Gestapo-Offensive ein, bei der fast alle Ortsgruppenleitungen verhaftet wurden. Trotzdem zählte die Organisation im Oktober 1934 noch etwa 500 Mitglieder. —

Auch in Kiel bestand eine illegale Parteiorganisation, die wöchentlich eine hektographierte Zeitung, „Die Arbeiterwelt", in einer Auflage von 600 bis 1000 Stück verbreitete. —

In Berlin-Weißensee arbeitete die Gruppe K., die Aufrufe in einer Auflage von 10000 bis 50000 Exemplaren herstellte, unter anderem einen Aufruf an Arbeiter, Bauern, Soldaten und Handwerker, einen Aufruf an Männer und Frauen Berlins und einen Aufruf an die deutsche Polizei. Im Dezember 1943 fanden Verhaftungen durch Verrat statt. Es kam jedoch nicht mehr zu einer Verhandlung. Einige Flugblätter sind erhalten geblieben. —

1934 wurde eine Arbeitergruppe in Berlin-Haselhorst aufgelöst, die 200—300 Zeitungen regelmäßig vertrieb, ferner Flugblätter und Postsendungen. Daneben gab es in Haselhorst noch andere Gruppen, so die „Allgemeine Arbeiter Union". Bei der Auflösung der Gruppe durch die Gestapo wurden zahlreiche Angeklagte vor Gericht gestellt. —

Eine Widerstandsgruppe befand sich in der Wörther Straße im Berliner Norden, die hauptsächlich in der Gegend der Prenzlauer Alle und der Dunckerstraße arbeitete. Diese Gruppe, die sich zum größten Teil aus Sozialdemokraten zusammensetzte, verbreitete vorwiegend schweizerische Zeitungen. Außerdem wurden Flugblätter an ausländische Arbeiter verteilt. —

In Berlin-Reinickendorf gab eine Gruppe zunächst illegale Flugschriften und dann die Zeitung „Der rote Stern" heraus. Die Berliner Gruppe K. E. in der Nierenburgstraße verbreitete Flugblätter und Handzettel, auf denen sie ständig zum Widerstand gegen das Hitlerregime aufrief.

Eine andere Berliner Gruppe, K., versuchte, enge Verbindungen mit Gruppen im Ruhrgebiet herzustellen. R. in Duisburg und Helmut F. in Düsseldorf versuchten 1942, mit ihr zusammen eine größere Organisation in Duisburg aufzubauen. —

Die Gruppe Otto K. in Berlin N, Ackerstraße, hatte Kurierverbindung mit dem Ausland und stand wiederum in Verbindung mit tschechischen und französischen Gruppen. Ihre Arbeit galt hauptsächlich den Betrieben und den alten gewerkschaftlichen Arbeitern. Die Gruppe legte vor allem Nachdruck darauf, die Arbeiter darüber aufzuklären, daß die angekurbelte Produktion in erster Linie Rüstungsproduktion und ein Krieg unvermeidlich sei. Damit war die Arbeit der Gruppe K. zugleich Antikriegspropaganda. —

Eine weitere Gruppe bestand in Hermsdorf, deren Leiter Neutert 1944 in Plötzensee hingerichtet wurde. Auch diese illegale Gruppe war umfangreich. —

Für die illegale Arbeit in den Betrieben ist die Gruppe der Lorenz-AG. typisch. Ihr Leiter war der Betriebsingenieur B. Nach der Verlagerung des Betriebs nach Rengersdorf in Schlesien hielten die Antifaschisten einen großen Teil der Schlüsselstellungen in der Hand. Sie ließen z. B. 60 Einberufungsbefehle verschwinden, hörten gemeinsam die Auslandssender und unterstützten die ausländischen Arbeiter. Mitglieder der Gruppe waren, außer B., verschiedene Werkmeister, Techniker und Mechaniker. Es gab zahlreiche Verwarnungen, Vorladungen vor die Gestapo, Vernehmungen. Aber ein entscheidender Schlag konnte von der Gestapo nicht geführt werden. Die Mitglieder der illegalen Betriebsgruppe waren Vertreter aller Parteien. —

In der Hausdruckerei des Reichswehrministeriums hatten sich verschiedene kleine Gruppen zu je drei bis vier Personen gebildet, die sich meistens in Köpenick bei K. trafen. Hier wurden Flugblätter hergestellt. Drei der Mitglieder wurden zu je drei Jahren Zuchthaus verurteilt. Die Antikriegsparolen wurden an Mauern und Zäunen angeklebt, wie aus der Anklageschrift des Volksgerichtshofes hervorgeht. Interessant ist, daß ihr auch der bekannte Kunstmaler Otto Nagel angehörte. —

Die „I.A.H.", die in Hamburg weiterarbeitete, brachte eine hektographierte Zeitung, „Der Mahnruf", in einer Auflage von 600 Stück heraus. In Kiel bestand 1934 noch eine illegale Organisation von etwa 1000 Mitgliedern. — Flugblätter, die in der Hauptsache an Spandauer Soldaten verteilt wurden, wurden von einer Kaulsdorfer Gruppe, in der sich Hans R., Hugo H. und andere betätigten, hergestellt. Die Gruppe wurde 1942 von der Gestapo verhaftet, der dabei durch einen unglücklichen Zufall sehr viel Widerstandsmaterial in die Hände fiel. Die Hauptangeklagten wurden zu langjährigen Zuchthausstrafen verurteilt. —

Eine Widerstandsgruppe, die in der Lausitz, Sorau, Forst und Sommerfeld arbeitete, zählte bis zum Tage ihrer Auflösung durch die Gestapo im Oktober 1935 rund 300 Mann. Es bestand ein reger Verkehr von Grenzgängern in die Tschechoslowakei. Der ehemalige Bürgermeister von Spandau, S., leitete die Zentrale. Die Gruppe besaß Waffen. Max G., S. und andere wurden zu langjährigen Zuchthausstrafen verurteilt. —

Auch von einer Widerstandsgruppe auf dem Dampfer „Leesee" wird berichtet, von deren Mitgliedern viele dem Internationalen Gesamtverband der Seeleute und Hafenarbeiter angehörten. Es ist bekannt, daß auch auf anderen Dampfern sich ähnliche Zellen gebildet hatten, ja, auf vielen deutschen Schiffen bestanden illegale Gruppen. Die Zelle an Bord des Dampfers „Leesee" fand im August 1935 durch Verhaftungen ein Ende. — Der Lehrer W. E. aus Plauen organisierte den „Daumen", Bund der Deutschen. Der „Daumen" stellte Flugblätter her und verbreitete sie zuerst an wenige Nichtnazis, später über ganz Deutschland. Er begann 1942 zu arbeiten und pflegte besonders die Freundschaft und die Unterstützung Kriegsgefangener. Bei seiner Aktivität war der Pazifismus das Grundmotiv (siehe Anhang, S. 378f. D. Red.).

Neben Gruppen, die aufschossen und vergingen, und anderen, die ein langes Leben zeigten und ihre Aktivität immer mehr vergrößerten, gibt es zahlreiche Gruppen, über die nur unvollständige Nachrichten vorliegen. Darum sei die obige Auswahl nur ein Beweis für die breite Gruppenarbeit der Arbeiterschaft. Es liegt noch außerordentlich viel Material vor, das nicht verwendet werden konnte, da die Nachforschungen zu schwierig waren. —

Es gab frühe und späte Gruppen, solche, die in den ersten Jahren arbeiteten, und solche, die erst im Krieg entstanden.

Der Erlebnisbericht einer jungen Frau (liegt abschriftlich vor. D. Red.) beschließe dieses Kapitel.

Die 25jährige Eva Lippold leistete bereits 1933 in einer Gruppe illegale Arbeit, wurde 1934 verhaftet und kam 1935 ins Zuchthaus Jauer, wo sie im „politischen Saal" mit 120 verurteilten Frauen dahinvegetierte. Sie berichtet über die Arbeit ihrer Gruppe:

»In meiner Heimatstadt Magdeburg bestand eine Widerstandsgruppe bis zum Jahre 1936. Wöchentlich wenigstens dreimal erschien regelmäßig die Zeitung „Tribüne". Das hört sich so einfach an. Aber wenn man bedenkt, unter welchen Verhältnissen wir lebten, dann wird man begreifen, daß das e ungeheure, sehr viel persönlichen Mut erfordernde Leistung war, die außerdem der Mithilfe unzähliger Kleinarbeiter bedurfte. Da mußten Abzugsapparate beschafft werden, da war Farbe erforderlich. Man brauchte Papier in großen Mengen, Schreibmaschinen und Wohnungen, in denen abgezogen und geschrieben werden konnte, ohne daß jemand etwas merkte. Abziehen, Klammern, Verteilen, alles geschah heimlich, in der Nacht, in ständiger Angst vor Entdeckung. Da wurden Anlaufstellen benötigt, um den Kurierdienst bis in die kleinste Bezirksstelle und die Außenbezirke aufrechterhalten zu können. Jeder Beteiligte mußte todsicher und zuverlässig sein. Die ewigen Treffs auf der Straße, alles illegal, unter fremden Namen, die auf ein Stichwort oder auf das Vorzeigen eines durchgerissenen Stück Papiers hin klappen mußten.

Wer es nicht miterlebt hat, macht sich keinen Begriff von den fast unübersteigbaren Schwierigkeiten, die eine solche illegale Tätigkeit unter den Augen der deutschen Gestapo mit sich brachte. So erschien unsere Zeitung drei Jahre lang. So verbreiteten wir Flugblätter, Broschüren und Handzettel. So reisten wir als Kuriere, mit fremden Papieren versehen, durch ganz Deutschland. Immer die Koffer voll gefährlichen Materials, das oftmals in Doppelböden versteckt war, um zwischen den einzelnen Bezirken und Städten ausgetauscht zu werden. Diese Arbeit ging aber nicht etwa glatt und unbehelligt vor sich. Vom ersten Tag an setzten die Verhaftungen ein, störten und unterbrachen immer und immer wieder den glatten Verlauf jeglicher Arbeit. Die Löcher wurden zugestopft mit neuen Menschen, die mutig und opferbereit genug dazu waren. Jahrelang, immer war es ein dauerndes Kommen und Gehen und Neuaufbauen. Die Aktivität war so groß, daß die Quelle fast unerschöpfbar erschien, bis im Jahre 1936 eine neue große Verhaftungswelle fast die ganze Organisation lahmlegte. Die Verurteilten aus den Jahren 1933 waren noch nicht wieder da oder wanderten anschließend ins KZ. Die neuen Urteile, meist von dem Volksgericht ausgesprochen, lauteten durchschnittlich auf 8 bis 10 Jahre. Ein Entsetzen ging durch das ganze Land, denn wie in Magdeburg, so war es auch im übrigen Deutschland.

Vor uns stand die bange Frage: Was nun? Wir sahen ein, so durften wir nicht weiterarbeiten, wenn wir nicht in Kürze bis auf die Wurzel ausgerottet werden wollten. Die Gestapo war raffinierter geworden. Also umstellen, die Gegenpropaganda anders aufziehen. Nach und nach kamen einige der zuerst Verurteilten wieder nach Hause. Um diese gruppierten sich in Kürze diejenigen, die bis jetzt noch den Nachstellungen der Gestapo entgangen waren. Sie waren jetzt klüger, wendiger in ihren Methoden geworden, hatten im Zuchthaus etwas gelernt, gingen nicht mehr gerade los auf das Ziel, wie ihre Natur ihnen das gebot, sondern hintenherum, beweglich und kühn. Nur so konnten sie der Gestapo entgehen und sich für die gemeinsame Aufgabe erhalten.«

Als die tapfere Eva Lippold ihre neunjährige und furchtbare Zuchthaushaft überlebt hatte und entlassen wurde, hatte sich die Welt verändert. Der Krieg hatte seinen Höhepunkt erreicht. Sie kehrte zu ihrer alten Gruppe zurück, die noch bestand. Sie beteiligte sich bald wieder an der illegalen Arbeit. Es galt, eine ausgedehnte Organisation zu schaffen. Sendeapparate waren hergestellt worden und in einem ausgetrockneten Brunnen versteckt. Sie wurde wieder verhaftet und schließlich bei Kriegsende von den Alliierten aus dem Gestapokeller befreit, eine junge Frau, die elf Jahre ihres Lebens dem Kampf gegen Hitler opferte. —

Die Ausführungen über den Widerstand der Arbeiterschaft seien mit den menschlich großen Worten des tschechischen Widerstandsmannes Julius Fucik beschlossen, der im September 1943 in Plötzensee erhängt wurde: »Jeder, der treu für die Zukunft gelebt hat und für sie gefallen ist, ist eine in Stein gehauene Gestalt . . .

Um eines bitte ich, ihr, die ihr diese Zeit überlebt, vergeßt nicht. Vergeßt die Guten nicht und nicht die Schlechten. Sammelt geduldig die Zeugnisse über die Gefallenen. Eines Tages wird das Heute Vergangenheit sein, wird man von der großen Zeit und von den namenlosen Helden sprechen, die Geschichte gemacht haben. Ich möchte, daß man weiß: daß es keine namenlosen Helden gegeben hat, daß es Menschen waren, die ihren Namen, ihr Gesicht, ihre Sehnsucht und ihre Hoffnungen hatten, und daß deshalb der Schmerz auch des letzten unter ihnen nicht kleiner war als der Schmerz des ersten, dessen Name erhalten bleibt. Ich möchte, daß sie euch alle immer nahe bleiben, wie Bekannte, wie Verwandte, wie ihr selbst. Ja, ich möchte, daß man jene nicht vergesse, die treu und standhaft gekämpft haben, draußen und hier, und die gefallen sind. Aber ich möchte auch, daß die Lebenden nicht vergessen werden, die uns nicht weniger treu und nicht weniger standhaft unter den schwersten Bedingungen geholfen haben. Nicht zu ihrem Ruhm. Aber als Beispiel für andere. Denn die Menschenpflicht endet nicht mit diesem Kampf, und ein Mensch zu sein, wird auch weiterhin ein heldenhaftes Herz erfordern, solange die Menschen nicht ganz Menschen sind.«

(Julius Fucik: „Reportage unter dem Strang geschrieben", Berlin 1947.)

Die Wahrheit über die „Rote Kapelle"

Da die Schulze-Boysen-Harnack-Gruppe in der Nachkriegszeit Gegenstand heftiger Diskussionen war, sei ihr Bericht ausführlicher gehalten.

Über die Schulze-Boysen-Harnack-Gruppe, eine der bedeutendsten und aktivsten Widerstandsgruppen, ist inzwischen so vielerlei geschrieben worden, so viele agitatorisch verfärbte „Tatsachen"-Berichte sind in den Zeitschriften in übler und verkitschter Romanform veröffentlicht worden, daß die Wahrheit nahezu verschüttet wurde.

Bei einer streng sachlichen Darstellung ist eine Zweiteilung der Gruppe festzustellen, die auch die Gestapo beobachtet hat.

Der „Abschlußbericht" der Gestapo (liegt abschriftlich vor. D. Red.) berichtet von zwei Berliner Gruppen. Nachdem er lange die hochverräterische Gruppe behandelt hat, folgt abschließend der Satz auf S. 72: „Aufschluß über die hochverräterische Organisation gibt die nachfolgende

Organisationsskizze der Hochverratsgruppe Berlin." Dann folgt ein Kapitel über die Landesverratsgruppe Berlin. Abschließend steht der Satz auf S. 77: „Aufschluß über die landesverräterischen Verbindungen gibt die nachfolgende Organisationsskizze der Landesverratsgruppe Berlin."

Bei der Vernichtung fanden 118 Verhaftungen statt. Damit war sowohl der „innere Kreis", der sich mit dem Widerstand gegen das NS-Regime im Lande befaßte („Hochverratsgruppe") und dessen 42 Vertreter wegen Hochverrats angeklagt wurden, zerschlagen, als auch der „äußere Kreis", der Funk-Kontakt mit dem Ausland hatte („Landesverratsgruppe") und von dem vier Mitglieder eine Anklage wegen Landesverrats erhielten. Die anderen erhielten verschiedene Anklagen.

Es ist eine Tatsache, daß die meisten Mitglieder des „inneren Kreises" nicht einmal etwas von der Existenz des „äußeren Kreises" ahnten. Es ist eine weitere Tatsache, daß der „innere Kreis" der weitaus ältere war, da er sich bereits 1936 bildete, während der „äußere Kreis" etwa 1940 seine Arbeit begann. Er setzte sich nur zum Teil aus bisherigen Mitgliedern zusamen, die damals von Schulze-Boysen einzeln und ohne Wissen der anderen für ihre neuen Aufgaben herangezogen wurden. Während die Flugblattarbeit etwa 1941 aufhörte, begann der „äußere Kreis" die Senderarbeit.

Am 30. August 1942 begannen die Verhaftungen in Berlin. Es fanden insgesamt 118 Verhaftungen statt. 22 Verhaftete wurden wieder freigelassen. Es wurden vier Sendegeräte und zwei Abziehapparate beschlagnahmt. Nach schwersten Vernehmungen und Folterungen durch die Gestapo in der Prinz-Albrecht-Straße folgte der Prozeß mit 75 Angeklagten vor dem Reichskriegsgericht in Berlin.

Aus dem „Abschlußbericht" der Gestapo sei folgende Feststellung wiedergegeben, die jedoch mit großer Vorsicht aufzufassen ist, wie alle Feststellungen der Gestapo in diesem Prozeß. (Nahezu alle Dokumente der Gestapo lassen die Tendenz erkennen, zerschlagene Gruppen als möglichst gefährlich darzustellen, um die Verdienste der Aufspürer ins Licht zu rücken und die Belastung der Angeklagten zu verstärken. Nach dem Abschluß des Prozesses wurden demgemäß fast alle beteiligten Kommissare zu Kriminalräten ernannt. Der leitende Regierungsrat Panzinger wurde Regierungsdirektor.)

„Bemerkenswert ist die Tatsache, daß sich unter den Festgenommenen über 20 % Berufssoldaten, Beamte und Staatsangestellte, 21 % Künstler, Schriftsteller und Journalisten befinden, während andererseits nur 13 % Arbeiter und Handwerker festgenommen wurden. Von der Gesamtzahl der Festgenommenen sind 26 Personen, d. h. 29 %, Akademiker und Studenten . . ."

Aber sicher ist, daß die Schulze-Boysen-Harnack-Gruppe sich weltanschaulich aus verschiedenen Lagern zusammensetzte, von Konservativen bis zu den Kommunisten. Diese Tatsache wird zumeist entsprechend der „Gestapo-Überlieferung" geleugnet, denn es gehörte zu den NS-Praktiken, jede Regung der Opposition als „Bolschewismus" in Verruf zu bringen. Wer ernstlich für den Frieden eintrat, demokratische Grundsätze äußerte oder auch nur seine gewerkschaftlichen Interessen wahrzunehmen versuchte, wurde als „bolschewistischer Wühler" angeprangert und ins KZ gesteckt. Das „Schwarze Korps" genierte sich nicht, den deutschen Katholizismus eine „Abart des Bolschewismus" und „Rom eine Filiale von Moskau" zu nennen.

In der Urteilsbegründung des Reichskriegsgerichts gegen Arvid Harnack und Harro Schulze-Boysen, die beiden Leiter der Widerstandsorganisation, heißt es:

»Der Oberregierungsrat Dr. Harnack und der Oberleutnant Schulze-Boysen hatten es verstanden, in Berlin eine Schar von Personen aus den verschiedensten Gesellschaftskreisen um sich zu sammeln, die aus ihrer staatsfeindlichen Einstellung kein Hehl machten. Diese Personen waren z. T. früher Mitglieder der alten KPD, zum anderen Teil neigten sie eigenen sozialistischen Gedankengängen zu. Ihre Einstellung gegenüber dem nationalsozialistischen Staat war negativ; einige von ihnen waren noch immer fanatische Anhänger des Kommunismus. Sie führten ihre Diskussionen, wobei marxistische und leninistische Literatur besprochen wurde, zunächst in kleinen Zirkeln, in die sie vorwiegend jugendliche Menschen der verschiedensten Gesellschaftsschichten hineinzuziehen verstanden. Sie verfaßten Aufsätze und Berichte, die zur Schulung im kleinen Kreis dienten; darüber hinaus verfaßten und verbreiteten sie Hetzschriften kommunistischen Inhalts, in denen sie die Staatsregierung in der niedrigsten Weise angriffen und schmähten. Mit Beginn des russischen Feldzuges (22. Juni 1941) setzten sie ihre Tätigkeit in verstärktem Maße fort. Mit ihrer Propaganda suchten sie insbesondere die Künstler, Wissenschaftler, die Polizei und die Wehrmacht zu gewinnen. Mit ihren zahlreichen Hetzschriften und Broschüren vertreten sie immer wieder den Gedanken, daß nur das Zusammengehen mit dem Bolschewismus die Eigenstaatlichkeit des Reiches retten könne. Als im Frühjahr 1942 in Berlin die Ausstellung „Das Sowjetparadies" veranstaltet wurde, führte Schulze-Boysen eine Gegenpropaganda durch, wobei Hunderte von Zetteln mit der von ihm verfaßten Aufschrift: „Ständige Ausstellung des Naziparadieses / Krieg, Hunger, Lüge, Gestapo / Wie lange noch?" in den Straßen Berlins, an Schaufenstern, Hauswänden und Plakatsäulen angeklebt wurden.«

Es muß hinzugefügt werden, daß damals in einer Nacht die Illegalen in Berlin eine Klebeaktion durchführten, die von Offizieren mit gezogener Pistole gedeckt wurde.

Die Schulze-Boysen-Harnack-Gruppe setzte sich zusammen aus Menschen, deren gesellschaftliche Herkunft und deren Weltanschauung stark auseinandergingen. Es verband sie der Abscheu gegen das NS-Regime, gegen den Krieg und gegen die Knechtschaft. Die Organisation Schulze-Boysens hatte sich 1939 mit der Gruppe Harnacks, die bis dahin selbständig bestand, zusammengeschlossen. Die Organisation setzte sich aus den verschiedensten Gruppen zusammen.

In einem Bericht („Widerstand im 3. Reich", Berlin 1947) wird über die Arbeit der Gruppe folgendes gesagt:

»Kennzeichnend für den Weitblick der Gruppe war ihr Bemühen, die ausländischen Arbeiter in ihren Kampf einzubeziehen. Diese Frauen und Männer, die meist unfreiwillig, oft von der Straße weg nach Deutschland deportiert worden waren, sehnten sich natürlich danach, in ihre Heimat zu ihrer Familie zurückzukehren. Diese Sehnsucht konnte nur in Erfüllung gehen, wenn der Krieg beendet, das Hitlerreich beseitigt war. Ihr Widerstandsgeist mußte verbunden werden mit dem der deutschen Widerstandskämpfer. Diese Zwangsarbeiter hatten oftmals unter den Schikanen der Betriebsführer und leider oftmals auch der deutschen Kollegen zu leiden. Sie lebten unter menschenunwürdigen Bedingungen. Es war nur natürlich, daß sich ihr Haß gegen alles, was deutsch war, richtete. Ihnen zu zeigen, daß es auch deutsche Widerstandskämpfer gab, die, wie sie, den Faschismus haßten, ist eine weitere Aufgabe, die sich die Widerstandsgruppe Schulze-Boysen-Harnack gestellt hatte. So traten sie nicht nur mit Flugblättern und der vielsprachigen Zeitung „Die innere Front" propagandistisch an die Fremdarbeiter heran, sondern versuchten, sie zur engsten Zusammenarbeit zu gewinnen. Gewiß, die Organisierung der „Legionen", wie sie genannt werden sollten, blieb durch die Verhaftungen in den Anfängen stecken. Aber es bestanden feste Verbindungen zu einzelnen ausländischen Arbeitern, die an Besprechungen teilnahmen und Artikel für die Zeitung schrieben. Treffpunkt war oft das Ausländerlokal „Bärenschenke" in Berlin, Friedrichstraße. Besonders gute Verbindungen bestanden zu französischen und polnischen Arbeitern.

Um möglichst viele Menschen zu überzeugen und ihnen zu zeigen, daß es den Nationalsozialisten nicht gelungen war, alle Deutschen willenlos und widerstandslos gefügig zu machen, bedienten sie sich der Methode, illegale Druckschriften herauszugeben. Flugblätter der verschiedensten Art, die sich an alle Berufsschichten wandten, wurden von fast allen Gruppen hergestellt und verteilt. Ein Teil dieser Flugblätter, die mit „Agis" unterschrieben wurden, wurden daher auch „Agis-Schriften" genannt. Diese Flugblätter wurden in den Verkehrsmitteln, in Telefonzellen usw. liegengelassen. Eine andere systematische Art der Vertreibung von Flugblättern war die Versendung in frankierten Umschlägen. Die Anschriften, meist aus dem Telefonbuch dem Beruf nach ausgewählt, schrieben sie auf einer Maschine. Die Flugblätter wurden auf Vervielfältigungsmaschinen hergestellt.

Um der Gestapo nicht die Möglichkeit zu geben, an Hand der Fingerabdrücke die Hersteller und Verteiler der Schriften aufzuspüren, arbeiteten sie stets mit Handschuhen.

Nach Ausbruch des Krieges mit der Sowjetunion im Juni 1941 und im anfänglichen Vormarsch der deutschen Armee machte es sich notwendig, eine grundlegende Schrift herauszugeben, die die Kräfteverhältnisse und Reserven beider Fronten der deutschen Öffentlichkeit klar aufzeigte. Es gab viele Menschen, die in das voreilige Siegesgeschrei der Nazis mit einstimmten oder zumindest daran glaubten. Aus diesem Grunde verfaßte John Sieg eine wirtschaftspolitische Schrift, die „21 Seiten" genannt wurde und eine militärische Einschätzung der Zukunft gab. In dieser Schrift wurde der Beweis erbracht, daß der Krieg für Deutschland mit einer Niederlage enden müsse.

Folgende Schriften sind zum Teil als „Agis-Schriften" erschienen:

„Das Werden der Nazibewegung" — „Was bedeutet Stimmenmehrheit?" — „Wie es zum Kriege kommen mußte" — „Warum der Krieg verloren ist" — „Aufruf zum Widerstand" — „Das Leben Napoleons" — „Aufruf zum Widerstand aller Berufe und Organisationen gegen die Regierung" — „Entlarvendes Gutachten der norddeutschen Industrie über die zum Kriege führenden Verhältnisse" — „Die wirtschaftliche Entwicklung im nationalsozialistischen Stadium des Monopolkapitalismus" — „Clausewitz" — „Freiheit und Gewalt" — „Aufruf an die Arbeiter der Stirn und der Faust, nicht gegen Rußland zu kämpfen" — „Brief des Polizeihauptmanns Deuken an seinen Sohn". —

Außerdem wurden Reden von Thomas Mann, Wiechert, Wurm, Churchill, Stalin, Roosevelt u. a. gedruckt und verteilt.

Diese Flugblätter, noch so oft vervielfältigt, reichten natürlich nicht aus, die Ideen der Widerstandsgruppe im gewünschten Maße an möglichst breite Kreise heranzubringen. Aus diesem Grunde und um eine größere Regelmäßigkeit zu gewährleisten, schuf sich die Gruppe das Organ „Die innere Front", das sich hauptsächlich an die deutschen und ausländischen Arbeiter sowie an die Soldaten und Polizisten wandte. Diese Zeitschrift wurde wöchentlich, meist aber 14tägig, herausgegeben. Sie erschien in deutscher, französischer, italienischer, russischer, tschechischer und polnischer Sprache. „Die innere Front" war im wahrsten Sinne des Wortes das Sprachrohr der gesamten Widerstandsgruppe Schulze-Boysen-Harnack. An ihrer Herstellung und Verbreitung waren die meisten Zirkel der Widerstandsgruppe beteiligt. Die große Wirkung dieser Zeitschrift kann man noch daran erkennen, daß sie bei allen Verhandlungen und in den

Prozessen selbst eine große Rolle gespielt hat. Immer wieder wird von der „Hetzschrift" in den Anklageakten und Urteilsbegründungen gesprochen.

Bis 1939 hatte Harro Schulze-Boysen eine Zeitschrift „Der Vortrupp" herausgegeben.

Otto Grabowski und John Sieg hatten ferner einen Apparat konstruiert, der Parolen auf die Straße druckte, wenn man ihn als Koffer verkleidet hinstellte. Diese Arbeit wurde bei Dunkelheit regelmäßig durchgeführt.«

In der Zeitschrift der B. V. N. „Das freie Wort" (15. März 1952) findet sich in einem Artikel „Widerstand oder Landesverrat" folgender Satz: »Wäre die später — ebenfalls unter dem Kennwort „Rote Kapelle" — durchgeführte Gerichtsverhandlung so gehandhabt worden, daß man alle Verhafteten gleichzeitig in einer großen Verhandlung in einem gemeinsamen Saal anwesend gehabt hätte, dann würde sich rasch herausgestellt haben, daß man hier zwei Gruppen von Menschen hatte, deren Delikte miteinander nichts Gemeinsames hatten.« (Siehe Abschlußbericht S. 204.)

Die Zersplitterung in zahlreiche Einzelverhandlungen ermöglichte eine bessere Geheimhaltung und ermöglichte — Legendenbildungen, maßlos aufgebauschte Gerüchte. Später bemühten sich ehemalige Nationalsozialisten, die verschiedensten ausländischen Gruppen mit dem Namen „Rote Kapelle" zu versehen, so daß man einen politischen Monsterbegriff schuf, der mit dem „äußeren Kreis" Schulze-Boysens und Harnacks nur wenig noch zu tun hatte.

In einer Sitzung vom 16. Mai 1952 haben sich dem „Mitteilungsblatt des deutschen Journalistenverbandes e. V." (Neuwied, Nr. 6, 1952) zufolge Vorstand und Beirat der Berufsvereinigung Hamburger Journalisten anläßlich einer Broschüre, die der ehemalige Staatsanwalt Dr. Roeder verfaßte, mit dem Fragenkomplex befaßt. In dem Bericht über die Sitzung heißt es über Roeder: »Seinen sehr genauen Formulierungen in einer Broschüre, die sich mit der sogenannten „Roten Kapelle" befaßt, ist zu entnehmen, daß dieses Wort lediglich für den Hausgebrauch der NS-Abwehr geschaffen und später zu einer Schau-Prozeß-Überschrift für die Schandjustiz der Freisler und Roeder mißbraucht worden ist.«

Was die Gestapo unter dem Namen „Rote Kapelle" verstand, war ein zusammengefaßtes Sammelsurium der verschiedensten Spionageaktionen sowjetischer Provenienz.

In einer sachlichen Würdigung der Theorien Harnacks schrieb Professor Dr. Friedrich Lenz 1946 im „Aufbau":

»Während seiner Haft hat Arvid Harnack eine Theorie der Planwirtschaft niederzuschreiben die Kraft besessen; würde dieses Manuskript wiedergefunden, so besäßen wir ein wissenschaftliches Fundament seiner praktisch-organisatorischen Lebensarbeit. Daß er es schrieb und daneben Friedrich List las, zeigt seinen bereits angedeuteten Standpunkt: Er war ein politischer Ökonom, dem die ökonomische Politik aus ihren theoretischen Voraussetzungen folgte. Diese Voraussetzungen fand er im Dasein der großen Mächte, der „Nationalkörper", wie List sie nennt, so daß Geschichte und Struktur der Staatengesellschaft ihm den Schlüssel zum Verstehen auch der Gegenwart gaben.

Dies etwa ist die allgemeine theoretische Grundlage, auf der Arvid Harnack aufbaute und von der aus er zum Postulat einer geplanten Wirtschaft gelangte:

Das Dogma vom internationalen Weltfreihandel und vom innerpolitischen „laissez faire" erweist sich als zeit- und ortsgebunden und die Wirtschaftspolitik als eine Funktion der vorwaltenden Klassenstruktur oder Interessenschichtung. Indem das Spiel der kapitalistischen Produktionsverhältnisse die bürgerliche Gesellschaft über sich hinaustreibt, streift diese im modernen Imperialismus die Formen des einfachen Warenaustausches ab und erreicht die Stufe des Finanzkapitals und der Kapitalausfuhr. Zugleich verwandelt sich die nachklassische Weltfreihandelsgesellschaft in die Gesellschaft des „militanten Kapitalismus", wobei etwa die sogenannte „Geopolitik" als Ideologie des „verhinderten deutschen Imperialismus" auftrat. Die Weltkrisis von 1930 hat die Brüchigkeit aller normalen Ordnungsgedanken anschaubar gemacht. Das Prinzip der Totalplanung in einer ausbeutungsfreien Wirtschaft, wie es im ersten russischen Fünfjahresplan zutage tritt, verdient um so mehr ein sorgfältiges Studium. Deutschlands Mittlerrolle zwischen West und Ost verbietet gewiß die sklavische Übernahme fremder Ordnungsgedanken. Aber jede positive Auseinandersetzung mit der im Bolschewismus erneuerten Großmacht des Ostens ist grundsätzlich fruchtbar und überdies für ein gesundes und damit nach Osten wie Westen wieder unabhängiges Deutschland nicht zu entbehren. Überdies entspricht das Prinzip der staatlichen Wirtschaftsplanung gewissen überlieferten Eigentümlichkeiten unserer deutschen Wirtschaftspolitik, einschließlich des schon von Bismarck gelegentlich postulierten „Staatssozialismus". Deshalb ist Deutschlands Selbstbehauptung zwischen der Totalplanung im Leninismus-Stalinismus einerseits und dem von Hoover präludierten und durch Roosevelt geschaffenen „New Deal" andererseits nur zu erreichen durch eine den Besonderheiten unserer Lage gemäße Wirtschaftsplanung.

Auf dieser Grundlage bewegten sich seine politisch-ökonomischen Diskussionen. Wir wollen hoffen, daß sein planwirtschaftliches Manuskript noch aufgefunden wird; es wäre nicht allein sein literarisches Testament, sondern darüber hinaus ein sachliches Programm für das Land, dem er sein Leben dargebracht hat.

Nach Westen hat Arvid Harnack ausdrücklich die Aufnahme enger Beziehungen zu den Vereinigten Staaten als Aufgabe aller deutschen Amerikakenner bezeichnet. Hierin traf er sich mit einem hervorragenden Kenner der diplomatischen Weltverhältnisse, dem 1945 hingerichteten Legationsrat Dr. Adam von Trott, der wie Harnack Deutschlands Aufgabe darin sah, „das Realprinzip des Ostens mit dem Personalprinzip des Westens zu vereinigen". Arvid wie Mildred hofften, durch ihre persönlichen Beziehungen am Bau der geistigen Brücke zwischen Deutschland und den Vereinigten Staaten zu helfen, wobei sie insbesondere an die Mithilfe der Intellektuellen und der organisierten Arbeiterschaft dachten.

Arvid Harnack verband die geistige Fähigkeit, eine gegebene Weltlage von Grund aus zu analysieren, mit ungewöhnlich hoher Tatkraft und organisatorischer Begabung. Sein vorzeitiger Tod hat das deutsche Volk eines Mannes beraubt, dessen Bedeutung über seine Gegenwart hinausreicht.«

Ein Verwandter von Arvid Harnack und seiner Frau Mildred, der Tübinger Bibliothekar Axel von Harnack, teilt in einem Bericht mit (liegt abschriftlich vor; vgl. „Die Gegenwart", 31. Januar 1947, Nr. 26/27, S. 15ff.):

»Mein Vetter Arvid Harnack, Sohn des jüngsten Bruders meines Vaters, des Literarhistorikers Otto Harnack, war ein hochbegabter, vielseitig vorgebildeter Beamter, ein scharfsinniger, grüblerischer Kopf, geübt im Debattieren und stets geneigt dazu. Eine gewisse Härte war kennzeichnend für ihn: er verfügte neben ihr aber auch über das Mittel der Ironie und verschmähte seine Anwendung schwächeren Gegnern gegenüber im Redekampf nicht. Er besaß starken Ehrgeiz und ein Selbstbewußtsein, das auf anerkannten Leistungen beruhte. Er hatte längere Zeit als Student in den Vereinigten Staaten gelebt, aber auch Rußland bereist, und nahm führend an einer Gesellschaft Anteil, die sich das Studium dieses Landes zur Aufgabe gemacht hatte. Seine Interessen waren vielseitig, und ich wußte, daß er umfassende und gründliche Studien, namentlich über den Sozialismus und das russische Regierungssystem, gemacht hatte. Obwohl unsere Arbeitsplätze Unter den Linden einander gegenüberlagen, sahen wir uns nur selten; ich wußte, daß er innerhalb eines mir fremden, geistig sehr regsamen Kreises mit seiner Gattin für sich lebte ...

Dabei ist zu berücksichtigen, daß für Frau Mildred Harnack das Einleben besonders schwierig war; kam sie doch aus einem fremden Lande in ihr völlig unbekannte Verhältnisse. Sie war eine Persönlichkeit, die sich schon aus äußeren Gründen jedem einprägte. Ein strahlendes, klares Auge blickte einen an, reiches blondes, schlicht gescheiteltes Haar umrahmte ihre Züge. Ihr gewinnendes, freundliches Wesen mußte für sie einnehmen. Wer sie knapp charakterisieren wollte, hätte sie eine edle Erscheinung nennen müssen. Ihrem aufrechten Charakter entsprach ihre äußere Haltung, ihre betont schmucklose Kleidung und die gesamte Lebensführung. Ihr Beruf erfüllte sie ganz — Kinder waren ihr leider versagt —, und an ihrem Gatten hing sie mit warmer Anhänglichkeit, ja, sie verehrte ihn tief. Sie setzte festes Vertrauen in seine Klugheit und berufliche wie wissenschaftliche Tüchtigkeit; sie lebte völlig in ihm. In reiferen Jahren hatte sie, die schon in ihrer Heimat ihr Studium mit Auszeichnung beendet hatte, in Deutschland die Doktorwürde erworben, um sich voll für ihren Beruf zu legitimieren. Ihre zahlreichen Schüler schätzten sie hoch; es verging keine Woche, in der nicht bei mir Anfragen einliefen, wann endlich ihre Kurse wieder anfingen. Sie war als Übersetzerin moderner amerikanischer Literatur eifrig tätig und geschätzt. Durch ihre Ehe und Übersiedlung nach Deutschland war sie zur berufenen kulturellen Mittlerin zwischen beiden Völkern geworden. Die deutsche Sprache beherrschte sie schriftlich fast vollkommen; im mündlichen Ausdruck hat sie, die mit ihrem Gatten meist nur Englisch sprach, stets eine leichte, aber sehr anziehende Unbeholfenheit behalten ...

Über die letzten Lebensstunden hat der Gefängnispfarrer uns in einem ergreifenden Gespräch berichtet ... Arvid Harnack wünschte den „Prolog im Himmel" aus dem Faust zu hören, und so hat ihm der Pfarrer die Verse vorgesprochen: „Die Sonne tönt in alter Weise ..."

Das letzte Buch, das er von mir erhalten und in die Todeszelle mitgenommen hat, war Platons „Verteidigung des Sokrates" in Schleiermachers Übersetzung. Er hatte darum gebeten; im Buchhandel war das Werk nicht zu beschaffen, und so ließ ich ihm mein Exemplar zukommen. Es ist ein schöner Gedanke, daß ein unsterbliches Werk der griechischen Philosophie, verdeutscht von einem geistesmächtigen protestantischen Theologen, den sich zum Tode Rüstenden begleitet hat ...

Einen letzten, wertvollen Dienst hat Arvid Harnack der Familie im Angesicht des Todes geleistet. Er ließ mir die Mitteilung zukommen, daß er bei zahlreichen Verhören intensiv nach seinen Beziehungen zu meinem Bruder Ernst gefragt worden ist, und riet ihm, sofort ins Ausland zu gehen, wenn auch nur das Geringste gegen ihn vorliege. Diese sehr ernste Nachricht gab ich sogleich weiter. Da mein Bruder in keiner Weise mit dem Prozeß Arvid Harnack in Verbindung stand, befolgte er die Warnung nicht. Zwei Jahre später — im Zusammenhang mit den Ereignissen des 20. Juli 1944 — erreichte ihn das gleiche Schicksal wie seinen Vetter und seine Kusine.

Die Angehörigen durften Frau Mildred Harnack für gerettet halten. Ihre Überführung in ein Zuchthaus schien bevorzustehen; wir bemühten uns, mit den dort die Fürsorge ausübenden Beamtinnen Fühlung zu nehmen und ihnen die Gefangene zu empfehlen. Da wurde bekannt, daß das Zuchthausurteil von der höchsten Stelle als einziges von allen eingesandten nicht bestätigt worden sei, daß vielmehr das Verfahren noch einmal durchgeführt werden solle. Der Sinn dieses Befehls war auch dem Verteidiger zunächst nicht klar; jedenfalls hatte er einen solchen Fall noch nicht erlebt. Wieder setzten Erkundungen ein. Voll düsterer Vorahnungen entschloß ich mich, den schon erwähnten, als Staatsanwalt fungierenden Oberstkriegsgerichtsrat Roeder aufzusuchen, der sein Büro im Reichsluftfahrtministerium hatte. Nie wieder habe ich von einem Manne so ausgesprochen den Eindruck der Brutalität empfangen. Es war ein Mensch, der eine Atmosphäre von Furcht um sich verbreitete. Er empfing mich in Gegenwart eines mittleren Beamten bereits sehr ungehalten . . . „Ich warne die Familie Harnack dringend, irgend etwas zugunsten dieser Frau zu unternehmen! Sie haben sich so einzurichten, als ob diese Frau nicht das Geringste mit Ihnen zu tun hat! Sie gehört nicht mehr zu Ihrer Familie!" So schrie mich der Kriegsgerichtsrat an und ließ mir durch seine folgende Erläuterung keinen Zweifel, daß jede weitere Intervention die unmittelbare Gefährdung mindestens der Freiheit mehrerer Familienmitglieder zur Folge haben würde. Herr Roeder wußte warum. Denn ein furchtbarer Rechtsbruch war bereits im Gange. Die Weisung aus dem Führerhauptquartier hatte zur Folge, daß das gleiche Gericht den Prozeß noch einmal aufnahm und, ohne daß neue Tatsachen oder Zeugenaussagen vorlagen oder neue Beweise erhoben wurden, in einer zweiten, kurzen Verhandlung zu einem Todesurteil gelangte. Dies erhielt sogleich seine Bestätigung . . .«

Über Mildred Harnacks letzte Stunden mit Pfarrer Poelchau wird von einem Verwandten berichtet:

»Pfarrer Poelchau besuchte Mildred sogleich, nachdem das Reichssicherheitshauptamt die Vollstreckung des Todesurteils angeordnet hatte. Mildred war tapfer und bei klarem Bewußtsein, doch hatte sie schon fühlbar mit der äußeren Welt abgeschlossen. Einen festen Wall hatte Mildred um sich gezogen, um nicht schmerzempfindlich zu werden. Aus diesem Grunde schaltete sie alle gefühlsbetonten Dinge, wie eigenes Erleben, Verwandtschaft, bewußt aus. Nur das Bild der Mutter änderte für kurze Augenblicke die Haltung. Es war eine innige, stumme Zwiesprache, und erlösende Tränen traten in die Augen. Sie küßte das Bild wieder und wieder. Doch war sie dann ruhig.

Die Fülle und Schönheit der Natur sah Mildred zusammengefaßt in der Form, der Farbe und dem Geschmack einer Apfelsine, die sie immer wieder bewundernd von allen Seiten betrachtete . . .

Durch die lange Haft war Mildred geschwächt, doch die alte Energie lebte. Sie lag viel, trank hin und wieder Kaffee. Die Apfelsine tat ihr gut . . .

Mildred ging frei zum Exekutionsraum, an beiden Seiten von Wärtern begleitet. Fast anderthalb Stunden währte der Besuch des Pfarrers. Mildred äußerte, als ihr die Stunde der Hinrichtung mitgeteilt wurde:
„Und ich habe Deutschland so geliebt."«

Über Schulze-Boysens Entwicklung mögen einige Zitate aus Briefen Auskunft geben, die seine starke Begabung und seine klare Vorausschau verraten:

„Das Merkmal des gläubigen Menschen ist der furchtlose Einsatz. Sein Wesenszeichen ist die genetische Bewegtheit, das schöpferische Vertrauen zu den tragenden Mächten: ist die Fähigkeit zur Vision. Dem gläubigen Menschen kann nichts mehr geschehen. Er ist geborgen im Leben wie im Tod."

Schon am 15. September 1933 schreibt er im Alter von 24 Jahren:

„Ich habe das zwar unbestimmte, aber sichere Gefühl, daß wir — à la longue — einer europäischen Katastrophe von Riesenausmaßen entgegengehen."

Und am 11. Oktober 1938 schreibt er seinen Eltern:

„Ich sage jetzt für 1940/41 spätestens, vermutlich aber schon kommendes Frühjahr den Weltkrieg mit anschließendem Klassenkrieg in Europa voraus. Und ich behaupte fest, daß Österreich und die Tschechoslowakei die beiden ersten Schlachten des neuen Krieges gewesen sind."

Und als 10 Monate später der Krieg ausbricht, notiert er am 11. September 1939:

„Dieser Krieg wird das alte Europa mitsamt seiner bisherigen Zivilisation unter sich begraben, und danach wird, wenn die Luft sich verzogen hat, die Atmosphäre reiner sein. Unser eigenes Leben scheint mir dabei nicht so wichtig zu sein. Vivere non est necesse. Im übrigen, so schlage ich vor, wollen wir alle zeigen, daß wir wohlgeratene Menschen sind."

Der in den USA lebende Schriftsteller K. O. Paetel schrieb in den „Nürnberger Nachrichten" am 19. Juli 1952:

»Diese antihitlerische Widerstandsgruppe, der das Volksgericht unter dieser Bezeichnung den Prozeß gemacht hatte, ist seit einiger Zeit durch denunziatorische Veröffentlichungen des öfteren in der deutschen Öffentlichkeit bekannt geworden. Eine spätere objektive Geschichtsschreibung wird über die Interna der Zirkel um Schulze-Boysen und Arvid Harnack ihr Urteil fällen. Überlebende Angehörige der Gruppe haben die summarische Kennzeichnung der „Roten Kapelle" als „Spionage-Organisation" bereits zurückgewiesen. Selbst wenn es wahr ist, daß die Gruppe in einer späteren Periode ihrer Arbeit auch mit russischen Stellen zusammengearbeitet hat, so bleibt damit ihr Charakter einer Widerstandsbewegung, der Sozialisten und Konservative, „Rechte" und „Linke" angehörten, unangetastet.

Es hat dabei — gerade auch in den Kreisen der Illegalität — stets Meinungsverschiedenheiten darüber gegeben, ob und wo eine Grenze zu ziehen sei zwischen „Hochverrat" und „Landesverrat". Die Entscheidung darüber lag stets im Gewissen des einzelnen. Vielleicht war Schulze-Boysen nicht der klarsehendste Politiker. Eines aber ist sicher: Er war einer der integersten, mutigsten und von reinsten Motiven beseelten Patrioten . . .

Als ich ihn das letztemal sah, Mitte 1935 — ich berührte Berlin auf einer illegalen Reise durch Deutschland von Prag nach Kopenhagen —, glaubte er an eine deutsche Revolution, um Deutschlands willen und für die Sache eines wahren Sozialismus. Deutschland und Sozialismus waren keine Begriffe für Harro, sondern Realitäten. Mit welchen Mitteln er auch immer seine Gesinnung in Aktion zu verwandeln trachtete, hat Harro Schulze-Boysen stets aus einer tief empfundenen Verpflichtung gehandelt, die auf niemanden ihre Wirkung verfehlte, der ihm begegnete. Wenn der blonde junge Mann vor 1933 im Café Adler am Dönhoffplatz davon sprach, daß der Einsatzwille, die Opferbereitschaft, die Aufgeschlossenheit der jungen Menschen „rechts" und „links" nicht im bürokratischen Getriebe der Parteien ersticken dürften, sondern in einer neuen Sammlung außerhalb der alten Formeln Gestalt gewinnen müßten, dann hat niemand auch nur einen Augenblick in ihm einen dogmatischen Fanatiker, geschweige denn einen „Agenten" gespürt.

Dieser Oberleutnant der Luftwaffe, Sohn eines Kapitäns zur See, aus der Familie des Admirals v. Tirpitz, Verfasser zart-inniger Verse, stets Kämpfer mit offenem Visier, der als Erkennungszeichen der zueinander Gehörenden gern das Stefan-George-Wort zitierte, nach dem offener Blick und fester Handschlag Charaktere eindeutiger ausweisen als Worte, hat sicherlich nicht leichten Herzens all die Heuchelei, Lüge, Verstellung mitgemacht, die zu den unausweichlichen Begleiterscheinungen der politischen Konspiration gehören. Wenn er es tat, wenn der Kreis um ihn in der Tat zu einer der diszipliniertesten, aktivsten und — nach Meinung der NS-Gerichte — gefährlichsten antinationalsozialistischen illegalen Gruppen vor dem 20. Juli 1944 wurde, so war das nur möglich, weil dahinter ein verzehrender, glühender, reiner Glaube an eine deutsche Freiheit und Zukunft stand. Aus diesem Glauben starben er und seinesgleichen.«

Über die Tätigkeit des „äußeren Kreises", der Geheimsender betrieb und der sich strikt vom „inneren Kreis" unterschied, ist viel Sensationelles in Magazinen geschrieben worden. Es wurde der Vorwurf des Landesverrats und der Spionage erhoben.

Die juristische Problematik der Widerstandstätigkeit wurde an anderer Stelle (siehe das Kapitel „Gewissen und Justiz") behandelt.

Heute hat sich die Erkenntnis durchgesetzt, daß ein Fall, in dem unbescholtene Männer in guten Positionen sich gegen den Staat wandten, besondere Motive gehabt haben muß. Diese besonderen Motive waren die Erkenntnis, daß jeder Tag des Krieges zahllose Menschen das Leben kostete, daß er mit allen Mitteln bekämpft werden dürfe, ja müsse.

Es sollte an der Zeit sein, daß man bei uns leidenschaftslos eine Tat als solche prüft und nicht zuerst mit flinkem Kalkül, in welcher Beziehung sie zur eigenen Weltanschauung steht, wie weit sie ihr nützen könnte. Man sollte, heißt das, auch einen Gegner achten können.

Ein humaner und gelassener Beurteiler wird zunächst die Motive des Gegners prüfen, wenn ihm dessen Tat unbegreiflich erscheint. Wie kommt es, daß ausgezeichnete Begabungen, saubere Menschen in hervorragenden Stellungen ihr Leben einsetzten und opferten? Ihre letzten Briefe (siehe diese im Anhang) gaben über ihre Motive Auskunft. Sie wollten die Welt von Hitler befreien, sie wollten das Ende des Krieges, um Deutschland zu retten. Ihre Entschlüsse waren nicht leichtfertig, manche quälten sich sehr, ehe sie einen Entschluß faßten. Sie konnten nur verlieren, sie waren bereit dazu, und sie verloren alles.

In der ganzen Welt begegnet man den Menschen, die ihr Leben ohne perlichen Nutzen eingesetzt und für eine Überzeugung geopfert haben, mit Achtung.

Für ihre Erkenntnis und ihre Tat opferten die Mitglieder des „äußeren Kreises" ihr Leben, nachdem sie durch einen Geheimsender Funkkontakt mit der UdSSR aufgenommen hatten, wie der Abschlußbericht der Gestapo behauptete. Wie weit die Tatsachen gehen, wird wohl kaum festzustellen sein.

Es scheint ab 1941 ein regelmäßiger Funkverkehr des „äußeren Kreises" mit belgischen und russischen Stellen stattgefunden zu haben, bei dem Nachrichten wirtschaftlicher oder militärischer Art durchgegeben wurden. Diese Funknachrichten sind anscheinend aus Berliner Wohnungen und von einem Segelboot aus gesendet worden.

Am 30. August 1942 begannen die Verhaftungen, zuerst unsicher und zögernd, bis um Weihnachten bereits über 100 Personen inhaftiert waren. Die Tatsache, daß Sendeapparate gefunden worden waren, bedeutete für die Gestapo eine Sensation, ebenso die Tatsache, daß in zahlreichen führenden Reichsstellen Mitglieder der Gruppe an entscheidenden Punkten saßen. Es waren Menschen, die ein hohes Ansehen wegen ihrer menschlichen und beruflichen Qualität genossen und „die es nicht nötig hatten".

Hitler tobte. Er befahl die äußerste Geheimhaltung und ließ sich jeden Abend Bericht erstatten. Er ließ den Riesenprozeß in zahlreiche kleine Prozesse aufteilen, um die Größe der Organisation zu verschleiern, und ließ die Prozesse als „Geheime Kommandosache" laufen. Die Gestapo erpreßte „Geständnisse". Vor ihrem Tode konnten Kuckhoff und Graudenz noch mitteilen, daß Schulze-Boysen und Harnack mit Daumenschrauben und Wadenklammern gefoltert worden seien. Dr. Kummerow wurde so fürchterlich mißhandelt, daß er drei Selbstmordversuche unternahm, seine zertretenen Brillengläser verschluckte, seine Zehe bis zur Verwesung abschnürte und sich die Pulsadern aufschnitt. Walter Husemann, dem man im Vernehmungszimmer des IV. Stockes in der Prinz-Albrecht-Straße eine Minute Bedenkzeit gab, um zwei Namen zu nennen, packte den Kommissar, schlug die Scheiben ein und war im Begriff, sich mit ihm aus dem Fenster zu stürzen, als er in letzter Minute von Hereineilenden gefaßt wurde. Husemanns Arm war durch das Glas zerschnitten und lahm geworden. John Sieg und Herbert Grasse begingen Selbstmord.

Hitler befahl für diesen Prozeß zum erstenmal die Hinrichtung durch Hängen. Die Haken in Plötzensee wurden daraufhin angebracht.

Die Prozesse dauerten etwa ein Vierteljahr fast ununterbrochen. Sie fanden vor dem Reichskriegsgericht und vor dem Volksgericht statt. Harnack und Schulze-Boysen benutzten ihr „letztes Wort" zu großangelegten Anklagereden, bei denen Schulze-Boysen das Wort verboten wurde. Da beim Prozeß der ersten Gruppe, die aus 13 Männern und Frauen bestand, die Amerikanerin Mildred Harnack und Erika von Brockdorff nur 6 und 10 Jahre Zuchthaus erhielten, während für alle anderen die Todesstrafe ausgesprochen wurde, befahl Hitler sofort ein neues Verfahren. Dasselbe Gericht verkündete wenig später die Todesstrafe für beide Frauen.

Am Tage vor Weihnachten 1942 wurden die ersten elf Mitglieder der Gruppe in Plötzensee erhängt. Insgesamt starben fünfundfünfzig Menschen. Harro Schulze-Boysen schrieb in seiner Zelle im Keller der Prinz-Albrecht-Straße heimlich ein Gedicht, das er hinter der Rückwand des Zellenspindes versteckte. Er teilte dies einem Mitangeklagten mit, der davon vor seiner eigenen Hinrichtung einem Dritten berichtete. Dieser kehrte nach Jahren nach Berlin zurück, und man fand tatsächlich das Gedicht hinter dem Spind versteckt.

Über Dr. Philipp Schaeffer, der im gleichen Prozeß verurteilt wurde, heißt es in einem Bericht (liegt abschriftlich vor. Siehe a. S. 221. D. Red.):

»Ostern 1942 wurde Philipp Schaeffer von Elisabeth Schumacher alarmiert, ihr bei der Rettung eines alten jüdischen Ehepaares zu helfen. Die Alten waren lebensmüde, als sie die Pogromwelle auch an sich herannahen fühlten. Nun griffen sie zum Gashahn. Der Portier verbot, die Tür des Korridors einzuschlagen. Philipp erklärte sich bereit, mit dem Luftschutzseil vom 3. in den 2. Stock ins Fenster einzusteigen. Das Seil war nicht überprüft und riß, und Philipp lag mit schwerer Gehirnerschütterung, Unterarmbruch, Becken- und Oberschenkelbruch im Hof. Er wurde in ein Krankenhaus gebracht, aus dem heraus er verhaftet wurde. Sein Humor und sein Gleichmut blieben bis zuletzt unerschütterlich. Schaeffer war Sinologe und arbeitete an einem ersten ausführlichen Wörterbuch.

Dr. Schaeffer wurde zur Last gelegt, daß er die Tätigkeit seiner Freunde der Gestapo nicht gemeldet habe.

In seinem Schlußwort vor Gericht erhob er sich mit Hilfe seiner Krücken und sagte dem Gerichtshof stolz ins Gesicht:

„Meine Herren, ich bin hier gefragt worden, warum ich diese Sache nicht angezeigt habe. Darauf kann ich Ihnen nur erwidern: Ich bin kein Handlanger der Polizei."

Am 13. Mai 1943 wurde er im Alter von 45 Jahren hingerichtet.«

Bemerkenswert ist der hohe Prozentsatz von jungen Menschen und besonders junger Frauen in der Schulze-Boysen-Harnack-Gruppe. Neunzehn Frauen wurden hingerichtet. Zwei junge Frauen brachten in der Gestapozelle Kinder zur Welt, die man ihnen vor der Hinrichtung wegnahm.

Ein Blick in das von dieser Gruppe hergestellte „Verbrecheralbum", das die Gestapo mit den letzten Fotos füllte, zeigt dem objektiven Betrachter eine Fülle klarer Gesichter, von junger Unbedingtheit und weltaufgeschlossener Menschlichkeit. Der Betrachter, der das Buch zuschlägt, weiß: Diese Menschen haben nach ihrer Überzeugung gehandelt. Niedere Motive waren ihnen fremd.

Professor Dr. Werner Krauss teilt im Rahmen eines größeren Berichtes mit:
»Der ganze Prozeß wurde als Geheime Kommandosache aufgezogen. Der Grund dafür lag nicht nur in den geheim zu haltenden militärischen Belangen, sondern, wie ein Gestapokommissar mir wörtlich versicherte, daß wir uns die Veröffentlichung einer solchen Sache überhaupt nicht mehr leisten können. Die Angeklagten ließen sich weder als Juden noch als moralisch oder beruflich minderwertige Subjekte hinstellen — es handelte sich sogar um eine Elite —, und auch der Einwand verfing nicht, daß persönliche Verbitterung oder Ressentiments gegen den neuen Staat im Spiel waren. Die meisten Angeklagten befanden sich bei der Wehrmacht oder im Zivilleben in sehr angesehenen Stellungen. Ihre Gegnerschaft gegen den Staat war nur aus sachlichen Motiven zu erklären, und gerade dieser Eindruck mußte der deutschen und außerdeutschen Öffentlichkeit aufs sorgfältigste versteckt werden.«

Die Ärztin Dr. Elfriede Paul schreibt in einem Bericht (liegt vor. D. Red.):
»Ich möchte einmal der Öffentlichkeit die Bilder von wenigen unter den vielen hingerichteten Frauen zeigen, die ich selbst kannte und die ich während gemeinsam erlebter Leiden unendlich lieben und bewundern lernte:

Strahlend in ihrer aufopfernden Güte und Milde steht vor mir die blonde Elisabeth Schumacher, die mit ihrem Manne, dem Bildhauer Kurt Schumacher, und anderen Freunden aus der geistigen Oberschicht Berlins mit als erste unserer Gruppe von der Gestapo ermordet wurde . . .

Herb und kraftvoll in ihrer Kunst als Bildhauerin und als Tänzerin wie auch als Frau von überdurchschnittlicher Begabung ist Oda Schottmüllers Bild — sie war eine meiner liebsten Freundinnen — in meinem Gedenken. Eine kleine Bronzeplastik einer Kauernden steht ernst vor mir auf dem Bücherbord als ihr sichtbares Vermächtnis.

Da sind Hilde Coppi und Liane Berkowitz. Beide wurden Mutter während unserer gemeinsamen ersten Haftwochen im schrecklichsten aller deutschen Polizeigefängnisse.

Beide durften ihre Söhnchen noch abstillen, und dann wurden sie kaltblütig hingerichtet wie gemeine Verbrecher.

Meine Zelle im Charlottenburger Gefängnis teilte bis kurz vor ihrer Hinrichtung die prachtvoll vitale Erika von Brockdorff. Sie, die dem Oberstkriegsgerichtsrat Dr. Roeder auf seine diabolische Drohung: „Ihnen wird das Lachen noch vergehen!" antwortete: „Nicht, solange ich Sie sehe!" ... sie, die bis zu ihrem Abtransport aus Charlottenburg lachte, sang und Geschichten erzählte. Erika war uns allen, auch denen in anderen Zellen, an jenen unsagbar wehmütigen Frühlingsabenden trotz eigener Not ein steter Trost. Der blühende Holunder am Tor, das einzig sichtbare Frühlingszeichen in den dunklen Gefängnismauern, duftete betäubend, während Erika nach „Einschluß" (abends wurden die Zellen doppelt verriegelt) aus ihrem unwahrscheinlich großen Repertoire aus deutschen Opern und Operetten aus dem Fenster heraus uns etwas vorpfiff. Ich sehe sie noch mit aufgestützten Armen, auf Zehenspitzen auf ihrem Bette stehen, und ich höre sie noch andachtsvoll ihre Arien in den schweigenden und hallenden Gefängnishof pfeifen. Erika war eben erst etwa 30 Jahre, eine blühende, elegante Frau, als sie ohne Furcht und im Bewußtsein der Konsequenz ihres Schicksals auf dem Schafott starb.

Der armen Rosel Schlesinger pfiff sie damals abends den Trauermarsch „Unsterbliche Opfer, ihr sanket dahin", als die Nachricht zu ihr ins Gefängnis gekommen war, daß Rosels Mann aus Verzweiflung und Selbstvorwürfen über das Todesurteil seiner Frau an der Front sich selbst erschossen hatte. Welche Kraft des Herzens haben unsere Frauen bewiesen, indem sie im Angesicht des eigenen Todes noch anderen Trost spendeten!

Mit ganz besonderer Liebe gedenken wir unserer tapferen blutjungen Cato Bontjes van Beek. Als sie erfuhr, daß das Todesurteil nun doch vollstreckt werden sollte, nachdem wir schon einige Monate von Tag zu Tag mit Bangen gewartet hatten, ob nicht doch die politischen Ereignisse unser aller Erlösung und Befreiung bringen würden, sagte sie: „Und ich habe das Leben doch so geliebt!" Sie war Keramikerin, hochbegabt in ihrer Kunst wie auch auf musikalischem Gebiete. In ihrer wunderschönen, kerngesunden und strahlenden Jugend hat sie viele in der Haft durch ihr reines Wesen und ihre Fröhlichkeit aufgerichtet und seelisch gestärkt, wenn sie vom Fenster ihrer Zelle aus die Verbindung zu Kameraden und Kameradinnen mit bewunderungswürdiger Geschicklichkeit spann und aufrechterhielt trotz strengen Verbots und Aufsicht. (Ihr letzter Brief findet sich im Anhang.)

Zu einer Studentengruppe, die an der illegalen Arbeit unseres Kreises beteiligt war, gehörte Ursula Götze. Auch sie wurde ein Opfer des Gestapo-Blutgerichts. Unendliche Seelenqualen mußte gerade sie durchleben, weil sie glaubte, ihre Aussagen nicht geschickt genug gemacht zu haben. Kurz vor ihrem Tode hat sie sich noch zu einer hochherzigen Lüge entschlossen, die ganz allein sie belastete, um damit andere zu retten. Ihr Opfer war nicht umsonst . . .

Und endlich beschließt den Reigen der Frauen, die allein in meinem Prozeß ihr Leben auf dem Schafott lassen mußten, die 20jährige Eva-Marie Buch, von der der Anstaltspfarrer mit Bewunderung erzählt, daß sie wie eine junge Heilige gestorben sei.«

Hilde Coppi wurde mit ihrem Mann Hans Coppi im Herbst 1942 verhaftet, als die Schulze-Boysen-Harnack-Gruppe aufflog. Sie trug ein Kind. Einem Bericht von Elfriede Brüning („Hilde und Hans Coppi", Berlin 1949) sei folgendes entnommen:

»„Ich dachte mit Schrecken an deinen Zustand, als ich erfuhr, daß du mein Schicksal teilen würdest", schreibt Hans Coppi an seine Frau. „Damals glaubte ich, du könntest es nicht überstehen. Und wie anders ist alles geworden. Die Entwicklung in deinem Innern, die dich ruhig macht, hat auch mir die Ruhe gegeben, die wir beide brauchen. Ist es nicht seltsam, wie so die Sorge um das Werdende zur Stärke wird?"

Wirklich ist Hilde ruhig und zuversichtlich. Sie weiß, daß sie sterben muß. Aber vorher hat sie noch eine Aufgabe zu erfüllen: Sie muß ein gesundes Kind zur Welt bringen. Dieses Bewußtsein hebt sie beide, Mann und Frau, über die quälende Gegenwart hinaus.

Am 27. November wird das Kind im Frauengefängnis Barnimstraße geboren. Es ist ein Junge. Nach seinem Vater nennt sie ihn: Hans . . .

„Haben wir also nicht Grund genug, das Glück, das uns die Gegenwart beschert, auszukosten?"

Diese Zeilen, die Hans Coppi unmittelbar nach dem aufwühlenden Erlebnis schreibt, sind die letzten, die Hilde von ihm erzählen. Sie weiß nicht, daß er zehn Tage später vor dem Richter steht, daß das Urteil einen Tag vor Weihnachten bereits vollstreckt wird. Pünktlich alle zwei Wochen, wie es die Gefängnisordnung vorsieht, schreibt sie ihm, läßt sie ihn alle Veränderungen des kleinen Menschenkindes miterleben. Am 20. Januar 1943 wird sie selbst zum Tode verurteilt. Wieder in ihre Zelle zurückgekehrt, verströmt sie zum ersten Male ihre wahren Empfindungen:

„Du wirst dir denken können, daß ich keine schönen Stunden hinter mir habe. Ein Glück, daß das kleine Hänschen noch bei mir ist, in seinem Interesse muß ich mich sehr zusammennehmen. Ach, Mama, der Gedanke an die Trennung von meinem Kind will mich fast verzweifeln lassen. Ich glaube, für eine Mutter kann es keine größere Strafe geben, als sie von ihrem Kind zu trennen . . ."

Gnadengesuche werden eingereicht, man hofft auf die Barmherzigkeit unmenschlicher Richter. Aber alles, was man erlangt, ist ein Strafaufschub. Die Verurteilte wird ihr Kind noch nähren dürfen. Hilde Coppi empfängt die Frist, die ihr gegeben ist, wie ein Himmelsgeschenk. Nur ganz unmerklich nimmt sie Abschied. Als sie im März endlich erfährt, daß ihr Mann nicht mehr lebt, ist ihre erste Reaktion die Sorge um die Zurückbleibenden:

„Für euch draußen ist es am schlimmsten, schlimmer als für mich. Wer es überleben muß, leidet am meisten."

Dann erst denkt sie an den eigenen Schmerz.

Sie bestimmt, daß der Junge ein Handwerk lernen soll. Ein großer Kummer widerfährt ihr noch, als die Gestapo ihr kleines Häuschen in Borsigwalde als staatsfeindliches Eigentum beschlagnahmt.

„Ich hätte mir so sehr gewünscht, daß unser Kind dort aufwachsen könnte, wo sein Vater und seine Mutter so glücklich waren . . ."

Immer näher rückt der Tag des Abschiednehmens. Sie bedankt sich für einige Kleidungsstücke, die die Angehörigen für das Kind gespendet haben.

„. . . mehr braucht ihr aber nicht zu schicken. Ich weiß nicht, wie lange ich Hänschen noch bei mir habe. Dann, Mama, ja — dann . . ."

Aber schon hat sie sich wieder in der Gewalt:

„Ich bin ganz gefaßt. Ich freue mich sogar, freue mich über jeden Tag, den ich noch zusammen mit meinem Jungen verbringen darf. Und er freut sich so gern und lacht so viel — weshalb sollte ich da wohl weinen?"

An einem strahlenden Sommertag wird sie hingerichtet.«

Die Rolle der Intellektuellen

Hitler haßte die „Intellektuellen". Der Haß war im allgemeinen gegenseitig. Goebbels brachte es fertig, das Wort „Intellektueller" zu diffamieren, so daß es heute noch einen bösen, verächtlichen Klang hat, während es doch lediglich den Angehörigen geistiger Berufe bezeichnet. Es gab für die Intellektuellen in der Epoche der Gleichschaltung dreierlei Arten des Verhaltens: Entweder sie leisteten Widerstand, oder sie emigrierten (nach „außen", nach „innen"), oder sie begingen Verrat an sich selbst und liefen zu Hitler über.

Dem „Verrat der Intellektuellen" steht eine klare und entschiedene „Reinheit der Intellektuellen" gegenüber. Das bezeugt der Freitod des jungen und klugen Dichters und Essayisten Eugen Gottlob Winkler, das bezeugen etwa die Schriftsteller, die sich um die „Frankfurter Zeitung" sammelten oder um Zeitschriften wie „Hochland".

Der junge Dichter Helmut Giese, dessen Werk bei Kiepenheuer verlegt war, erschoß sich als Soldat in Finnland, weil er an einer Exekution teilnehmen sollte. Der Schriftsteller Erich Knauf wurde wegen „defaitistischer Äußerungen" denunziert und im Luftschutzkeller verhaftet. Seine Witwe erhielt danach lediglich eine Kostenrechnung für Haft und Henker. Als einer der ersten wurde der Schriftsteller Theodor Lessing von Mördern der SS erschossen, als einer der letzten der Schriftsteller Albrecht Haushofer noch in der Nacht vor der Eroberung Berlins. Ludwig Renn wurde inhaftiert, floh in die Schweiz und beteiligte sich am Krieg gegen Franco in Spanien an führender Stelle. Das gleiche Schicksal widerfuhr Willi Bredel.

Auch der Widerstand gegen die „geistige Gleichschaltung" blieb während aller Jahre aktiv. Wissenschaftler wählten „unberührbare Themen", historische, abseitige. Schriftsteller wandten sich jetzt auffällig oft der Liebe, den Tieren, den Kindern zu.

Das Gedicht Friedrich Georg Jüngers, der „Klatschmohn", lief in Abschriften um, Arbeiten von Bergengruen, Brecht, Kästner, Reinhold Schneider und Wiecherts Rede „Der Dichter und seine Zeit" (1935), Werner Fincks Scherze wurden unter der Hand verbreitet. Die Radioreden von Thomas Mann, die darum so stark wirkten, weil ihre Formulierungen in ihrer kurzen Einprägsamkeit leicht zu behalten waren, wurden in vielen Kreisen gehört.

Diese Beispiele zeigen, daß sich manche mutigen Intellektuellen ihrer Wirkung bewußt waren und sie benutzten. Sie wußten, wie viele Menschen auf ihre Stimme hörten und warteten. Jeder Intellektuelle repräsentierte viele Namenlose. Ein großes anonymes Publikum von Unzufriedenen war immer bereit, richtig zu verstehen. Der Beifall beim „Don Carlos" („Sire, geben Sie Gedankenfreiheit") oder beim „Tell" war eine politische Demonstration.

Gewiß, viele der Intellektuellen wurden zu Überläufern, zahlreiche Angehörige der „geistigen Berufe" standen schon vorher, ohne das Prädikat „Intellektuelle" zu verdienen, in Hitlers Reihen oder in seiner Nähe; viele Wissenschaftler, Beamte mit akademischen Graden, Journalisten und auch Schriftsteller „trugen in elastischer Weise den Tatsachen Rechnung", mieden diskutierbare Themen oder versteckten allzugern sich hinter ihre „Dienstauffassung" oder hinter ihre „Pflicht".

Von anderer Art als der aktive Widerstand war die „Innere Emigration", eine Haltung, die manche Autoren von Rang einnahmen und über deren Berechtigung durchaus diskutiert werden kann. Frank Thiess hat mit verschiedenen Veröffentlichungen, besonders durch „Das Reich der Dämonen", eine oppositionelle Wirkung gehabt. Die „Innere Emigration" hat beachtenswerte Arbeiten hervorgebracht, die in jedem freien Land hätten erscheinen können.

Albrecht Haushofer, der Dichter der „Moabiter Sonette", sagte einmal, wie R. Italiaander in „Besiegeltes Leben", Goslar 1949, berichtet:

„Der Krieg wird sich eines Tages sowieso ad absurdum führen. Die Welt wird eines Tages einsehen, daß durch einen Krieg viel weniger Konflikte aus der Welt geschaffen werden, als sich dies der kleine Moritz vorstellt. Das ist nicht immer klar ins Auge tretend, aber eine zu beweisende Tatsache, wenn man ihr mit der Sonde einer exakten Wissenschaft nachgeht. Sie kennen hoffentlich Ihren Platon, Sie wissen, wen er bei einem Kriegsausbruch nicht in die Schlachten geführt haben wollte, wen er verschont wissen wollte: die Künstler und die Gelehrten!"

Da sich nach Antritt des Hitlerregimes sowohl die Literatur als auch die Wissenschaften gespalten hatten, von denen die eine Hälfte in die Emigration ging, blieb in der Tat nur eine halbierte Literatur im Land. Man schätzt die Zahl der emigrierten Schriftsteller auf rund fünfhundert, die Zahl der Journalisten und Wissenschaftler hingegen auf viele Tausende. Unter den Emigranten sei an Schriftsteller wie Thomas und Heinrich Mann erinnert, Bertolt Brecht, Franz Werfel, Döblin, Stefan George, Tucholsky, Friedrich Wolf, Stefan und Arnold Zweig, Fritz von Unruh, Anna Seghers, Lion Feuchtwanger, an Journalisten wie Georg Bernhard, Theodor Wolff, Schwarzschild, Kurt Hiller, A. Kantorowicz; an Wissenschaftler wie Sigmund Freud, Albert Einstein, Ernst Bloch; an Musiker wie Hindemith, Klemperer, Busch, Eisler, Weill, Mohaupt, Scherchen.

Zahlreiche Schauspieler und Regisseure verließen gleichfalls das Reich, wie Pallenberg, Bassermann, Moissi, Piscator, Kortner, die Bergner, Berthold Viertel, Kurt Hirschfeld. Zahllose Juristen, Politiker, Techniker, Ärzte gingen ins Ausland. Eine Armee von Intellektuellen verließ das Hitlerreich, um sich die geistige Unabhängigkeit zu bewahren. Es waren vielfach die besten Kräfte, die sich in der Welt verteilten und aus Prag, Zürich,

Moskau, New York, London und Paris den Kampf gegen Hitler eröffneten. Den großen Gruppen der äußeren und der inneren Emigration sowie der inneren Opposition stand eine Gruppe von „Überläufern" gegenüber, die das NS-Regime bejahten, Schriftsteller, die den Geist verrieten und in einer braunen Bedeutungslosigkeit verkamen.

In der Haft und durch ihre Folgen, durch Tötung, durch Hinrichtung oder durch Freitod ließen ihr Leben u. a. die Schriftsteller:

Erich Baron
Ernst Blass
Dietrich Bonhoeffer
Egon Friedell
Helmut Giese
Reinhard Goering
Alfred Grünewald
Albrecht Haushofer
Wilhelm Hebra
Georg Hermann
Berthold Jacob
Hans Arno Joachim
Gottfried Kapp
Kilian Kirchhoff
Jochen Klepper
Erich Knauf
Adam Kuckhoff
Arthur Landsberger
Theodor Lessing
Erich Loewenthal
Hilde Meisel-Monte
Erich Mühsam
Albert Müller
Theodor Neubauer
Carl von Ossietzky
Fritz Reck-Malleczewen
Adolf Reichwein
E. A. Rheinhardt
Willy Sachse
Arthur Silbergleit
Heinz Strelow
Eduard Graf Tietjens
Heinrich Vierbücher
Gregor Walden
Eugen G. Winkler
Johannes Wüsten

Nach ihrer Flucht aus Deutschland starben oder nahmen sich das Leben im Ausland u. a.:

Max Alsberg
Walter Benjamin
Franz Blei
Carl Einstein
Bruno Frank
Sigmund Freud
Stefan George
Helmuth von Gerlach
Alfons Goldschmidt
Walter Hasenclever
Werner Hegemann
Max Herrmann-Neisse
Franz Hessel
Magnus Hirschfeld
Max Hodann
Josef Hofbauer
Arthur Holitscher
Arnold Höllriegel
Ödön von Horvath
Albert Hotopp
Monty Jacobs
Georg Kaiser
Harry Graf Kessler
Else Lasker-Schüler
Robert Musil
Balder Olden
Rudolf Olden
Roda Roda
Josef Roth
Werner Scheff

René Schickele
Hans Schiebelhuth
Carl Sternheim
Helene Stoecker
Ernst Toller
Kurt Tucholsky
Wilhelm Uhde
Jakob Wassermann
Ernst Weiss
Franz Werfel
Alfred Wolfenstein
Stefan Zweig

Es wird von etwa 50 Schriftstellern berichtet, die aktiven Widerstand gegen das Hitlerregime im Lande geleistet haben. Einige Namen davon seien genannt:

Ruth Andreas-Friedrich
Arnold Bauer
Fred Denger
Herbert Eulenberg
Werner Finck
Sebastian Grill
Theodor Haecker
Jens Heimreich
Stephan Hermlin
Ricarda Huch
Karl Muth
Jan Petersen
Reinhold Schneider
Graf Stenbock-Fermor
Gregor Walden
Ehm Welk

Davon hatten einige wegen aktiven Widerstandes zum Teil langjährige Haft zu erleiden, von denen wir einige Namen anführen:

Adolf Grimme
Walter Hammer
Rudolf Küstermeier
Ernst Niekisch
Rudolf Pechel
Ludwig Renn
Luise Rinser
Karl Schnog
Peter Suhrkamp
Günther Weisenborn
Arnold Weiss-Rüthel
Ernst Wiechert

Viele Schriftsteller arbeiteten nicht organisiert in Widerstandsgruppen, nahmen jedoch eine ständig opponierende Haltung ein, verzichteten auf Ehren und Anerkennung und blieben dem Geist der Menschlichkeit treu.

Die heute vorliegenden Listen, aus denen wir nur wenige Namen veröffentlicht haben, sind keineswegs vollständig und können es auch nicht sein. Sie tragen viele unbekannte Namen. Unbekannte wären es auch vornehmlich, die sie zu ergänzen hätten. Das mag anzeigen, wieviel wertvoller Nachwuchs verlorengegangen ist. Auch die nachfolgenden Beispiele sind unvollständig. Das Bild aber, das sie zeichnen, macht deutlich, wie zahlreich die Schriftsteller waren, die auf der Seite des Widerstandes lebten und ihrem Beruf Ehre machten.

Werner Bergengruen ließ zahlreiche seiner Gedichte mit anklagendem Inhalt illegal verbreiten. Sie spielten eine bedeutsame Rolle wegen ihrer dichterischen Kraft und ihrer formalen Schönheit.

Sebastian Grill, Erzähler, Lyriker und Kritiker von Rang, war einer der Gründer einer illegalen Münchener Studentengruppe, die einige Jahre lang Flugblätter herausgab und zum Widerstand aufrief.

Der Lyriker und Essayist Jens Heimreich (1912) gehörte einer Berliner Widerstandsgruppe an, wurde Soldat und ist in Rußland verschollen.

Emil Henk (1893), Schüler Gundolfs und Publizist, wurde wegen Hochverrats zu einer Gefängnisstrafe verurteilt.

Der Übersetzer und Lyriker Friedhelm Kemp (1915) zählte zur F.A.B. und war während des Münchner Aufstandes 1945 Rundfunksprecher der Aufständischen.

Georg Philipp (1915), junger Dramatiker und Lyriker, beteiligte sich an einer Münchner Hochschulgruppe, die Studentenrevolten vorbereitete. Er wurde von der Gestapo 1938 verhaftet.

Der junge Lyriker Heinz Winfried Sabais (1922) wurde als Soldat wegen militärischen Ungehorsams verhaftet. Er schrieb nach dem 20. Juli „Sonette der Verlassenheit".

Reinhold Schneider (1903) ließ zahlreiche Gedichte und Schriften, die zum Protest gegen die Unmenschlichkeit aufriefen, illegal verbreiten. Diese Gedichte fanden starken Anklang bei den Gleichgesinnten.

Martin Strom ist das Pseudonym eines unbekannten Soldaten des Afrikakorps, der Gedichte der Empörung an seine Kameraden verteilte und bei El Alamein fiel.

Der Lyriker Wilhelm Felix Swoboda (1914) war an antinationalsozialistischen Studentenrevolten beteiligt und fiel vor Moskau.

Frank Thiess (1890) gehörte zu den Autoren, deren Namen im 3. Reich bei den Oppositionellen besonderen Klang hatten wegen des literarischen Mutes, den er gelegentlich bewies. Besonders „Das Reich der Dämonen" erregte Aufsehen.

Wolf Uecker (1921) und Friedrich Umbran (1917) schrieben antifaschistische Gedichte, Umbran als Surrealist. Er fiel 1944 in Rußland.

Gregor Walden (1913) organisierte eine Widerstandsgruppe in Schlesien, die „Aktionsgruppe VII". Er wurde verhaftet, nach seiner Entlassung eingezogen, 1940 wegen „Tapferkeit vor dem Feind" zum Offizier befördert und 1942 wegen „Feigheit vor dem Feind und militärischen Ungehorsams" in eine Strafkompanie versetzt, weil er sich geweigert hatte, Partisanen zu erschießen. 1943 wurde er schwer verwundet und entlassen. Er betätigte sich weiter illegal und schrieb Gedichte, die geheim verbreitet wurden. Seit den Wirren der Nachkriegsmonate wird er vermißt. Er schrieb erschütternde Gedichte.

Eugen Gottlob Winkler (1912), der hochbegabte Lyriker und Essayist, wurde 1933 von der Gestapo verhaftet und wieder entlassen. Als 1936 eine neue Verhaftung drohte, setzte er seinem Leben ein Ende. Er stand einer studentischen Widerstandsgruppe nahe.

Ernst Wiechert hielt seine berühmten Reden an die deutsche Jugend vor den Münchner Studenten, schrieb 1937 einen Protestbrief an Goebbels und opponierte 1938 gegen die Verhaftung Niemöllers. Er wurde verhaftet und verbrachte nahezu ein Jahr im Konzentrationslager. Er schrieb über diese Zeit sein Buch „Totenwald".

Jan Petersen schrieb in Berlin heimlich einen Roman, „Unsere Straße", der die Erlebnisse einer illegalen Gruppe der ersten Nazijahre schildert. Petersen schmuggelte das Manuskript, in zwei Kuchen eingebacken, über die Grenze und erschien auf dem Internationalen Schriftstellerkongreß in Paris mit einer Maske vor dem Gesicht. Der „Erste deutsche Schriftstellerkongreß" nach dem Kriege in Berlin bereitete ihm eine besondere Ehrung.

Erich Loewenthal (1895—1944 Auschwitz) war Autor bei Lambert Schneider, bei dem er die schöne Zusammenstellung von „Sturm und Drang" und die bekannte Platon-Ausgabe besorgte.

Heinz Strelow (1915) schrieb beachtenswerte Gedichte, die von starker Begabung zeugen. Er gehörte der Schulze-Boysen-Harnack-Gruppe an und wurde am 15. Mai 1943 hingerichtet.

Ewald Wasmuth, Schriftsteller und Philosoph, hat zahlreiche schöne, dichterisch-philosophische Bücher verfaßt. Ewald Wasmuth wurde nach der Verhaftung des Solf-Kreises festgenommen, ebenso sein Bruder Günther Wasmuth, der bekannte Kunstverleger. (Nach Äußerungen Lambert Schneiders.)

Eduard Graf Tietjens, dessen Bücher kaum noch in Erinnerung sind, wurde im Juni 1943, weil er fortgesetzt Juden und Illegale unterstützte, von Gestapobeamten verhaftet und totgeschlagen. (Weißbuch der deutschen Opposition, S. 168.)

Erich Baron, Schriftsteller und Vorsitzender der „Freunde der Sowjet-Union", hat sich angeblich in der Gefängniszelle in Spandau das Leben genommen (ebenda).

Dr. Arthur Landsberger, ehemals ein bekannter Schriftsteller, wurde am 5. Oktober 1933 im Gestapogefängnis in der Prinz-Albrecht-Straße unmenschlich gefoltert und dann erhängt (ebenda).

Walter Hammer, vor vier Jahrzehnten einer der namhaftesten Führer der Freideutschen Jugendbewegung, war ursprünglich Autor zeitgeschichtlicher und kulturkritischer Bücher und wirkte dann in den zwanziger Jahren vorzugsweise als Herausgeber (Zeitschriften „Junge Menschen" und „Fackelreiter"). Er baute den Fackelreiter-Verlag auf, der bald internationale Geltung bekam. 1933 wurde auch sein Werk zerstört. Seine Bücher verbrannten auf dem Scheiterhaufen, er selbst geriet für einige Monate in „Schutzhaft". Als er Ende 1933 erneut verhaftet werden sollte, gelang ihm noch in letzter Stunde die Flucht nach Holland und anschließend nach

Dänemark, wo er publizistisch weiterarbeitete (vgl. S. 272f.). Nachdem deutsche Truppen über Nacht am 9. April 1940 auch Kopenhagen überfallen hatten, geriet Hammer in die Hände der Gestapo. Nach über 30 Verhören in der Prinz-Albrecht-Straße und 2 Jahren KZ Sachsenhausen wurde er vom Kammergericht wegen Hochverrats zu 5 Jahren Zuchthaus verurteilt. Nach seiner Befreiung aus dem Zuchthaus Brandenburg im April 1945 hat sich Walter Hammer spezialisiert auf die sonst so bedauerlich vernachlässigte Erforschung der Widerstandsbewegung. Gegenwärtig arbeitet er an zwei illustrierten Werken über das Zuchthaus Brandenburg und die Strafanstalt Plötzensee. (Vgl. Anhang, Anmerkung 5.)

Wilhelm Müller-Gordon bekämpfte in vielen Vorträgen die Kulturpolitik der NSDAP, bis er im September 1942 in Graz vom Rednerpult weg verhaftet und aus der Reichskulturkammer ausgeschlossen wurde. Müller-Gordon hatte häufig jüdischen Flüchtlingen Unterkunft gegeben und sie ernährt. Er starb 1944.

Über Fritz Reck-Malleczewen, dessen Tagebuch nach dem Kriege erschien, wird im Berliner „Morgen" vom 6. Februar 1946 berichtet:

»Recks Verhaftung fand Silvester 1944 statt. Das Gefängnis, in das er kam, wurde am 7. Januar ausgebombt; Reck wurde nach Dachau gebracht. Dort stand er „unter Sonderbewachung" — das bedeutete: „auf Abruf zu erschießen". Dann erfuhr Frau Reck im März, daß Reck seit vier Wochen tot sei.«

Reck hatte sich wiederholt und öffentlich gegen das Regime geäußert und dabei großen Mut bewiesen.

Alfred Mombert wurde 1940 von der Gestapo verschleppt, später von Freunden in die Schweiz gerettet, wo er 1942 starb.

Karl Schnog, satirischer Schriftsteller, wurde beim Einmarsch in Luxemburg verhaftet und verbrachte 5 Jahre im KZ.

Johannes Wüsten, Dramatiker und Maler, starb nach jahrelanger Haft im Zuchthaus Brandenburg.

Über Gottfried Kapp berichtet seine Frau in einem Brief:

»1928 resp. 29 erschienen in der Reihe „Junge Deutsche" (Phil Reclam, Leipzig) zwei Bücher „Melkisedek" und „Das Loch im Wasser". Auf Anacapri schrieb er 1931 den seit 8 Jahren vorbereiteten Roman „Peter van Laac" nieder.

Nach der Rückkehr von Italien wurde ein Buch fertig: „Wandellose Götter". Es war ursprünglich die Ausweitung eines Tagebuchs aus der italienischen Zeit; es wurde ein Bekenntnis und sein Vermächtnis. Eine Absage an die Gewalt, die Ruhmsucht, den Appell an niedrige Instinkte.

Am Abend des 10. November 1938, dem Tage des Judenpogroms, überfielen Abkommandierte der Partei ihn und seine jüdische Frau. Beide wurden in Schutzhaft genommen, für einen Tag entlassen und dann wieder verhaftet. Die Gestapo hatte bei einer erneuten Haussuchung alle Schriften, Tagebücher und Satiren gefunden, die nun sein Todesurteil wurden. Er kehrte aus dem Gestapohaus in Frankfurt nicht mehr zurück. Sprung aus dem Fenster während des Verhörs wurde als Todesursache angegeben. Er hat nicht das 42. Lebensjahr erreicht.

Seine Schriften sollten verbrannt werden, und vieles ist tatsächlich vernichtet und verloren. Die Hauptwerke jedoch sind gerettet.«

„Verbrennt mich!" Mit diesen Worten protestierte im Mai 1933 Oskar Maria Graf dagegen, daß seine Bücher (außer „Wir sind Gefangene") auf die „weiße Liste" der Literatur gesetzt worden waren. „Ich bin also dazu berufen, einer der Exponenten des ‚neuen' deutschen Geistes zu sein! Vergebens frage ich mich, womit ich diese Schmach verdient habe. Nach meinem ganzen Leben und nach meinem ganzen Schreiben habe ich das Recht, daß meine Bücher der reinen Flamme des Scheiterhaufens überantwortet werden. Verbrennt die Werke des deutschen Geistes! Er selbst wird unauslöschlich sein wie eure Schmach!"

Im Zuge der „Säuberung des Schrifttums", die aus Bücherverbrennungen und -verboten bestand, schloß das nationalsozialistische Regime aus der Akademie der Künste, Abteilung für Dichtkunst, aus: Thomas Mann, Heinrich Mann, Jakob Wassermann, Alfred Döblin, Franz Werfel, René Schikkele, Leonhard Frank, Georg Kaiser, Fritz von Unruh, Bernhard Kellermann, Alfred Mombert, Rudolf Pannwitz, Ludwig Fulda.

Später wurden gewählt: Hanns Johst, Hans Carossa, Emil Strauß, Will Vesper, Wilhelm Schäfer, Agnes Miegel, Peter Dörfler, Hans Grimm, Börries von Münchhausen.

Stefan George lehnte die Berufung ab; er ging in die Schweiz, wo er bald starb. In seinem Testament hatte er verfügt, daß man ihn nicht in Deutschland bestatten dürfe. Während Gerhart Hauptmann seinen Sitz in der Akademie nicht aufgab, trat Ricarda Huch demonstrativ aus, weshalb Goebbels sie zu ihrem 70. Geburtstag am 18. Juli 1934 in übler Weise beschimpfen ließ[28].

Theodor Haecker ist allen denen, die Berührung mit ihm hatten, ein Licht in der Finsternis gewesen. Er gab Halt, Weisheit, Liebe und Glauben. Auch die Geschwister Scholl zählten zu seinen Freunden. Schon 1935 wurde das Redeverbot über ihn verhängt, seit 1938 durften seine Werke nicht mehr gedruckt werden. Seine „Tag- und Nachtbücher" (München 1947), in den Nächten des Krieges geschrieben, waren damals nur engsten Freunden zugänglich, doch auch nach dem Kriege boten sie noch vielen Menschen Trost. Einige Sätze daraus (ebenda, S. 73, 133, 243):

»27. April 1940. Die Deutschen werden nicht durch Menschenkraft besiegt werden ... Sie werden von Gott selbst besiegt werden, ach, wahrscheinlich ohne es zu merken.

10. Juli 1940. Das Wesen der modernen Diktatur ist die Verbindung des eindimensionalen, flachen Denkens mit der Gewalt und dem Terror.

13. September 1941. Heute wurde bekanntgegeben, daß ab 19. September jeder Jude auf der linken Seite seiner äußeren Kleidung einen gelben Stern, den Stern Davids, des großen Königs, aus dessen Geschlecht der Menschensohn, Jesus Christus, die zweite Person der Trinität, dem Fleische nach geboren ist, zu tragen habe. Es könnte die Zeit kommen, daß die Deutschen im Auslande auf der linken Seite ihrer äußeren Kleidung ein Hakenkreuz, als das Zeichen des Antichrist, tragen müssen ..."

Dr. Fritz Eberhard arbeitete lange in der Untergrundbewegung der Gewerkschaften und emigrierte erst 1937 nach England. Er wurde nach 1945 Intendant des Süddeutschen Rundfunks.

Dr. Paul Hatschek wurde in Brandenburg, seine Frau und seine Tochter wurden in Plötzensee hingerichtet.

Drei bemerkenswerte Vorgänge seien hinzugefügt:

Wolfgang Toller, der Neffe des Dichters, saß, der Gestapo in die Hände gespielt, im Zuchthaus Brandenburg; er war verwachsen, hatte einen klugen Kopf und ein gütiges Herz. Später starb er auf einem Transport.

Hans-Carl Sternheim, der Sohn des Dichters, wurde am 18. Dezember 1944 im Zuchthaus Brandenburg hingerichtet.

Am 4. Oktober 1943 wurde Elfriede Scholz, die Schwester des Autors Erich Maria Remarque, in Plötzensee hingerichtet. Sie war vom Volksgerichtshof unter dem Vorsitz Freislers wegen Wehrkraftzersetzung zum Tode verurteilt worden. (Ihr Urteil: siehe Anhang, S. 315f.)

Die Bedeutung der emigrierten Intellektuellen darf nicht unterschätzt werden. Sie hatten nicht nur sich selbst in Sicherheit gebracht. Sie waren nicht nur Privatpersonen. Sie riefen der Welt in Erinnerung, daß die Deutschen nicht nur so sind, wie Hitler sie formte. Sie waren „Missionare des anderen Deutschland" und strahlten wiederum auf die Heimat zurück. Eine Untersuchung von Walter A. Berendsohn zeigt, in welchem Grade, an der Zahl der Übersetzungen gemessen, die emigrierten deutschen Dichter gelesen wurden. An der Spitze — für die Jahre 1933 bis 1938 — steht Stefan Zweig (mit 111 Übersetzungen), Vicki Baum (87), Lion Feuchtwanger (80), Thomas Mann (74), Emil Ludwig (60), Jakob Wassermann (57), Franz Werfel (40), Traven (34), Gina Kaus (30), Joseph Roth und Arnold Zweig (je 28).

Heinrich Mann schrieb 1934 in Paris über die Emigration:

„Die Emigration allein darf Tatsachen und Zusammenhänge aussprechen.

Sie ist die Stimme ihres stumm gewordenen Volkes. Sie sollte es sein vor aller Welt."

Und Ernst Toller sagt im Vorwort zu seinem 1933 in Amsterdam erschienenen Buch „Eine Jugend in Deutschland":

„Um ehrlich zu sein, muß man wissen. Um gerecht zu sein, darf man nicht vergessen. Wenn das Joch der Barbarei drückt, muß man kämpfen und darf nicht schweigen. Wer in solcher Zeit schweigt, verrät seine menschliche Sendung."

Diesen Beispielen vom Kampf der Intellektuellen sei der berühmte Briefwechsel zwischen der Philosophischen Fakultät der „Rheinischen Friedrich-Wilhelm-Universität", Bonn, und Thomas Mann hinzugefügt:

Philosophische Fakultät
der Rheinischen Friedrich-Wilhelm-Universität
J.-Nr. 58 — Bonn, den 19. Dezember 1936

Herrn Schriftsteller Thomas Mann!

Im Einvernehmen mit dem Herrn Rektor der Universität Bonn muß ich Ihnen mitteilen, daß die Philosophische Fakultät sich nach Ihrer Ausbürgerung genötigt gesehen hat, sie aus der Liste der Ehrendoktoren zu streichen. Ihr Recht, diesen Titel zu führen, ist gemäß Art. VIII unserer Promotionsordnung erloschen.

gez. (unleserlich) Dekan.

An den Herrn Dekan der Philosophischen Fakultät der Universität Bonn.

Sehr geehrter Herr Dekan,

ich habe die trübselige Mitteilung erhalten, die Sie unterm 19. Dezember an mich gerichtet haben. Erlauben Sie mir, Ihnen folgendes darauf zu erwidern:

Die schwere Mitschuld an allem gegenwärtigen Unglück, welche die deutschen Universitäten auf sich geladen haben, indem sie aus schrecklichem Mißverstehen der historischen Stunde sich zum Nährboden der verworfenen Mächte machten, die Deutschland moralisch, kulturell und wirtschaftlich verwüsteten —, diese Mitschuld hat mir die Freude an der mir einst verliehenen akademischen Würde längst verleidet und mich gehindert, noch irgendwelchen Gebrauch davon zu machen. Den Ehrentitel eines Doktors der Philosophie führe ich auch heute, da die Harvard-Universität ihn mir aufs neue verliehen hat, und zwar mit einer Begründung, die ich Ihnen, Herr Dekan, nicht vorenthalten möchte.

Aus dem Lateinischen ins Deutsche übersetzt, lautet das Dokument: „... haben wir, Rektor und Senat, unter dem Beifall der ehrenwerten Universitätsinspektoren in feierlicher Sitzung Thomas Mann, den weitberühmten Schriftsteller, welcher, indem er vielen unserer Mitbürger das Leben deutete, zusammen mit ganz wenigen Zeitgenossen die hohe Würde der deutschen Kultur bewahrt, zum Doktor der Philosophie ehrenhalber ernannt und ausgerufen und ihm alle Rechte und Ehren, welche mit diesem Grade verbunden sind, verliehen."

So sonderbar der aktuellen deutschen Auffassung widersprechend malt sich meine Existenz in den Köpfen freier und gebildeter Männer jenseits des Meeres — und, ich darf es hinzufügen, nicht nur dort. Nie wäre es mir in den Sinn gekommen, mit den Worten jenes Schriftstücks zu prahlen; heute und hier aber darf, ja muß ich sie anführen; und wenn Sie, Herr Dekan (ich kenne die Gepflogenheiten nicht), die an mich gerichtete Mitteilung am Schwarzen Brett Ihrer Universität sollten haben anschlagen lassen, so müßte ich wahrhaftig wünschen, daß auch dieser meiner Entgegnung solche Ehre zuteil würde: vielleicht daß manchen akademischen Bürger, Student oder Professor, doch ein nachdenkliches Stutzen, ein rasch unterdrückter, ahnungsvoller Schrecken ankäme bei einer Lektüre, die einem flüchtigen Blick aus bösartig erzwungener Abgeschlossenheit und Unwissenheit in die freie geistige Welt gleichkommen würde . . .

Thomas Mann.

(Anmerkung des Herausgebers:

Die vorstehenden Angaben mögen auch dem ahnungslosen Leser beweisen, in welch großem Ausmaß unsere lebendige Literatur ihr Blut vergossen hat. Es ist ja eine sehr besondere Erfahrung, daß wohl in keinem Land der Welt die Literatur soviel Elend und Emigration zu bestehen gehabt hat wie in Deutschland. Abgesehen davon, daß die Literatur in unserem Vaterland an sich in beklagenswerter Isolierung lebt, hat die deutsche Unduldsamkeit zahlreiche Schriftsteller zum Elend oder zur Flucht gezwungen. Die edelsten Geister haben darunter gelitten, ob es Büchner, Hölderlin, Börne, Heine, Herwegh, Freiligrath, Fritz Reuter, Nietzsche waren oder die neueren Autoren. Dieses Land, das unser Vaterland ist, hat in den letzten 100 Jahren schrecklichen und verschwenderischen Mißbrauch mit seiner Dichtung getrieben. Es haben zahllose deutsche Schriftsteller in ihrem Heimatland hinter Gittern gesessen oder haben ihrem Leben ein Ende gesetzt oder sind verhungert.

Zahlreiche Schriftsteller dagegen ergaben sich dem Konformismus und verzichteten auf jede Kritik. Sie setzten sich der poetischen Entmannung aus, um mit künstlich verschönten Stimmen Lieder zu singen, die nirgendwo Anstoß erregten. Die drakonischen Gebräuche der Unduldsamkeit stehen bei uns der jeweils herrschenden Macht traditionelll zur Verfügung. Je öfter die Macht wechselt, desto mehr Schriftsteller werden verfolgt. Denn jede Machtgruppe verfolgt eine andere Schriftstellergruppe. Die

Hauptmittel der Verfolgung sind der Boykott, die politische Anschwärzung, die Vertreibung, die Gefangennahme und die Tötung.

Diese Mittel haben unter den Schriftstellern Deutschlands fürchterlich gewütet und machen diese Profession zu einer in der Tat gefährlichen.)

Es war schon häufig von der Emigration die Rede, deren Aktionen von außen her in gewissem Umfang mit denen der Opposition im Lande korrespondierten.

Neben dem „Briefwechsel" von Thomas Mann war es vor allem der „Offene Brief", den Kurt Hiller an die Adresse des damaligen Innenministers Dr. Frick richtete und der dann auch ins Dritte Reich eingeschmuggelt wurde, wo diese Dokumente dann in Abschriften von Hand zu Hand gingen.

Herr Reichsminister!

Wenn grobschlächtig-machtbesoffenes Spießertum die Träger der geistigen Bewegung einer Nation, eben weil sie das sind, der Reihe nach „ausbürgert"; wenn Deutschen, deren Werke in ein Zeitalter fortwirken werden, das die meisten der heute die Heimat beherrschenden Karikaturen nicht mal dem Namen nach mehr kennen dürfte, von eben diesen Karikaturen das Deutschtum abgesprochen wird — die Komik dieses von aller Welt belachten Vorgangs übersehe ich. Ich nehme meinen persönlichen Fall so ernst, wie Sie es wünschen, und lege gegen die Unwahrheiten, die Sie über mich verbreiten lassen, daher Verwahrung ein.

Keineswegs kann und will ich mit Ihnen über die Frage streiten, ob es einen Kriegsgegner sittlich belastet, wenn er „aus dem deutschen Heeresdienst desertierte"; ich habe Ihnen nur zu sagen, daß ich wegen der strafbaren Handlung, deren Sie mich bezichtigen, niemals verurteilt oder auch nur angeklagt worden bin; daß vielmehr ein Ermittlungsverfahren wegen Fahnenflucht, das einmal in München gegen mich geschwebt hat, vor aller gerichtlichen Verhandlung eingestellt worden ist — meine (nicht bestrafte) Entfernung vom Regiment liegt freilich siebenundzwanzig Jahre zurück (11. Oktober 1908).

Ich bin bereit, eine Unwahrheit, an der der Hauch der Spur eines Körnchens Wahrheit haftet, nicht als Lüge zu buchen. Aber Lüge ist Ihre Behauptung, ich hätte, in der Neuen Weltbühne, „die niedrigsten Verleumdungen über Deutschland" verbreitet. Ich habe in dieser Zeitschrift tatsächlich meiner Liebe, meiner unvergänglichen Liebe zu Deutschland Ausdruck gegeben, zu seiner Natur, seiner Sprache, seinen Meistern, seiner ehrfurchtgebietenden kulturellen Vergangenheit und seiner unerhört herrlichen Zukunft (nach Eurem Sturz). Ein Land, das man so liebt, verleumdet man nicht.

Welch lächerliche Anmaßung, daß Ihr Euch mit Deutschland gleichsetzt!

Wer wird zum Beispiel in Ihnen, Herr Reichsminister, einen Tag, nachdem Sie von der Tafel der Geschichte gelöscht sein werden, einen Repräsentanten des Deutschtums sehn? Unser schlechtestes Stück Prosa wird länger leben als Euer bester Erlaß. Ich habe indessen auch Euch nicht verleumdet. Jemanden verleumden heißt ja wohl: wider besseres Wissen unwahre Tatsachen über ihn behaupten, die geeignet sind, ihn verächtlich zu machen, ihn in der öffentlichen Meinung herabzuwürdigen. Das ist Ihr Metier, nicht meines. Ich habe die Wahrheit, die lautere Wahrheit veröffentlicht; erstens über den feigen Meuchelmord an meinem Kameraden Erich Mühsam durch Eure Leute im Lager Oranienburg; zweitens über das, was ich von Eurem Diebspack und Eurer folternden Kanaille am eigenen Leibe erfuhr; drittens über Bestialitäten, die ich nur sah. Sie haben die Stirn, Herr Minister, der deutschen Öffentlichkeit zu erzählen, daß die Tatsachen, die ich Europa in meinen Berichten mitteilte, unwahr seien und, darüber hinaus, daß ich meine Anklagen wider besseres Wissen erhoben hätte. Hierfür gebührt Ihnen und Ihren Spießgesellen das, zu dessen Exekution mir einstweilen die politogeographischen Voraussetzungen fehlen: ich kann, leider, nicht nach Berlin reisen und es Ihnen verabreichen. Gegner ausplündern, martern, meucheln — das mag von irgendeinem neuheidnischen Obskuranten- und Seeräuberstandpunkt aus seine Ehre haben; dann verpflichtet diese den Täter, zu seinen Untaten zu stehen; den, der ihn deckt, sie zu decken. Sie zu dulden, zu veranlassen oder zu begehn, aber hinterher abzustreiten, das entkommene Opfer, das aussagt, zum Lügner, zum Verleumder zu stempeln, ist unter allen Umständen ehrlos.

(Prag, 1935) Kurt Hiller.

Walter Hammer berichtete über eine andere Form der Widerstandsarbeit, die er 1937—1939 nach seiner Flucht in Kopenhagen betrieb:

»... Selber hatte ich mich auf die „Touristenverarztung" spezialisiert. Wenn im Frühjahr Tag für Tag die Dampfer deutsche Touristen zu Hunderten und Tausenden nach Kopenhagen brachten, packte ich schon gegen 4 oder 5 Uhr am Nachmittag meine Schreibmaschine mit allen Büchern, Briefen und Manuskripten ein, um als eine Art Missionar unter meinen Landsleuten zu wirken, die — wie sich bald und immer wieder herausstellte — meistens nur herauskamen, um sich wieder einmal für ein paar Stunden als freie Menschen zu fühlen und sich all den Schaden einmal aus der Ferne anzusehen.

Die von Hitler und seinen Paladinen zu Kongressen und Verhandlungen nach Kopenhagen Abgesandten fanden in ihren Hotels persönlich gehaltene und einigermaßen stilgerecht formulierte Briefe von mir vor, die bei aller Diplomatie an Deutlichkeit nichts zu wünschen übrigließen. Solchen Sendungen lagen dann auch immer besonders angepaßte Flugblätter mannigfacher Art bei, darunter wahrhaft kleine Kabinettstücke einer gewinnenden Diplomatie, meistens aus hauchdünnem Bibeldruckpapier hergestellt und typographisch imponierend aufgemacht. Groß in dieser Kunst war insbesondere Edo Fimmen von der ITF, der von Amsterdam aus auch mich reichlich versorgte. Meine Sammlung solcher illegalen Drucksachen, weit über hundert Nummern stark, mußte leider in Flammen aufgehen, als die Hitlertruppen über Nacht auch noch Dänemark überraschend mit Krieg überzogen.

Eben von solchen illegalen Drucksachen aller wohl 57 verschiedener Richtungen hatte ich allemale die Taschen voll, wenn ich mich nachmittags ins Getümmel stürzte. Ich bombardierte (so hieß das in unserem Jargon) an der Langen Linie die Segeljachten damit, am Kongens Nytorf die deutschen Pkw und bei der Islands-Brygge die durch Hakenkreuzfahnen gekennzeichneten Frachtdampfer. Und des Abends verarztete ich am Rathausplatz und im Tivoli mit leidenschaftlicher Hingabe, aber ohne Aufdringlichkeit die solchen Einflüsterungen leicht zugänglichen deutschen Touristen, mit denen ich ganz leichthin ins Gespräch kam, und die ich, ständig aufklärend, abends auch noch an ihren Dampfer zu bringen pflegte.

Mir stand auch ein kleiner Bücherkatalog zur Verfügung, worin ich achtzig bis hundert der wichtigsten Werke unserer deutschen Emigrationspublizistik knapp, aber sehr scharf charakterisiert hatte, wofür mir die Touristen immer besonders dankbar waren. Dieser Katalog hätte mir beinahe das Leben gekostet. Aber zum Glück waren die Kommissare, die mich später im Reichssicherheitshauptamt bearbeiteten, dumm genug, nicht auf den naheliegenden Gedanken zu kommen, daß ich selber der Autor dieses literarischen Überblicks sein konnte; man wies mir lediglich den Besitz dieses in vollem Umfang fotokopiert bei meinen Akten liegenden Dokuments nach und glaubte meiner feierlichen Versicherung, daß es sich da lediglich um ein Stück aus meiner Sammlung handele, und daß ich keinerlei Propaganda gegen Hitler damit getrieben habe. Fünf Jahre Zuchthaus nach zwei Jahren Konzentrationslager Sachsenhausen waren das Honorar für meine „spezialärztlichen Bemühungen."«

Eine Gemeinschaftsarbeit „Presse in Fesseln" (Verlag Archiv und Kartei, Berlin 1948, D. Red.) berichtet über die Opposition, die von Publizisten und Journalisten damals geführt wurde.

Die große Rolle, die führende Publizisten, wie Stefan Grossmann, Leopold Schwarzschild, Helmut von Gerlach, Theodor Wolff und besonders der einzigartige Friedenskämpfer Carl von Ossietzky, spielten, ist bekannt. Sie alle leben nicht mehr. Auch Kurt Tucholsky, der zündende Satiriker, Berthold Jacob, Arnold Weiss-Rüthel sind Opfer des Dritten Reiches geworden.

Eugen Kogon, der Verfasser des außerordentlichen Buches „Der SS-

Staat", und Josef Drexel überlebten das KZ, ebenso Walter Poller und Hermann Brill.

Paul Nikolaus Cossmann dagegen, Herausgeber der „Süddeutschen Monatshefte", wurde ebenso wie Fritz Gerlich (Chefredakteur der „Münchner Neuesten Nachrichten") gleich zahlreichen anderen Redakteuren und Journalisten ermordet.[29]

Auch unter Musikern, Schauspielern und Angehörigen von Funk und Film gab es einen meist individuellen Widerstand:

Der Dirigent Leo Borchard ist mit der Gruppe „Emil" bereits erwähnt worden. Harry Hermann Spitz brachte viele Jahre im KZ Dachau zu. Der junge, begabte Pianist Karlrobert Kreiten wurde am 7. September 1943 hingerichtet (siehe S. 312f.). Der Pianist Hermann Godess, jetzt durch Konzertreisen als bedeutender Interpret bekannt, war längere Zeit in KZ-Haft. Am 24. November 1933 wurde der Schauspieler Hans Otto im Columbia-Haus wegen seines mutigen Widerstandes in Berlin zu Tode gemartert. Der Bühnenbildner Harald Quedenfeld aus Düsseldorf nahm sich am 21. November 1944 im Gefängnis das Leben. Der Theaterintendant Hans Schüler, ein Freund Goerdelers, wurde nach dem 20. Juli verhaftet. Der Schauspieler und Komiker Paul Morgan starb am 12. Dezember 1938 im KZ Buchenwald. Der Schauspieler Robert Stampa wurde im Oktober 1943 hingerichtet, weil er sich fortgesetzt reichsfeindlich betätigt und versucht habe, den Wehrwillen des Staates zu untergraben. Er trat unter dem Künstlernamen Robert Dorsay auf. Der Schauspieler Hans Meyer-Hanno kam als Mitglied der Saefkow-Gruppe nach Verbüßung seiner Haft ums Leben. Der Schauspieler Walter Bethke, Danzig, wurde am 20. Dezember 1943 in Brandenburg hingerichtet. Otto Wallburg, Kurt Gerron, Ehrlich, bekannte und prominente Schauspieler — wurden in der Haft umgebracht, Otto Wallburg und Kurt Gerron in sehr qualvoller Weise.[30]

Am 9. Oktober 1944 wurde der Chefdramaturg der UFA, Dr. Richard Düwel, in Brandenburg hingerichtet. Auch Ernst Fink, Kammermusiker aus Dresden, wurde dort exekutiert. Der Pianist und Komponist Ladislaus Döry von Jobahaza (auch als Schachmeister bekannt) ist einer der wenigen, die zum Tode verurteilt worden waren und dennoch davongekommen sind. Zuchthaus erhielt auch der Schauspieler Ernst Busch, der am 25. April 1945 in Brandenburg befreit wurde. Der Musikpädagoge Alfred Schmidt-Sas wurde, wie bereits berichtet, am 5. April 1943 in Plötzensee hingerichtet. Auch Moritz Seeler, der Begründer der „Jungen Bühne Berlin" und hochbegabter Lyriker, wurde verschleppt.

Leon Jessel, der fast allen Deutschen durch sein „Schwarzwaldmädel" bekannt ist, starb am 31. Januar 1942 im Jüdischen Krankenhaus in Berlin. Wenige Stunden vorher nur war er eingeliefert worden, in Lumpen gehüllt, aus Mund und Nase blutend, zum Skelett abgemagert. Der Intendant des Mitteldeutschen Rundfunks, Professor Neudeck, beging am 5. August 1933 im Gefängnis angeblich Selbstmord. Dr. Bredow, der Schöpfer des deutschen Rundfunks, Dr. Magnus, der Direktor der Reichsrundfunkgesellschaft, Hans Flesch, der Intendant der Berliner Funkstunde, wurden gleich nach der „Machtübernahme" verhaftet. Der Direktor der „Funkstunde", Knoepfke, nahm sich in seiner Wohnung am 15. November 1933 das Leben.

Diese Aufzählung kann noch um ein Vielfaches vermehrt werden, doch ist es nicht der Zweck dieses Buches, die Aufgaben eines Lexikons zu ersetzen. Das Material ist jedoch so umfangreich, daß die vorstehenden Angaben nur einen flüchtigen Überblick über das Leid geben können, das die Künstler und Intellektuellen zu erdulden hatten.

Auch in der bildenden Kunst begegnete den nationalsozialistischen Säuberungsmethoden oft ein entschiedener Widerstand. Viele Künstler, so Kokoschka, gingen in die Fremde, nicht zuletzt die Meister des Bauhauses in Weimar. Andere, wie Hans Baluschek (Adolf Behne teilte im Katalog der Gedächtnisausstellung, Berlin 1948, mit, daß er am 28. September 1935 starb „. . . als er den letzten Pinselstrich an dem großen Bild einer zum Strick greifenden Frau in der Mansarde gemacht hatte, sank er vor der Staffelei tot zu Boden") und Willibald Krain verschwanden aus der Öffentlichkeit und gelten als verschollen. Am 23. November 1942 kam in Sachsenhausen der Bildhauer Philipp Zöllner ums Leben.

Die Bildhauerin Marie Louise Sarre, die im September 1943 von der Gestapo verhaftet worden war, erlangte im April 1945 ihre Freiheit zurück; sie war im Zusammenhang mit dem Fall Langbehn ins KZ Ravensbrück geschickt worden. Oda Schottmüller jedoch, die sich als Bildhauerin und Tänzerin einen Ruf geschaffen hatte, mußte gleich ihrem Freunde, dem Bildhauer Kurt Schumacher, am Galgen in Plötzensee ihr Leben lassen; beide gehörten der Widerstandsgruppe Schulze-Boysen an. Von den in Haft geratenen Künstlern seien Professor Horst Strempel und der Zeichner Herbert Sandberg, später Mitherausgeber der Zeitschrift „Ulenspiegel", genannt, der nach dreijähriger Zuchthaushaft in Brandenburg anschließend noch von 1938 bis 1945 ins KZ Buchenwald geriet. Von der SS im Calkumer Wald bei Duisburg totgeschlagen wurde am 26. Mai 1933 der Maler und Kunsthistoriker Hans Grohmann aus Duisburg; ermordet in Buchenwald wurde am 28. Februar 1945 der Kunstmaler Franz Monjau.

Ernst Barlach ließ man bekanntlich verderben und verhungern, der Maler und Dichter Johannes Wüsten starb 1944 im Zuchthaus-Hospital Brandenburg. Walter Trier starb in der Emigration. Totgeschlagen wurde am 12. Dezember 1933 Professor Hugo Meyer-Thur von der Hamburger Landeskunstschule. Hingerichtet wurde am 12. Januar 1945 in Dresden, 61 Jahre alt, der Maler Alfred Frank und am 5. Juni 1942 in Plötzensee der

Maler Fritz Schulze von der Dresdner Kunstakademie, beide wegen „Hochverrats".

Zusammen mit seinem Freunde, dem Dichter Erich Knauf, hätte auch der Maler E. O. Plauen unterm Fallbeil des Zuchthauses Brandenburg sein Leben lassen müssen, wenn es ihm, dem wir die erquickenden Bilderserien „Vater und Sohn" verdanken, nicht geglückt wäre, noch vorher in der Gestapohaft seinem Leben selber ein Ende zu bereiten.

Emil Stumpp, der Maler und Graphiker, dessen Porträts zeigenössischer Prominenz vor 1933 in vielen Zeitungen erschienen, ein Künstler von hervorragendem Können, seinen sechs Kindern ein gütiger Vater, galt lange Zeit als verschollen. Man erinnerte sich, daß er noch 1932 Hitler gezeichnet hatte und daß seine warnende Studie Aufsehen erregt hatte, als sie im „Dortmunder Generalanzeiger" reproduziert worden war. Ernst Wiechert hat über ihn in „Jahre und Zeiten" Auskunft gegeben. Es heißt da:

„Wir hatten in der Heimat lange mit dem Zeichner Emil Stumpp gesprochen, mit dem wir sehr befreundet waren und der in allen Ländern Europas zu Hause war. Er war ein Mensch mit eigenen Gedanken, ein furchtloser und makelloser Charakter, und nach dem, was er uns erzählte, fuhren wir still und mit Sorgen der neuen Heimat zu. — Stumpp war einer der ganz wenigen treuen Freunde, auf die man wie auf einen Felsen bauen konnte. Seine Kinder waren lange verhaftet, und ihn ergriff man kurz vor dem zweiten Kriege oder zu dessen Beginn nach einem Feuergefecht auf der Kurischen Nehrung. Er wurde zu einer Gefängnisstrafe verurteilt und ist während der Haft gestorben, aufrecht und furchtlos, und wenn ich mich seines Löwenhauptes erinnere, erinnere ich mich auch des Besten, was ich auf dieser Erde besessen habe: der Freundschaft und der Liebe der wenigen Furchtlosen, die wir in unserem Lande in den Zeiten der Furcht gehabt haben."

Soweit Ernst Wiechert. Aber nachzutragen ist noch, daß Emil Stumpp auf dem Transport in eine Haftanstalt sein Leben beschloß, er starb am 5. April 1941.

Über den Widerstand der Hochschullehrer, oder auch über ihre innere Emigration, weiß man nicht viel. Nicht, daß sie in überwiegender Mehrzahl „Überläufer" waren, aber die Arbeit der Wissenschaftler entzog sich oft in Formulierung oder Tendenz dem Blick der Macht. Es wird kaum möglich sein, diese Arbeiten zu überprüfen, zumindest nur selten im Hinblick auf ihre politische Essenz. Man braucht nicht nur des großen Germanisten Oscar Walzel zu gedenken, der elend starb, des Marburger Romanisten Werner Krauss, der drei Jahre inhaftiert war, oder des Philosophen Kurt Huber, der mit den Geschwistern Scholl gemeinsam in den Tod ging. Unter den Mathematikern gab es eine betonte Zurückhaltung gegenüber der beschämenden und erfreulicherweise sehr kleinen Schar der „deutschen Mathematiker", nicht anders war es bei den Physikern (bekannt ist der mutige Streit Heisenbergs mit dem Vertreter der „deutschen Physik", Schwarz). Die Firma Zeiss bot zahlreichen Wissenschaftlern eine Stätte innerer Emigration, und es kam auch vor, daß die Wissenschaft selbst als Zufluchtsbereich aufgesucht wurde.

Als die Bonner Universität 1946 eine Liste wissenschaftlicher Veröffentlichungen aus der Zeit von 1939—1945 herausbrachte, enthielt diese Liste etwa 3000 Titel, obgleich alle „dem Parteigeist hörigen Bücher und alle sonstigen Werke, die auf dem ‚Index' der Alliierten stehen mochten", ausgelassen waren. Diese 3000 Titel, vornehmlich aus dem Gebiet der Geisteswissenschaften, beweisen die Kraft der „Inneren Emigration" (siehe Rothfels, a. a. O., S. 48):

„In erster Linie ist die Blickrichtung gesamteuropäisch", teilt Rothfels mit; „soweit sie sich mit deutscher Kultur befaßt, geht sie aufs entschiedenste zur älteren Überlieferung zurück, zu biblischen Traditionen . . .", er macht darauf aufmerksam, daß man in der Pflege geistiger Kontinuität bereits eine Opposition erblicken kann. Rothfels selbst verließ sein Königsberger Lehramt und ging nach den USA.

Der Widerstand der Wissenschaftler hatte nur an einer Stelle einen organisatorischen Charakter. Das war die altberühmte „Mittwochsgesellschaft", der sechzehn bedeutende Gelehrte angehörten, darunter die Professoren Sauerbruch, Spranger, Planck und Jessen.

Daneben stehen zahlreiche Beamte, wie der Kustos am Berliner Naturkunde-Museum, Prof. Dr. Walter Arndt, der am 11. Mai 1944 wegen „Defaitismus" zum Tode verurteilt wurde, oder der Regierungsrat Karl Schapper, der — wie sein Bruder Propst Helmut Schapper (selber zweimal als Bekenntnispfarrer inhaftiert) berichtet — im September 1939 verhaftet und am 1. Februar 1941 hingerichtet wurde.

Prof. Dr. Alexander Mitscherlich, Neurologe an der Universität Heidelberg, wurde 1937 wegen illegaler Arbeit zu Gefängnisstrafe verurteilt (Weißbuch der deutschen Opposition, S. 40). Nach dem 20. Juli wurde er wiederum festgenommen und blieb bis zur Befreiung in Haft.

Professor Dr. Moral von der Universität Rostock beging am 15. Februar 1934 angeblich Selbstmord, andere Mitteilungen besagen jedoch, daß er von SA-Leuten ermordet worden sei (ebenda, S. 41).

Professor Schoeller, ein bekannter Bakteriologe, nahm sich am 13. April 1933 nach seiner Entlassung aus dem Gefängnis angeblich das Leben (ebenda, S. 49).

Benedikt Schmittmann, Professor an der Universität Köln, wurde im Oktober 1939 im KZ Sachsenhausen ermordet (ebenda, S. 110).

J. M. Verweyen, Professor für Philosophie an der Universität Bonn, als Denker und Dichter gleich stark begabt, wurde am 27. August 1941 auf einer Vortragsreise in Frankfurt verhaftet. Im KZ Sachsenhausen erhielt er von der SS einen „Lehrauftrag in Lager-Deutsch", den er dazu benutzte,

Nachrichten zu übermitteln, politisch aufzuklären, zu ermutigen, zu raten und zu helfen. Besonders Walter Hammer und Dr. Carl Mennicke standen ihm dort nahe. Am 4. Februar 1945 wurde er mit 3000 anderen Häftlingen in das Lager Bergen-Belsen übergeführt, wo Verweyen am 21. März, kurz vor der Befreiung, am Flecktyphus starb.

Es wird berichtet, daß etwa 1300 Gelehrte, Professoren und Dozenten, nach 1933 ihren wissenschaftlichen Dienst verlassen mußten. Einige Namen sind weiter oben genannt worden. Anderen Quellen lassen sich die folgenden Ergänzungen entnehmen. Die Berliner Universität verlor die Professoren Dessoir, Hoetzsch, Kohlrausch, Staehlin, Valentin, Haber (Nobelpreisträger), Schroedinger, v. Drygalski, Friedmann, Zondek, Baade, Bonn, Grabowsky, Lederer (außer den schon erwähnten: Albert Einstein, Meinecke und Oncken). James Franck mußte Göttingen, Gustav Hertz Halle verlassen: beide erhielten 1925 den Nobelpreis für Physik. Ernst Jaekh, Gründer und (1926) erster Leiter der Berliner Hochschule für Politik, ging ins Ausland.

Magnus Hirschfeld, weltbekannt als Autorität auf dem Gebiet der Sexualwissenschaften, doch auch als Sozialpolitiker eine markante Erscheinung der Weimarer Republik, konnte von einer Weltreise nicht mehr nach Berlin zurückkehren. Er starb in der Emigration an seinem 67. Geburtstag.

Hans Driesch, Leipzig, wurde als Pazifist geächtet; Quidde, Präsident der Friedensgesellschaft seit 1914, emigrierte. August Messer, Franz Oppenheimer, der Staatsrechtler Rudolf Laun, Hamburg, und der Theologe Helmuth Thielicke verließen ihren Lehrstuhl. A. Splittgerber wurde vor einem Sondergericht verurteilt. Alois Wenzl, München, wurde 1938 entlassen; Paul Honigsheim ging nach Amerika.

Der Mathematiker Ernst Mohr und der Physiker Robert Havemann wurden zwar zum Tode verurteilt, konnten aber 1945 aus dem Zuchthaus befreit werden.

Auch die Freiburger Professoren Constantin Friedrich von Dietze, Gerhard Ritter, ein Freund Goerdelers, Adolf Lampe, Walter Eucken, Erik Wolf wurden im April 1945 aus ihrer Haft befreit. Unter den Professoren, die am Kampf gegen Hitler beteiligt waren, findet man außerdem Rudolf Smend, Goetze, Albrecht, Theodor Litt und — wenn man einen Kultusminister in dieser Reihe nennen darf — Adolf Grimme, der mit seiner Frau ins Zuchthaus geriet. Marie Torhorst und Carl Mennicke hatten einige Zeit im KZ zubringen müssen.

Dr. jur. et Dr. rer. pol. Heinz Ehrmann gelang es auf eine abenteuerliche Weise, das Ausland zu erreichen (nach mdl. Bericht an d. Red.). Er war 1933 der Chef einer illegalen jüdischen Organisation und wurde im November 1933 verhaftet. Da die Gestapo, bevor sie zur Vernehmung schritt, noch andere Mitglieder seiner Organisation festnehmen wollte und da zugleich das Untersuchungsgefängnis am Berliner Alexanderplatz überfüllt war, wurde er in das KZ Oranienburg eingeliefert. Dort wurde er nach einiger Zeit zum Lagerkommandanten gerufen, der ihn fragte, weshalb er im Lager sei. Ehrmann erwiderte, er wisse es nicht. Der Kommandant gestand, der Grund, weshalb er ihn, Ehrmann, habe rufen lassen, sei eben der, daß Ehrmann zwar in der Namensliste aufgeführt sei, Akten über ihn jedoch nicht vorhanden seien. Ehrmann, als guter Jurist, wies alsdann überzeugend darauf hin, dies sei ein Beweis, daß gegen ihn nichts vorläge. Der Kommandant entließ darauf Ehrmann. Ehrmann fuhr sofort nach Hause und noch am selben Tage nach Paris. Bereits am nächsten Morgen erschien die Gestapo in seiner Wohnung, um ihn wieder abzuholen. Als Henry Ehrmann hat er jetzt eine Professur in den USA.

Das Bild des Widerstandes der deutschen Intellektuellen ist ein Bild des Mutes und der Opferbereitschaft bester Deutscher, das viel zu wenig der Welt bekanntgeworden ist.[31]

Hier war von vielen Einzelgängern die Rede. Die vielen Einzelgänger hatten in der Summe einen beträchtlichen Effekt, der den Amoklauf des Hitlerreichs störte und bremste.

Gerade die Einzelgänger sind es, die im allgemeinen bei der Berichterstattung zu kurz kommen. Auch ihrer sei hier gedacht, die, ganz auf sich selbst gestellt, der Diktatur Trotz boten.

Ein Einzelgänger war der Heilpraktiker Gustav Bleier aus Berlin-Treptow, Mächtigstraße 4, der 1943 wegen politischer Äußerungen, die das Ende des Krieges und den Zusammenbruch der Hitlerdiktatur voraussagten, verhaftet wurde.

Eine Patientin denunzierte ihn. Er wurde wegen Wehrkraftzersetzung zum Tode verurteilt. Nach einem Jahr Haft starb er mit 27 anderen am 11. September 1944.

Zwei Wochen später erhielt die Witwe eine portofreie Dienstsache von der Gerichtskasse Moabit, in der ihr für die Ernährung ihres Mannes während der Haft RM 532,50 berechnet wurde und für das Todesurteil RM 300,— insgesamt RM 1000,— mit kleineren „Unkosten", zahlbar „binnen einer Woche, widrigenfalls . . .". Es war üblich, daß ein politischer Gefangener seine Haftzeit und auch seine Hinrichtung selbst bezahlen mußte. (Vgl. S. 352.)

Unter den Pädagogen gab es gleichfalls Widerstand. So wurde der Wiesbadener Studienrat Dr. Hermann Kaiser hingerichtet. Sein Tagebuch blieb in Fragmenten erhalten („Die Wandlung", Heft 5, 1945/46). Der bekannte Pädagoge Dr. Siegfried Kawerau wurde 1933 verschleppt und kam ums Leben. Ein hervorragender Schulmann, der Direktor der Volkshochschule Hamburg, Dr. Kurt Adams, starb am 7. Oktober 1944 im KZ Buchenwald. Auch Prof. Paul Hildebrandt, der populäre Pädagoge Berlins, kam in das KZ. Dr. Karl Wilker galt lange Zeit als verschollen; neuerdings heißt es, daß er in Natal lebe. Prof. Paul Östreich, der entschiedene Schulreformer, wurde aus dem Amt gejagt und kam für einige Monate in Schutzhaft.

Das Kapitel sei mit einem kurzen Bericht über den Widerstand der Juristen fortgesetzt.

Eine Woche nachdem der Berliner Rechtsanwalt Dr. Günther Joachim, der viele Reichsbanner-Prozesse geführt hatte, ermordet worden war, wurde in Kassel am 27. März 1933 der Rechtsanwalt Dr. Max Plaut zu Tode geprügelt. Von KZ zu KZ geschleppt wurde der Berliner Rechtsanwalt Dr. Hans Litten, eine religiöse, hilfsbereite Natur. In Dachau wurde er schließlich von seinen Leiden erlöst. Seine Mutter hat ihm ein Denkmal gesetzt in ihrem in viele Kultursprachen übersetzten Buch „Eine Mutter kämpft" (Greifenverlag, Rudolstadt in Thür.). Zahlreich sind die Rechtsanwälte, die 1933/34 in den Freitod getrieben worden sind, viele wurden ermordet.

In Plötzensee wurde am 8. September 1944 der Rechtsanwalt Dr. Joseph Wirmer hingerichtet, ehemaliger Zentrumsabgeordneter, der sich vorbereitend darum bemühte, aus Deutschland wieder einen Rechtsstaat zu machen, und von Goerdeler als Justizminister ausersehen worden war. Der Münchner Anwalt Dr. Josef Müller, später bayrischer Justizminister, ist an anderer Stelle bereits gewürdigt worden. Der Berliner Anwalt Dr. Karl Langbehn, der zusammen mit dem früheren Finanzminister Professor Dr. Popitz unabhängig von Goerdeler auf den Sturz Hitlers hingearbeitet hatte, wurde im September 1943 verhaftet und am 12. Oktober 1944 in Plötzensee hingerichtet. Der Rechtsanwalt Dr. Hans Wölfel aus Bamberg mußte in Brandenburg unter dem Fallbeil sein Leben lassen [32].

In der Emigration gingen der berühmte Verteidiger Max Alsberg, der ebenfalls erfolgreiche Strafverteidiger Dr. Frey und auch Senatspräsident Arnold Freymuth und Frau in den Tod.

Ein Mann von hervorragendem Mut war der Landgerichtsdirektor Dr. Friedrich Weißler, der schon an der Niederschlagung des Kapp-Putsches aktiv beteiligt war. Ein aufrechter Demokrat, der in Halle/Saale viel von sich reden machte dadurch, daß er noch nach der „Machtergreifung" einen SA-Mann, der in voller Kriegsbemalung vor Gericht erschien, zu einer Ordnungsstrafe verurteilte: wegen Ungebühr vor Gericht. Er bezeichnete den Auftritt geradeheraus als eine „Maskerade". Einige SA-Leute drangen daraufhin mit Gewalt in sein Dienstzimmer ein, schleiften den Landgerichtsdirektor auf den Balkon und präsentierten ihn dort dem johlenden Pöbel. Er wurde getreten und geschlagen; man zwang ihn, eine auf dem Balkon aufgepflanzte Hakenkreuzfahne zu grüßen. Dann schleifte man ihn auch noch durch die Stadt; anschließend kam er in ein Lager. Nach seiner Freilassung wurde er (wie nach ihm der ermordete Dr. Perels) Justitiar in der Leitung der Bekennenden Kirche. Als 1936 eine Streitschrift über das Recht der Bekennenden Kirche stark beachtet und viel nachgedruckt wurde, stieß die Gestapo bei ihrer Fahndung nach dem Autor erneut auf Dr. Weißler, der nun in das Konzentrationslager Sachsenhausen geriet. Schließlich wurde er im Februar 1937 dort ermordet. (Nach einem Gedenkbuch über die Blutzeugen der Bekennenden Kirche, 1949 erschienen im Evangelischen Verlagswerk Stuttgart.)

Welche Rolle spielten die vom deutschen Volk gewählten Parlamentarier, und welches Schicksal hatten sie? Walter Hammer hat sich um die Klärung dieser Frage bemüht und ist zu folgenden vorläufigen Ergebnissen gekommen:

Hitler konnte bei der letzten einigermaßen freien Wahl lediglich 44 % der Wählerstimmen für sich gewinnen; der Reichstag mußte in Flammen aufgehen, um ihm auch nur eine einfache Mehrheit im Reichstag zu verschaffen. Diese Brandstiftung war für ihn der Vorwand, die 81 kommunistischen Reichstagssitze zu kassieren, indessen mußten auch schon 20 sozialdemokratische Abgeordnete der ausschlaggebenden Versammlung fernbleiben, weil ihnen Verhaftung drohte.

Was nach Hitlers „Machtergreifung" mit den führenden Köpfen der Opposition geschah, war so ungeheuerlich, daß man sich immer noch gescheut hat, diesen Dingen einmal nachzugehen. In beinahe zwanzig Jahren hat sich soviel Weltbewegendes ereignet, daß die Opfer, die die deutschen Parlamentarier brachten, mehr und mehr in Vergessenheit geraten.

Diese Forschung steckt noch in ihren Anfängen, weshalb Abschließendes und Erschöpfendes heute noch nicht darüber gesagt werden kann. Aber die vorläufigen Ergebnisse sind schon erschütternd genug. Am leichtesten hat sich das Schicksal der Reichstagsabgeordneten verfolgen lassen, während die Volksvertreter in den zahlreichen Landtagen überwiegend verschollen sind. Soweit sich aber über sie noch Zuverlässiges feststellen ließ, ist dies in unseren Überblick miteinbezogen worden.

Außerordentlich schwere Verluste hat die Sozialdemokratische Partei zu beklagen gehabt. Der Raum reicht nicht, über alle Betroffenen zu berichten, doch sei auf folgende Einzelschicksale hingewiesen: Adolf Biedermann wurde am 11. Mai 1933 im D-Zug von der SA ermordet; Konrad Broßwitz kam in Dachau ums Leben, der schlesische Abgeordnete Karl Mache in Groß-Rosen. Auch der Reichstagsabgeordnete Stefan Meier mußte im KZ sterben, nachdem er es abgelehnt hatte, ein Gnadengesuch einzureichen. Der frühere Ministerpräsident Johannes Stelling wurde am 22. Juli 1933 ein Opfer der berüchtigten Köpenicker Blutnacht; im Oktober 1933 wurde Otto Eggerstedt mit Moorlager Esterwegen erschossen; Reichstagsabgeordneter und Staatsrat Dr. h. c. Ludwig Marum starb in der Karwoche 1934 im Lager Kislau eines gewaltsamen Todes; Toni Pfülf wurde im Juni 1933 in Verzweiflung und Tod getrieben, ebenfalls die Abgeordnete im Preußischen Landtag Minna Bollmann. Ernst Schneppenhorst gehörte zu den noch Ende April 1945 ermordeten Opfern des 20. Juli;

der preußische Landtagsabgeordnete Eduard Zachert wurde am 22. Juli 1943 in Plötzensee hingerichtet; Max Westphal, aus der sozialistischen Jugendbewegung hervorgegangen, mußte am 28. Dezember 1942 sterben. Kuno Ricke, Präsident des Braunschweigischen Landtags, saß schon elf Jahre in Haft, als er am 2. März 1945 im Konzentrationslager Buchenwald sein Leben lassen mußte; nicht minder schwer war das Geschick, welches der frühere braunschweigische Ministerpräsident Dr. Heinrich Jasper zu ertragen hatte (schon 1933 in ein Konzentrationslager gesteckt, kam er erst 1945 in Belsen-Bergen ums Leben); schlimmer Folter war der braunschweigische Landtagsabgeordnete Otto Thielemann ausgesetzt, bevor er zugrunde ging. Daß Dr. Kurt Schumacher elf Jahre Konzentrationslager zu erdulden gehabt hat, ist bekannt; der inzwischen auch verstorbene Oberbürgermeister Fritz Henssler hat nicht weniger als acht Jahre Sachsenhausen erleiden müssen, auch Paul Löbe blieb das KZ (Groß-Rosen) nicht erspart; Hermann Brill brachte es auf zwölf Jahre in Zuchthaus und KZ. Die Welt horchte auf, als gleich im März 1933 der frühere Reichsminister Wilhelm Sollmann von der SA viehisch gefoltert worden war, ebenfalls sein Kollege aus dem Reichstag Alfred Faust, der nur knapp dem Tode entrann. Dr. Carlo Mierendorff hatte schon lange Jahre KZ-Haft hinter sich, ehe er aus dem Leben gerissen wurde; Paul Gerlach und Fritz Husemann kamen im Konzentrationslager um, ebenfalls Ernst Heilmann, Clemens Hoegg und Johannes Kleinspehn. Der sächsische Landtagsabgeordnete Christian Ferkel wurde am 10. Oktober 1934 von der SA ermordet. Schon vorher hatte man seinen Kollegen Georg Landgraf aus Chemnitz erschossen. Ein weiterer sächsischer Landtagsabgeordneter, Dr. Max Sachs, wurde am 5. Oktober 1935 in Sachsenburg ums Leben gebracht. Der Reichstagsabgeordnete Michael Schnabrich war im KZ dermaßen zugerichtet worden, daß er 1939 bald nach seiner Entlassung starb. Der Landtagsabgeordnete und Bürgermeister von Staßfurt, Hermann Kasten, wurde von einem SA-Mann, einem siebzehnjährigen Schüler, erschossen. Friedrich Langhorst beging angeblich Selbstmord, ist jedoch im Gefängnis erschossen worden. Max Richter, Mitglied des Reichstags und des Landtags, wurde im KZ ermordet. In Theresienstadt kamen Gustav Hoch und Dr. Julius Moses ums Leben. Auch die Greisin Annemarie Oesterreicher, die den letzten Reichstagen schon nicht mehr angehörte, endete ihr Dasein im KZ. Dr. Rudolf Breitscheid starb bekanntlich in Buchenwald, während Dr. Rudolf Hilferding, der gleich ihm in Frankreich verhaftet worden war, gleich an Ort und Stelle ums Leben gebracht wurde. Der Gewerkschaftsführer Anton Reissner, der 1933 nach Holland emigrierte, nahm sich 1940 zusammen mit seiner Frau beim Einmarsch der Hitlertruppen das Leben. Gleiches tat der Reichstagsabgeordnete Franz Vogt aus Bochum; er starb 1941 in Holland. Besonders viele Frauen gingen für ihre Überzeugung in den Tod. Dora Fabian und die Reichstagsabgeordnete Mathilde Wurm nahmen sich in der Emigration das Leben. Franziska Kessel hatte man im April 1934 in der Zelle aufgehängt. Die Landtagsabgeordnete Leni Rosenthal wurde am 31. Oktober 1936 von der Gestapo ermordet, Johanna Tesch schließlich starb am 13. März 1945 im KZ Ravensbrück an Entkräftung, elf Tage vor der Erreichung ihres 70. Geburtstages. Der Reichstagsabgeordnete Lorenz Breunig war im KZ Sachsenhausen körperlich dermaßen heruntergekommen, daß man ihn noch in allerletzter Stunde in die Gaskammer schickte. Daß auch die Abgeordneten und Gewerkschaftsführer Hans Böckler und Walter Freitag nicht von Verhaftungen verschont blieben, darf nicht unerwähnt bleiben. Erich Kuttner wurde am 1. Oktober 1942 im Konzentrationslager Mauthausen ermordet. Aber nicht zu vergessen: Dr. Julius Leber und Wilhelm Leuschner, die mit den vielen anderen Opfern des 20. Juli 1944 am Galgen von Plötzensee ihr Leben lassen mußten. Einer der letzten war Fritz Voigt aus Breslau, der am 1. März 1945 in Plötzensee starb.

Auch unter den kommunistischen Parlamentariern haben die Schergen Hitlers vernichtend gewirkt. Der Parteiführer Ernst Thälmann wurde in Buchenwald getötet. Schon bald nach der „Machtergreifung" mußten mehrere kommunistische Abgeordnete ihr Leben lassen. Robert Stamm wurde in Plötzensee im November 1937 hingerichtet, während John Scheer und Erich Steinfurth am 2. Februar 1934 „auf der Flucht erschossen" wurden. In Brandenburg schickte Freisler unter das Fallbeil: Dr. Theo Neubauer und Willi Skamira, beide MdR. Dort starb auch 1937, zu lebenslänglichem Zuchthaus verurteilt, Max Maddalena am 23. Oktober 1943. Walter Stöcker ging im Konzentrationslager Buchenwald zugrunde. In Plötzensee wurden Konrad Blenkle am 22. Januar 1943, auch Siegfried Rädel und Karl Becker hingerichtet. Am 11. Oktober 1944 wurden in Sachsenhausen erschossen die Reichstagsabgeordneten Rudolf Henning, Mathias Thesen und Ernst Schneller, nachdem man letzteren im Sommer 1933 zu fünfzehn Jahren Zuchthaus verurteilt hatte. Schon am 18. März 1934 wurde Christian Heuck erschlagen. Franz Stenzer vom ZK der KPD wurde am 22. August 1933 in Dachau „auf der Flucht erschossen". Der Landtagsabgeordnete Heinrich Schlösser vom Niederrhein starb von Henkershand in Brandenburg. Noch in letzter Stunde, Anfang Mai 1945, wurde Max Sellheim in Sachsenhausen erschossen, während Georg Schumann, ebenfalls ein alter Sachsenhausener, am 11. Januar 1945 hingerichtet wurde. Reinhold Jürgensen beging am 17. Dezember 1934 in Hamburg-Fuhlsbüttel „Selbstmord". Albert Kayser, im August 1935 zum Tode verurteilt, dann zu lebenslänglichem Zuchthaus begnadigt, kam aus Brandenburg noch nach Buchenwald, wo er am 18. Oktober 1944 an Typhus starb. Von der SA erschlagen wurden am 27. März 1933 Walter Schütz und am 20. September 1933 Hermann Scheffler. Der Reichstagsabgeordnete von Hören wurde am 14. August 1944 zusammen mit 41 anderen hingerichtet und der Reichstagsabgeordnete Jonny von der Reith am 28. November 1933 in Hamburg-Fuhlsbüttel ermordet. Zahlreich sind die kommunistischen Parlamentarier, die ins Ausland emigrierten und deren Spuren sich dort verloren haben. Man weiß aber, daß die Reichstagsabgeordneten Arthur Becker und Hans Beimler im spanischen Bürgerkrieg gefallen sind und daß Willi Münzenberg in Frankreich ums Leben gekommen ist.

Im Gegensatz zu den enormen Blutopfern der beiden Linksparteien, hatten die anderen Parteien beträchtlich geringere Verluste. Das Zentrum hatte den Henkertod mehrerer Abgeordneten zu beklagen. Zu den von Freisler verurteilten Opfern des 20. Juli 1944 gehörten der frühere Staatspräsident Dr. Eugen Bolz, Bernhard Letterhaus und der Rechtsanwalt Dr. Joseph Wirmer, die in Plötzensee ihr Leben lassen mußten, während der ebenfalls zum Tode verurteilt gewesene frühere Reichsminister Dr. Andreas Hermes mit dem Leben davongekommen ist. Der Reichs- und Landtagsabgeordnete Otto Gerig starb am 3. Oktober 1944 im Konzentrationslager Buchenwald. Totgeschlagen wurde im Konzentrationslager Sachsenhausen der Landtagsabgeordnete Professor Benedikt Schmittmann. Zu den verhafteten Zentrumsabgeordneten gehörten Karl Diez, Baden, Christine Teusch, Dr. M. Horlacher, die Prälaten Ulitzka und Dr. Hermann Joseph Schmitt. Zahlreiche Abgeordnete gingen ins Exil. Schlimm mitgespielt wurde dem früheren Preußischen Staatsminister Heinrich Hirtsiefer, der, durch mehrere Konzentrationslager geschickt, zwar 1934 entlassen wurde, dann aber bald starb.

Sogar der Deutschnationalen Volkspartei sind Verluste nicht erspart geblieben. Am 3. Mai 1933 wurde Dr. Ernst Oberfohren, Vorsitzender der Deutschnationalen Reichstagsfraktion, ermordet, weil er in einer Denkschrift über den Reichstagsbrand die Lügen der Usurpatoren entlarvt hatte. Dr. Paul Lejeune-Jung mußte am 18. September 1944 in Plötzensee sterben, weil er am Aufstand des 20. Juli beteiligt gewesen war.

Aus gleichem Grunde ließen sogar zwei Abgeordnete der NS-Partei ihr Leben: Graf Helldorf wurde ebenfalls in Plötzensee gehenkt, während der Gauleiter Josef Wagner noch Ende April 1945 erschossen wurde.

Bemerkenswert ist noch, daß nicht weniger als zehn Abgeordnete, vielleicht auch einige mehr, die Hitler in seinen „Reichstag" befohlen hatte, bei dem Massenmord vom 30. Juni 1934 niedergeknallt wurden, unter ihnen Gregor Strasser.

Als vorläufiges Fazit ergibt sich folgendes unvollständiges Bild.

Während des nationalsozialistischen Regimes sind umgekommen:

62 Abgeordnete der SPD
57 Abgeordnete der KPD
2 Abgeordnete der Deutschnationalen Volkspartei
1 Abgeordneter der Staatspartei
7 Abgeordnete des Zentrums und einige 12—15 Mitglieder der NSDAP

Emigriert sind: 54 Sozialdemokraten, 3 von der SAP, 20 Kommunisten, 8 Abgeordnete des Zentrums, 5 Demokraten von der Staatspartei und einer von der Deutschnationalen Volkspartei.

Zusammengefaßt ergibt sich folgendes Bild:

Abgeordnete des Reichstags (unvollständig)

Umgekommen	89
Emigriert	77
Zuchthaus oder KZ	99
	265

Abgeordnete der Landtage (unvollständig)

Umgekommen	46
Emigriert	25
Zuchthaus oder KZ	69
	140

Der Mensch, der den Eid auf die Weimarer Verfassung leistete, tötete, verjagte oder verhaftete ein Drittel der Männer, die vom deutschen Volk auf Grund einer von Hitler feierlich beschworenen Verfassung gewählt worden waren. Und ein Eid auf diesen Eidbrecher sollte heilig gewesen sein? War nicht vielmehr Widerstand zur Pflicht geworden?

Das Urteil der Welt über die deutsche Widerstandsbewegung

Die deutsche Widerstandsbewegung 1933—1945 sollte in der Geschichte des deutschen Geistes, in der Geschichte der Freiheitskämpfer der Welt einen besonderen Platz einnehmen, da selten in der Welt die Waffen so ungleich verteilt waren, noch niemals das Todesrisiko so groß war. Welche Energie, welche Unerschrockenheit, welcher Todesmut in den einzelnen Organisationen bewiesen wurden, welche Geschicklichkeit, welches Genie und welch reiner Opfermut, das wird in ihrem ganzen Ausmaß die Welt nie erfahren. Aber es wird Zeit, daß unser Vaterland zu hören bekommt, was alles geschehen ist.

Aus einem Brief des Bundespräsidenten Theodor Heuss:

»Sehr geehrte, liebe Frau . . .

Da sich der Termin wieder nähert, der für Sie und Ihre Kinder den tragischen Schicksalstod bedeutet, der den Gatten und den Vater in einen Tod riß, der nicht bloß Tod, sondern Entehrung sein sollte, wenden Sie sich an mich um Rat, was denn geschehen könne, um das Gedächtnis jener Männer vor der Versudelung zu bewahren, der sie einmal in der frechen, öffentlichen Rede des Demagogen, das andere Mal im weitergetragenen Geschwätz der Bierbank ausgesetzt sind. Ich habe schon früher einmal Briefe verwandter Natur erhalten — einer davon enthielt sogar die erschreckende Notiz, daß die Kinder eines der Hingerichteten unter den hämischen Reden über ihren Vater zu leiden hätten.

Ihre Kinder, die ich ja kenne, brauchen zum Glück einen sonderlichen Schutz der Seele nicht; sie trauern über den Vater, aber der Strang, der ihn erwürgte, hat nicht seine Ehre erwürgt, denn sie fragen sich, ob jene, die ihn solchem Tod auslieferten, nicht selbst längst der Ehre bar waren, soweit sie eine solche überhaupt je besessen und nicht bloß den Begriff manipuliert haben. Man sollte, scheint mir, wegen dieser Dinge auch nicht zum Gericht gehen. Ich will Ihnen jetzt nicht breiter darlegen, daß mir die rechtlichen Voraussetzungen eines wirksamen Ehrenschutzes in Deutschland überhaupt fragwürdig erscheinen — wir könnten da einiges von England lernen. Aber wenn Ihnen auch kaum ein Gericht bei einer Klage gegen die Verleumder der Opfer des 20. Juli die „Wahrung berechtigter Interessen" versagen würde, der Ort zum Austrag des geschichtlichen und des sittlichen Urteils ist falsch gewählt. Ich habe deshalb Freunden und Bekannten, die mit dem 20. Juli zusammenhängen, oder mit dem, was ein so einfach hingenommenes Propagandareden unter dem Wort „Rote Kapelle" subsumiert (Anti-Hitler-Verschwörung im Luftfahrt-Ministerium), geraten, auf den Weg zum Amtsgericht oder zum Landgericht zu verzichten. Nicht etwa, weil ich diesen „mißtraue" — solches Gefühl hat der ehemalige Reichskanzler und Reichsjustizminister Marx ausgesprochen, als er sagte, er für seine Person verzichte gegenüber der rechtsradikalen Böswilligkeit darauf, gerichtlichen Schutz zu suchen.

Die Amtsgerichte und die Landgrichte, so sachlich ihr Verfahren und so redlich ihr Bemühen um Rechtsfindung sein mögen, sind einfach für solche Geschichtsurteile, die keine Gerichtsurteile sind, unzuständig — die rechten Richter spüren dies auch, und nur wenige werden sehr froh sein, wenn eine solche Sache gerade bei ihnen „anhängig" wird. Was ist das schon, wenn Herr Soundso ein paar hundert Mark und die Gerichtskosten zahlen, wenn er ein paar Monate ins Gefängnis wandern muß! Er steigert sich in die Rolle des „Märtyrers", die seinen Vorbildern (und gedachten Vorläufern?) so gut bekommen ist. Nichts schrecklicher, als sehr komplexe Geschichtsvorgänge jetzt den formaljuristischen Technikern und dann dem forensischen Pathos von Staats- und Rechtsanwälten ausgesetzt zu sehen — derlei vollzieht sich mit Niveau und ohne Niveau. Liebe Frau . . ., Sie haben selber einmal studiert und wissen das.

Die „Gutachten" in dem kürzlichen Prozeß in Braunschweig, das geschichtliche wie das theologisch-ethische, scheinen nach den Presseberichten eine sehr ernsthafte und gute Höhenlage besessen zu haben. Aber dringen sie durch? Man muß es wünschen. Denn sie scheinen mir die innere Rechtfertigung der Empörung gegen den hitlerischen Staat der völlig bewußten und zynischen Rechtlosigkeit dargetan zu haben, falls es deren sachlich und moralisch überhaupt bedurfte.

Aus mancherlei Gesprächen weiß ich, daß das Problem des „Offiziers" und des „Fahneneids" dabei eine sonderliche Rolle spielt oder spielen soll — Ihr Gatte war bloß „Reservist", aber dieser Gedankengang, darin war ich in früheren Gesprächen mit ihm und mit Ihnen einig, ist künstlich konservierte Legenden-These —, im Sittlich-Elementaren war er nie echt. Es gibt wohl ständische Konventionen und Gebote, aber es gibt keine sonderliche „Ehre", sondern nur eine unmittelbare Verantwortung vor Gott und vor dem Volk, in das man hineingeboren wurde, dem man nach Einsicht und Gewissen dient.

Der Brief gerät zu lang — aber Ihr eindringliches Schreiben hat manches aufgewühlt. Ich war, wie Sie wissen, nicht bloß mit Ihrem Gatten nahe vertraut, sondern habe im Verfolg des 20. Juli viele Freunde und Verwandte verloren, und ich weiß, daß Sie mit manchen Schicksalsgenossinnen in Verbindung stehen — die mögen von Ihnen erfahren, wie ich diese Dinge sehe. Ich schreibe diesen Brief auch nicht als „Bundespräsident", sondern als „Überlebender". Ich habe im Spätjahr 1945 in einer Rede zu Stuttgart die ganze Frage des 20. Juli einmal behandelt, und jenes bewußte oder fahrlässige oder dumme Mißverstehen der damaligen alliierten Propaganda gekennzeichnet, die den 20. Juli, dem Männer des „christlichen Adels deutscher Nation" zum Opfer fielen, wie Sozialisten vom Rang Lebers und Leuschners, als eine „reaktionäre Erhebung" zur Sicherung alter Offizierstraditionen darstellte. Damals sagte ich von den Opfern: „Sie möchten mit ihrem Sterben über den Tod hinaus Deutschland einen politischen Dienst leisten, daß das andere Deutschland in seinen Blutzeugen sichtbar bleibe." Dies Wort richtete sich damals an die Fremden — es hat, glaube ich, heute seine Gültigkeit noch nicht verloren, sucht aber jetzt vor allem die Nachdenklichkeit, den Anstand, die sittliche Selbstbesinnung von Deutschen.

Dieser Brief ist kein „Rat" geworden. Aber vielleicht wirkt er doch als solcher.

Gute Grüße, auch den Kindern,

Ihr gez. Theodor Heuss.«

Aus der Abschiedserklärung der ehemaligen politischen Häftlinge des Konzentrationslagers Mauthausen, abgegeben im Namen von Häftlingen aus 16 Nationen:

„Wir wollen nach erlangter eigener Freiheit und nach Erkämpfung der Freiheit unserer Nationen die internationale Solidarität des Lagers in unserem Gedächtnis bewahren und daraus die Lehre ziehen. Wir werden einen gemeinsamen Weg beschreiten, den Weg der unteilbaren Freiheit aller Völker, den Weg der gegenseitigen Achtung, den Weg der Zusammenarbeit am großen Werk des Aufbaues einer neuen, für alle gerechten, freien Welt. Wir wenden uns an die ganze Welt mit dem Ruf: Helft uns bei dieser Arbeit! Es lebe die internationale Solidarität! Es lebe die Freiheit!"

Thomas Mann schrieb:

„Die ganze Welt weiß heute, daß in Deutschland während Hitlers und Himmlers Schreckensherrschaft Tausende von heldenhaften Männern und Frauen lebten, die unter völlig hoffnungslosen Umständen bereit waren, für Wahrheit, Freiheit und Menschenwürde ihr Leben in die Schanze zu schlagen. Ihnen, den Rettern der Ehre Deutschlands, gebührt unsere tiefste Bewunderung, ihre Geschichte im einzelnen muß noch geschrieben werden."

General Henning von Tresckow, der nach dem Fehlschlag des Attentats vom 20. Juli 1944 an die Front ging, um sich dort das Leben zu nehmen, verabschiedete sich mit den Worten:

„Jetzt wird die ganze Welt über uns herfallen und uns beschimpfen. Aber ich bin nach wie vor der felsenfesten Überzeugung, daß wir recht gehabt haben. Ich halte Hitler nicht nur für den Erzfeind Deutschlands, sondern auch für den Erzfeind der Welt. Wenn ich in wenigen Stunden vor den Richterstuhl Gottes treten werde, um Rechenschaft abzulegen über mein Tun und Unterlassen, so glaube ich mit gutem Gewissen das vertreten zu können, was ich im Kampfe gegen Hitler getan habe. Wer in unseren Kreis getreten ist, hat damit das Nessoshemd angezogen. Der sittliche

Wert eines Menschen beginnt erst dort, wo er bereit ist, für seine Überzeugung das Leben hinzugeben."

Dr. G. K. A. Bell, der englische Bischof von Chichester:

„Es ist klar, daß es eine starke Antinazi-Opposition gab, die sich aus den verschiedensten Elementen zusammensetzte. Man nimmt an, daß zusammen 20000 Menschen hingerichtet wurden. Alle sind dahingegangen. Aber ihr Zeugnis bleibt bestehen! Die Möglichkeit einer Wiedergeburt Deutschlands und einer Genesung Europas beruht auf den Überlebenden der Opposition, die dieses Zeugnis ablegen, überall in Deutschland. Sie beruht ferner auf allen anderen, innerhalb und außerhalb der Kirche, soweit sie von freiheitlichen und menschlichen Idealen erfüllt sind; soweit sie in wahrer Vaterlandsliebe mit Gleichdenkenden anderer Länder zusammenarbeiten wollen." (Es waren tatsächlich 32500 Hinrichtungen. D. Red.)

Wilhelm Leuschner am 20. August 1939 in einer Botschaft an seine englischen Gesinnungsgenossen:

„Ich fürchte, daß es diesen Herbst zum Krieg kommen wird und daß dieser Jahre dauern wird. Frankreich und England haben erst begonnen, sich auf den Krieg vorzubereiten. Sage unseren dortigen Freunden, besonders Walter Citrine, daß wir sind, was wir waren. Aber wir sind gänzlich unfähig, die Katastrophe zu verhindern. Wir sind Gefangene in einem großen Zuchthaus. Zu rebellieren wäre genau so Selbstmord, als wenn Gefangene sich gegen ihre schwer bewaffneten Aufseher erheben würden."

Über den Kampf der deutschen Illegalen veröffentlichte der „Manchester Guardian" am 5. Februar 1936 folgende anerkennenden Worte:

„Ihre Existenz ist voll äußerster Gefahr, nervöser Spannung und gröbster Armut. Sie haben sich die Aufgabe gestellt, Aktions- und Widerstandszentren zu schaffen für den Tag, an dem die allgemeine Unzufriedenheit in Deutschland politische Formen annehmen wird. Sie sind eine Art ‚eiserne Garde', die sich darauf vorbereitet, die Revolution gegen eine der schlimmsten Tyranneien unserer Zeit zu organisieren. Gefährlicher, als es im Schützengraben gewesen ist, ist es, aktives Mitglied dieser Opposition zu sein. Die Verluste sind sehr hoch, und während der Mensch, der im Feld verwundet wurde, meist in gute Hände fiel, gleich ob in Freundes- oder Feindeshand, werden die politischen Gefangenen in Deutschland durchweg mit voller Absicht von ihren Feinden gequält. Die Gestapo verfolgt die politische Opposition erbarmungslos."

Dr. Josef Müller, damals bayr. Justizminister, führte in einem Vortrag des NWDR folgendes aus:

„Ich weiß nicht, ob ich am Ende meines Lebens so ruhig sterben werde, wie ich damals gestorben wäre. Denn ich hatte das Bewußtsein, für das höchste Gut zu sterben, das es für den einzelnen wie für die Menschheit gibt: für den Frieden!

Am Morgen des 9. April 1945 wurden meine Freunde gehenkt: Canaris, Sack, Oster — ob Bonhoeffer an diesem Tage starb, ist nicht sicher, und von Rabenau weiß man nur, daß er mit Bonhoeffer nach Flossenbürg zurückgeholt wurde. Und andere starben. — Auf dem Krematorium von Flossenbürg steht heute noch: ‚Der Weg zur Freiheit führt durch den Schlot!'

Das schlimmste Erlebnis des 9. April war, als meine toten Freunde hinter dem Bunker verbrannt wurden und daß nicht ganz verbrannte Hautfetzen durch die Gitterstäbe hereingeweht wurden. Das Krematorium war nämlich nicht mehr in Funktion. So wurden meine Freunde auf dem Scheiterhaufen verbrannt, Menschen, Kameraden, Mitverschworene, deren Schicksal ich gerechterweise hätte teilen müssen. Ich wußte immer noch nicht, ob es mir erspart bleiben würde. Erst später stellte ich fest, daß ich kostbar genug befunden wurde, um als Geisel dem Vatikan und der englischen Regierung angeboten zu werden. Es bestand ein sogar von mir unbestrittener Grund für ein Todesurteil. Der SD besaß nämlich ein Schreiben des Privatsekretärs des Papstes, in dem die Friedensbedingungen wiederholt waren, die im X-Bericht Aufnahme gefunden hatten. Sie waren in dieser Form niedergelegt, weil bestimmte Generale zum Handeln veranlaßt werden sollten, so etwa auch der Generaloberst Halder. Das Ganze war auf Wunsch des Generalobersten Beck geschehen, um zu beweisen, daß der Papst auch mit der Geltung, die er als Persönlichkeit in der Welt besitzt, als Friedensvermittler diese Friedensbedingungen deckt. Diese Bedingungen waren nicht nur angesichts der damaligen Lage ehrenvoll — sie sind zum Teil schon im Prozeß Huppenkothen genannt worden —, und niemand, auch von jenen, die damals auf der Gegenseite standen, hat Veranlassung genommen, auch nur gegen eine der Bedingungen ein Wort zu sagen. Wie viel wäre unserem Volke erspart geblieben, wenn dieser Frieden unmittelbar nach Beginn des Krieges hätte geschlossen werden können; denn die Verhandlungen wurden unmittelbar nach Beginn des Polenfeldzuges eingeleitet.

Oster, Canaris und Dohnanyi ersuchten mich 1939 — damals kannte ich den Generalobersten Beck selbst noch nicht —, zum Papst zu fahren und ihn zunächst zu bitten, zu sondieren, ob die englische Regierung bereit sei, mit einer Militäropposition Frieden zu schließen. Nach der Bereitschaftserklärung Englands fanden die Gespräche statt, die dann zu klaren Fixierungen von Friedensbedingungen führten. In diesen ersten grundlegenden Gesprächen, die zu meiner Beteiligung an der Militäropposition führten, gingen alle Beteiligten davon aus, daß Hitler dem Volk die Möglichkeit genommen hatte, sich ihm gegenüber durchzusetzen; daß der Krieg verbrecherisch leichtsinnig begonnen war schon angesichts der

Kriegskapazität der beteiligten Länder; daß ein Unglück hereinbrechen mußte über Deutschland, Europa, die Welt, und daß diejenigen, die irgendeine Möglichkeit besaßen, im Gewissen nicht nur berechtigt, sondern verpflichtet waren, zu handeln, um eine Gangsterbande zu beseitigen, die nicht nur Deutschland, sondern die ganze Welt ins Unglück brachte.

Wenn ich diese Formulierung wähle, so gebe ich damit den Wortlaut einer Erklärung wieder, die ich im Auftrage des Generalobersten Beck unmittelbar vor dem Tresckow-Attentat im März 1943 an die englische Regierung übermittelte und in der Beck eröffnete, daß die Generale sich aus ethischen Gründen zum Handeln verpflichtet fühlten. Ethik und Moral lebten im anständigen Deutschland auch in der Zeit, als Hitler auf dem Höhepunkt seiner Macht stand. Denn in der Militäropposition waren an der Spitze fast durchweg überzeugte Christen, die, wie Oster es formulierte, selbst die Tatsache hinnehmen mußten, daß Hitler dem Hochverräter nicht die ehrliche Kugel gönnt, sondern die Kugel eher dem Feigling gab, für den Überzeugungstäter aber, der sich ihm nicht unterwarf oder gar ihn zu Fall bringen wollte, den Galgen errichtete.

Und wir, Oster und ich, gaben uns zwei Ehrenworte; das eine bis zur letzten Konsequenz: ‚Entweder er oder wir' — und das zweite: ‚Wenn einer platzt, geht er allein an den Galgen.'

Meine Freunde haben ihr Wort gehalten. Sie sind gestorben als anständige deutsche Menschen für Deutschland und den Frieden. Ich war bereit, den gleichen Weg zu gehen, und sehe heute deswegen auch meine Aufgabe darin, dem Frieden zwischen den Menschen und zwischen den Völkern zu dienen."

Dr. Kurt Schumacher sagte in einem Funkvortrag des NWDR:

„Viele politische Gruppen und Personen in Deutschland versuchen jetzt, die Diktatur der zwölf Jahre zu rechtfertigen und als national für Deutschland besonders wertvoll hinzustellen. Sie gehen an den Abgründen der Unmenschlichkeit vorbei, sie sprechen nicht von der zerstörten Freiheit, von der Versündigung an der Menschlichkeit, den Konzentrationslagern und der Vernichtung von Millionen von Menschenleben. Sie schweigen von der Schande, die man damit dem deutschen Namen vor der ganzen Welt angetan hat.

Die Propaganda der unbelehrbar Schuldigen in und an den zwölf Jahren kann angesichts eines zerrissenen, zertrümmerten Deutschland und der Millionen von Toten, Witwen und Waisen nicht eine direkte Verherrlichung der Vergangenheit sein. Sie muß bestehen und besteht in dem völligen Verwischen der Sachlichkeit in dem Verzicht auf jede Erkenntnis, in der Beschmutzung und Diffamierung des politisch Andersdenkenden, in der Massivität der Lüge und der Ehrabschneiderei. Heute richtet sich der Hauptsoß gegen die Widerstandskämpfer und Emigranten. 1945 herrschte in Deutschland Totenstille. Damals haben die Schreier von heute die

Mauselöcher als komfortabelste Idealwohnung empfunden. So etwas an Mangel an Überzeugung, wie wir es 1945 sahen, ist 1933 nicht denkbar gewesen. Die Millionen, die man getäuscht und betrogen hat, will man von neuem in die Irre führen und will die Kluft zwischen ihnen und dem übrigen Volk verewigen. Es gibt keinen noch so gehässigen Gegner Deutschlands, der dem deutschen Volk so viel schadet wie die unverbesserlichen und unmoralischen Deutschen in der Politik. Sie isolieren das deutsche Volk, nachdem es die Widerstandskämpfer gewesen sind, denen es in erster Linie zu verdanken ist, daß Deutschland 1945 nicht endgültig in den Abgrund gestürzt wurde. Es waren die Widerstandskämpfer, deren Existenz die furchtbare Legende von der deutschen Kollektivschuld zerstörte. Ihnen hat das deutsche Volk zu verdanken, daß nicht noch unendlich Schlimmeres mit ihm geschah. Der Widerstand erwies sich 1945 als einziges nationales Aktivum der Deutschen. Ohne die jetzt beschimpften und beschmutzten Widerstandskämpfer, die Verleumdung und Verdächtigung, Qual und Tod auf sich genommen haben, wären die gewissenlosen Propagandisten der Gewalt heute ja nicht mehr da. Die bloße Existenz der Widerstandskämpfer hat Vernichtung und Bestrafung von denen abgewendet, die 1945 zu feige waren, sich offen und bekennend zu verantworten, und die jetzt ihre Retter in einer Schlammflut ersticken möchten. Die Unbelehrbaren, sie sind die große Passivität der deutschen Politik. Ihre Verteidigung, auch der Verbrechen und Unmenschlichkeiten, erneuern die drohend gegen Deutschland gerichtete Waffe der Kollektivschuld und damit der Unbarmherzigkeit alliierter Politik gegen Deutschland jeden Tag. Ihre Entschuldigung, ja Verherrlichung der Verbrechen der Diktatur dienen den Feinden Deutschlands als billiger Beweis dafür, daß alle Deutschen diese Verbrechen gewollt hätten und gern zu ihnen zurückkehren würden. Diese Widerstandskämpfer sind doch eben die Kreise, die schon vor Hereinbrechen der Diktatur gewußt haben: Hitler ist der Krieg, jeder Krieg ist ein verlorener Krieg. Jeder verlorene Krieg ist die Zerreißung, Zerstückelung und Zerschmetterung, ja die Vernichtung Deutschlands. Es galt mit allen Kräften diesen Krieg zu vermeiden. Es galt, als der verbrecherische Leichtsinn ihn herbeigeführt hatte, ihn zu beenden. Der Krieg war nicht zu gewinnen, denn Deutschland konnte nicht die ganze Welt besiegen. Die Menschenzahlen, die Produktionskapazitäten, die Naturschätze sprechen die Sprache einer furchtbaren Statistik gegen das Verbrechen derjenigen, die ihr eigenes Volk nur als Material im Kampf um die eigene Macht ansahen. Der Kampf war verloren, bevor der erste Schuß gefallen war. Darüber helfen keine Schwätzereien und keine neuen Dolchstoßlegenden hinweg."

Hermann Hesse schrieb im September 1948:

„Zu einer Zeit, in der Millionen von Deutschen für eine schlechte Sache ihr Leben hingaben, habt Ihr das Eure für eine gute und heilige hingegeben: für die Freiheit.

Möchte Euer Opfer nicht vergessen werden! Hermann Hesse."

Im britischen Unterhaus wurde Winston Churchill der deutschen Widerstandsbewegung gerecht. Er erklärte in einer Rede über einen Friedensvertrag mit Deutschland folgendes:

„In Deutschland lebte eine Opposition, die quantitativ durch ihre Opfer und eine entnervende internationale Politik immer schwächer wurde, aber zu dem Edelstein und Größten gehört, das in der politischen Geschichte aller Völker je hervorgebracht wurde. Diese Männer kämpften ohne Hilfe von innen oder von außen, einzig getrieben von der Unruhe ihres Gewissens. Solange sie lebten, waren sie für uns unerkennbar, da sie sich tarnen mußten. Aber an den Toten ist der Widerstand sichtbar geworden. Diese Toten vermögen nicht alles zu rechtfertigen, was in Deutschland geschah. Aber ihre Taten und Opfer sind das unzerstörbare Fundament eines neuen Aufbaues. Wir hoffen auf die Zeit, in der erst das heroische Kapitel der inneren deutschen Geschichte seine gerechte Würdigung findet."

Der bekannte Theologe Professor Karl Barth schrieb in der „Züricher Weltwoche":

„Es gab weite Kreise, die während der ganzen Zeit ein deutliches ‚Nein' gesagt haben . . . Man sollte sich angesichts dieser oppositionellen Gruppen — vor allem der Kirche, der Universität und der Arbeiter — abgewöhnen, einfach in allen Deutschen eine große Nazibande zu sehen. Es fehlt dem Ausland einfach die Möglichkeit, sich vorzustellen, was ein Terror von solchem Ausmaße vermochte. Das ständige Bewußtsein, mit einem Fuß im Grabe zu stehen, mußte im Laufe der Jahre paralysierend wirken."

Der Amerikaner Alexander B. Maley, Offizier im Marineabwehrwesen der 7. amerikanischen Armee, der nach Kriegsschluß fünf Monate in Deutschland weilte und jetzt in Chikago lebt, kommt zu folgenden Schlußformulierungen:

„Jedoch wird aus schwer begreiflichen Gründen der Sinn der deutschen Freiheitsbewegung totgeschwiegen. Von ihrem Heldentum wird nicht gesprochen, und ihre Opfer werden nicht besungen. Man läßt uns glauben, daß das deutsche Volk fast ohne Ausnahme den Verbrechen seiner Führer zugestimmt habe. Selbst während der Nürnberger Verhandlungen hat man keine Zeugen für die Bewegung zugelassen, was als großer psychologischer Fehler angesehen werden muß. Nichts würde die Deutschen mehr beeindrucken, als die Geschicke dieser Landsleute kennenzulernen, die soviel für sie geopfert haben."

Der ehemalige Major und Abwehroffizier der Luftwaffe im OKW, Dr. Josef M., schreibt in einem Brief:

„Überhaupt sehe ich es als sehr wichtig an, daß in Zusammenarbeit mit vielen Einzelpersönlichkeiten ein möglichst umfangreiches Material zusammengetragen und auf diese Weise der Öffentlichkeit eine Darstellung über das Ausmaß des Widerstandes vermittelt wird, der weit größer gewesen ist, als es wohl die meisten erwarten. Auch innerhalb der Jugend gab es einen bedeutenden Widerstand."

Ignazio Silone, der bedeutende italienische Schriftsteller, stellt fest:

„Leider ist die Weltmeinung noch nicht genügend über die außergewöhnlichen Qualitäten derjenigen Deutschen unterrichtet, die sich damals der Tyrannei widersetzten und von denen viele ihr Leben in dem Kampf hingaben."

Heinrich Mann schrieb 1938 in den USA:

„Die deutsche Jugend hat Helden und darf zu ihnen aufblicken. Helden, die auf dem Richtblock des Dritten Reiches sterben oder in den grauenvollen Kerkern des Dritten Reiches weiterleben — alles um ihrer Gesinnung willen und alles vermöge der Festigkeit des Charakters."

Theodor Steltzer, Ministerpräsident a. D., schrieb:

„Wie haben sich nun die Lebenden in der nationalsozialistischen Zeit verhalten? Haben sie alles getan, was möglich war, um das Aufkommen des Nationalsozialismus zu verhindern? Und wie verhalten wir uns jetzt? Haben wir aus Erfahrungen gelernt? Geben wir Irrtümer zu? Lebt in uns ein Gefühl für die ungeheure Verpflichtung, die sich aus den furchtbaren Menschenopfern ergibt? Unsere Toten haben ein Recht zu diesen Fragen. Von Beginn der nationalsozialistischen Herrschaft an kamen immer wieder Männer und Frauen zusammen, die wußten, daß nur eine Katastrophe das Ende sein konnte. Sie suchten nach Wegen, um das verderbliche System zu beseitigen. Das moralische Recht stand zweifelsfrei auf ihrer Seite. Man kann diesen Persönlichkeiten nicht zur Last legen, daß sie keinen Weg fanden. Wir erlebten ja alle, bis zu welchem Grade eine verantwortungslose Regierung durch Gewalt und Terror ein ganzes Volk knechten und versklaven kann. Unser Volk hätte damals Aktionen des Widerstandes nicht begriffen und gestützt, weil sein Urteilsvermögen durch Lüge und Propaganda verwirrt und seine Opferbereitschaft durch Egoismus und Angst weitgehend zerstört war.

Mit dem Ausbruch des Weltkrieges steigerten sich die Konflikte und Schwierigkeiten. Hatten die Jahre 1933—1939 zu der resignierenden Feststellung geführt, daß das nationalsozialistische Gewaltsystem wahrscheinlich nur durch sich selbst oder von außen gestürzt werden könne, so war jetzt allen Einsichtigen klar, daß wir in die Endphase des Nationalsozialismus eingetreten waren.

Wie sollten sich die Angehörigen des Widerstandes zu dieser Lage stellen? Wir konnten weder einen Sieg Hitlers noch eine Niederlage Deutschlands, sondern nur einen Frieden wünschen, der eine neue Ära in der Zusammenarbeit der Völker einleitete." („Die Neue Zeitung", 26. Dezember 1951, „Wofür opferten unsere Toten ihr Leben?")

Eugen Kogon schrieb:

„Der in Deutschland geleistete Widerstand ist das Fundament der internationalen Gleichberechtigung für das ganze deutsche Volk. Die Hingerichteten sind stellvertretend für alle gestorben — wenn sich die Überlebenden zu ihnen bekennen. Nur wer sich nicht zu ihnen bekennt, verharrt in Schuld und Unehre, ja im Verrat an Deutschland und den menschlichen Idealen."

Den Beschluß möge der bewegende Brief eines Studenten und früheren SS-Mannes bilden, der vollständig abgedruckt sei:

Hans Ludwig Blanck, stud. phil. Heidelberg, 24. 7. 52

Sehr verehrter, lieber Herr Weisenborn!

Sie werden von mir noch nicht gehört haben — aber wir haben von so vielen Menschen noch nicht gehört, wenn wir ihnen begegnen. Es mag eingebildet sein, zumindest eingebildet klingen, wenn ich sage, daß ich das, was ich Ihnen hier und heute schreiben will, für wichtig genug halte, diese Begegnung, eine briefliche Begegnung, herbeizuführen.

Ihr Name ist mir, zumindest dem Auge, schon länger vertraut. Er trat in den ersten Jahren nach 1945 in mein Leben, zu einer Zeit, die uns als noch einmal Davongekommene in nagender Auseinandersetzung mit einem quälenden „Wie konnte es geschehen?" — einer Schuld zwischen Trümmern — sitzen ließ. Damals, schwerverwundet aus dem Kriege heimgekehrt, sah ich die „Illegalen", las ich Ihr „Memorial". Ich habe mit beidem eine Menge anfangen können und so Grund, Ihnen ein Wort des Dankes dafür zu sagen.

Indes, ich schreibe Ihnen nicht aus diesem Grund. Ich halte nicht viel von Briefen an Schriftsteller, die unter diesem Vorzeichen stehen. Letztlich sind sie keine Kritik; sie können, da doch immer nur ein Bruchteil der Leser schreiben wird, stets nur ein Ausschnitt sein. Das Werk des Schriftstellers richtet sich an die Öffentlichkeit: so soll es auch öffentlich diskutiert werden, mit vollem Für und Wider. —

Verzeihen Sie die Abschweifung. Tatsächlich ist es nicht das Werk des Schriftstellers Günther Weisenborn, das mich heute schreiben läßt; umfassender möchte ich heute dem Menschen, vielleicht darf ich sogar, ohne mißverstanden zu werden, dem Deutschen Günther Weisenborn einige Worte sagen, deren Aussprechen vor dem Hintergrund der allerletzten Entwicklung mir zur unabdingbaren Notwendigkeit geworden zu sein scheint.

Ich habe eingangs von der Schuld gesprochen, davon, daß das Bewußtsein dieser Schuld die geistige Situation der ersten Nachkriegszeit bestimmte. Ihre Ereignisse, der Hunger, die Austreibungen, mancherlei Ungerechtigkeiten der Sieger, ließen sich, schon rein zeitlich nicht, nicht aus Entwicklungen herauslösen, die von Deutschen eingeleitet und zumindest von ihrer Mehrzahl wenn nicht begrüßt, so doch toleriert, aktiv oder passiv unterstützt worden waren.

Das war allen deutlich. Das Bewußtsein solcher Schuld war geradezu die Voraussetzung des von allen ersehnten Neuaufbaus, der gebieterisch nach geistiger Neuorientierung verlangte. Die Berge jüdischer Kinderschuhe schienen unübersteigbares Hindernis für jeden, der die Richter und Henker des dutzendjährigen Ewigkeitsanspruchs in der Versenkung verschwinden lassen wollte, in der gleichen Versenkung, aus der zur Abwechslung wieder die Platte der Dichter und Denker hervorgeholt und abgespielt werden sollte, die im zynischen Jahrzwölft wo nicht als „zersetzend" abgetan, verbannt und verfemt, bestenfalls Geräuschkulisse gewesen war, dazu bestimmt, die Schreie aus Lagern und Lazaretten zu übertönen.

Aus Lagern und Lazaretten — denn es wurde hier und dort gelitten. Und doch war ein Unterschied: In den Lazaretten stand die Lüge neben den Betten, gleichviel ob erkannt oder nicht. Wurde am Don die Heimat des Schiffers vom Rhein verteidigt? Was war das für ein Mensch, der sich dort oder anderswo so erbittert gegen seine Befreier wehrte? Unerbittlich entlarvte sich dem Soldaten der klaffende Widerspruch zwischen der faschistischen Praxis und dem, was man mit Mühe und Not eine faschistische Theorie nennen kann.

In den Lazaretten überkleisterte die Lüge die realen Gegensätze; über die Lüge hinaus stand in ihnen und in der Wehrmacht überhaupt der einzelne, soweit er noch denken konnte und sich die moralische Integrität bewahrt hatte, in furchtbaren Konflikten: Auch wenn man sah, daß es Lügen waren, das Machtstreben einer kleinen Clique, die den Krieg, wie sie ihn schon verursacht hatte, so war man doch in der ganzen Atmosphäre, in der Vereinzelung, in die der Faschismus mit seiner unechten Gemeinschaftsbildung die Menschen gestoßen hatte, nicht in der Lage, harte Konsequenzen zu ziehen — die meisten waren es nicht, zumal das ganze Ausmaß der Scheußlichkeiten doch verborgen blieb.

In den Lagern liefen die Fronten wohl klarer, so klar, daß wohl alle Versuche, etwa noch eine Einheitsfront zwischen Lagerleitungen und reichsdeutschen Häftlingen herzustellen, von vornherein zum Scheitern verurteilt waren. Indes, ich kann davon nicht schreiben, denn ich war Soldat.

Ich war Soldat, Soldat in der Waffen-SS, gehörte zu jenen Verbänden, die Seite an Seite mit der übrigen Wehrmacht kämpften. Ich war aus dem Arbeitsdienst, zur Zeit der Niederlage von Stalingrad, übernommen worden. Man plagte uns auch nicht mit politischen Auseinandersetzungen — die Kirchenfrage z. B. zu diskutieren u. dgl. war ausdrücklich verboten worden. Es gab unter uns Volksdeutsche, die sich mit der nazistischen Führung ihrer „Volksgruppen" überworfen und eine ähnliche Flucht in die Waffen-SS angetreten hatten, wie sie in den ersten Jahren des Regimes zur Wehrmacht üblich gewesen war.

Ich will nichts verkleinern, noch gar aus der Waffen-SS eine Widerstandsgruppe machen, in der Art etwa, in der heute der Anschein erweckt wird, daß eigentlich Hitler, Himmler und einige andere die einzigen Nazis gewesen seien. Andererseits ist, das werden Sie wissen, auch die undifferenzierte andere Weise der Betrachtung falsch.

Ich habe viel mit Freunden, mit Kameraden diese Fragen damals und heute durchdiskutiert und kam zu keiner Lösung — wir wollten nicht dem Feind nützen, wollten das berühmte „kleinere Übel" wählen, mochte auch für uns damit jeder Sieg eine Niederlage sein: die Siege trafen uns als Deutsche, die Siege Hitlers als Menschen.

Wir waren nicht klar genug in unserem Denken, kann ich heute sagen. Wir wußten, wie gesagt, nicht von allen Scheußlichkeiten, wir sahen auch nicht, daß einzig ein schnelles Ende, gleichgültig, wie es aussah, für unser Land, unser Volk noch so etwas wie eine Rettung bringen konnte.

Sich durch alles hindurchgerungen zu haben, klar und unbestechlich gedacht und aus diesem Denken tapfere Konsequenzen gezogen zu haben, das ist das, was ich vorbehaltlos an der deutschen Widerstandsbewegung anerkenne, was ich Ihnen, als einem ihrer Überlebenden, sagen möchte. Ich kann nur für mich sprechen und möchte die Unsitte dieser Zeit, daß irgendwelche obskuren Burschen oder gar Prominente einer unheilvollen Zeit „im Namen" von soundso vielen anderen reden, nicht mitmachen. Das möchte ich in diesem Zusammenhang allerdings feststellen: daß ich, der ich Soldat gewesen bin, schwer verwundet wurde, die üblichen Auszeichnungen bekam usw., zu keiner Zeit irgend jemand autorisiert habe, in meinem Namen zu reden. Mindestens meine Person ist abzuziehen, wenn die Soldatenverbände das Wort mißbrauchen. Allerdings glaube ich, nicht allein zu stehen mit dieser Haltung.

Um es klar herauszusagen: Es tut not, diese Haltung allgemein werden zu lassen. Wir müssen das Vermächtnis Ihrer Kameraden, die unser aller Brüder sind, erfassen. Wir müssen lernen, klar zu denken und tapfere Konsequenzen zu ziehen. Die Verkleisterung der Gehirne mußt gelöst werden.

Wer heute von „Landesverrat" und „Dolchstoß" spricht, soll bekennen, daß er die Fortsetzung dessen will, das in Nürnberg und anderswo in seiner ganzen abgrundtiefen Bosheit entlarvt worden ist. Daß das Grauen und die Unmenschlichkeit in der Welt mit Hitlers Sturz nicht aufgehört haben, ist keine Entschuldigung Hitlers und seiner Pläne.

Die wahren Dolchträger gegen Heimat und Front waren die Generäle des Durchhaltens in einem von vornherein aussichtslosen Krieg gegen die ganze Welt, aussichtslos nicht auf Grund irgendwelcher Mächtekonstellationen, sondern allein schon durch die Amoralität des Erstrebten.

Ich glaube nicht feige gewesen zu sein. Aber ich möchte mich als Soldat verneigen vor jenen, die sehr allein, von vielen verachtet, einen Weg gingen, den nur Gewissen und Wissen vorschrieben. An der „Schafottfront" gab es keine Ritterkreuze, und es gab Fleischerhaken statt der Ordensschnallen.

Sie haben die gute Übereinstimmung von objektiver Wahrheit und subjektiver Überzeugung in ihrem Einsatz gehabt — Sie kämpften auf einen Sieg hin, der ihrer und unser aller war.

Der Soldat hatte bestenfalls den persönlich guten Glauben, der ihn heute weiterleben läßt und zugleich die Niederlage preisen — nicht auszudenken wäre Hitlers Sieg gewesen.

Wir haben alle verloren. Auch dem deutschen Widerstand gelang nicht die Erhaltung der deutschen Substanz. Bis zur Neige mußte die Niederlage ausgekostet werden.

Aber gerade die Ereignisse dieser jüngsten Zeit beweisen die Notwendigkeit einer Besinnung, die auf jene sich besinnt, die nicht auf vordergründige, falsche Entscheidungen zwischen „Eidestreue" und „Verrat" sich einließen, sondern unter Einsatz der ganzen Person die Identität von Anstand und Vernunft herstellten.

Sie werden uns und den nach uns Kommenden Vorbild sein.

Das habe ich Ihnen schreiben wollen. In Verehrung und Dankbarkeit verbleibe ich

Ihr sehr ergebener Hans Ludwig Blanck

Nachwort des Herausgebers

Die Tatsachen, die dieser Bericht darzustellen versucht, sind so packend, so großartig in ihrer nahezu anonymen Gewalt, daß unser deutsches Volk begreifen sollte: Hier ist Heldentum, hier ist seine europäische Tat!

Die ersten in der Welt, die die Nazidiktatur auf Tod und Leben bekämpften, waren die Deutschen. Sie waren unendlich einsam und unendlich verlassen. Sie schrien in ihren Flugblättern auf und warnten verzweifelt vor dem Krieg, während der Fahnenrausch und das Gedröhn der Trommeln, der Jubel über die internationalen Erfolge die Stimmen des Widerstandes übertönten. Alle Gruppen aller weltanschaulichen Richtungen hatten ein gemeinsames Ziel: den Frieden!

Die Widerstandsbewegung wollte der Welt den Frieden retten. Sie hat dieses Ziel aus drei Gründen nicht erreicht:

1. Ihr Gegner war der gewaltigste und beste Polizeiapparat der Welt.
2. Der Krieg kam, weil so viele Deutsche der Widerstandsbewegung fernblieben.
3. Die Widerstandsbewegung war zersplittert. Ihren Aktionen fehlte die Einheitlichkeit.

Aber wenn die Widerstandsbewegung trotzdem ein so großes Ausmaß gewonnen hat, so ist das eine Ehrenrettung des vielgeschmähten deutschen Volkes. Tag für Tag hatte das Hitlersystem hart und erbittert mit dem lautlosen Aufstand unseres Volkes zu kämpfen. Es war ein Krieg an der verheimlichten Front, an der Schafottfront.

Hier fielen Arbeiter, Studenten, Generäle, Vikare, Frauen und junge Mädchen. Unzählige Heldenlieder, die früher das Ohr der Welt erreicht hätten, blieben ungesungen. Ein ziviler Heroismus, der in der Welt seinesgleichen sucht, sagte „nein" vor den Schreibtischen der Gestapo, in den Folterkellern, vor den Gerichten und vor der Guillotine. Soviel Edelmut und soviel Bestialität platzen in der Welt selten aufeinander wie bei den politischen Prozessen des Dritten Reiches. Dabei waren die deutschen Freiheitskämpfer durchaus Menschen mit Fehlern, sie waren keine verklärten Erzengel. Sie litten bitterlich. Sie schrien und riefen auf, sie sahen das kommende Unheil, und sie wurden erstickt, vernichtet und ihre Taten mit Meisterschaft verheimlicht. Wenn ein Fremder damals in die Gestapokeller geblickt hätte, er würde von einem Volk der Helden gesprochen haben, um oben in den Gestapobüros die „zackigen" Töter bei der Vernichtungsarbeit anzutreffen.

Es gab unter den deutschen Freiheitskämpfern manchen Gewissenskonflikt, der bei den ausländischen Widerstandsbewegungen keine entscheidende Rolle spielte. Der deutsche Freiheitskämpfer wandte sich gegen Deutsche. Aber wir wissen, daß der Deutsche damals der schärfste Feind des Deutschen war, daß Deutsche ihre politischen Gegner im ganzen Reich zu Tode geprügelt, gefoltert, daß sie sie in Berlin in Säcke verschnürt in die Spree geworfen hatten, und wir wissen, daß Sturm erntet, wer Wind sät. Niemand zudem kann über Gewissenskonflikte urteilen, der nicht selber davorstand. Und niemand darf die Haltung von Männern angreifen, die schwere Gewissenskonflikte in sich austragen, ihr Leben einsetzten und es schließlich opferten.

Die Deutschen haben sich nicht selber befreit. Das ist eine Tatsache, die ihnen oft genug vom Ausland her mitgeteilt wurde. Aber macht das die Taten ungeschehen? Sind die Freiheitskämpfer deshalb weniger tapfer gewesen? Aus welchem Grunde sind bis zum Kriegsbeginn im Reich mehr als hundert Konzentrationslager überfüllt gewesen, in denen sich bei Kriegsausbruch hauptsächlich Deutsche befanden?

Es wird Zeit, daß unser Volk und daß die Welt begreift, daß wenige Völker solch schreckliche Opfer für die Freiheit gebracht haben wie das deutsche. Es sei daran erinnert, daß unzählige illegale Gruppen 1933 aus dem Boden schossen, daß die Gegenoffensiven der Gestapo 1935—1936 außerordentlich viel Blut kosteten, daß dann aber die Gruppen mit dem langen Atem sich zu organisieren begannen und die Wirkungskurve der Widerstandsbewegung bis zum Kriegsausbruch erheblich stieg. Der Kriegsausbruch brachte Massenverhaftungen, denen aber eine neue Aktivität begegnete. Und obwohl die schweren Gestaposchläge der Jahre 1943/44 folgten, griff der Freiheitskampf immer mehr um sich. Es wird Zeit, daß die Forschung über diesen Freiheitskampf der Deutschen beginnt. Es wird Zeit, daß die Weltöffentlichkeit ein Vorurteil revidiert. Es wird Zeit, daß die Welt begreift, daß die Widerstandsbewegung den Krieg, der verloren war, beträchtlich verkürzt hat.

Die Atombomben wären auf Deutschland gefallen, wenn die deutsche Widerstandsbewegung den Krieg nicht verkürzt hätte, und viele Mütter in allen Ländern, deren Söhne und Männer glücklich heimgekehrt sind, hätten vergeblich warten müssen.

Wir ziehen den Hut vor jedem anständigen Soldaten, der für das Hitlerregime starb, wir reichen die Hand dem Nationalsozialisten, der eine Wandlung erfahren hat, aber wir stehen in tiefer Trauer vor dem freiwilligen Opfer der Besten unseres Volkes.

Wer trug die Hauptlast des Freiheitskampfes? Nach den bisherigen Feststellungen und Quellen ist die Antwort eindeutig. Die größte Aktivität kam von den Arbeitern, die auch — wie objektiv konstatiert werden muß — die weitaus größten Opfer an Leib und Leben brachten. Und der „Linken" galt auch der erste volle Schlag und der besondere Haß Hitlers.

Als sich die KZ's und die Zuchthäuser öffneten, taumelte den Siegern eine verheimlichte Armee des Widerstandes entgegen, nach zahllosen Leiden verelendet, grauhaarig und halb verhungert, die Opfer ihres Mutes, die deutschen Freiheitskämpfer, die überlebten.

Was geschah mit ihnen?

Nichts. Sie durften nach Hause gehen, im besten Fall bekamen sie einen Broterwerb, den sie bald wieder verloren, einige Möbel und manchmal eine Wohnung zugewiesen, die sie wieder verlassen mußten, wenn der rechtmäßige Inhaber zurückkehrte. Aber viel wichtiger war ihnen die Frage, wie man ihnen entgegentrat.

Man ehrte sie doch sicherlich? Im Gegenteil. Aber die Besatzungsmächte, wie verhielten sie sich? Die Besatzungsmächte brachten meist die Deutschen aus der Emigration mit, auf deren Arbeit sie sich zu stützen gedachten. Im übrigen traten die westlichen Besatzungsmächte mit einem, wie man konzedieren muß, logischen Programm an.

Es stützte sich auf Axiome: Die totale Kapitulation ist notwendig — Das deutsche Volk trägt eine Kollektivschuld — Es gibt keine Widerstandsbewegung. Dieses Programm wurde bald durchlöchert, als sich der deutsche Protest gegen die Kollektivschuld energisch äußerte und das üble Entnazifizierungssystem Schiffbruch erlitt, das die Großen mit einigen Ausnahmen laufen ließ, um die Kleinen hart zu strafen. Der Morgenthau-Plan fiel gleichfalls, der aus Deutschland eine riesige Landwirtschaft zu machen plante.

Nur in der Frage der Widerstandsbewegung gab es bisher kaum Konzessionen.

Zieht man eine Summe, so bleibt heute festzustellen, daß mindestens zehn direkte Attentate auf die Person Hitlers vorbereitet wurden, daß nach den Beobachtungen der „Funkabwehr" viele illegale Sender gegen das NS-Reich arbeiteten, daß bis zum Kriegsausbruch zahlreiche Massenprozesse gegen freiheitliche Arbeiterorganisationen geführt wurden und viele Hunderte kleinere Verfahren, daß eine Armee oppositioneller Deutscher ihren Kampf gegen Hitler mit dem Leben bezahlen mußte und daß wir heute von vielen Hunderten, wenn nicht Tausenden von illegalen Gruppen wissen und von etwa 15 bedeutenden Organisationen des Widerstandes, die sich über ganz Deutschland erstreckten, abgesehen von der Bekenntniskirche, der katholischen Aktion und den Bibelforschern.

Dies ist eine erstaunliche Summe, die beweist, daß das deutsche Volk mit wilder Entschlossenheit seine demokratischen Freiheiten verteidigt hat.

Es sind nur einige Zahlen, die hier genannt wurden, aber was dahinter steht an Hingabe, Begabung, Verzweiflung und Opferbereitschaft, das werden wir nie erfahren. Eine gewaltige Armee der lichtlosen Friedenskämpfer ist ins Dunkle gewandert, bespien, gefoltert, verachtet und ... vergessen.

Soll sie in unserem Volk auch heute noch vergessen bleiben? Sollen die alten Mächte, die wieder am Werk sind, zum zweitenmal einen Sieg über unsere Toten erringen, indem sie das Vergessen fördern? Die alten Meister des Verschweigens und des Hasses verstehen sich glänzend darauf. Nachdem man unsere Toten im Finstern getötet hat, soll heute niemand mehr jene Finsternis verschweigen. Es gibt heute Menschen, die glatt und ungeschoren über die Hitlerzeit kamen, die zucken so gern mit den Schultern, nicken mit hochgezogenen Augenbrauen, heben die Arme weit bis zur Schulterhöhe, lassen sie aufseufzend fallen und murmeln: „Das ist doch vorbei . . ."

Nein! Das ist nicht vorbei, solange Deutschland sich nicht in Achtung vor seinen toten Vorkämpfern verneigt, das ist nicht vorbei, solange jedes Grüppchen höchstens seine eigenen Opfer ehrt. Achtung, ja nur ihre Anerkennung ist eine heilige Sache des deutschen Volkes, das wir lieben.

Was aber geschah, als die Sturmflut sich verlaufen hatte und der erste gewählte deutsche Bundestag zusammentrat und unser Volk erwartungsvoll nach Bonn blickte?

Dankte er den toten Freiheitskämpfern mit bebenden Worten?

Nein.

Nun, so berichtete er doch sicherlich über die Widerstandsbewegung?

Nein.

Wenigstens einige Worte nur ließ er fallen? Ein Wort nur, ein Wort!

Nein. Das Wort wurde nicht gesprochen.

Die Machthaber des Dritten Reiches ließen die Kämpfer der Widerstandsbewegung von schmutzigen Händen verbrennen und verscharren. Was aber hat die heutige Regierung zu ihrer Ehre, zu ihrer Anerkennung getan? Es ist Zeit, daß eine deutsche Regierung sich rührt und das Andenken an den Opfermut eines großen Volkes nicht verkommen läßt.

Hier sind die Tatsachen. Dies ist das Buch eines Deutschen, der es für Deutsche in Deutschland schrieb, weil dies unsere Sache ist, die mutig gegen Trägheit, Haß und Verleumdung durchgesetzt werden muß, offen und klaren Auges. Es wird oft darüber geklagt, daß heute jede Gruppe nur an sich selber denkt. Es wird in unserem Volk mit der Laterne nach Menschen gesucht, die nicht an sich selber denken, die das Wohl der Gemeinschaft ihrem eigenen voranstellen, kühnen, starken Pionieren der Gegenwart.

Deutsches Volk, hier findest du sie! Hier diese Zeilen geben dir Nachricht. Nimm und lies. Und frage nach ihrem weiteren Schicksal, denn dieser Bericht hier ist voller Trockenheit und Lücken. Aber er kündet dir mehr von der Dramatik unserer wilden Gegenwart, als du glauben magst. Er kündet dir von der Größe des Menschengeschlechts und von der des deutschen Volkes, das nicht besser, aber auch nicht schlechter ist, als es die anderen Völker sind.

Immer wieder ist unser freiheitsliebendes Volk angerannt gegen die alten Mächte, die es immer wieder in die Katastrophe jagen. Die Hitlerzeit bietet Beispiele genug für die betäubende Süße großer Worte, deren edle Vokale von den Todestrommeln des Krieges umdröhnt wurden.

Wir haben genug der „Entweder — Oder" in unserer Geschichte hinter uns. Wir haben gelernt, daß sie schnurgerade in die Mobilmachung führen. Wir haben gesehen, wie Deutschland zerschlagen wurde. Und heute kreisen bereits die Totenvögel eines neuen Krieges an unserem Himmel. Soll denn kein Friede sein, wenn alle Völker Frieden wollen? Sollen die Toten der Widerstandsbewegung, ihr Kampf, ihr Ziel, ihr Leiden, sollen sie auf immer vergessen sein? Das darf nicht sein, wenn das Gesetz der Menschlichkeit auf dieser zerstörten Erde noch gilt!

Im schmutzigen Zwielicht unserer Tage sehen wir, daß die alten Mächte sich trotz allem wieder breit installieren. Der notorische Laue wird über jene, die guten Willens sind, gesetzt. Die Mächte der Korruption, der zynischen Bürokratie, der Ausbeutung, der Unterdrückung triumphieren, die öffentliche Lüge ist am Werk, und die Verheimlicher mit dem biederen Augenaufschlag schlagen fingerfertig ihre Volten auf dem gebeugten Rücken unseres Volkes. In allen Windrichtungen der Welt wird Haß hinter den Dämmen internationaler Verträge aufgestaut und wartet auf den Dammbruch, und alle Reden triefen von edelsten Worten. Propagandafeldzüge der Angst werden durchgeführt, die Situationen werden listig verschärft bis zum berühmten „So oder so . . ."!

Und das geschieht in einer chaotischen Weltwildnis, die in den letzten 50 Jahren 31 Kriege geführt und rund 200 Millionen Menschen als Flüchtlinge über irgendwelche Grenzen gejagt hat.

Wessen Blut darüber nicht zu Eis erstarrt, der mag die 30 Silberlinge einstecken, die ihm gebühren. Die anderen, die von den Tatsachen zutiefst angerührt, die verwandelt wurden, die ein Ende der Drohungen, der Gewaltanwendung und des Hasses auf beiden Seiten ersehnen, sollten in Gedanken an unsere Geopferten ihr Haupt beugen.

„Ihre Asche brennt auf unser aller Brust . . ."

Anhang I
Dokumente zur Widerstandsbewegung

Statistiken

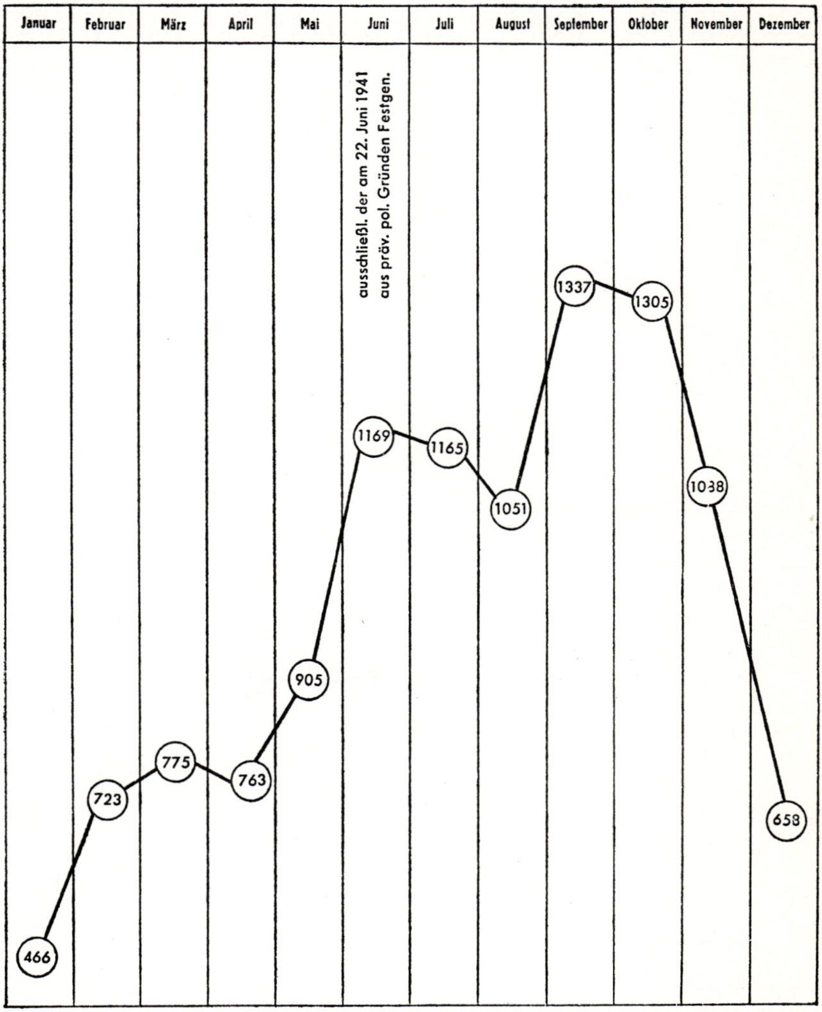

Gesamtzahl der im Jahre 1941 wegen aktiver Linksopposition Festgenommenen. (Graphische Darstellung aus einem „Amtsbericht" der Gestapo mit Stempel „Geheim", bisher nicht veröffentlicht. Liegt fotokopiert vor. D. Red.)

STATISTIKEN

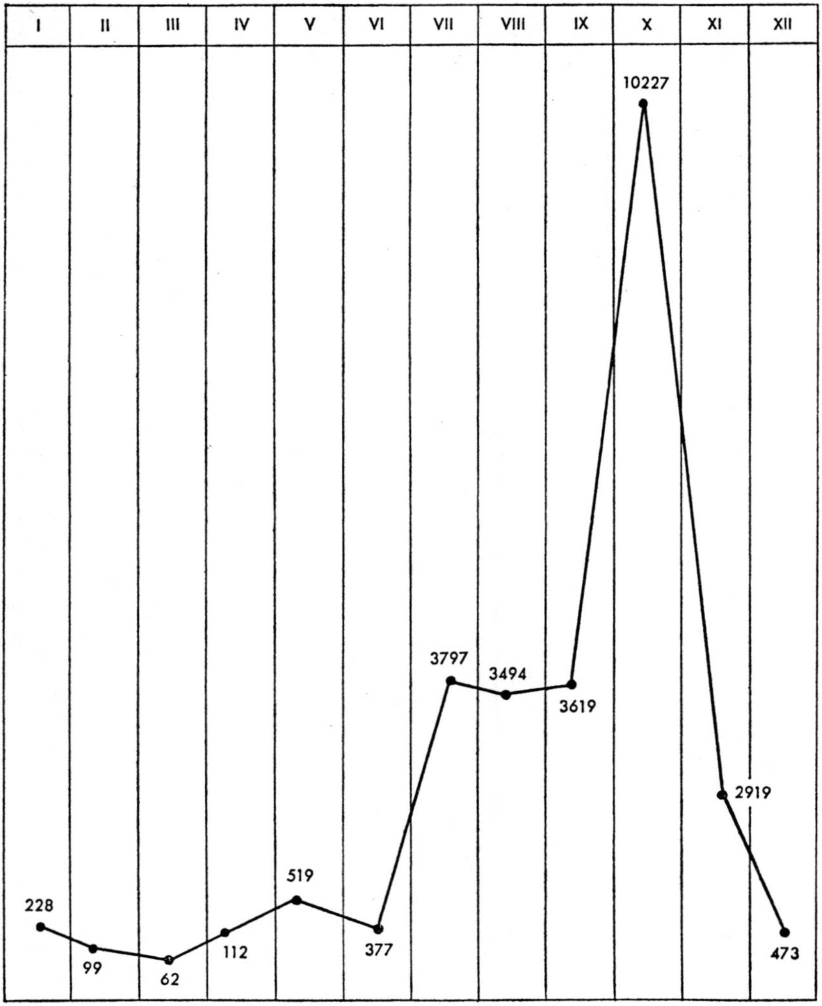

Übersicht über die Zahl des 1941 monatlich erfaßten Schriftenmaterials der Linksopposition. (Graphische Darstellung aus einem „Amtsbericht“ der Gestapo mit Stempel „Geheim“, bisher nicht veröffentlicht. Liegt fotokopiert vor. D. Red.)

Rapport an Himmler

Der Chef
des SS-Wirtschafts-Verwaltungshauptamtes Berlin, den 29. 11. 44
Verw./Reinh./Fu/Ro Geh.Tgb. Nr. 91/44

Betr.: Uhrenverteilung an Angehörige der Waffen-SS Geheim

An den Reichsführer-SS
Berlin SW 11
Prinz-Albrecht-Straße 8

Reichsführer!

Bei der Amtsgruppe D in Oranienburg lagern zur Zeit

20 000 Taschenuhren
4 000 Armbanduhren
3 000 Wecker und Stiluhren
5 000 Füllfederhalter
24 Blindenuhren
80 Stoppuhren

Die Uhren und Füllfederhalter sind instand gesetzt und stehen versandfertig.

Ich habe wie im Vorjahre gemäß anliegendem Verteiler an die Divisionen der Waffen-SS Kontingente zur Verfügung gestellt. Die Ausgabe dieser Gaben erfolgt in Ihrem Namen an die bewährtesten und würdigsten Angehörigen der Divisionen. Infolge der noch zur Verfügung stehenden kurzen Zeit habe ich den Verteilerplan bereits genehmigt und bitte um Ihre Bestätigung.

Die 24 Blindenuhren sind für das Sanitätshauptamt, die 80 Stoppuhren für das SS-Führungshauptamt vorgesehen.

Insgesamt befinden sich bei der Amtsgruppe D zur Zeit in Reparatur

a) 100 000 Armbanduhren
39 000 Taschenuhren
7 500 Wecker und Stiluhren
37 500 Drehbleistifte
16 000 Füllfederhalter

b) 350 Taschenuhren Gold
40 Taschenuhren Gold mit Brillanten
1 200 Armbanduhren Gold
175 Armbanduhren Platin bzw. Gold mit Brillanten

Sollten Sie weitere Verteilung wünschen, stehen ab 11. Dez. 1944 täglich von den unter a) genannten Uhren 180 Stück zur Verfügung.

Die Reparatur der unter b) genannten Uhren läßt sich infolge Mangel an Ersatzteilen und bei Beachtung der notwendigen Vorsichtsmaßnahmen nur langsam durchführen.

Heil Hitler!

gez.: Pohl
SS-Obergruppenführer und
General der Waffen-SS

Brandenburgs Schlußbilanz

Vom 22. August 1940 bis 20. April 1945 wurden insgesamt hingerichtet			2042
Davon waren Opfer ihrer politischen oder religiösen Überzeugung			1807
A.	Im eigentlichen Sinn Politische		1056
	davon Hochverrat	498	
	Wehrkraftzersetzung	558	
B.	Militärische Delikte		654
	hierunter Kriegsdienstverweigerung, ideeller Landesverrat, Feindbegünstigung u. dgl.		
C.	Halbpolitische		97
	davon kraft nationalsozialistischer Ausnahmegesetze	27	
	unbekannt und wie etwa „Ehebruch" schwer zu klassifizieren	8	
D.	Kriminelle		235

Berufliche Gliederung der 1807 politischen Opfer

I.	Arbeiter und Handwerker	775
II.	Techniker, Ingenieure, Architekten, Baumeister	363
III.	Angestellte und Beamte	234
IV.	Unternehmer, Industrielle und Kaufleute	97
V.	Bauern und Gärtner	79
VI.	Forscher und Gelehrte	51
	davon 6 Universitätsprofessoren, 23 Ärzte und Apotheker, je 8 Chemiker und Studienräte	
VII.	Künstler	49
VIII.	Berufssoldaten und Offiziere	35
IX.	Hohe Beamte, Parlamentarier	38
X.	Geistliche	21
	davon 19 katholisch	
XI.	Schüler und Studenten	22
XII.	Redakteure und Journalisten	12
XIII.	Unbestimmte Berufsangabe	31

(Ein knappes Drittel davon waren Ausländer.)

Einer der Hingerichteten war blind.

Zwei hatten keine Beine.

Zwei Brüder waren dabei, sechsmal Vater und Sohn.

Zwanzig Jahre alt und darunter waren 75.

Der jüngste war sechzehn, mehrere waren siebzehn und achtzehn Jahre alt.

Sechzig Jahre alt und darüber waren 78.

Bei der letzten Hinrichtung am 20. April 1945 wurden noch 28 Todeskandidaten hingerichtet, ausschließlich politische.

1. Die Zahl der Hinrichtungen (nur soweit sie im Reichsjustizministerium registriert worden sind):

1937	86	1941	1146
1938	99	1942	3393
1939	143	1943	5684
1940	306	1944	5764

Aus dem Jahre 1945 liegen keine genauen Ziffern vor. Die Zahl wird auf rund 800 geschätzt.

2. Hinrichtungen des Jahres 1944, noch unberücksichtigt die Opfer der rein militärischen Richtstätten, wie die in Torgau, Spandau und Tegel:

Brandenburg	906
Plötzensee	593
Prag	592
Dresden	548
Posen	422
München	382
Wien	331
Breslau	318
Halle	262
Königsberg	234
Dortmund	155
Köln	153
Frankfurt	138
Hamburg	129
Wolfenbüttel	129
Kattowitz	112
Stuttgart	104
Graz	85
Danzig	79
Weimar	49
Bruchsal	43
	5764

3. Politische Hinrichtungen in Brandenburg:

1940	53
1941	84
1942	202
1943	464
1944/45	1004
	1807

4. Die Zahl der militärgerichtlich Hingerichteten wird etwa 20000 betragen.

5. Das „Mordregister" beurkundete

von 1933 bis 1944 . . . . 13405 Todesurteile
von 1933 bis 1944 . . . . 11881 Hinrichtungen

(Aus dem Archiv Walter Hammer.)

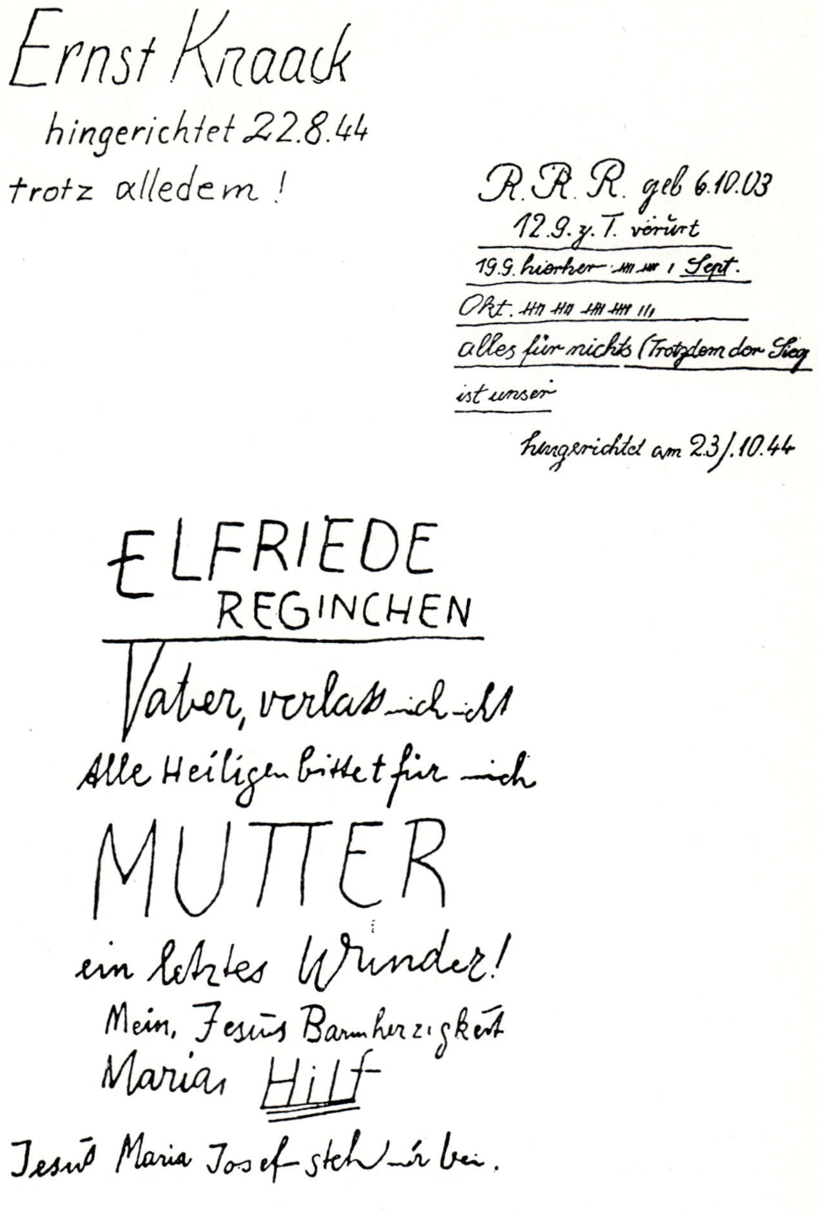

Wandinschriften aus den Todeszellen des Zuchthauses Brandenburg [33].

Dokumente der Justiz

Der Ermittlungsrichter des Volksgerichtshofes 5.J.927/44 (97/44—556)

Bln., 11. 5. 44 Turmstr. 91

Haftbefehl!

Der am 5. 11. 98 in Berlin geborene Kraftfahrer ... B. ..., z. Z. Schutzhaft, ist zur Untersuchungshaft zu bringen .../. Er ist dringend verdächtig, öffentlich den Willen des deutschen Volkes zur wehrhaften Selbstbehauptung zu lähmen versucht und damit es unternommen zu haben, im Inland während eines Krieges gegen das Reich der feindlichen Macht Vorschub zu leisten, indem er gegen Ende Sept. 1943 in seiner Wohnung in ... gegenüber dem bei ihm zu Besuch weilenden SA-Truppenführer R. ... äußerte, die deutsche Regierung bestehe nur aus dem Abschaum der Menschheit, Himmler sei der größte Strolch, in einigen Wochen sei der Krieg aus, da würden die mit dem Bonbon selbst die Öfen heizen und in sie hineinkriechen müssen, die Engländer würden über Griechenland hereinkommen und uns das Öl wegnehmen, ferner die Einwendung R. ... s auf diese Äußerung als Schwindel und Mist bezeichnete und ihm vom Feind abgeworfene zersetzende Flugblätter zeigte.

Verbrechen nach § 5 Abs. 1 Ziff. 1 ESSVO u. § 91 b. RStGB.

Die Untersuchungshaft wird verhängt wegen Fluchtverdachts, weil ein Verbrechen den Gegenstand der Untersuchung bildet, für das eine hohe Strafe zu erwarten ist.

Gegen den Haftbefehl kann Beschwerde erhoben werden, die besonderer Zulassung bedarf.

Auf Verlangen wird Abschrift des Haftbefehls erteilt.

gez. Unterschrift
...
Landgerichtsdirektor

Abschrift
2 J 468/43
1 L 74/43

Im Namen des Deutschen Volkes

In der Strafsache gegen

den Pianisten Karlrobert Kreiten aus Düsseldorf, geboren am 26. Juni 1916 in Bonn, niederländischer Staatsangehöriger,

zur Zeit in dieser Sache in gerichtlicher Untersuchungshaft wegen Wehrkraftzersetzung, hat der Volksgerichtshof, 1. Senat, auf Grund der Hauptverhandlung vom 3. September 1943, an welcher teilgenommen haben

als Richter:

Präsident des Volksgerichtshofs Dr. Freisler, Vorsitzer,
Landgerichtsdirektor Stier,
NSKK-Brigadeführer Heinsius,
Hauptgemeinschaftsleiter Winter,
Ortsgruppenleiter Kelch,

als Vertreter des Oberreichsanwalts:
Erster Staatsanwalt Domann,

für Recht erkannt:

Karlrobert Kreiten hat mitten im totalen Krieg die kämpferische Widerstandskraft einer deutschen Volksgenossin durch niedrigste Verunglimpfungen des Führers, das Voraussagen der Revolution und den Rat, sich vom Nationalsozialismus abzukehren, volksverräterisch zu zersetzen gesucht und dadurch unserem Kriegsfeind geholfen.

Dadurch ist er für immer ehrlos geworden.

Er wird mit dem Tode bestraft.

Gründe

Karlrobert Kreiten nächtigte, als er im März d. J. in Berlin ein Konzert gab, mehrere Tage bei der Jugendfreundin seiner Mutter, der Vg. Frau . . . einer gläubigen Nationalsozialistin. Als Gast saß er öfters beim Frühstück und Abendessen mit ihr zusammen.

Dabei tat er die unglaublichsten Äußerungen, die ein schwerer Angriff auf die Gläubigkeit seiner Gastgeberin waren. Der Zusammenhang seiner Reden ist freilich nicht mehr feststellbar, weil es sich um verschiedene Male handelte. Aber einzelne markante und charakteristische Sätze stehen doch fest.

So sagte er ihr, der Führer sei krank, und einem solchen „Wahnsinnigen" sei nun das deutsche Volk ausgeliefert!!! Wenn anderswo einem Staatsmann so etwas wie Stalingrad passiert wäre, wäre er längst abgesetzt. Der Führer sei brutal, so als er einen General abgesetzt habe, weil der ihm gesagt habe, er mache diese naive Kriegführung nicht mehr mit. In zwei bis drei Monaten werde Revolution sein, und dann würden „der Führer, Göring, Goebbels und Frick einen Kopf kürzer gemacht". Die Zeugin solle nur ihr Führerbild wegtun, sonst werde sie bald Unannehmlichkeiten haben!!!

Das alles und noch mehr, wie z. B., daß der Führer das Saargebiet, den Sudetengau, Österreich „sich angeeignet" habe und daß er „das Münchener Abkommen gebrochen" habe, gibt Kreiten als seine Äußerungen zu. Er will sich damit entschuldigen, er habe all dies nur als Gerücht gesagt und um Frau ... als Parteigenossin, weil sie politisch so unwissend sei und gar nichts von den Gerüchten, die man so auf der Bahn höre, wisse, zu ärgern. Als ob ein Unterschied zwischen solch massierter Behauptung derartiger Gerüchte und ihrer Aufstellung als Tatsachenbehauptung wäre! Zumal er selbst sagt, daß er Frau ... gegenüber allerdings diesen Gerüchten nicht entgegengetreten sei, weil seine andere Meinung doch selbstverständlich sei!!! Und was heißt es mehr als eine dumme Ausrede, er habe Frau ... nur als Parteigenossin ärgern wollen; zumal wenn man bedenkt, daß er selbst Parteianwärter ist.

Nein, was er getan hat, ist ein schmutziger Angriff auf die Gläubigkeit einer deutschen Volksgenossin. Er hat damit öffentlich unsere Kraft zu mannhafter Selbstbehauptung in unserem Schicksalskampf angegriffen (§ 5 KSSVO). Öffentlich, denn jeder muß damit rechnen, daß ein deutscher Volksgenosse, der so etwas hört, das, wie es Frau ... auch getan hat, der nächsten zuständigen Stelle in Partei oder Staat weitergibt. Öffentlich auch deshalb, weil unser nationalsozialistisches Reich will, daß sich jeder Volksgenosse mit Politik befaßt, und weil deshalb, was politisch ausgesprochen wird, einen Teil des politischen Gedankenfundus unseres Volkes bildet, zum Guten oder, wie bei dieser Handlungsweise Kreitens, zum Schlechten. Wer so wie Kreiten handelt, tut darüber hinaus gerade das, was unsere Feinde möchten; er macht sich zu ihrem Handlanger in ihrem Nervenkrieg gegen die Haltung unseres Volkes (§ 91b StGB).

Dieses schwere Verbrechen wird in nichts dadurch gemildert, daß der Angeklagte — obwohl in Deutschland geboren und aufgewachsen — holländischer Bürger ist, weil sein Vater Holländer ist. Um so weniger, als Kreiten selber sich als Deutscher betrachtet; denn er hat ja vor einigen Jahren um seine Aufnahme in die NSDAP gebeten[34].

Man braucht gar nicht noch hinzuzufügen, daß er — wie er bestreitet — nach Frau ...s glaubwürdiger Aussage aber feststeht — sich sogar zu der Erklärung verstieg, die Engländer müßten nicht alle paar Nächte einmal einen Großangriff machen, sondern jede Stunde ein paar Bomben abwerfen; dann wären wir schneller mürbe!!! Auch ist nicht nötig, zum Beweis seiner geistigen Verfassung darauf hinzuweisen, daß er in der Voruntersuchung dem Polizeibeamten ein paar Liter Sonnenblumenöl versprochen, wenn er seine Sache schnell — d. h. natürlich zu seinen Gunsten — erledigt.

Es genügt ohnedies. Ein solcher Mann hat sich für immer ehrlos gemacht. Er ist in unserem jetzigen Ringen — trotz aller beruflichen Leistungen als Künstler — eine Gefahr für unseren Sieg. Er muß zum Tode verurteilt werden. Denn unser Volk will stark und einig und ungestört unserem Siege entgegenmarschieren.

Als Verurteilter muß Kreiten die Kosten tragen.

gez. Dr. Freisler   Stier

Abschrift
1 J 580/43
1 L 172/43

Im Namen des Deutschen Volkes

In der Strafsache gegen
die Damenschneidermeisterin Elfriede Scholz geb. Remark aus Dresden,
geboren am 25. März 1903 in Osnabrück,
zur Zeit in Polizeihaft, wegen Wehrkraftzersetzung,

hat der Volksgerichtshof, 1. Senat, auf Grund der Hauptverhandlung vom 29. Oktober 1943, an welcher teilgenommen haben

als Richter:
Präsident des Volksgerichtshofs Dr. Freisler, Vorsitzer,
Landgerichtsdirektor Dr. Schulze-Weckert,
SA-Obergruppenführer Lasch,
SA-Oberführer Hell,
Generalarbeitsführer von Mangold,

als Vertreter des Oberreichsanwalts:
Kammergerichtsrat Prietzschk,

für Recht erkannt:

Frau Elfriede Scholz geb. Remark hat in monatelangen maßlos hetzenden defätistischen Äußerungen gegenüber einer Soldatenfrau sich bis zu Erklärungen verstiegen,

sie möchte dem Führer eine Kugel durch den Kopf jagen,

unsere Soldaten seien Schlachtvieh, der Führer habe sie auf dem Gewissen,

sie wünsche den kämpfenden Soldaten, daß ihre Frauen durch den Bombenterror umkommen,

und den sieggläubigen Frauen, daß ihre Männer draußen fallen.

Als ehrlose fanatische Zersetzungspropagandistin unserer Kriegsfeinde ist sie für immer ehrlos.

Sie wird mit dem Tode bestraft.

Gründe

Frau Elfriede Scholz ist ihrer Vermieterin, der Vgn. Frau . . . , in vielen Gesprächen als eine Frau aufgefallen, die nicht an unseren Sieg glaubt, die das auch sagt und höhnisch bei irgendwelchen Rückschlägen fragt, ob sie (Frau . . .) denn immer noch an den Sieg glaube. Das hat die Vgn. Frau . . . mit ruhiger Bestimmtheit glaubwürdig bekundet.

Darüber hinaus hat Frau Scholz monatelang auf die Vgn. Frau R. defätistisch zersetzend eingewirkt. Sie kannte Frau R. als ihre Kundin — sie ist nämlich Damenschneiderin — und hatte sich mit ihr angefreundet. So kamen sie manchmal in der Wohnung von Frau R., manchmal auch in der Wohnung von Frau Scholz zusammen. Wie die Vgn. Frau R. bekundet hat, zeigte sie auch ihr gegenüber ihr höhnisches und ironisches Wesen besonders in Bemerkungen über den Kriegsausgang, sie glaube nicht an den Sieg, und ob denn etwa Frau R. noch immer an den Sieg glaube. Einzelne besonders markante zersetzende und defätistische Äußerungen hat Frau R. noch genau in Erinnerung. So, daß ihr Frau Scholz einmal sagte: „Was hat uns der für ein Glück gebracht? Die ganzen Leute, die zur Front kommen, sind doch nur Schlachtvieh, die er alle auf dem Gewissen hat. Wenn mir die Gelegenheit geboten würde, dann würde ich ihm selbst eine Kugel durch den Kopf jagen. Die Folgen würde ich gern tragen. Das deutsche Volk wäre dann wenigstens von diesem Mann befreit. Ich würde mich gern opfern." Oder: „Will dieser Idiot etwa noch alle unsere Städte kaputt werfen lassen, ehe er Frieden macht?"

Oder: „Ich habe die Welt bereist und viele Völker gesehen. Wenn die Feinde hereinkommen, wird es gar nicht so schlimm werden. Die sind viel besser, als uns immer gesagt wird, und Deutschland ist durch eigene Schuld in der ganzen Welt so verhaßt."

Oder: „Ich wünsche den Frauen, die noch ‚für den Krieg sind' (das heißt nach dem Zusammenhang: an den Sieg glauben), daß ihre Männer draußen fallen. Und den Männern, die draußen noch fanatisch kämpfen, daß Frau und Kind ihnen daheim durch die Bomben getötet werden."

Frau Elfriede Scholz gibt zwar zu, aus allgemeinem Pessimismus heraus sich zweifelnd über den Kriegsausgang geäußert zu haben. Aber sie habe das nur getan, um selbst Stärkung zu bekommen. Sie habe nämlich gewußt, daß Frau R. eine gläubige Nationalsozialistin ist; ebenso wie sie wußte, daß der Mann der Frau R. aktiver Offizier und mit Leib und Seele Soldat und gläubiger Nationalsozialist ist. Sie habe sich gedacht, von ihnen beiden könne sie aufgerichtet werden. Im übrigen habe sie nicht so geredet, wie es Frau R. bekundet hat.

In Wirklichkeit hat sie sich aber defätistisch und zersetzend geäußert und auch gar nicht die Absicht gehabt, sich von Frau R. zum Nationalsozialismus bekehren zu lassen, sondern im Gegenteil versucht, den Glauben von Frau R. zu zerstören. Frau R. hat nämlich alle oben wiedergegebenen Bekundungen und das höhnisch-ironische Wesen der Frau Scholz soeben vor dem Gericht mit solcher überzeugenden Bestimmtheit und mit dem Eindruck einer durchaus glaubwürdigen Persönlichkeit im Bewußtsein ihrer Verantwortung als Zeugin ohne jede Gehässigkeit dargelegt, daß kein Zweifel daran bestehen kann: es ist so gewesen, wie sie ausgesagt hat. Außerdem paßt die Grundeinstellung der Äußerungen der Frau Scholz, wie sie Frau R. darstellt, ganz in die Grundeinstellung von Frau

Scholz, die die Vgn. Frau . . . bekundet hat. Beide Vgn. kannten sich noch gar nicht, als sie das erste Mal in dieser Sache vernommen wurden und so aussagten.

Wenn Frau Scholz ihren Pessimismus zum Teil auch mit dem Einfluß ihres Bruders, des Verfassers des berüchtigten Machwerks „Im Westen nichts Neues", auf sie begründen will, so kann sie das doch nicht entschuldigen, zumal sie nach eigener Aussage ihren Bruder seit 13 Jahren nicht gesehen hat. Vielmehr ist sie eine schamlose Verräterin an ihrem eigenen, unserem deutschen Blut, an unserer Front, an unserem Leben als Volk, eine defätistisch hetzende Propagandaagentin unserer Kriegsfeinde (§§ 5 KSSVO, 91 b StGB.). Für eine so ehrvergessene und deshalb für immer jeder Ehre bare Frau kann es, wenn wir uns nicht selbst aufgeben wollen, nur eine Strafe geben: die Todesstrafe.

Weil Frau Elfriede Scholz verurteilt ist, muß sie auch die Kosten tragen.

gez. Dr. Freisler Dr. Schulze-Weckert

Begl. Abschrift!

1 J 443/43g
1 L 66/43

Im Namen des Deutschen Volkes

In der Strafsache gegen

den Regierungsrat Dr. jur. Theodor Korselt aus Rostock, geboren am 24. November 1891 in Buchholz/Erzgeb.,

zur Zeit in dieser Sache in gerichtlicher Untersuchungshaft, wegen Wehrkraftzersetzung,

hat der Volksgerichtshof, 1. Senat, auf Grund der Hauptverhandlung vom 23. August 1943, an welcher teilgenommen haben

als Richter:

Präsident des Volksgerichtshofs Dr. Freisler, Vorsitzer,
Landgerichtsdirektor Storbeck,
Generalleutnant Cabanis,
SA-Gruppenführer Aumüller,
Oberbereichsleiter Bodinus,

als Vertreter des Oberreichsanwalts:
Landgerichtsdirektor Dr. Schultze,

für Recht erkannt:

Theodor Korselt hat in Rostock in der Straßenbahn kurz nach der Regierungsumbildung in Italien gesagt, so müsse es hier auch kommen, der

Führer müsse zurücktreten, denn siegen könnten wir ja nicht mehr, und alle wollten wir doch nicht bei lebendigem Leibe verbrennen.

Als Mann in führender Stellung und mit besonderer Verantwortung hat er dadurch seinen Treueid gebrochen, unsere nationalsozialistische Bereitschaft zu mannhafter Wehr beeinträchtigt und damit unserem Kriegsfeind geholfen.

Er hat seine Ehre für immer eingebüßt und wird mit dem Tode bestraft.

Gründe

Am 1. August, also kurz nach dem Rücktritt Mussolinis, traf Theodor Korselt in der Straßenbahn in Rostock den Volksgenossen Stadtrat ... Sie setzten sich zusammen. Und Korselt kam auf die Terrorangriffe auf Hamburg zu sprechen. Dabei kritisierte er die Führung, weil wir solchen Angriffen ohnmächtig gegenüberstünden. Überhaupt, sagte er, müsse es anders kommen, genau so wie in Italien. Der Führer müsse zurücktreten. Als Stadtrat ... mißbilligend den Kopf schüttelte, fuhr Korselt fort: Ob er denn meine, daß wir den Krieg noch gewinnen können? Man müsse Frieden um jeden Preis schließen, oder ob wir denn alle bei lebendigem Leibe braten wollten?

... war von dem, was er hörte, wie er sagt, „so platt", daß er gar nicht richtig zu antworten wußte. Er zeigte den Vorfall gleich seinem Vorgesetzten an.

Das steht durch ...s ruhige, sachliche Aussage zweifelsfrei fest.

Übrigens hat Korselt selbst von Anfang an zugegeben, daß er gesagt habe, es müsse bei uns kommen wie in Italien. In der Hauptverhandlung hat er, wenn auch erst nach einigem Hin und Her, in der Gegenüberstellung mit dem Zeugen auch alles andere eingestanden. Nur von einem „Frieden um jeden Preis" will er nicht gesprochen haben. Zwar ist der Volksgerichtshof überzeugt, daß er auch das gesagt hat. Aber sein Urteil wäre nicht anders ausgefallen, auch wenn Korselt — was er selbst jetzt für möglich hält — von einem Verständigungsfrieden gesprochen hätte.

Korselt hat seinerzeit nach Studium und Vorbereitungszeit den Verwaltungsassessor gemacht, ist jahrzehntelang höherer Verwaltungsbeamter gewesen, erst in politischen und dann — wegen auffälliger Vorbehalte in seinem Aufnahmegesuch in die NSDAP — in unpolitischen Ämtern.

Ein Regierungsrat trägt besondere Verantwortung. Und Verantwortung verpflichtet.

Korselt sagt nun, er habe ... nur das gesagt, was er auch denke. Das entlastet ihn aber gar nicht. Ein Deutscher, noch dazu ein höherer Beamter, der dem Führer Treue geschworen hat, denkt so nicht. Sein Eid auf den Führer begründet ein germanisches Treueverhältnis, das den ganzen Mann ergreift und nicht, wie er in der Hauptverhandlung meinte, nur seine dienstliche Tätigkeit. Ein Deutscher, noch dazu ein Mann, der gebildet sein will, der so redet wie Korselt, schwächt unseren nationalsozialistischen Willen zu mannhafter Wehr in unserem jetzigen Schicksalskampf, der bis zum letzten angespannt werden muß, weil wir siegen wollen und müssen (§ 5 KSSVO.). Er arbeitet also an der Zersetzung unserer inneren Front. Er hilft damit unserem Kriegsfeind (§ 91b StGB). Als Mann mit dem Überblick über Dinge und Zusammenhänge, wie ihn ein Regierungsrat hat, weiß er das auch.

Wer unserem Kriegsfeind hilft, hat sich dadurch selbst für immer ehrlos gemacht. Unserem Siege ist es der Volksgerichtshof schuldig, einen solchen treulosen Verräter zum Tode zu verurteilen. Denn er ist unserem kämpfenden Volk in den Rücken gefallen.

Als Verurteilter muß Korselt die Kosten tragen.

Dr. Freisler Storbeck

Abschrift!

Vertraulich!
Weitergabe nur verschlossen, bei Postbeförderung eingeschrieben. Empfänger haftet für sichere Aufbewahrung (vgl. P. 353c StGB).

6 J 24/43
1 H 101/43

Im Namen des Deutschen Volkes!

In der Strafsache gegen

1. den Alexander Schmorell aus München, geboren am 16. September 1917 in Orenburg (Rußland),
2. den Kurt Huber aus München, geboren am 24. Oktober 1893 in Chur (Schweiz),
3. den Wilhelm Graf aus München, geboren am 2. Januar 1918 in Kuchenheim,
4. den Hans Hirzel aus Ulm, geboren am 30. Oktober 1924 in Untersteinbach (Stuttgart),
5. die Susanne Hirzel aus Stuttgart, geboren am 7. August 1921 in Untersteinbach,
6. den Franz Josef Müller aus Ulm, geboren am 8. September 1924 in Ulm,
7. den Heinrich Guter aus Ulm, geboren am 11. Januar 1925 in Ulm,
8. den Eugen Grimminger aus Stuttgart, geboren am 29. Juli 1892 in Crailsheim,
9. den Dr. Heinrich Philipp Bollinger aus Freiburg, geboren am 23. April 1916 in Saarbrücken,
10. den Helmut Karl Theodor August Bauer aus Freiburg, geboren am 19. Juni 1919 in Saarbrücken,

11. den Dr. Falk Erich Walter Harnack aus Chemnitz, geboren am 2. März 1913 in Stuttgart,
12. die Gisela Schertling aus München, geboren am 9. Februar 1922 in Pössneck/Thüringen,
13. die Katharina Schüddekopf aus München, geboren am 8. Februar 1916 in Magdeburg,
14. die Traute Lafrenz aus München, geboren am 3. Mai 1919 in Hamburg.

zur Zeit in dieser Sache in gerichtlicher Untersuchungshaft,
wegen Feindbegünstigung u. a.,

hat der Volksgerichtshof, 1. Senat, auf Grund der Hauptverhandlung vom 19. April 1943, an welcher teilgenommen haben

als Richter:

Präsident des Volksgerichtshofs Dr. Freisler, Vorsitzer,
Landgerichtsdirektor Stier,
SS-Gruppenführer und Generalleutnant der Waffen-SS Breithaut,
SA-Gruppenführer Bunge,
SA-Gruppenführer und Staatssekretär Köglmaier;

als Vertreter des Oberreichsanwalts:
Erster Staatsanwalt Bischoff,

für Recht erkannt:

Alexander Schmorell, Kurt Huber und Wilhelm Graf haben im Kriege in Flugblättern zur Sabotage der Rüstung und zum Sturz der nationalsozialistischen Lebensform unseres Volkes aufgerufen, defätistische Gedanken propagiert und den Führer aufs gemeinste beschimpft und dadurch den Feind des Reiches begünstigt und unsere Wehrkraft zersetzt. Sie werden deshalb mit dem Tode bestraft. Ihre Bürgerrechte haben sie für immer verwirkt.

Eugen Grimminger hat einem feindbegünstigenden Hochverräter Geld gegeben. Zwar kam ihm nicht zum Bewußtsein, daß er dadurch half, den Feind des Reiches zu begünstigen. Aber er rechnete damit, daß dieser das Geld benutzen könnte, um unserem Volk seine nationalsozialistische Lebensform zu rauben. Weil er so einen Hochverrat unterstützt hat, bekommt er zehn Jahre Zuchthaus und hat seine Ehre für zehn Jahre verwirkt.

Heinrich Bollinger und Helmut Bauer haben Kenntnis von hochverräterischen Umtrieben gehabt, das aber nicht angezeigt. Dazu haben sie fremde Rundfunknachrichten über Kriegsereignisse oder Vorkommnisse im Innern Deutschlands zusammen gehört. Dafür bekommen sie sieben Jahre Zuchthaus und haben ihre Bürgerehre für sieben Jahre verloren.

Hans Hirzel und Franz Müller haben — als unreife Burschen von Staatsfeinden verführt — hochverräterische Flugblattpropaganda gegen den Nationalsozialismus unterstützt. Dafür bekommen sie fünf Jahre Gefängnis.

Heinrich Guter hat von solchen Propagandaabsichten gewußt, das aber nicht angezeigt. Er wird dafür mit achtzehn Monaten Gefängnis bestraft.

Gisela Schertling, Katharina Schüddekopf und Traute Lafrenz haben dasselbe verbrochen. Als Mädchen bekommen sie dafür ein Jahr Gefängnis.

Susanne Hirzel hat hochverräterische Flugblätter verbreiten lassen. Daß sie hochverräterisch waren, wußte sie zwar nicht, aber nur deshalb, weil sie in unverzeihlicher Gutgläubigkeit sich keine Gewißheit verschafft hat. Sie wird mit sechs Monaten Gefängnis bestraft.

Allen Angeklagten, die Zuchthaus oder Gefängnis bekommen haben, hat der Volksgerichtshof ihre Polizei- und Untersuchungshaft ganz auf ihre Strafe angerechnet.

Falk Harnack hat zwar auch seine Kenntnis von hochverräterischen Umtrieben nicht angezeigt. Aber bei ihm liegen so einmalig besondere Verhältnisse vor, daß man ihn wegen dieser Unterlassung nicht bestrafen kann. Er wird daher freigesprochen.

Gründe

Dieses Urteil muß im Zusammenhang mit dem Urteil, das der Volksgerichtshof vor wenigen Wochen hat fällen müssen, betrachtet werden. Damals waren drei Personen abzuurteilen, die mit den Kern dieser hochverräterischen Unterstützung unserer Kriegsfeinde gebildet haben. Zwei von ihnen, Hans Scholl und Sophie Scholl, waren die Seele der wahrhaft hoch- und landesverräterischen, feindbegünstigenden, unsere Wehrkraft zersetzenden Organisation. Sie stammen aus einer Familie, die selbst volksfeindlich eingestellt war und in der sie keine Erziehung genossen, die sie zu anständigen Volksgenossen machte. Über ihre Tat und Schuld stellte der Volksgerichtshof damals fest:

Der Angeklagte Hans Scholl hat seit Frühjahr 1939 Medizin studiert und steht — dank der Fürsorge der nationalsozialistischen Regierung — im achten Semester! Zwischendurch war er im Frankreichfeldzug in einem Feldlazarett und von Juli bis November 1942 an der Ostfront im Sanitätsdient tätig. Als Student hat er die Pflicht vorbildlicher Gemeinschaftsarbeit. Als Soldat — er ist als solcher zum Studium kommandiert — hat er eine besondere Treuepflicht zum Führer. Das und die Fürsorge, die gerade ihm das Reich angedeihen ließ, hat ihn nicht gehindert, in der ersten Sommerhälfte 1942 Flugblätter der „Weißen Rose" zu verfassen, zu vervielfältigen und zu verbreiten, die defätistisch Deutschlands Niederlage voraussagen, zum passiven Widerstand der Sabotage in Rüstungsbetrieben und überhaupt bei jeder Gelegenheit auffordern, um dem deutschen Volk seine nationalsozialistische Lebensart und also auch Regierung zu nehmen. Das, weil er sich einbildete, daß nur so das deutsche Volk durch den Krieg durchkommen könne!

Von Rußland im November 1942 zurückgekehrt, forderte Scholl seinen Freund, den Mitangeklagten Probst, auf, ihm ein Manuskript zu liefern, das dem deutschen Volk die Augen öffne! Einen Flugblattentwurf wie gewünscht lieferte Probst dem Scholl auch tatsächlich Ende 1942.

In Gesprächen mit seiner Schwester Sophie Scholl entschlossen sich beide, Flugblattpropaganda im Sinne einer Arbeit gegen den Krieg und für ein Zusammengehen mit den feindlichen Plutokratien gegen den Nationalsozialismus zu treiben. Die beiden Geschwister, die ihre Studentenzimmer bei derselben Vermieterin hatten, verfaßten gemeinsam ein Flugblatt „An alle Deutschen". In ihm wird Deutschlands Niederlage im Krieg vorausgesagt; der Befreiungskrieg gegen das „nationalsozialistische Untermenschentum" angesagt und werden Forderungen im Sinne liberaler Formaldemokratie aufgestellt. Außerdem verfaßten die Geschwister ein Flugblatt „Deutsche Studentinnen und Studenten" (in späteren Auflagen „Kommilitoninnen und Kommilitonen"). Sie sagen der Partei den Kampf an, der Tag der Abrechnung sei gekommen, und scheuen sich nicht, ihren Aufruf zum Kampf gegen den Führer und die nationalsozialistische Lebensart unseres Volkes mit dem Freiheitskampf gegen Napoleon (1813) zu vergleichen und auf ihn das Soldatenlied „Frisch auf, mein Volk, die Flammenzeichen rauchen" anzuwenden!!

Die Flugblätter haben die Angeklagten Scholl teilweise mit Hilfe eines Freundes, des Medizinstudenten Schmorell, vervielfältigt und in allseitigem Einvernehmen verbreitet:

1. Schmorell fuhr nach Salzburg, Linz, Wien und warf dort 200, 200, 1200 adressierte Flugblätter für diese Städte und in Wien außerdem 400 für Frankfurt am Main in Briefkästen.

2. Sophie Scholl warf in Augsburg 200 und ein andermal in Stuttgart 600 in Postbriefkästen.

3. Nachts streute Hans Scholl zusammen mit Schmorell Tausende in Münchner Straßen aus.

4. Am 18. Februar legten die Geschwister Scholl 1500—1800 in der Münchner Universität in Päckchen ab, und Sophie Scholl warf einen Haufen vom 2. Stock in den Lichthof.

Hans Scholl und Schmorell haben auch am 3., 8. (?) und 15. 2. 1943 nachts an vielen Stellen Münchens, so vor allem auch an der Universität, Schmieraktionen mit den Inschriften „Nieder mit Hitler", „Hitler der Massenmörder", „Freiheit" durchgeführt. Nach der ersten Aktion erfuhr das

Sophie Scholl, war damit einverstanden und bat — freilich vergeblich —, künftig mitmachen zu dürfen!

Die Auslagen — im ganzen ungefähr 1000 Mark — haben die Angeklagten selbst bestritten.

Probst hat auch sein Medizinstudium im Frühjahr 1939 begonnen und steht jetzt als zum Studium kommandierter Soldat im 8. Semester. Er ist verheiratet und hat 3 Kinder von 2½, 1¼ Jahren und 4 Wochen. Er ist ein „unpolitischer Mensch", also überhaupt kein Mann! Weder die Fürsorge des nationalsozialistischen Reichs für seine Berufsausbildung noch die Tatsache, daß nur die nationalsozialistische Bevölkerungspolitik ihm ermöglichte, als Student eine Familie zu haben, hinderten ihn, auf Aufforderung Scholls ein „Manuskript" auszuarbeiten, das den Heldenkampf in Stalingrad zum Anlaß nimmt, den Führer als militärischen Hochstapler zu beschimpfen, in feigem Defätismus zu machen, und das dann, in Aufrufform übergehend, zum Handeln im Sinne einer, wie er vorgibt, ehrenvollen Kapitulation unter Stellungnahme gegen den Nationalsozialismus auffordert. Er belegt die Verheißungen seines Flugblattes durch Bezugnahme auf — Roosevelt! Und hat dies sein Wissen, vom Abhören englischer Sender!

Alle Angeklagten haben das eben Festgestellte zugegeben. Probst versucht, sich mit „psychotischer Depression" bei Abfassung zu entschuldigen; Grund hierfür sei Stalingrad und das Wochenbettfieber seiner Frau gewesen. Allein das entschuldigt eine *solche* Reaktion nicht.

Wer so, wie die Angeklagten getan haben, hochverräterisch die innere Front und damit im Kriege unsere Wehrkraft zersetzt und dadurch den Feind des Reiches begünstigt (Par. 5 Kriegssonderstrafverordnung und Par. 91b StGB), erhebt den Dolch, um ihn in den Rücken der Front zu stoßen! Das gilt auch für Probst, der zwar behauptet, sein Manuskript habe kein Flugblatt werden sollen; denn das Gegenteil zeigt schon die Ausdrucksweise des Manuskriptes. Wer so handelt, versucht gerade jetzt, wo es gilt, ganz fest zusammenzustehen, einen ersten Riß in die geschlossene Einheit unserer Kampffront zu bringen. Und das taten deutsche Studenten, deren Ehre allzeit das Selbstopfer für Volk und Vaterland war!

Wenn solches Handeln anders als mit dem Tode bestraft würde, wäre der Anfang einer Entwicklungskette gebildet, deren Ende einst: 1918 war. Deshalb gab es für den Volksgerichtshof zum Schutze des kämpfenden Volkes und Reiches nur *eine* gerechte Strafe, die *Todesstrafe*. Der Volksgerichtshof weiß sich darin mit unseren Soldaten einig!

Durch ihren Verrat an unserem Volk haben die Angeklagten ihre Bürgerehre für immer verwirkt.

Alles, was der Volksgerichtshof in diesem Urteil festgestellt hat, ist auch Ergebnis der Wahrheitsfindung im jetzigen Verfahren und beruht, soweit die Angeklagten dieses Verfahrens mit in Frage kommen, auch auf deren Bekundungen, wie überhaupt alles, was in diesem Verfahren festgestellt ist, auf den Aussagen der Angeklagten selbst beruht, soweit nicht im einzelnen etwas anderes ausdrücklich hervorgehoben ist. Nur in folgenden Punkten hat die neue Hauptverhandlung ein anderes Bild ergeben:

1. Das Flugblatt „Studentinnen und Studenten" hat Huber verfaßt. Scholl und Schmorell haben dieses Flugblatt nur etwas geändert (s. unten) und dann herausgebracht.

2. In Stuttgart hat nicht Sophie Scholl, sondern Hans Hirzel die Flugblätter zur Post gegeben. Sophie Scholl hat sie ihm nur nach Ulm gebracht und ihm aufgetragen, sie postfertig zu machen und in Stuttgart in Postkästen zu werfen.

3. Zu den Auslagen hat Grimminger 500 RM beigetragen. Diese Unrichtigkeiten im ersten Urteil ergeben sich daraus, daß die damaligen Angeklagten in diesen Punkten die Schuld dreier jetziger Angeklagter (Huber, Hirzel und Grimminger) mit auf sich genommen haben.

Der Volksgerichtshof, der diesmal mit denselben haupt- und ehrenamtlichen Mitgliedern urteilt wie damals, legt Wert auf die Feststellung, daß sein damaliges Urteil auch bei Kenntnis der wirklichen Sachlage in diesen drei Punkten nicht anders gelautet hätte.

Heute hat der Volksgerichtshof einen weiteren Teil der Kerngruppe dieser Organisation abzuurteilen gehabt:

1. Schmorell, der ungefähr in gleicher Weise wie Scholl mitwirkte;

2. Graf, der in fast gleichem Umfange wie Schmorell und Scholl hochverräterisch und feindbegünstigend mitarbeitete. Beide waren von der Wehrmacht zum Medizinstudium abkommandiert. Beide hätten dem Führer besonders dankbar sein müssen, denn er ließ ihnen dieses Studium — wie allen dazu abkommandierten Medizinstudenten — bezahlen; sie bekamen einschließlich Verpflegungsgeld monatlich über 350 RM, ohne dies, aber mit Verpflegung in Natur, etwa 200 RM, also mehr, als die meisten Studenten sonst von zu Hause bekommen. Beide waren Feldwebel, beide in Studentenkompanien eingereiht!!

3. Neben ihnen steht heute noch ein Mann, der Erzieher der Jugend sein sollte: der damalige Professor Huber, der sich als Philosoph bezeichnet und dessen Einwirkung auf seine Studenten zwar fachlich gut gewesen sein mag. (Darüber zu urteilen fehlt dem Gericht Anlaß und Kenntnis.) Aber ein deutscher Hochschulprofessor ist vor allem ein Erzieher unserer Jugend und hat als solcher besonders in Not- und Kampfzeit darauf hinzuwirken, daß unsere Hochschuljugend zu würdigen jüngeren Brüdern der Kämpfer von Langemarck erzogen wird, daß sie in absolutem Vertrauen zu unserem Führer, zu Volk und Reich gekräftigt wird, daß ihre Glieder harte und opferbereite Kämpfer unseres Volkes werden!

Der Angeklagte Huber tat aber genau das Gegenteil! Er stärkte Zweifel, anstatt sie zu töten; er führte Reden über Föderalismus und Demokratie mit Mehrparteiensystem als Notwendigkeit für Deutschland, statt ehernen Nationalsozialismus zu lehren und vorzuleben. In einer Zeit, in der es nicht darauf ankam, Probleme zu wälzen, sondern darauf, das Schwert zu packen, säte er Zweifel in unsere Jugend. Ein staatsfeindliches Flugblatt der „Widerstandsbewegung" redigierte er mit, ein anderes („Studentinnen und Studenten") verfaßte er selbst. Zwar wünschte er dringend, daß ein Satz, den er eingefügt hatte, darinbleibe. In ihm war die Studentenschaft aufgefordert worden, sich ganz der Wehrmacht zur Verfügung zu stellen. Aber daß er diesen Satz eingefügt hatte, kann ihn nicht entschuldigen. Denn die Wehrmacht spielte er hier gegen den Führer und die NSDAP aus, die dies Flugblatt aufs schwerste beschimpfte und zu bekämpfen aufrief! Daß die mitverurteilten Studenten diesen Satz gegen seinen Willen gestrichen haben, entschuldigt ihn also gar nicht. Wer die deutsche Wehrmacht auffordert, gegen den Nationalsozialismus zu gehen, der will ihr ihre Kraft rauben. Denn diese beruht auf der nationalsozialistischen Weltanschauung unserer Soldaten. Das ist die Grundlage der Unbezwingbarkeit unserer nationalsozialistischen Revolutionsarmeen! Ein solcher „Professor" ist nach den großen Trommlern der Pflicht unter den deutschen Professoren, nach Fichte und Kant, ein Schandfleck der deutschen Wissenschaft, den diese mit Recht vor einigen Tagen im Zusammenhang mit diesem Verfahren ausgemerzt hat: mit Schimpf und Schande wurde er aus Amt und Würden entfernt. Huber sagt weiter, er habe auch geglaubt, etwas Gutes zu tun. Wir fallen aber nicht in den Fehler des Weimarer Zwischenstaates zurück, der Hoch- und Landesverräter als Ehrenmänner ansah und als Überzeugungstäter auf Festungshaft schickte. Die Zeiten, wo jeder mit einem eigenen politischen „Glauben" herumlaufen konnte, sind vorbei! Für uns gibt es nur noch e i n Maß, das nationalsozialistische. Danach messen wir alle!

Schmorell faselt, weil seine Mutter Russin war, zu seiner Entschuldigung davon, er sei Halbrusse, er habe Deutsche und Russen irgendwie vereinigen wollen. Zu welch bodenloser Verwirrung er dabei gekommen ist, geht daraus hervor, daß er in der Hauptverhandlung einmal sagte, er habe sich vorgenommen, als deutscher Soldat „weder auf Deutsche noch auf Russen zu schießen"!!! Die nationalsozialistische Strafrechtspflege will allerdings die Persönlichkeit des Täters erfassen. Auf abwegige, volksfeindliche Einstellungen kann und darf sie aber nicht eingehen. Vor allem der Volksgerichtshof muß dafür sorgen, daß nicht noch einmal im Kriege ein Riß in unser Volk hineinkommt. Schmorell ist deutscher Soldat, hat dem Führer Treue geschworen, konnte sein Studium auf Kosten der Volksgemeinschaft weiterführen; er hat kein Recht zu einem inneren Vorbehalt, Halbrusse zu sein, wie überhaupt die Moral der reservatio mentalis vor einem deutschen Gericht nicht bestehen kann.

Graf hat wenigstens den Mut gehabt, zum Schluß in der Hauptverhandlung zu erklären, für sein Verbrechen gäbe es keine Entschuldigung. Seine Tat ist aber so schlimm, daß diese allzu späte Einsicht das Urteil nicht ändern kann.

Im einzelnen haben diese drei Angeklagten vor allem folgendes getan:

1. Schmorell beriet (von den Flugblättern der „Weißen Rose" und dem Flugblattentwurf des Probst, die in diesem Verfahren kaum eine Rolle spielen, abgesehen) alles mit Scholl zusammen. Er beteiligte sich am Entschluß, Flugblätter zu verfassen und zu verbreiten, arbeitete bei deren Herstellung aktiv mit, besorgte teilweise das dazu nötige Material, kannte und billigte deren Inhalt, besonders den der „Widerstandsbewegung" und den der Hetzschrift „Studentinnen und Studenten", nahm an deren Verbreitung außerhalb Münchens teil, fuhr dazu selbst nach Salzburg, Linz und Wien und steckte dort die Flugblätter für diese Städte und Frankfurt a. M. in Postkästen, beteiligte sich bei den nächtlichen Streu- und Schmieraktionen und beim Verbreiten von Flugblättern mit der Post in München, nahm an einem Abschiedsabend für ihn und Graf im Atelier Eickemayer (als sie im Sommer 1942 zum Fronteinsatz abfuhren) teil und auch an sonstigen Zusammenkünften mit Huber und Studentinnen, in denen politisch im Sinne ihrer volksverräterischen Gedanken und Pläne diskutiert wurde. Auch fuhr er mit Scholl zu Grimminger, um dort Geld locker zu machen, und ebenfalls mit Scholl zu Propagandazwecken zu Harnack.

2. Von Graf ist dasselbe festzustellen wie von Schmorell, nur daß er an den Fahrten nach außerhalb nicht beteiligt war und auch nicht Material zur technischen Flugblattherstellung beschafft hat. Dafür machte er eine Informations- und Propagandafahrt, die ihn u. a. zu Bollinger führte, den er zu werben suchte.

3. Huber wußte vom Treiben Scholls, der ihm seine Gedanken, Pläne und Handlungen gesagt hatte, nahm an den Zusammenkünften teil, redigierte das Flugblatt „An alle Deutschen" der Widerstandsbewegung, lieferte selbst den Entwurf zum Flugblatt „Studentinnen und Studenten" (s. dazu weiter oben), gab bei den Zusammenkünften „politische" Gedanken im Sinne der Notwendigkeit des Föderalismus der angeblich „süddeutschen Demokratie" gegenüber dem angeblich preußisch-bolschewistischen Flügel des Nationalsozialismus kund, bestärkte also die Studenten in ihrer Volks- und Staatsfeindlichkeit. In welchem Geist er das tat, dafür zeugt unwiderleglich sein Flugblattentwurf. An seiner Gesinnung und seinen Werken ändert auch nichts, daß er, wie er sagt, nachdem sein Satz über Studententum und Wehrmacht gestrichen war, (vergeblich) den Entwurf hat anhalten wollen. Denn wäre das Flugblatt, so wie er es verfaßt hatte, herausgekommen, so wäre sein Verhalten genau so zu verurteilen.

Wer als Professor oder Student so den Führer beschimpft, gehört nicht mehr zu uns. Wer so den Nationalsozialismus begeifert, hat keinen Platz mehr zwischen uns. Wer so mit seinen hochverräterischen Ausgeburten eines volksfeindlichen Gehirns im Kriege unsere Geschlossenheit und Kampfentschlossenheit aufspaltet, der nagt an unserer Wehrkraft; er hilft dem Feind in diesem Krieg (Par. 91b StGB). Männer wie Huber, Schmorell und Graf wissen das auch. Wer so handelt, hat den Tod verdient. Solches Verhalten können auch nicht Verdienste (auf solche weist Huber hin) wettmachen.

Dieser ersten Gruppe von Verurteilten, die mit den Geschwistern Scholl und Probst, den der Volksgerichtshof ebenfalls in seinem ersten Urteil bestraft hat, den Kern der Dolchstoßorganisation der „Widerstandsbewegung" bilden, steht nach der Bedeutung seiner Tätigkeit der Angeklagte Grimminger am nächsten. Ihn besuchten in Stuttgart Scholl und Schmorell, erzählten von ihren volksfeindlichen Agitationen, Plänen des Flugblattvertriebs und der Bereisung von Universitäten, um Gleichgesinnte zu finden, und davon, daß sie dafür Geld von ihm haben wollten. Er antwortete ausweichend, sagte aber dabei Scholl, er solle doch nach einigen Wochen noch einmal kommen. Das tat Scholl. Und nun gab ihm Grimminger 500 RM! Den Eindruck, daß er sich dabei bewußt geworden wäre, mit diesem Geld über die Unterwühlung der Einigkeit der Heimat hinaus zugleich auch unsere Front und unsere Kriegskraft zu schwächen und dadurch unseren Kriegsfeinden zu helfen, hat er freilich nicht gemacht. Aber auch als schwerer Fall von Hochverrat wäre dieser Fall anders bestraft worden, wenn nicht zum Schluß in der Hauptverhandlung — noch nach dem Strafantrag des Oberreichsanwalts — erwiesen worden wäre (Zeugin Hahn), daß er für seine Angestellten, die Soldaten sind, besonders viel tut; einem von ihnen, der schwerverletzt ist, sogar das Studium ermöglichen will. Das alles ließ dem Gericht seine Versicherung glaubhafter erscheinen, daß er nicht daran gedacht hat, den Feind des Reiches zu begünstigen, und läßt seine Persönlichkeit in etwas besserem Lichte erscheinen. Deshalb hat der Volksgerichtshof seine Tat (Par. 83 StGB) als mit zehn Jahren Zuchthaus gesühnt angesehen, wodurch auch die Sicherheit des Reichs ihm gegenüber voll gewährleistet ist.

Die nächste Gruppe der Angeklagten hat trotz Kenntnis des volksfeindlich-hochverräterischen Unternehmens keine Anzeige erstattet und außerdem ihr Ohr dem Feinde geliehen. Das sind Bollinger und Bauer. Bollinger war aus einer katholischen Jugendorganisation „Das neue Deutschland" (im Saargebiet vor dessen Heimkehr ins Reich) mit Graf bekannt. Diesem Bund gehörte übrigens auch Scholl an, den Bollinger ebenfalls daher kannte.

Als Graf sich auf Anraten von Scholl entschloß, eine Reise ins Rheinland auch dazu zu benutzen, um in Universitätsstädten — Bonn und Freiburg — bei Bekannten die Stimmung zu sondieren und für ihre volksfeindlichen Pläne zu werben, wollte er in Freiburg auch Bollinger sprechen, erfuhr aber, daß dieser nach Ulm gefahren war. Dort meldete er sich bei ihm und besuchte mit ihm zusammen dessen dortigen Bekannten. Bei diesem sprachen sie nichts Politisches. Spät abends aber, als Bollinger den Graf wieder zum Bahnhof begleitete, erzählte er ihm von den Gedanken und Plänen des Kreises Scholl in München. Seine Werbungsversuche waren erfolglos. Wohl aber ließ er ihm ein Flugblatt zurück. Das zeigte bald darauf Bollinger seinem Freunde, dem Mitangeklagten Bauer, übrigens auch einem Bekannten aus dem „Neuen Deutschland"!, nicht um zu werben, sondern um ihm das Gespräch mit Graf zu erzählen. Bollinger und Bauer waren sich in der Ablehnung des Flugblattes und der ganzen Scholl-schen Aktion einig.

Um der Sicherung der Reiches willen muß ein Urteil wie dieses zeigen, daß, wer als reifer Mann mit Hochschulbildung, wie diese beiden, so etwas nicht anzeigt, ins Zuchthaus wandert. Die Polizei kann nicht überall sein. Die Volksgemeinschaft ist darauf angewiesen, daß jeder, der ein anständiger Deutscher sein will, wenn er von so etwas erfährt, die Partei, den Staat und die Behörden unterstützt und solche hochverräterischen Unternehmungen meldet. Bei diesen beiden ist auch ihr Ungehorsam gegenüber dem Führer zu bestrafen, weil sie, obwohl sie wußten, daß es der Führer verboten hat, ausländische Sendungen über militärische und innerpolitische Vorkommnisse abhörten. Sie taten das nämlich mehrmals übers Wochenende gemeinsam auf einer Skihütte. Sie versuchten dies damit zu entschuldigen, sie hätten sich über angebliche Studentenunruhen in München unterrichten wollen. Eine dummdreiste Ausrede! Darüber unterrichtet man sich als ordentlicher Deutscher nicht im Radio Beromünster und London!

Den schweren Fall der Nichtanzeige des Hochverrats (Par. 139 StGB) und das Abhören der Auslandsender (Par. 1 der Verordnung über außerordentliche Rundfunkmaßnahmen) hat der Volksgerichtshof bei jedem mit sieben Jahren Zuchthaus bestraft. Beide baten zwar, ihnen ihre Berufsmöglichkeiten nicht zu zerstören. Daran hätten sie aber vorher denken sollen!

Huber, Schmorell und Graf haben als Volksverräter, die im Kriege dem Feind geholfen und unsere Wehrmacht zersetzt haben, treulos gehandelt und der deutschen Jugend — besonders der Jugend von Langemarck — Schande gemacht. Sie haben durch ihren Verrat ihre Ehre für immer verloren. Ihre Ehre haben durch ihre Treulosigkeit auch Grimminger, Bollinger und Bauer verwirkt, wie der Volksgerichtshof feststellt, auf eine ihrem Strafmaß gleiche Zeitspanne.

Die dritte Gruppe der heutigen Angeklagten sind dumme Jungen und dumme Mädels, durch die die Sicherheit des Reiches nicht ernstlich gefährdet ist.

An der Spitze stehen hier die Schüler und Klassenkameraden Hans Hirzel und Franz Müller. Hirzel unterhielt sich, wenn Scholl in Ulm auf Urlaub war, öfter mit diesem. Scholl hat, wie der Volksgerichtshof aus eigener Wahrnehmung weiß, einen stark suggestiven, durch Nur-Intellektualität noch gesteigerten Einfluß erst recht auf einen so unreifen Wirrkopf wie Hirzel ausgeübt. Scholl bearbeitete Hirzel in seinem Sinne. Er riet ihm, sich politisch weiterzubilden, damit er beim Zusammenbruch Deutschlands als Redner im Sinne der Schollschen föderalistisch-individualistischen Mehrparteiendemokratie wirken könne!!!

Sophie Scholl veranlaßte Hans Hirzel, Flugblätter dieser Richtung zu verbreiten; sie kündigte auch einmal und dann noch einmal ihr Kommen an und verlangte, daß er sie am Bahnhof erwarte. Er wollte aber das Zusammentreffen mit ihr vermeiden und kam nicht; aber da kam sie zu ihm, brachte etwa 500 Flugblätter und verlangte, daß er sie postfertig zur Absendung an Stuttgarter Adressen mache, die er aus dem Telefon- und Adreßbuch herausschreiben solle, und daß er sie in Stuttgart in Postkästen werfe. Das versprach und tat er, obgleich er beim späteren Durchsehen der Flugblätter sich mit ihrem Inhalt nicht einverstanden erklären konnte! Wie vergiftet er durch die Geschwister Scholl war, ergibt sich auch daraus, daß er schon vorher von ihnen 80 RM angenommen hatte, um eine Vervielfältigungsmaschine und Zubehör zu kaufen, das auch getan und versucht hatte, ein volksfeindliches Plakat (Hakenkreuz mit der Unterschrift „Wer dieses Zeichen trägt, ist ein Volksfeind") herzustellen. Das gelang ihm freilich nicht. Und den Vervielfältigungsapparat warf er dann, noch ehe ihm Sophie Scholl die Flugblätter brachte, in die Donau.

Dem Volksgerichtshof fällt auf, daß aus e i n e r Schulklasse drei Schüler (auch Heinrich Guter) in dieser Sache erscheinen und noch weitere erwähnt wurden! Da muß etwas nicht stimmen, was am Geist dieser Klasse liegt und was der Senat nicht allein diesen Jungen zur Last legen kann. Man schämt sich, daß es eine solche Klasse eines deutschen humanistischen Gymnasiums gibt! Den Gründen im einzelnen hierfür nachzugehen, ist aber nicht Aufgabe des Volksgerichtshofes. Den jungen Hirzel hat seine Familie zu einem anständigen Deutschen erziehen wollen. Er ist offensichtlich kränklich, hat auch eine Reihe schwerer Krankheiten durchgemacht und neigt zu einer Nurgeistigkeit, die in Wirklichkeit mehr Phrasenspielerei und Experimentiersucht ist. Dieser Junge kam, sich selbst kaum bewußt, unter den Einfluß eines gemeinen Mädels, der Sophie Scholl, und ließ sich von ihr mißbrauchen. Seine verworrenen, philosophisch-seinwollenden Versuche, seine Tat zu erklären, obgleich er mit dem Flugblatt nicht einverstanden gewesen sei, erschienen zwar nicht lügenhaft, zeugten aber nur von seiner Verstiegenheit, von der das Gericht annimmt, daß er sie mit seinem sittlichen Erwachen zum Mannestum der Tat abstreifen wird, ebenso wie seine verstiegenen, aber in diesem Zusammenhang bezeichnenden Versuche, an sich selbst durch Einspritzungen chemische Versuche zu machen oder sich in eine Mischmaschine einschließen zu lassen, um den Mischvorgang von Kies und Zement von innen zu beobachten! Ihn muß man anders beurteilen als einen Studenten oder gar Hochschullehrer.

Das gilt auch für Franz Müller. Er macht zwar nicht den Eindruck eines kranken Menschen, er hat aber auch weniger verbrochen. Er ist der vermeintlichen Geistigkeit des Hirzel verfallen. Seine Tat und Schuld besteht darin, daß er zweimal dem Hirzel beim Adressenschreiben und Postfertigmachen der für Stuttgart bestimmten Flugblätter half.

Beide Fälle hat das Gericht deshalb gleich bewertet. Beide haben den Feind nicht begünstigen wollen, beide aber waren sich klar, durch ihre Tat Hochverrätern zu helfen (Par. 83, 49 StGB). Beide sind der Volksgemeinschaft nicht für immer verloren. Beide brauchen daher nicht ins Zuchthaus. Aber sie haben empfindliche Gefängnisstrafen nötig, erstens damit sie selbst zur Einsicht kommen und hart erzogen werden können, zweitens damit nicht andere womöglich meinen, mit Unreife sich entschuldigen zu können. Je fünf Jahre Gefängnis erschien dem Gericht angemessen und ausreichend.

Die nächste Gruppe sind diejenigen Jungen und Mädel, die zwar von sich gewiesen haben, selbst mitzutun, die aber den Hochverrat nicht angezeigt haben. Dazu gehört vor allem der Angeklagte Guter. Ihn hat sein Klassenkamerad Hirzel über sein Vorhaben und Tun ins Bild gesetzt. Seine Aufforderung, mitzuhelfen, hat er abgelehnt. Er wußte auch, daß Hirzel nach Stuttgart fahren und dort die Flugblätter in Briefkästen einwerfen wollte; noch am Tage seiner Rückkehr erzählte ihm Hirzel, daß er das getan habe. Seine Nichtanzeige will Guter mit Kameradschaftlichkeit entschuldigen. Zwar wollen wir unsere Jugend zur Kameradschaftlichkeit erziehen, aber hier ist diese nicht am Platz. Kameradschaftlichkeit gibt es nicht gegenüber Leuten, die sich selbst durch volksfeindliches Handeln aus der Kameradschaft ausschließen. Da gibt es dann höhere Verpflichtungen gegenüber der gesamten Gemeinschaft. Der Verteidiger des Guter meinte zwar, der Junge habe nicht gewußt, was Hochverrat ist. Aber dazu braucht man keinen Kommentar. Auch für den Volksgerichtshof ist Hochverrat das, was er für alle Volksgenossen ist, nämlich eine Gefährdung der nationalsozialistischen Lebensform des deutschen Volkes. Mehr braucht niemand zu wissen. Und das weiß auch ein Primaner. Er weiß auch, daß man vor solchen Umtrieben die Öffentlichkeit warnen muß. Er mußte deshalb bestraft werden und hat anderthalb Jahre Gefängnis bekommen.

Als Junge hat Guter in solchen Dingen eine höhere Verantwortung als die Mädels, die auch bestraft werden müssen, weil sie den Hochverrat nicht angezeigt haben. Das sind Katharina Schüddekopf, Gisela Schertling und Traute Lafrenz. Sie haben alle, wie sie zugeben, von dem Verbrechen von Scholl und Schmorell, wenn auch nicht in den Einzelheiten, gewußt, aber keine Meldung erstattet (Par. 139 StGB). Und dafür haben sie ein Jahr Gefängnis bekommen.

Die Schertling kam bei einem Besuch dazu, wie Flugblätter — eben fertig geworden — in Massen (sie sagt: „drei Soldatenrucksäcke voll"!!!) herumlagen. Nun mußte man sie einweihen. Sie hat das aber nicht angezeigt. Einmal hat sie auch bei der Flugblattverteilung mitgewirkt, aber das hat ihr der Volksgerichtshof nicht besonders angerechnet. Denn es kam so: Mit der Schwester Scholls ging sie aus. Diese hatte eine Aktenmappe. Bei einem Briefkasten blieb sie stehen, öffnete die Mappe und begann, Briefe einzuwerfen. Um zu helfen, hob die Schertling die Briefkastenklappe hoch. Das kam ihr so plötzlich und unerwartet, daß sie jetzt mithilft, den Staat zu untergraben. Auch die Art, wie sie dem Gericht diesen Vorgang geschildert hat, spricht dafür, daß das in ihrem Bewußtsein damals nur eine übliche Gefälligkeitshandlung war. Aber daß sie das Treiben Scholls nicht gemeldet hat, mußte bestraft werden. Denn daß sie bei ihren Beziehungen zu Scholl anderes im Kopf hatte, als an dessen Volksverrat zu denken, entschuldigt sie nicht.

Auch Käte Schüddekopf und Traute Lafrenz — wie die Schertling Studentinnen — gehörten zum Kreis Scholl—Schmorell—Huber. Sie nahmen an deren Veranstaltungen, z. B. am Abschiedsabend im Atelier Eikemayer, oder an einem Vorlesungsabend teil, an dem viel im Sinne der drei führenden Volksfeinde politisiert wurde, d. h. an dem man den Nationalsozialismus beschimpfte und von der Notwendigkeit sprach, etwas gegen ihn zu unternehmen. Schon das Bestehen eines solchen Kreises ist eine hochverräterische Bedrohung des Reiches. Auch sie haben keine Meldung erstattet. Die Schüddekopf, die einen offenen Eindruck gemacht hat und die zufällig in diesen Kreis gekommen war, hat auch einmal ein Flugblatt weitergegeben, und zwar der Lafrenz, aber nicht, um im Sinne des Flugblattes zu werben, sondern im Gegenteil in der übrigens zutreffenden Gewißheit, diese werde den Inhalt ablehnen. Die Lafrenz hat das Flugblatt nicht weitergegeben, sondern vernichtet. Unter diesen Umständen glaubte der Volksgerichtshof, in dieser Flugblattweitergabe und -annahme keine besondere Hochverratshandlung sehen zu sollen. Doch, wie gesagt, die Nichtanzeige bleibt. Alle drei Mädels haben übrigens glaubhaft geschildert, daß sie sich längst von den Einflüssen dieses hochverräterischen Treibens freigemacht haben und die nationalsozialistische Lebensform unseres Volkes auch innerlich bejahen. Auch das hat der Volksgerichtshof beachtet, als er ihre Strafe abmaß.

Nun bleibt noch die Susanne Hirzel. Sie besuchte in Stuttgart sehr fleißig und mit gutem Erfolg die Musikhochschule. Sie war immer ein ordentliches Mädel, ist im Elternhaus staatsbejahend erzogen und hat eine ordentliche, einer Frau gemäße Ausbildung erfahren.

Unerwartet meldete sich bei ihr eines Tages ihr Lieblingsbruder Hans, verabredete sich mit ihr in der Stadt, sagte ihr, er komme vor seinen Eltern heimlich, er habe „Briefe“ aufzugeben, mit deren Inhalt er zwar nicht einverstanden sei, die aufzugeben aber nichts schaden könne. Sie ahnte nun natürlich, daß daran etwas nicht in Ordnung sei. Aber sie vergewisserte sich nicht von dem Inhalt, half die „Briefe“ — es waren die Flugblätter

„Studentinnen, Studenten" — einzustecken. Und sie übernahm auch die Absendung der „Briefe", die noch nicht eingesteckt waren, als ihr Bruder wieder abfahren mußte.

Susanne Hirzel macht einen offenen, guten Eindruck. Das Gericht glaubt ihr, daß sie nicht annahm, daß ihr Bruder Hochverräterisches treibt. Unverzeihlich war aber, daß sie nicht weiter nachgeforscht hat, was das Paket mit den mehreren hundert „Briefen" mit angeblich ungefährlichem innenpolitischen Inhalt in Wirklichkeit enthielt. Das wäre ihre Pflicht gewesen. Dafür, daß sie das nicht getan hat, hat sie sechs Monate Gefängnis bekommen (Par. 85 StGB).

Sämtliche Angeklagten, die Zuchthaus- und Gefängnisstrafen erhalten haben, ist die Polizei- und Untersuchungshaft auf ihre Strafen angerechnet worden, denn sie haben sie nicht schuldhaft verlängert.

Der Angeklagte Harnack ist in die Sache rein zufällig hineingekommen. Er war in Chemnitz Soldat. Eines Tages besuchten ihn zwei fremde Männer, Scholl und Schmorell, von seiner Münchner Braut geschickt. Erst freute er sich, durch sie von seiner Braut zu hören. Dann aber packten sie mit ihren volksfeindlichen Gedanken und Plänen aus. Sie suchten ihn dafür zu werben. Er lehnte ab und sie fuhren wieder zurück. Kurz darauf besuchte er seine Braut in München. Auf ihre Anregung traf er sich an zwei aufeinanderfolgenden Tagen dort wieder mit Scholl und Schmorell. Gegenüber ihren demokratisch-individualistischen Gedanken vertrat er die nationalsozialistische Forderung einer planvollen Wirtschaftslenkung. Scholl und Schmorell (das zweitemal war auch Huber dabei und auf ihrer Seite) erklärten, das sei kommunistisch. Ergebnislos gingen sie auseinander. Harnack hatte die Pflicht, das anzuzeigen (Par. 139 StGB). Er hatte aber kurz vorher ein menschlich sehr schweres Erlebnis mit seinem Bruder und seiner Schwägerin gehabt, die wegen Hochverrats vom Reichskriegsgericht zum Tode verurteilt worden waren. Er selbst hatte an diesen Taten keinen Anteil. Er stand ganz unter dem Eindruck der Wirkung einer solchen Verurteilung auf seine im deutschen Volk sehr bekannte Gelehrtenfamilie. Es ist ein einmaliger Fall, der im Deutschen Reich gewiß nicht einmal alle 100 Jahre vorkommt, daß ausgerechnet, nachdem kurz zuvor der Bruder eines Angeklagten wegen Hochverrats zum Tode verurteilt wurde, der Angeklagte von einem weiteren Hochverrat erfährt. Der Strafrichter muß Handlungen mit dem Maß messen, das man an einen starken Mann anlegen kann. Aber auch bei Anlegung dieses Maßstabes glaubte der Volksgerichtshof, Harnack bei der Besonderheit dieses Falles nicht kriminell dafür strafen zu sollen, daß er sich unter dem Eindruck eines schweren Familienerlebnisses — er als einziges erwachsenes Glied seiner Familie hatte auch für die unmündigen Kinder seines Bruders zu sorgen! — nicht zu dem Maß starken Mannestums aufschwang, das ihn seine Pflicht zur Anzeige bewußt werden und erfüllen ließ. Deshalb schien es dem Volksgerichtshof richtig, seine Unterlassung nicht zu bestrafen. Das

Reich wird dadurch nicht geschädigt, und der Mann wird so — seiner einmaligen Lage entsprechend — gerecht behandelt. Er ist also freigesprochen worden.

Die Angeklagten, die verurteilt sind, müssen auch die Kosten dieses Strafverfahrens tragen.

Nur besondere Kosten gegen Harnack trägt die Reichskasse, weil dieser freigesprochen ist.

Dr. Freisler Stier.

(Der Leser vergesse nicht, daß die Beschimpfung honoriger Staatsbürger in diesen Urteilen von einem notorischen Verbrecher stammt, also einer Ehrung gleichzusetzen ist. D. Red.)

Ein alter Mann in der Maschinerie der NS-Justiz

Handakten

Oberreichsanwalt
beim Volksgerichtshof

Strafsache gegen Lehmann, Wilh.

Betrifft: Lehmann, Wilhelm, Rentner, Berlin
wegen Vorbereitung zum Hochverrat.
Sachbearbeiter: St.A. Scherf.

Strafe vollstreckt: am 10. Mai 1943 Bl. 14 R

6 J 158/2 G

Durchschrift.

Der Generalstaatsanwalt
bei dem Landgericht
2 P Js. 534.42

Berlin NW 40, den 24. 11. 1942
Turmstr. 91
Fernruf: 35 67 01

An den
Herrn Oberreichsanwalt
beim Volksgerichtshof
Berlin W 9
Bellevuestr. 15

Betrifft:

Ermittlungsverfahren

gegen den Rentner Wilhelm Lehmann
wegen Vorbereitung zum Hochverrat.
Rundverfügung vom 18. Dezember 1934
— III a 25 371 —

Anlagen: 1 Blattsammlung
1 Berichtsabschrift

Berichtsverfasser: Staatsanwalt Hüttner

Das Verfahren richtet sich gegen den Rentner Wilhelm Lehmann, geboren am 13. Januar 1869 in Klein-Rietz, wohnhaft in

Bl. 6 Berlin SO 36, Pücklerstr. 44, verheiratet, evangelisch, angeblich nicht bestraft.

Bl. 1 in dieser Sache vorläufig festgenommen am 13. November 1942 und seit dem 18. November 1942 in Untersuchungshaft.

Bl. 15 Der Buchdrucker R. stellte seit dem Sommer des Jahres wiederholt fest, daß in der Bedürfnisanstalt am Mariannenplatz in Berlin an der Wand etwa folgende Anschrift angeschrieben war:

„Hitler, du Massenmörder mußt ermordet werden, dann ist der Krieg zu Ende."

Am 28. Oktober ds. Js. gegen 17 Uhr ertappte er den Beschuldigten dabei, wie er mit Blaustift an die Wand der Bedürfnisanstalt die Worte:

„Hitler, du Massenmörder"

schrieb. —

Der Beschuldigte gibt zu, wiederholt derartige hetzerische Anschriften in der Bedürfnisanstalt angebracht zu haben. Er will aus Verärgerung über seine schlechte wirtschaftliche Lage gehandelt haben. Nach seinen Angaben erhält er zwei Renten im Gesamtbetrage von nur 78,80 RM monatlich und muß monatlich 34,05 RM Miete bezahlen.

Im einzelnen nehme ich auf die polizeilichen Ermittlungen und den polizeilichen Schlußbericht Bl. 8 R inhaltlich Bezug.

Wenn auch der bereits 73jährige Beschuldigte in politischer Hinsicht sonst noch nicht nachteilig in Erscheinung getreten ist, so läßt sich doch der Verdacht eines Verbrechens nach den §§ 80ff. StGB nicht von der Hand weisen.

Gemäß Art III § 1 Abs. 1 und 3, § 3 des Ges. zur Änderung des Strafrechts und des Strafverfahrens vom 24. April 1934 (RGBl. I S. 341) überreiche ich die Vorgänge zum zuständigen Befinden.

Sofortige Maßnahmen durch den Ermittlungsrichter des Volksgerichtshofes halte ich nicht für erforderlich.

Im Auftrage:
gez. . . .
Oberstaatsanwalt

6 J 158/42

Eilt!
Haft!

Vfg.

1) Zu schreiben — Umschlag zu den Hauptakten —:
an die Geheime Staatspolizei,
Staatspolizeistelle in Berlin.

Betrifft: Ermittlungsverfahren gegen
Wilhelm Lehmann aus Berlin
wegen Vorbereitung zum Hochverrat
u. a.

dortiges Aktenzeichen: IV A 1 c — L. 8003/42

In dem vorbezeichneten Verfahren bitte ich die Angaben des Beschuldigten über seine wirtschaftliche Lage nachzuprüfen und dabei insbesondere zu ermitteln, ob er für sich und seine Ehefrau im Monat insgesamt nur 78,80 RM Rente bezogen hat und davon 34,05 RM Mietzins hat zahlen müssen. Hat er daneben nicht Unterstützungen von seinen Kindern, von behördlichen Stellen oder von den Hilfsorganisationen der NSDAP z. B. WHW erhalten? Hat er Einkünfte aus Untervermietung oder durch Gelegenheitsarbeiten gehabt?

Für tunlichst schleunige Erledigung dieses Ersuchens wäre ich dankbar.

2) In Reinschrift fertigen u. mit den Hauptakten absenden:

mit 1 Band Akten — Haft!

dem Herrn Ermittlungsrichter des Volksgerichtshofes
in Berlin NW 40

mit dem Antrag übersandt,

den Beschuldigten nochmals eingehend zu vernehmen und ihm vorzuhalten, daß er nach der Bekundung des Zeugen auch mehrmals die Inschrift angebracht hat: „Hitler, du Massenmörder mußt ermordet werden, dann ist der Krieg zu Ende." (Bl. 5 der Akten) Gibt der Beschuldigte auch dies zu? Ich bitte ferner bei der Vernehmung Näheres über die politische Gesinnung des Beschuldigten festzustellen, insbesondere ob er durch seine Tat umstürzlerische Bestrebungen illegaler Parteien fördern wollte, und weiter zu erklären, welche Vorstellung er von der Wirkung der Hetzschriften auf die Leser gehabt hat.

Bei der Rückgabe der Akten bitte ich zu vermerken, ob der Beschuldigte einen noch geistig rüstigen Eindruck macht oder schon starke Alterserscheinungen zeigt. Für schleunige Erledigung dieses Ersuchens wäre ich dankbar.

3) Nach 2 Wochen
4) Dies zu d. Handakt.
Zu 1, 2 gef. Ca. 11. 1.

Berlin, den 8. Januar 43

i. A. Schf.
ab: 12. 1. Beck

6 J 158/42g

Vfg.

1) Die Sache ist als Geheimsache zu führen.
2) Zu schreiben unter Beifügung der Hauptakten:

Geheim!
Haft!
Einschreiben!

An das Gerichtsärztliche Institut der Universität Berlin
z. Hd. von Herrn Professor Dr. M.
oder Vertreter im Amt in Berlin NW 7, Hannoversche Str. 6

Anlagen: 1 Band Akten

Gegen den am 13. Januar 1869 in Klein-Rietz geborenen Rentner Wilhelm Lehmann aus Berlin ist hier ein Verfahren wegen Vorbereitung zum Hochverrat und Aufforderung zur Tötung des Führers anhängig. Der Sachverhalt ergibt sich aus den anliegenden Akten. — Ich bitte um eine gutachtliche Äußerung, ob der Beschuldigte, der sich in dem Strafgefängnis Plötzensee in Untersuchungshaft befindet, zur Zeit der Tat unzrechnungsfähig oder in seiner Zurechnungsfähigkeit erheblich vermindert gewesen und ob er jetzt zurechnungsfähig ist (§ 51 Abs. 1 und 2 StGB). Insbesondere bitte ich um eine gutachtliche Stellungnahme dazu, ob der Beschuldigte fähig gewesen ist, zu erkennen, daß in seinen Inschriften die an beliebige Unbekannte gerichtete Aufforderung zur Ermordung des Führers enthalten gewesen ist (vgl. insbesondere Bl. 19 u. 20 d. Akt.).

3) Nach 3 Wochen
4)Dies z. d. Handakt.

Berlin, Januar 1943

Der Oberreichsanwalt beim Volksgericht
I. A.

21. 1. Schf.

Vermerk:

1) Am 22. Januar 1943 ruft der „Leiter der Hauptstelle Rechtsbetreuung im Gaustabsamt der Gauleitung Berlin", Herr Wagner (Fernruf: 11 00 29), an u. teilt mit, trotz des Alters des Beschuldigten sei es im Hinblick auf die Schwere des Angriffs, den der Besch. gegen den Führer gerichtet habe, der Wunsch des Gauleiters von Berlin, daß Lehmann hingerichtet werde[35].

   Ich gebe kurz über den Stand des Verfahrens Auskunft und sage zu, die Sache dem Herrn Oberreichsanwalt vorzutragen u. dann gegebenenfalls nochmals anzurufen.

2) Vortrag bei Herrn Oberreichsanwalt im Beisein von Herrn Reichsanwalt P. Die Sache soll möglichst schnell mit der Erwirkung eines Todesurteils aus § 5, Nr. 1 VO vom 28. 2. 33, Vorbereitung zum Hochverrat und Feindesbegünstigung, hier angeklagt werden. Ein Abdruck der Anklageschrift soll Herrn O.Med.Rat E. mit der Bitte um gutachtliche

Äußerung über den Geisteszustand des Beschuldigten übersandt werden. Das Ergebnis der eingeleiteten polizeilichen Erörterungen über die wirtschaftliche Lage des Beschuldigten soll, da unerheblich, nicht abgewartet werden.

Von der alsbaldigen Anklageerhebung u. dem erstrebten Ergebnis des Verfahrens soll ich Herrn Wagner telefonisch Kenntnis geben.

3) Anruf bei Wagner: Er ist mit der alsbaldigen Anklageerhebung sehr einverstanden und bittet, seiner Dienststelle einen Anklageabdruck zu übersenden, zu Aktenzeichen: 13 R 3998/42. Das sage ich zu.

4) Von dem Ergebnis des Vortrags bei Herrn Oberreichsanwalt gab ich Herrn Reichsanwalt Weyersberg Kenntnis.

Vermerk: Scherf, Staatsanwalt. Scherf 23. 1. 43

Berlin, den 23. 1. 43

Bericht

Lehmann, Wilhelm, geb. am 13. 1. 69 in Klein-Rietz, ist in Berlin SO 36, Pücklerstr. 44, mit seiner Ehefrau wohnhaft und polizeilich gemeldet. Die Wohnung besteht aus Stube, Küche und Korridor, wofür er 34,05 RM Miete zahlt. Untermieter hat L. nie gehabt. Seine monatliche Rente beträgt für sich und für seine Ehefrau zusammen 78,80 RM. L. hat selber keinen Nebenverdienst gehabt, da er arbeitsunfähig ist. Dagegen hat seine Ehefrau wöchentlich etwa 4—5 RM durch Aufwartung dazuverdient. Außerdem bezog L. vom WHW in den Wintermonaten laufend 15—18 RM. Von anderen Stellen, insbesondere von seinen Kindern, ist L. nicht unterstützt worden.

L. lebte im Hause zurückgezogen. Politisch abfällige Äußerungen will man im Hause von ihm nicht gehört haben. Eine bestimmte Zeitung wurde von ihm nicht gelesen, ebenso wurde bei besonderen Anlässen nicht geflaggt. Seine Ehefrau hat sich jedoch an Spenden pp. trotz ihres geringen Einkommens beteiligt, was allgemein anerkannt wird. Verschuldet ist die Familie L. nicht.

gez. Z.
Krim.-Oberass.

Vfg.

1) Vermerk: Fernmündlich mache ich Amtsrat T., 1. Senat, darauf aufmerksam, daß an der vorl. Sache der Gauleiter von Berlin interessiert sei. Herr T. erklärt, in der ersten Märzhälfte sei Termin in dieser Sache. Er wird dem Gauleiter den Termin bekanntgeben.

An Herrn Oberregierungsmedizinalrat Dr. E.
Berlin NW 40
Untersuchungshaftanstalt beim Kriminalgericht Alt-Moabit

Haft! Geheim!
Einschreiben!

Betrifft: Strafsache gegen den Rentner Wilhelm Lehmann
aus Berlin wegen Vorbereitung zum Hochverrat u. a.

Anlage: 1 Anklageabdruck.

Gegen den Rentner Wilhelm Lehmann habe ich die abschriftlich anliegende Anklageklageschrift bei dem Volksgerichtshof eingereicht. Lehmann hat bei seiner richterlichen Vernehmung angegeben, er leide an Schwindelanfällen, auch habe er „nicht mehr so gute Nerven". Ich bitte um eine gutachtliche Äußerung über den Geisteszustand des Angeschuldigten, insbesondere seinen Geisteszustand zur Zeit seiner Straftat. Für eine möglichst beschleunigte Erledigung meines Ersuchens wäre ich dankbar, da die Anberaumung des Hauptverhandlungstermins in Bälde zu erwarten ist.

Im Auftrage
Schf. 23. 1. 43 Schf.

Zu 2, 3, 4a—d) 5a u. b) u 6a)
gef. am 26. 1. 43 Schulz
ab am:
zu 2—6(a) ab 27. 1. ca.

Der Oberreichsanwalt
beim Volksgerichtshof
6 J 158.42g

Berlin, den 25. Januar 1943

Geheim!
Haft!

I. In Reinschrift fertigen:

Anklageschrift

Bl. 6 Den Rentner Wilhelm Lehmann aus Berlin, geboren am 13. Januar 1869 in Klein-Rietz, verheiratet, nicht bestraft,

Hülle I
Bl. 1, 10/11 am 13. November 1942 vorläufig festgenommen und auf Grund des Haftbefehls des Amtsgerichts Berlin — 709 Gs 1954/42 — vom 18. November 1942 im Strafgefängnis Plötzensee in Berlin in Untersuchungshaft, bisher ohne Verteidiger,
klage ich an,

von Sommer bis Ende Oktober 1942 in Berlin durch dieselbe fortgesetzte Handlung

1. dazu aufgefordert zu haben, den Führer zu töten,
2. das hochverräterische Unternehmen, mit Gewalt die Verfassung des Reiches zu ändern, vorbereitet zu haben, wobei die Tat auf Beeinflussung der Massen durch Herstellung von Schriften gerichtet war,
3. es unternommen zu haben, während eines Krieges gegen das Reich, der feindlichen Macht Vorschub zu leisten und der Kriegsmacht des Reichs einen Nachteil zuzufügen.

Verbrechen nach § 5 Nr. 1 der VO zum Schutz von Volk und Staat vom 28. Februar 1933 (RBl. I S. 83), § 80 Abs. 2, § 83 Abs. 2 und 3 Nr. 3, §§ 91 b, 73 StGB.

In der Absicht, eine alsbaldige Beendigung des gegenwärtigen Krieges um jeden Preis und eine Umwälzung im Innern des Reichs herbeizuführen, hat der Angeschuldigte von Sommer bis Ende Oktober 1942 wiederholt durch Anschriften, die er in einer öffentlichen Bedürfnisanstalt in Berlin anbrachte, zur Ermordung des Führers aufgefordert.

Wesentliches Ergebnis der Ermittlungen

I.

Bl. 7 R Der Angeschuldigte war nach dem Besuch der Volksschule bis zu seinem 20. Lebensjahr Landarbeiter. Danach leistete er seinen Wehrdienst ab und war sodann in verschiedenen Betrieben in Berlin als Arbeiter tätig. Seit dem Jahre 1931 bezieht er eine Invalidenrente, die nach seiner Behauptung im Monat 57,30 RM beträgt, während seine Ehefrau eine monatliche Rente in Höhe von 21,50 RM erhält. Wie der Angeschul-

Bl. 7 R
18/R digte unwiderlegt angegeben hat, war er niemals politisch oder gewerkschaftlich organisiert. Vor dem Umbruch gab er bei den Wahlen seine Stimme der SPD.

Bl. 8, 17/19 Der Angeschuldigte ist mit den politischen, sozialen und wirtschaftlichen Verhältnissen im nationalsozialistischen Deutschland nicht zufrieden. Seine Unzufriedenheit hat er vor allem damit begründet, daß die Lebenshaltung, insbesondere im Kriege, zu teuer geworden sei und er für seine Rente früher mehr habe kaufen können. Über die politische und wirtschaftliche Lage hat er sich auf Spaziergängen häufig mit ihm nicht näher bekannten Personen unterhalten, die sich gleich ihm über die Verhältnisse im Reich abträglich geäußert haben sollen. In diesen Gesprächen ist, wie der Angeschuldigte weiter angegeben hat, die Behauptung aufgestellt worden, der Führer trage die Schuld an dem gegenwärtigen Krieg, den dadurch verursachten Opfern und an den derzeitigen Beschränkungen der Lebenshaltung. Der Angeschuldigte teilte diese Meinung. Er wollte daher eine Änderung der politischen und wirtschaftlichen Zustände in Deutschland und dadurch eine alsbaldige Beendigung des Krieges um jeden Preis sowie schließlich auch eine Verbesserung seiner persönlichen Lage herbeiführen. Um diese Ziele zu erreichen, erstrebte er die Beseitigung des Führers, der ihm als der vermeintliche Feind der ärmeren Bevölkerung und als der nach seiner Ansicht für den Ausbruch des Krieges Verantwortliche verhaßt war.

Bl. 5, 7/R/8, 10, 17 Da sich der Angeschuldigte nicht selbst in der Lage fühlte, den Führer zu töten, beschloß er, die Allgemeinheit dazu aufzufordern und ihr zugleich bekanntzugeben, aus welchen Gründen seiner Meinung nach die Beseitigung des Führers geboten sei. Vom Sommer bis Ende Oktober 1942 schrieb er deshalb wiederholt heimlich an die Wand im Innern der am Mariannenplatz in Berlin gelegenen öffentlichen Bedürfnisanstalt für Männer mit Blaustift die Worte:

„Hitler, Du Massenmörder, mußt ermordet werden, dann ist der Krieg zu Ende."

Der Satz war für jeden Benutzer der Anstalt zu lesen und wurde von dem Buchdrucker R. aus Berlin des öfteren wahrgenommen. Am 28. Oktober 1942 endlich wurde der Angeschuldigte von R. dabei betroffen, als er die Anschrift gerade wieder anfertigen wollte und bereits die Worte „Hitler, Du Massenmörder" geschrieben hatte.

II.

Bl. 7 R/8, 17, Bl. 18/19 Der Angeschuldigte hat den äußeren Sachverhalt zugegeben und auch eingeräumt, daß er mit seinen Anschriften das Ziel verfolgt habe, die Allgemeinheit darüber zu unterrichten, wer der Urheber des Krieges sei, um sie zu veranlassen, Mittel und Wege zu suchen, um den Frieden zu erzwingen. Es sei jedoch nicht sein Wille gewesen, das Volk aufzuwühlen, es gegen die Regierung zu hetzen und zu einem Gewaltakt gegen den Führer aufzufordern. Er habe sich aber gedacht, „wenn der Führer nicht mehr da sei, würde es anders".

Nach dem Wortlaut des von dem Angeschuldigten wiederholt angeschriebenen Satzes und nach den gesamten Umständen der Tat kann kein Zweifel sein, daß der Angeschuldigte ernstlich die Aufforderung zu einem Attentat gegen den Führer hat ergehen lassen und daß er durch seine Anschriften gleichzeitig den Umsturz in Deutschland hat herbeiführen wollen. Dabei ist der Angeschuldigte, wie sich aus den von ihm niedergeschriebenen Worten ergibt, ferner der Überzeugung gewesen, daß die Beseitigung des Führers, der im gegenwärtigen Krieg an der Spitze der deutschen Wehrmacht und des gesamten deutschen Volkes gegen die Feinde des Reichs kämpft, eine schwere Schädigung der deutschen Kriegsmacht und einen unermeßlichen Vorteil für die Feindstaaten bedeuten würde. Auch den Eintritt dieser Folgen seines Tuns hat er gebilligt und gewollt.

Beweismittel

Bl. 6/8, 10/R, 17/19

I. Die Einlassungen des Angeschuldigten:

II. der Zeuge: Buchdrucker R. . . . in Berlin. . . . Bl. 5/R.

III. Der Strafregisterauszug über den Angeschuldigten in Hülle I.

Ich beantrage,

gegen den Angeschuldigten Wilhelm Lehmann die Hauptverhandlung vor dem Volksgerichtshof anzuordnen, die Fortdauer der Untersuchungshaft zu beschließen und dem Angeschuldigten einen Verteidiger zu bestellen.

23. I. Schf.

Abschrift
6 J 158/42g
Gefängnis Plötzensee
in Berlin
Der Anstaltsarzt.

Berlin-Plötzensee, den 23. Februar 43
Königsdamm 7

Gutachtliche Äußerung

Der Rentner Wilhelm Lehmann wurde von mir wiederholt untersucht. Es handelt sich um einen im 75. Lebensjahr stehenden Greis mit einem alten Hüftgelenksleiden links, stärkerer Arteriosklerose und Blutdruckerhöhung. Psychisch erscheint er noch leidlich komponiert, gröbere Ausfälle des Intellekts und des Gedächtnisses sind nicht nachweisbar. Indessen wird man auch die schon normalerweise dem Greisenalter eigentümliche egozentrische Einstellung und die Unfähigkeit, sich neuen Verhältnissen anzupassen, berücksichtigen müssen.

Unter diesen Umständen möchte ich die Voraussetzungen des § 51 Abs. II StrGB für gegeben halten. § 51 Abs. I StrGB kommt nicht in Frage.

Unterschrift: gez. (Unterschrift)
Regierungsmedizinalrat

6 J 158/42g
1 H 22/43

Im Namen des Deutschen Volkes

In der Strafsache gegen

den Rentner Wilhelm Lehmann aus Berlin, geboren am 13. Januar 1869 in Klein-Rietz,
zur Zeit in dieser Sache in gerichtlicher Untersuchungshaft,
wegen Vorbereitung zum Hochverrat u. a.,

hat der Volksgerichtshof, 1. Senat, auf Grund der Hauptverhandlung vom 8. März 1943, an welcher teilgenommen haben

als Richter:
Volksgerichtsrat Lämmle, Vorsitzer,
Landgerichtsdirektor Dr. Schleemann,
SS-Brigadeführer Goetze,
SA-Brigadeführer Hauer,
NSKK-Obergruppenführer Offermann,

als Vertreter des Oberreichsanwalts:
Landgerichtsrat Dölz,

als Urkundsbeamter der Geschäftsstelle:
Justizobersekretär P.

für Recht erkannt:

Der Angeklagte Lehmann hat vom Spätsommer bis Oktober 1942 wiederholt in einer öffentlichen Bedürfnisanstalt im Südosten Berlins die Anschrift angebracht: „Hitler, Du Massenmörder mußt ermordet werden, dann ist der Krieg zu Ende."

Er wird deshalb zum Tode verurteilt. Die bürgerlichen Ehrenrechte werden ihm auf Lebenszeit aberkannt.

Kartei Erl. 9. 3.

Gründe

Der Angeklagte war nach dem Besuch der Volksschule bis zum 20. Lebensjahr Landarbeiter. In den Jahren 1891 bis 1894 genügte er seiner Militärpflicht als Soldat im Infanterieregiment 35 in Brandenburg a. d. Havel, sodann ging er nach Berlin. Hier war er bis zu seiner Invalidität im Jahre 1931 in verschiedenen Betrieben als Transportarbeiter tätig. Seitdem bezieht er im Monat eine Invalidenrente von 57,30 RM, während seine Ehefrau eine monatliche Rente von 21,50 RM erhält und durch Aufwartung eine zusätzliche bescheidene Einnahme hat, die monatlich einen Betrag von etwa 15 RM erreichen soll. Politisch oder gewerkschaftlich will der Angeklagte nicht organisiert gewesen sein; er hat jedoch vor dem Umbruch bei den Wahlen seine Stimme stets der Sozialdemokratischen Partei Deutschlands gegeben.

Der Angeklagte ist mit den politischen, sozialen und wirtschaftlichen Verhältnissen im nationalsozialistischen Deutschland nicht zufrieden, weil ihm bei einer Wohnungsmiete von 34,05 RM durch die Verteuerung der Lebenshaltung im Kriege seine Rente viel zu niedrig erscheint. Auf Spaziergängen sprach er sich über die für ihn ungünstigen Begleiterscheinungen des Krieges mit nicht näher bekanntgewordenen Personen aus. Da sich diese, wie er geltend macht, ebenfalls über die durch den Krieg hervorgerufenen Verhältnisse im Reich abfällig äußerten, reifte in ihm der Entschluß, ein jähes Ende des Krieges dadurch herbeizuführen, daß er durch

Verbreiten einer von ihm erdachten Parole die Allgemeinheit gegen den Führer aufhetzte und zu dessen Tötung aufforderte. Zu diesem Zweck schrieb er erstmalig Ende August/Anfang September 1942 an die Wand im Innern der am Mariannenplatz in Berlin SO gelegenen öffentlichen Bedürfnisanstalt für Männer, die nicht weit von seiner Wohnung entfernt liegt, die Worte: „Hitler, Du Massenmörder mußt ermordet werden, dann ist der Krieg zu Ende." Da er diese Mordaufforderung mit Blaustift gut leserlich schrieb, konnte sie von allen die Bedürfnisanstalt Aufsuchenden, in der betreffenden Gegend überwiegend aus Handarbeitern bestehenden Volksgenossen — darunter von dem Buchdrucker R. — wahrgenommen werden. Bis zum Oktober 1942 nahm der Angeklagte ein zweites und drittes Mal die Fertigung der Schrift an derselben Stelle in der gleichen Weise vor, was R. nachträglich wiederum feststellte. Als der Angeklagte am 28. Oktober 1942 erneut die Bedürfnisanstalt aufsuchte, um seine Mordaufforderung zum vierten Male an die Wand zu schreiben, kam R. gerade hinzu. Er ließ den Angeklagten, um ihn auf frischer Tat zu überführen, zunächst gewähren. Als dieser bis zu den Worten „Hitler, Du Massenmörder" gekommen war, nahm er ihn fest.

Dieser Sachverhalt ist erwiesen durch die zuständigen Angaben des Angeklagten in Verbindung mit der in jeder Hinsicht glaubwürdigen Aussage des Zeugen R.

Der Wortlaut der schriftlichen Sätze ist klar, an ihm und seinem Sinn ist nichts zu deuteln. Er enthält angesichts der Wahl des Ortes für die Anbringung der Schrift die Aufforderung an die Allgemeinheit, den Führer des Deutschen Reiches zu töten. Die Aufforderungen entbehren nicht des ernstlichen Wollens. Der Angeklagte erstrebte aus seinem gegen den Führer erwachsenen Haß mit dessen Tötung eine Beendigung des Krieges, weil er hierdurch die wirtschaftliche Besserung seiner Verhältnisse erhoffte. Sein Sinn blieb auf dieses Ziel unverändert gerichtet, was die wiederholte Vornahme der Mordaufforderung ohne jeden Zweifel erkennen läßt.

Darüber hinaus waren die Bezeichnungen des Führers als Massenmörder und die Ankündigung, daß der Krieg beendet werde, wenn der Führer getötet sei, geeignet, bei den Besuchern der Bedürfnisanstalt den Anschein des Vorhandenseins reichsfeindlicher Strömungen zu erwecken, und ferner vor allem nicht gesinnungsfeste Volksgenossen nicht nur gegen den Führer, sondern auch gegen das von ihm geschaffene nationalsozialistische Regime aufzuwiegeln und sie zu einem gewaltsamen Vorgehen aufzuputschen. Daß der Angeklagte auch diese Auswirkung seiner aufhetzenden Parole erkannt hat, beweist die von ihm nicht in Abrede gestellte richterliche Einlassung im Vorverfahren, er habe die Allgemeinheit nicht nur darauf aufmerksam machen wollen, wer der Urheber des Krieges sei, vielmehr auch Mittel und Wege zur Erzwingung des Friedens andeuten wollen. Damit hat er seine hochverräterischen Gedanken und entsprechende Willensrichtung zu erkennen gegeben, wenn er dies auch in der Hauptverhandlung nicht wahrhaben will. Bewußt ist er auf eine propagandistische Massenwirkung ausgegangen, indem er hierzu die bezeichnete Bedürfnisanstalt wählte, weil er eingeständlich damit rechnete, daß auf diese Weise seine schriftlichen Hetzparolen unter vielen Volksgenossen Verbreitung finden würden.

Schließlich hat der Angeklagte, was bei dem Inhalt seiner niedergeschriebenen Worte keiner besonderen Begründung bedarf, übersehen, daß die Beseitigung des Führers, der im gegenwärtigen Krieg an der Spitze der deutschen Wehrmacht und des gesamten deutschen Volkes gegen die Feinde des Deutschen Reiches kämpft, eine schwere Schädigung der deutschen Kriegsmacht und einen unermeßlichen Vorteil für die Feindstaaten bedeuten würde. Diese bei der erhofften Ausführung der Mordaufforderung eintretende Folge hat er ohne weiteres in Kauf genommen, denn ihm war, wie er sich gleichfalls im Vorverfahren vor dem Ermittlungsrichter ausgelassen hat, der Schicksalskampf des deutschen Volkes völlig gleichgültig. Damit hat er es im Inland auch unternommen, während eines Krieges gegen das Reich der feindlichen Macht Vorschub zu leisten und der Kriegsmacht des Reiches einen Nachteil zuzufügen.

Nach alledem ist der Angeklagte des fortgesetzten tateinheitlich begangenen Verbrechens nach § 5 der Verordnung zum Schutze von Volk und Staat vom 28. Februar 1933 (RGBl. I S. 83), nach §§ 80 Abs. 2, 83 Abs. 2 und 3 Nr. 3 StGB — Vorbereitung des Hochverrats — sowie nach § 91 b — Feindbegünstigung —, § 73 StGB schuldig. Umstände, die zur Tatzeit seine Schuldfähigkeit im Sinne des § 51 Abs. 1 StGB ausgeschlossen haben könnten, sind weder im Vorverfahren noch in der Hauptverhandlung hervorgetreten. Insonderheit sind solche nicht aus dem hohen Alter des Angeklagten herzuleiten; damit befindet sich der Senat in Übereinstimmung mit der gutachtlichen Äußerung des medizinischen Sachverständigen.

Nach § 73 StGB war die Strafe aus § 91 StGB als dem schwersten zur Anwendung kommenden Strafgesetz zu entnehmen. Der Angeklagte hat sich im vierten Kriegsjahr im schwersten Ringen des deutschen Volkes um seine Freiheit auf die Seite des Feindes gestellt. Durch die von ihm gewollte Tötung des Führers wäre das Deutsche Reich seiner höchsten Führung beraubt worden, und es hätte ein für Deutschland namenloses Unglück eintreten können. Und das alles, weil der Angeklagte seiner Rente eine höhere Kaufkraft verschaffen und ein „zufriedenes und auskömmliches" Leben führen wollte. Seine alte marxistische Gesinnung, die durch die frühere Wahl der SPD zum Ausdruck gekommen ist, ist in dem Augenblick wieder zum Ausbruch gekommen, wo er des Glaubens war, der Nationalsozialismus biete ihm nicht genug für seine persönlichen Bedürfnisse. Für sein persönliches Wohl setzte er rückhaltlos und frevelhaft die Person des Führers und das Schicksal des gesamten deutschen Volkes aufs Spiel. Er hat sich damit selbst aus der deutschen Volks- und Schicksalsgemeinschaft ausgeschlossen und damit sein Urteil gesprochen. Er ist todeswürdig. Gegenüber dem Schutze von Führer, Volk und Reich können für den Angeklagten persönliche Umstände, wie bisherige straffreie Führung und die bei seinem hohen Alter von dem medizinischen Sachverständigen und dem Senat für möglich erachtete verminderte Zurechnungsfähigkeit (§ 51 Abs. 2 StGB) strafmildernd nicht berücksichtigt werden. Der Volksgerichtshof hat daher gegen den Angeklagten die Todesstrafe ausgesprochen, eine Strafe, die bei der Ruchlosigkeit der Tat allein auch dem deutschen Volksempfinden Rechnung trägt.

Durch seine verbrecherische Handlungsweise hat der Angeklagte die bürgerlichen Ehrenrechte für immer verwirkt (§ 32 StGB).

Die Kostenentscheidung beruht auf § 465 StPO. gez. L. Dr. S.

Der Oberreichsanwalt
beim Volksgerichtshof

Berlin W 9, den 1. April 1943
Bellevuestraße 15

Eilt sehr, für hier!

1) Zu berichten unter Beifügen der untenbezeichneten Anlagen an den

Herrn Reichsminister der Justiz
z. Hd. v. Herrn Oberregierungsrat U. o. V. i. A.
in Berlin W 8, Wilhelmstr. 65

Geheim! Einschreiben!

Betrifft: Todesurteil gegen den Rentner Wilhelm Lehmann aus Berlin wegen Verbrechens gegen § 5 Nr. 1 der Verordnung vom 28. Februar 1933 (RGBl. I S. 83) . . .

In den Anlagen überreiche ich die Akten gegen den Rentner Wilhelm Lehmann, der durch das Urteil des 1. Senats des Volksgerichtshofs vom 8. März 1943 wegen Verbrechens gegen § 5 Nr. 1 der Verordnung zum Schutz von Volk und Staat vom 28. Februar 1933 (RGBl. 1), Vorbereitung zum Hochverrat und landesverräterischer Feindbegünstigung antragsgemäß zum Tode verurteilt worden ist. Lehmann, der sich zur Zeit in dem Gefängnis Plötzensee in Berlin befindet, ist nicht Mitglied oder Anwärter der NSDAP oder einer ihrer Gliederungen.

Eine einen Gnadenbeweis befürwortende Äußerung ist mir nicht zugegangen. Im übrigen hat der Leiter der Hauptstelle Rechtsbetreuung im Gaustabsamt der Gauleitung Berlin der NSDAP am 22. Januar 1943 fernmündlich mitgeteilt, daß der Gauleiter von Berlin, dem die Tat bekanntgeworden ist, dessen Verurteilung zum Tode und die Vollstreckung des Urteils für geboten erachte.

Die Tat des Verurteilten bedrohte die Person des Führers und gefährdete das Schicksal des deutschen Volkes so schwer, daß mir trotz der vom Gericht für möglich gehaltenen verminderten Zurechnungsfähigkeit des Verurteilten die Vollstreckung des Urteils erforderlich erscheint. Deshalb schlage ich vor,

von dem Begnadigungsrecht keinen Gebrauch zu machen.

2) Zur Berichtsliste 19/43 27. 3. Schf.
3) Nach 1 Monat 27. 4.
4) Dies z. d. Handakt.
gef. 2. 4. Lg. ab 3. 4. B.

Landesversicherungsanstalt Berlin
Der Leiter
Gesch.Nr. II L 17802

Berlin SO 16, den 20. 4. 43
Am Köllnischen Park 3

Zum Schreiben vom 19. 3. 43
Gesch. Zeichen: 6 J 158/42g

In der Invalidenrentensache Wilhelm Lehmann bitte ich um Mitteilung, ob und wann das Urteil bereits vollstreckt worden ist und ob L. bis zur Vollstreckung des Urteils sich in Untersuchungshaft befand.

A. A. gez. H.

Beglaubigt
B.
Büroangestellte

An den Herrn
Oberreichsanwalt beim
Volksgerichtshof
Berlin W 9

1. zur Nachricht, daß Urteil noch nicht vollstreckt worden ist. Der Verurteilte befindet sich seit dem 18. 11. 42 in Haft.

30. 4. 43

Beglaubigte Abschrift

In der Strafsache gegen den vom Volksgerichtshof am 8. März 1943 zum Tode verurteilten

Wilhelm Lehmann

habe ich mit Ermächtigung des Führers beschlossen, von dem Begnadigungsrecht keinen Gebrauch zu machen, sondern der Gerechtigkeit freien Lauf zu lassen.

Berlin, den 22. April 1943

Der Reichsminister der Justiz
In Vertretung: Dr. Rothenberger

(L.S.)
Reichsjustizministerium (Siegel)
Berlin, den 1. Mai 1943

Mit der Urschrift gleichlautend.
F.
Justizangestellter.

Berlin, den 5. Mai 1943

10a 4300/43 g
6 J 158/42 g

Vfg.

1) Leiter der Vollstreckungshandlung:
Erster Staatsanwalt Dr. G.
Beamter der Geschäftsstelle:
Justizangestellter K.

2) Termin zur Eröffnung an den Verurteilten:
Montag, den 10. Mai 1943, ab 13 Uhr.
Termin zur Hinrichtung:
an demselben Tage, 19 Uhr.

3) Vorzulegen dem Sachbearbeiter, der sich sofort mit dem Vollstrekkungsleiter in Verbindung zu setzen und ihm von dieser Verfügung Kenntnis zu geben hat. Dabei hat er ihm auch mitzuteilen, unter welcher Fernsprechnummer er zur Zeit der Eröffnung und in der Zeit bis zur Hinrichtung fernmündlich zu erreichen ist.

Der Oberreichsanwalt beim Volksgerichtshof

Der Oberreichsanwalt
beim Volksgerichtshof

Berlin, den 6. Mai 1943

sofort!

Verfügung

betr. Vollstreckung eines Todesurteils.

I. Vermerk:

Verurteilter: Rentner Wilhelm Lehmann aus Berlin

Urteil des 1. Senats des Volksgerichtshofs vom 8. März 1943
Erlaß des Reichsministers der Justiz (Ablehnung eines Gnadenerweises) vom 22. April 1943 — IVg 10a 4300/43g —
Vollstreckungsauftrag vom 22. April 1943.

Termin zur Eröffnung an den Verurteilten:
Montag, den 10. Mai 1943, ab 13 Uhr.

Termin zur Hinrichtung:
Montag, den 10. Mai 1943, ab 19 Uhr.
Leiter der Vollstreckung: Erster Staatsanwalt Dr. G.
Sachbearbeiter: . . .

Urkundsbeamter der Geschäftsstelle der RA.: Justizangestellter K.
Verteidiger: Rechtsanwalt Dr. . . . in Berlin.

Bestimmung über die Leiche: Anatomisches Institut der Universität Berlin

Dolmetscher ist — nicht — erforderlich

II. Zu schreiben:

1) An den
Vorstand des Strafgefängnisses
Plötzensee

Durch Rohrpost! Persönlich!
(Im Doppelumschlag)
Innenstempel: „Vertraulich!"

z. Hd. v. Herrn Oberregierungsrat V.
oder Vertreter im Amt
in Berlin-Plötzensee
Königsdamm 7

Die Vollstreckung der vom Volksgerichtshof erkannten Todesstrafe an dem Verurteilten Wilhelm L e h m a n n aus Berlin, geboren am 13. Januar 1869 in Klein-Rietz, soll unter Leitung des Ersten Staatsanwalts Dr. G.

Montag, den 10. Mai 1943, ab 19 Uhr
in dem Gefängnis Plötzensee in Berlin stattfinden.

Die Bekanntgabe der bevorstehenden Vollstreckung wird
Montag, den 10. Mai 1943, ab 13 Uhr erfolgen.

Bis zu diesem Zeitpunkt wird sich der mit der Vornahme der Hinrichtung beauftragte Scharfrichter R ö t t g e r aus Berlin bei Ihnen melden.

Dem Verteidiger, Rechtsanwalt Dr. . . . aus Berlin, ist der Zutritt zu dem Verurteilten sowie die Anwesenheit bei der Bekanntgabe der bevorstehenden Vollstreckung gestattet.

Die Leiche wird dem Anatomisch-biologischen Institut der Universität Berlin für wissenschaftliche Zwecke überwiesen. Das Institut ist von mir entsprechend verständigt worden.

Ich bitte, mir den Empfang dieses Schreibens unverzüglich an die persönliche Anschrift des Staatsanwalts S c h e r f — Reichsanwaltschaft beim Volksgerichtshof, Berlin W 9, Bellevuestr. 15 — oder während der Dienststunden fernmündlich (Fernsprechnummer 21 83 41) in geeigneter Form zu bestätigen.

2) An den
Herrn Präsidenten des Volksgerichtshofs
z. Hd. v. Herrn Bürodirektor W.
h i e r

Außenanschrift:
Eilt sehr!
Innenstempel:
„Vertraulich"

Die Vollstreckung der vom 1. Senat des Volksgerichtshofs vom 8. März 1943 erkannten Todesstrafe an dem Verurteilten Wilhelm L e h m a n n soll

Montag, den 10. Mai 1943, ab 19 Uhr
in dem Gefängnis Plötzensee in Berlin stattfinden.

Die Bekanntgabe der bevorstehenden Vollstreckung an dem Verurteilten wird Montag, den 10. Mai 1943, ab 13 Uhr erfolgen.

3) An den

Herrn Leiter des Anatomisch-biologischen Instituts
der Universität Berlin
— oder Vertreter im Amt —
in Berlin NW 7
Luisenstr. 56

Durch Rohrpost!
Innenstempel:
„Vertraulich!"

Die Vollstreckung der vom Volksgerichtshof erkannten Todesstrafe an dem 74 Jahre alten Verurteilten

Wilhelm Lehmann aus Berlin

findet Montag, den 10. Mai 1943, ab 19 Uhr

in dem Gefängnis Plötzensee in Berlin statt.

Die Leiche überlasse ich dem dortigen Institut zu Lehr- und Forschungszwecken und weise darauf hin, daß ihre Herausgabe an die Angehörigen und die Erteilung irgendeiner Auskunft an diese unzulässig ist.

Ich ersuche schließlich, für strengste Geheimhaltung Sorge zu tragen und mir sofort den Eingang dieses Schreibens unter der persönlichen Anschrift des Staatsanwalts Scherf oder in geeigneter Form fernmündlich (Fernsprechnummer 21 83 41) während der Dienststunden zu bestätigen.

4) An den

Leiter der Justizpressestelle
beim Volksgerichtshof
Herrn Landgerichtsdirektor . . .
— oder Vertreter im Amt —
in Berlin W 9
Bellevuestr. 15

Sofort!
Vertraulich!
Persönlich!

Die Vollstreckung der vom 1. Senat des Volksgerichtshofs am 8. März 1943 erkannten Todesstrafe an dem Verurteilten Wilhelm Lehmann soll Montag, den 10. Mai 1943, ab 19 Uhr in dem Gefängnis Plötzensee in Berlin stattfinden.

Von dem Vollzuge der Hinrichtung werde ich Sie alsbald fernmündlich verständigen lassen.

Auf Anweisung des Reichsministers der Justiz soll von einer Bekanntmachung der vollzogenen Vollstreckung in der Presse und durch Anschlag abgesehen werden.

5) — unter Beifügung einer Einlaßkarte zu Ziffer 6 dieser Verfügung —:

Herrn
Rechtsanwalt Dr. . . .
in Berlin . . .

(Im Doppelumschlag)
Außenanschrift: Persönlich!
Innenstempel: „Vertraulich!"

Die Vollstreckung der vom 1. Senat des Volksgerichtshofs am 8. März 1943 erkannten Todesstrafe an dem Verurteilten Wilhelm Lehmann soll Montag, den 10. Mai 1943, ab 19 Uhr in dem Gefängnis Plötzensee in Berlin stattfinden.

Der Zutritt zu dem Verurteilten ist Ihnen gestattet. Nach § 454 Abs. 3 StPO. ist Ihnen ferner gestattet, der Vollstreckung des Urteils beizuwohnen. Falls Sie dies beabsichtigen, bitte ich Sie, sich spätestens eine halbe Stunde vor dem angegebenen Zeitpunkt in dem Gefängnis Plötzensee einzufinden (dunkler Anzug).

Ich übersende Ihnen in der Anlage eine Einlaßkarte mit dem Bemerken, daß Sie zur strengsten Geheimhaltung der bevorstehenden Hinrichtung verpflichtet sind. Falls Sie von der Einlaßkarte keinen Gebrauch machen wollen, bitte ich, diese zu vernichten.

Dem Verurteilten werden Montag, den 10. Mai 1943, ab 13 Uhr, die vorgeschriebenen Eröffnungen gemacht werden. Auch hierbei ist Ihnen die Anwesenheit gestattet. Ich ersuche Sie, vor diesem Zeitpunkt dem Verurteilten auf keinen Fall von der bevorstehenden Vollstreckung des Urteils Kenntnis zu geben.

Den Eingang dieses Schreibens wollen Sie mir sofort unter der Anschrift des Staatsanwalts Scherf — Reichsanwaltschaft beim Volksgerichtshof, Berlin W 9, Bellevuestr. 15 — mit der Anschrift „persönlich" bestätigen.

6) 1 Einlaßkarte folgenden Wortlauts und mit Dienstsiegel zur Unterschrift vorlegen:

6 J 158/42 g

Dem Inhaber dieser Karte wird gestattet, an der Montag, den 10. Mai 1943, ab 19 Uhr, in dem Gefängnis Plötzensee in Berlin stattfindenden Vollstreckung der Todesstrafe an dem Rentner Wilhelm Lehmann aus Berlin teilzunehmen.

Berlin, den 6. Mai 1943

Der Oberreichsanwalt beim Volksgerichtshof
Im Auftrage.

7) Folgendes Auftragsschreiben (das jedoch nicht abzusenden, sondern lose zum Vollstreckungsband zu nehmen ist):

Stempel: „Vertraulich"

Auftrag.

Der Scharfrichter Röttger aus Berlin wird beauftragt, den rechtskräftig zum Tode verurteilten Wilhelm Lehmann aus Berlin mit dem Fallbeil zu richten.

Im Auftrage.

III. Die Schreiben zu II Nr. 1, 2, 3, 4 sind sofort abzusenden, zu Nr. 5 am 7. Mai 1943.

IV. Sodann sofort wieder vorlegen.

Im Auftrage.

zu 2) gef. 7/5 Klein
ab 7/5 Beck

6/5.

Der Oberreichsanwalt
beim Volksgerichtshof
6 J 158/42

Berlin-Plötzensee, den 10. Mai 1943
(Richtstätte des Strafgefängnisses)

Vollstreckung des Todesurteils
gegen
Wilhelm Lehmann

Gegenwärtig:
als Vollstreckungsleiter
Erster Staatsanwalt G.,

als Beamter der Geschäftsstelle:
Justizangestellter K.

Um 19.00 Uhr wurde der Verurteilte, die Hände auf dem Rücken gefesselt, durch 2 Gefängnisbeamte vorgeführt. Der Scharfrichter Röttger aus Berlin stand mit seinen drei Gehilfen bereit.

Anwesend war ferner:

der Gefängnisbeamte:
Inspektor R.

Nach Feststellung der Personengleichheit des Vorgeführten mit dem Verurteilten beauftragte der Vollstreckungsleiter den Scharfrichter mit der Vollstreckung. Der Verurteilte, der ruhig und gefaßt war, ließ sich ohne Widerstreben auf das Fallbeilgerät legen, worauf der Scharfrichter die Enthauptung mit dem Fallbeil ausführte und sodann meldete, daß das Urteil vollstreckt sei.

Die Vollstreckung dauerte von der Vorführung bis zur Vollzugsmeldung 16 Sekunden.

gez. K.

Strafgefängnis Plötzensee in Berlin den 10. 5. 1943
Gefgb. Nr. 1910/42
Zum dortigen Geschäftszeichen:
6 J 158/42
An Volksgerichtshof in Berlin

Mitteilung des Abganges eines Gefangenen oder Verwahrten
(Nr. 207 Abs. 1, 208 Abs. 3 Vollz.)

Familienname: Lehmann
Rufname: Wilhelm
Zuletzt ausgeübter Beruf: Rentner
Geburtstag: 13. 1. 69
Geburtsort: Klein-Rietz
ist am 10. 5. 1943 hingerichtet worden. gez. R.

Reichsanwaltschaft Nj 84
beim Volksgerichtshof
— Staatsanwaltschaft —
Geschäftsnummer: 3 J 301/44

Kostenrechnung
in der Strafsache gegen ...... wegen Wehrkraftzersetzung

Lfd. Nr.	Gegenstand des Kostenansatzes und Hinweis auf d. angewandte Vorschrift	Wert des Gegenstandes RM	Es sind zu zahlen RM	Rpf
1	2	3	4	
	Gebühr für Todesstrafe		300	—
	Postgebühren gem. § 72 GKG		2	70
	Geb. für den Rechtsanwalt		81	60
	Haftkosten gem. § 72 GKG f. d. Unters.Haft v. 24. 12. 43 bis 28. 3. 44 = 96 Tg. à 1,50		144	—
	f. d. Strafhaft v. 29. 3. 44 — 8. 5. 44 = 40 Tg. à 1,50		60	—
	Kosten d. Strafvollstreckung a) Vollstreckung des Urteils		158	18
	Hinzu Porto f. Übersendung d. Kostenrechnung		—	12
			746	60

An den Herrn Oberreichsanwalt
beim Volksgerichtshof Berlin

Betrifft: Vergütung der Scharfrichter und ihrer Gehilfen

Auf Grund Erlasses des Herrn Reichsministers der Justiz vom 21. 5. 42 4417 — VIII a 10 1003 teile ich mit, daß in der Zeit vom 1. 2.—29. 2. 44 folgende Vollstreckungen stattgefunden haben:

am 4. 2. 44	Hrdlicka	Jan	12 J 209/43
	Korner	Johann	6 (7) J 378/43
	Hotflejs	Josef	12 J 185/43
	Vlcek	Jaroslav	12 J 185/43
	Dub	Josef	12 J 185/43
	Socher	Josef	12 J 185/43
	Niks	Jan	12 J 185/43
	Jaro	Jaromir	12 J 185/43
	Hoffman	Karel	12 J 185/43
	Hoffman	Augustin	12 J 185/43
	Syklieck	?	12 J 185/43
	Martineck	Adolf	12 J 185/43
	Somerak	Jaroslav	12 J 185/43
am 7. 2. 44	Herynek	Rudolf	6 (7) J 308/43
	Budin	Karl	6 (7) J 308/43
	Hadccek	Leopold	6 (7) J 308/43
	Rambausch	Stefan	6 J 16/44
	Harwarth	Leopold	6 (7) J 307/43
am 10. 2. 44	Schwarz	Nikolaus	7 (8) J 132/43
am 16. 2. 44	Kirchberger	Balthasar	? ? 5 J 112/44
am 18. 2. 44	Hof	Leopold	7 (8) J 70/43
	Graber	Johann	7 (8) J 97/41
	Horst	Otto	7 (8) J 97/41
	Heinrich	Andreas	6 (7) J 378/43
am 24. 2. 44	Bär	Max	6 (7) J 379/43

an den Scharfrichter Reichhart und seine Gehilfen folgende Beträge angewiesen wurden:

	an Sondervergütung	an Auslagen	Summa
für 4. 2. 44	1570,— RM	9,70 RM	1579,70 RM
für 7. 2. 44	690,— RM	91,60 RM	781,60 RM
für 10. 2. 44	120,— RM	— RM	120,— RM
für 16. 2. 44	180,— RM	95,40 RM	275,40 RM
für 18. 2. 44	480,— RM	— RM	480,— RM
für 24. 2. 44	120,— RM	— RM	120,— RM

gez. (Unterschrift)

München, den 28. März 1944

Justizinspektor[36]

Dokumente des „Geheimen Staatspolizeiamtes"

Geheime Staatspolizei
Geheimes Staatspolizeiamt
B. Nr. II D Haft-Nr. P 3417

Berlin SW 11, den 20. Sept. 1939
Prinz-Albrecht-Straße 8

Schutzhaftbefehl

Vor- und Zuname:	Hans ...
Geburtstag und -ort:	20. 4. 92 ...
Beruf:	Bäckermeister
Familienstand:	verh.
Staatsangehörigkeit:	R.D.
Religion:	ev.
Rasse (bei Nichtariern anzugeben):	
Wohnort und Wohnung:	

wird in Schutzhaft genommen.

Gründe:

Er — Sie — gefährdet nach dem Ergebnis der staatspolizeilichen Feststellungen durch sein — ihr — Verhalten den Bestand und die Sicherheit des Volkes und Staates, indem er — sie — durch hetzerische und defaitistische Reden Unruhe in die Bevölkerung trägt.

gez. Heydrich

Beglaubigt:
(Unterschrift)
Kanzleiangestellte

Durchsuchungsbericht der Gestapo

II 1131 — 32 Kz. —
C 4 2 1 — 2

An den
Stab des Stellvertreters des Führers
z. Hd. von Herrn Reichsleiter Bormann
München

Betr.: Aktion gegen die Reichszentrale der KA (Bischöfliche Hauptarbeitsstelle) in Düsseldorf.

Bezug: ohne
Anl.: —

Am 3. 1. 38 wurde die Aktion gegen die Reichskanzlei der KA in Düsseldorf eingeleitet. Die Aktion hat bis jetzt folgendes Ergebnis gezeitigt:

Die Reichszentrale der KA (Bischöfl. Hauptarbeitsstelle in Düsseldorf) bzw. die KA selbst ist — wie die aufgefundenen Äußerungen der Bischöfe und Beschlüsse des Gesamtepiskopates, die vorliegenden Sitzungs- und

Verhandlungsprotokolle und die bei den durchgeführten Vernehmungen gemachten Aussagen insbesondere des bis April 1935 amtierenden Leiters der BHA belegen — ideell und organisatorisch die direkte Fortsetzung bzw. illegale Fortführung des wegen seiner destruktiven Tätigkeit staatspolizeilich aufgelösten Volksvereins für das katholische Deutschland.

Prälat X. hat nach eigenem Geständnis als Leiter der Bischöfl. Hauptarbeitsstelle bzw. der Reichszentrale der KA auch noch nach der Emigration von Pater Friedrich Muckermann SJ mit diesem Beziehungen unterhalten und sogar gemeinsame Besprechungen mit Muckermann in Holland durchgeführt. (Bis zur Emigration Muckermanns war X. Mitherausgeber der Muckermannschen K. K. — Kath. Korrespondenz —, die Wand an Wand mit der Niederlassung der Jesuiten in Münster ihre Unterkunft hatte. Aus dieser Zeit rühren eingestandenermaßen auch die Bekanntschaften X. mit anderen Jesuiten, die in Holland in den letzten Jahren aufgetaucht sind, z. B. die Bekanntschaft mit dem Jesuitenpater ... X. war bis einschließlich 1937 wiederholt in Holland.

Die Beschöfliche Hauptarbeitsstelle hat ferner mit dem wegen Hochverrats verurteilten Kaplan Rossaint nachweislich bis 1936 in Beziehung gestanden und diesen sogar zu Hauskonferenzen geladen. Als Mitglied des aus politischen Bedenken noch nicht offen herausgestellten Zentralrates der KA ist nach Aussagen von Prälat X. der ehem. Reichstagsabgeordnete des Zentrums und jetzige Präsident der kath. Arbeiterinternationale (Sitz Utrecht), Joos, benannt.

Kurierdienst, Nachrichten- und Informationsdienst der KA sind durch Unterlagen bewiesen und in den verschiedenen Vernehmungen zugegeben worden ...

Die Querverbindungen mit der Apologetischen Zentrale und anderen Organisationen und Institutionen aus dem evang. Lager sind klar erwiesen und zugegeben. Insbesondere hat die Apologetische Zentrale die BHA regelmäßig und reichlich mit nachrichtendienstlichem und apologetischem Material versorgt. Besprechungen mit den Vertretern der beiden Lager haben wiederholt in Berlin stattgefunden. Sogar Verhandlungen zwischen Bischof ... und dem Vorsitzenden der RKA, ..., zum Zwecke gemeinsamen Vorgehens sind von der BHA angeregt worden.

Aus den vorgefundenen vertraulichen Berichten an die Fuldaer Bischofskonferenz, Hirtenbriefvorschlägen, Anregungen zum Schulkampf usw. ist die Urheberschaft der BHA für wichtige Beschlüsse und Aktionen, die wesentlich zur Belastung der kirchenpolitischen Lage und zur Verschärfung der Auseinandersetzungen zwischen Kirche und Staat beitrugen, erwiesen.

Ein Dokument für die durch die BHA bzw. Reichszentrale der KA gezüchtete staatsfeindliche Gesinnung ist die von der Staatspolizei zu Protokoll gegebene Erklärung des Sekretärs des jetzigen Leiters der BHA: „Ich bin nach meiner staatspolitischen Überzeugung in keiner Weise verpflichtet, vor den Behörden des Dritten Reiches eine Aussage zu machen. Ich erachte mein vertrauliches Verhältnis zu Herrn Rektor ... als eine weitgehendere Verpflichtung als meine staatsbürgerliche Pflicht gegenüber dem nationalsozialistischen Staat. Auch aus meiner vertraulichen Stellung bei Herrn Generalpräses ..., aus der mir die im Hochverratsprozeß Rossaint belasteten Personen Kaplan Rossaint, Generalsekretär Clemens usw. bekannt sind, fühle ich mich zur Verschwiegenheit verpflichtet und motiviere meine Aussageverweigerung genau wie oben."

Obwohl die Bischöfe durch ein Telegramm an den Führer gegen die Aktion Beschwerde eingelegt haben, ist das bisherige Ergebnis für die Auflösung und Beschlagnahme des Vermögens der Bischöflichen Hauptarbeitsstelle bzw. der Reichszentrale der KA völlig ausreichend. Kz. 10/1

Tätigkeitsbericht der Gestapo

Betrifft: Aktion gegen die Reichszentrale der KA in Düsseldorf.

Am Dienstag, dem 4. Januar 1938 erhielt ich den Befehl von II 11, zur Sichtung des Materials und zur Durchführung der Aktion gegen die am 3. 1. 38 geschlossene Reichszentrale der KA nach Düsseldorf zu fahren. Am Mittwoch, dem 5. 1., früh wurde nach kurzer Rücksprache auf der Staatspolizeistelle und Verständigung über die Kompetenzen bei der Durchführung der Aktion die Sichtung des Materials in den Räumen des Canisiushauses und des Pädagogischen Verlages mit SS-Untersturmführer L., SS-Hauptscharführer G. vom OA West und SS-Untersturmführer B. vom UA Düsseldorf begonnen.

Die erste Sichtung ergab, daß wichtiges Material bereits verschleppt worden war. Der Panzerschrank und die Schreibtische waren geleert. Zur weiteren Durchführung der Aktion waren auf Grund des vorgefundenen Sachverhalts Vernehmungen notwendig, um Auskunft über das offensichtlich zum Zwecke der Verschleierung verschleppte Material zu erhalten. Diese Vernehmungen wurden im Einverständnis mit Staatspolizeistelle von mir geleitet ...

Vernommen wurden an den ersten Tagen der Sekretär des Leiters der BHA S., der Geschäftsführer des Pädagogischen Verlages und der BHA, V., der frühere Leiter der BHA und Generalsekretär der KSO, Prälat X., und die Schwester L. Diese Vernehmungen ergaben bereits wesentliche Anhaltspunkte für die illegale Betätigung der BHA.

Wegen des zu erstellenden Jahreslageberichtes und zur persönlichen Unterrichtung der vorgesetzten Dienststelle war meine Rückreise am 11. 1. erforderlich. Nach einem Vortrag durch SS-Hauptsturmführer H. bei C wurde bereits die Auflösung der BHA und die Vermögensbeschlagnahme von C verfügt. Weiterhin erging die Anordnung, daß die Vernehmungen unbedingt weiterzuführen seien, um Aufklärung über die Überbringung der im Besitz der BHA vorgefundenen geheimen bzw. internen Verfügungen der Gestapo und sonstiger vertraulicher Schreiben von Partei- und Staatsstellen zu erhalten. Die Vernehmungen wurden am Donnerstag, dem 20. 1., wiederaufgenommen und bis in die Nacht des 22. 2. durchgeführt. Es ergaben sich auch bei diesen Vernehmungen weitere Anhaltspunkte für illegale, staatsfeindliche Betätigung und schließlich die ersten Geständnisse über die Herkunft der vertraulichen Verfügungen und Schreiben. Durch Befehl, der mich am 21. 1. in Düsseldorf erreichte, mußte ich die Aktion beenden, um am Montag, dem 24. 1., im Hauptamt wieder vollständig zur Verfügung zu stehen. Nach Rücksprache mit dem Leiter der Staatspolizeistelle Düsseldorf, Regierungsrat S., wurden die weiteren notwendigen Vernehmungen von der Staatspolizeistelle Düsseldorf übernommen.

Am Dienstag, dem 1. 2., wurde mir der Brief von Reichsminister Dr. Lammers an SS-Gruppenführer Heydrich durch SS-Hauptsturmführer H. zur Abfertigung des Antwortschreibens übergeben. Das Antwortschreiben war bereits am 4. 2. zur Vorlage bei C vom SD-Hauptamt verfertigt und vollständig unterzeichnet. Noch am selben Tage wurde es zur Gegenzeichnung an die Gestapo gegeben. Nach Erkundigung am 4. 2. abends bei Assessor L. über den Verbleib des Vorganges wurde mir von diesem telefonisch mitgeteilt, daß er bis Sonnabend, den 5. 2., sich von der Staatspolizeistelle Düsseldorf ebenfalls einen Bericht erbeten habe und diesen abwarten wolle. Am Montag, dem 7. 2., wurde SS-Hauptsturmführer H. von Assessor L. benachrichtigt, daß er (L.) das Schreiben an Dr. Lammers zurückgehalten habe, um gleichzeitig die Schreiben an den Reichsführer SS, an das Reichskirchenministerium und an den Stab Hess sowie die endgültige Abfassung der Auflösungsverfügung zur Erledigung zu bringen. Es wurde eine Besprechung auf Mittwoch, den 9. 2., vereinbart. Über den Inhalt dieser Besprechung gibt anliegende Aktennotiz Auskunft. Noch am selben Nachmittag wurden in Zusammenarbeit mit Assessor Dr. K. und mir die Schreiben diktiert und die Zustellung der Schreiben an das SD-Hauptamt zur Gegenzeichnung für Donnerstag, den 10. 2. zugesichert. Der Vorgang wurde erst am Freitag, dem 11. 2., beim SD-Hauptamt wieder vorgelegt.

(Namenszeichen), 11. 2. 38

F 4256/36

Todesbescheinigung

Jahr . . . Nr. des Sterberegisters . . . .

Eingetragen beim Standesamt Nr. . . . .

1. Vor- und Zuname	Edgar Joseph André
2. Datum der Geburt	Jahr 1894
	Monat 1. Tag 17.
3. Geschlecht	männlich
4. Stand, Geschäft:	Hafenarbeiter

5. Regelmäßige Wohnung:	Zeughausstr. 34 Ptr.
6. Ort des Todes:	Holstenglacis 3/5
7. Tag und Stunde des Todes:	4. 11. 36, 6 Uhr
8. Todesursache	Enthauptung

Daß ich die Leiche gesehen und untersucht und an ihr Zeichen der eingetretenen Verwesung gefunden habe, bescheinige ich.

Hamburg, den 4. November 1936

Distriktsarzt
(Unterschrift)

Beerdigungsschein

F 4256/36
Sterbe-Reg.
Nr. 270

Standesamt Nr. 2

Der Sterbefall des Edgar Joseph André

geb am 17. Januar 1894 in Aachen, gest. am 4. November 1936, ist in das Register eingetragen worden. Die Beerdigung wird hiermit gestattet.

Hamburg, den 5. November 1936

Der Standesbeamte
(Unterschrift)

(Falls die Beerdigung auf dem Friedhof zu Ohlsdorf stattfinden soll, ist sie bei dem Friedhofsamt in Ohlsdorf vorher anzumelden.

Wird die Besorgung des Begräbnisses einem Übernehmer übertragen, so ist mit ihm ausdrücklich zu vereinbaren, ob der Verstorbene in einem eigenen Grab oder in einem allgemeinen Grab beerdigt werden soll.)

Geheime Staatspolizei
Staatspolizeistelle Hamburg
Tgb. Nr. 20 841 / 35, G.St.P. 6c
Hamburg 36, den 2. November 1936
Stadthausbrücke 8

Geheim!
Sofort!

An
Friedhofsamt
Hier.

Gegen den am 17. Januar 1894 zu Aachen geborenen Hafenarbeiter Edgar André wird am 4. November 1936 um 6 Uhr die durch Urteil des Hanseatischen Oberlandesgerichts erkannte Todesstrafe vollstreckt.

Es wird ersucht, dem Überbringer dieses Schreibens eine Sargnummer auszuhändigen.

Die Leiche wird am 4. 11. 36 zur Einäscherung nach dem Krematorium übergeführt werden.

Ein besondere Mitteilung wird noch erfolgen.

i. A.
(Unterschrift)
Krim.-Sekrt.

Geheime Staatspolizei
Staatspolizeistelle Hamburg
Tgb. Nr. 20841/35, G. St. P. 6c
Hamburg, den 4. November 1936
Stadthausbrücke 8

Geheim!
Sofort!

An
Friedhofsamt
Hier.

Auf Anordnung des Herrn Generalstaatsanwaltes hat die Einäscherung und die Beisetzung des am 17. 1. 1894 in Aachen geborenen Edgar André, der am 10. 7. 1936 vom Hanseatischen Oberlandesgericht zum Tode verurteilt und am 4. 11. 1936 hingerichtet wurde, noch heute, am 4. 11. 36, auf dem Ohlsdorfer Friedhof zu erfolgen. Die Stunde der Beisetzung ist unverzüglich hierher zu melden, gemäß Rücksprache mit dem beauftragten Beamten, Krim.-Sekr. N.

Die Beisetzung ist in aller Stille und unter strengster Verschwiegenheit vorzunehmen. Ferner wird gebeten, die Grabnummer dem beauftragten Beamten der Staatspolizei zu übergeben, die Eintragung in das dortige Buch so vorzunehmen, daß der Name des Toten nicht daraus hervorgeht. Es wird weiterhin ersucht, künftig bei jeder Nachfrage dieserhalb sofort an Gestapo 6, Krim.-Insp. Kr. . . . oder dessen Vertreter im Amt (Fernsprecher: 34 10 00, Neb.-Anschl. 27 16) darüber Mitteilung zu machen. Der Aufenthalt der Person ist nach Möglichkeit solange hinzuziehen, bis ein Beamter der Staatspolizei erscheint.

i. A.
(Unterschrift)

Baubehörde
Garten- und Friedhofswesen
Friedhofsverwaltung
Hamburg-Ohlsdorf

Hamburg, den 5. November 1936

An die
Geheime Staatspolizei
Staatspolizeidienststelle Hamburg

Aktenz.:
Tgb. Nr. 20841/35
G. St. P. 6c

Die Leiche des am 4. November 1936 hingerichteten Edgar André wurde am gleichen Tage morgens um 8½ Uhr im neuen Krematorium eingeäschert.

Bei der Einführung in den Ofen waren zugegen:

Krim.-Sekr. N . . .
Friedhofsaufseher T . . .
und der Unterzeichnete

Die Beisetzung der Aschenkapsel wurde am gleichen Tage, 18¼ Uhr, in der Dunkelheit von den

Kriminalsekretären N... und S... in Gegenwart des Unterzeichneten vorgenommen. Sie ist in einer Tiefe von ca. ¾ Meter in einer Gebüschpartie im Quartier S. 4 und 5 zwischen den Grabstellen Nr. 293 und 368 beigesetzt, wie aus anliegender Skizze ersichtlich.

Die Einäscherungs- und Bestattungsnummer lautet: F 4256/36. Auf dem Deckel der Aschenkapsel sind keinerlei Personalien, sondern nur die vorgenannten Nummern eingeprägt worden.

Eine Durchschrift dieses Schreibens ist mit den anderen zur Sache gehörenden Papieren in einem Briefumschlag versiegelt unter Geheim zur Akte genommen. Registereintragungen sind nicht gemacht worden.

Dem Ersuchen im letzten Absatz des dortigen Schreibens vom 4. ds. Mts. wird entsprochen.

Die Friedhofsverwaltung
i. A. (Unterschrift)

1 Skizze anbei

Erste Seite eines Lageberichtes der Gestapo (Siehe S. 187):

Geheime Staatspolizei
Staatspolizeileitstelle Berlin
Stapo B 2 — 50/38 g

31. März 1939

An die
Geheime Staatspolizei
Geheimes Staatspolizeiamt
— Referat II A —
Berlin SW 11

Geheim!

Betrifft: Monatlicher Lagebericht
Vorgang: FS. Nr. 13506 vom 18. 1. 38
— II A —
Anlagen: 2

In der Anlage überreiche ich einen Lage-Kurzbericht in doppelter Ausfertigung der Staatspolizeileitstelle Berlin für die Zeit vom 1. Januar 1939 bis 31. März 1939 auf dem Gebiete der Bekämpfung des Kommunismus und Marxismus mit der Bitte um Kenntnisnahme.

Im Auftrage:
(Unterschrift)

Letzte Seite des gleichen Lageberichtes:

Stapo B 2 Berlin, den 31. März 1939

D. Allgemeines

In der Berichtszeit wurden insgesamt 96 Personen festgenommen, davon:

88 wegen kommunistischer und marxistischer Betätigung,
8 wegen sonstiger politischer Taten
(Vergehen gegen das Heimtückegesetz usw.)

Insgesamt wurde gegen 48 Personen Haftbefehl erlassen. 19 Personen wurden entlassen und Strafverfahren gegen dieselben eingeleitet. 3 Personen wurden an andere Dienststellen im Hause abgegeben. Bei 26 Personen sind die Ermittlungen noch nicht zum Abschluß gelangt. Von den 23 in der Berichtszeit entlassenen Strafgefangenen, die zur Nachprüfung rücksistiert wurden, sind 21 Personen nach eingehender Warnung entlassen. Über 2 Personen ist noch nicht entschieden, ob sie einem Konzentrationslager zugeführt werden sollen. F. M.

Dokumente der Opposition

Mutiger Brief einer Ordensschwester

An den
Reichsverteidigungskommissar im Wehrkreis XVIII
Innsbruck

Salzburg,
23. August 1940

Die Oberin der Versorgungsanstalt Schernberg bei Schwarzach-St. Veit erhielt dieser Tage die Mitteilung, die sie mir als ihrer Vorgesetzten weitergab, daß Kranke der Anstalt in Sammeltransporten abgeholt und in andere Anstalten überführt würden.

Es ist nunmehr schon ein offenes Geheimnis, welches Los diese abtransportierten Kranken erwartet, denn nur zu oft langt kurz nach ihrer Überführung die Todesnachricht vieler derselben ein.

Bedenken Sie, Herr Reichsverteidigungskommissar, die Folgen dieses Vorgehens: Unsere siegreich heimkehrenden Krieger, die Blut und Leben fürs Vaterland gewagt haben, werden vielleicht Vater oder Mutter oder sonst einen nahen Verwandten nicht mehr vorfinden; wie werden sie sich dazu stellen? Und bringt es nicht eine große Unruhe unter das Volk, das gerade heutzutage mehr denn je geeint und vertrauensvoll dastehen sollte, wenn ein jeder sich sagen muß: „Was wird noch mit mir selbst geschehen?" Denn ein jeder von uns, auch Sie und ich, wird einmal hilfsbedürftig werden oder durch Krankheit oder Unfall der Gemeinschaft keinen aktiven Dienst mehr leisten können.

Was wird auch das Ausland von uns denken, wenn ein so hochstehendes Kulturvolk, das die größten Siege der Weltgeschichte erringt, mitten in seinem Siegeslauf beginnt, sich selbst zu verstümmeln?

Müssen Sie nicht auch fürchten, daß die Seelen all dieser Armen, denn sie haben eine unsterbliche Seele wie Sie und ich, Sie vor dem Richterstuhle Gottes anklagen werden, vor dem wir alle erscheinen müssen, ob wir es glauben oder nicht, und was dann?

Die göttliche Vorsehung, die unser Führer immer wieder vertrauensvoll nennt, wird auch andere Mittel haben, das beabsichtigte Ziel zu erreichen, und ich erlaube mir, folgenden Weg vorzuschlagen:

Wenn Sie uns zusagen, uns unsere Pfleglinge in Schernberg zu belassen, so sind wir bereit, bis zum Ende des Krieges und der Rückkehr zu Friedensverhältnissen auf den staatlichen Beitrag zur Erhaltung der Kranken (die Kopfquote des Gaufürsorgeverbandes) zu verzichten und einzig auf Kongregationskosten die Anstalt im jetzigen Zustand weiter zu erhalten. Das dadurch dem Gau eingesparte Geld kann dann leicht verwendet werden, um die „notwendigen, jederzeit verfügbaren Betten" zu beschaffen. Sollte aber aus irgendeinem Grunde der Vorschlag nicht angenommen werden, so bitte ich Sie, nicht auf unsere Mithilfe beim Abholen und Transport der Kranken zu rechnen.

Für die Kongregations-Vorstehung:
gez. Schwester Anna Bertha Königsegg
Visitatorin der Barmh. Schwestern
vom hl. Vizenz von Paul

(Aus: Dr. Gertrud Ehrle, „Licht über dem Abgrund", Verl. Herder, Freiburg 1951, S. 83f.)

Text einer Linolschablone, mit der an Mauern und Wänden gedruckt wurde. (D. Red.)

DER NAZI

Er ist dein Feind
er hält dich durch Drohungen in Angst
er redet dir den unmöglichen Sieg ein
Glaube ihm nicht, denn er wird dich ins Unglück stürzen.
Tausende junger Soldaten fallen in Verelendung.
Der Zeitpunkt ist gekommen, schlage zu.
Parole: Auge um Auge — Zahn um Zahn

Die Napoleon-Flugschrift

verfaßt von Harro Schulze-Boysen
(heimlich verbreitet 1942, erstmalig legal veröffentlicht)

NAPOLEON BONAPARTE

Sein politischer Weg, kurz dargestellt in Auszügen aus
bekannten Werken der Geschichtsschreibung.

... 1797 ... Der französischen Republik fehlte Ansehen und Zutrauen. Handel, Gewerbefleiß und Ackerbau stockten. Die Staatskasse befand sich in zerrüttetem Zustand. Auf den Straßen von Paris lieferten sich Jakobiner und junge Bürgersöhne der „Jeunesse Dorée" erbitterte Stockschlachten. Die meisten Leute im Lande sehnten sich nach einem starken Mann, der Ordnung schaffen sollte. Der junge Bonaparte sammelte starke Verbände und Massen von Unzufriedenen um sich.

Bonaparte war nicht im Lande selbst geboren, sondern in Korsika. Manche Franzosen sahen ihn zeit seines Lebens als Ausländer an. Der junge Napoleon lebte asketisch. Er liebte die Macht über alles. Da er nicht dem Adel entstammte und auch nicht viel Geld besaß, war ihm bald klar, daß nur eine Revolution der Schicht, zu der er gehörte, ihn vorwärtsbringen konnte. Er entstammte dem Volke, und er erklärte, für das Volk kämpfen zu wollen.

Bonapartes erster Versuch, an die Macht zu kommen, war fehlgeschlagen. Man hatte ihn eine Zeitlang auf der Festung Antibes eingesperrt (1794). Als er wieder herauskam, mußte er von vorn beginnen ... Er gab sich jetzt schlicht und aufrichtig, so daß ihm jetzt auch die sogenannten „besseren Schichten", die ihm bisher nicht trauten, Vertrauen schenkten und ihn unterstützten ...

Reaktionäre glaubten übrigens, sie könnten den „jungen Mann" als Aushängeschild und Trommler für ihre Zwecke gebrauchen. In Wirklichkeit würden dann die alten, erfahrenen Herren die Sache weiter regeln. Einen Teil dieser Leute wie Gohier, Moulin, Ducos, den für seine allzuguten Beziehungen zu Unternehmerkreisen bekannten Barras, den Programmatiker Sieyès usw. schob Napoleon bald ab ...

... 1799 ... Napoleon setzt sich in den Besitz der Macht ... (18. Brumaire) Cornet, ein treuer Gefolgsmann Bonapartes, ergriff das Wort und berichtete dem Volk von einer „grauenvollen Verschwörung der Terroristen". Es gelte, das Parlament vor einem furchtbaren Anschlag zu retten. Die Verbände Napoleons übernahmen es, die Ordnung wiederherzustellen, und niemand wagte es, zu protestieren.

Anschließend wurde mit dem Parlamentarismus Schluß gemacht. Die Berufspolitiker alten Stils wurden als „verkalkte Schwätzer" bezeichnet. Die meisten Zeitschriften und Zeitungen wurden verboten, die übrigen unter strenge Zensur gestellt ... Innenpolitische Gegner verfielen der Ausrottung. Die alten Monarchisten wurden unterschiedlich behandelt. Viele Leute, besonders in der Armee, dachten immer noch, der neue Mann werde vielleicht nur der Wegbereiter für die Monarchie sein; daher ließen sie ihn gewähren und behielten selber die Existenz ...

Direkt nach der Machtübernahme setzte eine erhebliche Konjunktur ein. Das Geld erhielt nach außen hin einen Zwangskurs. Die Industrie blühte auf. Die Menschen fanden Arbeit und Brot. Hinzu kamen zahlreiche außenpolitische Erfolge.

Dies alles war allerdings nur möglich auf der Grundlage einer besonders für die Intellektuellen nicht gerade bequemen Diktatur. Die ganze Verwaltung wurde zentralisiert; alle gewählten Behörden wurden abgeschafft. Die Rechtsprechung im Lande war nur noch vom Willen eines Mannes abhängig, der sich bei seiner Machtausübung vor allem auf die durch Fouché neuorganisierte Polizei, eine geheime Staatspolizei unter seiner eigenen Aufsicht, stützte.

Im gesellschaftlichen Leben war Napoleon bemüht, das Alte mit dem Neuen zu versöhnen. Am Hofe des 1. Konsuls sah man bald wieder die ehemaligen Trachten und Moden, die Formen der alten Etikette, die Eleganz der königlichen Zeit. Die Eitelkeit der Franzosen begünstigte Napoleons Streben; als er den Orden der Ehrenlegion stiftete, griff alles begierig nach dem neuen Spielwerk menschlicher Schwäche (Weber).

Den Engländern wurde bald schon ein so schneller Machtzuwachs auf dem Kontinent unheimlich. Zwischen ihnen und gewissen reaktionären Kreisen in Frankreich kam es zu einer Art Bündnis. Einflußreiche Kreise in England erklärten, England würde eine französische Vormachtstellung in Europa nie zulassen. Trotz aller innerlichen Zwistigkeiten war man sich in England in dieser Hinsicht einig. Die Opposition bezichtigte die Regierung, zu geduldig zu sein. Der Ministerpräsident William Pitt wurde wegen seiner Kompromiß- und Friedenstendenzen angefeindet. Der oppositionelle Edm. Burke erklärte, Europa dürfe nie unter die Herrschaft „dieses einen bösen Mannes kommen". Die Regierung selbst verstärkte die britische Flotte, ging im übrigen aber tatsächlich langsam zu Werke. Man hielt es für besser, abzuwarten, bis der Geist der Revolution sich beim Gegner immer mehr verflüchtigte. In London baute man darauf, daß „immer mehr Menschen in Europa der Beraubung ihrer Freiheit müde werden" würden. Mit englischem Geld wollte man dann den Widerstand organisieren. Die territorialen Gewinne des Eroberers hielt man in London dagegen nicht für so bedeutsam, auch wenn man die Besetzung der Kanalküste nur mit größter Sorge sah . . .

Ein starkes Wettrüsten zwischen Frankreich und England war die Folge. Im Rahmen der Aufrüstung ergab sich für Napoleon die Möglichkeit, die Industrie zu beschäftigen und zahlreiche alte Offiziere zu befördern. Dies konnte das Ansehen des neuen Systems nur heben. Allerdings schluckten die Rüstungen ein enormes Geld, und die letzten Goldreserven waren bald erschöpft.

Napoleon besaß einen ausgezeichneten Nachrichtendienst. Er ließ sich daher durch außenpolitische Drohungen nicht einschüchtern. Er wußte, daß der englische Ministerpräsident auf dem Standpunkt stand, daß England für einen ernsten Konflikt noch nicht genügend gerüstet sei. Auch suchte England nach Bundesgenossen. Lange Zeit hielten es die führenden Kreise Frankreichs auch noch für durchaus möglich, daß man um den Kampf mit England herumkommen könne, um so mehr, als man ja alle möglichen Bundesgenossen Englands in Europa nacheinander niederrang. Man glaubte die Engländer einschüchtern zu können. Verschiedentlich bestellte Napoleon den britischen Botschafter Lord Whitworth zu sich und schrie ihn mit einem solchen theatralischen Geschick an, daß nur seine allerbesten Freunde merkten, daß im Grunde alles gespielt war. Empört schrieb Lord Whitworth an seinen Freund Lord Hawkesbury: „Ich hatte den Eindruck, eher einem Husarenfeldwebel gegenüberzusitzen als dem Staatsoberhaupt eines der mächtigsten Staaten Europas." Mit diesen Worten hat dann später noch die britische Propaganda gearbeitet.

Trotz ihres allgemein als unklar und zögernd bezeichneten Vorgehens waren die Engländer aber doch zum Krieg entschlossen. Die französische Armeeführung erklärte, sie wolle nicht warten, bis der zum Angriff ent-

schlossene Gegner ihr zuvorkomme. Sie wolle selbst den günstigsten Augenblick bestimmen.
Ein letztes Mal bot Napoleon Anfang des Jahres 1800 England die Hand zum Frieden. „Der Kontrast zwischen der scheinbaren Wärme, Offenheit und Großmut Napoleons und der abweisenden Kälte der Kabinette von London und Wien erzeugte bei den feurigen Franzosen die nötige Kriegsbegeisterung."
„England will den Krieg", hieß es nun, und England sollte seinen Krieg haben. Die führende Schicht Frankreichs bejahte diesen Krieg im übrigen, weil sie glaubte, außenpolitische Erfolge würden über innere finanzielle Schwierigkeiten und weltanschauliche Spannungen hinweghelfen. Begonnen wurde der Krieg mit der Losung von der „Wiederherstellung der natürlichen Grenzen".
Aber der Idealismus gilt nur für die große Masse der Soldaten und für einige wenige Führer. Bei denen, in deren Hand die eigentliche Macht gegeben war, sind im Gegenteil sehr materialistische Erwägungen ausschlaggebend gewesen. Die Finanznot hatte einen furchtbaren Grad angenommen; für sie brauchte vom Krieg keine Verschlimmerung befürchtet zu werden, denn Frankreich kämpfte ja nicht mehr mit dem teuren Werkzeug des Söldnerheeres, sondern mit dem Volksaufgebot, und wenn es gelang, die Operationen in Feindesland zu tragen, konnte der Krieg so ziemlich sich selbst ernähren. Es konnte auch in Rechnung gestellt werden, daß die erhofften Gebietserwerbungen wohltätigen Einfluß auf die Staatskasse ausüben würden. Alles Staatsgut der befreiten Gebiete sollte nicht nur konfisziert werden, außerdem galt der Krieg den Reichen. Die „Evacuation" der Pfalz, diese Plünderung und Beschlagnahme alles beweglichen Gutes, ist typisch dafür, wie auch vor dem Privatbesitz in keiner Weise haltgemacht wurde. Es gingen also idealistische und materialistische Beweggründe untrennbar durcheinander, und es ist schwierig zu entscheiden, was von beiden das Überwiegende war ... (Windelband, Ausw. Pol. d. Großmächte). England hatte bereits alle möglichen ost- und mitteleuropäischen Staaten mit Geld versehen. Aber diese kleinen und mittleren Mächte konnten in dem großen Ringen, das nun begann, nur als Nullen angesprochen werden. Es handelte sich um wirtschaftlich zurückgebliebene, teilweise noch halbfeudale Staaten, die in kurz aufeinanderfolgenden Blitzkriegen besiegt werden konnten. (Es sei nur an den französisch-preußischen Feldzug 1806 erinnert. Bereits 19 Tage nach Kriegsausbruch zogen die siegreichen Truppen Napoleons in Berlin ein. Festungen wie Erfurt, Magdeburg, Stettin, Küstrin und Spandau kapitulierten widerstandslos mit solcher Eilfertigkeit, daß die Zeitgenossen bei vielen Befehlshabern Verrat argwöhnten.) „Ein Staat nach dem anderen sah tatenlos dem Aufstieg Frankreichs zu, bis er selbst an die Reihe kam. Auch Preußen hat in diesen Jahren vor seinem Zusammenbruch freiwillig auf die Betätigung als Großmacht verzichtet, und das hat zur Folge gehabt, daß es diese Stellung wirklich einbüßte." (Windelband)

Die Engländer sahen sich in diesen Jahren einer äußerst gefährlichen Situation gegenüber. Sie versuchten, ihren großen Widersacher durch einen politischen Mord erledigen zu lassen. In Georges Cadoudal fanden sie ein Werkzeug für ihre Pläne. Aber die geheime Polizei Napoleons kam dem Unternehmen auf die Spur. Fouché schaltete sich selbst in das Attentat ein. Das Attentat mißlang. Die Höllenmaschine, die Napoleon bei der Fahrt ins Opernhaus in die Luft sprengen sollte, zerstörte mehrere Häuser und tötete zahlreiche Menschen, aber Napoleon selbst entging dem Anschlag. Um einen größeren politischen Prozeß veranstalten zu können, scheute Napoleon auch nicht davor zurück, einen an sich unbeteiligten Mann wie den Herzog von Enghien, der ihm aus anderen Gründen unbequem war, in Baden, d. h. jenseits der Grenze, durch eine Schar Bewaffneter ergreifen und nach Frankreich bringen zu lassen. England mußte sich nun selbst zum Kampf stellen. Für die ersten Kriegsjahre sah die Lage sehr ernst aus. Der englische Ministerpräsident William Pitt, der die Dinge so weit hatte treiben lassen, wurde abberufen und durch einen neuen Mann ersetzt. In parlamentarischen Kreisen wurde Pitt laut wegen seiner verderblichen Illusionspolitik angeklagt. Pitt bekam einen Nervenzusammenbruch und starb verbittert nach mehrwöchiger Krankheit am 23. Januar 1806 . . .

Mittlerweile war es in Boulogne und anderen Kanalhäfen zu fieberhaften Vorbereitungen mit dem Ziel einer Invasion in England gekommen. Napoleon erklärte, er brauche „nur einige Tage Nebel, dann werde er Herr sein über London, über das Parlament und über die Bank von England . . ."

Im Küstengebiet um Boulogne zwischen Ambleteuse und Etaples waren, wie Napoleon am 2. Juli 1804 dem Admiral Latouche-Trévielle mitteilte, 270 kleinere, 534 größere Kanonenboote, ferner 396 flache Fahrzeuge mit Geschützausrüstung, geringem Tiefgang und Transportmöglichkeit für 50—100 Mann, insgesamt 1200 Fahrzeuge, versammelt, die 120 000 Mann und 10 000 Pferde über den Kanal befördern sollten. In England war man der Panik nahe. Täglich rechnete man mit der Invasion. In London wurden Barrikaden errichtet. Überall wurden freiwillige Wehrverbände, sogar Frauenregimenter, aufgestellt. Die Hauptlast der Landesverteidigung lag bei den „kleinen Leuten", die sich sehr tapfer hielten, während die besitzenden Schichten an einen Kompromißfrieden dachten.

England wurde nicht besetzt. Trotz der Einverleibung der Kriegsschiffe anderer Länder vermochte die französische Flotte der englischen nichts Ebenbürtiges entgegenzustellen. Die Engländer erkannten vollauf die Bedeutung der Aufrechterhaltung ihrer Seeherrschaft. Die allen Rechtsbegriffen hohnsprechende Handlungsweise der britischen Flotte vor Kopenhagen nahm England bewußt auf sich, um zu verhindern, daß sich zur See ein Übergewicht zugunsten Napoleons bildete. In den damaligen Zeiten machte ein brutaler Übergriff auf die noch neutralen Mächte auch mehr Eindruck als ein streng völkerrechtliches Verhalten. Die Verwilderung der politischen Sitten war in Europa schon sehr weit gediehen ... Die Engländer waren sich darüber klar, daß ihre Weltmachtstellung mit der Aufrechterhaltung ihrer Seegeltung stand und fiel.

Die Lage war bedrohlich genug. Das ganze Land bis zur Rheinmündung war in den Händen des Gegners, Holland in vollkommener Abhängigkeit von Napoleon. Je stärker die rüstungsmäßige Bedrohung der britischen Insel wurde, desto mehr sah man in London ein, daß auch vorübergehende Kompromisse nichts am Wesentlichen änderten. Im Augenblick der höchsten Gefahr gelang es, die französischen Schiffe, die die Überfahrt über den Kanal decken bzw. selbst den Transport bewerkstelligen sollten, zu vernichten. Die Unmöglichkeit, England an den Leib zu kommen, wurde durch Trafalgar besiegelt. Dieser eine englische Sieg hat vom Standpunkt der historischen Entwicklung aus alle festländischen Erfolge des Kaisers zunichte gemacht. Nicht Austerlitz hat der Zukunft die Richtung gewiesen, sondern Trafalgar. Englands Seeherrschaft blieb unerschüttert. Zwar war Napoleon weit entfernt, die Niederlage als endgültig hinzunehmen und ihr solche Bedeutung zuzugestehen, daß er selbst seine Weltmachtpläne aufgegeben hätte. Aber ihre tatsächliche Wirkung bestand darin, daß ihm die Anwendung direkter Mittel gegen die Insel fortan versagt war. Infolgedessen hat er sich genötigt gesehen, sich zu den phantastischsten Entwürfen zu versteigen, und gerade an dem Übermaß dieser Projekte, zu deren Verwirklichung selbst seine Kraft nicht ausreichte, ist er schließlich gescheitert ... (Windelband).

Als Napoleon nach zweijährigem Warten (1803—1805) endlich erkannte, daß der Plan einer Landung in England ihm unüberwindbare Schwierigkeiten bot, brach er sein Lager am Kanal ab und erklärte, er werde England in Ägypten tödlich zu treffen wissen.

Napoleon konnte mit seiner Flotte, wie sich gezeigt hatte, den Ozean nicht erobern, aber der Besitz Italiens gab ihm die Hoffnung, die Herrschaft über das Mittelmeer an sich zu bringen ... Hier war die einzige Stelle, wo er England direkt schweren Schaden zufügen konnte. Es wäre eine schwere Einbuße für England gewesen, wenn ihm der Levantehandel entrissen worden wäre. Auch die Bedeutung afrikanischer Kolonien erkannte Napoleon in voller Klarheit ... (Windelband). Aber von dem Augenblick an, da Napoleon von dem Invasionsplan Abstand nahm, zog sich der Krieg in die Länge. Der Krieg gegen England wurde zum regelrechten Weltkrieg.

Wie sah es mittlerweile im übrigen Europa aus?

Ein Staat nach dem anderen war unter den Schlägen der französischen Wehrmacht zusammengebrochen. Mit den Armeen des Kaisers ergoß sich ein neues Prinzip über Europa, eine neue Methode des Wirtschaftens und Arbeitens, eine neue Strategie ... Hauptgrundsätze der neuen Art der Kriegführung waren: schnelle Konzentration starker Kräfte zu einem blitzartigen Schlag; Lösung eines strategischen Problems nach dem anderen, ohne allzu gewagte Manöver. Alles zielte darauf ab, Einheit und Zusammenhalt beim Gegner zu brechen. Auf Völkerrecht und Neutralität wurde keinerlei Rücksicht genommen. Der Kaiser machte sich eine Strategie der Verwirrungen zu eigen. Wenn er seine Truppen nach Malta schickte, redete er von einem bevorstehenden Überfall auf Irland. Als er in England landen wollte, verlängerte er nach der Krönung seinen Aufenthalt in Italien (Bainville).

In den besetzten Gebieten ging die Verwaltung überall in die Hände zuverlässiger Offiziere über. Jeder Anschlag auf die Sicherheit der Besatzungstruppen wurde mit dem Tode bestraft. Überall, wo die Truppen einrückten, hieß es, dies geschehe, um die Völker vom Joch Englands zu befreien. Dies jedenfalls war die offizielle Version. Im Zweifelsfall wurden die Befreiten mit den Mitteln militärischer Gewalt botmäßig gemacht. An Sympathisierenden, die Napoleon zur Hand gingen, fehlte es kaum in einem Land, allerdings verfielen sie der allgemeinen Ächtung von seiten der Mehrzahl ihrer Volksgenossen.

Italien wurde zum „Bruderstaat" erklärt und geriet in vollkommene Abhängigkeit. Selbständiges Königreich war Italien nur noch dem Namen nach. Wirtschaft und Heeresführung waren vollkommen in die Hände des Stärkeren übergegangen.

Die Schweiz wurde in derselben Weise unter Druck gesetzt.

Preußen verfiel einer furchtbaren Aufteilung. Der Großteil des Landes wurde von fremden Truppen besetzt und litt schwere Not.

Gewissen Völkern Osteuropas versprach Napoleon die Freiheit und das Selbstbestimmungsrecht, dafür sollten sie sich als militärische Hilfsvölker zur Verfügung stellen. Dies taten sie teilweise, ohne jedoch dafür je Dank zu erben. Im Namen ihrer eigenen Freiheit machten sie sich mitschuldig an der Freiheitsberaubung anderer ... (Grube).

Portugal blieb bis zuletzt ein Stützpunkt Englands.

Das spanische Volk bot von Anfang an der neuen Ordnung den hartnäckigsten Widerstand. In Spanien entwickelte sich ein langjähriger erbitterter Volks- und Bandenkrieg, der zeitweise mehr von sich reden machte als große offizielle militärische Aktionen. In Form von Straßen- und Häuserkämpfen wurde der Spanienkrieg mit größter Grausamkeit und furchtbarem Haß geführt. Zum erstenmal stieß Napoleon auf eine ganz andere Art Feind als bisher: auf wütende asturische Bauern und Arbeiter, die ihm trotz elender Bewaffnung und ungeschulter Führung furchtbar zu schaffen machten. Jedes Haus verwandelte sich in eine Festung, jeder Stall, jeder Keller, jede Treppe mußte erobert werden. Es gelang jedoch nicht, das spanische Volk wirklich zu befrieden. Immer wieder loderte die Fackel des Aufstandes durch das hungernde Land. Dichter und Maler der damaligen Zeit machten den fanatischen Kampf der Spanier zum Gegenstand ihrer Kunst. Andere sahen nur die entsetzlichen Grausamkeiten ...

Schweden konnte sich zunächst aus dem Krieg heraushalten, mußte es jedoch erleben, wie 1809 trotz bewaffneten schwedischen Einsatzes Finnland an die Russen verlorenging.

Auf Kosten der Türkei, deren frühere Freundschaft sich Napoleon vor allem durch sein Vorgehen im Mittelmeerraum und in Ägypten verscherzt hatte, wollte Napoleon eine Vereinbarung mit dem russischen Zaren treffen. Sowohl Frankreich als auch England bemühten sich sehr um die russische Freundschaft. Bei einer Begegnung mit dem Lenker der russischen Politik aus dem Kreml war Napoleon bestrebt, sich und den Zaren der Welt als gute Freunde zu präsentieren.

Man schloß zur Aufrechterhaltung von Ruhe und Ordnung in Osteuropa einen Nichtangriffspakt. Maßgebend für Moskau war hierbei vor allem der Wunsch, das russische Volk nach Möglichkeit aus dem Krieg, der ja um fremder Interessen willen ausgefochten wurde, herauszuhalten. Auch hatte die britische Politik Anlaß zur Verärgerung im Kreml gegeben (z. B. Weigerung der Herausgabe russischer Schiffe, die die englische Flotte im Rahmen ihrer Blockade auf hoher See beschlagnahmt hatte). In früheren Jahren allerdings war zwischen Moskau und Paris manch sehr scharfes Wort gefallen. Napoleon hatte die Kosaken, wie er die Russen verächtlich nannte, stets als Feinde aller Zivilisation gebrandmarkt. Moskau hatte entsprechend geantwortet.

In allen besetzten Ländern mußten große Besatzungsarmeen unterhalten werden. Die französischen Truppen verzettelten sich nun über ganz Europa. Der ganze Erdteil führte einen Blockadekrieg gegen England, umgekehrt England seinen Blockadekrieg gegen den ganzen Kontinent.

Bald machte sich in allen Ländern der Mangel an Rohstoffen und Nahrungsmitteln bemerkbar. In den besetzten Gebieten griff die Arbeitslosigkeit um sich. Wenn auch in den Hauptstädten der verschiedenen neugegründeten Generalgouvernements und Protektorate das Leben nach außen hin normal weiterging, war doch in den vielen „verteilten" Ländern die Stimmung sehr schlecht. Die Bevölkerung hatte angesichts der steigenden Knappheit und Teuerung das Gefühl, nach allen Regeln der Kunst ausgeplündert zu werden; die englische Propaganda, der erhebliche Summen zur Verfügung standen, bestärkte sie in diesem Gefühl. So berichteten die englischen Zeitungen z. B., die französischen Marschälle hätten sich aus den Kunstgalerien einzelner Länder wertvolle Gemälde alter Renaissancemeister mitgenommen (Tarle). Die englische Propaganda fand einen guten Boden vor: Die allgemeine Zwangsarbeit, der sich jeder — ob Gefangener, ob Nichtgefangener — zu unterwerfen hatte, bedrückte alle schwer. Überall wurden nun sogenannte „Arbeitsbücher" eingeführt, die die Abhängigkeit der Arbeitenden von den Unternehmern oder Aufsichtsbeamten erhöhten. Diese Arbeitsbücher wurden von den Arbeitgebern verwahrt, und ohne sie konnte niemand eine neue Anstellung erhalten. Streiks waren selbstredend überall verboten. Napoleons neue Justiz wurde von England als barbarisch verschrien. Je mehr also Napoleon ganz

Europa zu einheitlicher Leistungsfähigkeit für den letzten entscheidenden Schlag zusammenfassen wollte, je mehr er alle Rücksichten außer acht lassen mußte, desto stärker wurde überall der Widerstand.

In Frankreich selbst waren lange Jahre hindurch auch ruhige, nüchterne Leute den Weg Napoleons mitgegangen. Langsam aber griff doch das Gefühl um sich, daß die eigentümlich neue Art der Weltbeherrschung und Raumverteilung wohl kaum Bestand habe könne. Die Tatsache, daß die neue Ordnung sich nicht friedlich stabilisieren konnte, lastete schwer auf den Gemütern ...

Vernunft und Instinkt sagten den intelligenteren Gegnern Napoleons, z. B. Metternich, daß das große französische Reich nur ein mehr oder weniger zufälliges Phänomen sei, das mit dem Kaiser stand und fiel: Mit seinen Kolonien und seiner maritimen Überlegenheit konnte England noch seine Stellung halten. Aber auch von den britischen Inseln kamen in immer kürzeren Zeitabständen Berichte von bankrotten Firmen, Ruinen, Arbeitslosigkeit und Revolutionsdrohung: Kurz, die ersten Auswirkungen der Kontinentsblockade. Sehr viel Vertrauen konnte also die britische Macht den europäischen Staaten, die noch verblieben, nicht eingeben.

Im Februar 1812 zwang Napoleon Preußen, einem gegen Rußland gerichteten Pakt beizutreten. Am 14. März 1812 wurde desgleichen ein französisch-österreichischer Pakt in Paris unterschrieben. Österreich versprach, Napoleon mit 300 000 Mann zu helfen. Als Gegenleistung sollten den Russen das Moldaugebiet, die Walachei und Galizien abgenommen werden.

Napoleon hatte eigentlich die Feindseligkeiten gegen Rußland im Juni 1811 eröffnen wollen, und der Feldzug sollte im Juni beginnen, weil man diese Jahreszeit für die günstigste hielt. Aber Napoleon war gezwungen, erst noch an einigen anderen Stellen Europas zuzufassen, infolgedessen zog sich das Rußlandunternehmen noch etwas hin. Am 9. Mai 1812 verließ Napoleon Paris, um sich zur Großen Armee zu begeben. Die meisten Zeitgenossen waren überzeugt, daß er aus dem neuen Krieg gegen Rußland als Sieger hervorgehen werde. Rußland, so glaubte man überall in den einflußreichen Kreisen, würde es mit einer numerisch und organisatorisch überlegenen Armee zu tun bekommen, geführt von einem militärischen Genie, das im Besitz der Herrschaft über ganz Europa war. Von der russischen Armee wußte man nicht sehr viel. Die russischen Generäle hielt man für zweitklassig. Napoleons Selbstvertrauen kannte keine Grenzen ... Freunde, wie der bayerische General Wrede, rieten dem Kaiser von dem Rußlandunternehmen ab. Vergeblich ... Die Gründe für Napoleons Rußlandfeldzug lagen nicht nur, wie vielfach geschrieben wurde, in dem allgemeinen Mangel an Getreide, den Napoleon in der Ukraine zu beheben hoffte. Es war Napoleons Absicht, für den Fall, daß Rußlands Verhalten auf die Dauer mit seinen eigenen Interessen nicht in Einklang stehen sollte, trotz der sonstigen Auslieferung des Ostens an den Kreml sich doch die Möglichkeit eigenen Hineinredens offen zu halten, wie das auch schon durch die Schöpfung des polnischen Staates geschehen war. In Moskau fühlte man diese Absicht sehr deutlich heraus. Die verabredete Teilung Europas hat sich nicht reinlich durchführen lassen, sie stieß sich immer an dem gegenseitigen Mißtrauen, das von England noch genährt wurde ... Auch wirtschaftspolitische Gesichtspunkte spielten mit ... (Windelband).

Talleyrands Äußerung, daß der russische Feldzug „der Anfang vom Ende" sei, erwies sich bald als wahr. In den westlichen Gebieten Rußlands erweckte das Erscheinen der Truppen Napoleons zwar beim Adel vielfach Hoffnungen auf eine nationale Erhebung. Aber Volkserhebungen waren nicht nach Napoleons Sinn. Aufstand und Chaos mußte er fürchten, da das weite Feindesland ohnehin genug Schwierigkeiten bot: Die Wege waren unbefahrbar, die Zufuhr blieb aus, das Land bot wenig Lebensmittel, Krankheit verminderte die Zahl der Truppen. Die Russen ließen es zu keiner großen bzw. entscheidenden Schlacht kommen, sondern versuchten sich erfolgreich im Kleinkrieg. Städte, die Napoleon besetzte, gingen in Flammen auf ...

Als der Sieger so vieler Schlachten als ein Geschlagener über die Beresina zurückzog, erkannte er, daß er Land und Menschen Rußlands völlig falsch eingeschätzt hatte. Hunderttausend seiner besten Soldaten lagen tot auf den Feldern und in den Wäldern Rußlands. Die Russen waren zwar tief ins Landesinnere zurückgewichen, dachten jedoch nicht daran, sich geschlagen zu geben. Inzwischen hatte England seine ganze hochentwikkelte Technik, seine enormen Geldquellen, seine reichen Kolonien, seine Überseeverbindungen ganz in den Dienst des großen Weltkampfes gestellt. In allen Ländern hatte England Aufstandsbewegungen, selbstredend im Sinne der britischen Politik, finanziert. In den besetzten oder bedrohten Ländern hatte die Erkenntnis um sich gegriffen, daß die Zeit neue Arbeits- und Kampfmethoden erforderte, und überall machte man sich nun diese Methoden zu eigen. Bisher waren sie Monopol Napoleons gewesen.

Das Ergebnis der Völkerschlacht bei Leipzig war nur der äußere Ausdruck des Auseinanderfalls des napoleonischen Staatensystems. Die Hilfsvölker gingen trotz aller Pakte ihrer Regierungen ins Lager Englands über. Das Königreich Westfalen löste sich auf, die Sachsen gingen zu den Preußen über. Der Rheinbund löste sich auf, Italien wurde für seine Anhänglichkeit an Napoleon schwer gestraft.

Der Kaiser konnte sich nun selbst auf seine engeren Mitarbeiter nicht mehr verlassen. Allgemeine Kriegsmüdigkeit machte sich breit. Die Dynamik, die die Heere des Kaisers durch ganz Europa geführt hatte, erlosch. Die Reaktion ging offen in das englische Lager über. Die auswärtigen Behörden und einzelne Generäle fingen an, heimlich mit England über einen Kompromißfrieden zu verhandeln. Die Pariser Freimaurer brüsteten sich offen damit, sie hätten, da Napoleon ohnehin schon immer ein nichtsahnendes Werkzeug ihrer universalen Pläne gewesen sei, nun zum Schluß an Hand falscher Informationen den Kaiser auch zum Rußlandfeldzug bewogen, nur um ihn in die Katastrophe zu treiben und Europa den notwendigen Frieden wiederzugeben. Auch jetzt noch war es schwierig für England, den Gegner militärisch völlig niederzuwerfen. Der Krieg wurde nicht militärisch, sondern politisch beendet. Der Kaiser wurde von den „besseren Kreisen" seines eigenen Volkes fallengelassen. Diesen war eine Besetzung der eigenen Hauptstadt durch feindliche Truppen lieber als eine revolutionäre Entwicklung, die allein das Land noch hätte retten können.

Im Oktober und Dezember 1813 tauchten plötzlich überall in Frankreich die alten Emigrantentypen wieder auf. Im Troß fremder Verbände sich versteckend, träumten sie schon davon, die alten Verhältnisse wiederherzustellen. Die Arbeiter, die von Napoleon entwaffnet worden waren, sahen nur mit Ingrimm, wie die Reaktion sich breitmachte; sie waren jedoch wehrlos. Napoleon war außerstande, zur Rettung des Landes an die Massen zu appellieren. Er litt ohnehin schwer genug darunter, daß ihn die Propaganda seiner Feinde, insbesondere Metternichs und Lord Castlereaghs, als Jakobiner verschrie — ausgerechnet ihn, der doch die Revolution erstickt hatte und Frankreich die neue Ordnung gab . . . !

Nach dem Einzug der Verbündeten in Paris am 31. März 1814 wurde die Einsetzung einer provisorischen Regierung unter Talleyrand beschlossen. Dieser kluge Diplomat, Meister in allen Ränken und Intrigen, wirkte nunmehr im Interesse der alten Königsfamilie und führte mit Englands Hilfe die Wiedereinsetzung der Bourbonen herbei. Im Frieden vom 30. Mai 1814 erhielt Frankreich eine neue konstitutionelle Verfassung und die Grenzen von 1792. Selbständig war Frankreich nur noch dem Namen nach, denn die Bourbonen waren vorgeschobene Figuren fremder Interessen. Über das weitere Geschick Europas sollte der Wiener Kongreß entscheiden.

Daß Frankreich nicht vollkommen zerschlagen wurde, hatte es in erster Linie den russischen Staatsmännern zu verdanken, die die Alleinherrschaft der angelsächsischen Wirtschaftsmacht nicht für einen idealen Zustand hielten und daher in Europa ein Gegengewicht gegen diese wollten. In Frankreich zeigte sich mittlerweile, daß die Reaktion „nichts gelernt und nichts vergessen" hatte. Das Volk wollte von der Herrschaft von Adel und Kirche nichts wissen. Die allgemeine Unzufriedenheit mit dem herabgesetzten Lebensniveau und den provozierenden Maßnahmen der neuen regierenden Schicht war groß. Die Garden waren zum großen Teil verschieden, die Offiziere mit kläglichem Sold entlassen worden. Künstler, Schriftsteller und Intellektuelle riefen nach Freiheit.

Napoleon benutzte diese öffentliche Stimmung zu einem letzten Versuch, das Blatt noch einmal zu wenden. Noch einmal rief er Frankreich zum Kampf auf. Es war alles vergebens. Bei Waterloo brach der Traum der „hundert Tage" zusammen.

Napoleon starb in der Verbannung auf St. Helena als Gefangener Englands. Frankreichs Versuch, Europa gegen England zu einigen, war gescheitert ... Aber um Napoleon zu überwinden, hatte die Gegenpartei die Völker aufgerufen mit Parolen, die sich nach vollbrachter Leistung nicht wieder in das frühere Nichts zurückstoßen ließen. Die neuen Prinzipien waren unvereinbar mit dem auf Grund einer vorübergehenden Erschlaffung der Völker zutage tretenden Gesichtspunkt der Wiederherstellung des Alten. So zeigte es sich alsbald, daß der Kampf um Verwerfung oder Anerkennung der neuen Ideale der Inhalt der neuen Zeit sein würde (Windelband).

Romantik und Revolution prallten aufeinander (Fr. Meinecke).

Der Kampf dieser zwei Universalismen hat die erste Hälfte des 19. Jahrhunderts ausgefüllt. Stark beeinflußt war dieser Kampf durch die im Zeitalter der großen europäischen Kriege Napoleons gewonnene Machtstellung Rußlands, die sich jetzt auch geistig auswirkte.

Flugblatt vom September 1943:

BAYERN!

Von Anfang an habt ihr die Vergötzung des Mannes abgelehnt, der sich durch Lügen und betrügerische Versprechungen in euer Vertrauen eingeschlichen hat. Ihr habt in der Mehrzahl den „Deutschen Gruß" abgelehnt. Wie recht ihr gehandelt, zeigt sich jetzt. Welche Scham muß heute alle diejenigen erfüllen, die dem Mann „Heil" wünschten, der ihnen das Unheil gebracht hat.

Eurer Landeshauptstadt hat dieser Größenwahnsinnige den Namen „Hauptstadt der Bewegung" verliehen.

Bayern! Macht aus diesem Namen des Schimpfes einen Ehrennamen! Zeigt, daß München die Hauptstadt und daß Bayern das Land der Gegenbewegung sind!

Geht allen Deutschen mit gutem Beispiel voran:

Enthaltet euch des „deutschen Grußes"!

Gebt keine Antwort, wenn dem Totengräber des deutschen Volkes immer noch „Heil" zugerufen wird!

Besucht keine nationalsozialistischen Versammlungen!

Laßt euch bei Straßensammlungen nicht mehr von den Beauftragten der NS-Diebe die Groschen aus der Tasche ziehen, jeder Pfennig bedeutet weiter Krieg und hilft nur den braunen Bonzen, das verwirkte Leben auf Kosten des deutschen Volkes zu verlängern.

Duldet nicht mehr, daß diese Goldfasanen der „SA" die Straßen eurer Stadt verunzieren! Ihr letztes Stündlein hat geschlagen! — Noch einmal: Boykottiert sie! Verweigert ihnen jede Antwort, jede Auskunft, jeden Gruß!

Beseitigt und zerstört das Zeichen, in welchem der Nazi über den Deutschen gesiegt hat: das Hakenkreuz!

Weg mit dem Parteiabzeichen! Es ist das Zeichen, unter dem das deutsche Volk sein Recht verloren hat.

Wer es jetzt noch trägt, beweist damit, daß er zu den Sklavenhaltern gehören will, die ein gerechtes Schicksal bei der Abrechnung nicht vergessen wird.

Fürchtet nicht eine Besetzung unserer Heimat durch Engländer und Amerikaner, denn ihr Regiment wird trotz allem menschlicher und gerechter sein als die Tyrannei, die ihr lange genug zu ertragen hattet und die euch Hunderttausende eurer Väter und Söhne und euer Hab und Gut gekostet hat.

Sektion Bayern der
Deutschen Freiheitsbewegung

Flugblatt der Geschwister-Scholl-Gruppe, München:

AUFRUF AN ALLE DEUTSCHEN!

Der Krieg geht seinem sicheren Ende entgegen. Wie im Jahre 1918 versucht die deutsche Regierung alle Aufmerksamkeit auf die wachsende U-Boot-Gefahr zu lenken, während im Osten die Armeen unaufhörlich zurückströmen, im Westen die Invasion erwartet wird. Die Rüstung Amerikas hat ihren Höhepunkt noch nicht erreicht, aber heute schon übertrifft sie alles in der Geschichte seither Dagewesene. Mit mathematischer Sicherheit führt Hitler das deutsche Volk in den Abgrund. Hitler kann den Krieg nicht gewinnen, nur noch verlängern! Seine und seiner Helfer Schuld hat jedes Maß unendlich überschritten. Die gerechte Strafe rückt näher und näher!

Was aber tut das deutsche Volk? Es sieht nicht, und es hört nicht. Blindlings folgt es seinen Verführern ins Verderben. Sieg um jeden Preis! haben sie auf ihre Fahnen geschrieben. Ich kämpfe bis zum letzten Mann, sagt Hitler — indes ist der Krieg bereits verloren.

Deutsche! Wollte Ihr und Eure Kinder dasselbe Schicksal erleiden, das den Juden widerfahren ist? Wollt Ihr mit dem gleichen Maße gemessen werden wie Eure Verführer? Sollen wir auf ewig das von aller Welt gehaßte und ausgestoßene Volk sein? Nein! Darum trennt Euch von dem nationalsozialistischen Untermenschentum! Beweist durch die Tat, daß Ihr anders denkt! Ein neuer Befreiungskrieg bricht an. Der bessere Teil des Volkes kämpft auf unserer Seite. Zerreißt den Mantel der Gleichgültigkeit, den Ihr um Euer Herz gelegt! Entscheidet Euch, ehe es zu spät ist!

Glaubt nicht der nationalsozialistischen Propaganda, die Euch den Bolschewistenschreck in die Glieder gejagt hat! Glaubt nicht, daß Deutschlands Heil mit dem Sieg des Nationalsozialismus auf Gedeih und Verderb verbunden sei! Ein Verbrechertum kann keinen deutschen Sieg erringen. Trennt Euch rechtzeitig von allem, was mit dem Nationalsozialismus zusammenhängt! Nachher wird ein schreckliches, aber gerechtes Gericht kommen über die, so sich feig und unentschlossen verborgen hielten.

Was lehrt uns der Ausgang des Krieges, der nie ein nationaler war?

Der imperialistische Machtgedanke muß, von welcher Seite er auch kommen möge, für allezeit unschädlich gemacht werden. Ein einseitiger preußischer Militarismus darf nie mehr zur Macht gelangen. Nur in großzügiger Zusammenarbeit der europäischen Völker kann der Boden geschaffen werden, auf welchem ein neuer Aufbau möglich sein wird. Jede zentralistische Gewalt, wie sie der preußische Staat in Deutschland und Europa auszuüben versucht hat, muß im Keime erstickt werden. Das kommende Deutschland kann nur föderalistisch sein. Nur eine gesunde föderalistische Staatsordnung vermag heute noch das geschwächte Europa mit neuem Leben zu erfüllen. Die Arbeiterschaft muß durch einen vernünftigen Sozialismus aus ihrem Zustand niedrigster Sklaverei befreit werden. Das Truggebilde der autarken Wirtschaft muß in Europa verschwinden. Jedes Volk, jeder einzelne hat ein Recht auf die Güter der Welt!

Freiheit der Rede, Freiheit des Bekenntnisses, Schutz des einzelnen Bürgers vor der Willkür verbrecherischer Gewaltstaaten, das sind die Grundlagen des neuen Europa.

Unterstützt die Widerstandsbewegung, verbreitet die Flugblätter!

Feldmarschall Rommels historisches Blitzfernschreiben (15. Juli 1944) von der Invasionsfront an Hitler:

Rommels Ultimatum an Hitler

Die Lage an der Front der Normandie wird von Tag zu Tag schwieriger, sie nähert sich einer schweren Krise.

Die eigenen Verluste sind bei der Härte der Kämpfe, dem außergewöhnlich starken Materialeinsatz des Gegners vor allem an Artillerie und Panzern und bei der Wirkung der den Kampfraum unumschränkt beherrschenden feindlichen Luftwaffe derartig hoch, daß die Kampfkraft der Divisionen rasch absinkt. Ersatz aus der Heimat kommt nur sehr spärlich und erreicht bei der schwierigen Transportlage die Front erst nach Wochen. Rund 97 000 Mann an Verlusten, darunter 2160 Offiziere, unter ihnen 28 Generale und 354 Kommandeure, also durchschnittlich pro Tag 2500 bis 3000 Mann, stehen bis jetzt insgesamt 6000 Mann Ersatz gegenüber. Auch die materiellen Verluste der eingesetzten Truppen sind außerordentlich hoch und konnten bisher in nur geringem Umfang ersetzt werden, z. B. von 225 Panzern bisher nur 17.

Die neuzugeführten Divisionen sind kampfungewohnt und bei der geringen Ausstattung mit Artillerie, panzerbrechenden Waffen und Panzerbekämpfungsmitteln nicht imstande, feindliche Großangriffe nach mehrstündigem Trommelfeuer und starken Bombenangriffen auf die Dauer erfolgreich abzuwehren. Wie die Kämpfe gezeigt haben, wird bei dem feindlichen Materialeinsatz auch die tapferste Truppe Stück für Stück zerschlagen.

Die Nachschubverhältnisse sind durch die Zerstörungen des Bahnnetzes, die starke Gefährdung der Straßen und Wege bis zu 150 km hinter der Front durch die feindliche Luftwaffe derartig schwierig, daß nur das Allernötigste herangebracht werden kann und vor allem mit Artillerie- und Werfermunition äußerst gespart werden muß.

Neue nennenswerte Kräfte können der Front in der Normandie nicht mehr zugeführt werden. Auf der Feindseite fließen Tag für Tag neue Kräfte und Mengen an Kriegsmaterial der Front zu. Der feindliche Nachschub wird von unserer eigenen Luftwaffe nicht gestört. Der feindliche Druck wird immer stärker.

Unter diesen Umständen muß damit gerechnet werden, daß es dem Feind in absehbarer Zeit — 14 Tage bis drei Wochen — gelingt, die eigene dünne Front, vor allem bei der 7. Armee, zu durchbrechen und in die Weite des französischen Raumes zu stoßen. Die Folgen werden unübersehbar sein.

Die Truppe kämpft allerorts heldenmütig, jedoch der ungleiche Kampf neigt dem Ende entgegen. Ich muß Sie bitten, die Folgerungen aus dieser Lage unverzüglich zu ziehen. Ich fühle mich verpflichtet, als Oberbefehlshaber der Heeresgruppe dies klar auszusprechen.

Rommel, Feldmarschall

Original-Texte einiger Flugblätter der Widerstandsbewegung:

Gemeinschaft für Frieden und Aufbau — April 1944
Reichsführung München

Generalmobilmachung!

Die Gemeinschaft für Frieden und Aufbau, geboren aus der Not des Volkes, marschiert. Mutige Männer und Frauen Deutschlands haben sich zusammengeschlossen, um Lüge und Mord der Nazis ein Ende zu bereiten. Wir wollen nicht mehr mit ansehen, wie unsere Soldaten an der Front sich verbluten. Wir dulden nicht mehr, daß Tag und Nacht unsere Heimat von Bombern zertrümmert wird. Wir wollen nicht zusehen, wie unsere Arbeiter in 72 Wochenstunden aufs Letzte ausgebeutet werden. Wir wollen ein gesundes Volk bleiben und nicht Nervenbündel sein. Unsere Lage ist aussichtslos. Der Feind steht an den Ölquellen von Rumänien. Die Invasionsheere stehen zum Einfall bereit. Die feindliche Luftwaffe übt immer stärkere Tag- und Nachtangriffe aus. Die Verluste, die wir ihnen zufügen, sind bedeutungslos. Wir haben keine Vergeltungswaffen! Denn aus zerstörten Fabriken können wir keine Wunder erwarten. Wir kämpfen für den sofortigen Frieden. Wenn unser Volk erst zu Bettlern geworden ist, war alles umsonst.

Wir rufen zum passiven Widerstand auf!

Wir verlangen von Dir nichts anderes, als daß Du denken sollst. Rede nicht sinnlos nach, was Dir von der Regierung oder einzelnen Parteigenossen vorerzählt wird. Du verlängerst damit den Krieg und trägst Schuld am Elend unseres Volkes. Wir klären Dich auf. Versuche unsere Aufklärungsschriften zu bekommen. Folge unseren Anweisungen.

Hilf uns, und Du hilfst Dir!

Du hast Vorstehendes 10mal abzuschreiben und an 10 verschiedene Leute zu versenden. Wir werden Dich nach diesen Namen fragen.

Wenn Du unserer Aufforderung nicht nachgekommen bist, wirst Du aus der Gemeinschaft ausgeschlossen.

Behalte dieses Schreiben für Dich als Ausweis.

DER DAUMEN
Bund der Deutschen

An alle Deutschen!

1. Stalingrad hat Hitler nicht genommen, im Gegenteil, es wurde der Anfang von Hitlers Ende, ein neuer Beweis, daß Hitler lügt.
2. Wir vom Daumen wollen immer und überall Hitlers Lügen und die seiner Oberbonzen darlegen. Darum müssen wir den Auslandssender stets abhören. Versammelt Euch jeden Abend an anderer Stelle und gebt die Meldungen weiter.
3. Versucht Verbindung zu ehemaligen Freimaurern aufzunehmen. Sie sind auf jeden Fall als Mitglieder des Daumens zu werben.
4. Enthaltet Euch aller Vorwürfe gegen Juden, im Gegenteil, weist immer und überall darauf hin, daß Juden auch Menschen sind und genau so unschuldig wie andere Menschen. Merkt Euch die, die gegen Juden hetzen.
5. Wer in der Partei ein Amt hat, behalte dies Amt, versuche aber Unordnung und Schwierigkeiten zu bereiten durch falsche und nachlässige Ausführung der Anordnungen. Versucht möglichst Kassenämter zu erlangen, um Gelder für unsere Zwecke in die Hände zu bekommen.

6. Schreib diesen Aufruf recht oft ab und vernichte das benützte Kohlepapier.

Deutschland muß leben, darum muß Hitler fallen.

DER DAUMEN
Bund der Deutschen
Sitz z. Z. Plauen i.V.

„Offene Worte"
Folge 7

Willst Du weiterleben?

Dann stelle sofort die Arbeit für den Krieg ein!

Jede Stunde weiterer Arbeit dient nur der sinnlosen Verlängerung eines längst verlorenen Krieges.

Deutsche Arbeiter und Bauern! Bedenkt, daß es der Führung seit langem nur noch darum geht, die Galgenfrist für sich zu verlängern und sich selbst in Sicherheit zu bringen. Als Napoleon endgültig geschlagen war, trat er ab, damit sein Volk erhalten blieb. Unsere Führung kümmert nicht das Schicksal des deutschen Volkes; sie wird niemals Schluß machen, weil das das Ende ihrer Herrschaft bedeutet.

Kennt Ihr den Plan der Führung?

Sie will sich mit der Elite der Partei in die Alpenfestung zurückziehen. Dorthin wandern Unmengen von Nahrungsmitteln, die Ihr entbehrt, die Flugzeuge und Kampfmittel, die an den Fronten fehlen. Dort wollen die Nazihelden bleiben, beschützt von SS-Divisionen, Gestapo und HJ, bis der Feind sich aus dem verwüsteten Deutschland wieder zurückgezogen hat, weil er — nach Meinung der Naziführung — in das fürchterliche Chaos keine Ordnung zu bringen vermag!!

Wißt Ihr,

daß die zurückgebliebene Bevölkerung in Breslau und Danzig durch verheerende Seuchen schon jetzt bis zur Hälfte dezimiert ist und daß dieses Schicksal allen deutschen Städten droht?

daß 90% aller Flüge der Lufthansa schon jetzt nach Spanien und Schweden führen, um die flüchtenden Nazibonzen einstweilen in Sicherheit zu bringen, und daß Schnellkurse in Spanisch für die Parteibonzen eingerichtet sind, die sich in Südamerika unter anderem Namen eine neue Existenz gründen wollen?

Dafür also sollt Ihr weiterkämpfen:

um die Nachhut dieser Lumpen zu schützen, die Euch und Eure Familien ins Verderben geführt haben! Laßt Euch nicht weiter betrügen und auspressen!

Stellt sofort die Arbeit ein, meldet Euch krank, so oft Ihr könnt, treibt Sabotage, verzögert die Arbeit, flieht aus den Städten, haltet Euch verborgen, schadet den Nazibanditen, wie und wo Ihr könnt!

Wir wollen nicht die Ausrottung unseres Volkes!

Unser Volk muß weiterleben, statt glorreich unterzugehen für eine Weltanschauung, die die schlimmste Barbarei der Weltgeschichte, die Herrschaft der Minderwertigen und die Verneinung alles Menschlichen verewigen will! Wer die Nazis noch weiter unterstützt, identifiziert sich mit ihnen!

Ein Berliner Flugblatt von 1945:

In zwölfter Stunde haben Männer aller Berufe sich gegen den nationalsozialistischen Wahnsinnsplan, unsere Stadt und unsere Frauen und Kinder einer letzten, nutzlosen und grauenhaften Vernichtung preiszugeben, zu einer

Berliner Widerstandsbewegung

zusammengeschlossen.

Berliner! Helft uns, unsere Heimatstadt zu retten!

Sabotiert die verbrecherischen Befehle der Hitler-Regierung! Werdet Mitkämpfer durch eigene Aktionen und antwortet damit schon jetzt auf die Frage, die jedem von uns — vielleicht schon in Tagen — vorgelegt wird:

Was hast Du getan zur Rettung Berlins?

Anhang II
Zeugnisse der letzten Stunde

Tagebücher, Verse, letzte Briefe

Letzter Brief von Peter Habernoll, als 19jähriger Soldat erschossen:

Ihr Lieben, liebe kleine Mutti!

Ich komme zu wenig aus einem sorglosen, schönen, glücklichen Leben, als daß das Unglück nun restlos niederschmetternd für mich wäre. Es kommt nicht wie ein Blitz aus heiterem Himmel, sondern in ein Leben, das voller Widerstände, voller körperlicher und seelischer Qual für mich war. Ich fürchte den Tod so wie ich Gott fürchte und liebe das Leben, wie man es eben nur als Neunzehnjähriger lieben kann. Aber ich weiß, daß der Tod für mich keine Strafe sein kann.

Es ist schwer, sein Leben nicht mehr verteidigen — nicht mehr darum kämpfen zu können. Das mögt Ihr nun, soweit es irgend möglich ist, tun. Nein, ich bin nicht mehr so hoffnungsfroh, wie ich war, aber ich bin fern der Verzweiflung und ruhig. Und doch: Solange die Sonne mir scheint und ich den Himmel über mir sehe, will ich an das Leben, an mein Leben glauben . . .

Es ist soweit! Ich bin ruhig wie noch nie in meinem Leben und zuversichtlich. Ich wußte es seit Tagen und Wochen, wenn ich es auch vor Euch und mir nicht wahrhaben durfte. Meine Brüder werden das tun, was ich nicht tun konnte — müssen es tun.

Daß ich heute erschossen bin, soll niemandem verheimlicht werden. Überbringt all den Kameraden, die mit mir unter einer Fahne standen, den letzten Gruß. Meinen Körper kann man töten, doch mein Geist wird unter den Kameraden mitmarschieren, wenn einst die Trommel schlägt für eine menschliche Gerechtigkeit. Ich habe gestanden als Mann. Als Kämpfer gehe ich von dieser Welt und reiche all denen die Hand, die für die Sache um die Befreiung Deutschlands und der Arbeiterklasse gefallen sind.

Meine Lieben! Bleibt getrost, wie ich es bin.

Ich küsse und umarme meine kleine Mutti! Peter

Sehr geehrte Frau Habernoll! Berlin-Gatow, den 25. 9. 1944

Ihr Sohn Peter hat es gewünscht, daß ich Ihnen über seinen letzten Gang etwas schreibe.

Er starb sehr gefaßt, tapfer und ruhig. Sie sollen nicht trauern, er sei gern gestorben, so hat er gesprochen. Als ich ihm einige Minuten vorher sagte, das Leben ist ein Jammertal und das eigentliche Leben beginne erst nach dem Tode, sagte er, für ihn wäre das Leben nicht ein Jammertal gewesen. Etwa um 6 Uhr 50 ist er in die Ewigkeit gegangen. 4 Uhr 30 wurde ihm das Urteil vorgelesen. Einige Stunden vor dem Tode verabschiedete ich mich von ihm und sagte ihm leise, er solle beten, da sagte er mir, Gott sei bei ihm. In den Himmel schauend, aufrecht und gefaßt, brach er zusammen. Sein Wunsch war, Sie sollten nicht trauern. Möge er in Gott die Erfüllung seines jungen Lebens finden! Beerdigt ist er gleich darauf in einem Sarge auf dem städtischen Friedhof in Berlin-Spandau. Sein Wunsch war, daß seine sterblichen Überreste seinen Eltern ausgeliefert werden. Man hat dies bereits notiert, wahrscheinlich haben Sie einen diesbezüglichen Antrag gestellt.

Möge Gott ihn in seine ewige Wohnung aufnehmen.

Es grüßt Sie (Unterschrift) Standort-Pfarrer

Letzter Brief des 21jährigen Soldaten Hanno Günther:

Liebe Mutter!

Wenn Du diesen Brief erhältst, lebe ich nicht mehr. Ich hoffe und wünsche von ganzem Herzen, daß Du diese Nachricht ebenso ruhig und gefaßt aufnimmst, wie ich heute mittag die Mitteilung von meiner heute abend zu vollziehenden Hinrichtung entgegennahm. Sei überzeugt, daß ich bis zum letzten Augenblick mich in der Gewalt haben werde, und ich erwarte fest, daß auch Du nicht und niemals verzweifeln wirst, was auch kommen mag. Du schriebst einmal, wir zwei bilden eigentlich eine Einheit, und dies ist auch mein unverbrüchlicher Glaube. Diese Verbundenheit kann nun auf ewig nicht mehr getrennt werden. Bei unverdorbenen Völkern herrscht der schöne Glaube, daß man nach seinem Tode in den Schoß der Mutter zurückkehrt. Dies habe ich, wenn auch in übertragenem Sinne, zu meinem Glauben gemacht. Denn sieh, wenn es eine überirdische Macht gibt, so sind wir doch alle nur Ausdrucksformen Gottes. Mit unserem Tode vereinigen wir uns wieder mit dem Ursprung, der eine früher, der andere später. So sind auch wir von nun ab wieder unzertrennbar vereint. Wir haben alle hier auf Erden eine Aufgabe zu erfüllen, und meine Aufgabe ist nun erfüllt. Ich komme zu Dir zurück.

Dir aber wünsche ich, daß Dir noch in einem recht langen Leben viel Gutes und Schönes beschert werde, daß Du Dir Deinen Lebensmut und Deine Lebensfreude nie rauben läßt und daß Du dereinst genau so ruhig und zuversichtlich den unvermeidbaren Gestaltswechsel vollbringst, wie ich ihn zu vollbringen hoffe.

Herzlichste Grüße an Dich auf immer von Deinem Hanno

Letzter Brief von Hilde Coppi (die gleich ihrem Mann hingerichtet wurde). Sie gebar in der Haft einen Sohn, den man ihr wegnahm.

5. August 1943

Meine liebe Mama, lieber Papa, Kurt und Gerda!

Ich gehe jetzt den Weg, den ich mir wünschte, mit meinem großen Hans zusammen gehen zu können. Aber ich hatte ja erst eine Aufgabe zu erfüllen, unser aller Gemeinsames, unseren kleinen Hans in die ersten Lebensmonate zu leiten. Vielleicht bleibt von dem Stolz und der Freude, mit der ich es tat, und die er mit der Muttermilch zu sich nahm, etwas in ihm haften und aller unser Hoffen und Wünschen für ihn. Ihr werdet ihm Begleiter sein für den Anfang seines Lebens; daß Ihr all Eure Liebe über ihn ausstreuen werdet, weiß ich; ebenso, daß Ihr versuchen werdet, ihm Vater und Mutter nach Möglichkeit zu ersetzen. Um eines aber bitte ich Euch inständigst und bei allem, was Euch lieb und teuer ist: Verlaßt meine Mutter nicht, später nicht, nie — niemals. Sie braucht Eure Liebe, Euren Beistand, Eure Hilfe am nötigsten, bin ich doch tatsächlich ihr ein und alles gewesen. Der kleine Hans wird ihr über vieles hinweghelfen, aber nicht über alles, und Euch wird es ebenso gehen. — Eben erhalte ich noch Eure lieben Briefe, Mutters und Deinen, Mama. Wie freue ich mich, wieviel Freude Ihr jetzt schon an unserem kleinen Sohn habt. Nun nehme ich Euch beide an die Hand, wenn ich die letzten Schritte tue. Dann wird es mir leichter. Für all Eure Liebe und Sorge um uns danken wir Euch, wieviel schöner wäre es gewesen, wenn wir Euch den Kummer hätten ersparen können. Aber es sollte nicht sein. An alle, alle, die uns gern haben, letzte herzliche Grüße. Seid tapfer, haltet den Kopf hoch und werdet, soweit es angeht, glücklich mit unserm kleinen Hans, der einer großen und glücklichen Liebe entsprossen ist. Wir haben uns auch heute noch sehr lieb, und diese Liebe überlassen wir Euch.

Eure Hilde

Auszug aus dem Tagebuch des Paters S. J. Alfred Delp:

Das ist ein eigenartiges Leben jetzt. Man gewöhnt sich so schnell wieder an das Dasein und muß sich das Todesurteil ab und zu gewaltsam in das Bewußtsein zurückrufen. Das ist ja das Besondere bei diesem Tod, daß der Lebenswille ungebrochen und jeder Nerv lebendig ist, bis die feindliche Gewalt alles überwältigt. So daß die gewöhnlichen Vorzeichen und Mahnboten des Todes hier ausbleiben. Eines Tages wird eben die Tür aufgehen, und der gute Wachtmeister wird sagen: „Einpacken, in einer halben Stunde kommt das Auto." Wie wir so oft gehört haben.

Eigentlich hatten wir damit gerechnet, gleich am Donnerstagabend nach Plötzensee gefahren zu werden. Wir sind anscheinend die ersten, bei denen wieder Fristen eingehalten werden. Oder ob es die Gnadengesuche schon waren? Ich glaube nicht: Frank kam gestern auch zurück, obwohl für ihn noch kein Gesuch lief. Daß Frank auch verurteilt würde, hätte niemand gedacht. Aber dort ist alles Subjektivität, nicht einmal amtliche, sondern ganz persönliche Subjektivität. Der Mann (Freisler) ist gescheit, nervös, eitel und anmaßend. Er spielt Theater, und der Gegenspieler muß unterlegen sein.

Ich kam mir bei der ganzen Sache eigentlich recht unbeteiligt vor. Es war wie eine schlechte Pullacher Disputation, nur daß der Defendens dauernd wechselte und der Dauerobjicient auch zugleich entschied, wer recht hat. Die Mitrichter, das „Volk", am Volksgericht waren gewöhnliche, dienstbeflissene Durchschnittsgesichter, die sich in ihrem blauen Anzug sehr feierlich vorkamen und sehr wichtig neben der roten Robe des Herrn Vorsitzenden. Gute, biedere SA-Männer, die die Funktion des Volkes, ja zu sagen, ausüben.

Es ist alles da, es fehlt nichts: feierlicher Einzug, großes Aufgebot der Polizei, jeder hat zwei Mann neben sich: hinter uns das „Publikum": meist Gestapo usw. Die Gesichter der Schupos gutmütig-gewohnt-gewöhnlich. Das Publikum hat durchschnittlich den Typ des „einen" Deutschland. Das „andere" Deutschland ist nicht vertreten oder wird zum Tode verurteilt. Eigentlich fehlte noch eine Ouvertüre zu Beginn und ein Finale zu Ende oder mindestens Fanfaren.

Die Verhandlung selbst war geschickt und raffiniert gestellt. So raffiniert, daß keiner mit dem zu Wort kommen konnte, was den andern entlastete oder ihm selbst von Vorteil war. Es wurde genau das und nur das gefragt und zur Aussage zugelassen, was nach der gerade gültigen These langt zum Verurteilen. Unsere Verhandlung war gestellt auf Moltkes und meine Vernichtung. Alles andere waren Kulissen und Statisten. Als die Verhandlung mit mir eröffnet wurde, spürte ich bei der ersten Frage die Vernichtungsabsicht. Die Fragen waren schön geordnet, auf einem Zettel präpariert. Wehe, wenn die Antworten anders ausfielen als erwartet. Das war dann Scholastik und Jesuitismus. Überhaupt ist das so, daß ein Jesuit mit jedem Atemzug ein Verbrechen tut. Und er kann sagen und beweisen und tun, was er will: er ist eben ein Schuft, und es wird ihm nichts, gar nichts geglaubt.

Die Beschimpfungen von Kirche, Orden, kirchengeschichtlichen Überlieferungen usw. waren schlimm. Ich mußte eigentlich an mich halten, um nicht loszuplatzen. Aber dann wäre die Atmosphäre für alle verdorben gewesen. Diese herrliche Gelegenheit für den großen Schauspieler, den Gegenspieler für einen gescheiten, überragenden, verschlagenen Menschen zu erklären und sich dann so unendlich überlegen zu zeigen. Es war alles fertig, als er anfing. Ich rate allen meinen Mitbrüdern dringend ab, sich dahin zu begeben. Man ist dort kein Mensch, sondern „Objekt". Und dabei alles unter einem inflationistischen Verschleiß juristischer Formen und Phrasen. Kurz zuvor las ich Plato: Das ist das höchste Unrecht, das sich in der Form des Rechts vollzieht.

Am Donnerstagabend war also Schlußsitzung. Wieder alles im gleichen

Stil. Wie Preisverteilung in einer kleinen Schule, die nicht einmal den richtigen Raum dafür hat. Und anschließend dachten Moltke und ich, wir führen nach Plötzensee. Wir sind aber noch immer in Tegel.

Auch bei der Verurteilung war ich innerlich so unbeteiligt wie an den ganzen zwei Tagen. Ich habe die zwei Tage das Sanktissimum bei mir gehabt und vor der Fahrt zum Urteil zelebriert und als letzte Speise die Speise genossen. So wollte ich bereit sein, aber ich bin immer noch am Warten. Ja, und ganz ehrlich gesagt, ich glaube noch nicht an den Galgen. Ich weiß nicht, was das ist. Vielleicht eine große Gnade und Hilfe des väterlichen Gottes, der mich so die Wüste bestehen läßt, ohne in ihr verdursten zu müssen. Während der ganzen Verhandlung, auch als ich merkte, das „Wunder" bleibt aus, war ich weit oben drüber und unberührbar durch alle die Vorgänge und Aussichten. Ist das das Wunder, oder was ist das? Ich bin Gott gegenüber wirklich in einiger Verlegenheit und muß mir darüber klarwerden.

Diese ganzen bitteren Monate der Reife und des Unglücks stehen unter einem ganz eigenartigen Gesetz. Von der ersten Minute an war ich innerlich sicher, es würde alles gutgehen. Gott hat mich in dieser Sicherheit immer wieder bestärkt. Und dies ist das zweite Gesetz, unter dem diese Wochen stehen: Es ging alles schief, was ich unternahm, um mir zu helfen. Ja, nicht nur schief, es war eigentlich immer zum Unheil. So auch jetzt bei der Verhandlung. Der Anwaltswechsel, der zunächst so gut schien, war nicht gut. Als der Mann den Anti-Jesuiten-Komplex spürte, sagte er mir noch während der Verhandlung: Gegen den Jesuitismus sei er allerdings auch. Daß man dem Freisler das Büchlein (Der Mensch und die Geschichte) geschickt hat, hat nur bewirkt, daß er mich für gescheit hielt und für um so gefährlicher.

Ich bitte auch die Freunde, nicht zu trauern, sondern für mich zu beten und mir zu helfen, solange ich der Hilfe bedarf. Und sich nachher darauf zu verlassen, daß ich geopfert wurde, nicht erschlagen. Ich hatte nicht daran gedacht, daß dies mein Weg sein könnte. Alle meine Segel wollten steif vor dem Wind stehen; mein Schiff wollte auf eine große Ausfahrt, die Fahnen und Wimpel sollten stolz und hoch in allen Stürmen gehißt bleiben. Aber vielleicht wären es die falschen Fahnen geworden oder die falsche Richtung oder für das Schiff die falsche Fracht und unechte Beute. Ich weiß es nicht. Ich will mich auch nicht trösten mit einer billigen Herabminderung des Irdischen und des Lebens. Ehrlich und gerade: Ich würde gerne noch weiterleben und gern und jetzt erst recht weiterschaffen und viele neue Worte und Werte verkünden, die ich jetzt erst entdeckt habe. Es ist anders gekommen. Gott halte mich in der Kraft, ihm und seiner Fügung und Zulassung gewachsen zu sein.

Ich bin vielen vieles schuldig geblieben. Denen ich wehe getan habe, sie mögen mir verzeihen. Ich habe gebüßt. Zu denen ich unwahr und unecht war, sie mögen mir verzeihen. Ich habe gebüßt. Zu denen ich anmaßend

und stolz und lieblos war, sie mögen mir verzeihen. Ich habe gebüßt. O ja, in den Kellerstunden, in den Stunden der gefesselten Hände des Körpers und des Geistes, da ist vieles zerbrochen. Da ist vieles ausgebrannt, was nicht würdig und wertig genug war.
So lebt denn wohl. Mein Verbrechen ist, daß ich an Deutschland glaubte auch über eine mögliche Not- und Nachtstunde hinaus. Daß ich an jene simple und anmaßende Drei-Einigkeit des Stolzes und der Gewalt nicht glaubte. Und daß ich dies tat als katholischer Christ und als Jesuit. Das sind die Werte, für die ich hier stehe am äußersten Rande und auf den warten muß, der mich hinunterstößt: Deutschland über das Heute hinaus als immer neu sich gestaltende Wirklichkeit, Christentum und Kirche als die geheime Sehnsucht und die stärkende und heilende Kraft dieses Landes und Volkes — der Orden als die Heimat geprägter Männer, die man haßt, weil man sie nicht versteht und kennt in ihrer freien Gebundenheit oder weil man sie fürchtet als Vorwurf und Frage in der eigenen anmaßenden, pathetischen Unfreiheit.
Ich aber will ehrlich warten auf des Herrgotts Fügung und Führung. Ich werde auf ihn vertrauen, bis ich abgeholt werde. Und ich werde mich bemühen, daß mich auch diese Lösung und Losung nicht klein und verzagt findet.

Der letzte Brief von Nikolaus von Halem an Freiherrn von Guttenberg:

Was mit mir geschehen wird, ist mir gänzlich ungewiß. Das Schlimmste ist so wahrscheinlich wie ein guter Ausgang. Also gilt es wohl dafür bereit zu sein, daß nun bald geschieden werden muß, und ich nun auch zu den Menschen gehören soll, die von Dir, mein Lieber, weggehen, wie Du sagst. Denn ich habe mich Dir immer sehr nahe gefühlt und glaube schon, daß uns mehr verbindet, als wir uns so in der Gelassenheit des Alltags eingestanden. Und gerade jetzt, wo vielleicht die Reihe an mich kommt, kann ich die in Deinen Worten so einfach ausgedrückte, aber durchaus zwiespältige Bitternis des Zurückbleibenden deutlich nachfühlen. Aber glaube mir, auch für den anderen sieht es sehr ähnlich aus. Das Weggehen scheint mir nicht schwer zu sein, aber das Zurücklassen ist furchtbar bitter. So bin ich auch im Hinblick auf mich selbst ganz getrost und unerschüttert, wenn auch auf das Äußerste vorbereitet. Muß ich sterben oder ohne Aussicht auf Rettung in einer Vorform der Unterwelt versinken, so verliere ich nicht mich, wohl aber Euch alle, an denen mein Herz hängt.

Von diesem Ort aus erscheint mir mein Leben als ein wunderlich verschlungener Pfad, der sich aber jetzt ganz ins Ungewisse, Verworrene zu wenden scheint. Aber ich sehe die nächste Biegung mit Ruhe nahen, was sich dahinter auch verbergen mag. Ich glaube, bei Jesaja steht: „Fürchte Dich nicht, denn ich habe Dich erlöset. Ich habe Dich bei Deinem Namen gerufen, Du bist mein!" So gebe auch ich leichten Herzens preis, was diesem Aufruf nicht folgen kann. Aber es ist eine in alle Tiefen dringende

Erfahrung, wenn dieser Vordergrund des Ich so schattenhaft zu werden beginnt. Wie verändert es den Rückblick, wenn plötzlich geraten scheint, in ihm den einzigen Aspekt zu suchen. Über wie vieles kann man nicht mit einem Male ganz fröhlich und sanftmütig lachen, denn ich habe — Gott sei Dank — das Lachen noch nicht verlernt, sondern höchstens in mehreren Lebenslagen die Kraft und Lust dazu neu gewonnen. Dennoch zeigt mir der Rückblick mehr Schatten als Licht. Ich sehe jetzt erst, wie sehr ich mein Leben nur als Reaktion auf Triebe, Nöte und Anwandlungen gelebt habe, und wie wenig ich dabei von der Stelle gekommen, im Sinne höherer Wirklichkeit in Bewegung geraten bin. So geht das Düstere immer wieder von mir selbst, das Helle von anderen Menschen aus. Auch von Dir! Und wenn ich bei aller Skepsis gegenüber meiner Macht, das Unheil zu wenden, doch keineswegs gesonnen bin, mich wehrlos fallen zu lassen, wenn ich im Bewußtsein des mir angetanen schmählichen Unrechts und des eigenen Rechts mit gespannter Aufmerksamkeit und unverminderter Kraft auf jede Gelegenheit spähe, um diese widerliche, würgende Schlinge von meinem Halse abzustreifen, so vor allem aus dem brennenden Wunsch, Ungetanes zu tun, Unerfülltes zu vollenden, auszusprechen, was mir zu diesem Zweck als Gedanke gegeben wurde, und in eine höhere Schicht des Lebens zu wachsen. Denn es ist hart, auf eine so sinnlose Weise unterzugehen, und jeder Anstrengung würdig, nach einem besseren Los zu streben. Ich weiß sehr wohl, daß andere einstweilen so gut wie nichts, ich selbst aber auch nicht viel mehr dafür tun kann. Um so mehr suche ich meine Kraft zu sammeln und für eine Stunde bereitzuhalten, in der es auf mehr ankommt als dulden, aushalten, widerstehen. Aber es würde mich nur schwächen, wenn ich mich inzwischen in Hoffnungen und Aussichten wiegen würde, die auf Hilfe von außen, auf unvorhergesehene Wendungen oder ähnliche Traumgebilde gegründet sind. Schon viele Menschen sind unschuldig umgebracht worden, und diese Zeit macht ja die Beiläufigkeit eines einzelnen Schicksals besonders deutlich.

Ich habe in den Augenblicken größter Schmerzen und Schwäche die wohltuende und beruhigende Erfahrung gemacht, daß ich meine seelische Kraft nicht einbüße. Das nimmt mancher trüben Aussicht den Stachel und gibt für die unablässige Drohung, die in jedem neuen Tage, ja in jeder nächsten Minute liegt, Mut, Ruhe und Zuversicht.

Ich denke an Euch alle mit der größten Herzlichkeit. Jedes fröhliche Lachen klingt mir noch im Ohr, jedes ernste Wort geht mir durch den Kopf, jeder gute Rat, jeder Blick, alle Freundlichkeit sind mir gegenwärtig und deutlich, sie umgeben mich wie ein Panzer gegen tausend Widrigkeiten. Ich will Dir heute für das Geschenk Deiner Freundschaft und die vielen guten Stunden danken, die wir in ihr miteinander verlebt haben. Aus ihnen erwuchs, wie nicht aus vielen anderen Dingen, zu ihrem Teil der Reichtum meines Lebens.

Lebe wohl, mein Lieber!

Ein Held und Dulder zugleich hat diesen Abschiedsbrief geschrieben, kurz bevor der zum Todesurteil gefälschte Mordbefehl gegen ihn erlassen wurde. Sein Name ist Nikolaus Christoph von Halem. Er wird hier genannt, weil es an der Zeit ist, daß Deutschland die Namen seiner wirklichen Helden erfährt. Keiner von ihnen darf vergessen werden. Denn ob sie auch gescheitert sind, ob man sie hängte oder erschlug, in ihnen liegt etwas von dem letzten und unvergänglichen Reichtum, der auch dem ärmsten Deutschland nicht genommen werden kann. (Der Brief wurde zitiert nach dem Buch „Von der inneren Front", von dessen Autor, Ernst Friedländer, auch der angefügte Kommentar stammt.)

Der Schauspieler Joachim Gottschalk war mit einer jüdischen Schauspielerin verheiratet. Vom Propagandaministerium wurde ihm nahegelegt, sich von seiner Frau scheiden zu lassen, die für die Deportation vorgesehen war. Er schied gemeinsam mit ihr am 6. Dezember 1941 im Alter von 37 Jahren aus dem Leben.
Sein letzter Brief lautet:

„Liebe Maurers!
Für Sie ist es schwer — für Euch beide — laßt mich das in dieser Stunde sagen, das ‚Du'. Lest die letzten Briefe von Kleist, dann wißt Ihr, wie uns ums Herz ist.
Lebt glücklich, seid bedankt und gegrüßt über Raum und Zeit

von Eurem Gottschalk."

Abschiedsbrief von Arvid Harnack:

22. XII. 1942

Meine Lieben —
In den nächsten Stunden scheide ich aus dem Leben. Ich möchte Euch noch einmal für alle Liebe danken, die Ihr mir erwiesen habt, gerade auch in der letzten Zeit. Der Gedanke an sie hat mir alles Schwere leicht gemacht. So bin ich ruhig und glücklich. Auch denke ich an die gewaltige Natur, mit der ich mich so verbunden fühle. Heute morgen habe ich laut vor mir hergesagt: „Die Sonne tönt nach alter Weise ..." Vor allem aber denke ich daran, daß die Menschheit sich im Aufstieg befindet. Das sind die drei Wurzeln meiner Kraft.

Eine besondere Freude war mir zu erfahren, daß es in der nächsten Familie voraussichtlich bald eine Verlobung gibt. Ich möchte gerne, daß mein Siegelring, der von meinem Vater stammt, an F. fällt. Seinen Siegelring kann dann L. erhalten. Der Siegelring wird Euch mit meinen Sachen zugehen.
Heute abend werde ich noch eine kleine Vorweihnachtsfeier veranstalten, indem ich mir die Weihnachtsgeschichte vorlese. Und dann kommt der Moment des Scheidens.

Gerne hätte ich Euch alle noch einmal gesehen, aber das geht nun leider nicht. Meine Gedanken sind aber bei Euch allen, und ich vergesse dabei keinen, das muß jeder fühlen, besonders Mutter.

Seid alle noch einmal umarmt und geküßt von Euerm Arvid

Weihnachten müßt Ihr richtig feiern. Das ist mein letzter Wille. Singt dann auch: „Ich bete an die Macht der Liebe."

Mildred Harnack, geborene Amerikanerin, übersetzte in der Zelle vor ihrer Hinrichtung Goethe-Verse ins Englische:

Wandrers Nachtlied

Thou that cometh from on high
Stilling suffering and pain,
Whom despair is doubly nigh
Doubly quickening like rain,
Ah, I long for pain to cease
And for joy to give me rest!
Lovely peace,
Come, ah come into my breast!

Der du von dem Himmel bist,
Alles Leid und Schmerzen stillest,
Den, der doppelt elend ist,
Doppelt mit Erquickung füllest,
Ach, ich bin des Treibens müde!
Was soll all der Schmerz und Lust?
Süßer Friede,
Komm, ach komm in meine Brust!

Ein Gleiches

Every bough
Is at rest
Now.
Every crest
Is in stillness deep.
The birds are still,
Wait, for you will
Also sleep.

Über allen Gipfeln
Ist Ruh,
In allen Wipfeln
Spürest du
Kaum einen Hauch;
Die Vögelein schweigen im Walde.
Warte nur, balde
Ruhest du auch.

Aus einem Briefe an Auguste zu Stolberg:

All is given by the Gods, the unending Ones,
To those, whom they love — They withhold nothing.
All joys, unendingly,
All pain, unendingly — They withhold nothing.

Alles geben die Götter, die unendlichen,
Ihren Lieblingen ganz,
Alle Freuden, die unendlichen,
Alle Schmerzen, die unendlichen, ganz.

Wär nicht das Auge sonnenhaft...

The eye, were it not sunlike,
Could never behold the sun.
Could one delight the godlike,
The God's strength not in one?

Wär nicht das Auge sonnenhaft,
Die Sonne könnt' es nie erblicken;
Läg' nicht in uns des Gottes eigne
[Kraft,
Wie könnt' uns Göttliches entzücken?

Erich Knauf, der am 2. Mai 1944 in Brandenburg hingerichtete Schriftsteller, schrieb an seinem letzten Tag:

Meine über alles geliebte Frau!

Gern hätte ich Dich noch einmal gesehen. Deine Stimme gehört, Dich zum Abschied geküßt. Es soll nicht sein. Und so bleibt mir nur, Dir zu schreiben, wie dankbar ich Dir für alles bin, was Du mir gegeben hast. Es waren zwölf wundervolle Jahre an Deiner Seite. Oft schwere Jahre für uns beide. Du hast es nicht verdient, daß Du nun das Schwerste durchmachen mußt. Ich bitte Dich, erhalte Dich dem Leben. Du bist so lieb und gut. Werde wieder glücklich. Verschenke nur Dein großes herrliches Herz nicht so leicht. Werde recht glücklich. Ich bin bis zum letzten Augenblick gefaßt.

Herzliche Grüße an alle meine Geschwister, Verwandten und Freunde. Behalte mich in lieber Erinnerung. Bis zum letzten Herzschlag bin ich, Deinen Namen auf den Lippen, Dein Dir dankbarer, Dich im Geiste beschützender

Erich

Walter Klingenbeck, 19 Jahre alt, als er hingerichtet wurde, eben erst Student geworden, hatte sich mit einigen gleichgesinnten Freunden zusammengetan, die gleich ihm erbittert waren über die Auflösung der katholischen Vereine. Sie alle stammten aus der katholischen Jugendbewegung. Sie hatten einen eigenen Sender mit viel Mühe aufgebaut, wurden entdeckt und verhaftet, kaum daß sie ihn in Betrieb genommen hatten. Einem seiner begnadigten Kameraden schrieb er folgende Abschiedsworte:

München-Stadelheim, den 5. August 1943

Lieber Jonny! Vorhin habe ich von Deiner Begnadigung erfahren. Gratuliere! Mein Gesuch ist allerdings abgelehnt. Ergo geht's dahin. Nimm's net tragisch. Du bist ja durch. Das ist schon viel wert. Ich habe soeben die Sakramente empfangen und bin jetzt ganz gefaßt. Wenn Du etwas für mich tun willst, bete ein paar Vaterunser.

Lebe wohl

Walter

Gertrud Seele, Krankenschwester, 27 Jahre alt:

Meine liebe kleine Tochter Michaela!

Heute muß Deine Mutti sterben. Ich habe nur zwei große Bitten an Dich, kleines Dirnlein. Du mußt ein braver und tüchtiger Mensch werden und den Großeltern viel Freude machen. Meine besten Wünsche gebe ich Dir mit auf Deinen Lebensweg und bitte Dich, mich lieb zu behalten und nicht zu vergessen. Ich weine innerlich heiße Tränen um Dich und die Eltern. Lebe wohl, geliebtes kleines Töchterchen. In Gedanken umarme und küsse ich Dich.

Deine verzweifelte Mutti

Letzter Brief von Harro Schulze-Boysen:

Plötzensee, 22. 12. 1942

Liebe Eltern!

Es ist nun soweit. In wenigen Stunden werde ich aus diesem Ich aussteigen. Ich bin vollkommen ruhig, und ich bitte Euch, es auch zu sein und es gefaßt aufzunehmen. Es geht heute auf der Welt um so wichtige Dinge, da ist ein Menschenleben, das erlischt, nicht sehr viel.

Was gewesen ist, was ich getan habe — davon will ich nicht mehr schreiben. Alles, was ich tat, tat ich aus meinem Kopf, meinem Herzen und meiner Überzeugung heraus, und in diesem Rahmen müßt Ihr als meine Eltern das Beste annehmen. Darum bitte ich Euch. — Dieser Tod paßt zu mir. Irgendwie habe ich immer um ihn gewußt. Es ist sozusagen mein eigener Tod, wie es einmal bei Rilke heißt. Das Herz wird mir schwer, wenn ich an Euch Lieben denke. Euch trifft Verlust und Schande zugleich, und das habt Ihr nicht verdient. Ich hoffe nicht nur, ich glaube, daß die Zeit Euer Leid lindern wird. Ich bin nur ein Vorläufer gewesen in meinem teilweise noch unklaren Drängen und Wollen. Glaubt mit mir an die gerechte Zeit, die alles reifen läßt.

Ich denke an Vaters letzten Blick bis zuletzt. — Ich denke an die Weihnachtsträne meiner lieben kleinen Mutter. Es bedurfte dieser letzten Monate, um Euch so nahe zu kommen. Ich habe ganz heimgefunden nach so viel Sturm und Drang, nach so viel Euch fremd anmutenden Wegen.

Wenn Ihr hier wäret, unsichtbar seid Ihr's, Ihr würdet mich lachen sehen angesichts des Todes. Ich habe ihn längst überwunden. In Europa ist es nun einmal üblich, daß geistig gesät wird mit Blut. Mag sein, daß wir nur ein paar Narren waren, aber so kurz vor Toresschluß hat man wohl das Recht auf ein bißchen ganz persönliche Illusion.

Ja, und nun gebe ich Euch allen die Hand und setze nachher eine (eine einzige) Träne hierher als Siegel und Pfand meiner Liebe.

Euer Harro

Professor Kurt Huber aus München:

Ihr Liebsten!

Weint nicht um mich — ich bin glücklich und geborgen. Die Alpenrosen, Euer letzter lieber Gruß aus den geliebten Bergen, stehen verblüht vor mir. Ich gehe in zwei Stunden in die wahre Bergfreiheit ein, um die ich ein Leben gekämpft habe . . .

Geliebte! Noch eine kleine Stunde! Mein letzter Wunsch!

Herr, o Herr, ich bin bereit,
Reis' an Deiner Freundeshand
Fröhlich in die Ewigkeit!
Segne unser deutsches Land,
Segne Frau und Kinder mein
Tröste sie in aller Pein,
Schenk den Liebsten Du hienieden
Deiner Liebe Gottesfrieden!

Es segne Euch der allmächtige Gott und nehme Euch in seinen Schutz!

Euer Euch liebender Vater

Liebste! Einen letzten tapferen Schluck des edlen Portweins trinke ich auf Euer Wohl und das Wohl unseres geliebten Vaterlandes!

Dr. Max J. Metzger (Generalleiter der Christkönigsschwestern):

Auszug aus seinen Briefen an die Christkönigsschwestern.

. . . Ich habe in diesen Tagen viel betrachtet über den Heiligen Geist. „Pneuma" nennt ihn die Schrift, d. h. eigentlich Hauch, Odem, auch Wind! Es ist der warme Lebensodem, der aus dem Innersten Gottes kommt. Man kann dafür auch „die strömende Liebe" sagen. Dieser Lebenshauch Gottes erfüllt das All. In ihm leben wir und bewegen wir uns. Durch ihn werden wir auch untereinander verbunden.

Es war mir anfangs schwer, die Luft der so gemischten Gemeinschaft zu atmen, aber es ist mir zum Bewußtsein gekommen, daß gerade das etwas von der Liebesgemeinschaft ist, die wir doch von Christus her besonders anstreben. Im Hauch, in dem wir alle von unserem Lebensinnersten etwas nach außen geben, verbinden wir uns, ob wir wollen oder nicht, miteinander — alle, die die gleiche Luft atmen. So ist Gottes Wille, daß wir durch das wechselseitige Ein- und Ausatmen der gleichen Luft gleichsam ineinander übergehen.

Gemeinschaft pflegen! Seit ich mir das zum Bewußtsein gebracht habe, stehe ich mit einer gewissen Freude, trotz natürlicher Hemmungen, in dieser Gemeinschaftsverbundenheit.

Trotzdem habe ich noch nie im Leben es so empfunden wie hier, wie vereinsamt wir gläubigen Christen doch eigentlich in dieser Welt stehen.

Wenn ich an meine Umgebung denke, dann komme ich mir vor wie ein weltfremder Idealist und Träumer, der in einer anderen Welt lebt. Darum ist es gut, daß man diese wirkliche Welt erlebt und sich nicht verkapselt in einem Isolierraum (unsere Gemeinschaft könnte einem als solcher vorkommen im Vergleich mit der Umgebung, in der ich augenblicklich lebe). Wenn ich so von meiner Umgebung spreche, so denke ich dabei z. B. nicht zuletzt an den Vorsitzenden des deutschen Freidenkerverbandes, der bis vor ein paar Tagen mein Bettnachbar war. Nein! Trotz der weltanschaulichen Kluft, die uns trennte, standen wir uns doch in gegenseitiger Achtung näher als andere. Ich fand in ihm einen Charakter, der vornehm und gerecht urteilte und gute Kameradschaft pflegte. Ich möchte meinen, in ihm wirkt unbewußt etwas weiter von christlicher Erziehung vieler Jahrhunderte. Ja, ich möchte irgendwie einen solchen Menschen eher zur Gemeinde Christi rechnen als so viele Getaufte, deren Seele unberührt geblieben ist vom heiligen „Pneuma" Christi. Ich habe nicht das Recht, über das jenseitige Schicksal eines Menschen zu urteilen. Jedenfalls aber ist es mein Glaube, daß „verloren" im eigentlichen Sinne und zur Hölle bestimmt nur ist, wer wider seine Gewissensüberzeugung stand. Wie viele Christen sind da freilich schlechter daran als die Heiden . . .

Nun ist es also geschehen! Ich bin ruhig! Ich habe Gott mein Leben angeboten für den Frieden der Welt und die Einheit der Kirche, er hat es angenommen. Seit Freitag bin ich nun in Brandenburg/Görden. Es ist die letzte Station. Etwas schwerer, aber ich kämpfe halt wieder aufs neue. Was für Gedanken macht man sich in meiner Lage. Es ist gut so, daß man hoch oben wohnt, da ist man dem Himmel nahe. Ob ich ihm nahe bin? Möchte der Herr mir bis zuletzt die Gnade der Treue schenken, trotzdem das Herz — was für ein lebensfrohes, lebenshungriges — natürlich gegen den geistlichen Willen aufbegehrend . . . Aber ich will mich keinen trüben Gedanken ergeben. Sie ergeben sich nur zu leicht, wenn man in Fesseln sein und damit auch schreiben muß. Es ist nicht einfach, auch wenn man im Glauben „ja" sagt . . . Ich glaube ja auch, doch muß ich manchmal dazu sagen: Herr, hilf meinem Unglauben.

Zur Zeit lese ich „Die Dämonen" von Dostojewski. Es ist zwar diese Welt mir etwas fremd, aber wieviel Zeitgemäßes läßt sich aus ihm immer lernen. Amüsiert hat mich der Ausdruck „Beamten-Ekstase", den ich gestern bei ihm las. Ich mußte an viele persönliche Erlebnisse denken und mußte schmunzeln. Schmunzeln ist auch eine Gnade, von der leider die Theologen nichts schreiben . . .

Und nun bitte ich Euch, versucht Ihr mich zu verstehen. Es ist mir leid, daß ich Euch Not und Sorgen bereitet habe. Aber ich tröste mich damit, daß ich nach bestem Gewissen meinem Volk und Vaterland zu dienen suchte. Spätere Zeiten werden mich gerechter beurteilen. Es war ja immer mein Verhängnis, daß ich der Zeit etwas voraus war und daher nicht verstanden werden konnte. Es kann aber niemand seinen Auftrag verleugnen!

Wir alle haben ja solidarische Menschheitsschuld zu sühnen durch das Leid, das heute alle betrifft. Wir wollen darum tapfer und bereit unser Maß auf uns nehmen.

Der Friede des Herrn sei überreich mit Euch allen

Br. Paulus

Absender:
(Name u. Gefangenenbuch-Nr.)
Wilhelm Thews
2041/41
Aktenzeichen: 10 J 62/42 Volksgerichtshof

Berlin-Plötzensee, den 8. Februar 43
Gefängnis III
Station 7

Mein letzter Wille!

Mein letzter Tag neigt sich dem Ende zu, und so heißt es scheiden. Scheiden von Euch, die Ihr mir so lieb waret, scheiden vom Leben, vom Kampf, den ich über alles stellte, und von Euch Kameraden, die Ihr mir zur Seite standet. Und wenn ich jetzt am Ende zurückblicke auf die Zeit — auf unsere Zeit —, so stelle ich glücklich und zufrieden fest, daß dieses Leben schön und wert gewesen war, gelebt zu werden. Das Glück hat mich immer reich beschenkt. Mit einer herrlichen Jugend und einem friedlichen, vorbildlichen Elternhaus. Das danke ich Euch, Vater und Mutting! Sonnentage waren die Zeit, da wir Jungens wanderten oder später auf der Havel segelten. Ich danke Euch allen, Freunde in aller Welt, die Ihr mir in schönen wie in schweren Zeiten Lebensgefährten gewesen seid . . .

Und immer wieder hat das Leben mich vor Aufgaben gestellt und mich wählen lassen zwischen Kampf oder Verzicht. Wir haben das Leben nie verachtet; niemand, glaube ich, liebte die Sonne mehr als wir! Aber um des höheren Zieles willen haben wir es an die zweite Stelle gesetzt und an die erste den Kampf! Den Kampf unserer Zeit mit all seiner Brutalität und Gemeinheit, mit seinem Haß und seinem Grauen und mit der Gewißheit, daß am Ende unserer wartet das Zuchthaus, die Kugel oder das Beil. Und wenn ich jetzt am Ende meinen Blick nach vorne richte, so weitet sich meine Brust, denn ich sehe vor mir Eure strahlende neue Welt, für die wir gekämpft haben. Ich sehe vor mir Eure Zeit, die frei von Haß und voll von Liebe ist, in der die Sonne ohne Unterlaß scheint. Ein weites Feld voll Arbeit, ein schöner Frühlingsmorgen der Völker bricht an. Der Jahrtausende alte Traum der Menschheit wird zur Wirklichkeit — „Friede auf Erden und den Menschen ein Wohlgefallen". Nicht mehr das Gebet um unser täglich Brot wird Euch belasten, und Euer Kampf wird die ehrenvolle Arbeit sein, die uns Menschen zu den wahren Höhen dieser Erde führen wird. Ihr werdet kühn die Sterne vom Himmel holen, deren Glanz wir nur ahnten und deren schwacher Schein doch schon unser Leben vergoldet. Unsere Zeit wird Euch einmal ferner und fremder sein als uns die Pyramiden des alten Ägypten. Aber eins wird uns und Euch durch alle Zeit verbinden: die Freude am Leben!

„Freude, schöner Götterfunken . . . !" Darum sollt Ihr auch nicht an diesem letzten meiner Tage trauern; diese Welt, die ich hinter mir lasse, ist es nicht wert. Ihr sollt diesen Tag zu einem Fest der Freude machen in dem Bewußtsein, daß ich diesen letzten Gang mit einem freudigen Lachen geschritten bin, weil ich weiß, daß wir das Maß unserer Zeit nur füllen, damit uns der Morgen gehöre.

Ex oriente lux! — In diesem Geist sollt Ihr immer an mich denken. So laßt mir einen Platz in Eurem Herzen, damit ich in Euch weiterlebe! Das ist mein letzter Wille!

„Seid umschlungen Millionen!
Diesen Kuß der ganzen Welt!"

Euer Wilhelm

Letzter Brief einer unbekannten Jüdin:

26. April 1943

Ich lebe noch immer und will Euch noch schildern, was vom 7. bis zum heutigen Tag geschehen ist. Also es heißt, daß alle jetzt an die Reihe kommen. Galizien soll vollständig judenfrei gemacht werden. Vor allem soll das Getto bis zum 1. Mai liquidiert sein. In den letzten Tagen sind wieder Tausende erschossen worden. Bei uns im Lager war Sammelpunkt. Dort wurden die Menschenopfer sortiert. In Petrikow schaut es so aus: Vor dem Grabe wird man ganz nackt entkleidet, muß niederknien und wartet auf den Schuß. Angestellt stehen die Opfer und warten, bis sie dran sind. Dabei müssen sie die ersten, die Erschossenen, in den Gräbern sortieren, damit der Platz gut ausgenutzt und Ordnung ist. Die ganze Prozedur dauert nicht lange. In einer halben Stunde sind die Kleider der Erschossenen wieder im Lager. Nach den Aktionen hat der Judenrat eine Rechnung von 30 000 Zloty für verbrauchte Kugeln bekommen, die zu bezahlen waren . . . Warum können wir nicht schreien, warum können wir uns nicht wehren? Wie kann man so viel unschuldiges Blut fließen sehen und sagt nichts, tut nichts und wartet selber auf den gleichen Tod? So elend, so erbarmungslos müssen wir zugrunde gehen. Glaubt Ihr, wir wollen so enden, so sterben? Nein! Nein! Wir wollen nicht! Trotz aller dieser Erlebnisse. Der Selbsterhaltungstrieb ist jetzt oft größer, der Wille zum Leben stärker geworden, je näher der Tod ist. Es ist nicht zu begreifen.

Meine Lieben! David liegt auf dem jüdischen Friedhof. Wo Muttchen liegt, weiß ich nicht, sie wurde nach Balaec verschleppt. Wo ich begraben sein werde, weiß ich nicht. Wenn Ihr vielleicht nach dem Kriege hinkommt, dann werdet Ihr bei Bekannten erfahren, wo die Transporte aus dem Lager hingebracht wurden. Es ist nicht leicht, Abschied für immer zu nehmen. Lebt wohl, lebt wohl . . .

Cato Bontjes van Beeck, eine 22jährige Keramikerin:

2. 3. 43

Meine liebste Mama,

jetzt sind es schon 6 Wochen her seit dem Urteil, und ich lebe immer noch. Hätte man mich in den ersten Tagen geholt, wäre ich willig gegangen, aber nun ist der große Lebenswille mit Macht wieder in mir ausgebrochen, und fast kann ich es mir nicht mehr vorstellen, daß es morgen, übermorgen oder in ein paar Wochen vielleicht doch aus sein soll. Jetzt sind meine Gedanken so viel hier auf dem Boden, und mit Spannung verfolgen wir die Geschehen der Welt, und alles ist von einer großen Hoffnung beseelt. Vielleicht haben wir alle Glück; sei es nun durch Gnadengesuche oder sonstige Anlässe. Du wirst wissen, daß das Urteil am 18. Januar gefällt wurde. Mit welchen Hoffnungen bin ich zur Verhandlung gegangen! Heinz war der erste, der vernommen wurde, und dann kam ich. Es war so aufregend und anstrengend, während der ganzen übrigen Verhandlung dabei zu sein — wir waren vier Frauen und fünf Männer. Heinz und ich kannten nur einen Mann flüchtig, und wir beide bildeten einen Komplex für uns, da wir mit den anderen nichts zu tun hatten.

Als ich am Abend des ersten Verhandlungstages in meiner Zelle war, wußte ich, daß es viel ernster ist, als ich angenommen hatte, und ich schätzte, daß der Oberst-Kriegsgerichtsrat — der als Staatsanwalt fungierte — vielleicht 10 bis 15 Jahre beantragen würde für mich und daß das Gericht mir 5 bis 8 Jahre geben würde. Ich glaubte sehr, sehr hoch zu schätzen, und Du kannst Dir die Überraschung vorstellen, als der Ankläger für uns alle — außer einem 18jährigen Mädchen — die Todesstrafe beantragte. Wir waren alles ganz junge Menschen, ein 19jähriges Mädchen im 7. Monat schwanger, ihr 21jähriger Mann, ein 19jähriger Student, ich 22 Jahre knapp, das andere Mädchen war 26 und ihr Freund, ein Professor für Sprachwissenschaft von der Universität in Marburg, 40 Jahre, und Heinz 27 Jahre.

Wunderbar waren die Schlußworte jedes einzelnen, wir waren alle zutiefst erschüttert.

Letzte Notizen des Bildhauers Kurt Schumacher:

Von Beruf bin ich Bildhauer, Holzschnitzer. Riemenschneider, Veit Stoß, Jörg Ratgeb waren meine großen Kollegen, vor denen ich mich voll Demut im Dunkeln beuge. Sie starben an der Seite der Bauernrevolutionäre, im Kampfe gegen Fürsten und Kirche, gegen die Reaktion. Sie konnten nicht blind mit ansehen, wie die Bauern unter der Fron zugrunde zu gehen drohten. Ihr Herz zwang sie auf die Seite der Aufständischen gegen eine Reaktion, welche die Zeit zu ihren Gunsten festhalten wollte.

Deshalb sind ihre Kunstwerke auch so unendlich schön, weil sie in der Zeit standen. Denn nur die Werke der Künstler haben Weltgeltung, sind unsterblich, die im gesellschaftlichen Geschehen und seinen Konflikten standen und stehen, die eine kleine Welt in einer größeren Welt darstellen. Warum führte ich nicht ein zurückgezogenes Künstlerleben, abseits aller Politik? Weil dann eben diese Kunst nur eine kleine Geltung gehabt hätte und nicht unsterblich lebendig gewesen wäre. So sterbe ich lieber, als daß ich das belanglose Leben der vielen, allzuvielen gelebt hätte. Es war wenigstens ein großes Ziel. Da außerdem das Dritte Reich nur seiner Kunst den Weg freigab, der Kunst einer politisch zum Untergang verurteilten Sache, war es zwangsläufig für mich, meine künstlerische Freiheit im politischen Kampf gegen ein nicht lebensfähiges chaotisches System zu erkämpfen, getreu den mittelalterlichen Vorgängern.

Kann je ein Mensch das Maß an Schmerzen, Kummer, Not, Elend und Verzweiflung ermessen, das all die Armen zu erdulden haben, weil sie an eine friedliche Gemeinschaft der Völker glauben, die mit ihrer Hände Arbeit ein menschenwürdiges Dasein schaffen können, jenseits der Barbarei des Krieges, mit den ungeheuren technischen und organisatorischen Mitteln der Neuzeit großen Wohlstand erreichend, der Friede bedeutet. Ich war nicht genügend stumpfsinnig und hatte ein zu fühlendes Herz, um nicht auch mitbestrebt zu sein, das zu erringen. Deshalb bin ich hier.

Der Mensch unterscheidet sich vom Tier dadurch, daß er denken und danach handeln kann mit eigenem Wollen. Furchtbar das Los einer menschlichen Hammelherde, die zur Schlachtbank gejagt wird, und weiß nicht wofür.

Gefesselt, unter fast ständiger Beobachtung geschrieben.

Ich weiß, daß meine, unsere Weltanschauung siegt, wenn auch wir, die kleine Vorhut, fallen. Wir hätten gern dem deutschen Volk das Härteste erspart. Unsere kleine Schar hat aufrecht und tapfer gekämpft. Wir konnten nicht feige sein.

Kurt Schumacher

Letzter Brief des 21jährigen Studenten Horst Heilmann:

Meine lieben Eltern!

Noch einen Abschiedsbrief in der letzten Stunde. Seit kurzer Zeit weiß ich, daß ich den Abend nicht überleben werde. Die letzten Zeilen und die allerletzten Gedanken und Wünsche gelten Euch. Ich habe ganz und gar abgeschlossen und bin nur noch in Sorge um den Schmerz, den ich Euch gerade vor Weihnachten bereiten muß. Wenn ich wüßte, daß Ihr mir verzeihen könnt und vielleicht sogar ein wenig stolz auf mich seid, würde ich vollkommen glücklich sterben.

Ich sehe nichts Tragisches in meinem Ende. Die ganze Entwicklung ist so schicksalhaft verlaufen, sie hing so völlig an Zufälligkeiten und Kleinigkeiten, daß ich sie gar nicht anders als naturhaft über Euch und mich verhängt ansehen kann. Ich habe den erhabenen Trost, daß es nicht schlecht enden kann, weil wir den Zusammenhang des Ganzen nicht kennen.

Mein Leben ist so schön gewesen, daß ich die Einheit der göttlichen Harmonie auch durch meinen Tod hindurchklingen höre. Ich habe den Antrag gestellt, meine Leiche auszuliefern, und ich möchte gern mit meinen Freunden bestattet werden.

Für alles Liebe und Gute bin ich Euch so dankbar. Behaltet mich in der Erinnerung lieb, so lieb, wie ich Euch immer gehabt habe.

Ich sterbe stark und sicher. In Liebe Euer Horst

Georg Schröder, Elektroschweißer aus Berlin:

Meine Lieben alle zusammen!

Dies ist der letzte Brief, den ich Euch schreibe. Der Justizminister hat alle Gnadengesuche abgelehnt. Ich habe die Überzeugung, daß ich mein Schicksal unschuldig erleide, deshalb gehe ich dem Ende gefaßt entgegen. Ich habe nur für Euch gestrebt und das Wohl der Menschheit gewollt.

Euch vor allem eins: Lernt, lernt, lernt! Wissen ist Macht und bewahrt Euch davor, charakterlose Menschen zu werden.

Herzliche Grüße und Küsse fürs ganze Leben. Euer Papa

Dietrich Bonhoeffer:

Von guten Mächten

Von guten Mächten treu und still umgeben,
behütet und getröstet wunderbar,
so will ich diese Tage mit euch leben
und mit euch gehen in ein neues Jahr.

Noch will das alte unsre Herzen quälen,
noch drückt uns böser Tage schwere Last.
Ach, Herr, gib unsern aufgescheuchten Seelen
das Heil, für das du uns bereitet hast.

Und reichst du uns den schweren Kelch, den bittern
des Leids, gefüllt bis an den höchsten Rand,
so nehmen wir ihn dankbar ohne Zittern
aus deiner guten und geliebten Hand.

Doch willst du uns noch einmal Freude schenken
an dieser Welt und ihrer Sonne Glanz,
dann wolln wir des Vergangenen gedenken,
und dann gehört dir unser Leben ganz.

Laß warm und still die Kerzen heute flammen,
die du in unsre Dunkelheit gebracht,
führ, wenn es sein kann, wieder uns zusammen.
Wir wissen es, dein Licht scheint in der Nacht.

Wenn sich die Stille nun tief um uns breitet,
so laß uns hören jenen vollen Klang
der Welt, die unsichtbar sich um uns weitet,
all deiner Kinder hohen Lobgesang.

Von guten Mächten wunderbar geborgen,
erwarten wir getrost, was kommen mag.
Gott ist mit uns am Abend und am Morgen
und ganz gewiß an jedem neuen Teug.

Der letzte Brief von Kaplan Herbert Simoleit:

Halle, 13. 11. 1944

Meinen Lieben alle! Ganz weit breite ich meine Hände über Euch alle und sende Euch aus meinem priesterlichen Amte meinen priesterlichen Segen: „Im Namen des Vaters und des Sohnes und des Heiligen Geistes. Amen." In dieser Stunde schließe ich Euch alle, unsere heilige Kirche und mein geliebtes Vaterland, in meinen Segen ein, daß Frieden und Segen und Glück überall herrsche. Wie freute ich mich, als man mir sagte: Jetzt gehen wir in das Haus des Herrn! Auf Wiedersehen in Gott!

Euer alle herzlich liebender Sohn und Bruder

Herbert

Adam Kuckhoff, Schriftsteller:

Für Ule!

Mein lieber Sohn, du großes, spätes Glück,
so lasse ich dich vaterlos zurück?
Ein ganzes Volk — nein, das ist viel zu klein,
das Menschenvolk wird dir dein Vater sein!

(Unmittelbar vor dem Gang zur Richtstätte geschrieben.)

Letzter Brief des Bauern Josef Hufnagel aus Dünschede:

Meine Lieben!

Mein letzter Brief, den ich Euch schreibe. Das Gnadengesuch ist abgelehnt worden. Ich werde um 15 Uhr hingerichtet. Also lebt wohl, und in der Ewigkeit sehen wir uns wieder.

Haltet den Kopf hoch. Mein Leben ist nun zu Ende. Es sind heute wieder viele, die sterben müssen. Die schwarzen Wagen kommen, die holen uns als Leichen ab. Wir werden verbrannt hier.

In einer Stunde bin ich tot. Trauert nicht zu viel um mich.

Nochmals viele herzliche Grüße sendet Euch allen

Josef

Der letzte Brief von Bernhard Lichtenberg:

Gefangenenbuch-Nr. 717
Strafgefängnis Tegel in Berlin

Berlin-Tegel, den 27. September 1943

Gelobt sei Jesus Christus in Ewigkeit. Amen.

Ehrwürdige Schwester Oberin!

Der liebe Gott hat mich zum drittenmal ins Lazarett des Gefängnisses geschickt. So muß ich meinen wahrscheinlich letzten Gefängnisbrief im Bett schreiben. Wenn ich von hier aus die letzten zwei Jahre überblicke, so will und muß ich Gott aus ganzer Seele danken, auch allen, die Seinen heiligen Willen an mir zur Ausführung brachten. Es ist mein fester Entschluß, die Exerzitienvorsätze mit Gottes Hilfe zur Ausführung zu bringen, die ich vor Ihm nach den dreißigtägigen Exerzitien gefaßt habe, nämlich: Ich will alles, was mir widerfährt, Freudiges und Schmerzliches, Erhebendes und Niederdrückendes, im Lichte der Ewigkeit ansehen, ich will meine Seele besitzen in meiner Geduld, in keinem Worte und in keinem Werk sündigen und alles aus Liebe tun und alles aus Liebe leiden. Lebensmut habe ich noch für zwanzig Jahre, aber wenn der liebe Gott will, daß ich noch heute sterbe, so soll Sein heiliger Wille geschehen.

1000 Grüße meinem hochwürdigen Bischof, dem Domkapitel, dem Pfarrhaus, der Pfarrwohnung, der St.-Hedwigs-Gemeinde, allen, die für mich gebetet und mir geschrieben und mich dadurch getröstet haben.

Es geschehe, werde gelobt und in Ewigkeit hochgepriesen der süßeste, heiligste und gerechteste Wille Gottes, unerforschlich in seinen Höhen und Tiefen, jetzt und in alle Ewigkeit. Amen.

Der Gefangene im Herrn
Bernhard Lichtenberg
Dompropst von St. Hedwig

Ricarda Huch:

An unsere Märtyrer

Schmerzen, unsägliche, litt der griechische Heros, bevor er
sterben durfte, und die erlösende Flamme noch schmerzte.
Meine Helden, geliebte, ihr littet schwerer als jener,
schmachvoll, gemartert, verhöhnt, von keinem Freunde getröstet.
Ihr, die ihr das Leben gabt für des Volkes Freiheit und Ehre,
nicht erhob sich das Volk, euch Freiheit und Leben zu retten.
Ach, wo seid ihr, daß wir eure Wunden mit Tränen der Reue
waschen und eure bleichen Stirnen mit Lorbeer krönen!
Weilt ihr jetzt auf der Insel in ferner seliger Bläue,
wo die Sirenen des Meeres euch mit Gesängen umschwärmen?
Oder droben im reinen himmlischen Äther? Ihr wandelt
herrlich wie das Gestirn seine melodische Bahn.
Wir aber wollen Male richten euch zum Gedächtnis.
Wo auf Hügeln stürmische Eichen grünen, wo die
silberne Buche ragt und die rötliche Kiefer am Meere,
stehe der Marmor und glühe die Flamme der heiligen Namen.
Dort, ihr Glorreichen, werden wir euer gedenken und schwören
tapfer wie ihr zu sein, dem Recht und der Freiheit zu dienen,
niemals treulos und feige den Gott in der Brust zu verleugnen,
der uns zu lieben treibt und im Kampf mit dem Bösen zu sterben.
Wir vergessen euch nicht. Oft wird euer tragisches Opfer
unser Gespräch sein, den Enkeln künftig ehrwürdige Sage.
Über den Trümmern weht die schwarze Fahne der Trauer.
Aber dereinst, wenn eure Male bemoost und verwittert,
möge Lebendiges neu erwachen und wie auch gestaltet
unsern heimischen Boden bestreuen mit goldenen Früchten.

Anhang III

Anmerkungen

1 Bereits ein halbes Jahr nach Erscheinen des Werkes erwies sich eine Neuauflage als notwendig. Da das Buch im Brennpunkt zahlreicher Diskussionen gestanden hat (denen sich der Herausgeber und der Verleger persönlich stellten) und auf ein ungewöhnliches Presseecho im In- und Ausland gestoßen ist, da ferner zahlreiche Briefe (nahezu ohne Ausnahme zustimmenden Charakters) neue Tatsachen mitteilten, wie sich solche auch durch andere Veröffentlichungen herausstellten, wurde der 2. Auflage ein Anmerkungsteil angefügt. Einige Formulierungen und Berichte wurden außerdem im Text verbessert.

2 Ein kurzer Rückblick auf die zwanziger Jahre darf nicht versäumt werden. Besonders aufschlußreich sind die Bücher von Prof. E. J. Gumbel, namentlich „Vier Jahre politischer Mord" (Berlin 1922). Den drakonisch hart (auch mit 10 Erschießungen) bestraften Mordtaten von Linksstehenden stehen dokumentarisch belegt nicht weniger als 354 von Rechtsstehenden begangene Morde gegenüber, die nur zum geringen Teil und auch dann nur geringfügig, in keinem Fall aber mit dem Tode bestraft worden waren. Die namentlich von der SA begangenen Morde gingen schon bis zur „Machtergreifung" in die Hunderte. Mit Entsetzen erfuhr man im September 1932 davon, daß Hitler jenen 5 Mördern, die in Potempa einen politischen Gegner in seinem Bett ermordet hatten, ein anerkennendes Telegramm schickte, worin er sie seine Kameraden nannte. Am 16. Februar 1936, nachdem bis dahin schon viele hundert Männer und Frauen aus politischen Motiven ermordet oder in den Selbstmord getrieben worden waren, behauptete derselbe Hitler: „Auf dem Wege unserer Bewegung liegt nicht ein einziger von uns ermordeter Gegner." Schon im Sommer 1936 konnten die Namen von 1359 Deutschen angegeben werden, die vom 30. Januar 1933 bis zum Frühjahr 1936 ermordet worden waren (vgl. „Das deutsche Volk klagt an", S. 251—280).

3 Die Schätzung kommt den Tatsachen nahe. Inzwischen sind Geheimakten des früheren „Oberkommandos der Wehrmacht" in Berlin aufgefunden worden, wie die deutsche Presse im November 1953 berichtete.

Danach wurden vom 16. August 1939 bis zum 31. Januar 1945 genau 24 559 Wehrmachtsangehörige zum Tode verurteilt, jedenfalls soweit sie überhaupt in die Akten aufgenommen werden konnten. Die Hinrichtungen der letzten Kriegsmonate durch Kriegs- und Feldgerichte, zu denen noch die fliegenden Standgerichte traten, sind nicht mehr erfaßt worden. Doch muß ihre Zahl sehr hoch sein.

Nachdem diese Zahlen bekanntgeworden sind, die den von uns auf Seite 310 veröffentlichten Schätzungen weitgehend entsprechen, läßt sich eine vorläufige Schlußbilanz ziehen:

Die Zahl der von der Ziviljustiz zum Tode Verurteilten und Hingerichteten beträgt 12 500 bis 13 000. Die Zahl der von der Militärjustiz verurteilten Hingerichteten beträgt rund 20 000, da die Begnadigungen auf Bewährung abzurechnen sind. So dürfte also die von uns auf Seite 17 genannte Zahl 32 500 der Wahrheit sehr nahekommen.

4 Es wurde von einigen Kritikern beanstandet, daß der Herausgeber seine Objektivität zu stark betont habe. Dazu ist zu bemerken, daß ein verantwortungsbewußter Autor im Zeichen der allgemeinen Verfrontung und der propagandistischer Verfärbung aller öffentlichen Äußerungen nicht schneidend und klar genug seine absolute Unabhängigkeit betonen kann.

5 Seit dem Herbst 1950 arbeitet in München 22, Reitmorstraße 29, das „Institut für Zeitgeschichte", das die Erforschung aller zeitgeschichtlichen Phänomene, darunter auch des deutschen Widerstandes gegen Hitler, als seine Aufgabe ansieht. Die Arbeit krankt aber am Mangel gerade jener systematisch vernichteten Dokumente, die über die Vorgänge in Zuchthäusern und Konzentrationslagern unmittelbar hätten Aufschluß geben können. Um diese Lücken für die zukünftige Geschichtsschreibung noch beizeiten einwandfrei auszufüllen, hat es das „Archiv Walter Hammer", Hamburg 39, Veerstücken 9, unternommen, Informationen aus erster Hand zu erlangen, indem es alle noch erreichbaren Quellen aufspürt und ausschöpft, insbesondere systematisch die lebend davongekommenen Augenzeugen zu Bekundungen zu gewinnen trachtet. (Walter Hammer starb 1966. Inzwischen beschäftigen sich mit der Erforschung des Widerstandes u. a. das Forschungsinstitut der Friedrich-Ebert-Stiftung, Bonn, die Forschungsstelle für die Geschichte des Nationalsozialismus in Hamburg, die Deutsche Bibliothek, Frankfurt/Main [Exilliteratur], der Studienkreis zur Erforschung und Vermittlung der Geschichte des deutschen Widerstandes 1933—1945 e. V., Frankfurt/Main, und das Referat Geschichte beim Präsidium der VVN / Bund der Antifaschisten in Zusammenarbeit mit dem Röderberg-Verlag, Frankfurt/Main.)

6 Die Gestapo witterte allenthalben Anschläge auf Hitler und versäumte selten, auch solche politischen Gefangenen, denen Pläne dieser Art fernlagen, eines Anschlages auf Hitler zu verdächtigen. Daß aber auch tatsächlich viele Attentate nicht nur gegen Hitler, sondern auch gegen Himmler und andere Prominente der Hitlerdesoptie ins Auge gefaßt und vorbereitet worden waren, kann als erwiesen gelten.

Eine sozialdemokratische Gruppe in Danzig wurde wegen geplanter Sprengstoffattentate verurteilt. Karl Hoffmann, Erich Schulz und Wilhelm Tosch wurden deswegen am 12. Oktober 1940 in Plötzensee hingerichtet. „Wegen eines geplanten Anschlages auf den Führer" wurden an gleicher Stelle am 30. Januar 1942 Bernhard Rust und Ludwig Schmitt ums Leben gebracht. Der Student Helmut Hirsch hingegen, der am 6. Juni 1937 in Plötzensee hingerichtet worden ist, soll es, wenn die ganze Affäre nicht auch bloß konstruiert war, auf Julius Streicher und auf das Gebäude des „Stürmers" in Nürnberg abgesehen gehabt haben.

7 Um die Bevölkerung nicht zur Nachahmung anzuspornen, haben die Gestapo und die Hitlerjustiz Nachrichten über Art und Umfang der vielfach mit der Todesstrafe geahndeten Rundfunkverbrechen zurückgehalten. Großes Aufsehen erregte es, als im Januar 1935 auf dem Gebiet der Tschechoslowakei, wo er als Mitglied der „Schwarzen Front" einen Sender in Betrieb hatte, der Ingenieur Formis von deutschen Gestapoagenten ermordet wurde. Ebenfalls Parteigänger Otto Strassers waren Karl Döpking und Helmut Kremin, die am 14. September

1940 in Plötzensee hingerichtet wurden, weil sie das Werk von Formis fortgesetzt hatten. Walter Klingenbeck, dessen Abschiedsbrief auf Seite 390 zu finden ist, wurde in München hingerichtet, weil er dort zusammen mit drei Freunden einen Sender aufgebaut hatte. Seine zu Zuchthaus begnadigten „Tatgenossen" sollen es fertiggebracht haben, in der Strafanstalt einen Miniaturempfänger zurechtzubasteln, wie man auch im übrigen aus Zuchthäusern und Konzentrationslagern verbürgte Berichte erhalten hat, daß man dort unter größter Lebensgefahr Auslandssendungen abhörte, vereinzelt sogar Sender betrieben und damit Nachrichten und Notrufe ausgestrahlt hatte.

8 Zeller macht in seinem Werk „Geist der Freiheit" (S. 284) folgende interessante Feststellung:

Man hat ausgerechnet, daß weit über die Hälfte der gesamten Kriegsschäden in Deutschland erst nach dem 20. Juli entstanden ist. Nach dem 20. Juli 1944 wurden z. B. Potsdam, München, Frankfurt, Stuttgart, Bremen, Nürnberg, Dresden, Braunschweig usw. zerstört. In den 9 Kriegsmonaten nach dem 20. Juli 1944 sind mehr Menschen umgekommen als in den fast 59 Kriegsmonaten vorher.

Diese Menschen und diese Städte wären wohl kaum umgekommen, wenn das NS-Regime rechtzeitig gestürzt worden wäre.

9 Die Gestapo steckte gern einige kriminelle Täter in die Oppositionsgruppen, um derart die politischen Überzeugungstäter herabzuwürdigen. Das geschah bei der „Schwarzen Kapelle", bei der „Gelben Kapelle", vor allem aber bei der „Roten Kapelle", nur nicht beim „Barock", womit die Prinz-Albrecht-Straße die Leute vom 20. Juli meinte. Noch in den Jahren 1933 und 1934 glaubte man auf der Linken, die alten Massenorganisationen aufrechterhalten und die politische Arbeit, wenn auch illegal und mit großer Gefahr, fortsetzen zu können. So kam es zu Verhaftungen, die in die Hunderte und Tausende gingen. In großen Schauprozessen hagelte es Zuchthausstrafen. Bekannt wurden die Prozesse gegen den Roten Stoßtrupp, gegen die Gruppen Löffler-Markwitz in Berlin, Lechleitner in Mannheim, Osterloh in Bremen, Schmedemann in Hamburg, Krohn in Stettin, Spengemann in Hannover usw. Allein in Hannover kam es zu mehr als tausend Verhaftungen. Beim Massenprozeß in Hamm, bei dem in Oppeln, bei den Brotfabrik-Prozessen im Rheinland, dem Prozeß Dr. Agricola in Sachsen wurden Schrekkensurteile über Tausende von Jahren Zuchthaus verhängt. Brutal wurden die alten Organisationen zerschlagen. Die Männer und Frauen des Widerstandes kamen bald zu der Einsicht, daß es reiner Selbstmord gewesen wäre, auf diese Weise weiterzumachen, daß vielmehr neue Methoden des Widerstandes entwickelt werden mußten. Mehr und mehr raffte man sich dann auf der Linken zu neuen Formen des Kampfes auf; mehr und mehr wagten sich auch Intellektuelle und religiöse Kreise hervor, die es nicht mehr verschmähten, mit alten politischen oder weltanschaulichen Gegnern zusammenzugehen, um die Hitlerbarbarei zu überwinden.

In den Jahren nach 1938 bildeten sich überall im Land neue Zirkel, die sich auch über die Landesgrenzen hinweg ausbreiteten und zum Teil in die Hunderte und Tausende hinein anschwollen. Die Saefkow-Gruppe soll es auf 4000 Mitverschworene gebracht haben. Sie hatte auch die bei weitem größten Opfer zu bringen. Sie hatte nicht weniger als 67 Hingerichtete zu beklagen, noch ungerechnet die in den Konzentrationslagern Umgekommenen. Die Budeus-Uhrig-Gruppe, die allein in Berlin mehr als 200 zuverlässige Mitglieder gehabt haben soll, verzeichnete 36 Todesurteile; der Kreis um den früheren Hauptmann Dr. Josef Römer (genannt Beppo Römer), der später zu ihr stieß, hatte auch noch 20 bis 30 Tote zu verzeichnen, überwiegend Intellektuelle, Techniker und Ingenieure. In Hamburg und Berlin wirkte die Bästlein-Abshagen-Gruppe, die zwar 111 Überlebende mustern durfte, aber nicht weniger als 62 Hingerichtete zu beklagen hatte, noch ungerechnet jene vielen, die ohne Urteil im Untersuchungsgefängnis oder KZ ums Leben gebracht worden waren. Diese drei großen, überwiegend aus Kommunisten bestehenden Gruppen waren nicht scharf voneinander abgegrenzt, weshalb genaue Zahlen nur schwer anzugeben sind, auch vereinzelte Doppelzählungen nicht ausbleiben konnten.

Im Lager der alten Sozialdemokraten und Gewerkschafter ging man weit bedächtiger und sparsamer zu Werk. Nachdem der Rote Stoßtrupp um Küstermeier und die Neubeginnen-Gruppe um Brill zerschlagen worden waren, konzentrierte man seine Kraft auf die geistige Überwindung der Hitlerdespotie. Man versah die „Grünen Berichte" mit zuverlässigem Material und wurde aus der gleichen Quelle mit Informationen und Ratschlägen versehen. Man verschmähte es auch keineswegs, mit der Opposition der anderen Richtungen zusammenzusitzen. So entstanden allenthalben lose gefügte Kreise, in denen Oppositionelle ungeachtet ihrer parteipolitischen Vergangenheit miteinander planten und berieten. Da gab es die stark von Studenten und Künstlern durchsetzten Gruppen Schulze-Boysen und Arvid Harnack, denen später gemeinsam der Prozeß gemacht wurde und zwischen denen schwerlich eine Grenzlinie gezogen werden kann. Sie hatten 55 Tote zu beklagen, worunter sich wahrscheinlich auch ein Landesverräter aus materiellen Motiven befand, der zur Herabwürdigung des ganzen Gestapo-Komplexes „Rote Kapelle" bestimmt war. Der kleine Kreis um die Geschwister Scholl, der sich keineswegs bloß auf München beschränkte, hatte 10 oder 12 Tote bei etwa 20 Überlebenden. Über alle Grenzen erstreckte sich die „Europäische Union", die 10 Hinrichtungen zu beklagen hatte. Ebensoviele Tote hatte die Heitgres-Kristeller-Gruppe in Hamburg. In Sachsen ragte die „Vereinigte Kletterabteilung" hervor, von der 24 hingerichtet wurden und 89 in Zuchthäuser und Konzentrationslager gerieten. Bekannt wurden noch die Widerstandsgruppen Borsig-Rheinmetall in Berlin und die „Antifaschistische Volksfront" in München, doch hielt man es mehr und mehr für ratsam, in engem Rahmen zu wirken, um beim Einbruch von Gestapospitzeln nicht eine Kettenreaktion auszulösen und gleich Hunderte von Kampfgefährten in die Hände der Henker geraten zu lassen.

10 Um der historischen Genauigkeit willen wird auf eine Berichtigung Wert gelegt: Das Verbot für den Eintritt in die Nazipartei wurde nicht vom Heiligen Stuhl, sondern durch die Kundgebung der Fuldaer Bischofskonferenz vom 28. März 1933 aufgehoben.

11 Regierungsrat Karl Schapper wurde wegen seiner Mitarbeit an der Zeitung „Der Deutsche in Polen" zum Tode verurteilt und am 8. Juli 1942 in Plötzensee hingerichtet.

12 Schon 1946 hat das Katholische Pfarramt in Lübeck eine kleine, im Buchhandel längst vergriffene Schrift veröffentlicht: „Wo seine Zeugen sterben, da ist sein Reich" (Hansa-Verlag Josef Toth, Hamburg), worin das Andenken an vier Geistliche geehrt wird, die am 10. November 1943 in Hamburg hingerichtet worden sind. Diesem Büchlein haben wir unseren Bericht entnommen.

13 Mitgefangene, die lebend davongekommen waren, wußten nicht genug den Bekennermut dieses unerschrockenen Geistlichen zu rühmen: „Wir waren 1938/1939" — so berichtete einer — „sonntags in aller Frühe zum Appell angetreten, mehr als zehntausend Mann. Die Blockführer hatten gezählt und dem Rapportführer gemeldet. Einer der Lagerführer erschien, das Mikrophon knackte, ein brutales Krächzen zerriß den Morgen: ‚Mützen ab!' Totenstille. Aber da ertönte aus einer Arrestzelle die Stimme von Pfarrer Paul Schneider, eine Stimme, klar und fest, eine Stimme voll Trost und Güte. Wir erinnern uns nicht mehr genau der Bibelworte, die er uns als Sonntagsmorgengruß zurief, die wenigsten haben sie wohl auch verstehen können. Aber wir alle wußten, daß da ein Mensch zu uns sprach, der litt wie wir, der die Gefahr verachtete, der unser Freund und Bruder war. Kaum hatte Pfarrer Schneider ein paar Sätze gesprochen, da stürzte der Arrestführer Sommer in seine Zelle und ließ die ermutigende und beseligende Stimme des Geistlichen verstummen. Wir hörten das Klatschen der Nilpferdpeitsche noch, als wir einrückten. — Wiederholt war Pfarrer Schneider die Entlassung angeboten worden, wenn er einen Revers unterschreiben würde. Dessen aber weigerte er sich mannhaft. Man wäre ihn so gern losgeworden, diesen unbequemen Mann, dessen Stimme nicht zum Schweigen zu bringen war. — Als man ihn dann durch eine Spritze getötet hatte, wurde den Angehörigen des Pfarrers gestattet, ihn noch einmal zu sehen. Zu diesem Zweck ließ der Lagerkommandant, der berüchtigte Standartenführer Koch, ihn aufbahren. Ein SS-Friseur mußte die Leiche schminken, um die Spuren der Mißhandlungen zu überdecken, eine Perücke wurde auf den kahlgeschorenen Kopf gesetzt. Unter heuchlerischen Tränen beteuerte der gleiche Koch, der den Tod gewollt und herbeigeführt hatte: ‚Das war mein bester Häftling. Gerade als ich ihm seine Entlassung mitteilen wollte, hat er einen Schlaganfall bekommen.' Koch wurde bald von den Nazis selbst aufgehängt. Seine Frau hatte den Vornamen Ilse . . ."
Die Witwe Paul Schneiders hat ein Buch erscheinen lassen, ein Bild des Lebens und Leidens dieses Märtyrers und Helden: „Der Prediger von Buchenwald" (Lettner-Verlag, Berlin-Dahlem).

14 Ohne Zweifel werden gerade in diesem Zusammenhang große Lücken bleiben, weil viele der Umgekommenen ohne großen Anhang waren und nach ihrem Verschwinden kaum beklagt wurden und vergessen sind. Festgehalten werden muß, daß Hans Scholl und sein Freund Willi Graf der Jugendbewegung nahe gestanden haben, und zwar Tusks „d. j. 1./11.", ebenfalls der Student Helmut Hirsch, der in Plötzensee am 4. Juni 1937 hingerichtet worden ist. Zur katholischen Jugendbewegung sind auch noch Walter Klingenbeck und seine Freunde zu zählen (Abschiedsbrief S. 390). Der inzwischen aus England heimgekehrte „tusk" (Dr. Eberhard Köbel), der Bundesführer von „d. j. 1./11.", war von Baldur v. Schirach zum Eintritt in die Reichsjugendführung aufgefordert worden. Da er ablehnte, mußte er fliehen. Die sehr reichhaltige Literatur dieses Zweiges der Bündischen Jugend wurde von Günther Wolff in Plauen verlegt, dem im Reichssicherheitshauptamt stark zugesetzt wurde und der seitdem verschollen ist. Der Berliner Sekretär von „d. j. 1./11.", Heinz Krohn, erhielt eine zweijährige Zuchthausstrafe, auch ihn ließ man anschließend verschwinden. Wahrscheinlich starb er in einem KZ wie auch sein Bundesbruder Klaus Macher. Längere Haft in Konzentrationslagern erlitten mehrere Mitglieder von „d. j. 1./11.", so der Arzt Dr. Hans Seidel, René Schweitzer und Willi Claus. Diese Namensliste könnte

noch beträchtlich verlängert werden. Der Dichter Werner Helwig hat in seinem Buch „Auf der Knabenfährte" den Opfern des Nerother-Bundes, gegründet von den beiden Brüdern Karl und Robert Oelbermann, ein sehr schönes Denkmal gesetzt.

15 Der Student Michael Jovy und eine Anzahl seiner Kommilitonen haben in Bonn und Köln, auch in Hamburg und Berlin, illegale Arbeit geleistet und sind dafür auch vom Volksgerichtshof zu hohen Zuchthausstrafen verurteilt worden. Sie hatten Verbindung mit Karl Otto Paetel und anderen politischen Emigranten in Paris, denen sie Berichte aus Deutschland schickten. Sie sammelten auch Kleidungsstücke für deutsche und jüdische Emigranten. Michael Jovy weiß in seiner Dissertation noch von mancherlei Verbindungen zu berichten, bei denen es keine Rolle spielte, aus welchen Bünden die einzelnen kamen: „Ja, es bildeten sich neue Bünde, wie z. B. der ‚Graue Orden' oder die unter dem Kennwort ‚Sozialistische Nation' zusammengefaßten Gruppen. Weiterhin kam es zu Vereinigungen von Jugendlichen zu wilden Gruppen, die zum Teil während des Krieges mit kriminellen Elementen durchsetzt waren."

16 Dieses Buch hat im Ausland, namentlich in England und Amerika, Aufsehen erregt. In Deutschland ist es wohl nur deshalb wenig beachtet worden, weil es, obwohl im Suhrkamp Verlag erschienen, in jenem Jahre 1947 herauskam, in dem der Büchermarkt mit einer Unmenge minderwertiger Bücher einschlägiger Art überflutet wurde. „Der Schattenmann" ist von großem Wert für die Kenntnis der Widerstandsbewegung, wenn auch bei Überlebenden durchweg Pseudonyme benutzt worden sind. Im Falle „Doktor Tegel", von dem immer wieder rühmend die Rede ist, ist es ohnehin jedem Eingeweihten klar, daß mit ihm kein anderer als der Pfarrer Dr. Harald Poelchau gemeint ist.

17 Die Zahl der Widerstandsgruppen in Köln war gerade in den kirchlichen Kreisen groß. Neben die katholischen Arbeitervereine mit Prälat Otto Müller, Jos. Joos, Bernhard Letterhaus und Nikolaus Groß trat das Kolpingwerk, dessen Zentrale sich in Köln befindet. Hier waren es der Präses des Hauses, Heinz Richter, und der Geschäftsführer, Theodor Babilon, die mit Dr. Leo Schwering und Dr. Karl Zimmermann zusammenarbeiteten. Leo Schwering stellte die Verbindung zu den katholischen Arbeitervereinen und durch seinen Bruder Ernst, den späteren Kölner Oberbürgermeister, die zu dem Kreis um Theodor Scharmitzel her. Nach dem 20. Juli wurden Richter, Babilon, Schwering und Zimmermann wegen Hochverrats verhaftet. Nach monatelanger Inhaftierung kamen Schwering und Zimmermann wieder frei. Dagegen wurden Heinz Richter und Theodor Babilon im April 1945 in dem Vernichtungslager Ohrdruf das Opfer ihrer Überzeugung.

Leo Schwering hatte in den katholischen Pfarren Kölns ein Vortragswerk aufgezogen, um in vorsichtiger Form, aber für die Gläubigen deutlich genug, den nazistischen Geschichtsfälschungen entgegenzutreten. 80 000 Kölner wohnten diesen Vorträgen 1934/1940 bei.

18 In die Hunderte gingen die parteipolitisch nie scharf abgegrenzten Widerstandskreise, die sich in Hamburg immer wieder um unabhängige und beherzte Männer bildeten: um Max Zelk, um den inzwischen verstorbenen blinden Buchhändler Richard Volquarts, um den Autor und Verleger R. Hermes und viele andere. Eine Gruppe „Freies Hamburg" trat stärker hervor, ohne zu scheitern.

Ihr gehörten Harald Abatz und Rechtsanwalt Dr. Ablaß an, der spätere Bürgermeister Engelhard und die Abgeordneten Rademacher und Dr. Schäfer. Hamburg hat beträchtlichen Blutzoll zahlen müssen. Während es hier in den Jahren 1918—1933 keine einzige Hinrichtung gegeben hatte, wurden in Hamburg zur Hitlerzeit über 500 Männer und Frauen ihres Lebens von Henkershand beraubt, überwiegend Hamburger. Darüber hinaus waren Hamburger auch bei den Hinrichtungen in Brandenburg und Plötzensee, wie auch bei den Sterbefällen in den Konzentrationslagern stark beteiligt. In Brandenburg mußte Generaldirektor Dr. Albert Will sterben und in Plötzensee der Arzt Dr. John Rittmeister, um nur zwei Namen von den 1417 Hitleropfern zu nennen, die Hamburg zu beklagen gehabt hatte.

Auch im Ruhrgebiet gab es Beispiele wirksamen und gut überlegten Widerstandes, so in Essen eine gründlich informierte Gruppe um den verstorbenen Zentrumsabgeordneten Dr. Heinrich Steffensmeier und den Verleger Walter Bacmeister herum, der sich an die 100 Personen angeschlossen hatten und die auch in die Breite der mittleren Bürgerschicht hineinwirkte. In Brandenburg wurden 1944 hingerichtet der Bergwerksdirektor Wilhelm Ricken aus Essen, der Fabrikant Leo Statz aus Düsseldorf und der Diplomkaufmann Wilhelm Schlitt aus Wuppertal.

19 Wie wenig glaubwürdig die zumeist unter Druck und Drohung der Gestapo zustande gekommenen Protokolle sind, beweist dieses Huppenkothen-Dokument. Die darin behauptete Verbindung des Solf-Kreises mit dem früheren Reichskanzler Wirth wird von den Beteiligten bestritten. Gräfin Ballestrem betont, daß es weder ihr noch ihrer Mutter jemals eingefallen wäre, jenen Arzt Reckzeh zu bitten, in ihrem Namen mit Wirth Verbindung aufzunehmen.

20 Hauptmann Gehre wurde im April 1945 zusammen mit Canaris im KZ Flossenbürg ermordet; auch Oberregierungsrat Plaß ist ums Leben gekommen.

21 In einer Denkschrift wandte sich der Chef des Generalstabes des Heeres, Generaloberst Beck, bevor er nach reiflicher Überlegung 1938 zurücktrat, an seine Kameraden und Vorgesetzten (Foerster: „Generaloberst Ludwig Beck", Isar-Verlag, München 1953):

„Ihr soldatischer Gehorsam hat dort eine Grenze, wo Ihr Wissen, Ihr Gewissen und Ihre Verantwortung die Ausführung eines Befehls verbietet. Es ist ein Mangel an Größe und an Erkenntnis der Aufgabe, wenn ein Soldat in höchster Stellung in solchen Zeiten seine Pflichten und Aufgaben nur in dem begrenzten Rahmen seiner militärischen Aufträge sieht, ohne sich der höchsten Verantwortung vor dem gesamten Volk bewußt zu werden. Außergewöhnliche Zeiten verlangen außergewöhnliche Handlungen."

„ . . . Das Entscheidende ist nicht, was aus diesem oder jenem persönlich wird, das Entscheidende ist nicht einmal die Folge für das Volk, sondern entscheidend ist die Unerträglichkeit, daß seit Jahr und Tag im Namen des deutschen Volkes Verbrechen auf Verbrechen und Mord auf Mord gehäuft wird, und daß es sittliche Pflicht ist, mit allen verfügbaren Mitteln diesen im angemaßten Namen des Volkes geübten Verbrechen Einhalt zu tun."

22 Ein aufschlußreiches Buch „Opfergang der Generale" ist im Verlag Bernard und Graefe in Berlin erschienen. Danach sind von 2000 Generalen im Hitler-

krieg 400 gefallen oder ihren Verwundungen erlegen, während von all den „Goldfasanen", den Reichs- und Gauleitern, beinahe alle den Krieg überlebten, soweit sie nicht noch in letzter Stunde Selbstmord begingen. Außer den 20 Generalen, die im Zusammenhang mit dem 20. Juli 1944 ihr Leben verloren, sind noch weitere 36 hingerichtet worden, 43 sollen tödlich verunglückt sein, und 49 endeten durch Freitod, so auch jener deutsche General, der als Kommandant von Borissow in Verzweiflung und Freitod getrieben wurde, als er es nicht hatte verhüten können, daß binnen dreier Tage in seinem Kommandanturbereich 7000 Juden umgebracht wurden. Es gab in der Tat gelegentlich einen moralischen Aufstand, zu dem sich deutsche Soldaten aller Rangabstufungen angesichts der gesehenen Verbrechen ermannten, vom General bis zum Grenadier, vom General Graf von Sponeck und dem Generalleutnant von Zielberg bis zum schlichten Bauernburschen X, dessen schönen Abschiedsbrief man auf Seite 149 unseres Buches beachten möge. Von 22 deutschen Generalfeldmarschällen Hitlers wurden 8 verabschiedet, 3 gerieten in Kriegsgefangenschaft, 4 starben, einer fiel an der Front, 4 begingen Selbstmord —, ein aufschlußreiches Fazit! Keitel wurde in Nürnberg hingerichtet, und Schörner wurde in Rußland zu lebenslänglicher Haft verurteilt. — Als Generaloberst Fromm auf Hitlers Befehl am 12. März 1945 im Zuchthaus Brandenburg erschossen wurde, waren seine entsetzlichen letzten Worte: „Es lebe der Führer!" —

23 In der Hamburger „Zeit" wurde an der Richtigkeit dieser Darstellung Kritik geübt; man machte insbesondere geltend, Hitler habe sich mindestens eine Stunde im Zeughaus aufgehalten. Hierzu äußerte sich General von Gersdorff mit folgenden überzeugenden Worten in der „Zeit" vom 4. Juni 1953:

„Die in dem Buch von G. Weisenborn gegebene Schilderung entspricht zwar den Tatsachen, ist aber — so aus dem Zusammenhang gerissen — offenbar nicht voll verständlich. Der Hergang im Zeughaus verlief folgendermaßen: Anläßlich des Heldengedenktages 1943 wurde in den Räumen des Zeughauses eine Ausstellung von Beutewaffen der Heeresgruppe Mitte eröffnet. Als Hitler den Wunsch äußerte, diese Ausstellung vor der eigentlichen Eröffnung zu besichtigen, wurde beschlossen, diese Gelegenheit, bei der auch Himmler und Göring zugegen sein sollten, zur Ausführung des Attentats zu nutzen. Es war uns von vornherein klar, daß dies nur während des Rundgangs durch die Ausstellungsräume und nur mit Hilfe einer Bombe möglich sein würde.

Es ist richtig, daß sich Hitler etwa eine Stunde innerhalb des Zeughauskomplexes aufhielt. Etwa 50 Minuten dauerte die eigentliche Heldengedenkfeier im Lichthof des Zeughauses, bei der Hitler nach Orchestervorträgen eine Ansprache hielt. Die Anbringung und Zündung einer Sprengladung an dem freistehenden Rednerpult war jedoch unmöglich, da bis unmittelbar vor Beginn der Feier an der Herrichtung des Lichthofes gearbeitet wurde. General Schmundt, der Adjutant Hitlers, hatte mir am Tag vorher gesagt, daß für den anschließenden Rundgang durch die Ausstellung 30 Minuten vorgesehen seien. Da ich für die chemischen Zeitzünder etwa 15 Minuten benötigte, schien diese Zeitspanne vollkommen ausreichend. Hitler betrat die Ausstellungsräume in Begleitung von Göring, Himmler, Keitel, Dönitz, Feldmarschall v. Bock und einigen wenigen Begleitoffizieren. Er hastete durch die Räume und verließ sie, entgegen dem Programm, bereits nach etwa acht Minuten. Die Ausführung des Attentats war dadurch unmöglich geworden.

Die einzigen am Leben befindlichen Zeugen dieser Darstellung sind: Graf H. C. Hardenberg-Neuhardenberg, als Begleitoffizier des Feldmarschalls v. Bock, und Herr von Szymonski, Köln, als damaliger Begleitoffizier Keitels. Henning v. Tresckow, der Ia der Heeresgruppe Mitte und Initiator des Attentats, hatte den Ablauf der Geschehnisse in Smolensk am Radio bei der Übertragung der Feier mit der Uhr in der Hand miterlebt und wußte auf Grund des zeitlichen Ablaufes sofort, daß die Durchführung des Attentatsversuches unmöglich war."

24 Mindestens zwölf.

25 Neun Gruppen waren ratend und planend zum Teil schon seit 1934 an den Ereignissen beteiligt, die zum 20. Juli führten. Diese Kreise grenzten sich nicht scharf voneinander ab, überschnitten sich vielmehr sehr oft. Bei den zahlreichen Querverbindungen und Mittelsmännern läßt sich nicht immer genau sagen, welcher Gruppe der einzelne Beteiligte zuzurechnen war.

Vor allem gab es da den Kreis um Goerdeler, in welchen im Laufe der Jahre mindestens hundert Persönlichkeiten einbezogen oder doch wenigstens in seine Absichten eingeweiht worden sein dürften. Er hatte nach dem 20. Juli mindestens zwanzig Tote zu beklagen, überwiegend höhere Verwaltungsbeamte, Gelehrte, Diplomaten und Parlamentarier.

Zahlenmäßig vielleicht ebenso stark von Henkershand betroffen war die Gruppe der Generalstäbler in der Bendlerstraße um Generaloberst Beck, welcher zweckmäßig auch jene jungen Frontoffiziere zuzurechnen sind, denen schließlich die Aufgabe vorbehalten blieb, die lange geplante Tat auszuführen. Unschwer läßt sich da ein Kern von etwa zwanzig tapferen Draufgängern herausschälen, die sämtlich ihr Leben dabei opferten und denen vor allem der Ruhm der Nachwelt gebührt. Aber mehr als sechzig Offiziere sind im Zusammenhang damit hingerichtet worden, überwiegend Aktive, doch waren auch viele Reserveoffiziere dabei, weshalb es denn wohl auch nicht zulässig sein sollte, die Tat des 20. Juli als einen reinen Militärputsch zu bezeichnen.

Die Gruppe Abwehr um Canaris und Oster, deren Stärke schwer zu schätzen ist, die aber mindestens zehn Tote hatte, setzte sich vorzugsweise aus Diplomaten zusammen, während am sogenannten Augsburger Kreis (der bloß drei oder vier Opfer zu bringen hatte) namentlich Geistliche und Parlamentarier beteiligt waren. Aus der Mittwoch-Gesellschaft in Berlin, einem sehr exklusiven Kreis geistig bedeutender Gelehrter und Politiker, stießen einige der führenden Köpfe zur Widerstandsbewegung, von denen auch mehrere ihr Leben lassen mußten, neben Generaloberst Beck und dem Gesandten Ulrich von Hassell waren es u. a. Rechtsanwalt Dr. Langbehn, der frühere Minister Dr. Popitz und Professor Jessen. Zu den Zentren des Berliner Widerstandes gehörte auch der Solf-Kreis. Er hatte bei 76 Verhaftungen sechs Tote zu beklagen, die dem engeren Kreise angehört hatten (Nikolaus von Halem dabei, Elisabeth von Thadden und der Gesandte Dr. Otto Kiep), doch blieb das Verfahren gegen die Gattin des Gesandten Solf und ihre Tochter, die Gräfin Ballestrem, in der Schwebe; Todesurteile wären sonst auch ihnen sicher gewesen.

Die Leuschner-Gruppe bestand aus sozialdemokratischen Parlamentariern und Gewerkschaftlern, wovon zehn ihr Leben opfern mußten. Auch die Gruppe der Christlichen Gewerkschaftler hatte 8—10 Opfer zu beklagen. Der durch seine konstruktiven Ideen hervorragende Kreisauer Kreis um den Grafen Moltke, kaum mehr als zwanzig Personen umfassend, brachte acht Opfer, darunter Dr. Theodor Haubach, Professor Adolf Reichwein, Adam von Trott zu Solz und den Grafen Yorck von Wartenburg.

26 Wenn Dokumente in großer Anzahl zur Verfügung gestanden und wir die Wahl gehabt hätten, würden wir nicht Berichte gerade aus den Jahren 1935—1937 veröffentlicht haben, war das doch die „leere Zeit" nach der Meinung sowohl der Illegalen als auch ihrer Verfolger. Gerade damals „war wenig los". Dies muß beim „Lagebericht 1937" berücksichtigt werden.

27 Aus der großen Zahl der umgekommenen Gewerkschafter seien hier noch einige Namen nachgetragen; ohne Zweifel hätten noch weitere Hunderte genannt werden können. Der Berliner Gewerkschaftsführer Hermann Jochade ist im KZ umgebracht worden. In der Köpenicker Blutnacht wurde am 22. Juni 1933 viehisch ermordet: Johann Schmaus von der Leitung des Landarbeiterverbandes. Von der Gestapo im Jahre 1936 ermordet wurde Wilhelm Warnecke, Sekretär des Deutschen Metallarbeiterverbandes. Der Wuppertaler Gewerkschaftler Picardis wurde im März 1935 während eines Verhöres von der Gestapo ermordet. Einem Gestapo-Mord fiel der Sekretär Opitz-Schlesien vom Textilarbeiterverband zum Opfer (nach bereits dreijähriger Einkerkerung). Von der SA wurde am 2. Mai 1933 der Gewerkschaftssekretär Schmalhans-Duisburg ermordet. Nach schweren Mißhandlungen von der Gestapo ermordet: Sekretär Scheinhardt, Hannover, vom Deutschen Fabrikarbeiterverband. Heinrich Jaeger, Köln, wurde als Funktionär des Baugewerkschaftsbundes am 23. April 1933 von SA-Leuten ermordet. Ebenfalls Karl Lesch, Hamburg, am 7. Januar 1934 im KZ Fuhlsbüttel. Er war Angestellter des Verbandes der Seeleute und Hafenarbeiter. Der Kieler Sekretär des gleichen Verbandes, Oskar Nielsen, wurde im März 1936 von der Gestapo ebenfalls ermordet. Im März 1936 schlug man den Sekretär des Metallarbeiterverbandes, Ernst Jülich, dermaßen zusammen, daß er an den Mißhandlungen starb. Sekretär Kissling vom Bergarbeiterverband erlitt im April 1936 furchtbare Mißhandlungen durch die Gestapo, wonach er dann Selbstmord begangen haben soll. Fritz Kramer aus Wuppertal und der Gewerkschaftler Scheffels, Düsseldorf, wurden von Beamten der Gestapo mißhandelt und schließlich ermordet. Julius Rosemann, Hannover, schließlich, Bezirkssekretär des Bergarbeiterverbandes, beging nach schweren Mißhandlungen angeblich Selbstmord.

28 Der Journalist und Schriftsteller Ehm Welk hatte im Sommer 1934 den Mut zu einer stark beachteten Herausforderung des Propagandaministers. Welk, damals Redakteur der„ Grünen Post", überschrieb einen ironischen Leitartikel: „Auf ein Wort, Herr Minister!" Er zählte darin all die Mißstände auf, an denen die Presse nach ihrer Gleichschaltung erkrankt war. Die ganze Auflage dieses Blattes wurde beschlagnahmt. Goebbels verbot die „Grüne Post" und ließ Welk verhaften, der aber davonkom, nachdem prominente Persönlichkeiten für ihn eingetreten waren.

29 Beinahe alle namhaften Publizisten, auf die Deutschland stolz sein durfte, wurden des Landes vertrieben und beinahe sämtlich expatriiert. Unverzüglich begann dann die Jagd auf unbequeme Journalisten, die im Lande geblieben waren. Auch auf der Rechten blieb man keineswegs verschont, aber natürlich galten vor allem die kommunistischen Redakteure als Freiwild. Noch schlimmer jedoch

wurde den Männern von der sozialdemokratischen Presse mitgespielt. Es hatte sich schnell herumgesprochen, daß der frühere Reichsminister Wilhelm Sollmann, Chefredakteur der „Rheinischen Zeitung", unmenschlich gefoltert worden war. Man erfuhr, daß der Redakteur Felix Fechenbach am 7. August 1933 während eines Transportes nach Dachau „auf der Flucht erschossen" worden war und daß sich der Redakteur Dr. Fritz Solmitz aus Lübeck am 16. September 1933 im KZ Fuhlsbüttel „erhängt haben" sollte. Aber erst heute läßt sich in der Rückschau das furchtbare Ausmaß der schon 1933 geschehenen Verbrechen einigermaßen erkennen. Schon im März 1933 wurde in Chemnitz der Verlagsdirektor Landgraf bei der Erstürmung des Zeitungsgebäudes von einem SA-Mann erschossen. Chefredakteur Wyrgatsch erlitt in Königsberg schwere Schußverletzungen, denen er am 12. November 1933 in Kopenhagen, wohin er noch fliehen konnte, erlag. Über das Schicksal Dr. Kurt Schumachers, 1933 noch Redakteur der „Schwäbischen Tagwacht", weiß man heute Bescheid. Ähnlich wie er geriet auch der Chefredakteur Wolfgang Bartels vom „Volksfreund" in Braunschweig für beinahe zwölf Jahre ins Konzentrationslager, während sein Kollege, der Landtagsabgeordnete Otto Thielemann, ums Leben gebracht wurde. Der Redakteur Gerth Schreiner aus Düsseldorf gab sich selber den Tod, als Hitler auch noch Holland mit Krieg überzog, während sein Kollege Alfred Zingler aus Gelsenkirchen am 28. August 1944 in Brandenburg mit dem Fallbeil hingerichtet wurde. Dort saß der Redakteur Joseph Füllenbach aus Neuwied acht Jahre eingekerkert, ebenfalls sein Kollege Walter Schwerdtfeger, der als Chefredakteur der „Berliner Börsenzeitung" zu lebenslänglichem Zuchthaus verurteilt worden war. Dr. Max Sachs, der Chefredakteur der sozialdemokratischen Zeitung in Dresden, wurde am 5. Oktober 1935 im KZ ermordet, sein Kollege Kurt Heilbut aus Hamburg wurde am 30. April 1943 in Auschwitz vergast. Zwei weitere Redakteure begingen angeblich Selbstmord: Georg Karl aus Offenbach und Erwin Günther aus Dresden. Der Redakteur Eugen Fritsch von der „Volkszeitung" in Plauen wurde im September 1933 im KZ Hohenstein ermordet und sein Kollege Ludwig Pappenheim von der „Volksstimme" in Schmalkalden am 9. Januar 1934 im KZ Börgermoor „auf der Flucht erschossen". Im KZ viehisch zugerichtet, so daß er an den Folgen bald verstarb, wurde der Redakteur und sächsische Landtagsabgeordnete Hermann Liebmann. Erich Alfringhaus, Leiter des sozialdemokratischen Pressedienstes, machte seinem Leben ein Ende, um nicht in die Hände der Gestapo zu geraten. Bekanntlich wurden Dr. Julius Leber, Chefredakteur aus Lübeck, und Dr. Theodor Haubach, eine Zeitlang Außenpolitiker in der Redaktion des „Hamburger Echo", nach dem 20. Juli 1944 in Plötzensee erhängt.

Gleich nach der „Machtergreifung" wurde die gesamte kommunistische Presse verboten. Es handelte sich da um 132 Blätter. Unmittelbar anschließend wurden auch die sozialdemokratische und Gewerkschaftspresse unterdrückt und ihrer Druckereien beraubt. Es handelte sich um weitere 154 Tageszeitungen, wozu noch 18 Wochen- und Monatsschriften kamen. Aber dann kam auch die sogenannte bürgerliche Presse an die Reihe. Der hoffnungslos überschuldeten Presse der NSDAP kamen die musterhaft eingerichteten Druckereien sehr gelegen. Für einen Spottpreis wurde die größte Provinzzeitung, der radikal-demokratisch und pazifistisch eingestellt gewesene „Dortmunder Generalanzeiger", von der Nazipartei übernommen, die nun in der glänzend eingerichteten Großdruckerei die „Westfälische Landeszeitung Rote Erde" herstellte. Aber die Bevölkerung machte zum großen Teil nicht mit und ging mehr und mehr dazu über,

Rundfunk zu hören, vorzugsweise natürlich die Auslandssender. Schnell beliebt wurde der neugegründete „Blick in die Zeit", worin zwar kommentarlos, aber doch sehr klug und geschickt gruppiert, nichts als Pressestimmen des In- und Auslandes wiedergegeben wurden. Es war noch kein Jahr verstrichen, da hatte dieses Blatt schon mehr als 100 000 Leser. Es wurde aber im Herbst 1935 auch verboten.

30 Im Sommer 1942 erregte der Tod des Filmregisseurs Herbert Selpin in der Reichshauptstadt Aufsehen. Goebbels hatte ihn wegen abfälliger Bemerkungen verhaften lassen. Gleich nach der ersten Nacht fand man ihn erhängt in seiner Zelle im Hauptgefängnis des Reichssicherheitshauptamtes.

31 Übrigens muß auch jener Verwaltungsbeamten gedacht werden, die vorzogen, ihren Dienst zu quittieren, als ungebührliche Zumutungen an sie gestellt wurden. Genannt seien (ganz abgesehen von den vielen Opfern des 20. Juli) die Regierungspräsidenten Dr. Ferdinand Friedensburg (noch im Februar 1945 von der Gestapo verhaftet) und Ernst von Harnack (der am 5. März 1945 in Plötzensee hingerichtet wurde), der Oberregierungsrat Kurt Baurichter (der 1934 als Gegner des Hitlerregimes zweieinhalb Jahre Zuchthaus bekam und nach 1945 Regierungspräsident in Düsseldorf wurde). Nicht zu vergessen: Dr. Carl Goerdeler, der, als er noch Oberbürgermeister von Leipzig war, die Beseitigung des Mendelssohn-Bartholdy-Denkmals verweigerte und sein Amt sogleich zur Verfügung stellte, als er aus einem Urlaub zurückkehrte und das Denkmal des jüdischen Komponisten abgebaut fand.

Erschossen wurde am 4. 1. 1945 in Sachsenhausen der frühere Berliner Oberbürgermeister Fritz Elsas. Viele andere wurden in den Tod getrieben, so der frühere Reichsminister Dr. Hamm, der Bürgermeister von Leer, Dr. Hombruch, der Senator Löpau (Lüneburg) und die Beigeordneten Dr. Beyer (Krefeld). Lamm (Schwedt) und Dr. Odenkirchen (Düsseldorf).

Entlassen und fortgesetzt schikaniert wurden die Oberbürgermeister Karl Scharnagl (München), Dr. Raabe (Hagen) und Dr. Lohmeyer (Königsberg). Seinem Leben bereitete selber ein Ende: der Bochumer Oberbürgermeister Dr. Ruer. Ins Zuchthaus gerieten der sächsische Staatsminister Fr. W. Richter und Kultusminister Dr. Adolf Grimme. Politische Gefangene im Zuchthaus Brandenburg waren ferner der Stuttgarter Polizeidirektor Paul Hahn, der Ministerialdirektor Dr. Hermann Landwehr und der Oberbürgermeister Arthur Menge aus Hannover. Hingerichtet wurden in Brandenburg der Reichsbahndirektor Zwilling (Frankfurt) und der Oberlandesgerichtspräsident Dr. Dräger (Königsberg). Der verstorbene Oberbürgermeister von Dortmund, Fritz Henssler, verlebte acht Jahre im KZ Sachsenhausen, wohin auch Professor Ernst Reuter geraten war, bevor es ihm gelang, zu emigrieren. Bekannt ist das Schicksal des 2. Bürgermeisters von Breslau, Dr. Spielhagen, der das doch nicht mehr zu rettende Breslau zur „offenen Stadt" erklären wollte und der deswegen am 19. Januar 1945 auf einem offenen Platz der Stadt nach einer entsprechenden Rede des Gauleiters als „Feigling" erschossen wurde. In ähnlicher Lage gelang es bekanntlich General Hoßbach, die Stadt Göttingen noch in letzter Stunde mit der Pistole in der Hand vor der Zerstörung zu bewahren.

32 Dankbar sei der leider nur wenigen Strafverteidiger gedacht, die (soweit sie überhaupt zu politischen Prozessen zugelassen wurden) es wirklich ernst nah-

men mit der Verteidigung ihrer politischen Mandanten. Einigen wurde das zum Verhängnis. So endete der Dresdner Rechtsanwalt Dr. Werner Schubert selber unterm Fallbeil, nachdem er mehrfach politische Angeklagte durch mutige Verteidigung vor diesem Schicksal zu bewahren versucht hatte. Immer wieder findet man u. a. auch den Rechtsanwalt Dr. Kurt Behling genannt, der es in zahlreichen Fällen gewagt haben soll, dem Volksgericht mutig entgegenzutreten und noch dazu auf Honorar für die Verteidigung politischer Angeklagter fast immer zu verzichten pflegte.

33 Schon längst waren im Zuchthaus Brandenburg die mehr als 2000 zum Tode Verurteilten zum Schweigen gebracht worden, als aus den Wänden doch noch ihre letzten Nöte, Sorgen, Wünsche und Bekenntnisse zu uns sprachen. Es gab dort eine kleine Flucht von 24 kleinen Zellen, der „Kammkasten" geheißen, worin die Todeskandidaten ihre letzten Stunden, oft auch Tage und Wochen verbrachten. Jede dieser 24 Zellen war von 50 bis 100 Todeskandidaten bewohnt worden. 1948 war es möglich, sie genau zu untersuchen. Obwohl die Zellenwände nach strenger Vorschrift allmonatlich glattgestrichen und neu geweißt worden waren, ließen sich doch noch einige 50—60 Inschriften entdecken, die unverzüglich festgehalten und vor der Vernichtung bei der bevorstehenden Renovierung der Gebäude bewahrt blieben. Zumeist waren diese Worte mit bloßem Fingernagel und mit den Tag und Nacht gefesselten Händen eingeritzt worden. Bisweilen stand wohl auch der Zacken eines Kammes zur Verfügung. Die Inschriften waren überwiegend klein, nahmen meistens nicht mehr als den Raum einer Postkarte in Anspruch.

Eine Ausnahme machte der originalgetreu reproduzierte Notschrei eines gläubigen Katholiken, der, als schon der Tod an die Türe geklopft hatte (in vielen nachgeprüften Fällen ergab sich, daß den Wänden kurz vor der Exekution die letzten Nöte und Grüße anvertraut worden waren), wahrscheinlich mit einem Löffelstiel eine ganze Wand von oben bis unten mit einer letzten Beschwörung bedeckte. Noch in letzter Stunde flehte er zu Gott, den Kelch doch an ihm vorübergehen zu lassen.

Reinhard Rödel aus Reichenbach hatte sich einen Kalender in die Wand seiner Zelle geritzt. Ständig den Tod vor Augen, machte er auch noch an dem Tage, an dem er von Henkershand sterben mußte, einen Schlußstrich an die Wand, zugleich mit einigen trotzigen Worten innerlichen Triumphes, voll Siegeszuversicht.

Ähnlich wie er nahm auch Ernst Knaack, ein Berliner der Uhrig-Gruppe, Abschied von der Welt: „Trotz alledem!"

34 Es sei immer wieder empfohlen, allen Dokumenten der Gestapo und der Hitlerjustiz, die in unserm Buch originalgetreu ohne Kommentare wiedergegeben werden, mit der gebührenden Skepsis zu begegnen. Keine Gelegenheit wird versäumt, die Angeschuldigten herabzuwürdigen. So trifft es auch nicht zu, daß Karlrobert Kreiten allen Ernstes um Aufnahme in die ihm verhaßte NSDAP gebeten hat.

35 Wie die Phantasie eines Goebbels diesen juristisch eindeutigen „Fall Lehmann" aufbauschte und agitatorisch verzerrte, wie es seine Art war, ergibt sich aus einer Eintragung in seinem „Tagebuch" (Atlantis-Verlag, Zürich, Seite 364) vom 26. Mai 1943: „In Berlin hat man einen kommunistischen Zirkel ausgeho-

ben. Es handelt sich vorläufig um etwa 40 Verhaftungen, aber es stehen noch einige mehr zu erwarten. Dieser Zirkel hat vor allem in Berliner Arbeitervierteln sein Unwesen getrieben. Als Haupt ist ein 73jähriger Rentner gefunden worden, der offenbar nichts zu tun hatte und sich deshalb mit staatsfeindlichen Umtrieben beschäftigte. Wir werden ihn einen Kopf kürzer machen."

36 Wie gewaltig sich der Kopflohn der Henker summierte, ergibt sich aus einer genauen Berechnung. An 196 Hinrichtungstagen im Zuchthaus Brandenburg haben die Scharfrichter und ihre Gehilfen nicht weniger als 255 600 Mark verdient, also mehr als eine Viertelmillion.

Literaturverzeichnis

Die nachfolgend aufgeführten fast 300 Titel zum Thema Faschismus und Widerstand können selbstverständlich keine ausführliche Bibliographie ersetzen. Sie stellen lediglich eine Auswahl vom Stand Anfang 1974 dar. Um das Verzeichnis nicht zu umfangreich werden zu lassen, wurden nur deutschsprachige Bücher aufgenommen, die seit 1945 erschienen sind, keine Einzelbeiträge in Sammelwerken, keine Zeitschriften- und Zeitungsaufsätze und keine belletristischen Werke. In zahlreichen der hier verzeichneten Bücher befinden sich spezielle Literaturangaben.

Bei der Auswahl dieser Literaturhinweise wurde vor allem Bezug genommen auf die Literaturangaben in den früheren Auflagen des vorliegenden Buches „Der lautlose Aufstand", sowie auf Literaturhinweise in „Stand und Problematik der Erforschung des Widerstandes gegen den Nationalsozialismus" (Forschungsinstitut der Friedrich-Ebert-Stiftung, Bad Godesberg 1965), „Deutscher Widerstand 1933—1945 — Aspekte der Forschung und der Darstellung im Schulbuch" (Verlag Lambert Schneider, Heidelberg 1967). Zusätzlich wurden das Literaturverzeichnis „Faschismus und Widerstand 1933—1945" (Röderberg-Verlag, Frankfurt/Main 1973) und der „Katalog Antifaschistische Buchwochen" (ebenfalls Röderberg-Verlag) herangezogen.

Abshagen, Karl-Heinz:
Canaris.
Union Deutsche Verlagsgesellschaft. Stuttgart 1949

Abusch, Alexander:
Der Irrweg einer Nation.
Aufbau-Verlag, Berlin 1949

Adelsberger, Lucie:
Auschwitz.
Ein Tatsachenbericht. Das Vermächtnis der Opfer für uns Juden und für alle Menschen. Lettner-Verlag, Berlin 1956

Adler, Hans Günther:
Theresienstadt.
1940—1945. Das Antlitz einer Zwangsgemeinschaft. Geschichte, Soziologie, Psychologie. Verlag J. C. B. Mohr, Tübingen 1955

Adler, Hans Günther:
Die verheimlichte Wahrheit.
Theresienstädter Dokumente. Verlag J. C. B. Mohr, Tübingen 1958

Adolph, Walter:
Im Schatten des Galgens.
Zum Gedächtnis der Blutzeugen in der nationalsozialistischen Kirchenverfolgung. Darstellung und Dokumente. Morus-Verlag, Berlin 1955

Ahrens, Franz:
Widerstandsliteratur.
Ein Querschnitt durch die Literatur über die Verfolgungen und den Widerstand im Dritten Reich. Herausgegeben vom Rat der VVN. Verlag Persiehl, Hamburg 1948

Aleff, Eberhard (Herausgeber):
Das Dritte Reich
Verlag für Literatur und Zeitgeschehen, Hannover 1963

Alt, Karl:
Todeskandidaten.
Neubau-Verlag, München 1946

An die Lebenden.
Lebensbilder und letzte Briefe deutscher Widerstandskämpfer. Mit einem Geleitwort von Clara Harnack. Schromm Verlag, Ludwigsburg 1960

Anger, Walter:
Das Dritte Reich in Dokumenten.
Europäische Verlagsanstalt, Frankfurt am Main 1957

Antifaschistische Buchwochen.
Katalog. Röderberg-Verlag, Frankfurt/Main 1973

Baum, Bruno:
Widerstand in Auschwitz.
Kongress-Verlag, Berlin 1962

Barth Karl:
Ein Wort an die Deutschen.
Verlag Franz Mittelbach, Stuttgart o. J.

Barth, Karl:
Die Genesung des deutschen Wesens.
Verlag Franz Mittelbach, Stuttgart 1945

Belz, Willi:
Die Standhaften.
Über den Widerstand in Kassel 1933—45. Schromm-Verlag, Ludwigsburg 1960

„. . . besonders jetzt tu Deine Pflicht!“
Briefe von Antifaschisten, geschrieben vor ihrer Hinrichtung. VVN-Verlag, Berlin-Potsdam 1948

Bethge, Eberhard:
Dietrich Bonhoeffer.
Eine Biographie. Chr. Kaiser Verlag, München 1967

Biernat, Karl Heinz und Luise Kraushaar:
Die Schulze-Boysen/Harnack-Organisation im antifaschistischen Kampf.
Dietz Verlag, Berlin 1970

Billstein, Aurel:
Der eine fällt, die andren rücken nach . . .
Dokumente des Widerstandes und der Verfolgung in Krefeld 1933—1945. Röderberg-Verlag, Frankfurt/Main 1973

Bischof Graf von Galen spricht!
Ein apostolischer Kampf und sein Widerhall. Verlag Herder, Freiburg i. Br. 1946

Bock, Hellmut:
Das heimliche Deutschland.
Hauptausschuß der Opfer des Faschismus, Berlin 1946

Bohn, Willi:
Stuttgart: Geheim!
Ein dokumentarischer Bericht. Röderberg-Verlag, Frankfurt/Main 1969

Bohn, Willi:
Transportkolonne Otto.
Röderberg-Verlag, Frankfurt/Main 1970

Bonhoeffer, Dietrich:
Widerstand und Ergebung.
Briefe und Aufzeichnungen aus der Haft. Herausgegeben von Eberhard Bethge. Chr. Kaiser Verlag, München 1970

Boulanger, Jakob und Tschesno-Hell, Michael:
Eine Ziffer über dem Herzen.
Verlag Volk und Welt, Berlin 1957

Boyens, Armin:
Kirchenkampf und Ökumene 1933—1939.
Darstellung und Dokumentation. Chr. Kaiser Verlag, München 1969

Boysen, Else:
Harro Schulze-Boysen, das Bild eines Freiheitskämpfers.
Düsseldorf 1947

Bredel, Willi:
Ernst Thälmann. Ein Beitrag zu einem politischen Lebensbild.
Dietz Verlag, Berlin 1950

Braunbuch über Reichstagsbrand und Hitlerterror.
Faksimile-Nachdruck der Originalausgabe von 1933. Mit einem Vorwort vom Präsidium der VVN — Bund der Antifaschisten und einem Nachwort von Alexander Abusch. Röderberg-Verlag, Frankfurt/Main 1973

Brennig, Richard u. a.:
Peine unter der NS-Gewaltherrschaft.
Zeugnisse des Widerstandes und der Verfolgung im Dritten Reich. Vereinigung der Verfolgten des Naziregimes, Kreisvereinigung Peine 1970

Bretschneider, Heike:
Der Widerstand gegen den Nationalsozialismus in München 1933—1945.
Stadtarchiv München 1968

Brill, Hermann:
Gegen den Strom.
Wege zum Sozialismus. Bollwerk-Verlag, Offenbach/Main 1946

Brodski, Josif Anatolovic:
Die Lebenden kämpfen.
Die illegale Organisation „Brüderliche Zusammenarbeit der Kriegsgefangenen". VEB Deutscher Verlag der Wissenschaften, Berlin 1968

Brück, Carlheinz von:
Im Namen der Menschlichkeit.
Bürger gegen Hitler. Buchverlag Der Morgen, Berlin 1963

Buchenwald. Mahnung und Verpflichtung.
Dokumente und Berichte. Kongreß-Verlag, Berlin, und Röderberg-Verlag, Frankfurt/Main 1960

Das war Buchenwald
Ein Tatsachenbericht. Verlag für Wissenschaft und Literatur, Leipzig 1945

Buchheit, Gert:
Ludwig Beck.
Ein preußischer General. Paul List Verlag, München 1964

Buchmann, Erika:
Die Frauen von Ravensbrück.
Kongreß-Verlag, Berlin 1959

Burghardt, Max:
Briefe, die nie geschrieben wurden.
Lilo Herrmann zum Gedächtnis. Verlag Neues Leben, Berlin 1966

Bußmann, Walter:
Die innere Entwicklung des deutschen Widerstandes gegen Hitler.
Morus-Verlag, Berlin 1964

candidates of humanity.
Dokumentation zur Hamburger Weißen Rose anläßlich des 50. Geburtstages von Hans Leipelt. Bearbeitet von Ursel Hochmuth. Herausgeber: Vereinigung der Antifaschisten und Verfolgten des Naziregimes (VAN), Hamburg 1971

Carls, Hans:
Dachau.
Erinnerungen eines katholischen Geistlichen aus der Zeit seiner Gefangenschaft 1941—1945. Bachem Verlag, Köln 1946

Christlicher Widerstand gegen den Faschismus.
Union-Verlag, Berlin 1955

Conrad, Walter:
Der Kampf um die Kanzeln.
Erinnerungen und Dokumente aus der Hitlerzeit. Töpelmann Verlag, Berlin 1957

Coppenrath, Albert:
Meine Kanzelvermeldungen und Erlebnisse im Dritten Reich.
Bachem Verlag, Köln 1946

Corsten, Wilhelm:
Kölner Aktenstücke zur Lage der katholischen Kirche in Deutschland 1933—1945.
Bachem Verlag, Köln 1949

Das aufgebrochene Tor.
Predigten und Andachten gefangener Pfarrer im Konzentrationslager Dachau. Neubau-Verlag, München 1946

Delp, Alfred:
Im Angesicht des Todes.
Geschrieben zwischen Verhaftung und Hinrichtung 1944—1945. Knecht-Verlag, Frankfurt/Main 1957

Das heimliche Deutschland.
Herausgeber: Hauptausschuß der Opfer des Faschismus, Berlin 1946

Deutsch, H. C.:
Verschwörung gegen den Krieg.
Verlag C. H. Beck, München 1969

Deutsche Widerstandskämpfer 1933—1945.
Biographien und Briefe. Dietz Verlag, Berlin 1970

Deutscher Widerstand 1933—1945.
Aspekte der Forschung und der Darstellung im Schulbuch. Hrsg. v. Edgar Weick. Verlag Lambert Schneider, Heidelberg 1967

Diehn, Otto:
Bibliographie zur Geschichte des Kirchenkampfes 1933—1945.
Vandenhoeck & Ruprecht, Göttingen 1958

Dokumente aus dem Kampf der katholischen Kirche im Bistum Berlin gegen den Nationalsozialismus.
Morus-Verlag, Berlin 1948

Drobisch, Klaus:
Widerstand hinter Stacheldraht.
Aus dem antifaschistischen Kampf im KZ Buchenwald. Dietz Verlag, Berlin 1962

Dulles, Allen Welsh:
Verschwörung in Deutschland.
Europa-Verlag, Zürich 1948

Ehrle, Gertrud:
Licht über dem Abgrund.
Herder-Verlag, Freiburg 1951

Erb, Alfons:
Bernhard Lichtenberg.
Morus-Verlag, Berlin 1957

Erzbischof Dr. Wendelin Rauch.
Verlag Herder, Freiburg i. Br. 1948

Eschwege, Helmut (Herausgeber):
Kennzeichen „J".
Bilder, Dokumente, Berichte zur Geschichte der Verbrechen des Hitlerfaschismus an den deutschen Juden 1933 bis 1945. Mit einem Geleitwort von Arnold Zweig, einer Einleitung von Rudi Goguel und einer Chronik der faschistischen Judenverfolgungen von Klaus Drobisch. VEB Deutscher Verlag der Wissenschaften, Berlin 1966

Esters, Helmut und Hans Pelger:
Gewerkschafter im Widerstand.
Verlag für Literatur und Zeitgeschehen, Hannover 1967

Faschismus — Ghetto — Massenmord.
Dokumentation über Ausrottung und Widerstand der Juden in Polen während des zweiten Weltkrieges.
Rütten & Loening Verlag, Berlin 1961

Fischer, Joachim:
Die Sächsische Landeskirche im Kirchenkampf 1933—1937.
VEB Max Niemeyer Verlag, Halle/Leipzig 1972

Frauenkonzentrationslager Ravensbrück.
Stern Verlag, Wien 1946

Frauen-KZ Ravensbrück.
Herausgegeben vom Komitee der Antifaschistischen Widerstandskämpfer der Deutschen Demokratischen Republik. VEB Deutscher Verlag der Wissenschaften, Berlin 1971

Friedländer, Saul:
Pius XII. und das Dritte Reich.
Rowohlt Verlag, Reinbek bei Hamburg 1965

Friedman, Philip:
Das andere Deutschland.
Die Kirchen. arani-Verlag, Berlin 1960

Gisevius, Hans Bernd:
Bis zum bitteren Ende.
Vom Reichstagsbrand bis zum 20. Juli 1944. Rütten & Loening Verlag, Hamburg o. J.

Gittig, Heinz:
Illegale antifaschistische Tarnschriften 1933 bis 1945.
VEB Verlag für Buch- und Bibliothekswesen, Leipzig, und Röderberg-Verlag, Frankfurt/Main 1972

Glondajewski, Gertrud und Heinz Schumann:
Die Neubauer-Poser-Gruppe.
Dokumente und Materialien des illegalen antifaschistischen Kampfes (Thüringen 1939 bis 1949). Dietz Verlag, Berlin 1957

Goguel, Rudi:
Es war ein langer Weg.
Ein Bericht. Ein notwendiges Nachwort — vier Jahre später. Volksverlag, Singen 1949

Goguel, Rudi:
„Cap Arcona".
Report über den Untergang der Häftlingsflotte in der Lübecker Bucht am 3. Mai 1945. Röderberg-Verlag, Frankfurt/Main 1972

Gollwitz, Helmut, Käthe Kuhn und Reinhold Schneider (Hrsg.):
Du hast mich heimgesucht bei Nacht.
Abschiedsbriefe und Aufzeichnungen des Widerstandes 1933—1945. Kaiser Verlag, München 1954

Graml, Hermann, Hans Mommsen, Hans-Joachim Reichhardt und Ernst Wolf:
Der deutsche Widerstand gegen Hitler.
Vier historisch-kritische Studien. Herausgegeben von Walter Schmitthenner und Hans Buchheim. Verlag Kiepenheuer & Witsch, Köln 1966

Grimme, Adolf:
Widerstand vom Geist her.
Braunschweig 1949

Groscurth, Helmuth:
Tagebuch eines Abwehroffiziers 1938—1940.
Mit weiteren Dokumenten zur Militäropposition gegen Hitler. Deutsche Verlags-Anstalt, Stuttgart 1970

Gross, F. A.:
Die Dachauer Trilogie.
(2000 Tage Dachau — Fünf Minuten vor zwölf — Sterne in der Nacht) Neubau Verlag, München 1947

Grossmann, Kurt R.:
Die unbesungenen Helden.
arani-Verlag, Berlin 1958

Grossmann, Kurt. R.:
Ossietzky — Ein deutscher Patriot.
Kindler Verlag, München 1963

Grossmann, Kurt R.:
Emigration.
Geschichte der Hitler-Flüchtlinge 1933—1945. Europäische Verlagsanstalt, Frankfurt/Main 1969

Grossmann, Vasilij:
Die Hölle von Treblinka.
Verlag für fremdsprachige Literatur, Moskau 1947

Groß, Babette:
Willi Münzenberg.
Eine politische Biographie. Deutsche Verlagsanstalt, Stuttgart 1967

Gundlach/Panzer:
Peter Buchholz. Der Seelsorger von Plötzensee.
Kyrios-Verlag, Freising 1964

Hammer, Franz:
Theodor Neubauer
Ein Kämpfer gegen den Faschismus.
Dietz Verlag, Berlin 1956

Hammer, Walter:
Theodor Haubach zum Gedächtnis.
Europäische Verlagsanstalt, Frankfurt 1955

Hammer, Walter:
Hohes Haus in Henkers Hand.
Europäische Verlagsanstalt, Frankfurt/Main 1956

Hammerstein, Kunrat Freiherr von:
Flucht.
Aufzeichnungen nach dem 20. Juli. Walter-Verlag, Olten und Freiburg i. Br. 1966

Hassel, Ulrich von:
Vom anderen Deutschland — Aus nachgelassenen Tagebüchern 1938—1944.
Atlantis-Verlag, Zürich und Freiburg i. Br. 1947

Henk, Emil:
Die Tragödie des 20. Juli.
Adolf Reusch Verlag, Heidelberg 1946

Hermelink, Heinrich:
Kirche im Kampf.
Dokumente des Widerstandes und des Aufbaus in der Evangelischen Kirche Deutschlands von 1933 bis 1945. Rainer Wunderlich Verlag, Tübingen 1950

Hirtenrufe des Erzbischofs Gröber in die Zeit.
Verlag Herder, Freiburg i. Br. 1947

Hochmuth, Ursel und Gertrud Meyer:
Streiflichter aus dem Hamburger Widerstand 1933—1945.
Berichte und Dokumente. Röderberg-Verlag, Frankfurt/Main 1969

Hochmuth, Ursel:
Faschismus und Widerstand.
Ein Literaturverzeichnis. Röderberg-Verlag, Frankfurt/Main 1973

Hofer, Walther (Herausgeber):
Der Nationalsozialismus.
Dokumente 1933—1945. Fischer Bücherei, Frankfurt/Main 1960

Hoffmann, Peter:
Widerstand, Staatsstreich, Attentat.
Der Kampf der deutschen Opposition gegen Hitler. R. Piper & Co. Verlag, München 1969

Huber, Clara:
Kurt Huber zum Gedächtnis.
Bildnis eines Menschen, Denkers und Forschers. Habbel Verlag, Regensburg 1947

Helmuth Hübener.
Vorbild, Opfer, Verpflichtung. Das Urteil des Volksgerichtshofes von 1942. Herausgegeben und eingeleitet von Franz Ahrens. Hermes Verlag, Hamburg 1946

Interbrigadisten.
Der Kampf deutscher Kommunisten und anderer Antifaschisten im nationalrevolutionären Krieg des spanischen Volkes 1936—1939. Deutscher Militärverlag, Berlin 1966

Jahnke, Karl-Heinz:
Niemals vergessen — Aus dem antifaschistischen Widerstandskampf der Studenten Europas.
Verlag Neues Leben, Berlin 1959

Jahnke, Karl-Heinz:
Weiße Rose contra Hakenkreuz.
Der Widerstand der Geschwister Scholl und ihrer Freunde. Röderberg-Verlag, Frankfurt/Main 1969

Jahnke, Karl-Heinz:
Entscheidungen.
Jugend im Widerstand 1933—1945. Röderberg-Verlag, Frankfurt/Main 1970

Jahnke, Karl-Heinz:
Gegen den Mißbrauch der olympischen Idee 1936.
Sportler im antifaschistischen Widerstand. Röderberg-Verlag, Frankfurt/Main 1972

Jannasch, W.:
Deutsche Kirchendokumente.
Zürich 1946

Joos, Josef:
Leben auf Widerruf.
Olten 1946

Kautsky, Benedikt:
Teufel und Verdammte.
Europa-Verlag, Zürich 1946

Kempner, Robert M. W.:
Edith Stein und Anne Frank.
Zwei von Hunderttausend. Herder Verlag, Freiburg i. Br. 1968

Kersten, Felix:
Totenkopf und Treue — Heinrich Himmler ohne Uniform.
Moelich Verlag, Hamburg 1952

Klepper, Jochen:
Unter dem Schatten Deiner Flügel.
Aus den Tagebüchern der Jahre 1932—1942. Mit einem Geleitwort von Reinhold Schneider. Deutsche Verlags-Anstalt, Stuttgart 1956

Kliem, Kurt:
Der sozialistische Widerstand gegen das Dritte Reich.
Dargestellt an der Gruppe „Neu Beginnen". Marburg 1957

Klönne, Arno:
Gegen den Strom.
Bericht über den Jugendwiderstand im Dritten Reich. Norddeutsche Verlagsanstalt, Hannover und Frankfurt/Main 1957

Klotzbach, Kurt:
Gegen den Nationalsozialismus.
Widerstand und Verfolgung in Dortmund 1930—1945. Eine historisch-politische Studie. Verlag für Literatur und Zeitgeschehen, Hannover 1969

Kloidt, Franz:
Verräter oder Märtyrer?
Dokumente katholischer Blutzeugen der nationalsozialistischen Kirchenverfolgung. Patmos-Verlag, Düsseldorf 1962

Kloidt, Franz:
Gestapo-Akten III/4-F3/41.
Märtyrer-Akten Wilhelm Frede. Verlag Johann von Acken, Krefeld 1966

Kloidt, Franz:
Häftling Nr. 32291.
Blutzeuge Gerhard Storm. Gesthuysen Verlag, Xanten 1966

Kluke, Paul:
Das Recht des Widerstandes gegen die Staatsgewalt in der Sicht des Historikers.
Hannover 1957

Kolb, Eberhard:
Bergen-Belsen.
Geschichte des „Aufenthaltslagers" 1943—1945. Verlag für Literatur und Zeitgeschehen, Hannover 1962

Köhler, Fritz:
Die Befreiung Deutschlands vom faschistischen Joch.
Kongress-Verlag, Berlin 1955

Kogon, Eugen:
Der SS-Staat.
Das System der deutschen Konzentrationslager. Europäische Verlagsanstalt, Frankfurt/Main 1959

Konzentrationslager Oswiecim (Auschwitz-Birkenau).
Zentralkommission für Untersuchung der Nazi-Verbrechen in Polen. Warschau 1955

Kordt, Erich:
Wahn und Wirklichkeit.
Union Deutsche Verlagsanstalt, Stuttgart 1948

Kosthorst, Erich:
Die deutsche Opposition gegen Hitler zwischen Polen- und Frrankreichfeldzug.
Bundeszentrale für Heimatdienst, Bonn 1957

Kraus, Herbert:
Die im Braunschweiger Remer-Prozeß erstatteten moraltheologischen und historischen Gutachten nebst Urteil.
Hamburg 1953

Kraus, Ilse:
Die Schumann-Engert-Kresse-Gruppe.
Dokumente und Materialien des illegalen antifaschistischen Kampfes (Leipzig, 1943 bis 1945). Dietz Verlag, Berlin 1960

Kuckhoff, Greta:
Adam Kuckhoff.
Aufbau-Verlag, Berlin 1947

Kuckhoff, Greta:
Vom Rosenkranz zur Roten Kapelle.
Ein Lebensbericht. Verlag Neues Leben, Berlin 1972, und Röderberg-Verlag, Frankfurt/Main 1974

Kühn, Heinz:
Blutzeugen des Bistums Berlin
Klausener, Lichtenberg, Lampert. Morus-Verlag, Berlin 1950

Kühn, Kurt:
Die letzte Runde.
Widerstandsgruppe NKFD National-Komitee Freies Deutschland. VVN-Verlag, Berlin-Potsdam 1949

Künneth, W.:
Das Widerstandsrecht als theologisch-ethisches Problem.
München 1954

Landgrebe, Wilhelm:
Dietrich Bonhoeffer.
Ein Blutzeuge aus jüngster Zeit. Brunnen-Verlag, Basel 1961

Langhoff, Wolfgang:
Die Bewegung Freies Deutschland und ihre Ziele.
Europa-Verlag, Zürich und New York 1945

Leber, Annedore:
Das Gewissen steht auf.
64 Lebensbilder aus dem deutschen Widerstand 1933—1945. Herausgegeben in Zusammenarbeit mit Willy Brandt und Karl Dietrich Bracher. Mosaik-Verlag, Berlin und Frankfurt/Main 1955

Leber, Annedore:
Das Gewissen entscheidet.
Berichte des deutschen Widerstandes 1933—1945 in Lebensbildern. Herausgegeben in Zusammenarbeit mit Willy Brandt und Karl Dietrich Bracher. Mosaik-Verlag, Berlin und Frankfurt/Main 1957

Leber, Julius:
Ein Mann geht seinen Weg.
Schriften, Reden und Briefe. Herausgegeben von seinen Freunden. Mosaik-Verlag, Berlin und Frankfurt/Main 1952

Lehmann, Klaus:
Widerstandsgruppe Schulze-Boysen/Harnack.
Männer und Frauen des illegalen antifaschistischen Kampfes. VVN-Verlag, Berlin 1948

Leithäuser, J. G.:
Wilhelm Leuschner.
Ein Leben für die Republik. Bund-Verlag, Köln 1962

Lenz, Johann Maria:
Christus in Dachau.
Ein religiöses Volksbuch und ein kirchengeschichtliches Zeugnis. Im Selbstverlag, Wien 1956

Lersner, Dieter von:
Die evangelischen Jugendverbände Württembergs und die Hitler-Jugend 1933/34.
Verlag Vandenhoeck & Ruprecht, Göttingen 1958

Lesch, Franz Xaver:
Pater Maximilian Kolbe.
Echter Verlag, Würzburg o. J.

Lewy, Günter:
Die katholische Kirche und das Dritte Reich.
R. Piper & Co. Verlag, München 1965

Lilje, Hanns:
Im finsteren Tal.
Lätare-Verlag, Nürnberg 1947

Lingens, Ella:
Eine Frau im Konzentrationslager.
Europa-Verlag, Wien und Frankfurt/Main 1961

Link, Werner:
Die Geschichte des Internationalen Jugendbundes (IJB) und des Internationalen Sozialistischen Kampfbundes (ISK).
Verlag Anton Hain, Meisenheim am Glau 1961

Literatur und Widerstand.
Anthologie europäischer Poesie und Prosa. Herausgegeben von der Internationalen Föderation der Widerstandskämpfer (FIR). Röderberg-Verlag, Frankfurt/Main 1969

Litt, Theodor:
Staatsgewalt und Sittlichkeit.
München 1948

Ludwig, Max:
Aus dem Tagebuch des Hans O.
Dokumente und Berichte über die Deportation und den Untergang der Heidelberger Juden. Verlag Lambert Schneider, Heidelberg 1965

Machovec, Milan u. a.:
Recht, Gerechtigkeit und Gewalt.
Der 20. Juli — Vergangenheit und Gegenwart. Kreuz-Verlag, Stuttgart o. J.

Maidanek.
Die Todesfabrik Maidanek. Ein dokumentarischer Tatsachenbericht aus dem berüchtigten deutschen Vernichtungslager. Stern Verlag, Wien 1946

Manhattan, Avro:
Der Vatikan und das XX. Jahrhundert.
Verlag Volk und Welt, Berlin 1958

Marsalek, Hans:
Mauthausen mahnt.
Globus-Verlag, Wien 1950

Material zu einem Weißbuch der deutschen Opposition gegen die Hitlerdiktatur.
Erste Zusammenstellung ermordeter, hingerichteter oder zu Freiheitsstrafen verurteilter deutscher Gegner des Nationalsozialismus. Vorstand der SPD, London 1946

Matthias, Erich:
Sozialdemokratie und Nation.
Ein Beitrag zur Ideengeschichte der sozialdemokratischen Emigration 1933—1938. Deutsche Verlagsanstalt, Stuttgart 1952

Mau, Hermann und Helmut Krausnick:
Deutsche Geschichte der jüngsten Vergangenheit 1933—1945.
Rainer Wunderlich Verlag, Tübingen, und Metzlersche Verlagsbuchhandlung, Stuttgart 1956

Meier, Kurt:
Die Deutschen Christen.
Das Bild einer Bewegung im Kirchenkampf des Dritten Reiches. VEB Max Niemeyer Verlag, Halle/Leipzig 1971

Melnikow, Daniil:
20. Juli 1944 — Legende und Wirklichkeit.
Deutscher Verlag der Wissenschaften, Berlin 1967 und Wegner Verlag, Hamburg 1969

Meyer, Gertrud:
Nacht über Hamburg.
Berichte und Dokumente 1933—1945. Röderberg-Verlag, Frankfurt/Main 1971

Mielke, Fred und Alexander Mitscherlich:
Das Diktat der Menschenverachtung.
Lambert Schneider Verlag, Heidelberg 1947

Mitscherlich, Alexander und Fred Mielke (Herausgeber):
Medizin ohne Menschlichkeit.
Dokumente des Nürnberger Ärzteprozesses. Fischer Bücherei, Frankfurt/Main und Hamburg 1960

Moltke, Helmut James Graf von:
Briefe.
Bericht aus Deutschland. Letzte Briefe aus dem Gefängnis. Henssel Verlag, Berlin 1971

Muckermann, Friedrich:
Der deutsche Weg.
Aus der Widerstandsbewegung der deutschen Katholiken von 1930 bis 1945. NZN-Verlag, Zürich 1945

Müller, Hans (Herausgeber):
Katholische Kirche und Nationalsozialismus.
Dokumente 1930 bis 1935. Deutscher Taschenbuch Verlag, München 1965

Müller, Max:
Das christliche Menschenbild und die Weltanschauung der Neuzeit.
Verlag Herder, Freiburg i. Br. 1945

Müllner, Othmar:
Wahrheit — Wille — Widerstand — Ein Brevier der Freiheit.
Röderberg-Verlag, Frankfurt/Main 1955

Neuhäusler, Johannes:
Kreuz und Hakenkreuz.
Der Kampf des Nationalsozialismus gegen die katholische Kirche und der kirchliche Widerstand. 2 Bände. Verlag Katholische Kirche Bayerns, München 1946.

Neuhäusler, Johannes:
Amboß und Hammer.
Erlebnisse im Kirchenkampf des Dritten Reiches. Manz Verlag, München 1967

Niekisch, Ernst:
Das Reich der niederen Dämonen.
Rowohlt Verlag, Hamburg 1953

Niekisch, Ernst:
Gewagtes Leben.
Begegnungen und Begebnisse. Verlag Kiepenheuer & Witsch, Köln und Berlin 1958

Niemöller, Martin:
Kirchenkampf im Dritten Reich.
Ludwig Bechauf Verlag, Bielefeld 1946

Niemöller, Martin:
Bielefelder Dokumente.
Ludwig Bechauf Verlag, Bielefeld 1947

Niemöller, Martin:
. . . zu verkünden ein gnädiges Jahr des Herrn — 6 Dachauer Predigten.
Christian Kaiser Verlag, München

Niemöller, Wilhelm:
Kampf und Zeugnis der Bekennenden Kirche.
Ludwig Bechauf Verlag, Bielefeld 1948

Niemöller, Wilhelm:
Bekennende Kirche in Westfalen.
Ludwig Bechauf Verlag, Bielefeld

Niemöller, Wilhelm:
Evangelische Kirche im Dritten Reich.
Handbuch des Kirchenkampfes.
Ludwig Bechauf Verlag, Bielefeld 1956

Nitzsche, Gerhard:
Die Saefkow-Jacob-Bästlein-Gruppe.
Dokumente und Materialien des illegalen antifaschistischen Kampfes (1942 bis 1945). Dietz-Verlag, Berlin 1957

Oertel, Ferdinand:
Jugend im Feuerofen.
Aus der Chronik des Kampfes der katholischen Jugend im Dritten Reich. Paulus-Verlag, Recklinghausen 1960

Ogiermann, Otto:
Bis zum letzten Atemzug.
Der Prozeß gegen Bernhard Lichtenberg. St. Benno-Verlag, Leipzig, 1968

Oppenheimer, Max:
Der Fall Vorbote.
Zeugnisse des Mannheimer Widerstandes. Röderberg-Verlag, Frankfurt/Main 1969

Pasaremos.
Deutsche Antifaschisten im nationalrevolutionären Krieg des spanischen Volkes. Bilder, Dokumente, Erinnerungen. Herausgegeben von Horst Kühne. Deutscher Militärverlag, Berlin 1970

Pechel, Rudolf:
Deutscher Widerstand.
Eugen Rentsch Verlag, Erlenbach-Zürich 1947

Perau, Josef:
Priester im Heere Hitlers
Erinnerungen 1940—1945. Ludgerus Verlag, Essen 1962

Perk, Willy:
Die Hölle im Moor
Röderberg-Verlag, Frankfurt/Main 1970

Perrault, Gilles:
Auf den Spuren der Roten Kapelle.
Rowohlt Verlag, Reinbek 1969

Petry, Christian:
Studenten aufs Schafott.
Die weiße Rose und ihr Scheitern.
R. Piper & Co. Verlag, München 1968

Pikarski, Margot:
Sie bleiben unvergessen.
Widerstandsgruppe Herbert Baum, Berlin. Verlag Junge Welt, Berlin 1968

Poelchau, Harald:
Die letzten Stunden.
Erinnerungen eines Gefängnispfarrers. Aufgezeichnet von Graf Alexander Stenbock-Fermor. Verlag Volk und Welt, Berlin 1949

Poliakov, Léon und Josef Wulf:
Das Dritte Reich und die Juden.
arani-Verlag, Berlin 1955

Poliakov, Léon und Josef Wulf:
Das Dritte Reich und seine Diener.
Dokumente. arani Verlag, Berlin 1956

Poliakov, Léon und Josef Wulf:
Das Dritte Reich und seine Denker.
Dokumente. arani Verlag, Berlin 1959

Poller, Walter:
Arztschreiber in Buchenwald.
Bericht des Häftlings 996 aus Block 39. Verlag Das Segel, Offenbach 1960

Portmann, Heinrich:
Kardinal von Galen.
Ein Gottesmann seiner Zeit. Verlag Aschendorf. Münster/Westfalen 1950

Das Prager Manifest von 1934.
Ein Beitrag zur Geschichte der SPD.
Wolfgang Runge Verlag, Hamburg 1963

Presse in Fesseln.
Verlag Archiv und Kartei, Berlin 1948

Prittie, Terence:
Deutsche gegen Hitler.
Eine Darstellung des deutschen Widerstandes gegen den Nationalsozialismus. Rainer Wunderlich Verlag, Tübingen 1965

Puls, Ursula:
Die Bästlein-Jacob-Abshagen-Gruppe.
Bericht über den antifaschistischen Widerstandskampf in Hamburg und an der Wasserkante während des zweiten Weltkrieges. Dietz Verlag, Berlin 1959

Radermacher, Josef:
Ketzergedanken im Dritten Reich.
Scherpe-Verlag, Krefeld 1946

Rast, Gertrud:
Allein bist Du nicht.
Kämpfe und Schicksale in schwerer Zeit. Röderberg-Verlag, Frankfurt/Main 1972

Ravensbrück.
Kongreß-Verlag, Berlin 1960

Reichhold, Ludwig:
Opposition gegen den autoritären Staat.
Christlicher Antifaschismus 1934—1938. Europa-Verlag, Wien, Stuttgart 1964

Reichhold, Ludwig:
Arbeiterbewegung jenseits des totalen Staates.
Die Gewerkschaften und der 20. Juli 1944. Europa-Verlag, Stuttgart, Wien 1965

Reitlinger, Gerald:
Die Endlösung.
Hitlers Versuch der Ausrottung der Juden 1939—1945. Colloquium-Verlag, Berlin 1956

Reitlinger, Gerald:
Die SS — Tragödie einer deutschen Epoche.
Verlag Kurt Desch, München 1956

Résistance
Erinnerungen deutscher Antifaschisten. Zusammengestellt und bearbeitet von Dora Schaul. Dietz Verlag, Berlin, und Röderberg-Verlag, Frankfurt/Main 1973

Reuter, Franz:
Der 20. Juli und seine Vorgeschichte.
Wedding-Verlag, Berlin 1946

Rinser, Luise:
Gefängnistagebuch.
Desch Verlag, München 1946 und Union-Verlag, Berlin 1967

Ritter, Gerhard:
Carl Goerdeler und die deutsche Widerstandsbewegung.
Deutsche Verlagsanstalt, Stuttgart 1954

Robertson, Edwin:
Christen gegen Hitler.
Gütersloher Verlagshaus, Gütersloh 1964

Röder, Werner:
Die deutschen sozialistischen Exilgruppen in Großbritannien.
Ein Beitrag zur Geschichte des Widerstandes gegen den Nationalsozialismus. Verlag für Literatur und Zeitgeschehen, Hannover 1969

Roon, Ger van:
Neuordnung im Widerstand.
Der Kreisauer Kreis innerhalb der deutschen Widerstandsbewegung. R. Oldenbourg Verlag, München 1967

Rossmann, Gerhard:
Der Kampf der KPD um die Einheit aller Hitlergegner.
Dietz Verlag, Berlin 1963

Rost, Nico:
Goethe in Dachau.
Literatur und Wirklichkeit. Verlag Volk und Welt, Berlin, und Willi Weismann Verlag, München 1948

Rost, Nico:
Ich war wieder in Dachau.
Röderberg-Verlag, Frankfurt/Main 1956

Rothfels, Hans:
Die deutsche Opposition gegen Hitler.
Eine Würdigung. Fischer Bücherei, Frankfurt/Main und Hamburg 1969

Russell, Lord of Liverpool:
Geißel der Menschheit.
Kurze Geschichte der Nazikriegsverbrechen. Verlag Volk und Welt, Berlin und Röderberg-Verlag, Frankfurt/Main 1955

Sachsenhausen.
Herausgegeben vom Komitee der antifaschistischen Widerstandskämpfer der DDR. Kongreß-Verlag, Berlin 1962

Sauberzweig, Dieter (Herausgeber):
Adolf Grimme.
Briefe. Verlag Lambert Schneider, Heidelberg 1967

Salm, Fritz:
Im Schatten des Henkers.
Vom Arbeiterwiderstand in Mannheim gegen Hitlerdiktatur und Krieg 1933—1945. Röderberg-Verlag, Frankfurt/Main 1973

Schabrod, Karl:
Widerstand an Rhein und Ruhr 1933—1945.
Landesvorstand der Vereinigung der Verfolgten des Nazi-Regimes, Nordrhein-Westfalen, Düsseldorf 1969

Schaefer, Josef (Herausgeber):
Wo seine Zeugen sterben, ist sein Reich.
Briefe der enthaupteten Lübecker Geistlichen und Berichte von Augenzeugen. Toth Verlag, Hamburg 1946

Schäfer, Wolfgang:
NSDAP.
Entwicklung und Struktur der Staatspartei im Dritten Reich. Norddeutsche Verlagsanstalt, Hannover und Frankfurt/Main 1956

Scheffler, Wolfgang:
Judenverfolgung im Dritten Reich 1933—1945.
Colloquium-Verlag, Berlin 1960

Scheurig, Bodo (Herausgeber):
Deutscher Widerstand 1938—1944.
Fortschritt oder Reaktion? Deutscher Taschenbuch Verlag, München 1969

Scheurig, Bodo:
Claus Graf Schenk von Stauffenberg.
Colloquium Verlag, Berlin 1964

Scheurig, Bodo:
Ewald von Kleist-Schmenzin.
Ein Konservativer gegen Hitler. Gerhard Stalling Verlag, Oldenburg 1968

Scheurig, Bodo:
Freies Deutschland.
Das Nationalkomitee und der Bund Deutscher Offiziere in der Sowjetunion 1943—1945. Nymphenburger Verlagshandlung, München 1960

Scheurig, Bodo (Herausgeber):
Verrat hinter Stacheldraht?
Das Nationalkomitee „Freies Deutschland" und der Bund Deutscher Offiziere in der Sowjetunion 1943—1945. Deutscher Taschenbuch Verlag, München 1965

Schlabrendorff, Fabian von:
Offiziere gegen Hitler.
Fischer Bücherei, Frankfurt/Main und Hamburg 1959

Schlotterbeck, Friedrich:
. . . wegen Vorbereitung zum Hochverrat hingerichtet.
Europa-Verlag, Stuttgart 1945

Schlotterbeck, Friedrich:
Je dunkler die Nacht, desto heller die Sterne.
Erinnerungen eines deutschen Arbeiters 1933—1945. Dietz Verlag, Berlin 1948

Schmidt, Elli:
Der erste Augenblick der Freiheit.
VEB Hinstorff Verlag, Rostock 1970

Schmidt, Jürgen:
Die Erforschung des Kirchenkampfes.
Die Entwicklung der Literatur und der gegenwärtige Stand der Erkenntnis. Chr. Kaiser Verlag, München 1968

Schmidt, Walter A.:
Damit Deutschland lebe.
Ein Quellenwerk über den deutschen antifaschistischen Widerstandskampf 1933—1945. Kongreß-Verlag, Berlin 1959

Schnabel, Raimund:
Macht ohne Moral — Eine Dokumentation über die SS.
Röderberg-Verlag, Frankfurt/Main 1957

Schnabel, Raimund:
Die Frommen in der Hölle.
Geistliche in Dachau. Union-Verlag, Berlin, und Röderberg-Verlag, Frankfurt/Main 1966

Schneider, Margarete:
Der Prediger von Buchenwald.
Das Martyrium Paul Schneiders, Lettner-Verlag, Berlin 1953

Schneider, Reinhold:
Gedenkwort zum 20. Juli.
Verlag Herder, Freiburg i. Br. 1947

Schoenberner, Gerhard:
Der gelbe Stern.
Die Judenverfolgung in Europa 1933 bis 1945. Rütten & Loening Verlag, Hamburg 1960

Schoenberner, Gerhard (Herausgeber):
Wir haben es gesehen.
Augenzeugenberichte über Terror und Judenverfolgung im Dritten Reich. Rütten & Loening Verlag, Hamburg 1962

Scholl, Inge:
Die weiße Rose.
Fischer Bücherei. Frankfurt/Main und Hamburg 1956

Schorn, Hubert:
Der Richter im Dritten Reich.
Geschichte und Dokumente. Verlag Vittorio Klostermann, Frankfurt/Main 1959

Schramm, Wilhelm von:
Aufstand der Generale
Der 20. Juli in Paris. Kindler Verlag, München 1964

Fiete Schulze.
Briefe und Aufzeichnungen aus dem Gestapo-Gefängnis in Hamburg. Einleitung Erich Weinert. Dietz Verlag, Berlin 1959

Schumann, Hans Gerd:
Nationalsozialismus und Gewerkschaftsbewegung.
Norddeutsche Verlagsgesellschaft O. Goedel, Hannover-Frankfurt/Main 1958

Schumann, Heinz und Gerda Werner:
Erkämpft das Menschenrecht.
Lebensberichte und letzte Briefe antifaschistischer Widerstandskämpfer. Dietz Verlag, Berlin 1958

Schumann, Wilhelm:
Ihr seid den dunklen Weg für uns gegangen . . .
Skizzen aus dem Widerstand in Hann. Münden 1933—1939. Röderberg-Verlag, Frankfurt/Main 1973

Schwalenberg, Friedrich Wilhelm:
In den Händen der Gestapo.
Verlag Schönebeck (Elbe) 1945

Siegmund-Schultze, Friedrich:
Die deutsche Widerstandsbewegung im Spiegel der ausländischen Literatur.
Reclam Verlag. Stuttgart 1948

Sie kämpften für Deutschland.
Zur Geschichte des Kampfes der Bewegung „Freies Deutschland“ bei der 21. Ukrainischen Front der Sowjetarmee. Verlag des Ministeriums für Nationale Verteidigung, Berlin 1959

Sington, Derrik:
Die Tore öffnen sich.
Authentischer Bericht über das englische Hilfswerk für Bergen mit amtlichen Photos und einem Rückblick von Rudi Küstermeier. Hamburger Kulturverlag, Hamburg 1948

Shirer, William L.:
Aufstieg und Fall des Dritten Reiches
Verlag Kiepenheuer & Witsch, Köln und Berlin 1963

So ging es zu Ende . . .
Neuengamme. Dokumente und Berichte. Herausgegeben von der Lagergemeinschaft Neuengamme. Max Kristeller Verlag, Hamburg 1960

SS im Einsatz — Eine Dokumentation über die Verbrechen der SS.
Kongress-Verlag, Berlin 1957

Staff, Ilse (Herausgeber):
Justiz im Dritten Reich.
Eine Dokumentation. Fischer Bücherei, Frankfurt/Main und Hamburg 1964

Stand und Problematik der Erforschung des Widerstandes gegen den Nationalsozialismus.
Friedrich-Ebert-Stiftung, Bad Godesberg 1965

Stärker als die Angst.
Den 6 Millionen, die keinen Retter fanden. Herausgegeben von Heinrich Fink. Union-Verlag, Berlin 1968

Steinberg, Hans-Josef:
Widerstand und Verfolgung in Essen 1933—1945.
Verlag für Literatur und Zeitgeschehen, Hannover 1969

Steiner, Jean-François:
Treblinka.
Die Revolte eines Vernichtungslagers. Gerhard Stalling Verlag, Oldenburg 1966

Steltzer, Theodor:
Von deutscher Politik.
Dokumente, Aufsätze, Vorträge. Knecht Verlag, Frankfurt/Main 1949

Sternfeld, Wilhelm und Eva Tiedemann:
Deutsche Exil-Literatur 1933—1945.
Eine Bibliographie. Verlag Lambert Schneider Heidelberg 1962

Strafdivision 999.
Erlebnisse und Berichte aus dem antifaschistischen Widerstandskampf. Deutscher Militärverlag, Berlin 1966

Streiflichter.
Hamburger Widerstand. VVN, Hamburg 1948

Strobel, Ferdinand:
Christliche Bewährung.
Dokumente des Widerstands der katholischen Kirche in Deutschland 1933—1945. Walter-Verlag, Olten 1946

Stroelin, Karl:
Verräter oder Patrioten?
Der 20. Juli und das Recht auf Widerstand. Vorwerk-Verlag, Stuttgart 1952

Sykes, Christopher:
Adam von Trott zu Solz.
Eine deutsche Tragödie. Diederichs-Verlag, Düsseldorf 1969

Das Tagebuch der Anne Frank.
14. Juni 1942 bis 1. August 1944. Fischer Bücherei, Frankfurt/Main und Hamburg 1955

Tagebuch des David Rubinowicz.
Verlag Volk und Welt, Berlin 1961

Taylor, J. F.:
Der 20. Juli 1944.
Anatomie einer Verschwörung. Thersal Verlag, Bremen, Bochum, 1968

Teresa, Renata:
De spiritu sancto, Edith Stein.
Lebensbilder einer Philosophin und Karmeliterin. Glock und Lutz Verlag, Nürnberg 1948

Terror und Widerstand 1933—1945.
Dokumente aus Deutschland und dem besetzten Europa. Idee, Auswahl und Bearbeitung Eberhard Aleff, Ilse Kemter und Friedrich Zipfel. Colloquium-Verlag, Berlin 1966

Thälmann, Ernst:
Antwort auf Briefe eines Kerkergenossen.
Dietz Verlag, Berlin 1961

Thälmann, Ernst:
Briefe aus dem Gefängnis an seine Angehörigen.
Herausgegeben von Lothar Berthold u. a., Dietz Verlag, Berlin 1965

Theresienstadt.
Europa-Verlag, Wien 1968

Tjaden, Karl Heinz:
Struktur und Funktion der „KPD-Opposition“ (KPO).
Eine organisationssoziologische Untersuchung zur Rechts-Opposition im deutschen Kommunismus zur Zeit der Weimarer Republik. Verlag Anton Hain, Meisenheim am Glan 1964

Tomin, Valentin und Stefan Grabowski:
Die Helden der Berliner Illegalität.
Reportage über den gemeinsamen Kampf deutscher und sowjetischer Antifaschisten. Dietz Verlag, Berlin 1967

Trebs, Herbert:
Karl Barth.
Union Verlag, Berlin 1966

Und die Flamme soll Euch nicht verbrennen.
Letzte Briefe europäischer Widerstandskämpfer. Herausgegeben von Piero Malvezzi und Giovanni Pirelli. Mit einem Vorwort von Thomas Mann. Steinberg Verlag, Zürich 1956

Vermehren, Isa:
Reise durch den letzten Akt.
Ein Bericht. (10. 2. 1944—29. 6. 1945) Christian Wegner Verlag, Hamburg 1946

Vielhaber, Klaus, Hubert Hanisch und Anneliese Knoop-Graf (Herausgeber):
Gewalt und Gewissen.
Willi Graf und die „Weiße Rose". Eine Dokumentation. Herder Verlag, Freiburg i. Br. 1964

Vittinghoff-Schell, Theodor von:
Hier ist Dein Bruder.
Leben und Sterben des Paters Maximilian Kolbe. St. Benno-Verlag, Leipzig 1967

Vogel, Heinrich:
Der Prediger von Buchenwald — Das Martyrium Paul Schneiders.
Lettner-Verlag, Berlin 1953

Vollmer, Bernhard:
Volksopposition im Polizeistaat.
Gestapo- und Regierungsberichte 1934—1936. Deutsche Verlags-Anstalt, Stuttgart 1957

Walter, Hans-Albert:
Deutsche Exilliteratur 1933—1950.
in 9 Bänden.
Hermann Luchterhand Verlag, Neuwied und Darmstadt 1972 ff

Weinert, Erich:
Das Nationalkomitee „Freies Deutschland" 1943—1945.
Bericht über seine Tätigkeit und seine Auswirkung. Rütten & Loening Verlag, Berlin 1957

Weinert, Erich:
Memento Stalingrad.
Verlag Volk und Welt, Berlin 1957

Weisenborn, Günther:
Memorial.
Verlag Kurt Desch, München 1959

Weiss-Rüthel, Arnold:
Nacht und Nebel.
Verlag Herbert Kluger, München 1946

Weiskopf, F. C.:
Unter fremden Himmeln.
Ein Abriß der deutschen Literatur im Exil 1933—1947. Dietz Verlag, Berlin 1948

Wiechert, Ernst:
Der Totenwald.
Ein Bericht. Aufbau-Verlag, Berlin 1947

Wiechert, Ernst:
Häftling Nr. 7188.
Tagebuchnotizen und Briefe. Verlag Kurt Desch, München 1966

Winzer, Otto:
Zwölf Jahre Kampf gegen Faschismus und Krieg.
Ein Beitrag zur Geschichte der Kommunistischen Partei Deutschlands von 1933 bis 1945. Dietz Verlag, Berlin 1957

Wolf, Ernst:
Kirche im Widerstand.
Christian Kaiser Verlag, München 1965

Wolf, Lore
Ein Leben ist viel zu wenig.
Verlag Neues Leben, Berlin und Röderberg-Verlag, Frankfurt/Main 1974

Zeller, Eberhard:
Geist der Freiheit.
Der 20. Juli. Rinn Verlag, München 1952

Zentner, Kurt:
Illustrierte Geschichte des Widerstandes in Deutschland und Europa 1933—1945.
Südwest-Verlag, München 1966

Zimmering, Max:
Widerstandsgruppe „Vereinigte Kletter-Abteilung".
Ein Bericht von der Grenzarbeit der Dresdner Arbeiterbergsteiger in der Sächsischen Schweiz und dem östlichen Erzgebirge. VVN-Verlag, Berlin 1948

Zorn, Gerda:
Stadt im Widerstand.
Röderberg-Verlag, Frankfurt/Main 1965

Zorn, Gerda und Gertrud Meyer:
Frauen gegen Hitler.
Berichte aus dem Widerstand 1933—1945. Röderberg-Verlag, Frankfurt/Main 1974

Zuckmayer, Carl:
Carlo Mierendorff.
Porträt eines deutschen Sozialisten. Suhrkamp Verlag, Berlin 1947

20. Juli 1944.
Herausgegeben von der Bundeszentrale für Heimatdienst. 1. und 2. Auflage bearbeitet von Hans Royce. Neubearbeitet und ergänzt von Erich Zimmermann und Hans-Adolf Jacobsen. Berto-Verlag, Bonn 1960

Namenregister

Günther Weisenborn

Der Schriftsteller und Dramatiker Günther Weisenborn (1902 — 1969) hat in den Jahren nach Faschismus und Zweitem Weltkrieg ein Großteil seines Wirkens dem Andenken und dem Vermächtnis der antifaschistischen Widerstandskämpfer gegen das Hitlerregime gewidmet. So war es 1945 eines der eindrucksvollsten und nachhaltigsten Erlebnisse junger Menschen, die sein Drama aus der deutschen Widerstandsbewegung „Die Illegalen" sahen. Über sein Zeitstück, das damals an über 100 Bühnen gespielt worden ist, schrieb Weisenborn selbst: „Wir Überlebenden haben als Instrument der Toten die sehr konkrete Verpflichtung, Denkmäler für die Dahingegangenen in die Gegenwart zu setzen. Wir haben die Verpflichtung, ihre Taten unserem deutschen Volk und besonders seiner Jugend bekanntzumachen."

Er hat diese Verpflichtung nicht nur mit diesem Stück zu erfüllen versucht. 1946 erschien sein tagebuchähnliches „Memorial", in dem die Leiden der Haftzeit den Erinnerungen aus friedlicher, glücklicher Zeit gegenübergestellt wurden. In der Vorrede bat der Autor die Nachgeborenen, „jene Hunderttausende nicht zu vergessen, die aufrecht gegen den blutbesudelten Terror gekämpft haben und dabei kämpfend an der Schafottfront gefallen sind". 1953 gab Weisenborn seinen Bericht über die Widerstandsbewegung des deutschen Volkes von 1933—1945 heraus, die hier in einer Neuauflage wieder vorgelegt wird. Im Roman „Der Verfolger" (1961) wurde die Geschichte einer Widerstandsgruppe lebendig, die das Opfer eines Verräters wurde. Einen gleichnamigen Fernsehfilm nach dem Roman zeigte 1974 das ZDF.

Günther Weisenborn hatte mit seinem ersten Stück, dem mit expressionistischen Sprachmitteln gestalteten Antikriegsstück „U-Boot S 4", 1928 seinen ersten großen Erfolg. Aus der Bekanntschaft mit Bertolt Brecht wurde eine zeitweilige enge Zusammenarbeit. Nach dem Machtantritt der Nazis, die seine Bücher verboten und verbrannten, ging der Schriftsteller in die USA und arbeitete u. a. als Lokalreporter. 1937 kehrte er nach Deutschland zurück, wurde Chefdramaturg am Berliner Schiller-Theater und schloß sich der Widerstandsorganisation um Harro Schulze-Boysen und Arvid Harnack an, der die Nazis später die Bezeichnung „Rote Kapelle" gaben. Wie die meisten Mitglieder der Gruppe wurde auch Weisenborn 1942 verhaftet. Er erhielt eine mehrjährige Zuchthausstrafe und wurde 1945 aus dem Zuchthaus Luckau von der Sowjetarmee befreit.

Nach dem Zweiten Weltkrieg schrieb er mehrere Stücke, wirkte an Filmdrehbüchern mit („Der 20. Juli" und „Dreigroschenoper") und veröffentlichte u. a. auch einen zeitkritischen Bonn-Roman „Auf Sand gebaut". Seine Bücher wurden in 18 Sprachen übersetzt und überstiegen die Gesamtauflage von eineinhalb Millionen.

RV **RÖDERBERG-VERLAG**
Schumannstraße 56 · 6000 Frankfurt 1
Postfach 4129 · Telefon (06 11) 75 10 46 · Telex 04-14 721

NEU

Emil Carlebach

Hitler war kein Betriebsunfall

Hinter den Kulissen der Weimarer Republik: Die vorprogrammierte Diktatur

ca. 140 Seiten, kart., ca. 9,— DM
ISBN 3-87682-598-9

Wie kam es zu Hitlers ,,Machtergreifung“?
Wurde er vom deutschen Volk gewählt?
Kam er legal zur Macht?
Lief die deutsche Arbeiterschaft zu ihm über?
Haben Kommunisten und Nazis die Republik zerstört?
War Widerstand unmöglich?
Fiel das deutsche Volk einem ,,Dämon“ zum Opfer?

Für die Beantwortung aller dieser Fragen liegen Dokumente vor, Fakten, Beweise. Aber sie werden mit dem Mantel des Schweigens zugedeckt, obwohl – nein, weil sie unwiderlegbar sind: Aufsehenerregende Fakten aus den Parteiakten des SPD-Vorstands, aus den Erlebnisschilderungen von sozialdemokratischen Spitzenfunktionären und Abgeordneten beleuchten Vorgänge im Staatsapparat der Weimarer Republik, die schlaglichtartig sichtbar machen, wie es zu der ,,Machtergreifung“ kam.
Emil Carlebach, als politischer Autor unter anderem durch sein Buch ,,Von Brüning zu Hitler – Das Geheimnis faschistischer Machtergreifung“ bekannt, hat das Beweismaterial zusammengetragen.
Ein Buch, das in die Hand jedes Antifaschisten, jedes Gewerkschafters, jedes Geschichtslehrers, jedes jungen Bundesbürgers gehört, der das ,,Geheimnis“ der faschistischen Gefahr erkennen und bekämpfen will.